"Wiedergutmachung" als Rechtsfrage?
Die politische und juristische Auseinandersetzung um Entschädigung für die Opfer nationalsozialistischer Verfolgung (1945 bis 1990)

Europäische Hochschulschriften
Publications Universitaires Européennes
European University Studies

Reihe II

Rechtswissenschaft

Série II Series II
Droit
Law

Bd./Vol. 1440

PETER LANG
Frankfurt am Main · Berlin · Bern · New York · Paris · Wien

Cornelius Pawlita

"Wiedergutmachung" als Rechtsfrage?

Die politische und juristische Auseinandersetzung um Entschädigung für die Opfer nationalsozialistischer Verfolgung (1945 bis 1990)

PETER LANG
Frankfurt am Main · Berlin · Bern · New York · Paris · Wien

Die Deutsche Bibliothek- CIP-Einheitsaufnahme

Pawlita, Cornelius:

"Wiedergutmachung" als Rechtsfrage? : Die politische und juristische Auseinandersetzung um Entschädigung für die Opfer nationalsozialistischer Verfolgung (1945 bis 1990) / Cornelius Pawlita. - Frankfurt am Main ; Berlin ; Bern ; New York ; Paris ; Wien : Lang, 1993

(Europäische Hochschulschriften : Reihe 2, Rechtswissenschaft ; Bd. 1440)
Zugl.: Gießen, Univ., Diss., 1993
ISBN 3-631-46489-4

NE: Europäische Hochschulschriften / 02

D 26
ISSN 0531-7312
ISBN 3-631-46489-4

INHALTSVERZEICHNIS

Seite

1. KAPITEL: EINLEITUNG

25 Jahre nach Verabschiedung des als "abschließende Regelung" gedachten Bundesentschädigungsschlußgesetzes im Jahre 1965 hat der Gegenstand der vorliegenden Untersuchung seine vielleicht größte Öffentlichkeit erreicht. Nach dem Schweigen in den fünfziger, der Suche nach den Tätern in den sechziger und siebziger, ist in den achtziger Jahren der Umgang mit den Opfern in die Kritik geraten. Während die Abgeordnete Vollmer von den Grünen im Bundestag davon sprach, für viele Verfolgte sei der Prozeß der Anerkennung als Wiedergutmachungsberechtigte "so etwas wie eine zweite Phase der Verfolgung" gewesen,[1] würdigte der Abgeordnete Lüder von der FDP "die große Leistung der Bundesrepublik Deutschland, die aufgrund früherer Entscheidungen des Deutschen Bundestages als Wiedergutmachung erbracht worden" sei und glaubte, "wir können uns vor den Opfern sehen lassen".[2] Der parlamentarische Staatssekretär beim Bundesminister der Finanzen, Voss, beharrte eindringlich darauf, daß "in ihrem Kern (...) die Wiedergutmachung als abgeschlossen angesehen werden" müsse und mit der Bereitstellung "von bis zu 300 Millionen DM die Entschädigung für Opfer nationalsozialistischer Gewalt- und Unrechtsmaßnahmen endgültig abgeschlossen" sei.[3] Entsprechende Standpunkte spiegelte auch die Anhörung der Experten im Juni 1987 wider, in der erstmals in der Parlamentsgeschichte auch Verfolgte des Nationalsozialismus selbst zu Wort kamen, was den Abgeordneten Schröer von der SPD zu der Bemerkung veranlaßte, hier sei etwas passiert, was er in sieben Jahren Parlamentszugehörigkeit nicht erlebt habe: "daß nämlich angesichts der Schilderungen von Betroffenen bei Kolleginnen und Kollegen quer durch die Fraktionen Betroffenheit einkehrte, die sich im Verstummen äußerte."[4]

So kontrovers die Diskussion auch noch einmal geführt worden ist, so zeichnete sich wie in früheren Debatten bald ab, daß neben der Bereitstellung von 300 Millionen DM für einen weiteren Härtefonds selbst mit einer marginalen Kurskorrektur nicht zu rechnen ist. Mit der schnell vollzogenen Einigung Deutschlands

---

1 Vollmer, BTagsStenProt. 11/46, S. 3202 C.

2 Lüder, ebd., S. 3204 B u. 3205 C.

3 Voss, ebd., S. 3210 B/C.

4 Schröer, ebd., S. 3208 C.

im Jahre 1990 sind die Hoffnungen derjenigen, die für ergänzende Regelungen [5] eingetreten sind, weiter gesunken. Die Entschädigungs- wie Reparationsfrage war öffentlich, national wie international, kein Thema. Das Gebiet der DDR betreffende Regelungen wurden, nachdem die Claims Conference, ein Zusammenschluß jüdischer Verfolgtenorganisationen, entsprechende Ansprüche angemeldet hatte, schnell in den Einigungsvertrag aufgenommen.[6] Die Reparationsfrage wurde, soweit 1990 ersichtlich, rechtlich wiederum - wie vormals im Verhältnis zu den Westmächten - nicht geregelt. Gleichwohl erfolgte Zahlungen, insbesondere an die Sowjetunion, sind unter anderen Rechnungstiteln verbucht worden.

Nach seit den sechziger Jahren oft wiederholten politischen Bilanzierungen ist die Zeit nunmehr reif, den Entschädigungskomplex wissenschaftlich aufzuarbeiten. Angesichts des weiter unten zu referierenden Forschungsstandes wird vorläufig nur eine Teilbearbeitung möglich sein. Vorrangig werden hierzu historische

---

5 Um welche Gruppen von Verfolgten des Nationalsozialismus es geht, wird deutlich durch den "Entwurf eines Gesetzes zur Errichtung einer Stiftung d. 'Entschädigung für NS-Unrecht'" der SPD-Fraktion, BTagsDrs. 11/223 i.d.F. Drs. 11/1426; dazu ausf. unter 5 IV 2. § 2 "Stiftungszweck" lautet:

"(1) Zweck der Stiftung ist es, Mittel zur Verfügung zu stellen für jüdische und nicht-jüdische Personen, die durch nationalsozialistische Unrechtsmaßnahmen geschädigt worden sind und die keine oder keine ausreichende Entschädigung erhalten haben; dazu gehören insbesondere Angehörige folgender Gruppen:

1. Insassen von Konzentrations-, Vernichtungs- und anderen Lagern, denen bislang oder kein ausreichender Anspruch auf Entschädigung zugesprochen wurde;
2. Angehörige der Volksgruppen der Sinti und Roma, die z.B. infolge der Rechtsprechung zum BEG von Entschädigung weitgehend ausgeschlossen sind;
3. Zwangssterilisierte oder Opfer von Zwangsabtreibung sowie andere Opfer der Erbgesundheitsgesetze;
4. Euthanasiegeschädigte;
5. Opfer von medizinischen Versuchen;
6. Homosexuelle;
7. alle Verfolgten im Sinne des BEG, die Antragsfristen versäumt haben, weil sie Wohnsitz- oder Stichtagsvoraussetzungen nicht erfüllen;
8. verfolgte Kommunisten, die von Leistungen nach dem BEG ausgeschlossen sind;
9. Personen, die wegen ihrer politischen Einstellung verfolgt wurden, mangels aktiver Widerstandshandlungen jedoch keinen Anspruch auf Leistungen nach dem BEG haben;
10. Wehrdienstverweigerer, sogenannte Wehrkraftzersetzer;
11. Zwangsarbeiter/innen;
12. Personen, die verfolgungsbedingte Gesundheitsschäden nicht geltend machen konnten, weil die Schäden erst nach Ablauf der Anmeldefristen eingetreten sind;
13. Hinterbliebene von Verfolgten, die noch keine Leistungen erhalten haben, wenn die Leistungen zur Vermeidung von Härten geboten sind, insbesondere überlebende Ehegatten und Kinder. In besonders gelagerten Einzelfällen können auch die Eltern Leistungen erhalten;
14. Sozialverfolgte und Mitglieder des Jugendwiderstandes.

(2)..."

6 Für die Rückerstattung vgl. Anlage II, Kapitel III BI 2; s. ferner Kap. 5, Fn. 295.

Arbeiten bleiben. Eine rechtswissenschaftliche Untersuchung ist aber schon deshalb angezeigt, weil der Entschädigungskomplex frühzeitig verrechtlicht und zu einer Domäne der Juristen wurde. Der für die bundesrepublikanische Diskussion so wichtige Zusammenhang zwischen "Entschädigung" bzw. "Wiedergutmachung" und "Reparation" kann nur in der historischen Entstehung aufgehellt werden.[7] Die Heranziehung rechtswissenschaftlicher Untersuchungsmethoden kann bei der Freilegung verbliebener politischer Entscheidungsspielräume hilfreich sein. Bei aller Verzahnung von Recht und Politik bleibt auf ihrer Unterscheidbarkeit zu bestehen, um die Möglichkeiten der Politik nicht zu verdecken. Hauptanliegen der Untersuchung ist somit, eine rechtshistorische und rechtsdogmatische Systematisierung in Form einer kommentierten Materialsammlung zu geben. Die besondere Berücksichtigung des Bereichs der Zwangsarbeit erscheint sinnvoll, weil es gerade hier auf das Ineinandergreifen von nationalen und internationalen Regelungen ankommt. In einem umfassenden Verständnis des Begriffs "Zwangsarbeit" kann auch die unterschiedliche Diskussion einer Entschädigung für jüdische und nichtjüdische Verfolgungsopfer aufgearbeitet werden, wie sie sich nicht zuletzt in der offiziellen Unterscheidung von "Wiedergutmachung" und "Reparation" widerspiegelt.

Mit der Verrechtlichung der "Wiedergutmachung" wird eine staatliche, über Recht verordnete Aneignung der Geschichte vorgegeben, die zugleich das Problem staatlicher Kontinuität bzw. Diskontinuität beinhaltet. Wiedergutmachungsrecht hat die Unterscheidung in Verfolgung/Nichtverfolgung zu leisten. Seine Analyse kann wichtige Bausteine fortlebender Mentalitätsstrukturen und Ideologeme zutage fördern. Das Feld der "Wiedergutmachung" zeigt sich dabei als ein Parameter bundesrepublikanischer Auseinandersetzung mit dem Nationalsozialismus. Mit der nicht nur durch die jüngste politische Kontroverse aufgeworfenen Frage nach endgültigem Abschluß der "Wiedergutmachung", mit der Frage der Richtigkeit ihrer Grundkonzeption, rückt ein Stück bundesrepublikanischen Selbstverständnisses in das Zentrum der Kritik. Denn "Wiedergutmachung" ist immer als ein Zeichen der für die Bundesrepublik Deutschland ideologisch konstitutiven Abgrenzung vom und "Bewältigung" des Nationalsozialismus verstanden worden, als "Ausdruck des Willens, sich von der nationalsozialistischen Ideologie und den aus ihr entstandenen Unrechtstaten zu distanzieren, sie zu verurteilen und den Opfern und Geschädigten dieser Ideolo-

---

[7] Vgl. Klippel, Zeitgeschichte; zur Verfassungsentwicklung vgl. Bryde, Verfassungsentwicklung.

gie zu helfen".[8] Ungewollt weist die Abgeordnete Wisniewski auf die Brüchigkeit dieses "Wollens" hin, wenn sie in derselben Rede (1987!) "allen Verfolgten und Geschädigten des Dritten Reiches noch einmal" versichert, "daß diese Zeit mit der Herrschaft der nationalsozialistischen Ideologie vorbei" sei "und daß damit auch die Unterscheidung von angeblich höherwertigem und angeblich minderwertigem Leben aufgehört" habe.[9] Auch Adenauer hatte in seiner Erklärung vom September 1951 ausdrücklich auf das Verbot rassischer Diskriminierung durch das Grundgesetz hingewiesen,[10] als sei dies für demokratische Staaten nicht selbstverständlich. Für den Abgeordneten Gerster sind die Opfer, und nicht nur sie, sondern "alle, die den schlimmen Verlockungen der Diktatur widerstanden haben, alle die leiden mußten", "das moralische Fundament unserer freiheitlichen Demokratie, die seit 1949 die Würde des Menschen in das Zentrum jedweden Handelns gestellt" habe.[11] Dadurch unterscheide man sich von der DDR, die die Wiedergutmachung bis dahin abgelehnt habe.[12] Nach dem Abgeordneten Lüder hat die Bundesrepublik gezeigt, "zu welcher moralischen Kraft ein demokratischer Staat in der Lage" sei.[13]

Ähnliche Äußerungen finden sich bereits in der Aussprache am 27.09.1951 über die Erklärung Adenauers zur Haltung der Bundesrepublik gegenüber den Juden. Durch die Tat sei "zu beweisen, daß diese Wiedergutmachung auch das Maß für die Erneuerung des Rechts in Deutschland" sei,[14] es habe "zu Taten (zu) kommen, die die Erneuerung unseres Staates, unseres Staatsbewußtseins und unserer Würde in der Welt im Ganzen und im Tiefsten auch der seelischen Bereiche" sicherstellten.[15]

Der in den oben angeführten Zitaten erwähnte zentrale Stellenwert ist jeweils meist nur schlaglichtartig in den einzelnen Bundestagsdebatten zum "Wiedergutmachungsrecht" zu finden. "Wiedergutmachung" als "in einem weiteren Sinne" "die Bekämpfung der Bewegungen und Haltungen, die zu solcher Mentalität führen, die Verfolgung dieser Art erst möglich macht, also nicht zum wenigsten

---

8 So Wisniewski (CDU), BTagsStenProt. 11/46, S. 3206 A.

9 Ebd., S. 3205 D.

10 Adenauer, BTagsStenProt. 1/165, S. 6697 f.

11 Gerster, (CDU), BTagsStenProt. 11/46, S. 3197B/C.

12 Gerster, ebd., S. 3198 B.

13 Lüder (FDP), ebd., S. 3204B

14 Löbe (SPD), BTagsStenProt. 1/165, S. 6699A.

15 Von Merkatz (DP), ebd., S. 6699C.

des Antisemitismus",[16] hat sich begrifflich nicht durchsetzen können. Wegen des ideologisch überschießenden und insoweit über "Schadensersatz" hinausgehenden Moments zu Recht kritisiert, spiegelt sich in der Beschränkung auf einen juristischen Oberbegriff [17] nicht nur der hohe Grad an Verrechtlichung wieder, sondern auch die gesellschaftliche Verabschiedung in eine von Experten dominierte Spezialmaterie. Die insbesondere von den "Wiedergutmachungsbeamten" immer wieder beklagte "Ghetto-Situation", die die eigene Tätigkeit als eine einer juristischen Karriere wenig förderliche empfand - was tatsächlich aber, wie einige in der Ministerialbeamtenschaft endende Karrieren zeigen, unzutreffend sein dürfte -, reflektiert ebenfalls die gesellschaftliche Randständigkeit dieses im ersten Nachkriegsjahrzehnt mit der Rückerstattung und bis Mitte der sechziger Jahre mit dem Entschädigungsrecht großen Arbeitsgebiets. Mit der "Rechtsprechung zum Wiedergutmachungsrecht", zwischen 1949 und 1981 waren 32 Jahrgänge als monatliche, extra zu abonnierende Beilage zur Neuen Juristischen Wochenschrift (NJW) erschienen, war zwar ein Fachorgan geschaffen worden, verschärfte sich aber andererseits die von den beteiligten Fachleuten immer wieder bedauerte wissenschaftliche und auch öffentliche Isolation, da deren Erscheinen zu einer Verdrängung der Thematik aus anderen Zeitschriften führte. Die universitär verankerte Rechtswissenschaft hat sich allerdings bereits damals, als mindestens eine Dogmatik des "Wiedergutmachungsrechts" verlangt war, weitgehend der wissenschaftlichen Auseinandersetzung verweigert. "Wiedergutmachungsrecht" dürfte nie in den universitären Lehr- und Forschungsbereich gelangt sein. Dies mag mit der Situation der Universitäten, insbesondere auch der rechtswissenschaftlichen Fakultäten der 50er und 60er Jahre zusammenhängen, deren Personal sich nach 1945 nur unwesentlich erneuerte, beleuchtet aber ebenfalls eine politisch-gesellschaftliche Situation, die "Wiedergutmachung" allenfalls in Form von Skandalfällen [18] oder als fiskalisches Problem [19] wahrzunehmen bereit war und nicht als Einstehen für deutsche Verbrechen. Während Historiker ihre für Straf- und Entschädigungsprozesse verfaßten Gutachten in eigenständigen Monographien vertieften, ist die rechtswissenschaftliche Gutachterpraxis punktuell geblieben und

---

16 Ridder/Bauer, Wiedergutmachung, Staatslexikon, Sp. 684.

17 Vgl. z.B. die Systematisierung bei Beyer, Wiedergutmachungsrecht; Krause, Wiedergutmachung, Lexikon.

18 S. z.B. Goschler, in: Herbst/ders. (Hrsg.), Wiedergutmachung, S. 77 f.

19 Paradigmatisch Féaux de la Croix, Bulletin 1963, S. 1872 ff.; zu den "Grenzen der Wiedergutmachung" s. die zeitgenössische Kontroverse zwischen Köllner u. N. Robinson, Die politische Meinung 1963, Heft 84, S. 19-28 u. Heft 88, S. 88-96.

bereits zeitgenössisch kritisiert worden.[20]

Auch das reparationsrechtliche Schrifttum ist im Umfang eher bescheiden zu nennen. Dies deutet bereits auf den unterschiedlichen Stellenwert der Reparationsfrage nach dem zweiten Weltkrieg im Vergleich zur Weimarer Republik hin und ist nicht zuletzt dem frühen faktischen Reparationsverzicht geschuldet. Die bundesrepublikanischen Lehrbücher zum Völkerrecht beschäftigen sich mit dem Entschädigungskomplex gar nicht und meist nur am Rande mit Reparationen. "Wiedergutmachung" wird hier ohne Berücksichtigung des andersartigen politischen Sprachgebrauchs immer noch für "Reparation" und für den allgemeinen, auf eine Verletzung des Völkerrechts folgenden Anspruch verwendet. Dies mag zum einen der allgemein bekundeten Tendenz geschuldet sein, daß Reparationen stärker von politischen Überlegungen, von der Überlegung "of who won and who lost", als von den Regeln des Völkerrechts bestimmt werden,[21] drückt aber zum anderen aus, daß das Thema "Krieg und Nachkriegszeit" hauptsächlich auf das Thema "Deutsche Frage" beschränkt blieb. Die im Reparationsbegriff aufscheinende Verantwortung wird ungern thematisiert. Der mehrfach zu findende sprachliche Fehlgriff von der "Endlösung der Reparationsfrage" [22] - Zyniker mögen dies mit der "Endlösung der Endlösung" übersetzen - deutet auf die allenthalben zu findende Suche nach Beendigung der Vergangenheit hin, die sich wie ein roter Faden durch die gesamte Geschichte des Entschädigungskomplexes zieht. "Gerade auch für die jungen Deutschen ist es nämlich nicht einfach, sich mit einem Vaterland zu identifizieren - oder es gar zu lieben -, das mit dem Stigma des Holocaust behaftet ist." Bundeskanzler Helmut Kohl, der diesen Satz in einer Rede zum 80. Geburtstags Simon Wiesenthals formulierte, nannte auch sogleich den Ausweg aus diesem geschichtlichen Dilemma. Andererseits sei es im "Interesse der demokratischen Stabilität unseres Landes von aller-

---

20 Vgl. die Arbeiten der Forschungsstelle für Völkerrecht und ausländisches öffentliches Recht der Universität Hamburg: Hecker (Hrsg.), Fragen; ders., Fragen, Ergänzungsband; ders., Fragen des Staatsangehörigkeitsrechts; Petran (Hrsg.), Entschädigung; Kehden (Hrsg.), Fragen; Kritik bereits bei Münz, JZ 1959, S. 508 ff. (Bespr. der beiden ersten Heckerschen Bände); ders., Verantwortlichkeit. Aufschlußreich zur Problematik der Hamburger Gutachtertätigkeit die Selbstdarstellung von Hecker, in: Gantzel (Hrsg.), Kolonialrechtswissenschaft, S. 185 ff., insbes. S. 376 ff. u. 222 ff.

21 Vgl. Bishop, Law, S. 696.

22 So bei Kutscher, Bonner Vertrag, Anm. I1b zu Art. 1, Teil VI Überleitungsvertrag, S. 220; Schütte, BB 1952, S. 448; mit diesen Formulierungen beide unwidersprochen aufgenommen von Oppermann, in: Hoog, Völkerrecht, S. 289 u. 290; ferner Granow, AöR 77 (1951), S. 73 ("Endlösung der Reparations- und Kriegsabschlußfragen"); ders., Kriegsschäden, in: WbdVR II, S. 362 (r.Sp.); Schmoller/Maier/Tobler, Handbuch, § 32, S. 16 ("Endlösung des DP-Problems").

größter Bedeutung, den jungen Menschen bei uns das Bewußtsein zu vermitteln, einem Volk anzugehören, das der Menschheit in seiner Geschichte a u c h viel Gutes geschenkt" habe und das heute dort, "wo es seinen Weg bestimmen" könne, "anerkanntes Mitglied in der großen Familie freier Völker" sei.[23]

Unter weitgehender Einbeziehung des reparationsrechtlichen handelt es sich daher beim vorhandenen "wiedergutmachungsrechtlichen" Schrifttum aus rechtswissenschaftlicher Sicht um Primärquellen. Die Forschung zur "Wiedergutmachung" steht unter Einschluß der Geschichtswissenschaft erst am Anfang. So sehr seit Mitte der siebziger Jahre die geschichts- und politikwissenschaftliche Forschung sich der ersten Nachkriegsjahre angenommen hat, so scheint sich die damalige Randständigkeit der "Wiedergutmachung" in den Darstellungen zu wiederholen. In der Regel werden kurze, abschließende Erfolgsbilanzen vermerkt.

Mit der auf sieben Bände angelegten und vom Bundesminister der Finanzen in Zusammenarbeit mit Walter Schwarz, dem 1988 verstorbenen Nestor des Rückerstattungsrechts, herausgegebenen Reihe "Die Wiedergutmachung nationalsozialistischen Unrechts durch die Bundesrepublik Deutschland", die bis auf Band 7 vollständig erschienen ist, liegt eine reichhaltige Dokumentation vor. Autoren dieser Reihe sind aber ausnahmslos Praktiker vornehmlich aus der Verwaltung, zum Teil auch aus der Gerichtsbarkeit. Diese Reihe ist unentbehrliches Hilfsmittel und eröffnet auch den (gefilterten) Zugang zu nicht veröffentlichten Quellen, leidet aber an z.T. erheblichen systematischen Mängeln. Nur vereinzelt und nicht systematisch behandelt werden z.B. die Verfolgtengruppen und die Strukturprobleme, die in den letzten zehn Jahren wiederholt Gegenstand öffentlicher Diskussion gewesen sind. Strukturelle Mängel zeigt vor allem auch Band 3 "Der Werdegang des Entschädigungsrechts unter national- und völkerrechtlichem und politischem Aspekt", der von den beiden für die Entschädigungsgesetzgebung an führender Stelle in der Ministerialverwaltung verantwortlichen Beamten Ernst Féaux de la Croix und Helmut Rumpf verfaßt wird. Geschichte wird hier weitgehend aus Sicht der Beteiligten referiert, rechtspolitische und rechtsdogmatische Standpunkte vornehmlich aus der Sicht der Macher, die eine kritische Würdigung ihrer selbst kaum zuläßt. Dieser Eindruck wird bestätigt durch den Hinweis von Pross, kritische Beiträge seien abgelehnt worden. So habe das Bundesfinanzministerium einen Beitrag von Otto Küster, Martin Hirsch und Hermann Steinitz, ärztlicher Gutachter in Israel, herausgestrichen. Pross

---

23 Kohl, Bulletin Nr. 155/1988, S. 1384.

weist auch auf die kontinuierliche Beamtentätigkeit Féaux de la Croix', der seit 1934 in der völkerrechtlichen Abteilung des Reichsjustizministeriums tätig gewesen sei, und auf dessen antisemitische Stereotypen verwendenden Sprachduktus hin.[24]

Sieht man von der sorgfältig und vor allem historisch angelegten Arbeit von Max Münz zu der seinerzeit sehr umstrittenen entschädigungsrechtlichen Frage über "Die Verantwortlichkeit für die Judenverfolgung im Ausland während der nationalsozialistischen Herrschaft" (Frankfurt 1958) und der verdienstvollen Arbeit von Edward Kossoy "Deutsche Wiedergutmachung aus israelischer Sicht" (Köln 1970) ab - beide kamen aus Israel -, so ist nur [25] Bernhard Meier mit seiner Dissertation über "Rechtskraftdurchbrechungen im Recht der Wiedergutmachung. Die Opfer nationalsozialistischer Verfolgung, die Gründe für die Schaffung von Wiederaufnahmetatbeständen in Art. III und IV des Bundesentschädigungsgesetzes" (Münster 1978) zu nennen, der einen stark verbandssoziologischen Ansatz verfolgt. Die Habilitationsschrift von Hartwig Bülck, "Die Zwangsarbeit im Friedensvölkerrecht" (1953), blendet die Fremdarbeiterdeportationen als nicht zum Friedensvölkerrecht gehörend aus.[26] Die als rechtsdogmatische Untersuchung konzipierte Dissertation von Dagmar Kube, "Private Kriegsschäden in der völkerrechtlichen Praxis. Ein Beitrag zur Staatenverantwortlichkeit im Kriege" (Heidelberg 1971), klammert ausdrücklich die Verbrechen gegen die Menschlichkeit aus, da diese nicht spezifisch mit der Führung eines Angriffskrieges zusammenhingen und auch in Friedenszeiten gegen die eigene Bevölkerung begangen werden könnten (vgl. S. 32). An neueren nicht von Wiedergutmachungspraktikern verfaßten größeren Arbeiten ist zunächst auf Christian Pross, "Wiedergutmachung. Der Kleinkrieg gegen die Opfer", (Frankfurt a.M. 1988), zu verweisen. Die Arbeit des Medizinhistorikers Pross, die Teil des Projekts "Täterbiographien im Nationalsozialismus" am Hamburger Institut für Sozialforschung ist, beruht auf der Auswertung von mehreren hundert Akten und beschäftigt sich im Hauptteil vornehmlich mit den medizinischen Problemen der Wiedergutmachung. In der seit langem fehlenden Einführung in die Ge-

---

24 Vgl. Pross, Wiedergutmachung, S. 42 u. 46 f. Zur Person von Schwarz s. dessen, die Wiedergutmachung allerdings kaum berührende Autobiographie, ders., Späte Frucht, sowie den Nachruf von Buschbom, NJW 1989, S. 1208 f.; s.a. seinen Aufsatz, JuS 1986, S. 433 ff., als Antwort auf die öffentliche Diskussion.

25 Zu Arbeiten der 50er und 60er Jahre industrienaher Autoren s. Herbert, Fremdarbeiter, S. 13, Fn. 18-20.

26 Wenig aufschlußreich auch seine Beiträge "Zwangsarbeit" und "Zwangsverschickung" im WbdVR.

schichte des Entschädigungsrechts unter interessanter Berücksichtigung biographischer Tatbestände (S. 49-129) wird allerdings die Verknüpfung reparations- und entschädigungsrechtlicher Fragen und das Problem der Zwangsarbeit nur am Rande gestreift (S. 102 f., 129).

Der von Ludolf Herbst und Konstantin Goschler herausgegebene Sammelband "Wiedergutmachung in der Bundesrepublik Deutschland", München 1989 (Sondernummer der Schriftenreihe Vierteljahreshefte für Zeitgeschichte), beinhaltet neben der Einleitung von L. Herbst weitere 20 Beiträge von 19 Autoren und enthält erstmals eine umfangreiche, wenn auch nicht vollständige Bibliographie. Etwa ein Drittel der Autoren beschäftigt sich mit dem deutsch-israelischen Abkommen. Die Herausstellung dieses Abkommens, die außerhalb des Sammelbandes eher noch stärker zu beobachten ist, zeigt bereits in ihrer historischen Aufarbeitung dessen Bedeutung. Analog zum zeitgenössischen Verständnis spiegelt sich hier eine Konzentration auf die "Wiedergutmachung" des Völkermords wieder, bei der sowohl das Entschädigungsrecht als auch andere Verfolgungsmaßnahmen in den Hintergrund treten. Auf die Literatur zum deutsch-israelischen Abkommen sowie die weiteren hier versammelten Arbeiten wird jeweils im Text verwiesen. Nur auf die Beiträge von Heßdörfer und Herbert soll bereits hier eingegangen werden, weil sie in etwa den Stand der Forschung zum Thema kennzeichnen. Der Beitrag von Karl Heßdörfer, Präsident des bayerischen Landesentschädigungsamtes, über "Die finanzielle Dimension" (S. 61 ff.) geht über offizielle Verlautbarungen zum Thema nicht hinaus. Zur neueren politischen Diskussion zieht sich der Autor auf den Standpunkt der Bundesregierung zurück, legt allerdings etwas offener zutage, worum es geht:

"Reparationsforderungen im Zusammenhang mit dem Zweiten Weltkrieg gehören nicht zur Wiedergutmachung, ihnen steht das Londoner Schuldenabkommen von 1953 entgegen. Demnach können die vielen Millionen ausländischen Zwangsarbeiter den anderen Verfolgtengruppen nicht gleichgestellt werden. Das Londoner Schuldenabkommen war eine der wichtigsten Grundlagen für den wirtschaftlichen Aufstieg der Bundesrepublik in der Nachkriegszeit. Bei dem riesigen Umfang der 'eingefrorenen' Forderungen würde die Bundesregierung geradezu selbstmörderisch handeln, wenn sie an dem Abkommen nicht strikt festhielte" (S. 58).

Er fährt fort, damit solle nicht entschuldigt werden, daß sich die Industrie nach dem Kriege mehrheitlich äußerst schäbig gegen ihre früheren Arbeitssklaven verhalten habe.

In einem weiteren Beitrag (S. 231 ff.) unternimmt Heßdörfer den Versuch einer nachträglichen Rechtfertigung der Verwaltungspraxis, die zwischen einem restriktiven Bundesfinanzministerium (S. 234) und eindeutiger gesetzgeberischer Vorgabe (S. 237 f.; S. 240: "Die Verwaltung wird somit zum Prügelknaben für den Gesetzgeber.") eingezwängt gewesen sei.

Wesentlich differenzierter ist die Analyse des Historikers und Verfassers der Monographie über die Politik und Praxis des "Ausländereinsatzes" in der Kriegswirtschaft des Dritten Reiches, Ulrich Herbert.

Herbert[27] legt dar, daß das Entschädigungsproblem für Zwangsarbeiter bis Mitte der 80er Jahre nicht nur nicht wahrgenommen worden sei, sondern verortet dies auch zutreffend als Teil der "generellen Frage nach der Entschädigung durch den Staat bzw. die deutsche Wirtschaft insgesamt" und insbesondere als Problem der Entschädigungsleistungen von Seiten der Bundesrepublik an ausländische Opfer der nationalsozialistischen Politik im allgemeinen, an Zwangsarbeiter im besonderen, womit eng verknüpft das Reparationsproblem sei. Aus diesem erfreulich weiten Ansatz heraus berücksichtigt er die alliierte und internationale Einflußnahme auf deutsche Wiedergutmachungsbemühungen und räumt dem Londoner Schuldenabkommen den gebührenden Raum ein (S. 277-287), sieht die sehr frühzeitig aufgebaute deutsche Abwehrbastion (S. 276 f.), behandelt das Problem polnischer (S. 287-292) und kürzer das Ausbleiben sowjetischer (S. 290 f.) Entschädigungsforderungen, das Problem der Displaced Persons und der Nationalverfolgten einschließlich der Quotenrolle der Rechtsprechung (S. 292-302). Die Arbeit endet in dem Resümee, die Verteilung der Wiedergutmachungsleistungen habe die ausländischen Verfolgten in so eklatanter Weise benachteiligt und dabei den Betroffenen schließlich in juristischer Diktion sogar ihre Würde, nämlich ihre Eigenschaft als Verfolgte, abgesprochen, was als politische und moralische Hypothek fortwirkte und nicht mit dem Tod der direkt Betroffenen erlösche. Wenn auch hiermit eine kenntnisreiche und auch erfreulich strukturell angelegte Skizze des Problems vorliegt, so fehlt methodisch aus rechtswissenschaftlicher Sicht neben einer breiter angelegten Aufbereitung des Materials, insbesondere der juristischen Literatur und Rechtsprechung, die Überprüfung der Stichhaltigkeit der juristischen Argumentationstopoi. Erst dann wird vollends der politische Entscheidungsspielraum und die Verrechtlichungstendenz der "Wiedergutmachung" deutlich, hinter der eine Auseinandersetzung dann auch nicht mehr stattfindet. Als Historiker geht es Herbert inhaltlich auch stärker um die Inbezugnahme des Nationalsozialismus. Er sieht, daß mit dem entschädigungsrechtlichen Verfolgtenbegriff zwischen spezi-

27 S. a. sein Extrakt in: Journal Geschichte 1/1988, S. 55 ff.

fisch nationalsozialistischer (Verfolgung der Juden) und nicht spezifisch nationalsozialistischen Verfolgungshandlungen (z.B. Maßnahmen gegen Polen oder Russen als Ausdruck deutscher Besatzungspolitik) unterschieden wird. Diese Einengung verweise darauf, wie sehr die Frage der Wiedergutmachung abhängig sei "von dem Prozeß der sich verändernden Wahrnehmung der Geschichte des Nationalsozialismus und seiner Verbrechen". Gerade durch die wiedergutmachungsrechtlich unterschiedlich juristisch definierten Verfolgungstatbestände mit der Folge der finanziellen Entschädigungsleistung als Signal dafür, wie schwer die westdeutsche Öffentlichkeit die einzelnen Verfolgungsmaßnahmen erachte, werde "der dabei angenommene Standpunkt zum Rechts- bzw. Unrechtscharakter der Maßnahme der NS-Behörden und damit zur Geschichte des 'Dritten Reiches' insgesamt deutlich" (S. 293 f.).

Daneben gibt es verschiedene Publikationen, die aus Anlaß der politischen "Wiedergutmachungs"-Debatte der 80er Jahre entstanden sind und die vornehmlich das Problem der "vergessenen Opfer" oder Teilaspekte davon betreffen bzw. auf Verfahrens- und zum Teil auch strukturelle Mängel hinweisen.[28]

Knappe, aber beachtenswerte Skizzen haben jüngst Peter Derleder und Rainer Erb vorgelegt. Während Erb am Beispiel der Auseinandersetzung um die Rückerstattungsgesetzgebung einen sozialpsychologischen Ansatz verfolgt und antisemitischen Tendenzen auf der Spur ist, versucht Derleder "Reduzierungen" auf der personellen und sprachlichen sowie rechtssystematischen Ebene aufzuspüren und den Beitrag der Juristen und Ärzte sowie die Ideen zur Abwehr der Geschichte und ihrer Opfer auszumachen. Zu kurz kommt auch hier der internationale Aspekt mit der Ausgrenzung der ausländischen Verfolgten, wie er exemplarisch an den sog. Nationalgeschädigten vorexerziert wird. Die von Derleder festgestellte "Suche nach dem anderen Täter" ist aber zu allererst die Verleugnung einer "deutschen Täterschaft".

---

28 Vgl. Die Grünen im Bundestag/Fraktion der Alternativen Liste Berlin (Hrsg.), Anerkennung aller Opfer nationalsozialistischer Verfolgung, 1986; Hamburger Initiative "Anerkennung aller NS-Opfer" (Hrsg.), Wiedergutgemacht? NS-Opfer - Opfer der Gesellschaft noch heute, 1986; Projektgruppe für die vergessenen Opfer des NS-Regimes (Hrsg.), Verachtet, verfolgt, vernichtet, 1986; Th. Luth/A. Meyer (Hrsg.), Alle NS-Opfer anerkennen und entschädigen, 1987; Th. Seible, Syntezza und Zigeunerinnen, und St. Romey, "Der Antrag von Frau R. muß abgelehnt werden". Demütigung statt Entschädigung vor bundesdeutschen Behörden und Gerichten, beide in: A. Ebbinghaus (Hrsg.), Opfer und Täterinnen, 1987, S. 302 ff. und 317 ff.; U. Körber, Die Wiedergutmachung und die "Zigeuner", in: Beiträge zur nationalsozialistischen Gesundheits- und Sozialpolitik, Bd. 6, 1988; Gustav Stresemann-Institut e.V. (Hrsg.), Die Opfer des NS-Staates heute - Eine Zwischenbilanz der Entschädigungspraxis in Bund und Ländern, 1988.

Für Österreich liegen neuerdings die Wortprotokolle der österreichischen Bundesregierung von 1945 bis 1952 über die Entschädigung der Juden (hrsg. v. R.. Knight, "Ich bin dafür, die Sache in die Länge zu ziehen", 1988) vor, die angesichts des österreichischen Selbstverständnisses, als erster Staat vom nationalsozialistischen Reich besetzt worden zu sein (Opferrolle Österreichs), noch schärfer die ablehnende Haltung gegenüber Entschädigungsforderungen dokumentieren. Der Herausgeber Knight stellt die Dokumentation insofern unter die "Kontinuitätsfrage". "Einzelnbiographisch" zeige sie die persönlichen Einstellungen der "Väter" der zweiten Republik, die im Dritten Reich ein breites Spektrum von Erfahrungen gemacht hätten, zu jüdischen Fragen auf. Ferner gebe sie in vermittelter Form Aufschluß über die Einstellung der österreichischen Bevölkerung (S. 12). Zu letzterem Aspekt liefert die vor allem aus der Auswertung von Zeitungen und des Archivs der israelitischen Kultusgemeinde in Wien, eine vergleichbare Untersuchung fehlt für die Bundesrepublik noch, beruhende Arbeit von D. Walch [31] reichhaltiges Anschauungsmaterial, die in dem Fazit endet, Österreich wäre von sich aus nie bereit gewesen, den Juden eine materielle Entschädigung zukommen zu lassen (S. 229).

Die besondere Berücksichtigung der "Zwangsarbeit" läßt eine Beschränkung des historischen Gegenstandes zu, ohne zugleich für die Betrachtung der Entwicklung nach 1945 den internationalen Aspekt abzuschneiden. Wesentlich geht es um das Aufsuchen der entschädigungsrechtlichen Ausgrenzungsmechanismen. Im Vordergrund steht daher der Zugang zum entschädigungsrechtlichen Leistungssystem, also nicht Fragen nach Art und Höhe der Leistung, den Verfahrensproblemen u.a.m. Ausgespart bleiben muß die Nachzeichnung individueller Verfolgungsschicksale und der Umgang der, insbesondere der bundesrepublikanischen Umwelt mit diesen nach Beendigung der Verfolgungszeit. Der Rückgriff auf die Rechtsprechung kann solche Untersuchungen nicht ersetzen. Die nur auszugsweise, vor allem in den fünfziger Jahren sehr knappe, größtenteils ohne Tatbestand veröffentlichten Judikate führen schnell zu einer methodischen Grenze. Als erschwerend erwies sich dies insbesondere bei der Auswertung der Rechtsprechung zum Territorialitätsprinzip, da es rechtsdogmatisch eben entscheidend auf die nach der Befreiung erfolgten "Wanderungsbewegungen" ankommt. Die dennoch getroffenen Aussagen konnten in der Regel aber ausreichend belegt werden.

Im 2. Kapitel wird vergleichsweise ausführlich auf die verschiedenen Formen der

---

31 Walch, Bemühungen, 1971.

Zwangsarbeit eingegangen. Zum einen haben sich gerade juristische Arbeiten zum Entschädigungsrecht zu Recht einem erhöhten Legitimationsbedarf zu stellen. Hier wird die historische Forschung rezipiert, wobei besonderes Augenmerk auch auf die Sichtweise der Verfolgungsopfer zu richten ist. Zum anderen kommt es für die Frage, was Verfolgung ist, wesentlich auf die historische Bewertung dieser Verfolgungsschicksale an. Nur in der Auseinandersetzung mit der Geschichte, nicht aus vermeintlichen rechtlichen Vorgaben, kann beurteilt werden, was als Verfolgung anzusehen ist.

Im 3. Kapitel ist der Frage nachzugehen, ob sich in den ersten Nachkriegsjahren ein völkerrechtliches Entschädigungsrecht herausgebildet hat. Im Mittelpunkt steht die Untersuchung des Reparationsbegriffs. Trotz einer breiten Auseinandersetzung zur Reparationsfrage war eine ausführliche Darstellung notwendig, weil der hier interessierende Zusammenhang mit der Entschädigungsfrage regelmäßig nicht thematisiert wird. Während die Reparationsfrage meist nur unter dem Aspekt des macht- und deutschlandpolitischen Kalküls der Siegermächte untersucht wird, geht es hier ausschließlich um die Frage, weshalb und wofür Reparationen erhoben werden.

Im 4. Kapitel werden die Entstehungsbedingungen des bundesrepublikanischen Entschädigungsrechts herausgearbeitet. Hier ist nachzuzeichnen, wie der Reparationsbegriff einem abermaligen Wandel unterliegt und in welcher Funktion das Entschädigungsrecht ergänzend bzw. ersetzend hinzutritt. Von den ersten fürsorgerischen Maßnahmen wird der Entwicklung bis zur Schlußgesetzgebung im Jahre 1965 nachgegangen. Gerade in diesem Kapitel geht es um die Verzahnung zwischen Völker- und Entschädigungsrecht.

Im 5. Kapitel wird im ersten Abschnitt die Rechtsprechung zum Verfolgungsbegriff aufgearbeitet. Weitgehend vollständig werden die veröffentlichten Entscheidungen hinsichtlich der ausländischen Verfolgten referiert, um den strukturellen Gehalt der die im Kapitel zuvor dargestellten Gesetzgebung lediglich ausfüllenden Rechtsprechung zu zeigen. Die knappe Skizzierung der weiteren Rechtsprechung zum Verfolgungsbegriff soll helfen, das gewonnene Ergebnis in einen etwas allgemeineren Zusammenhang einzuordnen. In einem weiteren Abschnitt wird die Auseinandersetzung um zivilrechtliche Individualansprüche referiert. Mit Hilfe der Rechtsprechung werden die in den beiden vorangegangenen Kapiteln dargestellten reparationspolitischen Entscheidungen zivilrechtlich abgesichert. In einem dritten Abschnitt wird auf die Bedeutung des Reparationsarguments für die Ablehnung weiterer Globalforderungen hingewiesen. Im Vordergrund der Darstellung stehen die polnischen Forderungen. Der abschließende Ausblick referiert die Auseinandersetzung bis zur deutschen Einigung im Jahre 1990.

Während die kapitelabschließenden Zusammenfassungen auf den jeweiligen Inhalt bezogen sind, wird im 6. und letzten Kapitel auf knappem Raum eine kapitelübergreifende rechtliche Würdigung in Form von Thesen gegeben.

Bei Zitaten aus englischsprachigen Quellen handelt es sich, soweit nicht eine deutsche Quelle angegeben wird, um eigene Übersetzungen. Querverweise beziehen sich auf Kapitel (arabische Zahlen), Abschnitt (römische Zahlen) und Unterabschnitt (arabische Zahlen und Buchstaben).

2. KAPITEL: ZWANGSARBEIT IM NATIONALSOZIALISMUS

Unter dem Begriff "Zwangsarbeit" werden vier unterschiedliche Gruppen zusammengefaßt:

- die Häftlinge in den seit 1933 bestehenden Konzentrationslagern, deren Gesamtzahl nach Einbeziehung in die Kriegswirtschaft bei Kriegsende etwa 700.000 betrug;
- Juden sowie Sinti und Roma, die nach Zerstörung ihrer wirtschaftlichen Existenzgrundlage ab 1938 zur Arbeit gezwungen wurden;
- die "Fremdarbeiter", zivile und kriegsgefangene ausländische Arbeitskräfte, deren Arbeitsbedingungen, rassisch begründet, z.T. sehr unterschiedlich waren. Ihre Zahl betrug im August 1944 7,8 Millionen;
- die Arbeitskräfte in den okkupierten Gebieten, die über die Einbeziehung der erbeuteten Industrien hinaus zu bestimmten Arbeiten, Bau- und Schanzarbeiten bei verschiedenen Organisationen oder der Wehrmacht gezwungen wurden. Ihre Gesamtzahl geht in die Millionen.

I. Zwangsarbeit in den Konzentrationslagern

Bereits die Entwicklung der Konzentrationslager zeigt, daß "Zwangsarbeit" kein Kriegsphänomen ist. Zwangsarbeit gehörte von Anfang an zum Alltag im Konzentrationslager, wobei ihre Funktion und Bedeutung wesentlich von der Einbeziehung der Konzentrationslager in das wirtschaftliche und politische Gesamtsystem abhingen.[1]

1. Die Funktion der Konzentrationslager bis Mitte der dreißiger Jahre

Die Ausschaltung der politischen Opposition, insbesondere der Linken, setzte unmittelbar nach der "Machtergreifung" im Januar 1933 ein. Das neue Instrumentarium der "Schutzhaft" führte zur Überfüllung der herkömmlichen, staat-

---

1 Die folgende Darstellung orientiert sich vor allem an der grundlegenden Arbeit von Pingel, Häftlinge; s.a. dessen Überblick in: Eiber (Hrsg.), Verfolgung, und in: Michalka (Hrsg.), Weltkrieg.

lichen Haftstätten und der Errichtung neuer, vor allem von SA-Kommandos lokal und eigenmächtig geschaffener "wilder" Lager. Frühzeitig wurden daneben staatliche Konzentrationslager geschaffen, die weder der Justizverwaltung noch unmittelbar Parteiinstanzen unterstanden, sondern der politischen Polizei des jeweiligen Landes. In diesen Lagern wurde ab Sommer 1933 der Schutzhaftvollzug durchgeführt.

Den Kampf um die aus dem traditionellen Verwaltungsaufbau herausgelöste politische Polizei als wichtige Machtstütze konnte Himmler als Reichsführer SS mit seiner Ernennung zum stellvertretenden Chef der preußischen Geheimen Staatspolizei und der seines Gefolgsmannes Heydrich zu deren Chef im April 1934 gegen Göring als preußischen Innenminister und das Reichsinnenministerium unter Frick für sich entscheiden. Bis zum Frühjahr 1934 hatte Himmler als Reichsführer SS seine Ernennung zum Kommandeur der politischen Polizei in allen übrigen deutschen Ländern durchgesetzt. Die Festigung von Himmlers Machtstellung und der Prozeß der "Verreichlichung" wurde durch Führererlaß vom Juni 1936 [2] abgeschlossen, durch den Himmler als nur noch dem Reichsminister des Innern persönlich und unmittelbar unterstellter Chef der Deutschen Polizei mit der Dienstbezeichnung "Der Reichsführer SS und Chef der Deutschen Polizei im Reichsministerium des Innern" eingesetzt wurde. Dies bedeutete für Himmler und seine mit dem polizeilichen Exekutivapparat verschmolzene SS eine relative Verselbständigung, da die SS bereits 1934 nach dem sog. Röhm-Putsch zur selbständigen, nicht mehr dem "Stabschef der SA" unterstehenden, Parteigliederung, die allein Hitler als Parteiführer unterstand, aufgewertet worden war und so neben dem Reichsinnenministerium eine zweite, höhere Befehlshierarchie bestand.

Durch den organisatorisch gleichen Aufbau von Polizei und SS sowie die durchgehende Doppelbesetzung aller Ämter erfolgte eine weitgehende Verzahnung zwischen Staats- und Parteiapparat. Die traditionelle (uniformierte) Polizei unterstand dem Hauptamt Ordnungspolizei. Das Hauptamt Sicherheitspolizei umfaßte die Geheime Staatspolizei und die Kriminalpolizei. Als diesen nach Kriegsbeginn auch der Sicherheitsdienst des Reichsführers SS angegliedert wurde, führte es die Bezeichnung Reichssicherheitshauptamt.[3]

---

2 Erlaß vom 17.06.1936, RGBl. I, 487.

3 Zur Entwicklung der Polizeiorganisation s. Buchheim, in: Anatomie 1; ders., in: Gutachten, S. 294 ff.; Wagner, in: Reifner/Sonnen (Hrsg.), Strafjustiz, S. 161 ff.; Broszat, Staat, S. 336 ff.; Bracher u.a. II, S. 204 ff.; Plum, VfZ 1965, S. 191 ff.; aus dem zeitgenössischen Schrifttum s. Best, Polizei, S. 41 ff. u. 85 ff.; Maunz,

Die gesamte Verwaltung und Leitung der Konzentrationslager oblag dem Inspekteur der Konzentrationslager, der unmittelbar dem Reichsführer SS unterstand.[4] Dieses Amt hatte Himmler im Juni 1934 nach Festigung seiner Stellung geschaffen. Der von ihm eingesetzte vormalige Kommandant von Dachau, Eicke, ordnete die SS-Wachmannschaften neu und straffte das Konzentrationslager-System.[5] Von den Konzentrationslagern wurden zunächst nur Dachau in Bayern, Esterwegen im Emsland, Columbia-Haus in Berlin, Oranienburg in der Nähe Berlins, Lichtenburg bei Prettin an der Elbe in Preußen und in Sachsen Sachsenburg (nördlich von Chemnitz) übernommen. Hinzu kam das Konzentrationslager Fuhlsbüttel in Hamburg. In dieser ersten Phase waren vorwiegend politische Schutzhafthäftlinge von der Sicherheitspolizei eingewiesen worden. Ihre Maßnahmen unterlagen ebensowenig wie die der Wachmannschaften einer außerbehördlichen oder gar gerichtlichen Kontrolle.[6] Die Behandlung der Häftlinge war von Anfang an unmenschlich. Mißhandlungen, die bereits vor der Einweisung erfolgt waren, wurden hier fortgesetzt. Ein abgestuftes Strafensystem mit u.a. Arrest und körperlicher Züchtigung, "verschärften Vernehmungen", Begrenzung der Kommunikationsmöglichkeiten und weiteren Drangsalierungen und Schikanen wie kaum oder keine Ruhepausen, allgemeine ständige Hetze, Kontrolle des "Bettenbaus", eine genau einzuhaltende Ordnung, Zählappelle und ungenügende Ernährung kennzeichneten bereits in dieser frühen Phase den Lageralltag.[7]

In Dachau und den übrigen Lagern herrschte seit Errichtung Arbeitszwang.[8] Arbeit diente dabei zum einen als Schikane, z.T. verbrämt als "Erziehungszweck". Dies drückte sich in unsinnigen Arbeiten wie Steine Auf- und Abschichten oder in dem Umstand aus, daß ausreichende Arbeitsmittel oder eine entsprechende

---

Gestalt, S. 6 ff. u. 29 ff.

4 § 2 Abs. 4 der Verordnung zur Ausführung des Gesetzes über die Geheime Staatspolizei v. 10.02.1936, Pr. GS, 21, unterstellte die Konzentrationslager dem Geheimen Staatspolizeiamt; s.a. Tesmer, DR 1936, S. 135. Im Zuge der Neuorganisation durch den Führererlaß vom 17.06.1936 ging die Leitung der Konzentrationslager auf die SS über, vgl. Broszat, in: Anatomie 2, S. 56 u. 61 ff; Pingel, Häftlinge, S. 35; Hirsch u.a., Recht, S. 328.

5 Zu Eicke, seiner Einsetzung als Inspekteur und der Vorbild- und Ausbildungsfunktion des KZ Dachau ausf. Richardi, Schule; ders. in: Eiber (Hrsg.) S. 43-45 u. 51-53.

6 Neben den bereits Genannten s. die Beiträge in: Studien; Kogon, SS-Staat, S. 60 ff.; zur Rechtskontrolle vgl. Hirsch u.a., Recht, S. 319 f; Fraenkel, Doppelstaat, S. 52 ff.

7 Vgl. Pingel, Häftlinge, S. 42 ff.; Timpke, in: Studien, S. 15 f.; Broszat, in: Anatomie 2, S. 46 ff.

8 Vgl. Langbein, Dachauer Hefte 2, S. 3; Richardi, in: Eiber (Hrsg.), Verfolgung, S. 59; Pingel, Häftlinge, S. 35.

Kleidung nicht zur Verfügung gestellt wurden und im vorwiegenden Einsatz der Häftlinge zu schweren und schwersten körperlichen Arbeiten in Steinbrüchen, Kiesgruben, bei der Landkultivierung und im Straßenbau. Daneben bestand von Anfang an ein wirtschaftliches Interesse seitens der SS unter Himmler, nicht nur im fiskalischen Sinne der Selbstreproduktion der Lagerstätten, sondern mit dem Ziel der wirtschaftlichen Bereicherung und Machtausdehnung. In Dachau wurde dieses Ziel mit der Errichtung verschiedener Werkstätten als Regiebetriebe angegangen und setzte sich in den Versuchen, eigene Industriebetriebe zu errichten, fort. Dieser Widerspruch zwischen Ideologie und Ökonomie durchzieht nicht nur alle Perioden des Lagersystems, sondern gilt auch für die außerkonzentrationäre Zwangsarbeit und wurde weitgehend bestimmend für die Behandlung der Zwangsarbeiter und -innen.[9] Genaue Zahlenangaben liegen für diese erste Zeit nicht vor. Nach Schulz gab es nach Abschluß der terroristischen Phase nach einer offiziellen Zählung, die die "wilden" Verhaftungen nur z.T. erfaßte, Ende Juli 1933 fast 27.000 Schutzhafthäftlinge in Deutschland, davon etwa 15.000 in Preußen.[10] Bis dahin waren die neuen Lager für eine längere Inhaftierung erst im Aufbau und wurden viele Häftlinge noch nach kurzer Zeit entlassen. Die Lagerstruktur mit dem Kennzeichen "Zwangsarbeit" war erst im Entstehen. Für November 1936 sind nach amtlicher Lesart in den Konzentrationslagern und einem Frauenschutzhaftlager sowie den 1936 unter Justizaufsicht unterstellten Emslandlagern 4761 Häftlinge inhaftiert gewesen.[11] Letztere Angaben dürften mit der Zahl der Zwangsarbeiter identisch sein.

2. Die allmähliche Erweiterung des Lagersystems

Vor der "Zeit der konzentrierten Rüstungsproduktion in der militärischen Defensive" ab 1942 hatten die Konzentrationslager in der zweiten Periode ab 1936 nach Pingel eine mehrfache Funktion:

"1. Sie brachten den Konzentrationsprozeß aus dem Jahre 1933/34 zu Ende. Alle Lager aus der ersten Periode bis auf das Ursprungs-SS-Lager Dachau wurden mit Beginn der zweiten Periode aufgelöst.
2. Die neuen Lager wurden bereits im Hinblick auf verschärfte sicherheitspolizeiliche Maßnahmen geplant, die für den Kriegsfall zu erwarten waren und größere Unterbringungskapazitäten nötig machen würden.

---

9 Vgl. Pingel, Häftlinge, S. 35 ff.; ders., in: Weltkrieg, S. 786; Langbein, Dachauer Hefte 2, S. 6.

10 Vgl. Bracher u.a., Machtergreifung II, S. 211; Broszat, in: Anatomie 2, S. 24.

11 Angaben nach Bracher u.a., ebd.; auf höhere Häftlingszahlen deuten die Angaben bei Broszat, ebd., S. 64, hin; vgl. a. Pingel, Häftlinge, S. 25 mit Fn. 8.

3. Sie sollten u.a. dem Häftlingseinsatz in neugegründeten SS-Wirtschaftsunternehmungen dienen, mit denen Himmler einen Beitrag zur Vierjahresplanproduktion zu leisten beabsichtigte."[12]

Im Zuge der Zentralisierung von Großlagern blieb nur Dachau erhalten. 1937 wurde Buchenwald in der Nähe Weimars mit einer Ziegelei errichtet. Es folgten 1938 Mauthausen (Österreich) als Straf- und Ravensbrück als Frauenkonzentrationslager. Das im Mai 1938 in Oberbayern errichtete Lager Flossenbürg diente der Ausbeutung von Granitvorkommen. Die 1938 bzw. 1940 zunächst als Nebenlager von Sachsenhausen errichteten Lager Neuengamme bei Hamburg (Betrieb eines Klinkerwerks) und Groß-Rosen in Niederschlesien (Abbau von Granitvorkommen) wurden 1940 bzw. 1942 zu selbständigen Konzentrationslagern erhoben. Mit der Errichtung der geographisch auf Deutschland verteilten Konzentrationslager sollte das "November-Trauma" von 1918 vermieden werden.[13] Als im Zuge des Abbaus der Arbeitslosigkeit und des Ausbaus der Rüstungswirtschaft Arbeitskräfte knapp wurden, versuchte auch die SS durch Gründung eigener wirtschaftlicher Unternehmungen, die Konzentrationslagerhäftlinge anmieteten, ihre Unabhängigkeit gegenüber der Privatwirtschaft auszubauen. Mitte 1940 war mindestens ein Drittel aller Konzentrationslagerhäftlinge bei SS-Wirtschaftsbetrieben beschäftigt.[14]

a. Die Einbeziehung sozialer Randgruppen in das Häftlingssystem

Zur Überwindung eines "Engpasses der Arbeitskräfte", der es erforderlich mache, "auch die letzten Reserven für den Arbeitseinsatz ausfindig zu machen und zu mobilisieren", wie es in einer 1939 erschienenen "Gemeinschaftsarbeit von Angehörigen der Reichsanstalt für Arbeitsvermittlung und Arbeitslosenversicherung" heißt, sind in den Jahren 1937/38 verstärkt "Asoziale" in das Konzentrationslagersystem einbezogen worden. Es habe sich als besonders wirksam erwiesen, heißt es dort, daß "eine Reihe besonders asozialer Menschen zwangsweiser Arbeit oder zeitweiser Inhaftierung zugeführt worden" sei. "Diese in zahlenmäßig beschränktem Umfang durchgeführte Aktion" habe zur Folge ge-

---

12 Pingel, Häftlinge, S. 61.

13 Vgl. Mason, Sozialpolitik, S. 15 ff.; August, Archiv für Sozialgeschichte 24, S. 319 f.

14 Zur Ausweitung der Lagerorganisation vgl. neben Pingel, Häftlinge, S. 61 ff., Broszat, Anatomie 2, S. 65, 81 u. 97 ff., sowie die einzelnen Beiträge in: Studien. Zu den wirtschaftlichen Aspekten s. neben Georg, Unternehmungen, Broszat, ebd., S. 77 f.; Pingel, ebd., S. 64 ff.; Johe, in: Studien, S. 30f.; Rabitsch, in: Studien, S. 50.

habt, "daß die Arbeitsbereitschaft sich bei dem überwiegenden Rest dieses Personenkreises alsbald eingestellt" habe.[15] Wenn es bei diesen Maßnahmen in erster Linie um Beschaffung von Arbeitskräften für die SS-Unternehmen [16] und die Erweiterung ihres Machtbereichs ging, so ist der abschreckende Effekt auf die Gesamtbevölkerung nicht zu vernachlässigen. Ayas weist in seiner Untersuchung darauf hin, daß zumindest nach den wenigen bislang bekannten Angaben über Verhaftungen hauptsächlich erwerbsbeschränkte, oft kranke Menschen betroffen gewesen seien.[17] Waren "Asoziale" auch vor 1933 staatlichen Zugriffen ausgesetzt, so bedeutete ihre Einbeziehung in das Konzentrationslagersystem ein Zusammentreffen in der "sozialen Frage" mit den bisherigen Einrichtungen wie z.B. den Arbeitshäusern.

Bereits im März 1937 wurden in Ausdehnung des Anwendungsbereichs der Reichstagsbrandverordnung 2000 "Berufs- und Gewohnheitsverbrecher sowie gewohnheitsmäßige Sittlichkeitsverbrecher" festgenommen und in die Konzentrationslager überführt. Mit der Aktion "Arbeitsscheu Reich", angeordnet durch Erlaß des Reichsführers SS und Chefs der Deutschen Polizei vom 26.01.1938, wurde im April 1938 mit einer ersten Verhaftungsaktion der Auftakt zu einer umfassenden Verfolgung von "Asozialen" gegeben.[18] Danach wurden "Arbeitsscheue" definiert als "Männer im arbeitsfähigen Lebensalter, deren Einsatzfähigkeit in der letzten Zeit durch amtsärztliche Gutachten festgestellt worden ist oder nicht festzustellen ist, und die nachweislich in zwei Fällen die ihnen angebotenen Arbeitsplätze ohne berechtigten Grund abgelehnt oder die Arbeit zwar aufgenommen, aber nach kurzer Zeit ohne stichhaltigen Grund wieder aufgegeben haben".[19]

Bereits zuvor war im Runderlaß des Reichs- und Preußischen Minister des Innern vom 14.12.1937 [20] die Vorbeugungshaft auf "Asoziale" ausgedehnt worden.

---

15 Sommer, Praxis, S. 93 u. 105.

16 Dies betonen Broszat, in: Anatomie 2, S. 76 ff.; Buchheim, in: Gutachten II, S. 192 f.

17 Ayas, Beiträge 6, S. 69f.; ebs. Pingel, Häftlinge, S. 72, unter Hinweis auf ihre relativ schnelle Entlassung in den außerkonzentrationären Arbeitsprozeß; letzteres wird bestritten von Ayas, Beiträge 5, S. 161, u. Beiträge 6, S. 61. Zu ersten Einweisungen ab 1933 vgl. Pingel ebd., S. 27; Ayas, Beiträge 5, S. 64 ff.; Broszat, in: Anatomie 2, S. 67 ff.

18 Hierzu u. zum Folgenden Ayas, Beiträge 6; Broszat, in: Anatomie 2, S. 70 ff. u. 74 ff.; Pingel, Häftlinge, S. 70 ff.; Buchheim, Gutachten II.

19 So Nr. 1 des Erlasses v. 26.01.1938, abgedruckt bei Buchheim, in: Gutachten II, S. 189 ff.

20 Abgedruckt bei Ayas, Beiträge 6, S. 46 f.

Der Erlaß erfaßte "Planmäßig Überwachte", "Berufsverbrecher", "Gewohnheitsverbrecher", "Gemeingefährliche", "Vermutliche Rechtsbrecher" und "Asoziale". Als "Asoziale" waren diejenigen anzusehen, die durch ihr "asoziales Verhalten die Allgemeinheit" gefährdeten oder durch ihr "gemeinschaftswidriges Verhalten" zeigten, daß sie sich nicht "in die Gemeinschaft einfügen" wollten, insbesondere

"1. Personen, die durch geringfügige, aber sich immer wiederholende Gesetzesübertretungen sich der in einem nationalsozialistischen Staat selbstverständlichen Ordnung nicht einfügen wollen (z.B. Bettler, Landstreicher (Zigeuner), Dirnen, Trunksüchtige, mit ansteckenden Geschlechtskrankheiten behaftete Personen, die sich den Maßnahmen der Gesundheitsbehörden entziehen);
2. Personen, ohne Rücksicht auf etwaige Vorstrafen, die sich der Pflicht zur Arbeit entziehen und die Sorge für ihren Unterhalt der Allgemeinheit überlassen (z.B. Arbeitsscheue, Arbeitsverweigerer, Trunksüchtige, bei denen die üblichen Maßnahmen der Fürsorgestellen wirkungslos geblieben sind)." (Nr. V)

Mit Schnellbrief des Reichskriminalpolizeiamtes vom 01.06.1938 [21] wurde für denselben Monat die Verhaftung der "männlichen arbeitsfähigen Personen (asoziale)" angeordnet. Ein höherer SS-Funktionär bezeichnete die Gesamtzahl der Verhafteten im Reich mit "weit über 10.000", eine Zahl, deren Größenordnung Ayas angesichts der vorliegenden Teilzahlen für durchaus glaubwürdig hält.[22]

b. Vermehrte Einweisung von Juden

Mit demselben Schnellbrief wurde auch die Einweisung aller "männlichen Juden", "die mit mindestens einer Gefängnisstrafe von mehr als einem Monat bestraft sind", verfügt. Etwa ein Drittel der Häftlinge, die im Verlaufe der "Asozialen-Aktion" nach Buchenwald eingeliefert wurden, waren Juden.[23] Bereits zuvor stellten Juden ca. 10% der Häftlinge, wenn auch das Hauptmerkmal der Verhaftung noch nicht das Attribut "Jude" war. Von Anfang an hatten sie jedoch auch innerhalb der Lagergemeinschaft die schlechtesten Lebens- und Ernährungsbedingungen. Sie waren z.T. abgetrennt von den übrigen Häftlingen, konnten nicht in Funktionsstellen aufsteigen, gehörten den schlimmsten Arbeitskommandos an, wurden fast ausnahmslos auf den härtesten und gefährlichsten Arbeitsplätzen in den Steinbrüchen und bei anderen Erd- oder Bauarbeiten ein-

21 Abgedruckt bei Buchheim, in: Gutachten II, S. 191 f. Zur Frage der Kompetenzteilung zwischen Kripo und Gestapo vgl. Ayas, Beiträge 6, S. 66 f.

22 S. Ayas, Beiträge 6, S. 60.

23 Vgl. Pingel, Häftlinge, S. 263, Fn. 112.

gesetzt und waren bevorzugtes Objekt von Mißhandlungen. Ihre Sterblichkeit lag generell über derjenigen nichtjüdischer Häftlinge.[24]

Im Gefolge der "Reichskristallnacht" wurden über 30.000 Juden des Deutschen Reiches in den Novemberwochen inhaftiert, von denen der größte Teil bis Ende Januar wieder entlassen wurde. Mehrere Hundert der Inhaftierten überlebten allerdings nicht die Haft. Zwangsarbeit war hier hauptsächlich ein Mittel der Schikane.[25]

c. Die Einbeziehung Angehöriger besetzter Länder in das Häftlingssystem

Nach Ausbruch des Krieges bildeten die ausländischen Häftlinge die Mehrheit in den Lagern. Der erste Transport aus Polen kam im Oktober 1939 in Buchenwald an. Standgerichte und Exekutionen, die nach dem Einmarsch der deutschen Truppen zum polnischen Besatzungsalltag gehörten, hatten wie erste Massenverhaftungen die Verhinderung jeglichen Widerstands durch Ausschaltung der polnischen Intelligenz zum Ziel und dienten zunächst der Absicherung der breiten Okkupationspolitik.[26] 1940 kamen über Dachau als Verteilerlager mit ca. 20.000 polnischen Häftlingen nahezu so viele Polen in die Lager, wie diese zu Kriegsbeginn Insassen gehabt hatten. Als größere Gruppe befanden sich noch Tschechen und republikanische Spanier in den Lagern. Polnische und später die sowjetischen Häftlinge hatten nach den jüdischen die schlechtesten Haftbedingungen. Mit Vormarsch der deutschen Truppen wurden Angehörige aller besetzten Länder deportiert und in die Konzentrationslager eingeliefert.[27] Dieser neue Häftlingsschub führte zu einer Überbelegung der Konzentrationslager und einem ersten starken Anstieg der Sterblichkeit. Bis zum Sommer 1940 wurden neue Konzentrationslager gebaut, so in Auschwitz (Juni 1940), Stutthof bei Danzig (September 1939), Natzweiler im Elsaß (1940) und Majdanek bei Lublin

---

24 Neben Pingel, Häftlinge, S. 91 ff., s. Kogon, SS-Staat, S. 67.; vgl. Poller, Arztschreiber, S. 107 ff., 133 ff. u. 191 ff., zum tödlichen Auszehrungsprozeß tschechischer Juden in einem Sonderlager in Buchenwald im März 1939 (Ausgabe 1960: S. 132 ff., 163 ff., 236 ff.).

25 Vgl. die Angaben bei Benz, in: ders. (Hrsg.), Juden, S. 528; Graml, Reichskristallnacht, S. 32; Pingel, Häftlinge, S. 94 u. Fn. 121, S. 264. Zur Zwangsarbeit vgl. den authentischen Bericht bei Benz, ebd., S. 531.

26 Vgl. Madajczyk, Okkupationspolitik, S. 12 ff. u. 59 ff., zu Erschießungen von Juden S. 18.

27 Vgl. Pingel, Häftlinge, S. 97 u. 100 ff.; Broszat, in: Anatomie 2, S. 94; für Mauthausen s. Rabitsch, in: Studien, S. 61 ff.; zu Polen in Konzentrationslagern s. Madajczyk, Okkupationspolitik, S. 313 ff.

sowie im Reichsgebiet Groß-Rosen in Niederschlesien oder wurden bestehende Lager ausgebaut (z.B. Neuengamme, seit Juni 1940 selbständig). Neben diesen großen Lagern wurden eine Vielzahl kleinerer Lager errichtet, die z.T. ebenfalls der SS oder der Geheimen Staatspolizei unterstanden und deren Lebensbedingungen sich nicht oder kaum von denen der Konzentrationslager unterschied.[28] In dieser Periode war angesichts der Häftlingsmassen und des siegreichen deutschen Vormarsches Arbeitskraft jederzeit ersetzbar. Während in der ersten Periode die Arbeit wesentlich von der Straffunktion bestimmt wurde und sich mehr an der Doktrin der Beschäftigung als an der Nützlichkeit des zu erarbeitenden Produkts auszurichten hatte, Arbeit Mittel des Haftvollzugs nach dem Motto: "Wer ißt, soll auch arbeiten" war, verschärfte der Überschuß an Arbeitskraft die Lebensbedingungen. Nach Pingel war nie mehr als ein Drittel der Häftlinge in SS-Betrieben beschäftigt und ein weiteres Drittel überhaupt ohne Beschäftigung. Da sie nicht arbeiteten, seien sie ausgehungert worden:

"Der ungeheure Verschleiß an Arbeitskraft schlug ökonomisch für die Lager-SS nicht negativ zu Buche: Sozial- und Krankheitskosten gab es nicht, die Lohnkosten waren zu vernachlässigen; sie betrugen nicht mehr als 30 Pf. pro Tag. Die Arbeitskraft wurde den Bilanzführern als Kostenfaktor nicht bewußt - das war eigentlich noch unter dem Niveau eines Sklavenstaates ...
So entstand in der zweiten Periode die paradoxe Situation, daß schwere und keine Arbeit zu ähnlich hohen Todesraten führten".[29]

d. Vernichtung innerhalb und außerhalb des "Arbeitseinsatzes"

Diese Lebens- und Arbeitsbedingungen schlugen sich unmittelbar in der Sterblichkeitsrate nieder. Während in den Anfangsjahren im Vergleich mit der späteren Entwicklung der Tod eher als Einzelerscheinung auftrat, so starben in Dachau bis 1936 61 Menschen, nahm seit dem Winter 1938/39 die Todesrate aufgrund vermutlich wegen Überfüllung ausgebrochener erster Typhusepidemien und allgemeiner Unterernährung zu. Rassepolitische Zielsetzungen wurden im Konzentrationslager in einer differenzierten Vernichtungsstrategie fortgesetzt, die sich auch in der höchsten Todesrate bei Juden, gefolgt von Polen, widerspiegelt. So starben in Dachau bei einer Belegstärke von 7.500 alleine im Jahre 1941 2.700 Menschen, in Mauthausen 2.322 bei einer Belegstärke von 3.070

---

28 Vgl. Madajczyk, Okkupationspolitik, S. 308 f., 320 ff. u. 328 ff.; Broszat, in: Anatomie 2, S. 100 ff.

29 Pingel, in: Michalka (Hrsg.), Weltkrieg, S. 790; s.a. ders., Häftlinge, S. 66 ff.; ähnl. aus der Sicht eines ehemaligen Konzentrationslagerhäftlings Poller, Arztschreiber, S. 40 f.; vgl. a. die Schilderungen der für ihn fast tödlichen Arbeit im Steinbruch, S. 62 ff. (Ausgabe 1960: S. 48 ff. u. 76 ff.).

(1940). Neben der "Vernichtung durch Arbeit" wurden Häftlinge, die nicht beschäftigt werden konnten und deren Verpflegung daher noch weiter reduziert wurde, ab Frühjahr 1940 dem Hungertod preisgegeben. Statt Verbesserung der Lebensbedingungen wurde die Vernichtungskapazität durch Vergasungsaktionen seit dem Herbst 1941 erhöht. Nach den Insassen von Heil- und Pflegeanstalten wurden nicht nur von Ärztekommissionen selektierte arbeitsunfähige Häftlinge, sondern auch Juden und politisch unliebsame Häftlinge umgebracht.[30]

3. KZ-Arbeiter als Mittel der Rüstungswirtschaft

Die dritte Periode der Konzentrationslagerentwicklung (1942-1945) wurde von zwei scheinbar sich widersprechenden Zielsetzungen bestimmt, dem Einsatz der Häftlinge in der Rüstungsindustrie und der Vernichtung der Juden.[31] Mit dem Krieg gegen die Sowjetunion setzte zum einen die massenweise, systematisierte Vernichtung der Juden und Roma durch die Einsatzgruppen ein und wurden mit Chelmno, Belzek, Treblinka und Sobibor reine Vernichtungslager gegründet.[32] Von den hier aus ganz Europa angelieferten Menschen wurde keiner, auch nicht zum Zwecke der Zwangsarbeit, am Leben erhalten. Der sogenannte Kommissarbefehl sah im Krieg gegen die Sowjetunion die Erschießung "politischer Kommissare aller Art" vor.[33]

Mit dem Überfall auf die Sowjetunion war aber auch die Serie der "Blitzkriege" zu Ende gegangen. Mit dem ausbleibenden Sieg sollten die Konzentrationslager in die Rüstungswirtschaft einbezogen werden. Der Einsatz der Häftlinge setzte sich jedoch erst später durch, weil mit der Entscheidung für den massenhaften Einsatz von sowjetischen Zivilarbeitern und Kriegsgefangenen im November 1941 zunächst ein genügend großes Arbeitskräftereservoir zur Verfügung stand.[34] Zwar reagierte die SS auf die Erfordernisse der Kriegswirtschaft bereits im Februar 1942 mit der Zusammenlegung der Hauptämter Haushalt und Bauten sowie Verwaltung und Wirtschaft zum Wirtschafts-Verwaltungshauptamt (WVHA) unter Oswald Pohl, dem einige Monate später die Inspektion der Kon-

30 Vgl. Pingel, Häftlinge, S. 50 u. 80 ff.; zu Mauthausen s.a. Rabitsch, in: Studien, S. 59 ff.; zum "Essensentzug für das ganze Lager" s. Poller, Arztschreiber, S. 134 ff. (Ausgabe 1960: S. 165 ff.); zur Ernährungslage a. Kogon, SS-Staat, S. 136 ff.

31 Vgl. Pingel, Häftlinge, S. 118.

32 Vgl. Rückerl, NS-Vernichtungslager; Hilberg, Vernichtung, S. 197 ff. u. 585 ff.

33 Vgl. Streit, Kameraden, S. 44 ff.; Streim, Gefangene, S. 29 f. u. 222 ff.

34 Vgl. Herbert, Fremdarbeiter, S. 145 ff.

zentrationslager als Amtsgruppe D unterstellt wurde.[35] Pohl berichtete 1942 an Himmler, der Krieg habe eine "sichtbare Strukturveränderung der Konzentrationslager gebracht", und die "Mobilisierung aller Häftlingskräfte zunächst für Kriegsaufgaben (Rüstungssteigerung) und später für Friedensaufgaben" schiebe sich immer mehr in den Vordergrund, was eine entsprechende Organisation erfordere.[36]

Erhöhte Sicherheitsanforderungen der SS an die Industrieunternehmen und vor allem ihr Versuch, die Produktion von den Betrieben in die Konzentrationslager zu ziehen mit der Folge, daß diese der SS unterstanden hätten, stießen aber auf Ablehnung der Wirtschaft und des Rüstungsministeriums unter Speer. Sie witterten die unliebsame Konkurrenz seitens der SS. Speer setzte sich durch. Bis zur Herausgabe neuer Vorschriften durch Speer im Oktober 1944 lief nach Antragstellung beim Wirtschafts-Verwaltungshauptamt (Amtsgruppe D II) das Verfahren folgendermaßen weiter:

"Standen Häftlinge zur Verfügung, so prüften Maurer oder ein beauftragter KZ-Kommandant die Unterkünfte und die Sicherheitsbedingungen des antragstellenden Werkes. War die Prüfung positiv verlaufen und hatte Pohl die Genehmigung erteilt, so bekam das regional zuständige KZ die Anweisung, eine entsprechende Anzahl von Häftlingen zur Verfügung zu stellen. Die betreffenden Firmen wurden aufgefordert, von dem vorhandenen [Menschen]-Material in dem betreffenden KZ-Lager oder wenn nötig aus mehreren KZ-Lagern, die für sie am besten geeigneten Arbeitskräfte herauszunehmen. Die Vertreter derselben betraten zu diesem Zweck das Innere des Lagers bzw. das Lager in Begleitung des Lagerkommandanten oder seines Beauftragten und hatten dadurch Einblick in die Bedingungen, die in dem betreffenden KZ-Lager herrschten. Die Firmen hatten für den Bau des neuen Lagers mit allen Versorgungseinrichtungen aufzukommen".[37]

Neben den Häftlingen stellte die SS das gesamte Bewachungs- und Verwaltungspersonal und berechnete für Facharbeiter bei 11-stündiger Arbeit RM 6,--, für Hilfsarbeiter RM 4,--. Und ab Oktober 1944 galt folgendes Verfahren:

"Alle Anträge waren nun nur noch an sein Ministerium zu leiten, vorher aber bei den zuständigen Arbeitsämtern oder Gauarbeitsämtern vorzulegen, um Doppelanforderungen von Arbeitskräften, seien es Häftlinge oder freie Arbeitskräfte, zu verhindern. Die Prüfung der Anträge auf ihre Dringlichkeit und Notwendigkeit erfolgte in Zusammenarbeit mit dem Generalbevollmächtigten für den Arbeitseinsatz, Sauckel, worauf die Weiterleitung an das WVHA durch Kurier erfolgte. Dort prüfte man nach den bereits referierten Bestimmungen die Einsatzmöglichkeiten durch die SS, wobei auch auf von der übrigen Belegschaft getrennte Arbeitsplätze und fluchtsichere Unterbringung geachtet wurde. Das Ministerium

---

35 Vgl. Fröbe u.a., Konzentrationslager, S. 22; Hilberg, Vernichtung, S. 586 ff.

36 Vgl. Fröbe u.a., S. 22 f.; Pingel, Häftlinge, S. 123.

37 Fröbe u.a., Konzentrationslager, S. 26 f.; s.a. Klewitz, Arbeitssklaven, S. 188 ff.

schärfte abschließend noch einmal ein, daß zur Erzielung eines geordneten Gangs und einer schnellen Erledigung fortan jeder Direktkontakt der Firmen mit der SS zu unterlassen sei."[38]

Die unmittelbare Einbeziehung der Konzentrationslager in die Rüstungswirtschaft führte zu einem weiteren Ausbau des Konzentrationslagersystems und zu einer Zunahme der Häftlingszahlen. Während 1942 etwa 100.000 Häftlinge [39] in den Konzentrationslagern gefangengehalten wurden, schuf die "geregelte Vermietung von KZ-Häftlingen an die Industrie"

"Konzentrationslager eines ganz neuen Typs, die in den letzten Kriegsjahren die besetzten Länder und das Reichsgebiet übersäten. Schon im Mai 1943 waren 43% aller KZ-Häftlinge in der Kriegswirtschaft eingesetzt. Am 5. April 1944 existierten bereits insgesamt 20 sogenannte Konzentrations-Stammlager mit 165 angeschlossenen Nebenlagern, von denen 130 im Reich, drei im "Generalgouvernement", 30 in den Ostgebieten sowie zwei in den Niederlanden lagen. Am Ende des Krieges waren es ca. 1000 Lager mit über einer halben Million Insassen."[40]

Von diesen waren 95% nichtdeutsche Häftlinge, unter denen Russen, Polen und Juden aus ganz Europa den stärksten Anteil hatten [41] Pingel beschreibt die Lager in ihrer ökonomischen Funktion als "Verleihbetriebe für die Privatwirtschaft".[42]

Die rassepolitische Zielsetzung der "Vernichtung durch Arbeit" war jedoch nicht aufgegeben worden. Bereits Ende 1942 trafen Himmler und Justizminister Thierack zur Ausschöpfung des Arbeitskräftereservoires für die Anforderungen der Kriegswirtschaft eine Vereinbarung, in der auch die ideologische Unterscheidung einzelner Menschengruppen hinreichend zum Ausdruck kommt:

"Auslieferung asozialer Elemente aus dem Strafvollzug an den Reichsführer SS zur Vernichtung durch Arbeit. Es werden restlos ausgeliefert die Sicherungsverwahrten, Juden, Zigeuner, Russen und Ukrainer, Polen über drei Jahre Strafe, Tschechen oder Deutsche über acht Jahre Strafe nach Entscheidung des Justizministers. Zudem sollen die übelsten asozialen Elemente unter Letzteren ausgeliefert werden. Hierzu werde ich den Führer durch Reichsleiter Bormann unterrichten."[43]

---

38 Fröbe u.a., Konzentrationslager, S. 26.

39 Fröbe u.a., Konzentrationslager, S. 20.

40 Fröbe u.a., Konzentrationslager, S. 27; z.T. höhere Angaben bei Herbert, Geschichte, S. 147; ders., in: Diner (Hrsg.), Nationalsozialismus, S. 226; Pingel, Häftlinge, S. 129 f.; Broszat, in: Anatomie 2, S. 124 ff.

41 Vgl. Broszat, Staat, S. 379.

42 So Pingel, Häftlinge, S. 127.

43 Zitiert n. Pingel, Häftlinge, S. 129.

Die Einbeziehung der ausländischen Arbeitskräfte in das KZ-System wegen geringer Vergehen in der Heimatregion, Arbeitsverweigerung oder gar Flucht aus einem Fremdarbeiterlager bedeutet wie auch die Deportation der Millionen Fremdarbeiter selbst zunächst eine bloße Umschichtung von Arbeitskräften zugunsten der Konzentration auf die Rüstungsindustrie und innerhalb des Zwangsarbeitersystems zugunsten der Verfügungsbefugnisse der SS.[44] Dies gilt auch für andere Instanzen, da das Lagersystem insgesamt auswucherte. Broszat nennt Umsiedler und Durchgangslager, von der SS 1941 eingerichtete "Arbeitserziehungslager", in die die Stapo- und Kripostellen vor allem im Reich eingesetzte ausländische zivile Arbeitskräfte wegen Arbeitsverweigerung oder aus ähnlichen Gründen einlieferte, Lager örtlicher SS- und Polizeiführer und solche der Sicherheitspolizei, die sich von Konzentrationslagern oft nur durch die haushaltstechnische Zuordnung unterschieden, Juden-Arbeitslager und Ghettos.[45]

Die Einbeziehung der Häftlingsarbeit in die Rüstungswirtschaft und die angestiegenen Anforderungen an die Qualifikation ließen ihren Wert steigen. Im Rahmen dieses ökonomischen Kalküls setzte sich zumindest auf der Planungsebene eine tendenzielle Verbesserung der Arbeits- und Lebensbedingungen durch, die aber nur sehr beschränkt bei den Häftlingen ankam.[46] Sie führte weder zu einer grundsätzlichen Umgestaltung der Lebensbedingungen noch zu einer Verringerung der Todesfälle und Exekutionen.[47] Einer Verbesserung der Lage der jüdischen Häftlinge stand der scheinbar beliebige Häftlingsnachschub entgegen. Insbesondere in den Konzentrationslagern Auschwitz und Majdanek, in denen die Zwecke Vernichtung und Arbeitseinsatz der Juden konkurrierten, mußte sich jeder ankommende Jude der "Selektion" unterwerfen, mit der zwischen sofortiger Vernichtung und Überweisung ins Lager unterschieden wurde. Aber auch noch im Lager fanden Selektionen statt.[48] Arbeitskraft war hier immer ersetzbar

44 Vgl. Pingel, in: Eiber (Hrsg.), Verfolgung, S. 24; ders., in: Dlugoborski (Hrsg.), Weltkrieg, S. 159.

45 Vgl. Broszat, in: Anatomie 2, S. 101 ff.; Kaminski, Konzentrationslager, S. 52 ff.; zum Konzentrationslager als "Organisationseinheit" und dessen Organisation s. ebd., S. 51 f. u. 53 f. K. betont wegen der organisatorischen Unterscheidbarkeit die Eigenständigkeit der Konzentrationslager gegenüber den übrigen Lagern (Fn. 75, S. 67).

46 Dazu Pingel, Häftlinge, S. 128 ff.; s.a. Kaminski, Konzentrationslager, S. 158, 160 f. und 162 ff.

47 S. die Hinweise bei Kaminski, ebd.; zur unterschiedlichen Entwicklung der Todesrate vgl. Pingel, Häftlinge, S. 181 ff., u. Kárny, Beiträge 5, S. 133 ff.

48 Vgl. Levi, Mensch, S. 129 ff.; Hilberg, Vernichtung, S. 658 f.; s.a. Pingel, Häftlinge, S. 144 ff., 153 ff.; für Majdanek vgl. die Hinweise auf einzelne Zeugenaussagen bei

und hatte stets nur einen vorläufigen Charakter. Die Judenvernichtung wurde gegen die ökonomische Rationalität durchgesetzt.[49] Pohl umschrieb die Verwertung der Arbeitskraft vor Vernichtung der Juden im September 1942 nicht ohne Zynismus:

"Die für die Ostwanderung bestimmten arbeitsfähigen Juden werden also ihre Reise unterbrechen und Rüstungsarbeiten leisten müssen."[50]

Juden waren die allerletzte Arbeitskraftreserve, die am Ende des Krieges noch mobilisierbar war. Unter schwersten Bedingungen wurden sie 1944/45 in Reaktion auf die Luftangriffe der Alliierten bei der Verlagerung wichtiger Rüstungsbetriebe unter die Erde durch sog. Sonderstäbe eingesetzt, was vor allem ungarische Juden betraf. Von etwa 400.000 aus Ungarn im Mai bis Juli 1944 nach Auschwitz deportierten Juden wurden zwei Drittel sofort vergast. Ein Großteil der übrigen wurden von Auschwitz aus in andere Lager und Außenkommandos zur Zwangsarbeit in der Rüstungsindustrie oder der Organisation Todt verschleppt.[51]

Der Einsatz der Konzentrationslagerhäftlinge erfolgte weniger in der Produktion als vielmehr beim Bau neuer Rüstungsfabriken oder ihrer Verlagerung unter die Erde. Pingel hat jüngst darauf hingewiesen, daß das Ziel dieser Arbeit nicht die Vernichtung, sondern die Ausnutzung der Arbeitskraft zur Fertigstellung kriegsnotwendiger Bauten gewesen sei. Je näher aber das Kriegsende gerückt sei, desto weniger Zeit habe zur Verfügung gestanden, was zur Verkürzung der Lebenserwartung der Häftlinge geführt habe. Der Zeitfaktor habe zu einer "systemkonformen" extremen Ausnutzung der Häftlingsarbeiter geführt. Wenn nur noch wenige Wochen oder Monate zur Verfügung gestanden hätten, so seien vielen Häftlingen nur diese Wochen bis zum Sterben verblieben. Vernich-

---

Lichtenstein, Majdanek, z.B. S. 48f., 60 u. 62.

49 So Pingel, Häftlinge, S. 143; s.a. ders., in: Eiber (Hrsg.), Verfolgung, S. 25 f.; sozialpolitischer Erklärungsansatz bei Heim/Aly, Beiträge 5, S. 11 ff.; u. dort das Editorial, S. 7 ff.; ähnl. Tendenzen bei R.-D. Müller, in: Michalka (Hrsg.), Weltkrieg, der von einem "Ernährungskrieg" spricht (S. 245). Gegen die These vom Völkermord als Kriegsziel, Pätzold, Verfolgung, S. 26 f.

50 Zitiert n. Hilberg, Vernichtung, S. 620.

51 Zusammenfassend s. Fröbe u.a., Konzentrationslager, S. 28 ff.; Pingel, Häftlinge, S. 125 ff.; Ferencz, Lohn, S. 43 ff.; Hilberg, Vernichtung, S. 620 ff.; neben den Erinnerungen v. Ervin-Deutsch, Dachauer Hefte 2, S. 79 ff., s. die Lokal- und Einzelstudien v. Klewitz, Arbeitssklaven; Koppenhöfer u. Fröbe, in: Daimler-Benz, S. 392 ff. u. 514 ff.; die Beiträge v. Herbert, Wysocki u. Zofka, Dachauer Hefte 2; Obenaus, in: Eiber (Hrsg.), Verfolgung; Borkin, Allianz, S. 105 ff.; Bornemann/Broszat, in: Studien, S. 155 ff. (zum Konzentrationslager Dora-Mittelbau).

tung war so zumindest die "Folge des Arbeitseinsatzes". Das Kalkül der extensiven Ausnutzung der Arbeitskraft in immer kürzeren Perioden verhinderte so bereits auf der Planungsebene eine grundlegende Verbesserung der Arbeits- und Lebensbedingungen.[52]

Aus der großen Zahl der mittlerweile auch die Sicht der Verfolgten dokumentierenden Berichte wird die Äußerung einer ehemaligen Häftlingsärztin wiedergegeben. Sie beschreibt die Lage der im November 1944 von Auschwitz deportierten 650 weiblichen KZ-Häftlinge, meist ungarische Jüdinnen, die in einem Keller des Volkswagenwerkes untergebracht waren:

"(...) Der Rest hatte ungeachtet des körperlichen Zustandes zu arbeiten. Wenn die Mädchen bei der Arbeit zusammenbrachen, wurden sie nach Hause geschickt. Dennoch wurden sie bei 39° Fieber nach einem Ruhetag zur Arbeit zurückgeschickt. Das war ein Befehl von Direktor A. Ohne Rücksicht darauf, wo die Person arbeitete, wurde sie zur Arbeit geschickt. Als Folge der äußert erbärmlichen Lebensbedingungen der Mädchen, d.h.: Sie lebten in einem Keller, in dem das Wasser von der Decke tropfte und Wasserlachen auf dem Fußboden bildete, bekamen viele Tuberkulose und mehrere starben. Die Mädchen, die draußen arbeiteten, waren gezwungen, ohne Mäntel, Strümpfe und Schutz vor der Kälte zu arbeiten und kamen zu mir wegen Papier für die Sohlen ihrer Schuhe."[53]

II. Zwangsarbeit der Juden sowie Sinti und Roma

Während diejenigen, die bisher nicht voll in den Arbeitsprozeß integriert waren, durch verschiedene Pressionsmaßnahmen in Arbeitsverhältnisse gedrängt oder von allgemeinen Dienstpflichten erfaßt wurden und somit die für die "Volksgemeinschaft" verwendbare Arbeitsfähigkeit gerade zum Kriterium der unmittelbaren Verfolgung durch Einweisung in ein Konzentrationslager oder ein anderes Lager wurde, so war von Anfang an erklärtes Ziel, die Juden aus dem Arbeits- und Wirtschaftsprozeß auszuschließen. Gleiches gilt für Sinti und Roma, wenn auch hier die Verfolgungspraxis auf einem sowohl in ideologischer als auch instrumenteller Hinsicht tradierten und eingespielten polizeilichen Verfolgungsapparat aufbauen konnte. Diese "Erleichterung" bedeutete aber andererseits, auch angesichts Zahl und sozialer Stellung der im Deutschen Reich lebenden Sinti und Roma, daß das Verfolgungsinstrumentarium nicht neu aufgebaut werden mußte. Zudem wurde erst in der Mitte der zweiten Hälfte der dreißiger

52 S. Pingel, in: Michalka (Hrsg.), Weltkrieg, S. 794 f.; vgl. a. ders., Häftlinge, S. 131; Kárny, Beiträge 5, S. 152 ff.; Siegfried, Rüstungsproduktion, S. 153; z.T. ökonomistisch Klewitz, Arbeitssklaven, S. 169 u. 174 ff.

53 Wiedergegeben bei Siegfried, Rüstungsproduktion, S. 162.

Jahre eine Definition des "Zigeuners" als Voraussetzung für ihre systematische Verfolgung entwickelt.[54]

Die verschärfte Verfolgungspolitik ab Mitte der dreißiger Jahre forcierte die Zerstörung der wirtschaftlichen Existenz der Juden. Entlassungen, Herausdrängen aus den freien und selbständigen Berufen, "Arisierungen", Tribute und Konfiszierungen führten zu Arbeitslosigkeit und Verarmung. Der Ausschluß der Juden war bis zur "Reichskristallnacht" weitgehend abgeschlossen.[55] Auf die Arbeitslosigkeit reagierten die deutschen Behörden mit Entzug öffentlicher Unterstützungsleistungen und Arbeitszwang. Mit Verordnung vom 19. November 1938 waren Juden grundsätzlich an die verarmten jüdischen Wohlfahrtsverbände zu verweisen.[56] Mit Erlaß des Präsidenten der Reichsanstalt für Arbeitsvermittlung und Arbeitslosenversicherung vom 20. Dezember 1938 [57] sollte zunächst der "Arbeitseinsatz" der mittellosen Juden, "abgesondert von der Gefolgschaft", organisiert werden. Juden wurden zu ausgesucht schmutzigen und schweren Arbeiten herangezogen. Mit Ausbruch des Krieges verschärfte sich der Zwang zur Arbeit durch unmittelbares Eingreifen von Gestapo und Arbeitsämtern oder vermittelt über die Reichsvereinigung der Juden.[58] Neben jüdischen "Kolonnen" zum entgeltlosen Straßenfegen, Schneeschippen oder Garteneinsatz, waren diese billigen Arbeitskräfte bei staatlichen und privaten Unternehmen begehrt. Der Historiker Konrad Kwiet berichtet:

"Öffentliche und private Unternehmen, Groß- und Kleinbetriebe beeilten sich, jüdische Arbeitskräfte anzufordern. So verlangte das Oberkommando des Heeres im Oktober 1940 vom Reichsarbeitsministerium 1800 Juden für den Einsatz in den Reichsbahndirektionen Oppeln, Breslau und Lublin. Das Landesarbeitsamt Niedersachsen bot den 'Hermann Göring Werken' in Watenstedt-Salzgitter 1000 bis 2000 Juden an, die - in geschlossenen Gruppen und gesondert untergebracht - außerhalb der Fabrik eingesetzt werden dürften. Für ein 'vordringliches

---

54 Zur Verfolgung der Sinti und Roma s. Kenrick/Puxon, Sinti; Gilsenbach, Beiträge 6; Hohmann, Geschichte; Rose, Bürgerrechte; Zülch (Hrsg.), Auschwitz; Mazirel, Fs. Wiesenthal; Gilbert, Endlösung, S. 182; für die Kaiserzeit und Weimarer Republik s. Höhne, Vereinbarkeit, u. Hehemann, Bekämpfung.

55 Vgl. Benz (Hrsg.), Juden; Barkai, Boykott; Adam, Judenpolitik, insb. S. 145 ff.; Hilberg, Vernichtung, S. 64 ff.; Genschel, Verdrängung.

56 RGBl. I, 1649; zu Fürsorgeleistungen s.a. Sommer, Praxis, S. 222 f.; zur Tätigkeit der jüdischen Wohlfahrtsverbände s. Adler-Rudel, Selbsthilfe.

57 Abgedruckt bei Kwiet, in: Benz, Juden, S. 574 f., u. Gruner, ZfG 1989, S. 139 f.; neben diesen s. Adler, Mensch, S. 209 f.; Adam, Judenpolitik, S. 202 u. 210; Genschel, Verdrängung, S. 216; Barkai, Boykott, S. 161 u. 173.

58 Zur Gestapo vgl. die Darstellung des Schicksals von Lothar Neuhaus bei Adler, Mensch, S. 741 ff.; Zur Ausnutzung der jüdischen Gemeindeorganisation für den Verfolgungsapparat s. Hilberg, Vernichtung, S. 133 ff. u. 323 f.; Adler, Mensch, S. 17 ff.

Fertigungsprogramm des Nachrichtenwesens' benötigte die Firma Siemens und Halske in Berlin 400 Frauen. Der Bedarf wurde durch jüdische Zwangsarbeiterinnen gedeckt, die in 'abgesonderten Räumen' beschäftigt wurden. Insgesamt waren etwa 30000 Juden im Alter zwischen 15 und 65 Jahren Anfang 1941 zwangsverpflichtet worden. Im Oktober 1941 registrierte die Rüstungsinspektion III in Berlin 21000 Juden, die in wehrwirtschaftlichen Betrieben arbeiteten, davon rund 11000 in der Metallindustrie. Etwa die Hälfte waren Frauen."[59]

Am 4. März 1941 ordnete der Reichsarbeitsminister den zwangsweisen Arbeitseinsatz aller arbeitsfähigen Juden an.[60] Hinter der tatsächlichen Verfolgungspraxis hinterherhinkend erging am 3. Oktober 1941 die "Verordnung des Beauftragten des Vierjahresplans über die Beschäftigung von Juden" nebst Durchführungsverordnung.[61] Diese Regelungen wurden im März 1942 auf "Zigeuner" ausgedehnt.[62] Juden und "Zigeuner" wurden als "artfremd" von der "deutschen Betriebsgemeinschaft" ausgeschlossen und durch Suspendierung des nationalsozialistischen Arbeits- und Arbeitsschutzrechts zu Tagelöhnern degradiert. Die Einführung der allgemeinen Zwangsarbeit verwandelte auch die Hachschara-Landwirtschaftsgüter, die der Vorbereitung der Auswanderung dienten, in Zwangsarbeitslager.[63] Mit der "Fabrikaktion" vom 27. Februar 1943 wurden die noch im Deutschen Reich verbliebenen Juden deportiert. Andere jüdische Zwangsarbeiter wurden kurz darauf als Konzentrationslagerhäftlinge nach Deutschland verschleppt.[64]

Die Ausbeutung der jüdischen Arbeitskraft als Teil des Vernichtungsprozesses wurde mit Vormarsch der deutschen Truppen auf ganz Europa ausgedehnt. In Polen wurden Juden zunächst täglich auf der Straße aufgegriffen, "in Kolonnen zusammengestellt" und zur Arbeit eingesetzt. Aus diesen erwuchsen parallel als neuer und beständiger Typus der Zwangsarbeit die Arbeitslager. Sie wurden errichtet, um Juden zu Tausenden bei aufwendigen Projekten einzusetzen. Die Lebensbedingungen waren wie im Konzentrationslager unter dem Existenzminimum. Täglich starben viele. Als dritte Komponente des Systems der Arbeitsausbeutung nennt Raul Hilberg das Ghettosystem in ghettoeigenen Betrieben sowie

---

59 Kwiet, in: Benz (Hrsg.), Juden, S. 576; vgl. a. Adler, Mensch, S. 209 u. 221 ff.

60 Vgl. Barkai, Boykott, S. 175 f.; Genschel, Verdrängung, S. 254.

61 RGBl. I, 675; DurchführungsVO v. 31.10.1941, RGBl. 681; vgl. a. Majer, Fremdvölkische, S. 252 f.; Barkai, Boykott, S. 176 f.

62 Anordnung über die Beschäftigung von Zigeunern v. 3.3.1942, RGBl. I, 138.

63 Vgl. Barkai, Boykott, S. 178 ff.

64 Ausf. Kwiet, in: Benz (Hrsg.), Juden, S. 592 ff.; s.a. Adler, Mensch, S. 224 ff.

in der Beschäftigung durch Privatfirmen von außerhalb.[65]

Auch in den übrigen besetzten Ländern mußten die meisten Juden vor ihrer Deportation in die Vernichtungslager Zwangsarbeit leisten.[66] Wirtschaftliche Erfordernisse konnten ihre Deportation nicht verhindern, allenfalls verschieben, ebenso wie die Verwendung als konzentrationäre Sklavenarbeiter selten lebensrettend wirkte.

III. Zwangsarbeit der "Fremdarbeiter"

Im Herbst des Jahres 1944 war jede fünfte Arbeitskraft im Deutschen Reich ein Ausländer. Neben den etwa 650.000 vorwiegend jüdischen KZ-Häftlingen waren 7,7 Millionen Ausländer aus allen besetzten europäischen Ländern, meist deportierte Zwangsarbeiter, beschäftigt, 1,9 Millionen Kriegsgefangene und 5,7 Millionen zivile Arbeitskräfte. Von ihnen stammten 2,8 Millionen aus der Sowjetunion, 1,7 Millionen aus Polen, 1,3 Millionen aus Frankreich und etwa 600.000 aus Italien.[67] Wenn auch damit an eine seit dem 19. Jahrhundert bestehende Ausländerbeschäftigung insbesondere von polnischen Landarbeitern einschließlich des zwangsweisen Festhaltens und Rekrutierens von über einer Millionen Menschen im ersten Weltkrieg angeknüpft wurde,[68] so brutalisierte sich doch unter den nationalsozialistischen Herrschaftsbedingungen die Ausländerpolitik und führte zu einer rassisch motivierten Hierarchisierung der ausländischen Arbeitskräfte bis hin zur rücksichtslosesten Ausbeutung. Kinder vor allem der "Ostarbeiterinnen" standen hierbei im Wege, wurden den Müttern weggenommen und in Heime gesteckt, auch einfach getötet, verbrauchte Arbeitskräfte abgeschoben oder gar durch Vergasen getötet.[69] Neben der wirtschaftlichen Ausbeutung der eroberten Gebiete war die Ausbeutung der Arbeitskräfte ein Kriegsziel, das sich allerdings erst in der Dynamik der Kriegserfordernisse voll entfaltete und z.T. in Widerspruch zur Rassepolitik geriet.

---

65 Vgl. Hilberg, Vernichtung, S. 179 ff.; s.a. Madajczyk, Okkupationspolitik, S. 227 ff.

66 Für die Sowjetunion s. Krausnick, in: Anatomie 2, S. 308 ff.; für die Niederlande s. Hilberg, Vernichtung, S. 408 u. 409, u. Lademacher, Geschichte, S. 419 f.; für Luxemburg s. Hilberg, aaO, S. 414, für Belgien, ebd., S. 419, für Kroatien S. 487, für die Slowakei S. 494 und für Griechenland S. 476.

67 Angaben n. Herbert, Beiträge 3, S. 13.

68 Zur Kontinuität der Ausländerbeschäftigung und Ausländerpolitik s. Herbert, Geschichte, u. Dohse, Arbeiter; insb. zum 1. Weltkrieg s. Elsner, in: Bade (Hrsg.), Auswanderer 2, S. 527 ff.; ders., ZfG 1976, S. 1256 ff.

69 S. nur Vögel, Entbindungsheim

1. Zur Deportationspraxis in der Tschechoslowakei (Protektorat Böhmen und Mähren sowie Slowakei)

Der infolge der Rüstungswirtschaft steigende Arbeitskräftebedarf wurde zunächst über die verbündeten Staaten einschließlich Österreichs gedeckt.[70] Die mit der Annexion des Sudetenlandes und der Einverleibung des "Protektorats Böhmen und Mähren" und der Gründung des Satelliten "Slowakei" vollzogene Zerschlagung des tschechoslowakischen Staates eröffnete den Zugriff auf das dort befindliche Arbeitskräftepotential.[71] Das anfängliche Konzept der "Freiwilligkeit" vor dem Hintergrund einer durch die Demobilisierung der Armee, Eingriffe in die Wirtschaftsstruktur oder einfach durch Betriebsschließungen verstärkten Arbeitslosigkeit stieß bald auf den Widerstand einer ernüchterten Bevölkerung und wurde durch direkte Maßnahmen der Arbeitsüberwachung und -verpflichtung abgelöst. Im Protektorat wurde im Februar 1941 die Arbeitspflicht für alle männlichen Bewohner im Alter von 18-50 Jahren, Anfang 1942 für alle ledigen Tschechen eingeführt. Ab September 1942 setzte dann die jahrgangsweise Erfassung ein, um die geforderten Deportationszahlen zu erreichen. Als auch dies nicht mehr ausreichte, fanden auch dort Zwangsrazzien statt.

Während sich in den ersten drei Okkupationsmonaten 52.000 Tschechen zur Arbeit nach Deutschland meldeten, kehrten bereits viele nicht aus dem Weihnachtsurlaub zurück.[72] 1941 wurden über 45.000, 1942 über 135.000 Arbeiter ins Reich vermittelt. Diese Rekrutierungspraxis geriet zunehmend in Widerspruch zum Arbeitskräftebedarf der im Protektorat selbst befindlichen Rüstungsindustrie, der sich mit Verlagerung von Produktionsstätten als Folge des Bombenkrieges verschärfte. Die Zahl der tschechischen Zwangsarbeiter wurde insgesamt auf 550.000 bis Kriegsende erhöht mit einer Spitze von 286.000 im September 1943.

Zwangsarbeit war Teil einer Besatzungspolitik, deren unterschiedliche Konzeptionen nach Arndt einheitlich darin übereinstimmten, daß "die Tschechen" zu vertreiben und als Nationalität zu vernichten seien,[73] sei es in Überlegungen, im

---

70 Vgl. Herbert, Geschichte, S. 121; August, AfS 1984, S. 306-328.

71 Zum Folgenden s. Brandes, Tschechen I, S. 154-159, 238 f., Tschechen II, S. 46-53; Schumann/Nestler, Nacht, S. 47-51 u. 275; Deutschland II, S. 139 ff., 448-451; III, S. 375 f.; IV, S. 185-188, 489; VI, S. 414-416; knapp Umbreit, Weg, S. 260; vgl. a. den Bildband v. Tmej, "Totaleinsatz".

72 Zur Verschärfung der Repressionsmechanismen s. a. Král, Deutschen, Dok. 422, S. 517, u. Dok. 428, S. 525.

73 Arndt, Fremdarbeiterpolitik des Imperialismus, H. 11 (1981), S. 48; vgl. a. die be-

"Arbeitseinsatz im Reich" befindliche Jugendliche auf ihre "Eindeutschungsfähigkeit" hin zu untersuchen, sei es bei "getarnt rassischer Untersuchung" im Zuge der Untersuchung des Gesundheitszustandes vor Entsendung oder Deportation[74] oder sei es, weil die Zerschlagung gewachsener Wirtschafts- und Sozialstrukturen sowohl die Rekrutierungsvoraussetzungen abgab als auch der "Umvolkung" diente.[75]

Von der slowakischen Regierung wurde im Gegenzug für eine bloß symbolische Kriegsteilnahme u.a. verlangt, die Arbeitspflicht einzuführen und die Kontingente an Arbeitskräften für den Einsatz in Deutschland zu erhöhen. Insgesamt waren bis Kriegsende 200.000 Slowaken vom Arbeitseinsatz in Deutschland betroffen.

2. Der Einsatz polnischer ziviler Arbeitskräfte und Kriegsgefangener

Nach den Erfahrungen des ersten Weltkriegs mit dem Einsatz von Kriegsgefangenen beschränkte sich die Kriegsplanung auf deren Einsatz. Nach der sorgfältigen Studie von Ulrich Herbert gibt es keinen Hinweis darauf, daß schon im September 1939 Pläne zur Ausweitung der Arbeiterrekrutierungen in Polen im großen Stil bestanden hätten. Mit der Entscheidung aber, Ausländer überhaupt in Deutschland arbeiten zu lassen, habe ein Prozeß der schrittweisen Verschärfung eingesetzt, der in eigener Logik und Dynamik sowie in zunächst kaum merklichen Veränderungen, dann in immer schnelleren Bewegungen zur massenweisen Zwangsarbeit geführt habe.[76]

Unmittelbar nach dem Überfall auf Polen wurden die ersten Arbeitsämter in den besetzten Gebieten errichtet. Die Arbeitsverwaltung war oft die erste Zivilverwaltung, bereits Anfang Oktober waren 115 Dienststellen eingerichtet worden.[77] Am Tage der Proklamation des Generalgouvernements (26. Oktober 1939) wurde neben dem Arbeitszwang für die jüdische Bevölkerung die Arbeitspflicht für die polnische Bevölkerung dort und in den annektierten Gebieten ein-

---

reits zuvor Genannten.

74 Vgl. Brandes, Tschechen I, S. 238 u. 239; S.a. Král, Deutschen, Dok. 314, S. 416; 315, S. 414 ff.; 371, S. 467.

75 Vgl. Nestler/Schumann, Nacht, Dok. 238, S. 169.

76 Vgl. Herbert, Fremdarbeiter, S. 64-68; andere Bewertung derselben Quellen bei August, AfS 1984, S. 334.

77 Vgl. Herbert, Fremdarbeiter, S. 67; August, AfS 1984, S. 333-337; s.a. Madajczyk, Okkupationspolitik, S. 221 f.

geführt. Das Ziel war, das gesamte Arbeitskräftepotential Polens zu registrieren und zu reglementieren, die Arbeitsbedingungen festzulegen und gleichzeitig den Transport polnischer Arbeitskräfte nach Deutschland vorzubereiten.[78] Die endgültige Entscheidung für den Masseneinsatz fiel im November 1939 [79] und führte zu einem ausschließlichen Zwangsarbeitssystem einschließlich Deportation ab dem Frühjahr 1940, als mehr oder weniger erwartete "freiwillige" Arbeitsverpflichtungen [80] aufgrund auch noch 1940 wiederholter Werbeaktionen ausblieben. Das leicht zu umgehende System, wonach nur derjenige eine Arbeitslosenunterstützung erhielt, der sich zur Arbeit ins Deutsche Reich verpflichtete, wurde durch eine distriktweise kontingentierte und durchzusetzende jahrgangsweise Arbeitspflicht, die im Generalgouvernement am 24. April 1940 für alle Jahrgänge zwischen 1915 und 1925 angeordnet wurde, abgelöst. Für die Durchführung vor Ort hatte der polnische Ortsvorsteher zu sorgen. Flankierend führte die SS mit der polnischen Polizei Terrormaßnahmen zur allgemeinen Abschreckung durch. Ganze Dörfer wurden umstellt, das Vieh sich versteckender Polen beschlagnahmt und Familienmitglieder als Geiseln genommen. Es fanden Verhaftungen weg von der Straße, aus Zügen, Kirchen und Marktplätzen statt. Insgesamt bestand eine Terrorpraxis, die im SS-Jargon z.T. als "Sklaventreiben" oder "Sklavenfang" bezeichnet wurde.[81] Nicht weniger brutal ging die Deportation in den annektierten Gebieten vor sich.[82]

Diese Zwangsaushebungen waren Teil einer grausamen Besatzungspolitik mit dem Ziel der Vernichtung der polnischen Intelligenz und des polnischen Judentums sowie Massenaustreibungen zur "Entpolnisierung" der annektierten westpolnischen Gebiete.[83] Die Ausbeutung der polnischen Arbeitskräfte wurde lediglich als unvermeidliche Übergangslösung angesehen, denn nach dem von Himmlers Beamten entworfenen "Generalplan Ost" sollte zur Erweiterung des deutschen "Lebensraums" im Osten das polnische und auch sowjetische Volk

78 Vgl. Madajczyk, Okkupationspolitik, S. 65 u. 219 f.; August, AfS 1984, S. 336 f.

79 S. die bei Herbert, Fremdarbeiter, S. 69, zitierten Äußerungen von Göring, Darré und Frank; ausführlich August, AfS 1984, S. 338 ff., zu ersten Razzien, S. 336.

80 Dlugoborski, in: ders. (Hrsg.), S. 305, nennt die Zahl von 100.000; zur möglichen Motivation, ebd., S. 313 f., u. August, AfS 1984, S. 342; Madajczyk, Okkupationspolitik, S. 223; zur Problematik der "Freiwilligkeit" a. Herbert, Fremdarbeiter, S. 82 f., w. Hinweise s.u., Fn. 140.

81 Vgl. Herbert, Fremdarbeiter, S. 83 f. u. 86; August, AfS 1984, S. 344 f.; Eisenblätter, Grundlinien, S. 325 ff.

82 Vgl. Madajczyk, Okkupationspolitik, S. 220.

83 Vgl. Madajczyk, Okkupationspolitik, S. 405 ff.: Schminck-Gustavus, KJ 1980, S. 6 ff.

ausgerottet und verdrängt bzw. auf einen Helotenstatus herabgedrückt werden.[84]

Im Frühjahr 1942 setzten die Großrazzien in Dörfern und Städten ein, um in jedem Falle die Gestellungskontingente zu erfüllen, bei denen u.a. Schüler aus ihren plötzlich umstellten Schulen abgeholt und nach Deutschland deportiert wurden.[85]

Der Transport erfolgte in verschlossenen Sonderzügen mit bestellten Ordnern und meist unzureichender Versorgung mit Proviant. Die Schußwaffe durfte ohne Anruf und Warnschuß zur Verhinderung von Fluchtversuchen eingesetzt werden.[86] Seine Ankunft in Deutschland im Juni 1940 schildert der polnische Zwangsarbeiter Stanislaw Kulasik rückblickend:

"Nach zwei Tagen erreichten wir Ulm in Süddeutschland. Der Zug wurde umstellt, und dann kam der Befehl: 'Alles raus!...'

Und wieder wurden wir unter Bewachung geführt und in einem großen Block in der Nähe des Bahnhofs kaserniert. Am anderen Morgen hielt jemand in polnischer Sprache eine Ansprache an uns, wir sollten anständig für das Wohl des großen deutschen Volkes Dienst leisten. Wir wurden auch gewarnt, daß auf alle, die gegen die Disziplin verstoßen, die Konzentrationslager warten. Nachmittags wurden wir in Gruppen in einen großen Saal am Bahnhof gebracht, wo die Deutschen schon auf uns warteten. Sie beschauten uns, so wie Pferde auf einem Markt, dann wurde ein 'Arbeitspferd', ein - Pole, gekauft. Ich stand in der Gruppe, schaute auf die zigarrerauchenden Deutschen und wartete, wer mich kaufte. Schließlich kam einer mit einer qualmenden Zigarre zwischen den Lippen, nahm mich am Arm und betastete meine Muskeln. Er kehrte zu dem grünen Tisch zurück, hinter dem uniformierte Kommissare saßen, erledigte die Formalitäten (ich sah, wie er irgendwelches Geld bezahlte), und dann winkte er mich mit der Hand zu sich."[87]

In seiner Mitte Mai niedergelegten Denkschrift "Gedanken über die Behandlung des Fremdvölkischen im Osten" bemerkte Himmler über die polnischen Arbeitskräfte:

"Diese Bevölkerung wird als führerloses Arbeitsvolk zur Verfügung stehen und Deutschland jährlich Wanderarbeiter und Arbeiter für besondere Arbeitsvorkommen (Straßen, Steinbrüche, Bauten) stellen."[88]

---

84 Vgl. Heiber, VfZ 1958, S. 281 ff., Madajczyk, in: Michalka (Hrsg.), Weltkrieg.

85 Vgl. Herbert, Fremdarbeiter, S. 187.

86 Vgl. doc. occ. IX, Nr. 106, S. 156; Nr. 133, S. 193 f.; X, Nr. IV-9, S. 337 ff.; s.a. Schminck-Gustavus, KJ 1980, S. 15.

87 Zitiert n. August, Beiträge 3, S. 115; weitere Selbstzeugnisse insb. bei Schminck-Gustavus (Hrsg.), Hungern.

88 Zitiert n. Herbert, Fremdarbeiter, S. 75.

Mit den Polenerlassen vom 8. März 1940 wurde die Überwachung und Absonderung von der deutschen Bevölkerung sichergestellt. Arbeitserlaubniskarte mit Lichtbild und Fingerabdruck, die zugleich der polizeilichen Erfassung dienen sollte, Kennzeichnungspflicht der Kleidung, Ausschluß vom "kulturellen Leben des deutschen Volkes, von dem gemeinsamen Besuch von Vergnügungsstätten mit deutschen Volksgenossen u.a.m.", Kasernierung, "Einschränkung der Bewegungsfreiheit" durch "Aufenthaltszwang am Arbeitsort, verschärfte Meldepflicht, Einführung einer Sperrstunde, Einschränkung des Alkoholgenusses u.a.m.", Ausgehverbot, Verbot der Benutzung öffentlicher Verkehrsmittel und Verhängung "gegebenenfalls" der "schärfsten staatspolizeilichen Maßnahmen", Verlesung eines "in keinem Falle" auszuhändigenden Merkblattes, Einrichtung von "Arbeitserziehungslagern", "für hartnäckig Arbeitsunlustige" auch "Beschäftigung in den Steinbrüchen des Lagers Mauthausen", rigorose Bestrafung jeglichen sexuellen Kontakts mit Deutschen, Überwachung und Beschränkung des Postverkehrs sowie Beschränkung der religiösen Kultausübung dienten der sozialen Ausbürgerung der im Deutschen Reich eingesetzten polnischen Arbeitskräfte durch Entrechtung und soziale Stigmatisierung. Polen wurden, auch soweit sie "freiwillig" gekommen waren, auf den Status von "Zivilgefangenen" herabgedrückt.[89] Wie an den Juden im "Reich" vorexerziert, wurde das System der Diskriminierung mit juristischem Zynismus perfektioniert. Schminck-Gustavus weist darauf hin, daß Polen keine Orden und Ehrenzeichen mehr tragen, keine Rundfunkgenehmigungen beantragen, keine öffentlichen Fernsprecher, keine Mietwagen und Droschken benutzen durften und ihnen das Betreten bestimmter öffentlicher Straßen, Plätze und Parkanlagen, die Benutzung öffentlicher Badeanstalten, ja sogar das Auftreten in Gruppen auf öffentlichen Straßen oder zum Kirchgang und das Absingen von polnischen Liedern in der Öffentlichkeit durch die Ortspolizeibehörden verboten werden konnte.[90]

Durch besondere Tarifordnungen wurde bereits zu Beginn des Jahres 1940 der Lohn unter den vergleichbarer reichsdeutscher Arbeitskräfte gedrückt. Ähnlich den im Reich geltenden Sonderbestimmungen für Juden und "Zigeuner" wurden Arbeitnehmerschutzrechte suspendiert und die Lohnzahlung auf die allein

---

89 Bei den "Polenerlassen" handelt es sich um mehrere von Göring als Beauftragten für den Vierjahresplan und Vorsitzenden des Ministerrats für die Reichsverteidigung und Himmler als Reichsführer SS und Chef der Deutschen Polizei erlassene Rundverfügungen und Richtlinien zur "Behandlung Zivilarbeiter und -arbeiterinnen polnischen Volkstums", abgedruckt in: doc. occ. IX, Nr. 15-20, S. 21-39, u. X, Nr. I-4 - I-11 (z.T. identisch), S. 7-26; vgl. dazu Schminck-Gustavus, KJ 1980, S. 16-20.

90 So Schminck-Gustavus, KJ 1980, S. 25.

tatsächlich geleistete Arbeitsleistung beschränkt. Die tarifliche Entlohnung orientierte sich letztlich am Existenzminimum, der Hungergrenze, was aber bei extensiver Ausbeutung durch Verlängerung der Arbeitszeiten zunehmend weniger beachtet wurde. Der völkermörderische Charakter der nationalsozialistischen Volkstumspolitik berührte nicht nur die Lebensbedingungen der Polen im Generalgouvernement, sondern auch der ins "Reich" Deportierten.[91]

Von insgesamt etwa 420.000 in deutsche Kriegsgefangenschaft geratenen polnischen Soldaten wurden 1939/40 annähernd 300.000 in der Landwirtschaft (davon etwa 90%), im Bergbau (1 %) und im gewerblichen Bereich, die übrigen bei der Wehrmacht beschäftigt.[92] Ihre Freilassung im Mai 1940 bedeutete lediglich die Umsetzung in den Status von Zivilarbeitern.[93]

Trotz der brutalen Rekrutierungspraxis konnte die hochgesteckte Ausbeutungsrate der zivilen Arbeitskräfte nicht erreicht werden. Nach fast 40.000 Anwerbungen von Arbeitskräften im Generalgouvernement 1939 wurde im folgenden Halbjahr mit über 270.000 der Höhepunkt erreicht. Die Zahl der Anwerbungen sank darauf auf knapp 30.000 ab, als zunächst mit den schnellen Erfolgen im Westen ein neues Arbeitskräftereservoir erschlossen worden war. Der Druck auf Polen nahm aber wieder zu, als 1941/42 absehbar wurde, daß der "Endsieg" doch noch auf sich warten ließ. So wurden in den folgenden Jahren aus dem Generalgouvernement 263.000 (1941), 360.000 (1942) und 176.000 (1943) Deportationen gemeldet.[94] Hinzu kommen die Deportationen direkt aus den annektierten Gebieten und nach dem Überfall auf die Sowjetunion aus den polnischen Ostgebieten. Insgesamt sind 2.137.137 [95] ohne und mit den polnischen Ostgebieten 2.810.000 [96] polnische Bürger, einschließlich der Kriegsgefangenen, zu Arbeiten ins Deutsche Reich verschleppt worden.

---

91 Vgl. Majer, "Fremdvölkische", S. 253-262; Schminck-Gustavus, KJ 1980, S. 20 f.; Konieczny/Szurgacz, doc. occ. X, Einleitung, S. LXV f.

92 Vgl. Herbert, Fremdarbeiter, S. 68; August, AfS 1984, S. 331 f.

93 Vgl. doc. occ. IX, Nr. 40, S. 67 ff.; X, Nr. I-33, S. 77 f.; August, AfS 1984, S. 333.

94 Angaben nach Herbert, Fremdarbeiter, S. 86 f.; s.a. Tabelle 3 bei Eisenblätter, Grundlinien, S. 325.

95 Vgl. Konieczny/Szurgacz, doc. occ. X, Einleitung, S. LIV; Schminck-Gustavus, KJ 1980, S. 1; ders., Hungern, S. 27; diese Angabe geht auf den vom Büro für Kriegsentschädigungen beim Präsidium des Ministerrats der VRP erstellten Berichts über die Kriegsschäden und Kriegsverluste Polens in den Jahren 1939 - 1945, Warschau 1947, zurück.

96 Vgl. Luczak, doc. occ. IX, S. XCIII, Tafel 1; aufgenommen bei Pilichowski, Verjährung, S. 60, Fn. 28; s.a. ders., Polnische Weststudien 2/1983, S. 217.

3. Die Einbeziehung von West- und Südosteuropa in den "Fremdarbeitereinsatz"

Mit dem Vormarsch der deutschen Truppen erhielten Pläne einer "Großraumwirtschaft" oder "neuen Ordnung" Europas weitere Realisierungschancen. Die auf militärische Gewalt gestützte Ausbeutung der besetzten Länder war nun möglich.[97] Unterschiedliche Besatzungserfordernisse, Kämpfe der einzelnen Machtgruppen, Aktivitäten des nationalen Widerstandes, Planungen für die Zukunft, Einbindung der Wirtschaftsressourcen vor Ort und rassisch begründete Konzeptionen führten gegenüber Ost- und Südosteuropa, aber auch innerhalb dieser Länder, zu wichtigen temporären und qualitativen Verschiebungen der Verfolgungspraxis. Bei voranschreitender Radikalisierung der Rekrutierungen konnten aber die Unterschiede für das Einzelschicksal verschwimmen. Dies kommt nicht zuletzt in der Einbeziehung der Bevölkerung auch dieser Länder in das Konzentrationslagersystem zum Ausdruck. Unterschiedslose Brutalität gilt auf jeden Fall für die Verfolgungspraxis gegenüber der jüdischen Bevölkerung.

a. Frankreich

Die schnellen Siege bis zum Sommer 1940 lösten vorläufig das Arbeitskräfteproblem. Bis Oktober 1940 wurden 1,2 Millionen vorwiegend französische, aber auch englische Kriegsgefangene auf die jeweiligen Arbeitskommandos in Außenlagern der Mannschaftsstammlager ("Stalags") in der Nähe ihrer Arbeitsstätten verteilt. Bei dieser Lage konnten eine Million Franzosen, die holländischen, norwegischen sowie ein Großteil der belgischen Soldaten entlassen werden.[98]

Weiterer Bedarf stellte sich erst mit dem Überfall auf die Sowjetunion aufgrund steigender Rüstungsproduktion und der Mobilmachung (allein seit Mai 1940 über 3,7 Millionen Soldaten)[99] ein. Anwerbeaktionen brachten vor dem Hintergrund der Besetzung, einer hohen Arbeitslosigkeit und einer Praxis beschönigender und

---

97 Zu "Neuordnungsplänen" vgl. Umbreit, Weg, S. 210 ff.

98 Vgl. Herbert, Fremdarbeiter, S. 96; zur Deportation der belgisch-wallonischen Kriegsgefangenen als Zwangsarbeiter ins Reichsgebiet s. Kroener, Ressourcen, S. 774 f.; Homze, Labor, S. 47.

99 Vgl. die Aufstellung, auch im Vergleich zur Zahl der Fremdarbeiter, bei Milward, Kriegswirtschaft, S. 102.

falscher Versprechungen bis Mai 1942 in Frankreich etwa 185.000 "freiwillige" Meldungen, die weit hinter den Erwartungen zurücklagen.[100] Eine Radikalisierung der Rekrutierungspraxis setzte im Frühjahr 1942 mit Beginn der sog. Sauckel-Aktionen ein.[101] Mit Hilfe des kollaborationistischen Vichy-Regimes erging eine Verordnung über mögliche Zwangsverpflichtungen, mit deren Hilfe die begünstigten "freiwilligen" Meldungen wieder zunahmen. 240.000 französische Zivilarbeiter kamen so hinzu. Die zweite "Sauckel-Aktion" erreichte die für Frankreich angestrebte Quote von 250.000 Arbeitern durch jahrgangsweise Zwangsverpflichtung. Mit zwei auf deutschen Druck verabschiedeten Gesetzen wurde für alle Jahrgänge 1912 bis (Januar) 1923 eine Quote und für die Jahrgänge 1920 - 1922 ein zweijähriger Arbeitsdienst eingeführt. Im Rahmen der Relève wurden erneut 50.000 Kriegsgefangene für 150.000 Zivilarbeiter freigelassen und weitere 250.000 in den Status von Zivilarbeitern überführt. Mit der dritten "Sauckel-Aktion" (April bis Juli 1943) wurden über 156.000 jüngere Arbeiter zwangsrekrutiert. Die vierte mit dem hochgesteckten Ziel von einer Million Arbeitskräften war weitgehend erfolglos. Speer hatte sich gegen Sauckel [102] in der Frage der Einbeziehung der französischen Industrie in die Rüstungsproduktion durchsetzen können. Fast 10.000 Sperrbetriebe boten Schutz gegen "Abwerbungen". Sauckel setzte aber u.a. erfolgreich die Schaffung einer bewaffneten Schutztruppe durch, setzte französische Werber, denen lohnende Prämien winkten, ein und sorgte für eine Verschärfung der Arbeitspflicht, die ab Februar 1944 alle Männer zwischen 16 und 60 und alle Frauen zwischen 18 und 45 Jahren erfaßte. Dies führte jedoch zu weniger als 35.000 Deportationen in den ersten Monaten 1944. Mit den Sauckel-Aktionen dürften somit mehr als eine halbe Million Franzosen ins Deutsche Reich deportiert worden sein. Mit den 950.000 Kriegsgefangenen ergibt sich für die gesamte Kriegszeit eine Zahl von etwa 1,7 Millionen französischer Arbeiter und Arbeiterinnen im Deutschen Reich, von denen sich noch über 1,25 Millionen (von den 650.000 Zivilarbeitern waren 6,6% Frauen) im August 1944 dort befanden.

---

[100] Vgl. Jäckel, Frankreich, S. 223 f.; Homze, Labor, S. 49, 53 u. 180; Herbert, Fremdarbeiter, S. 104 u. 181 f.

[101] Zum Folgenden ausführlich Homze, Labor, S. 49-56 u. 177-203; Herbert, Fremdarbeiter, S. 251-255; Jäckel, Frankreich, S. 224, 269-271 u. 302-305; Pfahlmann, Fremdarbeiter, S. 33-35 u. 37-47; vgl. a. Deutschland II, S. 463; III, S. 384 ff.; IV, S. 201 ff.; VI, S. 421 ff.

[102] Zur Kontroverse vgl. Homze, Labor, S. 204 ff.; Milward, Kriegswirtschaft, S. 74 ff.

b. Niederlande

In den Niederlanden [103] vollzogen sich die "freiwilligen" Meldungen ebenfalls vor dem Hintergrund einer hohen Arbeitslosigkeit. Die kollaborierende Regierung der Staatssekretäre kam den deutschen Wünschen entgegen. Bereits im Juni 1940 forderte das niederländische Arbeits- und Sozialministerium öffentlich mit den üblichen Versprechungen (gute Bezahlung, gleiche Sozialleistungen wie Deutsche, regelmäßige Heimfahrten, einfache Geldüberweisungen nach Hause) alle Arbeitslosen auf, sich bei den Arbeitsämtern für den Arbeitseinsatz in Deutschland registrieren zu lassen. Die grundlose Ablehnung führte zum Entzug der Sozialunterstützung. Sijes weist zutreffend darauf hin, daß damit die große Zahl der Arbeitslosen gezwungen wurde, im Feindesland zu arbeiten.[104] Die Arbeitsverwaltung wurde mit der Errichtung eines "Reichsarbeitsbüros" und Neuorganisation der Arbeitsämter im September 1940 zentralisiert. 18.000 vor Kriegsbeginn ins Reich vermittelten Arbeitern folgten bis März 1942 227.000 nach, von denen 61.000 legal zurückkehrten. Durch weitere mittelbare Einwirkungen wie z.B. das grundsätzliche Verbot (Frühjahr 1942), die wöchentliche Arbeitszeit unter 48 Stunden zu senken bzw. ohne Zustimmung des Arbeitsamtes jüngere (unter 40 Jahren) Arbeiter einzustellen, wurde die Ausbeutungsmöglichkeit des niederländischen Arbeitsmarktes weiter erhöht. Ab März 1942 konnten auch beschäftigte Arbeiter durch Dienstverpflichtung in das Deportationsprogramm einbezogen werden. Weigerungen waren mit Verhaftung und Gefängnisstrafe bedroht. In sieben großangelegten Aushebungsaktionen, sog. Betriebsauskämmungen, wurden zwischen April 1942 und 1943 163.000 Niederländer, ein Drittel weniger als geplant, zwangsverpflichtet. Verlängerung der Arbeitszeit auf die 54-Stunden-Woche, Betriebsschließungen und weitere Nazifizierung der niederländischen Arbeitsverwaltung begleiteten diese Aktionen. Die Absicht der Rekrutierung von 300.000 ehemaligen Soldaten ließ sich nicht verwirklichen. Die sog. Jahrgangsaktion erwies sich wegen der "Sperrbetriebe" und eines vermehrten Widerstands als Fehlschlag. Für August 1943 wird die Zahl der Untergetauchten auf 60.000 geschätzt. Trotzdem wurden 54.000 Arbeiter bis September 1943 deportiert, hinzu kamen 32.000 aus einer parallel

---

103 Zum Arbeitseinsatz der Niederländer s. insb. Sijes, Arbeidsinzet, hier zit. nach der ausführl. engl. Zusammenfassung, ebd., S. 623-697; Warmbrunn, Dutch, S. 72 ff.; Lademacher, Geschichte, S. 421 ff.; Hirschfeld, in: Mommsen/Schulze, Elend, S. 497 ff.; Sniffen, Societas 3 (1973), S. 129 ff.

104 Sijes, Arbeidsinzet, S. 664; vgl. a. Hirschfeld, aaO, S. 500 ff; Pfahlmann, Fremdarbeiter, S. 31; Billstein, Fremdarbeiter, S. 25 f.

laufenden "Auskämmaktion".[105] Danach ebbte der Deportationsstrom fast ab, woran weder die Einführung einer Arbeitskarte noch weitere Maßnahmen zur Überwachung noch die Heranziehung Angehöriger des öffentlichen Dienstes etwas änderte. Ab Frühjahr 1944 fanden Razzien statt, die trotz der 200.000 sich im Januar 1944 versteckt haltenden Niederländer wenig Erfolg brachten. Von September 1943 bis Juli 1944 wurden weitere 26.000 Niederländer deportiert. Der Einsatz bei Militär- und Verteidigungsbauten für mehrere Wochen in Wohnortnähe wurde im Rahmen des "Gemeindeeinsatzes" ab 1943/44 verstärkt. Mit dem Beginn des Westwallbaus im August 1944 benötigte die Wehrmacht weitere zehntausend Arbeitskräfte, die nach Befreiung der Südniederlande im September 1944 nicht mehr in Zusammenarbeit mit den Verwaltungsstellen zu erhalten waren. Mit allgemeinen Razzien, teilweise ohne vorherigen Aufruf zur Arbeitsmeldung, begann die Menschenjagd, die jetzt jeden erfassen konnte. Allein aus Rotterdam wurden am 10./11. November 1944 50.000 Menschen verschleppt, insgesamt im Rahmen der sog. Liese-Aktion bis Dezember 1944 mindestens 120.000. Die meisten von ihnen wurden nach Westdeutschland, viele aber in das übrige Deutschland deportiert. Die Lebensumstände und -bedingungen waren katastrophal, so vor allem bei den nach Rees verschleppten Zwangsarbeitern. Sie hatten dort in einem Zirkuszelt und in einem zugigen Schuppen, der zuvor zum Trocknen von Ziegeln benutzt worden war, hausen müssen, ausgestattet lediglich mit einer Decke. Sie mußten trotz Krankheit und hohem Fieber arbeiten. Nach zwei Monaten im Lager war ein Drittel der 3000 Verschleppten tot, invalide oder schwerstkrank. Weitere 250 starben in den folgenden drei Monaten.[106]

Allein von Juni 1940 bis Juli 1944 wurden 427.000 niederländische Arbeitskräfte nach Deutschland verschickt, von denen im September 1944 sich noch 227.000 dort befanden. Die Bilanz dieses Teils der Besetzung der Niederlande, die mit dem Überfall und der Bombardierung Rotterdams begonnenen, mit der tödlichen Deportation von 110.000 dort lebenden Juden fortgesetzt und mit Überflutungen und einem verheerenden Hungerwinter - als Folge der Ausraubungs- und Zerstörungspolitik - beendet wurde und die die anfänglich bevorzugte Stellung der Niederlande innerhalb der Westgebiete [107] allmählich nivel-

---

105 Vgl. a. den Erlebnisbericht eines ehemaligen niederländischen Studenten und Zwangsarbeiters bei Siegfried, Rüstungsproduktion, S. 51 u. 139 ff.

106 Vgl. Sijes, Arbeidsinzet, S. 696; s.a. S. 603, 547 u. 551.

107 Vgl. Umbreit, Weg. S. 221.

lierte,[108] schätzt Sijes auf 8.500 in Deutschland verstorbene niederländische Zwangsarbeiter. Von Oktober 1942 bis März 1945 wurden 13.243 "Vertragsbrüchige" und Arbeitsverweigerer in das holländische Konzentrationslager Amersfoort eingesperrt; die Zahl der in deutsche Lager Verschleppten ist unbekannt.[109]

c. Belgien

Im unter deutscher Militärverwaltung stehenden Belgien führten in der "freiwilligen" Phase bis zum Frühjahr 1942 eine hohe Arbeitslosigkeit, Reorganisation und Zentralisation der kollaborationistischen Arbeitsverwaltung, Ausbau der Überwachungsmaßnahmen (z.B. Hinausdrängen alleinstehender Arbeitskräfte, Meldepflichten bei Neueinstellungen bis hin zu Genehmigungserfordernissen), Erschwerung des Bezugs von Sozialleistungen (Meldepflichten, z.T. zweimal täglich, der Unterstützungsempfänger beim Arbeitsamt, Beschränkungen der Kurzarbeiterunterstützung), Einsatz von Werbekolonnen und Propagandaaktionen, Steuerung der Lohnpolitik, Ausweitung der Arbeitszeit und Reaktivierung von Arbeitskraftreserven (Betteleiverbot, Maßnahmen gegen "asoziale und arbeitsunwillige Personen") zu einer kontinuierlich wachsenden Zahl von insgesamt 280.000 "vermittelten" Arbeitskräften, von den etwa die Hälfte sich noch in Deutschland befand.[110] Mit der belgischerseits verweigerten und daher von deutschen Stellen erlassenen Verordnung vom 7. Mai 1942 wurden als Übergang zu unmittelbarem Zwang die Unterstützungszahlungen an Arbeitslose beschränkt und von der Zustimmung der Arbeitsämter abhängig gemacht. In einer Verordnung des Generalbevollmächtigten für den Arbeitseinsatz hieß es, wo der Appell der Freiwilligkeit nicht ausreiche, müßten unter allen Umständen Dienstverpflichtungen und Aushebungen vorgenommen werden. Mäßige Vermittlungszahlen, für das Halbjahr März bis August nur etwa 45.000, führten zur Verordnung vom 6. Oktober 1942 über die Dienstverpflichtung zum Arbeitseinsatz im

---

108 Zur Besetzung ausführlich Lademacher, Geschichte, S. 405-456; Deutschland II, S. 464 ff.; III, S. 391 ff.; IV, S. 208 ff.; VI, S. 426 ff. Vgl. a. den Leidensweg durch deutsche Gefängnisse und Konzentrationslager v. Bakels, Nacht, sowie die Nachrufe auf niederländische Völkerrechtler in der Zeitschrift Friedenswarte 1946 u. 1947.

109 Vgl. Sijes, Arbeidsinzet, S. 696; Lademacher, Geschichte, S. 426.

110 Hierzu u. zum Folgenden s. Haupt, "Arbeitseinsatz"; knappe Hinweise speziell auf Belgien bei Pfahlmann, Fremdarbeiter, S. 35-37; Billstein, Fremdarbeiter, S. 29; zur Besetzungspolitik vgl. Umbreit, Weg. S. 221 u. 223; Deutschland II, S. 464 ff.; III, S. 391 ff.; IV, S. 210 ff.; VI, S. 425 ff.

Reich, die alle männlichen Belgier im Alter von 18-50 und alle ledigen Belgierinnen von 21-35 Jahren betraf. In dieser zweiten Periode wurden die Arbeitskräfte individuell innerhalb einer weitgefächerten Altersgruppe erfaßt. Es wurden "Auskämmkommissionen" gebildet und Betriebe stillgelegt. Bis September 1943 verzeichnete die Militärverwaltung über weitere 200.000 "Vermittlungen". Nach Haupt erfolgte auf die Erfassung durch Melderegisterauszüge oder durch Kontrolle einzelner Betriebe die Aufforderung zur Meldung. Diese wurde durch zwangsweise Vorführung und durch ein Strafensystem (Entzug von Lebensmittelkarten, Sanktionen gegen Angehörige, Geld- oder Haftstrafen) durchgesetzt. Es bestand nur noch die Wahl, entweder einen Dienstpflichtvertrag freiwillig zu unterschreiben, wofür mit Ausstattungsbeihilfen und Familienunterstützungen geworben wurde, oder zwangsverpflichtet zu werden.[111] Ein ehemaliger Zwangsarbeiter schildert die "Anwerbepraxis":

"Im Volkswagenwerk arbeiteten ungefähr 300 belgische Arbeiter, nur 10 waren Freiwillige. Die Zwangsarbeiter sind meistens am Arbeitsplatz durch die deutschen Funktionäre der Werbestelle rekrutiert worden, die in die Werbestätten kamen und deren Personalausweise einzogen. Diese konnten bei der Werbestelle wieder gegen Unterzeichnung eines Arbeitsvertrages in Empfang genommen werden, der keinen Hinweis auf Art und Ort der Arbeit enthielt. Das Fehlen des Personalausweises bedeutete den Verlust von Lebensmittelkarten." [112]

Ein anderer berichtet, er habe nach seiner Verhaftung zuhause durch drei deutsche Feldgendarmen und seiner Deportation nach Deutschland erfahren, daß sein Zwangsarbeitereinsatz auf einer Verwechslung beruht habe.[113]

Wegen des schwindenden Erfolgs gingen die deutschen Stellen auch in Belgien ab September 1943 zur jahrgangsweisen Erfassung über. Parallel liefen polizeiliche und militärische Fahndungsaktionen nach den Flüchtigen. Selbst nach den Zahlen der Militärverwaltung wurden so bis Juni 1944 lediglich weitere 56.000 Arbeitskräfte ins Reich "vermittelt". Von insgesamt 567.000 bis Mitte August 1944 ins Reich verschickten belgischen Arbeitskräften befanden sich im September 1944 noch 203.000 Zivilarbeiter und 50.000 Kriegsgefangene dort.

---

111 Vgl. Haupt, aaO., S. 116-121.

112 Zitiert nach Siegfried, Rüstungsproduktion, S. 51.

113 Vgl. Herbert, Fremdarbeiter, S. 183.

d. Luxemburg

Luxemburg [114] stand nach einer kurzen Übergangsperiode unter militärischer Verwaltung ab August 1940 unter einer Zivilverwaltung, damit es "in kürzester Zeit dem deutschen Volkstum wieder zurückgewonnen werden" könne.[115] Die Politik einer "de facto Annexion" führte zu administrativen und repressiven "Eindeutschungsmaßnahmen" wie u.a. der Verleihung der deutschen Staatsangehörigkeit an "bewährte Deutsche" und die zur Wehrmacht und Waffen-SS einberufenen Luxemburger und vor allem zu Zwangsumsiedlungen. Der Zugriff auf das einzelne Individuum diente weniger der Arbeitskräftebeschaffung als der Auffüllung von Wehrmacht und anderen Dienstorganisationen. Zwangsarbeit einschließlich der Deportation waren ein Mittel zur Unterwerfung Luxemburgs unter die deutsche Germanisierungspolitik durch Brechung des Widerstandes. Mehrere Dutzend Luxemburger, aus politischen Gründen aus der Beamtenschaft oder ihren Berufen entfernt, wurden im Mai 1941 zum Reichsautobahnbau nach Deutschland "verpflichtet". Weitere Pläne sahen nach einer ersten achtwöchigen Disziplinierungsphase im pfälzischen "Sonderlager" Hinzert bei Trier eine Dienstverpflichtung in untergeordneten Stellungen bzw. die Überführung in ein Konzentrationslager vor. In Zahlen faßt Krier das Ergebnis der Besetzung zusammen:

"Insgesamt war die Bilanz für Luxemburg schmerzlich und leidvoll. 3458 Männer und 505 Frauen kamen in Gefängnisse und Konzentrationslager, 791 von ihnen mußten hier ihr Leben lassen. Von den für die Wehrmacht, dem RAD, KHD u.ä. Zwangsrekrutierten starben bzw. blieben verschollen 3150 Personen; 1551 erlitten schwerwiegende gesundheitliche Schäden." [116]

e. Dänemark

Dänemark, am 8. April 1940 unter Bruch eines Nichtangriffspaktes besetzt, widersetzte sich nicht der Okkupation und blieb daher formell selbständig, bis wegen wachsenden Widerstandes im August 1943 an die Verwaltungsspitze der bereits im November 1942 zum "Reichsbevollmächtigten" ernannte Walter Best trat. Es war einer der Hauptlieferanten an Agrarprodukten für die deutsche Kriegsökonomie.[117] Eine hohe Arbeitslosenquote (15,8%) bildete das Rekrutie-

114 Zur Okkupationspolitik in Luxemburg s. insb. Krier, in: Dlugoborski (Hrsg.), Weltkrieg, S. 224 ff.; Deutschland II, S. 464 f.; IV, S. 216; VI, S. 428.

115 So Hitler gegenüber dem Chef der Zivilverwaltung, Gauleiter Gustav Simon, zit. nach Krier, aaO., S. 224.

116 Krier, aaO., S. 238.

117 Zur Okkupationspolitik in Dänemark s. insb. Trommer, in: Dlugoborski (Hrsg.),

rungsfeld für eine Anwerbepraxis von Arbeitskräften nach Deutschland, die aber im Gegensatz zu den übrigen besetzten Ländern ohne Einführung eines Zwangsarbeitsdienstes [118] auskam. Sie operierte vornehmlich mit ökonomischen Anreizen wie höheren Löhnen, Steuererleichterungen und verminderten Beiträgen zur Arbeitslosenkasse. Politischer Druck wurde mit der Koppelung von Kohle- und Kokslieferungen an die Gestellung von 5000 dänischen Arbeitern auf freiwilliger Basis für die Dauer von jeweils 6 bis 9 Monaten nach Deutschland ausgeübt. Mit 42.000 erreichte die Zahl der Arbeiter in Deutschland, die in der Regel zurückkehren konnten, ihren Höhepunkt. Sauckels Bestrebungen nach verschärften Einsatzbedingungen blieben erfolglos. Insgesamt fuhren 128.000 Arbeiter nach Deutschland und 12.000 in das besetzte Norwegen.

f. Norwegen

Norwegen sollte aus rassischen Präferenzen und Gründen der internationalen Verflechtung integraler Part und Hauptrequisit in der vom Deutschen Reich geplanten politischen und wirtschaftlichen "neuen Ordnung" aufgehen.[119] Als Lieferant wichtiger Grund- und Fertigprodukte diente es nicht als Arbeitskräftereservoir.[120] Arbeitsverpflichtungen im Land sollten die Ausbeutung der Wirtschaft sowie vor allem die Durchführung eines gewaltigen Bauprogramms der Wehrmacht zur Sicherung der ausgedehnten norwegischen Küste ermöglichen.

g. Jugoslawien

Wie in den östlichen stand auch in den südöstlichen Ländern das unmittelbare Beutemachen im Vordergrund. Der deutschen Besatzungsmacht kam es auf die sofortige Ausbeutung der vorgefundenen Ressourcen nach kolonialen Methoden, kaum auf die Wiederherstellung geordneter wirtschaftlicher Verhältnisse an.[121]

Weltkrieg, S. 248 ff.; Deutschland II, S. 467 ff.; III, S. 396 ff.; IV, S. 216 ff.; VI, S. 428 ff.; zur wirtschaftlichen Verflechtung s.a. Eichholtz, Militärgeschichte 17 (1978), S. 140 ff.; Umbreit, Weg, S. 219 u. 260 f.

118 Anders, aber ohne Beleg, Homze, Labor, S. 200.

119 Vgl. Milward, Economy, S. 67 ff; Umbreit, Weg, S. 219 ff., zu Norwegen S. 260; zur Besatzungspolitik s. Deutschland II, S. 467 ff.; III, S. 400 ff.; IV, S. 221 ff.; VI, S. 431 ff.; s.a. Lang, in: Michalka (Hrsg.), Weltkrieg.

120 Vgl. a. die Aufstellung bei Fried, Exploitation, S. 264.

121 So Umbreit, Weg, S. 240 f.

Nach seiner Kapitulation (April 1941) wurde Jugoslawien in zehn Teile aufgespalten.[122] In dem faktisch von Deutschland annektierten Teilen Sloweniens wurde ähnlich wie in Polen eine "Volkstumspolitik" praktiziert, die nicht nur zu grausamen Verfolgungen, sondern im Rahmen einer zunächst geplanten "Umsiedlung" von 60.000 Menschen nach Schlesien zum Einsatz in der Industrie führte. Verhaftungen, Errichtung von Konzentrationslagern, Folterungen, Erschießungen und Erhängen sowie Verschleppung zur Zwangsarbeit nach Deutschland oder in einheimische Bergwerke gehörten zu den alltäglichen Methoden einer brutalen Besatzungsherrschaft. Den 100.000 ehemaligen und nach Deutschland transportierten jugoslawischen Soldaten [123] folgten 1941 weitere 50.000 "angeworbene" zivile Arbeitskräfte nach. Angehörige der jugoslawischen Volksbefreiungsbewegung sollten statt erschossen zur Zwangsarbeit verschleppt werden. Nach einer Verordnung des Generalbevollmächtigten für die Wirtschaft Serbiens konnten alle arbeitsfähigen Männer von 18 bis 45 und unverheiratete Frauen von 21 bis 35 Jahren bei Anordnung von Geldstrafen oder Strafen bis zu zwei Jahren Zwangsarbeit im Weigerungsfalle nach Deutschland "dienstverpflichtet" werden. Insgesamt dürften an die 100.000 Jugoslawen als zivile Arbeitskräfte verschleppt worden sein. Mit dem verbündeten Kroatien wurden Abkommen zur Verschickung weiterer 100.000 Arbeitskräfte geschlossen.

h. Griechenland und Albanien

Nach der erfolgreichen Abwehr der italienischen Offensive wurde Griechenland im April 1941 Beutegut der sog. Achsenmächte. Mit Ausschluß der von Italien und Bulgarien annektierten Gebiete kam der größte Teil bis zur Kapitulation Italiens im September 1943 unter dessen Besetzung, was eine dominierende Einflußnahme der deutschen Militärverwaltung nicht hinderte.[124] Die deutsche Auszehrungspolitik führte bereits im ersten Besatzungsjahr zu einer furchtbaren

---

122 Vgl. im einzelnen Deutschland II, S. 141 ff., u. die Karte in VI, S. 196; zur Besatzungspolitik und zum Folgenden s. ebd., II, S. 451 ff.; III, S. 376 ff.; IV, S. 188 ff., 330 ff.; VI, S. 416 ff.; eher verharmlosend Pfahlmann, Fremdarbeiter, S. 65.

123 Vgl. Tabelle V bei Homze, Labor, S. 65 ; Fried, Exploitation, S. 264; Deutschland II, S. 454, wesentl. höhere Angaben aber ebd., S. 145.

124 Vgl. Erdmann, Weltkrieg, S. 60 u. 69; zur Okkupationspolitik u. zum Folgenden s. Deutschland II, S. 146 ff., 451 ff.; III, S. 376 ff.; IV, S. 196 ff.; VI, S. 420 f.; Vogel, in: Michalka (Hrsg.), Weltkrieg, S. 536 f. u. 539 ff.; Eckert, Jahrbuch für Geschichte 36 (1988), S. 235 ff. (Zum Einsatz der Arbeitskräfte vgl. insb. S. 248-250).

Hungersnot, der etwa 300.000 Menschen zum Opfer fielen. Die Politik des Aushungerns war zugleich ein Mittel, Arbeitskräfte der nationalsozialistischen Kriegsindustrie zuzutreiben. Die Anwerbepraxis war jedoch wenig erfolgreich. Weniger als 20.000 Arbeitskräfte waren trotz Arbeitslosigkeit und der schwierigen Lebensumstände bereit, nach Deutschland zu gehen. Am griechischen Widerstand scheiterte auch die sog. Zivilmobilmachung. Nach Art. 1 des vom deutschen Militärbefehlshaber in Griechenland erlassenen Dekrets vom 20. Februar 1943 waren alle Einwohner Griechenlands im Alter von 16 bis 45 Jahren verpflichtet, wenn die Umstände es erforderten, die Arbeit anzunehmen, die ihnen von deutschen und italienischen Dienststellen zugewiesen wurden. Als Strafen drohten auch hier Geldstrafe in unbegrenzter Höhe, Gefängnis bis zu zehn Jahren oder Internierung in einem Zwangsarbeitslager. Während Massenproteste zur Beendigung der "Zivilmobilisierung" führten, lief am 15. März die Deportation der griechischen Juden an.

Für das von italienischen, ab 1943 von deutschen Truppen besetzte Albanien sind nähere Angaben über Fremdarbeiterverschickungen nicht ersichtlich.

4. Der "Russeneinsatz"

Nach Planungen der deutschen Kriegsherren stand mit der Sowjetunion ein riesiger, teilweise zu reagrarisierender Versorgungsraum zur Verfügung, der als Rohstoffreservoir und Siedlungsraum genutzt werden sollte, während die Bevölkerung wie die polnische dem Reich als rechtlose Sklaven zu dienen hatte. Kurzfristig wurde die Beseitigung des Kommunismus und die rücksichtslose Ausbeutung der Nahrungsressourcen des Ostens angegangen. Christian Streit sieht in diesen beiden, auch von den konservativen Teilen der militärischen Führung mitgetragenen Zielen die mörderischen Ausgangsbedingungen für die sowjetischen Kriegsgefangenen und für die zivile Bevölkerung. Er hat weiter nachgewiesen, daß sich die Planer über die Konsequenzen der Funktionalisierung der Sowjetunion als Nahrungslieferant durchaus bewußt waren. Bei diesen Kriegszielen war das schier unerschöpfliche neue Arbeitskräftereservoir eher hinderlich; lediglich 700.000 Kriegsgefangene wurden bis zum Herbst 1941 von der Wehrmacht zu Zwangsarbeiten eingesetzt. Die Wehrmacht traf keine Vorkehrungen zur Unterbringung der übrigen. Sie wurden einfach dem Hunger- und Fleckfiebertod preisgegeben oder im Zuge des Kommissarbefehls erschossen oder vergast. So kamen von insgesamt 5,7 Millionen sowjetischer Kriegsgefangener 3,3 Millionen (57,8%) in deutscher Gefangenschaft um.[125]

Die Entscheidung für den grundsätzlichen Einsatz der sowjetischen Kriegsgefangenen fiel mit dem Halt der deutschen Truppen Ende 1941. Die hohe Todesrate unter ihnen und ihre schlechte körperliche Verfassung führten jedoch nur zu einem tatsächlichen Zwangsarbeitseinsatz von zunächst weniger als 170.000 Kriegsgefangenen. Bereits im Frühjahr 1942 wurde daher mit der Aushebung ziviler Arbeitskräfte begonnen.[126] Nach den polnischen Erfahrungen wurde von vornherein auf ein Kombinationssystem aus Versprechungen, sozialem Druck - so war die Abgabe von Lebensmitteln an Arbeitslose von regelmäßiger Meldung beim Arbeitsamt abhängig - und brutalem Terror gesetzt. Den Distrikten wurden bestimmte Kontingente auferlegt, die von durch die Militärverwaltung eingesetzten Starosten und Dorfältesten bis zu einem festgelegten Datum zu erfüllen waren. Die Arbeiter wurden oft nachts aus den Betten geholt und bis zum Abtransport eingesperrt. Offene Terrormaßnahmen wie das Herausgreifen und Fortschaffen aus der Öffentlichkeit, das Niederbrennen von Gehöften und ganzen Dörfern als Vergeltung für die Nichtbefolgung der Gestellungsforderungen und das Einsperren von Eltern, um das Auftauchen der sich versteckt haltenden Kinder zu erreichen, waren nicht selten.

Verantwortlich für die Zwangsrekrutierung war die auf besetzten sowjetischen Gebieten erweiterte Arbeitsverwaltung, die aber dort mit der Wehrmacht und Himmlers Sicherheitskräften aufs engste zusammenarbeitete. In den Operationsgebieten übernahm das Heer faktisch die Funktion der Saucкel'schen Behörden. In einem Befehl des Oberkommandos des Heeres vom 10. Mai 1942 hieß es, die breiteste Erfassung der Bevölkerung setze "eine maßgebliche Mitwirkung der militärischen und landeseigenen Verwaltungsstellen" voraus; als Aufgabe von kriegsentscheidender Bedeutung sei die vordringliche Durchführung der angeordneten Maßnahmen allen Stellen zur besonderen Pflicht zu machen.[127]

---

125 Vgl. Streit, Kameraden; ders., in: Dlugoborski (Hrsg.), Weltkrieg; ders., in: Michalka (Hrsg.), Weltkrieg; zur Lebenssituation s.a. Homze, Labor, S. 80 ff.; Dallin, Herrschaft, S. 422 ff.; auch zur Sterblichkeitsrate u. Tötungen Jacobsen, in: Anatomie 2, S. 137 ff.; Streim, Gefangene; zur Okkupation s. N. Müller, Besatzungspolitik; ders., Wehrmacht.

126 Zum Folgenden vgl. insb. Herbert, Fremdarbeiter, S. 157 ff. u. passim; zur Zeit davor vgl. Pfahlmann, Fremdarbeiter, S. 46 ff.; Homze, Labor, S. 84 ff.; Dallin, Herrschaft, S. 441; Deutschland II, S. 436 ff.; s.a. den Bericht einer früheren Zwangsarbeiterin bei Siegfried, Rüstungsproduktion, S. 52 ff.

127 Vgl. N. Müller, Besatzungspolitik, Dok. 118, S. 290 f.; zur Beteiligung des Militärs s. ebd.., Dok. 111-135, S. 79 ff.; ders. Wehrmacht, passim, insb. S. 179-183 u. 194.

Bei zunehmender Konkurrenz des Arbeitskräftebedarfs im Besatzungsgebiet selbst mit denen des Reichs ordnete das Besatzungsregime eine allgemeine Arbeitspflicht an und stellte auf die jahrgangsweise Erfassung für den "Reichseinsatz" um. Die Verschleppung ganzer Jahrgänge wurde durch Auskämmen von Behörden, Betrieben und Kolchosen nach entbehrlichen Arbeitskräften ergänzt. Diese allein auf mehr Effizienz abzielende Modifikation der Verwaltungspraxis führte jedoch zu keiner Änderung der Rekrutierungspraxis selbst. Zwangsmaßnahmen und Razzien blieben wie bisher an der Tagesordnung.[128] Mit dem Rückzug ab 1943 wurden dann die arbeitsfähigen Bewohner der aufgegebenen Gebiete von den deutschen Truppen zwangsweise mit zurück in die rückwärtigen Gebiete genommen. Verschleppungen der Bewohner ganzer Landstriche, von Kindern (z.T. Kleinkindern) und Greisen, Kranken, das Umstellen von Schulen und Dörfern, Überfälle auf Passanten auf den Straßen der Städte wurden zur Regel der Zwangsrekrutierung.[129] Eine den rassischen Prinzipien des nationalsozialistischen Reiches entsprechende Behandlung wurde analog und teilweise über die "Polenerlasse" hinausgehend in "Ostarbeitererlassen" vom 2. Februar 1942 geregelt.[130] Die Lebens- und Arbeitsbedingungen waren auch für Kriegsverhältnisse völlig unzureichend. Die politische Kursänderung angesichts der allmählichen Begrenzung des Arbeitskräftepotentials änderte nichts an den grundsätzlichen Lebensbedingungen und kam nur marginal vor Ort an.[131] 1942 wurden bis Jahresende 1,480 Millionen sowjetische Zivilarbeiter, also etwa 40.000 pro Woche, deportiert, von denen Ende November noch 1,125 neben 456.000 sowjetischen Kriegsgefangenen eingesetzt waren. 1943 kamen 700.000 und 1944 über 360.000 zivile Arbeitskräfte hinzu. Von ihnen befanden sich im September 1944 noch 2,174 Millionen im Deutschen Reich. Über die Hälfte waren Frauen.

5. Die Deportation italienischer Zwangsarbeiter

Nach Fall des faschistischen Systems in Italien im Spätsommer 1943 wurden

---

128 Vgl. a. R.-D. Müller, in: Michalka (Hrsg.), Weltkrieg, S. 778 f.; N. Müller, Wehrmacht, S. 185 f.

129 Vgl. Herbert, Fremdarbeiter, S. 256 ff.; Pfahlmann, Fremdarbeiter, S. 56 ff.; Homze, Labor, S. 160 ff.; Dallin, Herrschaft, S. 247 ff.; Deutschland III, S. 351 ff.

130 Vgl. Herbert, Fremdarbeiter, S. 154 ff.; zusammenfassend ders., Geschichte, S. 137.

131 Neben Herbert, Fremdarbeiter, passim, s. Homze, Labor, S. 77 ff.; Siegfried, Rüstungsproduktion, S. 44 ff., 52 ff., 112, 122 u. 145 ff.

fast eine Million italienischer Soldaten als "Militärinternierte" gefangengenommen.[132] Erpressungsversuche zum Weiterkämpfen unter deutscher Führung schlugen weitgehend fehl. Mit dem Stigma des Verräters versehen mußten 600.000 der Internierten unter den miserabelsten, konzentrationslagerähnlichen Bedingungen Zwangsarbeit leisten, woran auch die Überführung in zivile Arbeitsverhältnisse nichts änderte. Tausende der italienischen Soldaten waren bereits bei Gefangenentransporten im Mittelmeer umgekommen, in den Lagern selbst starben mindestens weitere 20.000, Schätzungen gehen von bis zu 50.000-60.000 italienischen Soldaten aus. Sauckels Vorhaben, für 1944 allein in Italien 250.000 zivile Arbeitskräfte monatlich zu rekrutieren, konnte nicht annähernd verwirklicht werden. Die dennoch bis zum Juli 1944 gepreßten 42.000 Arbeitskräfte waren das Ergebnis regelrechter Menschenjagden, die bis Ende 1944 andauerten. Aber auch die Lebensbedingungen der bereits zuvor im Reich beschäftigten 120.000 italienischen Arbeitskräfte hatten sich entsprechend verschlechtert.

6. Arbeitskräfte aus den verbündeten (Ungarn, Rumänien, Bulgarien, Finnland) und neutralen Staaten

Ungarn, Rumänien und Bulgarien blieb als verbündeten "Achsenmächten" die staatliche Selbständigkeit erhalten. Lediglich Ungarn wurde, um einen Abfall als Kriegsverbündeter zu verhindern, im Oktober 1944 von deutschen Truppen zusammen mit ungarischen "Pfeilkreuzlern" besetzt. Für diese Länder bestand deutscherseits die gleiche Konzeption wie für die okkupierten Länder Griechenland und Jugoslawien. Dies zeigte sich vor allem in ihrer wirtschaftlichen Ausbeutung.[133] Im Unterschied zu den besetzten Ländern konnte aber nicht unmittelbar auf die Arbeitskräfte Zugriff genommen werden. Der Druck zur Überlassung von Arbeitskräften beschränkte sich auf den Abschluß von Regierungsabkommen geringen Umfangs. Die Zahl der im Deutschen Reich beschäftigten Ungarn bewegte sich während des Krieges zwischen 25.000-30.000, die der Rumänen um die 6.000 - 8.000, die der Bulgaren an die 35.000. Noch geringer

---

[132] Vgl. Petersen, in: Michalka (Hrsg.), Weltkrieg, S. 113 ff.; Schminck-Gustavus, Beiträge 3, S. 67 ff.; Herbert, Fremdarbeiter, S. 259 ff.; Kuby, Verrat, S. 295 ff., 447 ff. u. 465; Siegfried, Rüstungsproduktion, S. 123 ff.; zur Umwandlung in zivile Arbeitsverhältnisse s.a. Pfahlmann, Fremdarbeiter, S. 69 f.

[133] Vgl. Deutschland II, S. 152 ff.; zur Typisierung der Formen deutscher Herrschaft s. Dlugoborski (Hrsg.), Weltkrieg, S. 39 f.; zum Stand der Clearingschulden s. Eichholtz, Militärgeschichte 17, S. 147, Tab. 21, u. 149 ff.

war die Zahl der finnischen Arbeitskräfte, die sich auf einige hundert beschränkte. Die Zahl der Beschäftigten aus den neutralen Ländern (insb. Schweiz u. Spanien) schwankte zwischen 26.000-40.000.[134] Bei diesen Beschäftigten dürfte insgesamt nicht von Zwangsarbeit auszugehen sein.[135]

7. Die Bedeutung des "Fremdarbeitereinsatzes"

Genaue Berechnungen über die Zahl aller "Fremdarbeiter" sind nicht vorhanden. Schätzungen gehen, z.T. unter Einschluß der eine Million KZ-Arbeiter, über die Zahl der im Herbst 1944 anwesenden 7,7 Millionen "Fremdarbeiter" wegen einer hohen Fluktuation, hervorgerufen durch Tod, Flucht und Verhaftung, durch Unfall und Krankheit sowie durch Vertragsablauf,[136] hinaus und bewegen sich zwischen 10 [137] und 14 [138] Millionen. Unter Einbeziehung der Familienangehörigen [139] ist die Zahl der von Zwangsarbeit in ihren Lebensbedingungen zentral betroffenen Menschen noch wesentlich höher zu veranschlagen.

Betrachtet man die Rekrutierungspraxis dieser Millionen von Arbeitskräften, so zeigt sich ein unmittelbarer Zusammenhang mit einer nationalsozialistischen "Neuordnungsvorstellungen" geschuldeten Besatzungspolitik, die sich auch in den besetzten westeuropäischen Ländern radikalisierte und in der letzten Kriegsphase sich der von Anfang an mit Terror operierenden Besatzungsgewalt in Polen und der Sowjetunion annäherte. Während ein direkter Einfluß auf die Anwerbepraxis in den neutralen Staaten nicht und in den verbündeten Achsenmächten nur beschränkt möglich war, wurden die Arbeitskräfte in den annektierten oder quasi annektierten Ländern wie Luxemburg, Wartheland, Elsaß-Lothringen und dem Protektorat Böhmen und Mähren z.T. wie deutsche Staatsangehö-

---

134 Vgl. Fried, Exploitation, S. 85 u. 264 f.; Homze, Labor, S. 56 ff., 63 f. u. 148; Pfahlmann, Fremdarbeiter, S. 22 f.

135 Anders aber z.B. die zeitgenössische Widerstandspropaganda in Bulgarien, S. Georgieff/Spiru (Hrsg.), Bulgariens, Dok. 6, S. 68 ff., u. Dok. 18, S. 88 ff.

136 Vgl. Fried, Exploitation, S. 57 f.; Herbert, Fremdarbeiter, S. 425, Fn. 129, zur Flucht ausf. S. 112 ff., 310 ff.

137 Schilde, SPW 1988, S. 458; Schminck-Gustavus, Hungern, S. 27; ausf. Seeber, Zwangsarbeiter, S. 89 ff.

138 Billstein, Fremdarbeiter, S. 32; Drobisch/Eichholtz, ZfG 18 (1970), S. 637; vgl. a. Lehmann, in: Bade (Hrsg.), Auswanderer, S. 577; Wallach, Jahrbuch 1977, S. 478 f. (m.w.N.).

139 Vgl. Fried, Exploitation, S. 64, zur Brutalität der Deportationspraxis hinsichtlich der Familienbande S. 9; zu den Auswirkungen s.a. Luczak, doc. occ. IX, S. CV f.

rige behandelt. Mit Ausnahme Dänemarks erfolgte durch kollaborationistische Regierungen oder durch die deutsche Militär- oder Zivilverwaltung ab 1942 die Zwangsarbeitspflicht in den besetzten Ländern. Aber auch für die Zeit davor kann nur ganz beschränkt von "freiwilligen" Meldungen gesprochen werden. Bestehende und von den deutschen Besatzern weiter vergrößerte Arbeitslosigkeit, z.T. bewußt herbeigeführt durch Schließung von Betrieben, Reorganisierung, Zentralisierung und Kontrolle der Arbeitsmärkte sowie Koppelung sozialer Transferleistungen an die Arbeitsbereitschaft im Reich verengten vor dem Hintergrund einer allgegenwärtigen ausländischen Besatzungsmacht und der Abhängigkeit von der deutschen Wirtschaft den individuellen Entscheidungsspielraum. So wird die Zahl der französischen Freiwilligen mit insgesamt 82.000, von denen überdies 45.000 aus ihrem Urlaub nicht mehr zurückkehrten, die der holländischen mit 134.000 und der belgischen mit 122.000 angegeben.[140]

Arbeitszwang herrschte jedoch entgegen der beschönigenden Propaganda[141] grundsätzlich für alle ausländischen, sich im Deutschen Reich befindenden Arbeitskräfte. Knuth Dohse hat dies bereits für die Rechtsstruktur hinsichtlich des Funktionsverlustes des traditionellen Fremdenrechts nachgewiesen. Nach ihm ist mit der Ausländerpolizeiverordnung vom September 1939, die für Ausländer aus den Feindstaaten ein Ausreiseverbot unter Erlaubnisvorbehalt fixierte, sie auf das Gebiet der Ortspolizei des Aufenthaltsortes festlegte und der Ortspolizei ein über aufenthaltsrechtliche Maßnahmen hinausgehendes Dispositionsrecht über die Freiheit der Ausländer einräumte, das klassische Kontroll- und Disziplinierungsmittel der Verweisung aus dem Staatsgebiet abgeschafft worden und trat an seine Stelle die Drohung mit dem Internierungs- und Konzentrationslager.[142] Dieses ausländerrechtliche Zwangsmoment wurde dann arbeitsrechtlich ergänzt. Die anfangs befristeten Arbeitsverträge mit den Westarbeitern wurden im Sommer 1942 durch Dienstverpflichtungen unbefristet verlängert.[143] Die durch Krieg und Besatzungspolitik noch verstärkte Arbeitslosigkeit reichte als ökono-

---

140 S. Frankenstein, in: Dlugoborski (Hrsg.), Weltkrieg, S. 212; zur Frage der "Freiwilligkeit" s.a. Herbert, Fremdarbeiter, S. 104 u. 181 f.; Madajczyk, Okkupationspolitik, S. 223; R.-D. Müller, in: Michalka (Hrsg.), Weltkrieg, S. 776; N. Müller, Wehrmacht, S. 180 ff. Anders, wohl vor allem auf die vor Sauckel liegende Anwerbepraxis bezogen, die knappe Bemerkung von Kroener, Ressourcen, S. 778; für Frankreich ähnliches andeutend Knipping, in: Michalka (Hrsg.), Weltkrieg, S. 708; s. ferner Homze, Labor; Pfahlmann, Fremdarbeiter; Siegfried, Rüstungsproduktion, S. 45 f.; dagegen Deutschland II, S. 316.

141 S. z.B. Letsch, Reichsarbeitsblatt 1941, S. V 44 f.

142 Vgl. Dohse, Arbeiter, S. 119-134.

143 Vgl. Herbert, Fremdarbeiter, S. 180 f.

mischer Zwang bei den gegebenen Arbeitsbedingungen zur Arbeitsaufnahme und zur -bereitschaft nicht aus, ebenso wie das Mittel der Entlassung untauglich wurde. An die Stelle des ökonomischen Zwangs trat eben staatliche Gewalt. Staatliche Gewalt diente jedoch nicht nur als bloßer Ersatz fehlenden ökonomischen Zwangs, sondern geriet teilweise unter dem Primat des Rassismus in Widerstreit mit ökonomischen Notwendigkeiten. Eine unterschiedliche Behandlung aller "Fremdarbeiter" gegenüber den deutschen Arbeitskräften und der einzelnen Nationalitäten zeigte sich von Anfang an. Die "Hierarchie des Rassismus" (Herbert) wirkte sich auf alle Lebensbereiche aus und führte zu einer Besserstellung der Arbeiter aus dem Westen gegenüber denen aus dem Osten.

Die französischen Zivilarbeiter rangierten vor denen aus anderen westlichen Ländern (Belgien, Niederlande), darunter die Arbeitskräfte aus den zum Teil mit Deutschland verbündeten oder von ihm abhängigen südosteuropäischen Ländern (Ungarn, Rumänen, Slowenen, Griechen, Serben, Kroaten), darunter die Arbeiter aus der Tschechoslowakei (dem sogenannten "Protektorat Böhmen und Mähren"), darunter die Polen und ganz unten rangierten die Arbeiter aus der Sowjetunion sowie seit dem Sommer 1943 auch die italienischen Militärinternierten, wobei noch gewisse Abstufungen zwischen Ukrainern und Russen auf der einen, Zivilarbeitern und Kriegsgefangenen auf der anderen Seite feststellbar sind. Zuletzt kamen die KZ-Häftlinge.[144]

Die z.T. formelle Gleichstellung der Westarbeiter mit den deutschen Arbeitern [145] wurde allerdings von den Behörden und Betrieben kaum akzeptiert. Im September 1940 ordnete Göring für belgische und französische Bergarbeiter im Ruhrbergbau die geschlossene Lagerunterbringung an, im Januar 1941 kam ein vom Reichssicherheitshauptamt ausgearbeiteter Erlaß heraus, der zwischen "Arbeitnehmern germanischer Abstammung" (Niederländer, Dänen, Norweger, Flamen) und "fremdvölkischen Arbeitnehmern" (Franzosen, Wallonen sowie Arbeiter verschiedener Nationalitäten, die vorher in Nordfrankreich gearbeitet hatten, darunter Polen, Tschechen, Jugoslawen, Slowaken, Italiener u.a.) unterschied und deren getrennte Unterbringung und verschiedene Behandlung vorschrieb. Während "germanische" Arbeitskräfte auch in Privatquartieren wohnen durften, bei "Arbeitsunlust" zu ermahnen waren und allenfalls mit höchstens 21 Tagen Arbeitserziehungslager bestraft werden konnten, sollte bei den

---

144 So Herbert, Geschichte, S. 153; s.a. Siegfried, Rüstungsproduktion, S. 78 f.

145 Zur Entlohnung s. Herbert, Fremdarbeiter, S. 207 ff.; Homze, Labor, S. 51 f. u. 245 ff.; Pfahlmann, Fremdarbeiter, S. 161 ff.; Siegfried, Rüstungsproduktion, S. 79.

"fremdvölkischen" mit den "üblichen staatspolizeilichen Mitteln" bis zur Einweisung in ein Konzentrationslager vorgegangen werden.[146] Eine ausländerfeindliche, rassistische Grundstimmung, "Arbeitsunlust", Flucht und "Vertragsbruch", Unzufriedenheit mit den Arbeits- und Lebensbedingungen [147] sowie die in der Praxis kaum durchzuhaltende Unterscheidung der verschiedenen Ausländergruppen führte in zunehmender Zahl der Fälle zum Eingriff der Gestapo, die die Zuständigkeit für polnische und tschechische Arbeiter bereits erlangt hatte, auch bei "Vergehen" der Westarbeiter.[148]

Der Unterschied zwischen Deutschen und Ausländern wurde vollends nochmals im Bombenkrieg deutlich. Die Barackenlager der Zwangsarbeiter, die meist in der Nähe der Industriebetriebe lagen, waren vom Bombenhagel besonders betroffen. Abwürfe auf das Fabrikgelände führten zu Zerstörungen der Unterkünfte und verschärften ihre Lebenssituation weiter.[149] Ostarbeiter, Polen und Kriegsgefangene durften die großen öffentlichen Bunker nicht betreten, was im Frühjahr 1943 auf alle Ausländer ausgedehnt wurde.[150] Unter dem Eindruck der Trümmer radikalisierte sich die Behandlung vor Ort, konnte der Kurswechsel der Führung zur Erhaltung der Arbeitskräfte nicht mehr greifen. Die Lebensbedingungen der "Fremdarbeiter" waren größtenteils auch für die Kriegsverhältnisse mehr als katastrophal.[151]

Der Nutzen dieser geschundenen Arbeitskräfte war nicht zuletzt wegen der erbärmlichen Lebens- und Arbeitsbedingungen aus der Herrschaftsperspektive recht unterschiedlich.[152] Die ursprüngliche Sperre des "Fremdarbeitereinsatzes" in der Industrie war 1942 zugunsten der Rüstungswirtschaft gefallen, in der die seit 1941 neu hinzugekommenen Arbeitskräfte überwiegend eingesetzt wurden

146 Zit. n. Herbert, Fremdarbeiter, S. 100.

147 Dazu ausführlich Homze, Labor, S. 264 ff.; Herbert, Fremdarbeiter, S. 166 ff., 195 ff., 266 ff. u. 285 ff.; Fried, Exploitation, S. 90 ff.; weniger differenziert Pfahlmann, Fremdarbeiter, S. 153 ff.

148 Vgl. Herbert, Fremdarbeiter, S. 117; Siegfried, Rüstungsproduktion, S. 15, sowie die dort (S. 101 ff.) wiedergegebenen Berichte und Dokumente.

149 Vgl. die bei Herbert, Fremdarbeiter, S. 290, wiedergegebenen Schilderungen.

150 Vgl. Herbert, ebd.; s.a. den Tagesbefehl der Schutzpolizei beim bremischen Senator für innere Verwaltung v. 3.1.1944, auszugsweise abgedruckt in: Beiträge 3, S. 139.

151 Vgl. z.B. die Schilderung eines Beamten des Auswärtigen Amtes nach Inspizierung einiger Ostarbeiterlager bei Herbert, Fremdarbeiter, S. 293 f.

152 Im einzelnen s. Herbert, Fremdarbeiter, S. 220 ff. u. 273 ff.; Homze, Labor, S. 240 ff.

und die einberufenen deutschen Arbeitskräfte ersetzten.[153] Im August 1944 verteilten sich die ausländischen Arbeitskräfte zu je einem Drittel auf die Landwirtschaft, die Schwerindustrie und die restliche gewerbliche Wirtschaft. Von den 1,7 Millionen polnischen Arbeitskräften waren zwei Drittel in der Landwirtschaft, die französischen Zivilarbeiter wurden ähnlich den belgischen zu fast 50% aufgrund ihres hohen Facharbeiteranteils in der Metallindustrie beschäftigt. Von den 5,7 Millionen ausländischen zivilen Arbeitskräften waren zwei Drittel sowjetische Staatsbürger (36,4%) oder Polen (28,5%), 10,8% Franzosen, von allen 7,6 Millionen einschließlich der Kriegsgefangenen stellten sie noch fast die Hälfte (sowjetische 36,2%, polnische 22,2%), die Franzosen 16,5%, die Italiener 7,7%. Ein Drittel, nämlich 1,9 der 5,7 Millionen ausländischen Zivilarbeiter waren Frauen, die entsprechend der politischen und rassischen Hierarchisierung überwiegend (zu 87% aller weiblichen ausländischen Arbeitskräfte) aus Osteuropa zwangsrekrutiert worden waren. So waren mehr sowjetische Frauen als Männer als zivile Arbeitskräfte deportiert worden (51,1%). 34,4% der polnischen und 44,4% der slowakischen zivilen Arbeitskräfte waren Frauen. Der Anteil der Ausländer an der Gesamtzahl der Beschäftigten im "Großdeutschen Reich" betrug im August 1944 etwa ein Viertel, in der Landwirtschaft fast die Hälfte (46,4%), im Bergbau, in dem vor allem sowjetische Zwangsarbeiter unter katastrophalen Bedingungen arbeiten mußten, lag er mit 33,7%, im Metall- mit 30,0% und Baubereich mit 32,3% bei fast einem Drittel, im Chemie- und Verkehrsbereich über einem Viertel, in den übrigen, kriegswirtschaftlich weniger wichtigen Bereichen war er wesentlich geringer.[154] Ohne den Einsatz dieser Arbeitskräfte wäre die Landwirtschaft 1942 und die Kriegswirtschaft spätestens 1943 zusammengebrochen, wäre zumindest das angestrebte Niveau nicht zu halten gewesen. Ihr Einsatz diente damit einer insgesamt, auch im Vergleich zum ersten Weltkrieg besseren Versorgung der deutschen Bevölkerung mit dem Ziel, nach dem Novembertrauma von 1918 Unruhen und Unzufriedenheit innerhalb der deutschen Arbeiterschaft nach Möglichkeit zu vermeiden.[155] Das war auch die Konsensbasis zwischen den deutschen Herrschaftseliten.[156] So konnte

---

153 Vgl. Demps, ZfG 21 (1973), S. 830 f.

154 Alle Angaben n. Herbert, Fremdarbeiter, S. 270-273.

155 Vgl. die Überlegungen bei Luczak, doc. occ. IX, S. XC f., sowie die Studie von Dlugoborski, in: ders (Hrsg.), Weltkrieg, Einleitung, insb. S. 14 f.; vgl. a. Herbert, Fremdarbeiter, S. 129 ff.; August, AfS 1984, S. 320 f.

156 Vgl. Herbert, Fremdarbeiter, S. 347 ff., insb. zum "Russeneinsatz" S. 137 ff.; Streit, Kameraden, S. 191-208.

in den ersten Kriegsjahren ein erhöhter Fraueneinsatz [157] sowie eine Verschlechterung der Ernährungslage [158] weitgehend vermieden werden. Nach dem Urteil Tim Masons hätte es ohne Ausländer "wohl entweder zum Niedergang der deutschen Militärmacht oder aber zu drakonischen Zwangsmaßnahmen gegen die deutsche Bevölkerung kommen müssen".[159]

Es dürfte keinen Bereich und keine deutsche Region gegeben haben, in dem nicht ausländische Zwangsarbeiter eingesetzt wurden. Ihr Einsatz gehörte in den großdeutschen Kriegsjahren zum Alltag, sei es durch die Tausende im Reich befindlichen Lager oder durch den Arbeitsplatz. Durch Aufwertung zu Vorgesetzten, Vorarbeitern und Bewachern wurde die Herrenmenschenideologie im Reich sichtbar und erlebbar, wenn dies auch nicht durchgängig akzeptiert wurde, wie Kontakte am Arbeitsplatz oder privater Art, alles Verstöße gegen die mit Akribie betriebenen Vorschriften zur Fernhaltung der ausländischen von der deutschen Bevölkerung, zeigen. Die Wirtschaftselite, anfangs eher an der Ausbeutung der Wirtschaftsressourcen der eroberten Länder durch "Arisierungen" und "kooperative" Unterjochung in Westeuropa bzw. Einverleibung der Unternehmen in Osteuropa interessiert, stellte sich schnell auf dieses billige und rechtlose Arbeitskräftepotential durch Neuanforderungen ein.[160] Einzelne Maßnahmen zur Verbesserung ihrer Lebensbedingungen, insbesondere als der Einsatz in der Industrie auch kurze Anlernperioden bedingte, dienten lediglich der Optimierung der Ausbeutung.[161]

IV. Zwangsarbeit in den besetzten Gebieten

Die Bevölkerung der besetzten Gebiete wurde nicht nur zur Arbeit in das Deutsche Reich verschickt, sondern mußte im eigenen Land, z.T. auch in anderen besetzten Ländern, Zwangsarbeit leisten. Die Einführung einer allgemeinen Arbeitspflicht beschränkte sich in der Regel zunächst auf das Territorium dieser

[157] Vgl. Luczak, ebd.; zu den ideologischen Problemen des Fraueneinsatzes s. Herbert, Fremdarbeiter, S. 64, zum Verzicht auf einen verstärkten Einsatz S. 69; Kroener, Ressourcen, S. 769 ff.; Mason, Sozialpolitik, S. 275 ff.

[158] Vgl. Luczak, aaO., S. CII f.; Konieczny/Skurgacz, doc. occ. X, S. LXIX.

[159] Mason, Sozialpolitik, S. 166.

[160] Vgl. insb. Herberts Studie zu Krupp, dem Ruhrbergbau und anderen Betrieben in Fremdarbeiter, S. 190-236, zur kontroversen Rolle der Industrie insgesamt S. 145 ff.; für das Volkswagenwerk s. Siegfried, Rüstungsproduktion, S. 17 f., zur Auswahl der Arbeitskräfte S. 44 ff.

[161] Dazu Herbert, Fremdarbeiter, S. 170-175, 263 f. u. 273-285.

Länder, bevor sie auch für die Verschickung ins Deutsche Reich galt. Die Art und Weise der Durchführung dieser Zwangsverpflichtung hing wie die Rekrutierungspraxis für das Deutsche Reich unmittelbar mit der jeweiligen Form der Besatzungspolitik zusammen.[162] In den west- und nordeuropäischen Ländern stand die Einbeziehung der wirtschaftlichen und industriellen Ressourcen im Vordergrund. Hier waren in der Regel einheimische Stellen und/oder einheimische Unternehmen - auch wenn der deutsche Einfluß über Beteiligungen oder Kooperationsverträge zu erweitern versucht wurde - zwischen Besatzern und Arbeitsverpflichteten zwischengeschaltet. In Ost- und Südosteuropa, insbesondere in Polen und der Sowjetunion, wo sogleich tiefgreifende Umgestaltungen vorgenommen worden waren, traf die Arbeitspflicht die Bevölkerung nicht nur mit ökonomischem und rechtlichem Zwang, sondern sie wurde von Anfang an mittels physischer Gewalt durchgesetzt. Die polnischen Historiker Alfred Konieczny und Herbert Szurgacz sehen in der Zwangsbeschäftigung der Polen in der Kriegswirtschaft des Dritten Reiches nicht nur eines der grundsätzlichen Elemente der nazistischen Besatzungspolitik gegenüber der polnischen Nation, sondern zugleich auch ein Abbild der nationalen Vernichtungspolitik in den eroberten Ländern. Nach ihnen muß die Zahl der deportierten Polen noch um Millionen derjenigen Polen ergänzt werden, die auf den annektierten Gebieten und im Generalgouvernement ansässig waren und zwar nicht deportiert, aber doch der Strenge der Zwangsarbeit ausgesetzt wurden. Nach ihnen wurden diese polnischen Zwangsarbeiter rücksichtslos ausgebeutet und diskriminiert gemäß den politischen Grundsätzen des Naziregimes, nach denen den Polen die Rolle der Diener oder gar Sklaven des Großdeutschen Reiches zugewiesen und der polnische Boden als ein Reservoir billiger Arbeitskräfte betrachtet worden sei.[163]

Der Status der polnischen Arbeiter entsprach in den annektierten polnischen Gebieten, soweit sie nicht als Zwangsarbeitskräfte ins Reich oder in andere besetzte Gebiete verschleppt oder ins Generalgouvernement "umgesiedelt" worden waren, im wesentlichen dem der im Altreich befindlichen.[164] Im Generalgouvernement verpflichtete bereits die Verordnung v. 30.09.1939 jeden Polen auf Auf-

---

162 Vgl. die Einleitung von Dlugoborski, in: ders. (Hrsg.), Weltkrieg; stärker auf die formale Organisationsstruktur abstellend Umbreit, in: Michalka (Hrsg.), Weltkrieg.

163 Konieczny/Szurgacz, doc. occ. X, S. LIV; zur Funktion der Besatzungs- als Vernichtungspolitik vgl. a. Madajczyk, Okkupationspolitik, S. 613 ff; Piotrowski, Franks Tagebuch, zit. n. Billstein, Fremdarbeiter, S. 16 ff.; Umbreit, Weg, S. 258 f. u. 215 f., 218 f.

164 Konieczny/Szurgacz, aaO, S. LIX f.; ausf. doc. occ. XI, Dok. III-1 ff., S. 233 ff; zur Verlangsamung der "Germanisierung" aus ökonomischen Interessen vgl. Deutschland II, S. 136.

forderung zum Ernteeinsatz[165] und schuf die Verordnung v. 26.10.1939 eine "öffentliche Arbeitspflicht" für alle 18 bis 60-jährigen, worunter insbesondere Arbeiten in landwirtschaftlichen Betrieben, die Errichtung und Unterhaltung öffentlicher Gebäude, der Bau von Straßen, Wasserstraßen und Eisenbahnen, die Regulierung von Flüssen und die Arbeiten zur Landeskultur fielen.[166] Jede Beendigung oder Begründung eines Arbeitsverhältnisses mußte vom Arbeitsamt genehmigt werden.[167] Die Verlagerung deutscher Rüstungsproduktionsstätten nach Polen im Jahre 1943 bedeutete für viele polnische Arbeitskräfte die Arbeit in der deutschen Rüstungsproduktion.[168] In den Jahren 1940 bis 1943 "vermittelten" die Arbeitsämter etwa 3,33 Millionen Personen.[169]

Mit dem Rückzug der deutschen Truppen begann eine letzte Terrorwelle in den besetzten Ländern. Die Taktik der "verbrannten Erde" bedeutete nicht nur einen letzten Ausplünderungsversuch und die Zerstörung all dessen, was nicht mitgenommen werden konnte, sondern auch die Verschleppung der Menschen als Arbeitskräfte. Soweit diese nicht ins Reich verschickt wurden, hatten sie Schanzarbeiten oder andere Sicherheitsmaßnahmen für die Wehrmacht zu leisten. In den Berichten der Wehrmachtsstellen erschienen die polnischen Arbeitskräfte als bloße statistische Einheiten. Es wurde nicht nur nach Vieh ausgekämmt, sondern: "Die Divisionen kämmen Arbeitskräfte aus",[170] nicht zuletzt "um möglichst viele Arbeitskräfte dem Zugriff des Feindes zu entziehen".[171] Allein im monatlichen Lagebericht der Abteilung Wirtschaft beim Oberkommando der Heeresgruppe v. 4.12.1944 wurden 293.893 "gestellte" Arbeitskräfte für den Stellungsbau im Generalgouvernement genannt.[172] Im Lagebericht Nr. 19 für die Monate Juli und August 1944 der Armeewirtschaftsführung bei der Armeegruppe Heinrici heißt es:

165 Vgl. doc. occ. X, Dok. IV-1, S. 319.

166 Vgl. doc. occ. X, Dok. IV-2, 3, 5 u. 27, S. 320 ff., 325, 377 f.; zur lokalen Arbeitspflicht am Sonntag s. Madajczyk, Okkupationspolitik, S. 266.

167 Vgl. VO über die Beschränkung des Arbeitsplatzwechsels v. 22.2.1940, doc. occ. X, Dok. V-5, S. 426 f.

168 Vgl. Deutschland IV, S. 182 f.; zum Konflikt mit den Arbeitskräfteaushebungen s. Konieczny/Szurgacz, doc. occ. X, S. LXVIII.

169 Vgl. Konieczny/Szurgacz, doc. occ. X, S. LXVIII.

170 So der Bericht von Hauptmann Hartmann u.a. über eine Erkundungsfahrt vom 4.9.1944, doc. occ. XII, Nr. 77, S. 203 ff., 205.

171 So der Lagebericht Nr. 129 des Armeewirtschaftsführers beim Armeekommando 2 v. 27.8.1944, doc. occ. XII, Nr. 68, S. 163 ff., 169.

172 Vgl. doc. occ. XII, Nr. 150, S. 524 ff., 538.; zum "Schanzeinsatz" vgl. a. Deutschland VI, S. 407 ff.

"V. Arbeitseinsatz und -bedingungen. Aushebung der wehrfähigen Mannschaft fortgesetzt. Bis Beginn der Absetzbewegungen Mitte Juli im Armeegruppengebiet etwa 18000 wehrfähige Männer angeworben und den Bedarfsträgern zugeführt. Davon erhielten: SS Division Galizien 9623, Truppe als Hi Wi 3125, Luftwaffe als Flakhelfer 1590, OT 1431, das Reich als Arbeitskräfte 936. Der Rest als untauglich oder unabkömmlich zurückgeschickt. Durch diese Aktion wurde der Hiwibedarf der Armeegruppe zu 2/3, der Kräftebedarf der OT-OBL-Scharnhorst vollständig gedeckt. Darüber hinaus der OT für Baumaßnahmen außerhalb des Armeegruppengebietes etwa 300 Männer, zumeist Polen, zugeführt.

Stellungsbau bis Mitte Juli abgeschlossen, und Stellungsabschnitte den Divisionen zu Erhaltungs- und Ergänzungsarbeiten abgegeben. Trotzdem betrug die Zahl der Stellungsbauarbeiter noch Mitte Juli etwa 17500." [173]

Nach der Niederwerfung Warschaus wurden insgesamt über 500.000 Menschen in Durchgangslager gepfercht, wovon 160.000 zur Zwangsarbeit nach Deutschland, darunter 60.000 in Konzentrationslager deportiert wurden.[174] Im Bericht des Heeresgruppenwirtschaftsführers beim Oberkommando der Heeresgruppe Mitte v. 6.9.1944 heißt es zur "Evakuierung der Stadt Warschau" über die Verteilung der menschlichen Beute:

"Aus der Aktion Warschau sind im Auffanglager Pruszkow bisher 111.110 Personen erfaßt und 103.550 weitergeleitet worden. Davon entfielen auf:

GBA	28.542 Personen
Eisenbahn	11.363 Personen
K.L. (SS)	37.194 Personen
Nichteinsf.	20.606 Personen
Kranke	5.845 Personen
	103.550 Personen " [175]

Lagerunterbringung, weg von den Familien und auch nach Wehrmachtsverhältnissen nicht immer winterfest,[176] war die Regel.[177] Kinder wurden ebenfalls kaserniert, da vor ihnen die Besatzungspolitik nicht halt machte und sie ebenfalls zur Zwangsarbeit herangezogen wurden.[178]

Einen ähnlichen Befund ergeben die bei Müller zur Rolle der Wehrmacht bei der Heranziehung der sowjetischen Bevölkerung zur Zwangsarbeit abgedruckten Dokumente. Sie zeigen nicht nur die Brutalität des Vorgehens [179] und die tra-

---

173 Doc. occ. XII, Nr. 75, S. 178 ff., 189.

174 Vgl. dazu Deutschland VI, S. 408 ff., Angaben S. 410.

175 Doc. occ. XII, Nr. 82, S. 221 ff., 233; für die UdSSR s. Dallin, Herrschaft, S. 602 ff.

176 Vgl. doc. occ. XII, Nr. 100, S. 275 ff., 283.

177 Vgl. doc. occ. XII, Nr. 167, S. 608 ff.; Nr. 50, S. 117 ff.

178 Zur "Heu-Aktion" s. doc. occ. XII, Nr. 2, S. 3 ff.; s.a. Nr. 50, S. 117; Nr. 66, S. 156 f.; ausf. Hrabar u.a., Kinderschicksale.

179 Vgl. N. Müller, Besatzungspolitik, insb. Dok.Nr. 114, 127, 132 u. 134.

gende Rolle der Wehrmacht bei der Zwangsrekrutierung, sondern auch, daß bei dieser nicht zwischen der für den eigenen Bedarf und der zur Erfüllung der Sollzahlen für das Reich unterschieden wurde. So wird seitens des Militärs betont, die Armeebedürfnisse hätten jeweils Vorrang vor den Bedürfnissen der Arbeitsbehörden.[180] Oder die Deportationen der sowjetischen Kriegsgefangenen in das Deutsche Reich führten zu ihrer Ersetzung durch zivile Arbeitskräfte, meist zwangsverpflichtete Frauen.[181] In einer Besprechung leitender Vertreter der Wirtschaftsorganisation Ost im März 1943 konnte Generalmajor Nagel noch vermelden, bisher sei es immer noch gelungen, "sowohl die berechtigten Forderungen der östlichen Bedarfsträger, Truppe, Bergbau, Reichsbahn, Befestigungsarbeiten usw. zu befriedigen, als auch die Reichskontingente zu erfüllen".[182] Konnte der eigene Bedarf der Truppe [183] nicht aus dem jeweiligen Operationsgebiet erfüllt werden, so wurden Arbeitskräfte aus anderen Gebieten angefordert.[184] Die Zahl der gepreßten zivilen Arbeitskräfte und der eingesetzten Arbeitskräfte dürfte ebenfalls in die Millionen gehen.

Wie zum Bau des "Ostwalls" [185] brauchte man zur Zubetonierung der Küste von Norwegen bis zur Grenze nach Spanien, als "Atlantikwall" umschrieben, und dann zum Ausbau der Grenzbefestigung ("Westwall") riesige Mengen an Arbeitskräften. Nach Sijes konnten in den Niederlanden für den Bau der Küstenbefestigungen zunächst Freiwillige gewonnen werden, nicht zuletzt, weil diese hofften, so einer Verschickung nach Deutschland zu entgehen. Als es hier zum Konflikt mit den Rekrutierungsbemühungen für das Deutsche Reich kam, wurde die zunächst 14-tägige, dann vierwöchige (ab Mai 1944) Zwangsverpflichtung im Rahmen des "Gemeindeeinsatzes" eingeführt. Über die Bürgermeister erfolgte

---

180 So im Befehl des OKH v. 10.5.1942 bei N. Müller, Besatzungspolitik, Dok.Nr. 118, S. 290, u. in der Anweisung des Oberkommandos der 6. Armee v. 10.4.1943, ebd., Dok.Nr. 126, S. 308.

181 So der Vorschlag des Oberkommandos der 2. Armee an die Heeresgruppe B vom Frühjahr 1942 bei N. Müller, Besatzungspolitik, Dok.Nr. 119, S. 294; zur Konkurrenz der Bedürfnisse der dt. Wirtschaft u. des Militärs s. Streit, Kameraden, S. 242 f. u. 275 f.; ders., in: Michalka (Hrsg.), Weltkrieg, S. 756.

182 S. N. Müller, Besatzungspolitik, Dok.Nr. 125, S. 306.

183 Zur Statuierung von Arbeitspflichten und zur Rekrutierungsorganisation s. insb. die Dok.Nr. 111, 112, 114, 118, 119, 123, 124, 128, 131 u. 133 bei N. Müller, Besatzungspolitik; zum Arbeitseinsatz sowjet. Kriegsgefangener im Operationsgebiet s. Streit, Kameraden, S. 239 ff.

184 S. die Anforderung des Chefs des Wirtschaftsstabes Ost an das Wehrwirtschaftsamt des OKW v. 24.12.1942 bei N. Müller, Besatzungspolitik, Dok.Nr. 122, S. 298.

185 Vgl. doc. occ. XII, Nr. 72, S. 174 f., 175.

der "Arbeitseinsatz" in der Nähe der Heimatgemeinde. Mit dem alliierten Vormarsch steigerten sich die deutschen Anstrengungen, und es setzte auch in den Niederlanden zur Gewinnung von Arbeitskräften, aber z.T. auch aus Angst vor Widerstand, die Phase der Razzien auf Menschen in Städten bis hin zur Durchkämmung von Zügen und Rheinkähnen ein. Überall mußten Niederländer unter den schlechtesten Arbeitsbedingungen Schanzarbeiten leisten.[186]

Die Anwendung unmittelbarer physischer Gewalt wurde auch in Westeuropa vorherrschend und erfaßte immer breitere Bevölkerungskreise. Im Zuge dieser Entwicklung brutalisierten sich die dortigen Arbeitsverhältnisse, was für Ost- und Südosteuropa von Anfang an galt. Trotzdem dürfte die Arbeit im Deutschen Reich die individuell als härter erlebte Form der Zwangsarbeit gewesen sein. Verschickung und Deportation bedeuteten das Herausreißen aus familiären, kulturellen und sozialen Beziehungen und das Hineinwerfen in eine zumeist durch und durch feindliche Umgebung.[187] Im Gegensatz zur Situation in den Heimatländern, in denen die eigene Fron als Teil einer alle treffenden Besatzungspolitik spürbar blieb, was sich nicht zuletzt in Unterstützung und Hilfe niederschlug, war Deutschland Feindesland und wurde dort auf die Unterscheidung Deutscher/Fremdarbeiter in allen Lebensbeziehungen großes Gewicht gelegt. Zwangsarbeit in Deutschland war deshalb z.T. ein Repressionsmittel der deutschen Besatzungsmacht neben der Einbeziehung in das unmittelbare Lagersystem (Konzentrationslager, Arbeitserziehungslager u.a.m.). Frankenstein folgert für Frankreich aus der Tatsache, daß nur eine Minderheit vor der Zwangsarbeit Zuflucht beim Widerstand, der überwiegende Teil aber Schutz auf Bauernhöfen, in den Bergwerken, bei der Polizei, der "Organisation Todt" und ab Ende 1943 vor allem bei den "Sperrbetrieben" suchte, die meisten Arbeitsdienstflüchtlinge hätten es eher zu vermeiden versucht, in Deutschland zu arbeiten, als für Deutschland zu arbeiten.[188] Für Polen weist Dlugoborski darauf hin, bereits 1939/40 hätten arbeitslos gewordene Weber und Spinner alles versucht, die Ar-

---

186 Vgl. Sijes, Arbeidsinzet, S. 687 ff.; Lademacher, Geschichte, S. 425.

187 Vgl. die differenzierte Darstellung bei Herbert, Fremdarbeiter, S. 210 ff.; Roth, in: Daimler-Benz-Buch, S. 237 ff.; s.a. die Erinnerungen eines ehemaligen Zwangsarbeiters und die Beiträge v. Schmid u. Koppenhöfer sowie die Dokumentation "Die Ermittlungen zum Fall Marian Krainski", alle ebd., S. 471 ff., u. die Beiträge von Grossmann (in: Bade, Auswanderer; VfZ 1985; AfSG 1984) sowie Siegfried, Rüstungsproduktion, S. 87 ff.

188 Frankenstein, in: Dlugoborski (Hrsg.) Weltkrieg, S. 214; ähnl. für die Niederlande Sijes, Arbeidsinzet, S. 687.

beitsverpflichtung nach Deutschland zu umgehen.[189]

V. Zwangsarbeit und Arbeit im Nationalsozialismus

1. Die unterschiedliche Funktion der Zwangsarbeit

Zwangsarbeit im Nationalsozialismus ist somit in mehrfacher Hinsicht zu unterscheiden.

Zwangsarbeit in den der SS unterstellten Konzentrationslagern hatte anfangs vor allem "Straffunktion" und diente der politischen Disziplinierung. Daneben versuchte die SS mit Hilfe des Häftlingssystems ihren Machtbereich zu erweitern und ein eigenes Wirtschaftsimperium aufzubauen, was ihr letztlich nicht gelang. Mit der Entscheidung für das Prinzip der "Ausleihe" blieb ihr Einflußbereich gegenüber der Privatwirtschaft begrenzt. Die Einbeziehung der Konzentrationslager in die Kriegswirtschaft im Frühjahr 1942 führte zu einer enormen Steigerung der Häftlingszahlen. Von 110.000 im September 1942 stieg sie durch vermehrte Gestapo-Einweisungen von "Fremd-", insbesondere "Ostarbeitern" und Juden auf über 700.000 Anfang 1945 bei monatlichen Einweisungsquoten von zeitweise 30.-40.000 Menschen.[190] Diese grundsätzliche Entscheidung für den Arbeitseinsatz führte für die Häftlinge kaum zu einer Änderung ihrer Lebens- und Arbeitsbedingungen. Für die deportierten Juden, soweit sie nicht sogleich in eines der ausschließlichen Vernichtungslager verschleppt wurden, bedeutete diese Entscheidung die "Selektion" in "arbeitsfähig" und "arbeitsunfähig". In Auschwitz wurden 10-20 Prozent der Juden als "arbeitsfähig" ausgewählt, was den Tod lediglich aufschob.[191]

Herbert hat jüngst für die KZ-Arbeiter und die übrigen jüdischen Zwangsarbeiter gegen die These, wonach die Politik gegen die Juden vorrangig auf ihre Ausbeutung als Zwangsarbeiter abgezielt habe, auf die Bedeutung des Rassismus hingewiesen. Die Politik der "Endlösung" sei unter dem Tarnmantel des Arbeitseinsatzes durchgeführt worden. Auch als Ende 1941 mit dem Übergang zum Ab-

---

189 Dlugoborski, in: ders. (Hrsg.), Weltkrieg, S. 313; s.a. R.-D. Müller, in: Michalka (Hrsg.), Weltkrieg, S. 777.

190 Vgl. Herbert, in: Diner (Hrsg.), Nationalsozialismus, S. 226; Broszat , in: Anatomie 2, S. 127 ff.

191 Vgl. Herbert, ebd., S. 218; Hilberg, Vernichtung, S. 620 f., s.a. S. 613.

nutzungskrieg der Arbeitskräftemangel überall spürbar geworden und ins Zentrum der Aufmerksamkeit der Regimeführung gelangt sei, sei mit der sich nach der Entscheidung für den "Russeneinsatz" um die Jahreswende einstellenden Erkenntnis über den "Ausfall" der sowjetischen Kriegsgefangenen zwar eine Entscheidung für den Arbeitseinsatz auch der KZ-Häftlinge gefallen. Diese Entscheidung habe aber nicht die Errichtung der Vernichtungslager 1942 berührt und wegen Widersprüchen und Zielkonkurrenzen zwischen verschiedenen SS-Behörden nur zu einem teilweisen Einsatz der nicht sofort umgebrachten Juden in der Kriegswirtschaft geführt. Einem Primat des Arbeitseinsatzes habe entgegengestanden, daß den Häftlingen auch bei Herausbildung einer Häftlingshierarchie das Stigma der "Gegnerschaft" zum Nationalsozialismus angehaftet und jeder Häftling als grundsätzlich jederzeit ersetzbar gegolten habe. Fehlende Qualifizierung, der Einsatz in Bereichen, die vorwiegend schwere körperliche Arbeiten mit sich gebracht und mit Quantität und rasender Eile ausgeglichen worden seien, Struktur und Ideologie der Einsatzkommandos der KZs sowie die desolate Organisation der Arbeits- und Lebensbedingungen seien ebenfalls gegenläufig gewesen. Vor allem in letzterem, den katastrophalen Arbeits- und Lebensbedingungen der KZ-Häftlinge und ihrer hohen Sterberate, sei die rassische Motivation zum Ausdruck gekommen. Die Entscheidung für den Einsatz ungarischer Juden im Rahmen der Ausweitung der KZ-Arbeitskommandos in der Privatindustrie im April 1944 sei allein dem Versiegen des Rekrutierungsstroms ausländischer ziviler Arbeitskräfte und Kriegsgefangener geschuldet. Ihre Arbeit habe sich unter elenden Bedingungen vollzogen, Arbeit und Vernichtung seien hier zu Synonymen geworden.[192]

Gegenüber Juden, gleich welcher Staatsangehörigkeit, war Zwangsarbeit ein Teil des Vernichtungsprozesses. Nur Juden wurden in Auschwitz und Majdanek der "Selektion", die auch periodisch in den Arbeitslagern stattfand, unterworfen. Die elenden Lebensbedingungen und die damit einhergehende hohe Sterblichkeitsrate, die in den Konzentrationslagern aber auch die übrigen Häftlinge traf, bedrohte alle vom Konzentrationslagersystem Erfaßten mit dem Tode. Auch für sie änderte der Arbeitseinsatz ihre Lage nicht wesentlich.

Herbert weist weiter darauf hin, daß man spätestens mit der Organisierung des "Ausländereinsatzes" seit Anfang 1943 vorwiegend nach kriegswirtschaftlichen Prinzipien, trotz der z.T. verheerend schlechten Lebensbedingungen gerade der sowjetischen Arbeitskräfte, nicht von "Vernichtung durch Arbeit" sprechen

---

192 Herbert, ebd., S. 198 ff.; s. bereits ders., Geschichte, S. 145 ff.

könne.[193]

Herbert weist damit letztlich auf die unterschiedliche Verfolgungspraxis, auf die unterschiedliche Verfolgung einerseits innerhalb eines systematischen industriell-bürokratischen Völkermordes und andererseits als Teil einer, wenn auch brutalen Okkupations- und Ausbeutungspolitik hin, deren Auswirkungen sich bis auf die Ebene der Konzentrationslager niederschlugen. Diese von überlebenden Verfolgten verschiedenster Herkunft berichteten Unterschiede in der Verfolgungspraxis lassen eine Unterscheidung in jüdische und nicht-jüdische Opfer des Nationalsozialismus zu, ohne daß bereits daraus historische Folgerungen gezogen oder gar reziprok zur nationalsozialistischen Verfolgung von einer "Hierarchie der Opfer" [194] ausgegangen werden könnte.

Der "Fremdarbeitereinsatz" kann aber nicht allein im Hinblick auf seine wirtschaftliche oder kriegswirtschaftliche Funktion betrachtet werden, die im Widerstreit mit der nationalsozialistischen Rassenideologie lag. Diese Rassenideologie spielte neben eindeutig wirtschaftlichen Interessen eine Rolle bei der Kriegszielpolitik und den Neuordnungsvorstellungen für Europa und schlug sich unmittelbar auf die Okkupationspolitik nieder. In der polnischen Historiographie wird immer wieder darauf hingewiesen, daß das grundlegende Ziel der nazistischen Besatzungspolitik in Polen die umgehende, vom ersten Kriegstage an beabsichtigte Vernichtung der polnischen Nation gewesen sei.[195] Nach Madajczyk dienten dem Ziel der Vernichtung neben der biologischen Ausrottung die Aussiedlung der Polen als Maßnahme zur Einschränkung des geschlossenen ethnischen Raumes und der Möglichkeit, diesen später zu liquidieren, die Zerschlagung der Nation von innen heraus durch Abspaltung verschiedener Volkstumsgruppen, der Plan, Warschau in eine deutsche Stadt umzuwandeln, die Tilgung aller Spuren der nationalen Vergangenheit durch Raub der Kunstwerke und Kulturdenkmale und Unterdrückung kultureller Regungen, die weitgehend ersatzlose Zer-

---

193 Herbert, ebd., S. 225.

194 Vgl. Leggewie, in: Diner (Hrsg.), Nationalsozialismus, S. 134 f.

195 Differenzierend Madajczyk, Okkupationspolitik, S. 613 ff.; ders., in: Michalka (Hrsg.), Weltkrieg (M. betont hier stärker eine Parallele zur "Endlösung der Judenfrage"); Dlugoborski, in: ders. (Hrsg.), Weltkrieg, S. 25 u. 27 f., S. 303 ff.; Kaminski. Konzentrationslager, S. 193 f., vgl. a.S. 134; z.T. wird das deutsche Vorgehen als Völkermord oder als Vorgehen mit völkermörderischem Charakter bezeichnet, vgl. Pilichowski, Poln. Weststudien 1983, S. 193 ff.; ders., Verjährung, S. 7 ff.; Hrabar u.a., Kriegsschicksale, S. 15 ff.; Konieczny/Szurgacz, doc. occ. X, S. LXVI; Luczak, doc. occ.. IX, S. LXXXVIII; Marczenski, Poln. Weststudien 1982, S. 143 ff.; s.a. den Tagungsbericht von Rutowska, Poln. Weststudien 1984, S. 153 ff.

schlagung des Schulsystems, die Beibringung großer materieller Verluste und die Untergrabung der Moral. Als Teil der biologischen Ausrottung nennt Madajczyk die Verfolgung der Führer des Polentums, die Vernichtung als solcher überführter oder auch nur potentieller Feinde des Reiches, die Ermordung unerwünschter Gruppen, die blindwütige Vergeltung an der Bevölkerung von Regionen, in denen Widerstand geleistet worden sei, die Versorgung mit Lebensmitteln lediglich in einem solchen Umfang, daß die Polen gerade noch arbeitsfähig geblieben seien, und die Bestrebungen der Besatzungsbehörden, den natürlichen Zuwachs der polnischen Bevölkerung durch Heraufsetzen des Mindestalters für die Eheschließung, Abschaffung der Fürsorge für Mutter und Kind, schwere körperliche Arbeit für Frauen, Kasernierung von Jugendlichen (z.B. Baudienst), Trennung der Ehepaare mittels Deportation zur Arbeit und andere Maßnahmen zu hemmen.[196] Der offizielle Bericht des Büros für Kriegsentschädigungen enthält folgende Zusammenstellung der polnischen Menschenverluste: [197]

Todesursache	Zahl der Opfer (in 1000)	Prozentsatz der Bevölkerung
Kampfhandlungen	644	2,4
Ermordung in Vernichtungslagern, bei Pazifizierungen und Exekutionen sowie während der Liquidierung von Ghettos	3577	13,3
Tod in Gefängnissen und Lagern als Folge von Epidemien, Erschöpfung, schlechter Behandlung usw.	1286	4,7
Tod außerhalb von Lagern als Folge von Erschöpfung, Verwundung, Verkrüppelung, übermäßiger Arbeit usw.	521	1,8
	6028	22,2

Zwangsarbeit, sowohl durch Deportation ins Deutsche Reich oder in besetzte Gebiete, als auch im besetzten Heimatland selbst, ist daher als Teil einer gegen Polen - und in noch stärkerem Maße gegen die Sowjetunion - gerichteten Vernichtungsstrategie zu sehen, die sich nicht mit Unterwerfung und Ausbeutung des Landes begnügen wollte und deren endgültiger Erfolg hauptsächlich wegen der militärischen Niederlage versagt blieb.

---

196 Madajczyk, ebd., S. 615 ff.

197 Zit. n. Madajczyk, ebd. S. 617.

Während die Verfolgungspraxis gegenüber Juden und Sinti und Roma sowie innerhalb des Konzentrationslagersystems darauf hinweist, daß diese Form von Zwangsarbeit nicht nur als Kriegsphänomen auftrat, wird bei diesen Formen der Zwangsarbeit eine unmittelbare Verknüpfung mit Krieg und Kriegszielpolitik deutlich. Je stärker dieser Krieg aber deutscherseits nicht bloß eine Fortsetzung der "Politik mit anderen Mitteln" war, sondern auch Mittel und Voraussetzung für Völkermord und einer Vernichtungsstrategie gegen ganze Nationen,[198] desto mehr sprengte dieser Krieg, abseits der Frage des Verbots eines Angriffskriegs, der permanenten Verletzung von Völkerrecht, einer nicht allein "Kriegsnotwendigkeiten" geschuldeten Brutalität der Kriegsführung und seiner Totalität, bisherige Vorstellungen. Krieg und Verfolgung sind hier nicht nur räumlich und zeitlich verzahnt, sondern gehen z.T. ineinander über, sind teilweise identisch.[199] Das Ineinandergreifen eines hegemonialen Großraumkrieges mit rassistischen Vernichtungsabsichten beschreibt der Militärhistoriker Förster. Nach ihm habe das Endziel aus Hitlers Sicht, die rassische Umgestaltung Europas, von Anfang an die Mittel, d.h. die Kriegsführung, bestimmt, und im Vernichtungskrieg gegen den "jüdisch-bolschewistischen" Todfeind seien Ziel und Mittel sogar identisch gewesen.[200] Die Wehrmacht war selbst nicht nur im Rahmen einer arbeitsteilig organisierten Tötungsmaschinerie in den Vernichtungsprozeß einbezogen.[201] Für den einzelnen war es unerheblich, ob er unter tödlichen Bedingungen Erde schaufeln mußte für einen Panzergraben oder einen neuen Flußlauf,[202] ob er als Geisel des Militärs [203] oder durch die SS-Einsatzgruppen erschossen wurde oder weil Juden und "Zigeuner" ganz allgemein als ein Element der Unsicherheit und damit als Gefahr für die öffentliche Ordnung und den Frieden galten.[204]

---

198 Zum Krieg gegen die Sowjetunion als "Vernichtungskrieg" s. die Beiträge v. Messerschmidt, Ueberschär u. Förster, in: Michalka (Hrsg.), Weltkrieg; kurz, auch in bezug auf den "Fremdarbeitereinsatz", Recker, ebd., S. 441; vgl. w. N. Müller, Wehrmacht.

199 Zum komplementären Charakter von Rassen- und Kriegspolitik s. M. Funke, in: ders. u.a. (Hrsg.), Demokratie, S. 237 ff.

200 Förster, in: Michalka (Hrsg.), Weltkrieg, S. 634.

201 S. Hilberg, Vernichtung, S. 216 ff., 230 ff. u. 472.

202 Vgl. Hilberg, aaO., S. 182.

203 Vgl. Hilberg, aaO., S. 435, 464 u. 470.

204 Vgl. Hilberg, aaO., S. 472.

2. Zwangsarbeit und Zwangsverpflichtung zur Arbeit

Während in der Arbeitsrechtswissenschaft immer noch fast durchgängig vertreten wird, der nationalsozialistische Staat habe sich zwar auch zahlreiche Zwangsbefugnisse gegenüber Arbeitnehmern zum Zwecke der Lenkung des Arbeitseinsatzes geschaffen, ansonsten aber das Vertragsrecht im wesentlichen unberührt gelassen,[205] wird von Kritikern zu Recht auf ein die gesamte arbeitende Bevölkerung erfassendes "lückenloses Zwangssystem" hingewiesen, das den "freien" Arbeitsvertrag in ein "reines Zwangsverhältnis" verwandelt habe.[206]

Arbeit war nicht mehr nur privatrechtliche, sondern auch gesetzliche Pflicht, Arbeitsverstöße und -verweigerungen wurden zum Strafunrecht und Auslöser für den Zugriff polizeilicher Verfolgung durch die Gestapo.[207] Auch unter Berücksichtigung der grundsätzlichen, aber eben nur rechtlichen Gleichstellung wenigstens der West- mit den reichsdeutschen Arbeitern in den Arbeits- und Lohnbedingungen trifft die rassische Ideologie sie ebenfalls mit der Ausgrenzung aus der "Volks-" und "Betriebsgemeinschaft". Keiner der ausländischen Arbeiter konnte Mitglied in der Deutschen Arbeitsfront werden oder galt der "Betriebsgemeinschaft" als zugehörig.[208] Auch Westarbeiter wurden kaum in Vorgesetzten- oder Vorarbeiterfunktionen eingesetzt. Die Schlechterstellung aller ausländischen Arbeitskräfte war durchgängig im Alltag vorhanden.[209] Ihre vorwiegende Lagerunterbringung verstärkte den Zwang zur Arbeit. Vor allem aber wurden sie gezwungen, fern der Heimat im Land des Okkupanten und für ihn

---

205 So z.B. Zöllner, Arbeitsrecht, S. 29; eine frühe Kritik an den Kontinuitäten in der Arbeitsrechtswissenschaft bei Ramm, KJ 1968, S. 108 ff., insb. S. 116 ff., und, vornehmlich unter personellem Aspekt, bei Wahsner, KJ 1974, S. 369 ff.

206 So Wahsner, in: Reifner (Hrsg.), Recht, S. 112; ähnl. Kunz/Tippmann, Entwicklung, S. 54; vgl. a. Ramm, KJ 1968, S. 114 f.; ebs. aus historischer Sicht Kranig, Lockung, S. 81; ders., Arbeitsrecht; zur Entwicklung des Arbeitsrechts s.w. Schumann, Nationalsozialismus; Rüthers, Auslegung; Kirchheimer, in: ders., Weimarer Republik, S. 152 ff.; ders., in: Funktionen, S. 115 ff.

207 Zu Kriminalisierung und beschränkter Tätigkeit der Gestapo s. Werner, "Bleib übrig", S. 72 ff., 77 ff., 171 ff. u. 318 ff.

208 Vgl. Hertel, Arbeitseinsatz, S. 39 u. 6; Rhode, Arbeitsrecht, S. 97; Hueck/Nipperdey/Dietz, AOG, § , Rn. 20 d. u. 31a ff., grenzen aus der "Gefolgschaft" aufgrund des Sonderrechts nur "polnische Beschäftigte, Ostarbeiter, Juden und Zigeuner" aus.

209 Vgl. Recker, in: Michalka (Hrsg.), Weltkrieg, S. 432 f.; zur Interessenlage s.a. Herbert, Fremdarbeiter, S. 210 ff.; kritischer hinsichtlich von Gemeinsamkeiten Werner, "Bleib übrig", nach ihm ist die nationale Solidarität vor die Klassensolidarität gegangen (S. 364).

diese Zwangsarbeit zu leisten. Zwangsarbeit erfaßte nicht nur in den Konzentrationslagern oder als Teil eines Vernichtungsprozesses das gesamte Lebensverhältnis. Mit den genannten, im Verlauf des Krieges sich aber z.T. verringernden nationalen Abstufungen bedeutete Zwangsarbeit Deportation, Freiheitsbeschränkung oder -entzug, Demütigung, Züchtigung, soziale, psychische und physische Verelendung. Damit unterschieden sich diese Lebens- und Arbeitsbedingungen grundlegend von denen der reichsdeutschen Arbeiterschaft, auch soweit diese zwangsverpflichtet worden war.

3. KAPITEL: DIE ENTWICKLUNG DER INTERNATIONALEN HALTUNG ZUR DEUTSCHEN REPARATIONSVERPFLICHTUNG UNTER DEM BLICKPUNKT DER ENTSCHÄDIGUNG FÜR NS-OPFER - PRIMAT DER SICHERHEITS- VOR DER REPARATIONS- UND ENTSCHÄDIGUNGSPOLITIK

Im Vordergrund aller alliierten Nachkriegsplanungen stand angesichts der verheerenden Folgen des Zweiten Weltkrieges die Sicherheitsfrage. Deutschland sollte nie wieder zu einer Bedrohung des Weltfriedens werden. Wegen der eindeutigen Verantwortlichkeit Deutschlands, die sich nicht zuletzt auch in der Formel von der "bedingungslosen Kapitulation" ausdrückte,[1] bestand auf alliierter Seite Einigkeit über eine grundsätzliche Reparationsverpflichtung Deutschlands. Das notwendige Primat der Sicherheitspolitik und die Einbeziehung wirtschaftlicher Auswirkungen potentieller Reparationsleistungen in die deutschlandpolitischen Überlegungen ließen jedoch die Frage der "Entschädigung" oder "Wiedergutmachung" letztlich als sekundär erscheinen. Für die amerikanischen Vorstellungen stellt Nübel zutreffend fest, "Wiedergutmachungsbestrebungen" hätten nicht den Inhalt der Reparationspolitik verkörpert.[2] Nicht anders sind die britischen und mit Abstrichen die sowjetischen und französischen Vorstellungen zu kennzeichnen.

Die Parallelisierung der "deutschen Frage" zur allmählich sichtbar werdenden Ost-West-Auseinandersetzung und ihre teilweise Instrumentalisierung innerhalb dieser[3] führten zu weiteren Rücknahmen der Reparationsvorstellungen. Die Durchsetzung der Konzeption "Sicherheit durch Integration" ließ zuerst in den Westzonen eine Reparationspolitik obsolet werden, die kaum mehr gewesen war als eine Sicherheitspolitik durch Demontage rüstungsrelevanter Bereiche. Der damit einhergehende faktische Verzicht auf Reparationsleistungen wurde zwar

---

1 S. die Urkunden über die militärische Kapitulation der deutschen Streitkräfte v. 7. u. 8.5.1945 sowie die Berliner Erklärung in Anbetracht der Niederlage Deutschlands und der Übernahme der obersten Regierungsgewalt durch die vier alliierten Regierungen v. 5.6.1945, in: v. Münch, Dokumente, S. 17 ff. (dt. Übersetzung Völkerrecht I, S. 130 ff.); zur Entstehung und Bedeutung der unconditional-surrender-Formel s. Balfour, International Affairs 46 (1970), S. 719 ff.; Kettenacker, in: Michalka (Hrsg.), Weltkrieg, S. 174 ff.

2 Vgl. Nübel, Reparationspolitik, S. 3 f.

3 Dazu insb. Loth, Teilung, u. der von Foschepoth hrsg. Sammelband "Kalter Krieg und Deutsche Frage".

nach Gründung der Bundesrepublik völkerrechtlich insbesondere vom Londoner Schuldenabkommen vom Februar 1953 flankiert, verdichtete sich aber weder hier noch in den Pariser Verträgen von 1952/1955 zu einem formellen Verzicht, sondern wurde vielmehr dreifach modifiziert: durch die darin ausgesprochene Verpflichtung zur Entschädigung der Displaced Persons (DPs) und zur innerstaatlichen, deutschen Entschädigungsgesetzgebung sowie durch das Abkommen mit dem Staate Israel vom September 1952. Erst Ende der 50er/Anfang der 60er Jahre mußten, als die ökonomischen Ausgangsdaten der bundesrepublikanischen Gründungsphase hinfällig geworden waren, weitere Globalabkommen insgesamt geringen Umfangs und ausschließlich mit west- und südeuropäischen Staaten abgeschlossen werden. Die Frage der Entschädigung für Zwangsarbeiter erfuhr dabei eine unterschiedliche Behandlung. Sie wurde von fast allen betroffenen Staaten als Teil ihrer nationalen Reparationsforderungen eingebracht. Mit Fallenlassen der Reparationsfrage blieb deren Entschädigung grundsätzlich auf die jeweilige nationale Leistung beschränkt. Auf welche Weise der Ausschluß der "Fremdarbeiter" aus der innerstaatlichen Entschädigungsgesetzgebung erfolgte, wird in den beiden folgenden Kapiteln untersucht. Ein Teil von ihnen wurde mit der Regelung für Displaced Persons erfaßt, die ansonsten vor allem Deportierte und den Völkermord überlebende Juden aus Ost- und Südosteuropa betraf. Ein spezifischer Entschädigungskomplex für jüdische Verfolgte bildete sich auch unter Einbeziehung des deutsch-israelischen Vertrages nur äußerst bruchstückhaft aus. Bereits diese wenigen Stichworte zeigen, daß völkerrechtlich keine durchgehende oder gar einheitliche Regelung der Entschädigung für Verfolgte des nationalsozialistischen Deutschlands erreicht wurde. Ja, sie war nicht einmal beabsichtigt.

I. Die Auseinandersetzung der alliierten vier Großmächte um deutsche Reparationszahlungen bis zum Potsdamer Abkommen

1. Die alliierten Planungen der Vereinigten Staaten, Großbritanniens und der Sowjetunion

Mit dem Versailler Vertragssystem war völkerrechtlich die Reparation als Ausgleich für den durch den kriegsverantwortlichen Staat verursachten Schaden an die Stelle der Kontribution getreten. Die Kontribution war einseitig von den Kriegssiegern dem Verlierer, unabhängig von Kriegsschuld und Höhe des Kriegsschadens, allein zur wirtschaftlichen Schwächung auferlegt worden.[4] Die Einteilung in Schadenskategorien war aber nach dem zweiten Weltkrieg für die Begründung einer deutschen Reparationspflicht bedeutungslos. Die wirtschaftlichen Implikationen einer Reparationslast, wie sie bereits in den 20er Jahren diskutiert worden waren,[5] ließen jetzt die Auswirkungen zukünftiger deutscher Reparationsleistungen stärker in den Vordergrund rücken. Die Ergebnisse von Versailles wurden insofern aufgenommen, als Deutschland als Verletzer des Weltfriedens und des Völkerrechts grundsätzlich als schadensersatzpflichtig angesehen wurde. Das Ausmaß des Schadens war aber für die Höhe der Reparationspflicht ohne Bedeutung, nicht zuletzt wegen des durch den Krieg und die Brutalität der deutschen Kriegsführung und Besatzungspolitik ungeheueren Ausmaßes schon allein des Vermögensschadens. Der unterschiedliche Verlust der alliierten Siegermächte war lediglich ein Bewertungsmaßstab für die Verteilung der erwarteten Leistungen. Höhe und Art der geforderten Reparationsleistungen wurden immer wirtschafts- und insbesondere sicherheitspolitisch begründet. Die Reparationsfrage wurde so in die Frage um die politische und wirtschaftliche Zukunft Deutschlands eingebettet bzw. dieser untergeordnet.

a. Vereinigte Staaten

Die amerikanischen deutschlandpolitischen Vorstellungen während des Krieges, die von verschiedenen Planungsstäben ausgearbeitet worden waren, versuchten weitgehend Deutschlands Verantwortlichkeit für eine Kompensation von einer allgemeinen Verantwortlichkeit für den Zweiten Weltkrieg zu trennen.[6] Im Vordergrund stand die wirtschaftliche Neuordnung Europas. Aufgrund der wichtigen wirtschaftlichen Bedeutung Deutschlands für den europäischen Markt sollte dessen Wirtschaftskraft erhalten werden. Der Wiederaufbauzweck, das war der unmittelbare, auf die Nachkriegszeit begrenzte Nutzen für den Wiederaufbau der anderen Länder, bildete Motiv und zugleich Grenze deutscher Lieferpflichten. Reparationen wurden marktwirtschaftlich eher als störend empfunden, da sie zu einseitigem Aufbau von Kapazitäten des Reparationsverpflichteten und zur Ver-

---

4 Zur Entwicklung des Reparationsbegriffs s. Graefrath, Geschichte; zur Terminologie s. den Hinweis bei P. Krüger, Deutschland, S. 9, ferner Abschnitt VI 2 in diesem Kapitel.

5 Die Probleme, die sich aus einer fehlerhaften amerikanischen Rezeption der Weimarer Reparationserfahrungen ergeben haben, hat insb. Backer, Entscheidung, herausgearbeitet.

6 So Backer, Entscheidung, S. 34.

drängung der Empfängerländer von Exportmärkten führten. Die Reparationspolitik sollte nicht zur Schwächung der deutschen Militärmacht eingesetzt werden, dies sollte ausschließlich durch sicherheitspolitische Konzepte erfolgen. Wegen der noch unbekannten deutschen Leistungsfähigkeit wurde die Nennung einer Reparationssumme meist offengelassen, statt Geldzahlungen waren Lieferungen aus der laufenden Produktion vorgesehen.[7] Bereits vor und während der Moskauer Außenministerkonferenz im Oktober 1943 wurde aber auf der politischen Ebene der Reparationsgedanke im Hinblick auf die Mehrzahl der kleineren europäischen Verbündeten und der Sowjetunion grundsätzlich anerkannt.[8] Weitere Planungen, die auf der Konzeption der wirtschaftlichen Integration Deutschlands aufbauten, gelangten aber größtenteils zu weitaus höheren möglichen Reparationsleistungen als den in und nach der Krimkonferenz streitigen zwanzig Milliarden US-Dollar.[9] Gegen diese vom Außenministerium verantworteten Planungen entwickelte Finanzminister Morgenthau und sein Stab im Spätsommer 1944 einen Plan,[10] dessen hauptsächliches Ziel die endgültige Beseitigung einer deutschen Kriegsgefahr war. Die wirtschaftspolitischen Neuordnungsvorstellungen wurden diesem Ziel eindeutig untergeordnet. Einem deökonomisierten und agrarisierten, weitgehend autarken Deutschland stand jede Reparationsverpflichtung aus der laufenden Produktion entgegen, die nur der Erhöhung einer letztlich die Kriegsgefahr steigernden Industriekapazität dienen und die Abhängigkeit der Nachbarnationen fördern konnte. Punkt 5 des Morgenthauplanes lehnte daher Reparationen in der Form zukünftiger Zahlungen oder Lieferungen ab und sah neben der Restitution, also der völkerrechtlichen Rückgabe geraubter Vermögensgegenstände, Gebietsabtretungen, Demontagen, deutsche Zwangsarbeit außerhalb Deutschlands und die Einziehung der deutschen Vermögenswerte im Ausland vor.[11] Morgenthau war sich dabei bewußt, daß die sicherheitspolitische Instrumentalisierung der Reparationsleistungen deren Funktion als Entschädi-

7 Ausf. Nübel, Reparationspolitik, S. 43-78; Backer, Entscheidung, S. 33-36.

8 Vgl. Nübel, Reparationspolitik, S. 63.

9 Darauf weist Backer, Entscheidung, S. 166, hin. Nübel, Reparationspolitik, passim, z.B. S. 72 f., hält alle Reparationsforderungen für unrealistisch. Seine Studie, z.B. S. 46 f. u. 72 f., durchzieht die Annahme, Reparationszahlungen wären unmöglich und schädlich für die europäische Wirtschaft gewesen.

10 S. Morgenthau, Germany; die polemischen Schriften von Keppler, Tod, u. Irving, Morgenthau-Plan, enthalten den Text übersetzt, z.T. (Keppler) auch die verschiedenen Fassungen. Zurückhaltend auch die deutsche Historiographie, s. z.B. Steininger, Geschichte I, S. 34 ff.; Ansätze zur Revision des Morgenthau-Bildes bei Greiner, 1999; Roth, in: OMGUS, S. XXX f. u. IL-LIV. Zum Anlaß für Morgenthaus Planungen s. Blum, Deutschland, S. 207 u. 209 f., zu seiner Planungskommission Nübel, Reparationspolitik, S. 78-84.

gungs- und Ausgleichsprinzip verdrängten. Angesichts der wirtschaftlichen und der damit einhergehenden sicherheitspolitischen Auswirkungen einer deutschen Reparationsleistung erschien Morgenthau die Forderung, die einfache Gerechtigkeit gebiete, die Deutschen müßten für den von ihnen angerichteten Schaden auch bezahlen, nicht mit den Verhältnissen in Einklang zu bringen.[12] Den als Pauschalzahlung eingeschränkten Leistungen sollte daher eher eine Billigkeits- als eine Schadensersatzfunktion [13] zukommen. Blum, der Morgenthaus umfangreiche Aufzeichnungen zusammengefaßt hat, bemerkt daher zu Recht, für Morgenthau seien Reparationen belanglos gewesen.[14] Der Reparationsgedanke findet sich aber bei Morgenthau insofern wieder, als er grundsätzlich einen Zahlungsanspruch der geschädigten Nationen anerkannte.[15]

Trotz des Erfolges Morgenthaus auf der Konferenz von Quebec zwischen Roosevelt und Churchill im September 1944 und des, allerdings durch Kompromißformeln abgeschwächten, Niederschlags seiner Vorstellungen in der ersten amerikanischen Besatzungsdirektive (JCS 1067) [16] setzten sich insgesamt die vom Kriegsministerium, dem die Besatzungsbehörden unterstanden, unterstützten Vorstellungen des Außenministeriums durch. Backer hält die innenpolitische Rücksichtnahme auf die Angst, deutsche Reparationen über Kredite oder indirekt über Sachlieferungen zu finanzieren, für bedeutender als alle ökonomischen Studien.[17] In Jalta und Potsdam erkannten die USA aber grundsätzlich eine deutsche Reparationsverpflichtung an. Roosevelt erklärte in Jalta, bei einer ökonomischen Mindestsicherung Deutschlands sowjetische Reparationsansprüche zu unterstützen, weil der Lebensstandard der Deutschen nicht höher sein sollte als der sowjetische.[18] Im Anschluß an die in Potsdam gefundene Formulierung, die

---

11 S. a. Blum, Deutschland, S. 227 f., 250, 263 u. 305 f.

12 Morgenthau, Germany, S. 79 f.

13 In der Originalfassung, zit. n. Irving, Morgenthau-Plan, S. 257 ff., 264, heißt es unter der Überschrift "Economic restitution by Germany to United Nations": "This lump sum payment, which may be described as restitution rather than reparations...". Die Übersetzung des hier untechnisch gebrauchten Begriffs "restitution" als "Sühneleistung" bei Irving (S. 63) trifft nicht die Entgegensetzung zu "reparation", da dieser als "Wiedergutmachung" und "Schadensersatz" auch eine Sühnefunktion zukommt. Zur Begriffswahl "restitution" auch Nübel, Reparationspolitik, S. 91 f.

14 S. Blum, Deutschland, S. 218.

15 Die Wertung Nübels, ebd., der Reparationsgedanke sei hier verfälscht worden, ist insoweit unzutreffend.

16 Vgl. Nübel, Reparationspolitik, S. 129-139; zur Konferenz von Quebec S. 100-105.

17 Backer, Entscheidung, S. 39.

18 Vgl. FRUS Malta, S. 622; Teheran 2, S. 67; dazu Backer, Entscheidung, S. 41. Zum

deutsche Wirtschaft dürfe nur zu einer Versorgung führen, die "für die Erhaltung eines mittleren Lebensstandards in Deutschland, der den mittleren Lebensstandard der europäischen Länder nicht übersteigt", notwendig sei,[19] führte Präsident Truman in einer Rundfunkansprache am 9. August 1945 in den USA zur Erläuterung aus, die Deutschen dürften "keinen höheren Lebensstandard haben als ihre früheren Opfer, die Völker der besiegten und besetzten Länder Europas". Rußland, "das mehr Verlust an Leben und Eigentum erfahren hatte als jedes andere Land" - und auf diese Passage wurde erneut in einer Erklärung des amerikanischen Außenministeriums vom März 1947 verwiesen [20] -, habe deshalb annähernd die Hälfte aller Reparationsleistungen zu bekommen.[21] Morgenthaus sicherheitspolitische Überlegungen blieben in den amerikanischen Planungen in der Demontageforderung erhalten.[22]

In den Richtlinien für die amerikanische Delegation zur Potsdamer Konferenz wurde die Zerstörung oder Demontage aller Anlagen und Einrichtungen zur Herstellung von Rüstungsgut im Rahmen der vollständigen Entwaffnung Deutschlands befürwortet. Die "maximale Ablieferung von Produktionseinrichtungen über Reparationskonto" war vornehmlich eine "Sicherheitsmaßnahme". Dauernde Beschränkungen für die deutsche Wirtschaft sollten erst nach einer Bestandsaufnahme und nach "Durchführung der als Reparationen vorzunehmenden Demontagen getroffen" werden.[23]

Im Zurückdrängen von Reparationen aus der laufenden Produktion traf sich Morgenthaus Konzeption mit der des Außenministeriums, das ein ökonomisch stärkeres Deutschland wünschte. Die von der Sowjetunion bestrittene und von den Briten geteilte Forderung nach der vorrangigen Verwendung der Exporterlöse für die Importe, also des Vorrangs der wirtschaftlichen Selbstreproduktionen vor Abzweigung von Wirtschaftsgütern für Reparationen, und nach einem weiten Reparationsbegriff führten dann in Potsdam zum Kompromiß der Aner-

---

westl. Verständnis gegenüber sowjet. Reparationszahlungen s.a. Buttlar, Ziele, S. 92.

19 Vgl. Abschnitt III B § 15b des Potsdamer Abkommens v. 2.8.1945.

20 S. Decade, Dok. Nr. 205, S. 991 ff., 992.

21 Auszugsweise bei Deuerlein, Potsdam, Dok. 99, S. 375 ff., 377 f.

22 Vgl. Backer, Entscheidung, S. 46.

23 Zit. n. Deuerlein, Potsdam, Dok. 51, S. 156; zur Entstehung der Richtlinien s. Nübel, Reparationspolitik, S. 140 ff.; vgl. a. den zu Beginn der Potsdamer Konferenz präsentierten Vorschlag der amerikanischen Delegation für die Behandlung Deutschlands in: Deuerlein, aaO., Dok. 67, S. 200 ff., 203 f.

kennung der Besatzungs- und Reparationszonen.[24]

b. Großbritannien

Die britischen Kriegsplanungen waren hinsichtlich der Reparationsfrage denen des amerikanischen Außenministeriums ähnlich. Favorisiert wurden kurzfristige, leichte Reparationsverpflichtungen in Form von Sachgütern aus der laufenden Produktion oder Arbeitsleistungen sowie begrenzte Demontagen. Die Reparationspolitik sollte in erster Linie dem Zweck dienen, das deutsche Kriegspotential, nicht jedoch das gesamte Industriepotential zu zerstören, da dies auch Auswirkungen auf die britische und europäische Wirtschaft haben würde.[25] Die offizielle Erklärung von Jalta vom 11. Februar 1945 hatten die Briten mitgetragen. Dort hieß es, es sei "für Recht befunden" worden, "daß Deutschland in größtmöglichem Umfange verpflichtet werde, in gleicher Form Ersatz für den verursachten Schaden zu leisten". Im erst 1947 veröffentlichten geheimen Zusatzprotokoll waren als Leistungsform Demontagen zur Zerstörung des Kriegspotentials, deutsche Arbeitsleistungen sowie jährliche Lieferungen von Gütern von der laufenden Produktion bestimmt worden. Begünstigt werden sollten vor allem die Länder, "welche die Hauptlast des Krieges getragen, die schwersten Verluste erlitten und den Sieg über den Feind erfochten" hatten.[26] Damit war vor allem die Sowjetunion gemeint. Lediglich der Festsetzung einer Reparationssumme, auch als Diskussionsbasis, verweigerten sich die Briten. Darin drückte sich die Furcht aus, angesichts ungenauer Kenntnisse über die zukünftige deutsche Leistungsfähigkeit letztlich als Besatzungsmacht für die deutschen Reparationsleistungen aufkommen zu müssen. Für die Briten sollten Deutschland nicht nur genügend Mittel zur Sicherung des Existenzminimums, sondern auch zur Finanzierung aller notwendigen Importe (first charge principle) und der Besatzungskosten sowie zur Rückzahlung der Schulden des Deutschen Reiches aus der Zeit vor dem Kriege belassen werden.[27]

---

24 Vgl. Nübel, Reparationspolitik, S. 174-201.

25 Vgl. Foschepoth, VfZ 30, S. 681 u. 700 f.; Kettenacker, in: Foschepoth (Hrsg.), Krieg, S. 69 ff.; zum britischen Malkin-Report s. Nübel, Reparationspolitik, S. 58 f., vgl. a. S. 72 u. 100 f.; Backer, Entscheidung, S. 34.

26 Bericht u. Protokoll zit. n. d. Übersetzung bei Kraus/Heinze, Urkunden, Dok. 1 u. 2.

27 Vgl. Foschepoth, VfZ 30; ders., in: ders. (Hrsg.), Krieg, S. 178 f.; zur brit. Haltung auf der Potsdamer Konferenz s. Nübel, Reparationspolitik, S. 123; zu den brit. Kriegskosten u. -schäden s. Keesing's Archiv 1945, S. 169 A, 174 C, 557 f; 1946, S. 782 B, 1701 C.

c. Sowjetunion

Im Vordergrund der sowjetischen Politik stand die Sicherung vor zukünftigen Angriffen Deutschlands und daneben die Sorge, die USA würden dieses Gebiet in ihre Einflußsphäre einbeziehen.[28] An Reparationsforderungen hatte die Sowjetunion wegen der enormen Schäden und der großen Wiederaufbaukosten ein großes Interesse. Darauf wies sie in Verhandlungen immer wieder hin. Dieses Interesse an wirtschaftlicher Aufbauhilfe über Reparationen auch durch Entnahmen aus der laufenden Produktion führte zu einem frühen Ingangsetzen der Wirtschaft in der sowjetischen Besatzungszone und veranlaßte Molotow auf der Pariser Außenministerkonferenz im Juli 1946, die Abkehr von der kurz zuvor im ersten Industrieniveauplan vereinbarten Deindustrialisierungspolitik vorzuschlagen.[29] Angesichts von 128 Milliarden Dollar Sachschäden an Eigentum und weiterer Kriegsfolgeschäden in Höhe von 357 Milliarden Dollar nach einer sowjetischen Studie von 1947 [30] - eine amerikanische Studie aus dem Jahre 1944 nannte als Vermögensschäden bereits die Summe von 37,7 Milliarden Dollar und 20,3 Milliarden Dollar als Kosten für Entschädigungen sowie weitere 70,7 Milliarden Dollar Kriegskosten [31] - erscheinen daher aus sowjetischer Sicht die in Jalta geforderten 10 Milliarden (50% der Diskussionsgrundlage von 20 Milliarden Dollar, 8 für die USA und Großbritannien, 2 Milliarden für alle übrigen Staaten) als gering.[32] So wurde immer wieder darauf hingewiesen, Deutschland habe wenigstens zum Teil für den Schaden aufzukommen, welchen es den durch deutsche Invasionen heimgesuchten Ländern zugefügt habe.[33] Aber auch aus sowjetischer Sicht bestand die Reparationsfrage in der nach der deutschen Leistungsfähigkeit und nicht allein in der der Schadensbewertung.[34] Wegen

---

28 Vgl. Nübel, Reparationspolitik, S. 120; Huster u.a., Determinanten, S. 27 f.; Loth, Ost-West-Konflikt, S. 37 ff.; ders., Teilung, S. 88 f.

29 Vgl. v. Buttlar, Ziele, S. 89-92 u. 188; Balfour, Vier-Mächte-Kontrolle, S. 64, 132 u. 242-244; Jerchow, Deutschland, S. 222-228; Foschepoth, in: ders. (Hrsg.), Krieg, S. 185.

31 Vgl. Backer, Entscheidungen, S. 72, Tabelle 7.

32 Ausf. Backer, Entscheidung, S. 63-73; zu den sowjet. Vorschlägen in Jalta vgl. Foschepoth, VfZ 30, S. 679; zur Höhe der Forderungen aus sowj. Sicht a. kurz Jerchow, Deutschland, S. 156.

33 So in der Erklärung Marschall Sokolowskis zur Gründung der Bizone v. 25.02.1947, in: Potsdamer Abkommen, Ausgewählte Dokumente, Dok. 21, S. 94 ff., 96, u. in der Erklärung der Außenminister der UdSSR, Albaniens, der Tschechoslowakei, Jugoslawiens, Polens, Rumäniens u. Ungarns zu den Beschlüssen der Londoner Drei-Mächte-Konferenz v. 24.6.1948, in: Potsdamer Abkommen, Dokumentensammlung, Dok. 27, S. 333 ff., 334.

34 Vgl. die Memoiren von Maiski, damals Vorsitzender der sowjetischen Reparations-

ihres großen wirtschaftlichen Bedarfs begann die Sowjetunion mit der Besetzung auch mit der Demontage von Industrieanlagen. Die Demontagepolitik wurde aber 1946 beendet. Die Ingangsetzung der Wirtschaft in der Besatzungszone sollte Entnahmen aus der laufenden Produktion ermöglichen.[35]

2. Die Konferenz von Jalta (4. - 11. Februar 1945)

Die vom 28. November bis 1. Dezember 1943 in Teheran tagende Konferenz der Staatschefs der drei alliierten Mächte - UdSSR USA und Großbritannien - stand ganz im Zeichen des Kriegsgeschehens. Die Reparationsfrage wurde neben den noch auf Teilung setzenden deutschlandpolitischen Vorstellungen allenfalls im Rahmen der Frage, ob und wie eine auch abgerüstete deutsche Industrie kontrolliert werden könnte, gestreift.[36] Die Krimkonferenz fand dagegen zu einem Zeitpunkt statt, als der Sieg der Anti-Hitler-Koalition sich bereits deutlich abzeichnete. Hier fanden die ersten reparationspolitischen Erörterungen zwischen den drei Alliierten statt. Abseits der äußerst kontroversen und die Reparationsfrage auch in Zukunft dominierenden Frage nach der deutschen Leistungsfähigkeit bestand sehr frühzeitig Einigkeit über die sich nur im geheimen Verhandlungsprotokoll zur Frage der deutschen Reparationen findende Formel zu ihrer Verteilung.[37] Die im veröffentlichten Konferenzkommuniqué verwandte und an den Versailler Vertrag anknüpfende Formel, die sich auf den von Deutschland den "verbündeten Ländern" zugefügten Schaden bezog [38] und damit alle besetzten Länder gleichermaßen einschloß, wurde nicht ausdrücklich debattiert. Sie war nicht in den vorgelegten Entwürfen zur Reparationsfrage vorgesehen und wird im geheimen Verhandlungsprotokoll, das nicht nur auf die "größten erlittenen Verluste", sondern auch auf die Kriterien "Hauptlast des Krieges" und

---

kommission, S. 826.

35 Zur sowjetischen Demontage- u. Reparationspolitik ausf. v. Buttlar, Ziele, S. 43-46, 154-159, 209-212 u. 249 f.

36 Vgl. Teheran 1, S. 97 f.

37 Diese lautet: "Reparationen sollen vorrangig jene Länder erhalten, die die Hauptlast des Krieges getragen, die größten Verluste erlitten und den Sieg über den Feind organisiert haben" (Nr. 1 Abs. 2).

38 Dort heißt es im Abschnitt III "Reparationen von Deutschland": "Wir haben die Frage des Schadens, den Deutschland in diesem Krieg den verbündeten Ländern zugefügt hat, erörtert und für gerecht erkannt, Deutschland zu verpflichten, diesen Schaden in größtmöglichem Umfang in Form von Sachleistungen wiedergutzumachen". Im nächsten Absatz wird nochmals auf den "von Deutschland den verbündeten Ländern zugefügten Schaden" Bezug genommen.

"Organisierung des Sieges über den Feind" Bezug nimmt, relativiert. Als Verteilungsmaßstab war damit letztlich auf die seit dem Versailler Reparationsbegriff weitgehend verbannten Kriegskosten verwiesen worden. Auf einem Treffen der Außenminister auf der Konferenz legte die sowjetische Delegation als erste ihren Reparationsvorschlag vor. Entgegen des zwei Tage zuvor von Maiski mündlich dargelegten sowjetischen Reparationskonzepts, in dem noch neben der Siegformel als weitere Größe auf die materiellen Verluste abgestellt worden war,[39] verwies dieser Vorschlag außer auf die Sieg- allein auf die Hauptlastformel, während alle übrigen Länder Reparationen erst in zweiter Linie erhalten sollten.[40] In der Debatte führte zunächst Eden aus, Churchill habe erklärt, daß die militärischen Anstrengungen als Grundlage für die Festlegung der Reparationen dienen sollten, vielleicht müsse man aber auch die Opfer in Betracht ziehen.[41] Man müsse, fuhr Eden fort, beide Prinzipien nennen, weil andernfalls der Eindruck entstehe, daß wir uns alles nähmen und die kleinen Völker übergingen.[42] Molotow stimmte seinerseits der Opferformel zu, erklärte dann aber nochmals den sowjetischen Vorschlag. Die sowjetische Seite hätte jedoch die großen Opfer, die die USA und das Vereinigte Königreich besonders auf See gebracht hätten, wie auch ihren großen Beitrag zum Krieg nicht unberücksichtigt lassen können. Würde man beschließen, die Reparationssumme allein für die Sowjetunion festzusetzen, wäre das für die Bevölkerung Englands und der USA unverständlich, und es könnte die Frage auftauchen, warum es eine solche Ungerechtigkeit gegenüber den USA und dem Vereinigten Königreich gebe. Dem stimmte der amerikanische Außenminister zu.[43] Damit wird deutlich, daß insbesondere die Beitragsformel die Einbeziehung Großbritanniens und der USA in das Reparationsaufkommen ermöglichen sollte. Als nichtbesetzte Länder, und die unmittelbaren Kriegsschäden Großbritanniens waren mit denen der übrigen besetzten Ländern auch nicht vergleichbar, blieb ihnen daher mit Hilfe der Hauptlast- und Siegformel nur der Rückgriff auf die wirtschaftlichen und militärischen Anstrengungen und damit auf die Kriegskosten übrig. Der danach vorgelegte amerikanische Vorschlag beinhaltete wie die Endformulierung auch die Verlustformel.[44]

---

39 S. Teheran 2, S. 65 f.; FRUS Malta, S. 620 f. u. 630.

40 S. Teheran 2, S. 96 f.; FRUS Malta, S. 707.

41 Im amerikanischen Protokoll sind diese Kategorien etwas anders gewichtet und kommt ihre von Churchill herrührende Gleichrangigkeit stärker zum Ausdruck. Zur Zustimmung Churchills hinsichtlich der Kommuniqué-Formel vgl. Teheran 2, S. 182.

42 Diese Aussage wird im amerikanischen Protokoll nicht verzeichnet.

43 S. Teheran 2, S. 94 f.; FRUS Malta, S. 703 f.; im amerikanischen Protokoll fehlt der Hinweis auf die Zustimmung von Stettinius.

Fast gleichlautend beinhaltete der britische Entwurf neben der Siegformel das Kriterium "Höhe des ihnen zugefügten materiellen Schadens".[45]

Ebensowenig kontrovers war die mit der Verteilungsformel eng zusammenhängende Frage, welche Arten von Schaden in die Berechnung des Verteilungsmaßstabs eingehen sollten. Angesichts der Tatsache, der sich alle Beteiligten auch bewußt waren, daß Deutschland, wenn überhaupt, im Verhältnis zum Schaden nur geringe Zahlungen werde leisten können, legte bereits der Stellvertreter Molotows und sowjetische Reparationsexperte Maiski dar, als Bemessungsgrundlage für die Verteilungsformel kämen allein Sach-, nicht aber auch Personenschäden in Betracht. Auf der Sitzung der Regierungschefs am 5. Februar führte er aus:

"Das sechste Prinzip läuft darauf hinaus, daß der ungeheuere Schaden, der durch die deutsche Aggression angerichtet wurde, selbst bei striktester Erhebung der Reparationen, von Deutschland nicht vollständig wiedergutgemacht werden kann. Die Sowjetregierung hat versucht, den Umfang dieses Schadens annähernd zu errechnen und hat dabei geradezu astronomische Zahlen erhalten. Deshalb ist die Sowjetregierung zu dem Schluß gekommen, daß, wollen wir realistisch sein, von allen Arten des Schadens nur für diejenigen Wiedergutmachungen gefordert werden soll, die als direkte materielle Verluste charakterisiert werden können (Zerstörung oder Beschädigung von Häusern, Werken, Eisenbahnen, wissenschaftlichen Einrichtungen, Konfiskation von Vieh, Getreide, persönlichem Eigentum der Bürger usw.). Da aber unseren vorläufigen Berechnungen nach die Gesamtsumme des Schadens allein in der Rubrik der direkten materiellen Verluste die Summe der möglichen Reparationen übersteigt, die durch Entnahmen und jährliche Lieferungen nach dem Krieg erhoben werden kann, werde man offensichtlich eine gewisse Reihenfolge der Schadensersatzerhebung bei den Ländern festlegen müssen, die ein Recht darauf haben. Dieser Reihenfolge müßten zwei Kriterien zugrunde gelegt werden: a) die Größe des Beitrages des jeweiligen Landes zum Sieg über den Feind und b) die Größe der direkten materiellen Verluste des jeweiligen Landes. Die Länder, die die höchsten Kennziffern in beiden Rubriken aufweisen, müßten die Reparationen in erster Linie erhalten, alle anderen Länder in zweiter Linie."[46]

Bereits zuvor hatte Maiski in einem Gespräch in Moskau mit dem dortigen US-Botschafter Harriman erklärt, Priorität unter den Reparationsansprüchen hätten die von Feindaktionen herrührenden Schäden. Als weitere Kriterien nannte er dort den Beitrag zur Niederringung Deutschlands und die Schadenshöhe gemessen am Volkseinkommen.[47] Mit der Begrenzungsformel "Sachschäden" traf

---

44 S. Teheran 2, S. 139 f.; FRUS Malta, S. 808. Dieser neuen Formel stimmte Maiski sogleich zu, s. Teheran 2, S. 135; FRUS Malta, S. 808; s.a. d. Bericht v. Stettinius, Teheran 2, S. 144; FRUS Malta, S. 843.

45 S. Teheran 2, S. 164; FRUS Malta, S. 885.

46 Zit. n. Teheran 2, S. 65; vgl. FRUS Malta, S. 620.

47 Vgl. FRUS Malta, S. 176 ff., 178.

Maiski im übrigen auch auf amerikanische Vorstellungen. In einem Papier des Außenministeriums zur Vorbereitung der Konferenz vom Januar 1945 wird als Grundlage eines Verteilungsmaßstabs "the amount of damage to and loss of non-military property, exclusive of current output, caused by or incident to hostilities", vorgeschlagen. Die Forderungen wegen der Eigentumsverluste sollten aber immerhin mehr Gewicht haben als der Ersatz für die Besatzungskosten.[48]

3. Die Potsdamer Konferenz (17. Juli - 2. August 1945)

Die unterschiedlichen Standpunkte zu den Modalitäten deutscher Reparationsleistungen konnten in der in Jalta vereinbarten Moskauer Reparationskommission nicht beigelegt werden[49] und führten mit dem Potsdamer Abkommen zur Aufteilung in eine westliche und östliche Reparationssphäre, aus der auch die polnischen Forderungen abgegolten werden sollten. Wie immer man den Potsdamer "Formelkompromiß"[50] ausdeutet und für wie widersprüchlich man ihn hält,[51] so wird darin jedoch von den drei beteiligten Siegermächten an den grundsätzlichen Reparationsverpflichtungen Deutschlands festgehalten. Im Abschnitt IV über "Reparationen" aus Deutschland wird ausdrücklich auf die Krimkonferenz Bezug genommen. Hieß es dort aber lediglich, Deutschland habe "Ersatz für den verursachten Schaden zu leisten" ("Germany be obliged to make compensation for this damage"), so wird in den Mitteilungen über die "Drei-Mächte-Konferenz in Berlin", dem sog. Potsdamer Abkommen,[52] auf die von Deutschland verursachten "Verluste und Leiden" ("for the loss and suffering") Bezug genommen, "wofür das deutsche Volk der Verantwortung nicht entgehen kann" ("for which the German people cannot escape responsibility").[53] Diese Verschiebung in der

48 Vgl. FRUS Malta, S. 193 ff., 196.

49 Ausf. zu den Verhandlungen Nübel, Reparationspolitik, S. 140-173; Foschepoth, VfZ 30, S. 702-707.

50 Foschepoth, in: ders. (Hrsg.), Krieg, S. 180.

51 Dazu Foschepoth, ebd., S. 180-183; ders., VfZ 30, S. 709 ff.; Backer, Entscheidung, S. 90 f.; Jerchow, Deutschland, S. 162 ff.; Faust, in: Klein/Meissner (Hrsg.), Potsdamer Abkommen, S. 123 ff.

52 Zum Unterschied zwischen den Mitteilungen u. dem Konferenzprotokoll s. Deuerlein, Potsdam, S. 349 f.; dt. Übersetzung u.a. in: Völkerrecht I, S. 199 ff.; engl. Wortlaut bei v. Münch, Dokumente, S. 32 ff. Die die Reparationen betreffenden Teile haben jedenfalls Rechtscharakter, vgl. v. d. Heydte, WbdVR II; zur Frage "Regierungsabkommen" oder "völkerrechtlicher Vertrag" s. Faust, Abkommen, S. 55-63.

53 Eine ähnliche Formulierung ist bereits in einem zwischen Kriegs- und Finanzministe-

Formulierung, die nicht Gegenstand auf einer der Vollsitzungen der Konferenz war und die daher auf den von der Konferenz nach Erzielung des Reparationskompromisses eingesetzten Ausschuß für die Aufstellung eines Textentwurfes [54] zurückgehen dürfte, weist noch deutlicher - auch in Jalta war wie in Potsdam nur von der Verpflichtung in "größtmöglichem Umfange" (to the greatest extent possible" bzw. "to the greatest possible extent") die Rede - auf die begrenzte Realisierungsmöglichkeit der Schäden der Hauptkriegsbeteiligten in Höhe von 320 Milliarden US-Dollar hin.[55] Eine darüber hinausgehende Interpretation, wonach diese Formulierung neben den Sach- auch die Personenschäden der alliierten Zivilpersonen erfasse,[56] findet kaum eine Stütze in Text und Materialien und vernachlässigt den bereits in Jalta erzielten Diskussionsstand. Die Fragen des Reparationsgrundes und nach Art der reparationsfähigen Schäden sind auf der Potsdamer Konferenz so gut wie nicht erörtert worden. Das Problem der Abgrenzung Kriegsbeute/Reparation [57] war wichtig für die Frage, welche Beschlagnahmungen oder Demontagen auf das Reparationskonto gutzuschreiben waren oder daran vorbei, eben zusätzlich, verbucht werden konnten. Dieses Problem war daher ein Teil des Streits über den Umfang der gesamten deutschen Reparationsverpflichtung. Sowjetischerseits ist allerdings auch in Potsdam immer wieder zur Begründung einer deutschen Reparationsverpflichtung auf die eigenen Verluste und die Leiden des sowjetischen Volkes hingewiesen worden. So wandte der sowjetische Reparationsbeauftragte Maiski gegen die Forderung nach Vorrang der Einfuhren vor den Reparationen ein, kapitalistisches Gewinnstreben frage nicht "nach Reparationen für die, die gelitten haben".[58] Stalin selbst wies auf die schwierige Lage der Sowjetunion [59] wegen des Bevölkerungsverlustes, mit dem er auch die Abtrennung Ostpreußens be-

---

rium ausgehandelten u. vom amerikanischen Präsidenten unterzeichneten Memorandum v. 23.3.1945 zu finden, vgl. Blum, Deutschland, S. 271 f.

54 Vgl. Deuerlein, Abkommen, Dok. 93, S. 302 ff., 310; Potsdamer Abkommen, Dokumentensammlung, S. 179.

55 Vgl. Gramp, in: Encyclopaedia Britannica 19, S. 159.

56 Vgl. Granow, in: WbdVR II, S. 361.

57 Vgl. Deuerlein, Abkommen, S. 225-230, 256 u. 282; dazu Nübel, Reparationspolitik, S. 180 f.

58 Deuerlein, Abkommen, Dok. 72, S. 231.

59 Ebd., Dok. 81, S. 258; in den sowjetischen Aufzeichnungen fehlt dieser Hinweis, s. Potsdamer Abkommen, Dokumentensammlung, S. 132 f. Wiedergutmachungsgesichtspunkte spielten für die Abtretung der deutschen Ostgebiete an Polen in Potsdam keine Rolle, s. Faust, Abkommen, S. 151; ders., Jahre, S. 43. Zur poln. Position über die Westgrenze Polens s. Deuerlein, ebd., Dok. 82, S. 261 ff.; Potsdamer Abkommen, Dokumentensammlung, S. 141 f.

gründete, hin,[60] und in bezug auf eine italienische Reparationsverpflichtung führte er aus, er würde dem Angreifer keine Prämie auszahlen - damit nahm er Bezug auf westliche Wirtschaftshilfe -, ohne daß dieser einen kleinen Teil des Schadens, den er verursacht habe, ersetze.[61] Auch gegenüber Italien bestand Stalin auf dem moralischen Recht der Sowjetunion auf Reparationen, das auf der Tatsache beruhe, daß deren Territorium 3 1/2 Jahre lang besetzt gewesen sei und viele Verwüstungen angerichtet worden seien.[62] Ähnlich nannte Molotow die Tatsache, daß die Sowjetunion im Gegensatz zu den USA und Großbritannien besetzt gewesen sei.[63] Seitens der USA, aber auch Großbritanniens, wurde betont, man verfechte den Reparationsanspruch nicht für sich, sondern weil man wisse, daß man sich um andere Völker kümmern müsse.[64] Der besondere Reparationsanspruch der Sowjetunion wurde zwar anerkannt, nicht aber ohne Hinweis auf die wirtschaftlichen Probleme der Reparationsleistungen,[65] eine Position, wie sie letztlich auch im Potsdamer Kompromiß selbst zum Ausdruck kommt. Meinungsverschiedenheiten über den Reparationsgrund tauchten nur einmal auf. Auf der 9. Sitzung der Außenminister stritten Molotow und Byrnes über die Leistungsfähigkeit und mögliche Reparationsverpflichtung Italiens und Österreichs. Das Protokoll verzeichnet hierzu folgenden Wortwechsel:

"Herr Molotow verwies nochmals auf die Tatsache, daß die Vereinigten Staaten nicht von österreichischen Truppen besetzt gewesen seien, während die Österreicher in der Sowjetunion große Verwüstungen angerichtet hätten; daher könnten die Österreicher nicht ungestraft davonkommen. Herr Byrnes sagte, er würdige die Opfer des sowjetischen Volkes an Menschenleben, aber materielle Güter könnten niemals einen Ausgleich für verlorene Menschenleben bilden.
Herr Molotow antwortete, er spreche von der Zerstörung von Eigentum.
Herr Byrnes sagte, in bezug auf Eigentum bestehe kein großer Unterschied zwischen der Zerstörung eines Gebäudes, welches 100.000 Dollar wert ist und einer Auszahlung von 100.000 Dollar. Er wies darauf hin, die Vereinigten Staaten hätten im Kriege 400 Milliarden Dollar ausgegeben, das sei ein Eigentumsverlust.
Herr Molotow sagte, die Kriegskosten der Sowjets seien ungeheuer gewesen, er habe sich aber nicht auf diese bezogen. Er spreche von Verwüstungen. Er

---

60 Ebd., Dok. 84, S. 264 ff., 270; Potsdamer Abkommen, Dokumentensammlung, S. 156 f.

61 Ebd., Dok. 88, S. 282 ff., 290; Potsdamer Abkommen, Dokumentensammlung, S. 169. Dieser Gedanke taucht auch in den sowjet. Protestnoten an die Westalliierten v. 6.3.1948 anläßlich der Londoner Sechs-Mächte-Konferenz auf, s. Potsdamer Abkommen, Dokumentensammlung, Dok. 25, S. 319 ff., 326.

62 Ebd., S. 288; Potsdamer Abkommen, Dokumentensammlung, S. 167.

63 Ebd., S. 277 u. 280.

64 Ebd., S. 277 (Byrnes) u. Dok. 93, S. 302 ff., 309 (Bevin); vgl. a. Dok. 77, S. 238 ff., 241.

65 Ebd., Dok. 88, S. 282 ff., 289 f.; vgl. a. Dok. 87, S. 273 ff., 278.

meine, man könne diese Leute nicht ungestraft davonkommen lassen. Wenn Rumänien Entschädigungen bezahle, weil es Territorien besetzt habe, wer würde dann eine solche Haltung in bezug auf Österreich und Italien verstehen?... Es würde ungerecht sein, mit Österreich eine Ausnahme zu machen." [66]

Inhaltlich weist diese Auseinandersetzung auf die Unterscheidung zwischen reparationsfähigen Kriegsschäden und reparationsunfähigen Kriegskosten, wie sie grundsätzlich im Versailler Vertrag erstmals vorgenommen wurde, hin. Diese Auseinandersetzung wurde aber weder während der Potsdamer Konferenz noch danach aufgegriffen, weil von keiner Seite, auch nicht von sowjetischer, ein auch nur annähernd vollständiger Schadensausgleich angestrebt wurde. Die Aufstellung verschiedener Schadenskategorien, wie sie noch im Versailler Vertrag vorgenommen worden war, war deshalb und angesichts der von allen Seiten unbestrittenen Legitimität eines Reparationsanspruchs der Alliierten entbehrlich und schlichtweg kein Thema. Konsens bestand darüber hinaus darin, daß die Sowjetunion den größten Anteil erhalten sollte. Die 50%-Quote nach dem Jaltaer Reparationsprotokoll war insofern in Potsdam auch von den Briten akzeptiert worden, als die drei Delegationen bei Erzielung des Reparationskompromisses davon ausgingen, die Reparationslieferungen aus der sowjetischen Besatzungszone mit den Ergänzungslieferungen aus den Westzonen würde einen sowjetischen Reparationsanteil von 50% ergeben.[67]

Byrnes Einwand kann deshalb nur kontextbezogen als hilfloser Versuch verstanden werden, das sowjetische Reparationsverlangen hinsichtlich Österreichs zurückzudrängen, da dessen Leistungsfähigkeit verneint wurde und die amerikanische Furcht, für Reparationen letztlich über Hilfeleistungen aufkommen zu müssen, hier noch stärker war. Damit war aber die noch auf die Kriegskosten Bezug nehmende Kompromißformel im Jaltaer Protokoll, die ein am 24. Juli 1945 auf der Potsdamer Konferenz übergebener amerikanischer Vorschlag [68] nochmals aufgegriffen hatte, hinfällig geworden. Dies kommt auch hinreichend im Potsdamer Abkommen selbst zum Ausdruck, das in seinem Wortlaut insofern

---

66 Ebd. Dok. 87, S. 273 ff., 280 f. Das sowjetische Protokoll, vgl. Teheran 3, S. 169 ff., 178, weicht davon nicht ab. Zu den amerik. Kriegskosten u. -verlusten s.a. Keesing's Archiv 1945, S. 261 G, 405 G.

67 S. insb. die Aufzeichnung über die Unterredung Molotows mit Truman am 29.7., Teheran 3, Dok. Nr. 24, S. 195-202, und die Äußerungen Bevins auf der 11. Vollsitzung, ebd., Nr. 26, S. 205 ff., 211; Deuerlein, Abkommen, Dok. 89, S. 290-296, u. Dok. 93, S. 302 ff., 309.

68 S. Teheran 3, Dok. Nr. 87, S. 308; eine ausdrückliche Bezugnahme auf die Jaltaer Protokollformel ist in Anlage 3 zu Anlage I des am 17.7. übergebenen amerikanischen Memorandums über die Politik hinsichtlich Deutschlands zu finden, s. Teheran 3, Dok. Nr. 33, S. 254 ff., 260; vgl. ferner Dok. 52, S. 276, u. Dok. 114, S. 343.

die Formulierung des Jaltaer Schlußkommuniqués, wenn auch modifiziert, aufgreift. Auch sowjetischerseits wurde in der Folgezeit nur höchst selten auf weitere Schadenskategorien wie Kriegskosten und Menschenverluste neben materiellen Schäden verwiesen.[69]

Die Potsdamer Reparationsregelung blieb letztlich unvollständig. Zwar waren zumindest hinsichtlich der zulässigen sowjetischen Entnahmen aus den Westzonen Zeitvorgaben getroffen worden. Weder diesbezüglich noch über die Reparationsleistungen überhaupt war aber eine Summe festgelegt worden. Ebensowenig war der Zeitraum der Leistungen bestimmt worden. Angesichts der enormen allgemeinen wirtschaftlichen Zerstörungen im Krieg in Europa sollten die letztlich, wie bereits in Jalta verhandelt, pauschalierten deutschen Reparationsleistungen neben einer Schwächung Deutschlands vor allem dem Wiederaufbau der Volkswirtschaften der geschädigten Länder dienen. Dies war gerade auch die sowjetische Haltung. Als sich auf der 11. Vollsitzung der Potsdamer Konferenz der Reparationskompromiß abzuzeichnen begann, führte die sowjetische Delegation in ihrem Reparationsvorschlag aus:

"2. Die Reparationen haben das Ziel, zum möglichst schnellen Wiederaufbau der Wirtschaft in den Ländern, die unter der deutschen Besatzung gelitten haben, beizutragen, wobei der Notwendigkeit Rechnung zu tragen ist, das Rüstungspotential Deutschlands maximal zu reduzieren." [70]

Personenschäden, soweit überhaupt in Vermögenskategorien auflistbar, spielten daher kaum eine Rolle zur Begründung einer deutschen Reparationslast. So wies Stalin auf der Potsdamer Konferenz zur Begründung des auf die Sowjetunion entfallenden Prozentsatzes der Entnahmen aus den Westzonen auch nicht auf die hohen Menschenverluste der Sowjetunion hin, sondern auf den Verlust von viel Ausrüstung in diesem Krieg.[71] Diese Auffassung Stalins bestand sowjetischerseits nicht allein. Bereits nach den Vorschlägen des sowjetischen Nationalökonomen Varga aus dem Jahre 1943 sollten zuerst Vermögensschäden vergütet werden. Erst nachdem dieses erreicht worden sei, sollten Zahlungen für Personenschäden geleistet werden.[72] So brachte David Ginsburg in seiner Repara-

[69] Vgl. insb. die Erklärung Molotows auf der Moskauer Außenministerkonferenz v. 17.3.1947, in: Dokumente zur Deutschlandpolitik I, S. 54 ff., 59 f.

[70] S. Teheran 3, Dok. 136, S. 359; vgl. a. Potsdamer Abkommen, Dokumentensammlung, S. 173, in etwas anderer Übersetzung. Diese Formulierung ist fast wortgleich im sowjet. Vorschlag v. 30.7.1945 enthalten, s. Teheran 3, Dok. 116, S. 343 f., 344.

[71] S. Teheran 3, S. 211; Potsdamer Abkommen, Dokumentensammlung, S. 177.

[72] Vgl. Backer, Entscheidung, S. 68; zur Schadenskategorisierung des amerik. Amtes für Strategic Services s. ebd., S. 70 ff.

tionsstudie vom Februar 1947 die rein wirtschaftliche amerikanische Sichtweise zum Ausdruck. Die sowjetische 10 Milliarden-Dollar-Forderung betrage lediglich 5 bis 7 Prozent der erlittenen Sachschäden. Rechne man die in gleicher Weise berechtigten Forderungen der übrigen europäischen Staaten, die Opfer der Nazi-Agression geworden seien, hinzu, so werde deutlich, daß bei einer vollständigen Abgeltung Deutschlands Zukunft, und wahrscheinlich auch die Europas, der Vergangenheit verpfändet werde, ohne Hoffnung auf zukünftige Besserung. Unglücklicherweise sei der erste Maßstab für Reparationen nicht die Summe der erlittenen Schäden der Opfer, sondern Deutschlands Zahlungsfähigkeit.[73] Es müsse daher vorsichtig ein Weg zwischen einer unmoralischen und einer unökonomischen Vorgehensweise gefunden werden.[74]

Das Potsdamer Abkommen regelt in Abschnitt IV lediglich Reparations-, aber keine Schadens- oder Verfolgungskategorien. Als Kompromiß für eine in der Höhe noch unbestimmte Pauschalsumme waren auch nur die höchst umstrittenen Reparationskategorien regelbedürftig. Alle Beteiligten gingen vom Maßstab der deutschen Leistungsfähigkeit aus und nicht vom zu ersetzenden Schaden. Die erwarteten Reparationsleistungen hätten von vornherein jede der in Betracht kommenden Schadenskategorien auch für sich betrachtet nur bruchteilig befriedigen können. Dieser vorhandene Grundkonsens ließ die Frage nach den reparationsfähigen Schadenskategorien gar nicht erst vertiefend aufkommen.

Zusätzlich wurde in § 15 b der Übereinkunft über Deutschland (Abschnitt III) lediglich die Versorgung der Displaced Persons indirekt - die Vorschrift betrifft die alliierte Kontrolle über das deutsche Wirtschaftsleben - aus der deutschen Wirtschaftsleistung garantiert.[75] Der Kontext dieser Regelung weist aber bereits darauf hin, daß es hierbei nicht um Entschädigungsleistungen für diesen verfolgten Personenkreis, der im August 1945 trotz bereits angelaufener Repatriierung noch Millionen Menschen umfaßte, geht, sondern um die Kosten für deren laufenden Lebensunterhalt, die zunächst direkt oder indirekt über die Flüchtlingsorganisationen von den alliierten Besatzungsmächten aufzubringen waren. Anknüpfungspunkt für diese Regelung ist daher weniger das Verfolgungsschicksal dieser inhomogenen Gruppe als vielmehr der Umstand, aktueller alliierter Kostenfaktor zu sein. Die Garantie des Lebensunterhalts der Displaced Persons ist des-

---

73 Ginsburg, Future, S. 40.

74 Ebd., S. 44; zu seiner Studie s. Backer, Entscheidung, S. 152-156.

75 S. bereits Nr. 11 b des zu Beginn der Potsdamer Konferenz vorgelegten Vorschlags der amerikanischen Delegation für die Behandlung Deutschlands, in: Deuerlein, Abkommen, Dok. 67, S. 200 ff., 203.

halb Teil einer Bestimmung, die ein deutsches Wirtschaftsniveau fordert, das daneben ein Aufkommen für die Besatzungskosten ermöglicht und das Voraussetzung für einen mittleren Lebensstandard in Deutschland ist.

4. Die französische Deutschlandpolitik

Auch für Frankreich, das als unmittelbarer Nachbar Deutschlands erneut überfallen und einer herben Ausbeutungspolitik unterworfen worden war, stand im Vordergrund der deutschlandpolitischen Überlegungen die Suche nach einer dauerhaften Sicherung vor der deutschen Gefahr. Im Gegensatz zu den beiden anderen Westalliierten spielte für Frankreich, dem erst in Jalta eine eigene Besatzungszone zugesagt und das am Potsdamer Kompromiß nicht beteiligt [76] worden war, wegen der eigenen wirtschaftlichen Lage und der Kriegs- und Besatzungsfolgen die Reparationsfrage eine größere Rolle. Die gesamten durch Deutschland verursachten Kriegsschäden betrugen nach Schätzungen der französischen Regierung auf der Preisbasis von 1938 40 Milliarden US-Dollar, wobei 52% reine Kriegsschäden waren und 48% auf deutsche Kriegsbeute entfielen.[77] Nach Loth [78] lassen sich in der innerfranzösischen Auseinandersetzung als zwei gegensätzliche Konzepte zur Lösung des deutschen Problems idealtypisch das Dominanz- und das Integrationskonzept unterscheiden, die freilich in den verschiedensten Mischformen auftraten. Das bis 1947 vorherrschende Dominanzkonzept setzte auf eine Zerschlagung des Deutschen Reiches, Annexion bzw. wirtschaftliche Nutzbarmachung der linksrheinischen Gebiete und Internationalisierung des Ruhrgebiets zum Nutzen der Opfer der deutschen Expansion. Reparationen und Restitutionen sollten das französische Wirtschaftspotential auf Kosten des deutschen Potentials stärken und insbesondere eine Verschiebung des schwerindustriellen Zentrums Europas vom deutschen auf das französische Territorium ermöglichen. Entsprechend wurden die besetzten Gebiete als Faustpfand für den französischen Reparationsanspruch aufgefaßt und im Gegensatz zu den anderen beiden Westzonen mit z.T. restriktiven Maßnahmen und an der Internationalen Reparationsagentur vorbei gewinnbringend ausgebeutet, was

---

[76] Zur Haltung Frankreichs zum Potsdamer Abkommen s. Faust, Abkommen, S. 63-69.

[77] Vgl. Jerchow, Deutschland, S. 38; s. weiter Keesing's Archiv 1945, S. 147 B, 282 D, 349 G u. 1097 E.

[78] Loth, in: Scharf/Schröder (Hrsg.), Deutschlandpolitik Frankreichs, S. 28; zum Folgenden s. daneben ders., Ost-West-Konflikt, S. 46-64; Poidevin, in: Scharf/Schröder, aaO.; ders., in: Foschepoth (Hrsg.), Krieg; Jerchow, Deutschland, S. 36-44.

aber mangels Reinvestitionen wirtschaftlich destabilisierend wirkte und bereits im Laufe des Jahres 1947 zu der Gefahr künftig hoher Besatzungskosten führte. Reparationsleistungen dienten hier der Sicherheitspolitik nicht nur in Form der Demontage kriegswichtiger Industrien, sondern auch durch Stärkung des eigenen und Schwächung des gegnerischen Wirtschaftspotentials. Daneben sollten diese Leistungen auch dem Schadensausgleich dienen, oder, wie es Louis Bernard, Abgeordneter der französischen Nationalversammlung, im Oktober 1945 formulierte: es müsse alles getan werden, "um Deutschland zurückzahlen zu lassen, was es bei uns geplündert hat".[79] Innerfranzösische Veränderungen und die wirtschaftliche und politische Dominanz der USA bei einem sich abzeichnenden Ost-West-Konflikt führten zum Wandel der französischen Deutschlandpolitik. Mit dem Integrationskonzept sollte die Sicherheitsfrage durch Einbindung Deutschlands in eine europäische Staatengemeinschaft mit starken, der Tendenz nach supranationalen Gemeinschaftsstrukturen erreicht werden. Reparationspolitisch blieb hier, da Integration die grundsätzliche Erhaltung der deutschen Wirtschaftskraft voraussetzte, nur noch neben sicherheitspolitisch bedingten Demontagen Raum für die zumindest wirtschaftliche Abtrennung des Saargebietes und die Internationalisierung des Ruhrgebietes. Dies bedeutete aber zugleich die sicherheitspolitische Abfederung des Integrationskonzepts, da es sich bei diesen Gebieten um die wirtschaftlich bedeutendsten deutschen Industriegebiete handelte.

II. Die Entwicklung zur eigenständigen Reparationspolitik in den drei westlichen Besatzungszonen

Nach der Potsdamer Konferenz wurden auch die reparationspolitischen Meinungsverschiedenheiten zunehmend deutlicher. Zwar begann die Kontrollkommission für Reparationen unter der Beteiligung Frankreichs zu arbeiten und verabschiedete der Alliierte Kontrollrat mit zweimonatiger Verspätung am 28. März 1946 den sog. ersten Industrieplan, der, wie es in seiner Präambel hieß, entsprechend dem Berliner Abkommen Umfang und Charakter der Hauptindustrieausrüstung feststellte, die für die Friedenswirtschaft Deutschlands nicht notwendig und deshalb für Reparationen zugängig sei.[80] Die Meinungsverschieden-

---

79 Zit n. Henke, in: Scharf/Schröder, aaO., S. 53; vgl. ferner den Beitrag von Abelshauser, ebd.

80 Vgl. Nr. I des Plans für Reparationen und den Nachkriegsstand der deutschen Wirt-

heiten darüber, ob Entnahmen aus der laufenden Produktion überhaupt zulässig seien und ob sie nicht jedenfalls als Exporte oder als Gegenleistung für Importe zu werten seien, ließen jedoch kurz danach den reparationspolitischen Konsens auseinanderbrechen: Am 3. Mai kündigte General Clay an, zum Schutz der Wirtschaft der amerikanischen Zone alle Reparationsleistungen aus seiner Zone mit Ausnahme von vierundzwanzig Vorauslieferungen einzustellen. Diese demonstrative, auch gegen die französische Obstruktionspolitik gerichtete Maßnahme traf nach Aufhebung des Embargos allein die Sowjetunion.[81] Und auf der im April/Mai und Juni/Juli 1946 tagenden Außenministerkonferenz in Paris traten die deutschlandpolitischen Meinungsverschiedenheiten zwischen den Angloamerikanern und Frankreich und der Sowjetunion deutlich hervor.

Molotow forderte erneut, und diese Forderung wiederholte er auf der Moskauer Außenministerkonferenz im März/April 1947, unter Hinweis auf die Vereinbarung in Jalta die 10 Milliarden US-Dollar Reparationen, die auch Güter aus der laufenden Produktion umfassen müßten. Seine dort im weiteren dargelegte deutschlandpolitische Konzeption konnte jedoch die gegensätzlichen Standpunkte nicht überwinden.[82] Die separate Entwicklung der Westzonen und der sowjetischen Besatzungszone wurde dann hinreichend mit dem im Dezember 1946 unterzeichneten Abkommen zur Gründung der Bizone und endgültig mit dem Scheitern der Londoner Außenministerkonferenz ein Jahr später deutlich. Die Londoner Sechsmächtekonferenz in der ersten Jahreshälfte 1948 stellte dann die Weichen auf Gründung eines separaten Weststaates.

1. Die Auffassung der Alliierten zum Reparationsgrund

Abseits des alliierten Streits über die Deutschland- und Reparationspolitik, soweit sie Leistungsart, -umfang und -höhe betraf, blieb aber zunächst eine Übereinstimmung hinsichtlich des Reparationsgrundes bestehen, die allerdings mit tendenzieller westlicher Reparationseinstellung schwand. Ein faktischer Verzicht auf Reparationsleistungen machte notwendigerweise deren Begründung und

---

schaft, entsprechend den Beschlüssen der Berliner Konferenz v. 28. März 1946, in: Harmssen, Reparationen, S. 93-96; zur Entstehung des Plans s. Jerchow, Deutschland, S. 181-209.

81 Vgl. Jerchow, Deutschland, S. 215-219; Abelshauser, Wirtschaft, S. 93 f., sieht die Maßnahme vornehmlich gegen Frankreich, Balfour, Vier-Mächte-Kontrolle, S. 207 f., ausschließlich gegen die Sowjetunion gerichtet.

82 Vgl. Jerchow, Deutschland, S. 222-235; v. Buttlar, Ziele, S. 179-182, 187-190 u. 230 f.; Balfour, Vier-Mächte-Kontrolle, S. 205 ff.

Funktion überflüssig. Unter dem Primat der Einbeziehung eines westdeutschen Separatstaates in ein westeuropäisches Staatensystem unter Einschluß der Gewährung der Marshallplanhilfe verblieb als Reparationsgrund für die USA nur noch die außenpolitische Rücksichtnahme auf die westeuropäischen Verbündeten, die zumindest noch an der sicherheitspolitisch bedingten Demontagepraxis festhalten wollten. Darüber hinaus blieb die deutsche Aggression bei diesen - trotz ihrer Zustimmung zur westdeutschen Integration - reparationspolitisch als Erinnerungsposten insofern erhalten, als ein rechtlicher Reparationsverzicht eben gerade nicht gewährt wurde.

Die Phase der Übereinstimmung hinsichtlich des Reparationsgrundes kann mindestens bis Ende des Jahres 1946/Anfang 1947 nachgezeichnet werden. Diese Übereinstimmung ist nochmals deutlich im sog. ersten Industrieplan des alliierten Kontrollrats vom März 1946 zu finden, an dessen Zielsetzungen auch noch der revidierte Plan der Bizone vom August 1947 festhielt.

Im einleitenden Abschnitt 1 dieses ersten Industrieplans werden als leitende Grundsätze neben wirtschaftspolitischen Zielsetzungen (lit. c bis e) folgende Aussagen hinsichtlich des Reparationszwecks getroffen:

"a) Vernichtung des deutschen Kriegspotentials und industrielle Abrüstung Deutschlands,
b) Auszahlung von Reparationen an Länder, die durch die deutsche Aggression geschädigt worden sind".

Im Potsdamer Abkommen ist der sicherheitspolitische Abrüstungszweck sowohl in der zweifachen Bezugnahme auf den Terminus "für die deutsche Friedenswirtschaft unnötig" im IV. Abschnitt über die Reparationen enthalten als auch in der mehrfachen Konkretisierung des Besatzungsziels der völligen Abrüstung und Entmilitarisierung Deutschlands und Ausschaltung der gesamten deutschen Industrie, welche für eine Kriegsproduktion benutzt werden könne, im III. Abschnitt über Deutschland. Der Ausgleichsgedanke wird in der Einleitung des IV. Abschnitts über die Reparationen genannt. An diesen beiden Reparationszwecken hielten die drei westalliierten Siegermächte fest, wenn auch der Ausgleichsgedanke bei der Tendenz zur Reparationseinstellung zuletzt hinter dem Sicherheitsgedanken völlig zurücktrat. Der Ausgleichsgedanke wurde dabei wie bereits in Jalta und Potsdam weniger als Schadenskompensation denn als Wirtschaftshilfe für durch den Krieg zerstörte Volkswirtschaften verstanden. Diese Modifizierung des Ausgleichsgedankens vertrug sich dabei mit der moralischen Beilegung, dem Verlierer, der zudem keinen gewöhnlichen Krieg geführt hatte, dürfe es nicht besser gehen als den Siegern. Dies war der hauptsächliche Sinn der in Potsdam gefundenen Formulierung "eines mittleren Lebensstandards in Deutschland", der den mittleren Lebensstandard der europäischen Länder nicht übersteigen dürfe. Der deutsche Verlierer sollte via Reparationen zur eigenen Schwächung den alliierten Siegern Wirtschaftshilfe zu deren Stärkung leisten.

In seiner bereits erwähnten Rundfunkansprache kurz nach der Potsdamer Konferenz nannte Präsident Truman als eines der Potsdamer Prinzipien, daß die deutsche Wirtschaftsmacht, aufgrund deren Krieg geführt werden kann, eliminiert werde. Die Funktion deutscher Reparationsleistungen umschrieb er nochmals:

"In erster Linie ist es Aufgabe der Reparationen, aus Deutschland alles herauszuholen, was es zu neuer Kriegsvorbereitung braucht. Ferner sollen sie den verwüsteten Ländern ermöglichen, sich mit Hilfe der Deutschland weggenommenen Ausrüstungen und Materialien zu erholen." [83]

Hinsichtlich der italienischen Reparationsfrage betonte der amerikanische Vertreter Thorp auf der Pariser Friedenskonferenz im September 1945, Reparationsleistungen könnten weder den Schaden noch die Kriegslasten vollständig ersetzen und sollten auch nicht als Strafe aufgefaßt werden. Die Höhe der zu zahlenden Reparationen hätten sich an den von den früheren Feindstaaten zu verantwortenden enormen Kriegskosten und den von ihnen durch ihre feindliche Aggression herrührenden Wiederaufbaubedürfnissen in den alliierten Staaten auszurichten.[84] Und in einer Erklärung des amerikanischen Außenministeriums vom 11.12.1945 heißt es, mit den Reparationen sollten nicht nur die wirtschaftlichen Grundlagen einer deutschen Kriegsindustrie untergraben werden, sondern weiter:

"b) Wir wollen den Ländern der Vereinigten Nationen, die unter der nazistischen Aggression gelitten haben, und die jetzt ihre Kriegsschäden überwinden und wiederaufbauen müssen, tatkräftige Hilfe zuteil werden lassen.
c) Wir wollen verhindern, daß bei der Ordnung des Chaos, das der Krieg in Europa hinterlassen hat, der Angreiferstaat Deutschland früher als die Länder, die er durch seinen Angriff verwüstet hat, einen den Vorkriegsverhältnissen entsprechenden Lebensstandard erreicht." [85]

Und auch noch in seiner bekannten Stuttgarter Rede vom September 1946, mit der der amerikanische deutschlandpolitische Kurswechsel öffentlich eingeleitet wurde, hielt der amerikanische Außenminister Byrnes an dieser Haltung im Hin-

---

83 S. Deuerlein, Potsdam, Dok. Nr. 99, S. 375 ff., 377, s.a. oben, Fn. 21.

84 S. Decade, Dok. 200, S. 969 ff., 970.

85 S. Erklärung des Departement of State zur Reparationsfrage und zur Frage der deutschen Friedenswirtschaft, Washington, 11. Dezember 1945, in: Deuerlein, Einheit, Dok. 35, S. 366 ff., 367; mit Datum vom 12. Dezember 1945 abgedruckt in: Decade, Dok. Nr. 201, S. 971 ff., 972.

blick auf die übrigen Ausführungen zumindest grundsätzlich fest, als er sagte:

"Zweimal in einer Generation haben der deutsche Militarismus und der Nazismus die Gebiete von Deutschlands Nachbarn verwüstet. Es ist nur recht und billig, daß Deutschland sein(en) Teil dazu beitragen soll, diese Verwüstungen wiedergutzumachen. Die meisten Opfer der Naziaggression waren vor dem Krieg weniger begütert als Deutschland. Deutschland darf nicht erwarten, daß diese Opfer ohne fremde Hilfe die Hauptkosten dieser Naziüberfälle tragen sollen." [86]

Sowjetischerseits wurde auch nach Potsdam immer wieder darauf hingewiesen, es mache einen Unterschied, ein besetztes Land gewesen zu sein, und Deutschland sei verpflichtet, wenigstens teilweise den verursachten Schaden wiedergutzumachen.[87] Im Gegensatz zu Frankreich war man bereit, für eine Stärkung des deutschen Wirtschaftspotentials einzutreten,[88] da man dringend deutsche Warenlieferungen benötigte. Der Gedanke, der Reparationsplan habe "der vollständigen militärischen und wirtschaftlichen Entwaffnung Deutschlands" zu dienen,[89] trat hinter der Erkenntnis zurück, in verschiedenen Ländern sei ein großer ungedeckter Bedarf an Industrieerzeugnissen vorhanden, dessen Deckung die Wiederherstellung der deutschen Friedensindustrie erleichtern könne.[90] Dagegen betonte der französische Außenminister Bidault während der Pariser Außenministerkonferenz am 10.7.1946 eindeutig das sicherheitspolitische Primat. Man stimme zwar hinsichtlich der Ziele, "1. völlige Entwaffnung Deutschlands; 2. Ausrottung des Nazismus und Förderung des demokratischen Geistes; 3. Reparationen für diejenigen Länder, die durch den Krieg gelitten haben", überein. Er fuhr fort:

"Ich möchte hinzufügen, daß diese Ziele alle den Zweck haben, Deutschland außerstande zu setzen, Schaden anzurichten und aufs neue eine Gefahr für den

---

86 Rede des amerikanischen Außenministers James F. Byrnes in Stuttgart vom 6. September 1946, in: Deuerlein, Einheit, Dok. 46, S. 392 ff., 393.

87 Vgl. die Erklärungen Molotows v. 9.7.1946, in: Deuerlein, Dok. 41, S. 381 ff., 384; v. 10.7.1946, Dok. 42, S. 384 ff., 385; v. 12.12.1947, Dok. 61, S. 427 f.; v. 31.12.1947, Dok. 64, S. 439 ff., 444; v. 31.3.1947, in: Dokumente zur Deutschlandpolitik I, S. 77-79; vgl. a. die Erklärung von Marshall Sokolowski vor dem alliierten Kontrollrat v. 25.2.1947, in: Dokumente zur Deutschlandpolitik I, S. 27 ff, 36.

88 S. insb. die Rede Molotows auf der Moskauer Außenministerkonferenz v. 17.3.1947, in: Dokumente zur Deutschlandpolitik I, S. 54 ff., S. 66; vgl. a. die Erklärungen Molotows v. 10.7.1946, in: Deuerlein, Einheit, S. 384 ff., 386; v. 12.12.1947, Dok. 61, S. 427 ff., 428 f.; s. ferner den sowjetischen Plan zur Frage der wirtschaftlichen Prinzipien v. 8.12.1947, Dok. 60, S. 426 f., 427.

89 Vgl. die Erklärung Molotows v. 10.7.1946, in: Deuerlein, Einheit, Dok. 42, S. 384 ff., 386; s.a. seine Erklärung v. 31.3.1947, in: Dokumente zur Deutschlandpolitik I, S. 77 ff., 84

90 Vgl. die Erklärungen Molotows v. 17.3.1947, in: Dokumente zur Deutschlandpolitik I, S. 54 ff., 66, u.v. 31.3.1947, S. 77 ff., 84.

Frieden zu bilden. Soweit es sich um den Punkt 3 handelt, möchte ich sagen, daß es mir wichtiger erscheint, die industrielle Abrüstung Deutschlands zu sichern, als den besetzten und verwüsteten Ländern Reparationen zu verschaffen, auf die diese Länder zwar ein Anrecht haben, die aber - wie sie selber erkennen - nur unvollständig sein können." [91]

Für ihn war daher das Reparationsprogramm nach dem ersten Industrieplan vor allem "ein grundlegendes Element der Entwaffnung".[92] Und über ein Jahr später, am 20.12.1947, erklärte er vor dem außenpolitischen Ausschuß der französischen Nationalversammlung, die Reparationen dürften kein Vorwand sein, das Industrieniveau von neuem zu revidieren und es über den Stand hinaus zu erhöhen, den die Friedensbedürfnisse Deutschlands rechtfertigten. "Die Erfahrung des vorigen Krieges genügt uns in dieser Hinsicht. Wir wollen nicht, daß die Reparationen zum Ausgangspunkt der Wiederaufrüstung werden".[93] Dieses sicherheitspolitische Primat war mit den wirtschaftlichen Bedürfnissen Frankreichs insofern in Einklang zu bringen, als die französische Regierung zu diesem Zeitpunkt noch hauptsächlich auf die deutsche Zerstückelung und Gebietsabtretungen setzte, mittels derer wirtschaftliche Hilfe erlangt werden sollte.

2. Von den Industrieplänen zum Petersberger Abkommen - Der Wandel des amerikanischen Reparationsverständnisses: Reparation als Sühnesymbol und Deutschlandvertrag

Der revidierte Plan für das Industrieniveau der britischen und amerikanischen Zone Deutschlands vom 26.8.1947 [94] verfolgte zwar nach dem Wortlaut seiner Präambel "dieselben Ziele wie der ursprüngliche Plan" und stand mit Verbot und Beschränkung bestimmter Industriebereiche und einer auf ihm aufbauenden Demontageliste durchaus noch in der Tradition des Potsdamer Abkommens.[95] Die erhebliche Kürzung der für eine Demontage vorgesehenen Industriewerke, so sollten nur noch 858 (48%) statt der im ersten Industrieplan vorgesehenen 1800 (100%) Anlagen oder Teile von Anlagen abgebaut werden,[96] bei zulässiger Steigerung des Produktionsniveaus leiteten gleichwohl eine Verringerung der

---

[91] Vgl. Bidault's Erklärung v. 10.7.1946, in: Deuerlein, Einheit, Dok. 43, S. 387.

[92] Ebd., S. 388.

[93] S. Bidault's Erklärung v. 20.12.1947, in: Deuerlein, Einheit, Dok. 63, S. 435 ff., 438.

[94] Bei Harmssen, Reparationen, S. 97-111, einschließlich der Demontageliste.

[95] So Abelshauser, Wirtschaft, S. 99 f.

[96] Vgl. die Tabelle bei Abelshauser, in: Winkler (Hrsg.), Weichenstellungen, S. 219.

Reparationslasten bei langfristiger Sicherung der deutschen Industriekapazität ein.[97] Diese Politik wurde vor allem von den USA forciert. Obwohl Großbritannien bereits frühzeitig für einen Wiederaufbau der deutschen Wirtschaft eingetreten war, beharrte es aus sicherheitspolitischen und wirtschaftlichen Erwägungen auf der Demontagepolitik. Die USA, die auch die Westzonen in die Marshall-Plan-Hilfe [98] einbezogen hatten, setzten deutschlandpolitisch auf Revision und zügigen Wiederaufbau, für den die vorhandenen Industriekapazitäten gebraucht wurden.[99]

Die amerikanische Konzentration auch auf den deutschen Wiederaufbau ließen Aussagen über den Grund für Reparationsleistungen in den Hintergrund treten. So wird im Bericht des Außenministers Marshall vom 28. April 1947 über die kurz zuvor beendete (vierte) Außenministerkonferenz in Moskau vor allem die Notwendigkeit eines sich selbst erhaltenden Deutschlands betont, von dem auch die Erholung der Wirtschaft des übrigen Europas abhänge. Weniger bedeutsam ist dabei die auf der reparationspolitischen Linie liegende Aussage, man sei sich unter den Alliierten einig, daß der Demontageplan nochmals überprüft werden solle, als der Umstand, daß sich der früher oftmals angeführte Hinweis auf den Reparationszweck, der Abrüstung und dem Wiederaufbau der besetzten Länder zu dienen, zu der bloßen Aussage verflüchtigt hat, die Reparationsfrage habe natürlicherweise eine ungeheuere Anziehungskraft für die Völker der alliierten Staaten, die den Terror der deutschen militärischen Okkupation und die Zerstörung ihrer Städte und Dörfer erlitten hätten [100] Nicht einmal diese Aussage ist im Bericht Marshalls über die Ende 1947 stattgefundene Londoner Außenministerkonferenz zu finden.[101]

Dagegen nannten die zuvor ergangenen Besatzungsrichtlinien der amerikanischen Regierung vom 17.Juli 1947 als allgemeine Wirtschaftsziele neben der Eliminierung der Kriegsindustrie und der Unterstützung des deutschen Wiederaufbaus "die Eintreibung von Reparationen für die Verluste, die die Vereinten Nationen als Folge des deutschen Angriffs erlitten haben".[102] Reparationspoli-

---

[97] Vgl. Foschepoth, in: ders., Krieg, S. 189.

[98] Zur Kontroverse um die Erstellung des Marshall-Plans s. die Beiträge von Gimbel u. Knapp, in: Haberl/Niethammer (Hrsg.), Marshall-Plan.

[99] Die Veränderung des amerikanisch-britischen Verhältnisses hat Foschepoth, in: ders., Krieg, S. 187-194, herausgearbeitet.

[100] S. Decade, Dok. Nr. 23, S. 97 ff., 99-101.

[101] S. Decade, Dok. Nr. 24, S. 106 ff.

[102] S. Nr. 15 der Richtlinien, in: Cornides/Volle, Frieden, S. 100 ff.; zu ihrer allgemei-

tisch stehen diese Richtlinien damit noch in der Tradition des Potsdamer Abkommens und lösten auch formell die noch vom Morgenthau'schen Sicherheitsdenken geprägte Direktive JCS 1067 vom April 1945, veröffentlicht allerdings erst am 17.Oktober desselben Jahres, ab, nach der Reparationen ausschließlich an Maßnahmen zur Abrüstung Deutschlands gekoppelt waren.[103]

Der Wandel der amerikanischen Auffassung bezüglich einer deutschen Reparationsleistung wird vollends deutlich in einem Memorandum Marshalls an den Senatsausschuß für Auswärtige Beziehungen unter dem Vorsitz Vandenbergs vom 4. Februar 1948, in dem er begründete, warum das deutsche Reparationsprogramm trotz Einbeziehung in das europäische Wiederaufbauprogramm fortgesetzt werden sollte. Marshall betont einleitend die unbestreitbare Pflicht des Aggressors, ein Maximum an Reparationen zu zahlen, soweit mit wirtschaftlichen und politischen Realitäten vereinbar, und weist auf das Potsdamer Abkommen, das den Ängsten der europäischen Länder vor einem Wiederaufleben der deutschen Kriegsgefahr Rechnung trage, und das Pariser Reparationsabkommen vom Januar 1946 hin, dessen Bedeutung er in der Bindung der 18 Signatarstaaten an den Grundsatz der deutschen Leistungsfähigkeit und dem Begnügen mit einer prozentualen Quote ohne Kenntnis des bis dahin nicht absehbaren gesamten deutschen Reparationsaufkommens herausstellt. Das Pariser Reparationsabkommen sei bisher nicht nur einmalig. Noch bemerkenswerter sei, daß es trotz Revision des Industrieplans weiterhin akzeptiert werde.[104] Unter Hinweis auf verschiedene Proteste wegen der Verzögerungen des Reparationsprogramms der mit dem Abkommen gegründeten und von den Signatarstaaten beschickten Interalliierten Reparationsagentur fährt er fort:

"Der Eifer, mit dem sich die Mitglieder der Agentur die ihnen versprochenen deutschen Fabriken und Anlagen zu sichern suchten, beweist mehr als genug die Bedeutung, die sie diesen Fabriken für die Planungen ihres eigenen wirtschaftlichen Aufbaus beimessen. Abseits jedoch vom Beitrag des Reparationsprogramms für ihren eigenen wirtschaftlichen Aufbau betrachten diese Länder das Programm als ein Symbol für die Einstellung zu Deutschlands vergangenen Handlungen und ihrer eigenen Zukunft, die Preisgabe dieses Programms würde die größte Unruhe hervorrufen. Das Argument, die Vereinigten Staaten hätten durch Beiträge zur Europahilfe 'mehr als ausreichend für diese Fabriken bezahlt', würde ihnen als herzlose Mißachtung der auf dem Spiele stehenden moralischen Frage und der gegenüber dem Angreifer überlegeneren Rechte der Opfer erscheinen. Diese Einstellung hat fälschlicherweise den Hang, deutsche und ame-

---

nen Bedeutung s. Huster u.a., Determinanten, S. 45-54.

103 Vgl. insb. Nr. 30 c) (1) dieser Direktive, in: Cornides/Volle, Frieden, S. 58 ff.

104 S. Decade, Dok. Nr. 207, S. 994 f.

rikanische Interessen gleichzusetzen".[105]

Marshall vergißt nicht darauf hinzuweisen, daß gerade auch Briten und Franzosen auf der Fortführung des Demontageprogramms bestünden,[106] das im übrigen die wirtschaftlichen Zielsetzungen in Deutschland nicht gefährde.[107] Aus amerikanischer Sicht war damit nicht nur die wirtschaftliche Funktion einer deutschen Reparationsleistung als Wiederaufbauhilfe für die besetzten Länder, sondern auch ihre sicherheitspolitische Funktion als Zerstörung des deutschen Kriegspotentials weitgehend obsolet geworden. An den Resten des Demontageprogramms hielt man nur noch aus außenpolitischer Rücksichtnahme fest, nicht zuletzt, um den erreichten Konsens auf einen weitgehenden faktischen Reparationsverzicht nicht zu gefährden. Als Reparationsgrund blieb lediglich ihr Sühnecharakter übrig. Während die alliierte Hoheit über Deutschland bis auf weiteres bestehen blieb und den beiden deutschen Staaten erst allmählich Souveränität gewährt wurde, war nicht einmal drei Jahre nach Kriegsende und zu einem Zeitpunkt, als das westliche Demontageprogramm gerade erst angelaufen war, zumindest für die Westzonen die Funktion einer deutschen Reparationslast auf einen Symbolwert reduziert. Demontagen als Reparationsleistung zeigten der Welt und Deutschland, trotz aller dort stattfindenden Wiederaufbaubemühungen, daß dieser deutsche Kriegsherd ein für allemal beseitigt werden sollte. Demontagen waren damit auch ein Symbol für die nach diesem Krieg einfach notwendige Diskriminierung Deutschlands, nicht nur für die im Souveränitätsdefizit [108] sich zeigende deutsche politische Ohnmacht. Demontagen wurden aber in Deutschland eher aus der Rolle des ohnmächtigen Opfers denn aus der Verantwortung für den von Deutschland und nicht allein von einer nationalsozialistischen Verbrecherclique geführten Krieg begriffen. Noch in ihrer vergleichsweise zurückhaltenden Stellungnahme zeigten Cornides und Volle 1950, als das Ende der Demontagen sichtbar war, im Europa-Archiv volles Verständnis dafür, daß die Demontagen "tiefe Spuren der Verbitterung in der deutschen Bevölkerung hinterlassen" [109] hätten:

"Man kann es trotz allem Unglück, das das nationalsozialistische Regime über die Welt gebracht hat, nicht allein dem deutschen Volk zur Last legen, wenn ihm nach seiner Aufteilung unter vier Besatzungsmächten in der wirtschaftlichen Misere und der politischen Ausweglosigkeit der ersten Nachkriegsjahre das

---

105 Ebd., S. 996, s.a. S. 1001.

106 Ebd., S. 996 f.

107 Ebd., passim.

108 So Thränhardt, Geschichte, S. 71.

109 Cornides/Volle, EA 1950, S. 3281.

Gefühl für die Notwendigkeit und Berechtigung einer Wiedergutmachungsleistung weitgehend abhanden kam."[110]

Die Stimmungslage aus zeitgenössischer Sicht brachte auch Hanns D. Ahrens, der ab August 1948 als Verbindungsmann der angloamerikanischen Kohlekontrollbehörde im Ruhrgebiet zum deutschen Bergbau fungieren durfte und diese Stelle wohl unter Tolerierung der Besatzungsmacht bis zu seiner Entlassung im April 1949 zur Mitwirkung am Aufbau einer deutschen Demontageabwehrfront benutzte,[111] noch über 30 Jahre später zum Ausdruck. Ahrens berichtet über ein Gespräch mit Besatzungsoffizieren, in dem man von Fragen der Demontage zu solchen der alliierten Nachkriegspolitik überhaupt gekommen sei. Er stellt die rhetorische Frage, warum er in diesem Kreis hätte verhehlen sollen, daß die grundsätzliche Diffamierung des deutschen Soldaten und die "Handhabung einer 'Justiz der Sieger'" Emotionen ausgelöst hätte, deren Auswirkungen gar nicht seitens einer konstruktiven, auf Versöhnung bedachten US-Politik hätten übersehen werden können, um den Symbolwert der Demontagemaßnahmen seinerseits folgendermaßen zusammenzufassen:

"Die Demontage-Diskussion hatte unerwartet eine politische Dimension gewonnen. Es ging nicht mehr allein um die Demontage von Sachwerten; die Verhinderung von Demontagen im geistig-seelischen Bereich der Deutschen im Westen war angesprochen."[112]

Innenpolitisch war daher die alliierte Demontagepolitik abseits der wirtschaftlichen Motive ein Kulminationspunkt der Kritik am Besatzungsregime. In einer einzigartigen großen Koalition von der Rechten bis zur Linken einschließlich der Kommunisten[113] waren sich die Länderregierungen und der Wirtschaftsrat, Unternehmer und Arbeiter, Parteien und Gewerkschaften,[114] Kommunen, Industrie- und Handelskammern, Wirtschafts- und Vertriebenenverbände und allen voran die betroffenen Ruhrindustriellen selbst in der Verurteilung der Demontagen einig. Von der Lobbypolitik vor allem in den Vereinigten Staaten, Vorspra-

---

110 Ebd., S. 3282.

111 Vgl. sein aus einem sehr zeitgenössischen Blickwinkel geschriebenes Buch "Demontage", zu seiner Einstellung und Entlassung ebd., S. 94 u. 207. Vgl. a. die Rezension v. Foschepoth, MGM 33 (1983), S. 249; zu Aktivitäten im Ausland vgl. a. Harmssen (Hrsg.), Abend, S. 10.

112 Ebd., S. 183.

113 Vgl. ebd., S. 167; s. ferner BTagsDrs. 1/6, 7, 11 u. 412.

114 Zur Haltung der Gewerkschaften s. E. Schmidt, Neuordnung, S. 145-149; zu den Parteien s. BTagsDrs. 1/2 u. 1353 (SPD); 1/7, 11 u. 66 (CDU/CSU); 1/254 (DP); s.a. BTagsDrs. 1/1220 u. 1570; BTagsStenProt. 1/11, S. 210D - 228C; 1/81, S. 3049A - 3055D.

chen bei alliierten Behörden, Argumentationsbroschüren, wissenschaftlichen Ausarbeitungen, öffentlichen Protesten, öffentlicher Anprangerung der beteiligten deutschen Demontagefirmen, Verweigerung oder schleppender Mitwirkung bei den Demontagen bis hin zu Sabotageanleitungen reichte das deutsche Widerstandspotential.[115] Einer der ersten Anträge der SPD im frisch zusammengetretenen Deutschen Bundestag forderte dann auch den Bundeskanzler auf, bei den Alliierten Hohen Kommissaren auf die Einstellung der Demontagen hinzuwirken.[116] In den Verhandlungen mit den Alliierten Hohen Kommissaren bestritt die Bundesregierung angesichts der eindeutigen Besatzungslage aber nicht den grundsätzlichen Anspruch der Siegermächte auf deutsche Reparationsleistungen.[117]

Mit dem bundesdeutschen Zugeständnis, durch Beitritt zur internationalen Ruhrbehörde die Internationalisierung des Ruhrgebiets [118] anzuerkennen, und weiteren Konzessionen [119] erkaufte sich dazu die Bundesregierung mit Hilfe des Petersberger Abkommens vom 22. November 1949 nicht nur die erstmalige Anerkennung als Vertragspartner, sondern auch eine weitere Demontageverweigerung.[120] Als demontagefähig galten jetzt nur noch 680, das sind 38% der im ersten Industrieplan noch vorgesehenen 1800 Anlagen und Anlagenteile.[121] Bereits auf der Pariser Außenministerkonferenz, die kurz zuvor stattgefunden hatte, war der enge Zusammenhang zwischen Reparationsproblem und Sicherheitsfrage nochmals erörtert worden. Dort stimmte Frankreich, das sich zuvor gegen jede Änderung der Demontagepolitik ausgesprochen hatte, einem begrenzten Demontageabbau zu.[122]

---

115 Vgl. dazu Lademacher/Mühlhausen (Hrsg.), Sicherheit, Einleitung, S. 34-40; Benz, Besatzungsherrschaft, S. 80-88; Ahrens, Demontage.

116 Vgl. Lademacher/Mühlhausen (Hrsg.), Sicherheit, S. 39; s.o. Fn. 114.

117 Vgl. z.B. die beiden Schreiben Adenauers an McCloy vom Oktober 1949 bei Lademacher/Mühlhausen (Hrsg.), Sicherheit, Dok. 22 und 26, S. 242 f. u. 247 ff.

118 Vgl. dazu die Studie von Lüders, in: Knapp (Hrsg.), Bizonengründung.

119 Vgl. Herbst, Option, S. 66 f.

120 Vgl. Abschnitt VIII der Niederschrift der Abmachungen zwischen den Alliierten Hohen Kommissaren und dem Deutschen Bundeskanzler auf dem Petersberg, in: v. Münch, Dokumente, S. 226-229. Zum Abkommen s. die Dokumentation v. Lademacher/Mühlhausen (Hrsg.), Sicherheit. Zur Bedeutung und Entstehung s.a. Lademacher, in: Foschepoth (Hrsg.), Krieg.

121 Vgl. die Aufstellung bei Abelshauser, in: Winkler (Hrsg.) Weichenstellungen, S. 219.

122 Vgl. Welschke, in: Knapp (Hrsg.), Bizonengründung, S. 202 ff.; Lüders, ebd, S. 134 ff.

So verpflichtete das Petersberger Abkommen die Bundesregierung nicht nur auf Entmilitarisierung (Abschnitt III), Dekartellisierung (VI) und zumindest auf antitotalitäre Grundsätze (V), sondern hielt auch bestehende Produktionsverbote und -beschränkungen weiterhin aufrecht (VIII). Daneben findet sich noch in der Präambel ein Hinweis auf die gewandelte symbolische Funktion der Reparationsdemontagen. Nachdem das Ziel, die Bundesrepublik als friedliebendes Mitglied in die europäische Gemeinschaft einzugliedern, verschiedentlich konkretisiert wird, heißt es:

"Sowohl die Hohen Kommissare als auch der Bundeskanzler sind der Auffassung, daß Fortschritte auf diesem Wege auf der Wiederherstellung eines echten Sicherheitsgefühls in Westeuropa beruhen müssen; auf dieses Ziel vor allem waren ihre Bemühungen gerichtet."

Damit war auch offiziell eine Umbewertung der Demontagen erreicht worden, denn demontiert wurde nun nicht mehr aus Reparationsgründen, sondern um der Sicherheitsbedürfnisse der Alliierten willen.[123]

Faktisch stellten auch die britischen und französischen Besatzungsmächte bereits 1951 die Demontagen ein.[124] Trotz schneller Integration der Bundesrepublik in das westliche Staatenbündnis konnte ein rechtlicher Reparationsverzicht bis heute seitens der Bundesregierung nicht erwirkt werden. Im Vertrag zur Regelung aus Krieg und Besatzung entstandener Fragen, dem sog. Überleitungsvertrag,[125] der als Teil des Souveränitätspakets der sog. Bonner bzw. Pariser Verträge vom 26. Mai 1952 in der Fassung vom 23. Oktober 1954 in Kraft trat,[126] verpflichteten sich die drei Westmächte (USA, Großbritannien, Frankreich) im sechsten, die "Reparationen" betreffenden Teil, der Bundesrepublik Deutschland gegenüber "zu keiner Zeit Forderungen auf Reparationen aus der laufenden Produktion der Bundesrepublik geltend zu machen". Im übrigen wurde die Reparationsfrage einem Friedensvertrag oder einem vorherigen, "diese Frage betreffenden Abkommen" vorbehalten (Art. 1 Abs. 1). Damit war aber zumindest die einseitige Demontagepolitik auch rechtlich beendet worden.[127] Die übrigen Bestimmungen dieses Abschnitts sanktionierten weitgehend die bisherigen Maßnahmen und ließen den Weg zu bilateralen Verhandlungen bezüglich

123 Vgl. v. Doering-Manteuffel, Bundesrepublik, S. 53 f., m.w.N.

124 Vgl. Steininger, Geschichte 2, S. 375; Kleßmann, Staatsgründung, S. 105.

125 BGBl. II 1955, 405; ursprüngliche Fassung s. BGBl. II 1954, 157. Zu Änderungen s.u. Fn. 135.

126 Zur rechtstechnischen Form vgl. Grewe, Außenpolitik, S. 72 f.

127 Vgl. a. Welschke, in: Knapp (Hrsg.), Bizonengründung, S. 206.

des beschlagnahmten deutschen Auslandsvermögens, insbesondere mit den neutralen Staaten, zu.

In den ersten, ebenso den Londoner Schuldenkomplex betreffenden Planungen, war von angloamerikanischer Seite ein weitgehender Reparationsverzicht überlegt worden,[128] dem sich jedoch Frankreich entschieden widersetzte. Frankreich war nicht bereit, hinter den im Pariser Reparationsabkommen erreichten Kompromiß zurückzugehen.[129] Dies bedeutete insbesondere die Offenhaltung der Reparationsfrage für eine zukünftige Regelung. Dafür sprachen sich von den übrigen Verbündeten vor allem die Niederlande aus.[130] Frankreich wollte darüber hinaus nicht alle Vorbehaltsrechte aufgeben. In einem Bericht der Alliierten Hohen Kommission heißt es dazu:

"(9) Reparationen. Der amerikanische und britische Hochkommissar sind der Auffassung, ohne einem endgültigen Friedensvertrag vorzugreifen könnten die Vorbehaltsrechte auf diesem Gebiet zu Bedingungen, die in einem Vertrag konkretisiert werden müßten, aufgegeben werden. Der französische Hochkommissar erwägt die Beibehaltung eines Vorbehaltsrechts."[131]

In den Verhandlungen mit der Bundesrepublik waren sich die Besatzungsmächte dann einig, daß ein rechtlicher Reparationsverzicht nicht in Betracht käme.[132] Entsprechend sperrten sie sich jedem deutschen Vorstoß in der Frage des beschlagnahmten deutschen Auslandsvermögens.[133] Als politische Symbolforderung präsentierte aber Frankreichs Außenminister Schumann noch am Abend vor der Unterzeichnung im Mai 1952 erneut die Reparationsfrage. Der Streit wurde durch Aufnahme des französischen Standpunkts in einem besonderen

128 Vgl. The Secretary of State to the United States Delegation at the Intergovernmental Study Group on Germany at London v. 8.2.1951, FRUS 1951 III, S. 1352 ff., 1353.

129 Vgl. The United States Delegation at the Intergovernmental Study Group on Germany to the Secretary of State v. 15.4.1951, FRUS 1951 III, S. 1403 f. Nach dem Bericht vom 24.4.1951, ebd., S. 1405, wurde wegen des französischen Widerstands die Trennung in Kriegs- und Nachkriegsschulden erwogen, wie sie dann in Art. 5 LSA festgelegt wurde.

130 Vgl. Memorandum of Conversations, Proposed in the Bureau of German Affairs, FRUS 1951 III, S. 1214 ff., 1221.

131 Report of the Allied High Commission for Germany Concerning the Establishment of a New Relationship Between the Allied Powers and Germany v. 9.8.1951, FRUS 1951 III, S. 1501 ff., 1507.

132 Draft Instructions From the Three Foreign Ministers to the Allied High Commission v. 20.9.1951, FRUS 1951 III, S. 1501 ff., 1507.

133 Vgl. ebd., S. 1508 f.; The United States High Commissioner for Germany (McCloy) to the Secretary of State v. 2.10.1951, ebd., S. 1540 ff., 1541.

Protokoll beigelegt.[134]

In den bescheidenen Nachverhandlungen nach Scheitern des EVG-Vertrags blieb der reparationsrechtliche Teil des Überleitungsvertrages bis auf eine redaktionelle Änderung unangetastet.[135]

III. Die Entwicklung in der sowjetischen Besatzungszone

1. Von Demontagen zu sowjetischen Aktiengesellschaften

Noch vor der Potsdamer Konferenz hatte die Sowjetunion mit Demontagen in ihrer Besatzungszone begonnen, die sie z.T. noch als Kriegsbeute und nicht als Reparationen ansah. 1946 stellte die Sowjetunion ihre Reparationspolitik auf Entnahmen aus der laufenden Produktion um. Letzter Anlaß dafür war die Weigerung westlicher Demontagelieferungen im Mai 1946. Die Sowjetunion forcierte nicht ohne Erfolge die Anstrengungen zur Wiederbelebung der deutschen Wirtschaft. Durch Befehl der sowjetischen Militäradministration wurden 200 deutsche Betriebe zu je 51% an die Sowjetunion übereignet, über deren Produktion die Sowjetunion als Reparationen alleine verfügen konnte. Mit der Übernahme dieses bedeutenden ostdeutschen Wirtschaftspotentials waren weitere Demontagen überflüssig geworden. Bis Mitte 1948 sind mit Hilfe dieser sowjetischen Aktiengesellschaften (SAG) die meisten Wirtschaftswerte entnommen worden.[136]

Anders als in den westlichen Zonen bestand der Parteienkonsens in der Anerkennung einer deutschen Reparationsverpflichtung. Im Aufruf der KPD vom 11. Juni 1945 heißt es:

"10. Anerkennung der Pflicht zur Wiedergutmachung für die durch die Hitleraggression den anderen Völkern zugefügten Schäden. Gerechte Verteilung der sich

134 Vgl. H.-P. Schwarz, Adenauer, S. 950-953; ders., in: ders. (Hrsg.), Wiederherstellung, S. 68. Protokolltext s. BGBl. II 1955, 572.

135 Vgl. Gesetz betreffend das Protokoll v. 23.10.1954 über die Beendigung des Besatzungsregimes in der Bundesrepublik Deutschland v. 24.3.1955, BGBl. II 1955, 213 (Liste IV, S. 234 ff.).

136 Zur sowjetischen Reparationspraxis und zu den Auswirkungen auf die ostdeutsche Wirtschaft s. v. Buttlar, Ziele, S. 98-108, 154-159, 209-212 u. 248 f.; Hacker, Ostblock, S. 279 f. u. 429-439; Rupp, Reparationsleistungen; H. Weber, Geschichte, S. 93 u. 215; Staritz, Gründung, S. 51-58 u. 123 f.; ders., Geschichte, S. 47 f.; Reparationsleistungen, EA 1949, S. 2029-2034, 2066-2070.

daraus ergebenden Lasten auf die verschiedenen Schichten der Bevölkerung nach dem Grundsatz, daß die Reicheren auch eine größere Last tragen...." [137]

Und bei Bildung der "Einheitsfront der antifaschistisch-demokratischen Parteien" (KPD, SPD, CDU und LDPD) wurde als eine der Hauptaufgaben eines zu bildenden gemeinsamen Ausschusses in einem Kommuniqué vom 14. Juli 1945 festgestellt:

"5. Wiedergewinnung des Vertrauens und Herbeiführung eines auf gegenseitiger Achtung beruhenden Verhältnisses zu allen Völkern. Unterbindung jeder Völkerverhetzung.
Ehrliche Bereitschaft zur Durchführung der Maßnahmen der Besatzungsbehörden und Anerkennung unserer Pflicht zur Wiedergutmachung." [138]

Auch unter Berücksichtigung des Umstandes, daß möglicherweise die KPD unter Ulbricht stärker zur Einheitsfront drängte und die Auflehnung gegen die Reparationspolitik als Auflehnung gegen die Besatzungsmacht verfolgt [139] worden wäre, fällt diese Bereitschaft in allen Parteiprogrammen [140] auf, für die Kriegsschäden uneingeschränkt zu zahlen. Dies gilt zumindest für die Frühphase der sowjetischen Besatzungspolitik.[141]

2. Der Abbau von Reparationslasten

Die Zahl der SAGs wurde bereits im Februar 1947 auf 126 vermindert. Nach Rupp handelte es sich bei den zurückgegebenen jedoch um unrentable Betriebe.[142]

Eine echte Verminderung der Reparationslast zeichnete sich erst 1949 ab. Auf der 1. Parteikonferenz der SED in Ost-Berlin im Januar 1949 legte Ulbricht dar, daß die einheitliche Wirtschaftsplanung in der sowjetischen Zone die Reparationsverpflichtungen einschließe. Der prozentuale Anteil der Reparationsleistun-

---

137 S. Deuerlein, Abkommen, Dok. Nr. 15, S. 63 ff., 65.

138 S. Deuerlein, Abkommen, Dok. Nr. 25, S. 76 ff., 78. Zur politischen Einordnung der Einheitsfront s. Staritz, Gründung, S. 93-96.

139 Vgl. v. Buttlar, Ziele, S. 155.

140 Vgl. die Hinweise bei v. Buttlar, Ziele, S. 154; für die SPD u. Grotewohl s. Krisch, in: Jacobsen u.a. (Hrsg.), Jahrzehnte, S. 44.

141 Staritz, Gründung, S. 58, weist auf die Verstärkung der Ressentiments der SBZ-Bevölkerung gegen die Sowjetunion durch deren Reparationspolitik hin. Unterschiedliche Konzeptionen innerhalb der KPD deutet Krisch, in: Jacobsen u.a. (Hrsg.), Jahrzehnte, S. 42, an. Zur DDR-Politik s.a. A. Fischer, ebd., S. 64 f.

142 Rupp, Reparationsleistungen, S. 28; vgl. weiter v. Buttlar, Ziele, S. 211, Fn. 261; nach H. Weber, Geschichte, S. 215, wurden lediglich 47 Betriebe zurückgegeben.

gen und der Lieferungen an die Besatzungsmacht am Gesamtwert der Produktion werde aber 1949 geringer sein als 1948.[143] Während gegenüber den anderen ehemaligen Achsenmächten die Sowjetunion bereits 1948 die noch ausstehende Reparationsverpflichtung um 50% senkte,[144] wurde diese Reduzierung der DDR nach Vereinbarung mit der polnischen Regierung erst am 15. Mai 1950 gewährt. In einem von Stalin als Vorsitzenden des Ministerrats der UdSSR an Otto Grotewohl als Ministerpräsident der DDR gerichteten Brief wird die restliche noch zu leistende Summe an Reparationszahlungen auf 3,171 Milliarden Dollar, zahlbar bis 1965, herabgesetzt. Als gesamte Reparationsverpflichtung wird in diesem Schreiben die Jaltaer Summe von 10 Milliarden Dollar genannt. Danach waren nach sowjetischen Berechnungen bis Ende 1950 erst 3,658 Milliarden Dollar geleistet worden. Als Grund für die Herabsetzung wird neben der gewissenhaften und regelmäßigen Erfüllung sowie der bestehenden freundschaftlichen Beziehungen beider Länder der Wunsch genannt, "die Bemühungen des deutschen Volkes bei der Wiederherstellung und Entwicklung der Volkswirtschaft in Deutschland zu erleichtern".[145] Damit war die Sowjetunion im Interesse einer Stabilisierung ihres Machtbereichs für ihre Zone auf den gleichen reparationspolitischen Kurs wie die Westmächte eingeschwenkt. Zwei Jahre später, am 29.April 1952, beschloß die sowjetische Regierung dann, weitere 66 SAG-Betriebe in DDR-Eigentum zu überführen.[146]

3. Sowjetischer Reparationsverzicht gegenüber der DDR (Protokollvereinbarung vom 22. August 1953)

Erst ein Jahr später, im August 1953, erreichte die DDR einen sowjetischen und polnischen Reparationsverzicht. Der Grund hierfür dürfte aber weniger, was Hacker mehrfach andeutet,[147] im Tode Stalins (3. März 1953), als vielmehr in der politischen und wirtschaftlichen Krise der DDR mit dem Kulminationspunkt 17. Juni [148] liegen. Im übrigen war der reparationspolitische Kurs mit dem

143 Vgl. Hacker, Ostblock, S. 430 f.

144 Vgl. Hacker, Ostblock, S. 430.

145 Der Text des Schreibens ist abgedruckt in: Dokumente zur Deutschlandpolitik, S. 242 f.; Hinweis bei Hacker, Ostblock, S. 431 u. 496.

146 Vgl. Hacker, Ostblock, S. 431; H. Weber, Geschichte, S. 215.

147 Vgl. Hacker, Ostblock, S. 280, 431 u. 496; ähnlich A. Fischer, in: Jacobsen u.a. (Hrsg.) Jahrzehnte, S. 65, der aber als weiteren Grund den "Schock des Arbeiteraufstandes" nennt.

148 Vgl. H. Weber, Geschichte, S. 232-244; Staritz, Geschichte, S. 66-86.

Teilerlaß vom Mai 1950 bereits vorgezeichnet.

Nach Niederschlagung des Aufstands vom 17. Juni ging die alte DDR-Führung unter Ulbricht politisch zwar gestärkt hervor, da die sowjetischen Panzer die Zugehörigkeit der DDR zum östlichen Paktsystem nachhaltig unterstrichen hatten und Moskau den von der SED eingeforderten Schutz- und Hilfsverpflichtungen nachgekommen war.[149] Damit waren aber die wirtschaftlichen Schwierigkeiten, die Auslöser des Aufstands gewesen waren, noch nicht behoben. Bereits Ende Juli verhandelte die DDR-Führung neben deutschland- über wirtschaftspolitische Fragen in Moskau. Nach offiziellen Verhandlungen vom 20. bis 22. August 1953 war das Ergebnis für die DDR beachtlich. Neben der unentgeltlichen Überführung der restlichen 33 SAG-Betriebe in DDR-Eigentum, die etwa 12% der in der DDR 1953 hergestellten Industriegüter produzierten, der Senkung des Beitrags zu den sowjetischen Truppenstationierungskosten, der Befreiung von Schulden aus Besatzungskosten in ausländischer Währung und von den Nachkriegsstaatsschulden an die Sowjetunion, gewährte die Sowjetunion einen Halbmilliarden-Rubel-Kredit und verzichtete ab 1. Januar 1954 mit Polen auf ihre noch offenen Reparationsforderungen.

Der Reparationsverzicht ist allerdings bereits von der textlichen Fassung her eindeutig nur an die DDR gerichtet, obwohl in der Präambel der Protokollvereinbarung vom 22. August 1953 mehrfach auf "Deutschland" Bezug genommen wird. So wird einleitend die weitgehende Reparationserfüllung Deutschlands, nicht der DDR, erwähnt:

"Ausgehend davon, daß Deutschland seinen mit den Folgen des Krieges verbundenen finanziellen und wirtschaftlichen Verpflichtungen gegenüber der UdSSR, den USA, England und Frankreich in bedeutendem Maße nachgekommen ist, und mit Rücksicht auf die Notwendigkeit, die Wirtschaftslage Deutschlands zu erleichtern,..." [150]

Die dann folgende Bezugnahme auf die sowjetische Note vom 15. August weist

---

149 Dazu und zum Folgenden vgl. Staritz, Geschichte, S. 87 f.; H. Weber, Geschichte, S. 248; s. ferner Kommuniqué über die Ergebnisse der Verhandlungen zwischen der Regierung der UdSSR und der Regierung der DDR vom 23.8.1953, in: Dokumente zur Deutschlandpolitik, S. 345-348, und EA 1953, S. 5973 f.

150 S. das Protokoll "Über Einstellung der Erhebung der deutschen Reparationszahlungen und über andere Maßnahmen zur Erleichterung der mit den Folgen des Krieges verbundenen finanziellen und wirtschaftlichen Verpflichtungen der Deutschen Demokratischen Republik" vom 22. August 1953, in: Dokumente zur Deutschlandpolitik, S. 349-350; nach der Protokollvereinbarung hat neben der russischen auch die deutsche Fassung Gültigkeit, s. Abschnitt IV, 2. Absatz; mit anderer Übersetzung auch abgedruckt in: EA 1953, S. 5974 f., mit der Titelübersetzung "Erlaß" statt "Einstellung".

darauf hin, daß die auf "Deutschland" bezogenen Formulierungen Teil der deutschlandpolitischen Nachhutgefechte zur "Stalin-Note" vom 10. März 1952 sind. Denn die Note vom 15. August nimmt ihrerseits durch Verweis sowie durch modifizierte Wiederholung der in jener enthaltenen Vorschläge [151] Bezug. Im reparationspolitischen Teil der deutschlandpolitischen Note vom 15. August 1953 [152] wird eine sehr ähnliche Formulierung wie in der Präambel der Protokollvereinbarung vom 22. August verwandt. Dort wird bereits einer Begrenzung der Truppenstationierungskosten für DDR und BRD sowie die Befreiung von den Schulden aus den Besatzungskosten für "Deutschland" und von den Nachkriegsschulden vorgeschlagen. Ferner hält es die Sowjetregierung für notwendig, "daß Deutschland ab 1. Januar 1954 völlig von den Reparationszahlungen befreit wird". In der späteren Protokollvereinbarung vom 22. August heißt es dann aber in der Präambel weiter, daß das Übereinkommen unabhängig von der Entscheidung der drei Westmächte getroffen worden sei, da die "Verwirklichung dieser Vorschläge in bezug auf die Deutsche Demokratische Republik dem deutschen Volk eine wesentliche Hilfe sein wird nicht nur in wirtschaftlicher Beziehung", sondern auch in deutschlandpolitischer. Und im eigentlichen Text der Vereinbarung wird ausschließlich auf die DDR abgestellt. Es wird dort auch auf die mit Polen erfolgte Abstimmung verwiesen. Dies wird bei der Auslegung der polnischen Erklärung vom 23. August 1953 dann zu beachten sein. Die Protokollvereinbarung lautet in ihrem reparationsrechtlichen Teil (Abschnitt I):

"Die Sowjetregierung stellt im Einvernehmen mit der Regierung der Polnischen Volksrepublik (hinsichtlich ihres Anteils an den Reparationszahlungen) ab 1.Januar 1954 die Erhebung der Reparationszahlungen der Deutschen Demokratischen Republik sowohl in Form von Warenlieferungen als auch in jeder anderen Form völlig ein.
Der Deutschen Demokratischen Republik wird somit erlassen die Bezahlung der nach dem 1. Januar 1954 noch übrigbleibenden Reparationssumme, die entsprechend der Erklärung der Sowjetregierung vom 15. Mai 1950 über Reduzierung der Reparationslieferungen Deutschlands an die Sowjetunion 2.537.000.000 Dollar [153] in Weltpreisen des Jahres 1938 beträgt."

Absatz 1 könnte als bloße Verfahrenseinrede verstanden werden, Reparationsforderungen nicht mehr geltend zu machen. Absatz 2 stellt allerdings mit der

---

151 Zu deutschlandpolitischen Unterschieden s. Staritz, Geschichte, S. 87 f.; in der "Stalin-Note" wurde vorgeschlagen, Deutschland werde für die Entwicklung seiner Friedenswirtschaft, die der Hebung des Wohlstandes des deutschen Volkes dienen solle, keinerlei Beschränkungen auferlegt; zum Übergehen der Reparationsfrage s. Hacker, Sowjetunion, S. 120.

152 S. die Note der Regierung der UdSSR an die Regierungen der USA, Großbritanniens u. Frankreichs, in: Dokumente zur Deutschlandpolitik, S. 329-339.

153 Zur Höhe der Reparationszahlungen s. den Überblick bei Staritz, Gründung, S. 56 f.

Formulierung "erlassen" klar, daß es sich um einen materiellen Verzicht handelt. Dieser Verzicht gilt jedoch nur gegenüber der DDR.

In Ergänzung zu ihrem am 1. Februar 1954 auf der Berliner Viermächtekonferenz vorgelegten Entwurf eines Friedensvertrags mit Deutschland [154] griff die Sowjetunion kurz darauf den reparationsrechtlichen Teil der Note vom 15. August 1953 fast wortgleich auf und schlug erneut eine Befreiung Deutschlands von allen Reparationslasten und Nachkriegsschulden sowie eine Begrenzung der Besatzungskosten vor.[155]

Die Linie des Reparationsverzichts gegenüber "Deutschland" als deutschlandpolitische Verhandlungsmasse hat die Sowjetunion auch in ihrem Entwurf für einen Friedensvertrag mit Deutschland vom 10. Januar 1959 [156] beibehalten. Im V. Abschnitt "Reparationen und Restitutionen" lautet Art. 41:

"Die Frage der Zahlung von Reparationen durch Deutschland zur Wiedergutmachung des den verbündeten und vereinten Mächten während des Krieges vom ihm zugefügten Schadens gilt als vollständig geregelt, und die verbündeten und vereinten Mächte verzichten auf alle Ansprüche an Deutschland hinsichtlich der weiteren Zahlung von Reparationen."

Ein Friedensvertrag mit einer entsprechenden Reparationsregelung ist aber bisher nicht ausgehandelt worden. Somit ist reparationsrechtlich auch in bezug auf die Sowjetunion die Reparationsfrage insofern offen, als die Sowjetunion weder gegenüber "Deutschland" noch der Bundesrepublik auf Reparationen verzichtet hat. Dem steht eine Wertung, wie sie Hacker vorgenommen hat, nicht entgegen. Nach ihm gehört die Reparationsfrage nach sowjetischer Auffassung zu den Bestimmungen des Potsdamer Abkommens, die durch Erfüllung oder Ablauf der Zeit, in der sie verwirklichte hätten werden müssen, gegenstandslos geworden seien.[157]

Im vorangehenden Abschnitt "wirtschaftliche Bestimmungen" sah der sowjetische Friedensvertragsentwurf 1959 die Verpflichtung Deutschlands vor, "keinerlei Diskriminierung bei der Befriedigung der Schadensersatzansprüche der Bürger der verbündeten und vereinten Mächte zuzulassen, unabhängig von der

---

154 Text s. EA 1954, S. 6526-6528.

155 S. den Vorschlag des sowjet. Außenministers Molotow für die Erleichterung der mit den Kriegsfolgen zusammenhängenden finanziellen und wirtschaftlichen Verpflichtungen Deutschlands, vorgelegt am 6.2.1954, EA 1954, S. 6528 f.

156 Text s. EA 1959, S. D21-D33; zur deutschlandpolitischen Einordnung s. Steininger, Geschichte 2, 19. Kap., insb. S. 499.

157 Vgl. Hacker, Sowjetunion, S. 150; s.a. S. 115-121 u. 44.

Art der ihnen zustehenden Entschädigung sowie der Organisation oder Einrichtung, die den Anspruch befriedigt" (Art. 34 Abs. 3). Die ersten beiden Absätze verlangten die Wiederherstellung der Eigentumsrechte der Alliierten und ihrer Bürger in Deutschland (Abs. 1) bzw. stellten klar, daß der Kriegszustand kein Grund für die Nichtbedienung von Vorkriegsverträgen sei (Abs. 2), nahmen also Vorkriegsverträge auch für die Kriegszeit aus dem Reparationsbegriff heraus. Gemeinsames Merkmal der drei Absätze ist, daß es sich um Individualrechte handelt. Absatz 3 betrifft daher nicht nur Eigentums- oder Vermögensrechte, möglicherweise zielt er gerade auf "Wiedergutmachungsforderungen", und zwar weniger für die osteuropäischen Flüchtlinge, als gerade für die in ihren Heimatstaaten verbliebenen Verfolgten. Unabhängig davon kommt im Friedensvertrag eine Rechtssystematik zum Ausdruck, die zwischen den völkerrechtlichen Begriffen "Reparationen und Restitutionen" (V. Abschnitt) und den innerstaatlichen Individualansprüchen auch für ausländische (nichtdeutsche) Staatsbürger unterscheidet. Eine ähnliche Position zeigt die polnische Auffassung und war vermutlich Verhandlungsgrundlage der alliierten Westmächte in den Verhandlungen zum Überleitungsvertrag. Vorübergehend scheint diese Auffassung auch von Regierungsvertretern während der sozialliberalen Koalition aufgenommen worden zu sein, wie sich aus einer Antwort des damaligen parlamentarischen Staatssekretärs beim Bundesminister des Auswärtigen, Dahrendorf, im Bundestag, ergibt. Er unterschied zwischen "Wiedergutmachungsforderungen" einzelner und staatlicher "Reparationsforderungen". Auf den Hinweis, daß Art. 34 des sowjetischen Friedensvertragsentwurfs 1959 die Einzelforderungen sehr ausweiten würde, räumte Dahrendorf nur ein, daß seine Unterscheidung "nicht in jedem Einzelfall so scharf zu ziehen" sei.[158]

In der Literatur wird auf diese Unterscheidung nicht eingegangen. Sie müßte auch bei der Interpretation des Verzichts vom August 1953 berücksichtigt werden. Rumpf, der sich allein auf die oben zitierte Einleitung der Präambel zur Protokollvereinbarung vom 22.8.1953 stützt, vertritt die Auffassung, der Verzicht beziehe sich "auf ganz Deutschland".[159] Damit setzt er sich über den eindeutigen Wortlaut und den deutschlandpolitischen Kontext gerade der Präambel hinweg. Gleiches gilt für die etwas differenziertere Auslegung der Protokollverein-

---

158 Vgl. BTagsStenProt. 6/61, S. 3377C f.

159 Rumpf, W. III, S. 311 ff., 338; ders., AVR 23 (1985), S. 98; ders., in: Beiträge, S. 93; ders., ZaöRV 33 (1973), S. 350 f.; ebenso Seidl-Hohenveldern, in: Encyclopedia IV, S. 183; Kraus, W. VI, S. 173; Dolzer, Prot. 73 BTagsInnenA 11. Wahlper., S. 274.

barung durch Zieger.[160] Er räumt zwar die eindeutig auf die DDR bezogene Fassung der Verzichtserklärung ein, begründet seine Auffassung aber mit einer anderen Stelle der Protokollvereinbarung, in der es heißt:

"In diesem Zusammenhang erklärt die Sowjetregierung ferner, daß Deutschland die staatlichen Nachkriegsschulden an die Sowjetunion erlassen sind." [161]

Zieger tendiert hierbei zu einem "Vertrag zugunsten Dritter", deutet diese Textstelle aber wegen der völkerrechtlichen Problematik dieser Rechtsfigur dann dahingehend, "daß das begünstigte Rechtssubjekt nach dem Willen der Vertragsteile 'Deutschland als Ganzes' sein sollte, für das gewissermaßen die DDR-Regierung als Sprecher und Adressat aufgetreten" sei. Das werde durch eine sowjetische Erklärung untermauert, in der die DDR als Verkörperung der friedliebenden Kräfte des ganzen Deutschlands angesehen, das deutsche Volk als solches angesprochen werde.

Ziegers Auffassung hält bereits einer einfachen juristischen Überprüfung nicht stand. Die von ihm verwandte Textstelle bildet den 2. Absatz des vierten Abschnitts der Protokollvereinbarung. Sie betrifft lediglich die staatlichen "Nachkriegsschulden", also nicht die Reparationen als "Kriegsschulden". Die Formulierung "in diesem Zusammenhang" bezieht sich auf den vorherigen Absatz, wonach der DDR ein Teil dieser Nachkriegsschulden, nämlich "die aus den Besatzungskosten seit 1945 entstandenen Schulden in ausländischer Währung" völlig erlassen werden. Die unterschiedliche Verwendung von "DDR" und "Deutschland" deutet im übrigen darauf hin, daß sich die Sowjetunion über den jeweiligen Adressaten sehr wohl bewußt war. Der Reparationsverzicht bezieht sich aber ausdrücklich nur auf die DDR. Im übrigen geht auch Zieger über die Präambel hinweg, in der gerade auf den alliierten deutschlandpolitischen Dissens hingewiesen und die Verwirklichung der bereits früher gemachten Vorschläge zunächst nur auf die DDR bezogen wird. Die DDR als "Verkörperung" der friedliebenden Kräfte des "ganzen Deutschland" ist daher eindeutig politisch, nicht völkerrechtlich zu verstehen. Im Verhandlungskommuniqué wird diese politische Formulierung in ähnlicher Weise gebraucht. Dort wird die DDR im Zusammenhang mit der Umwandlung der diplomatischen Missionen in Botschaften als "das Bollwerk des Kampfes des demokratischen Deutschland" bezeichnet. Im übrigen ist auf die unterschiedlichen Adressaten in den Vorschlägen der Note vom 15.

---

160 Vgl. Zieger, RIW/AWD 1980, S. 15 f.

161 IV. Abschnitt, 2. Absatz der Protokollvereinbarung v. 22.8.1953. Zieger zit. allerdings die etwas abweichende Übersetzung des Europa-Archivs, was aber für seine Interpretation unerheblich ist.

August und in der Protokollvereinbarung hinzuweisen.

Die Ausdeutung des sowjetischen Reparationsverzichts dürfte jedoch vor allem den Sinn haben, einen daran gekoppelten polnischen Reparationsverzicht zu begründen.[162] Denn im Gegensatz zur Sowjetunion hat Polen später wiederholt Entschädigungsansprüche gestellt, die nach bundesrepublikanischer Auffassung als Reparationsforderungen verstanden werden.

Die Sowjetunion hat, soweit bekannt, keine weiteren Reparationsforderungen erhoben. Als die "Reparations- und Entschädigungsfrage" in der Auseinandersetzung um die Verträge mit der Sowjetunion und Polen in der westdeutschen Öffentlichkeit immer wieder aufgegriffen wurde, um gegen die Verträge Stimmung zu machen, wies der damalige Staatssekretär im Bundeskanzleramt, Egon Bahr, der die Verhandlungen auf bundesdeutscher Seite wesentlich geführt hatte, in einem Interview der "Kölner Rundschau" vom 15. Juli 1970 solche Spekulationen entschieden zurück. Auf die Frage, ob er glaube, daß man diesen Krieg liquidieren könne, ohne Kriegsschulden zu bezahlen, antwortete Bahr:

"Darf ich präzisieren: Im Rahmen des Gewaltverzichts kann es keinerlei Reparationszahlungen geben. Sie sind auch von sowjetischer Seite niemals gefordert worden.
... Reparationen kann es, streng genommen, erst im Zusammenhang mit einem Friedensvertrag geben. Ich kenne sehr wohl Gerüchte und Vermutungen über angebliche 200-Milliarden-Reparationsforderungen von sowjetischer Seite. Daran ist kein Wort wahr. Um noch genauer zu sein: es ist weder ein Pfennig noch eine Kopeke verlangt worden." [163]

Die Sowjetunion hat auch bisher keine Unterscheidung in "Reparationen" für Kriegsschäden und "Entschädigung" für Verfolgungsschäden getroffen. Weder für ihre in den Konzentrationslagern umgekommenen noch für ihre über 2,5 Millionen als Zwangsarbeiter nach Deutschland verschleppten Staatsangehörigen sind irgendwelche Forderungen erhoben worden. Herbert [164] führt dies auf die Entwicklung der deutsch-sowjetischen Beziehungen, die erheblichen Reparationsleistungen der DDR und vor allem darauf zurück, daß dies einer Rehabilitierung der sowjetischen Zivilarbeiter und Kriegsgefangenen gleichgekommen wäre, von denen jedoch ein großer Teil nach ihrer Repatriierung aus Deutschland unter dem Verdacht der "Kollaboration" erheblichen Repressionen von Seiten der sowjetischen Behörden ausgesetzt gewesen sei.[165] Hinsichtlich der

---

162 Ganz deutlich bei Rumpf, s.o., Fn 159; dazu unter 3 IV 2b.

163 S. den Abdruck des Interviews im Bulletin der Bundesregierung v. 21.7.1970, Nr. 98, S. 964.

164 Vgl. Herbert, in: Herbst/Goschler (Hrsg.), Wiedergutmachung, S. 290 f.

165 Zu letzterem Jacobmeyer, Zwangsarbeiter, S. 123-152, 63 f. u. 75-82; Herbert,

Reparationsleistungen der DDR kann nur angemerkt werden, daß Untersuchungen über die Bedeutung dieser aus Sicht der DDR sicherlich großen Leistungen für die sowjetische Wirtschaft nicht vorliegen. In Relation zum sowjetischen Kriegsschaden und den Bedürfnissen der sowjetischen Wirtschaft dürfte deren Bedeutung eher gering sein. Über das Rehabilitierungsmoment hinaus ist aber der "undifferenzierte" Reparationsbegriff, der weder Verfolgungsschäden noch individuelle Ansprüche ausgrenzt, wirtschafts- und deutschlandpolitisch begründet. In Jalta und Potsdam haben die sowjetischen Repräsentanten vor allem auf die wirtschaftliche Funktion der Reparationen für den Wiederaufbau der eigenen Wirtschaft nach den deutschen Zerstörungen hingewiesen. Es ist zu vermuten, daß angesichts der Größe dieser Schäden und des Ausmaßes der Verfolgung eine Ausdifferenzierung in "Reparation" und "Entschädigung" gar nicht möglich war. Als "antibolschewistischer" Krieg war dieser Krieg auch immer gegen die sowjetische Nation und deren Angehörige gerichtet. Bereits in den fünfziger Jahren aber gehörte die Reparationsfrage zur diplomatischen Verhandlungsmasse der sowjetischen Deutschlandpolitik, was einer entschädigungsrechtlichen Aufspaltung weiter entgegengestanden haben dürfte.

IV. Das Pariser Reparationsabkommen vom 14. Januar 1946 und die Forderungen der übrigen alliierten Kriegsgegner Deutschlands

Die drei großen Alliierten, die die übrigen Verbündeten weder in Jalta noch in Potsdam noch am Kontrollrat (mit Ausnahme Frankreichs) an den Verhandlungen unmittelbar beteiligt hatten, waren allerdings immer davon ausgegangen, das deutsche Reparationsaufkommen mit diesen Staaten zu teilen.[166]

Im IV. Abschnitt des Potsdamer Abkommens über die "Reparationen aus Deutschland" war unter Nr. 3 vereinbart worden, daß nicht nur die Reparationsansprüche der USA und Großbritanniens, sondern auch aller anderen zu Reparationsforderungen berechtigten Länder aus den westlichen Zonen und den entsprechenden deutschen Auslandsguthaben befriedigt werden sollten. Die Aufteilung in eine westliche und östliche Reparationsmasse verwies alle Kriegsgegner Deutschlands mit Ausnahme der Sowjetunion und Polens auf die West-

---

Fremdarbeiter, S. 344 f.

166 Vgl. die Äußerung Roosevelts auf der 2. Vollsitzung in Jalta, FRUS Malta, S. 620, u. Teheran 2, S. 64; Byrnes auf der 9. Sitzung der Außenminister in Potsdam, Teheran 3, S. 175; s. a. die Diskussion auf der 11. Vollsitzung, Teheran 3, S. 211.

masse.

Schon während der Potsdamer Konferenz wurden Überlegungen angestellt, welche Staaten zur Unterbreitung ihrer Reparationsansprüche eingeladen werden sollten.[167] Bereits Ende August ergingen Aufforderungen an die später an den Pariser Reparationsverhandlungen teilnehmenden Staaten, ihre Reparationsansprüche gegen Deutschland aufzulisten.[168] An der vom 9. November bis 21. Dezember 1945 tagenden Pariser Reparationskonferenz nahmen neben den drei auch im Kontrollrat vertretenen Westalliierten und sechs außereuropäischen Staaten [169] alle von Deutschland während des Krieges besetzten europäischen Staaten [170] teil mit Ausnahme der früheren Verbündeten Deutschlands. Da die Konferenz lediglich über die Verteilung der aus der Westmasse zu befriedigenden Reparationsansprüche zu befinden hatte, nahmen die Sowjetunion und Polen an ihr nicht teil. Die Sowjetunion hatte mit Polen bereits am 16. August 1945 ein Abkommen über den polnischen Reparationsanteil abgeschlossen.[171]

1. Die Bedeutung des Pariser Reparationsabkommens

Wesentliches Ziel der Pariser Reparationskonferenz und des am 14. Januar 1946 von allen Teilnehmerstaaten unterzeichneten Reparationsabkommens [172] war die Einbeziehung der kleineren Staaten in die Ergebnisse der Potsdamer Verhandlungen und die damit einhergehende Verpflichtung auf den angloamerikanischen

---

167 Vgl. FRUS 1945 III, S. 1238 f.

168 Vgl. FRUS 1945 III, S. 1267 ff.

169 Australien, Kanada, Ägypten, Indien, Neuseeland und die Südafrikanische Union. Nach der Erlangung der Unabhängigkeit trat Pakistan 1948 dem Abkommen bei und übernahm einen Anteil Indiens, vgl. Keesing's Archiv 1948, S. 1420 G.

170 Albanien, Belgien, Dänemark, Griechenland, Luxemburg, Norwegen, Niederlande und die Tschechoslowakei. Zur Einladung vgl. FRUS 1945 III, S. 1346 f. mit Fn. 63; vgl. a. ebd., S. 1266 f., 1267 ff. u. 1275. Albanien wurde wegen griechischer Widerstände erst nach Konferenzbeginn eingeladen, vgl. ebd., S. 1380, 1389 u. 1440.

171 S.u. Fn. 262.

172 Die wesentlichen Teile des am 24.1.1946 in Kraft getretenen Abkommens über Reparationen von Deutschland, über die Errichtung einer Interalliierten Reparationsagentur und über die Rückgabe von Münzgold v. 14.1.1946 sind in englischer Sprache und deutscher Übersetzung abgedruckt in: Bundesministerium der Justiz (Hrsg.) Vermögen, S. 10-20; auszugsweise in: BTagsDrs. 1/3389, S. 15-18, Anlage D; vollständiger Text s. AJIL 40 (1946), Suppl., S. 117-134 (einschließlich verschiedener Resolutionen). Weitere Nachweise bei Scheuner, Fs. Janssen, S. 135, Fn. 3; zum Abkommen s. neben letzterem Féaux de la Croix, WbdVR 2, S. 529; Veith, NJW 1951, S. 63 f.; Graupner, Reparations-Abkommen.

Reparationskurs, der auf einen nur sehr begrenzten Schadensersatz abzielte.

a. Die Einbindungsfunktion

Wie bereits erwähnt, sah Außenminister Marshall in einem Memorandum an den amerikanischen Senatsausschuß für auswärtige Beziehungen darin die hervorragende Bedeutung des Pariser Reparationsabkommens.[173] Das Abkommen selbst geht nicht auf eine bestimmte Reparationssumme ein und trifft damit keine Regelung über die Höhe des Reparationsanspruchs der jeweiligen Signatarmacht. Die deutschen Reparationsleistungen werden lediglich in Kategorie B, darunter fallen alle aus Deutschland entnommenen Industrieausrüstungen und andere Ausrüstungsgüter, also die Demontagegüter, sowie Handelsschiffe und Fahrzeuge der Binnenschiffahrt, und Kategorie A, alle übrigen Reparationsleistungen, also insbesondere das deutsche Auslandsvermögen, aufgeteilt, und es wird für jedes Land ein prozentualer Anteil an diesen beiden Kategorien festgelegt (S. Teil I, Art 1). Die Alleinkompetenz des Kontrollrats nach dem Potsdamer Abkommen, über Umfang und Art der reparationsfähigen industriellen Ausrüstung zu bestimmen, wobei das Letztentscheidungsrecht bei dem jeweiligen Zonenkommandanten verblieben war (Abschn. IV Nr. 6 Satz 3), wird nicht angetastet. Angesichts eines damals fehlenden deutschen Völkerrechtssubjekts bzw. eines solchen, das nur über die Besatzungsmächte handlungsfähig war, bestand gar keine Möglichkeit zu separaten Abkommen. Das angloamerikanische Bestreben, die kleineren Mächte auch weiterhin von Verhandlungen über die deutsche Reparationslast auszuschließen, kommt zwar im Abkommen selbst hinreichend zum Ausdruck, verdichtet sich aber weder zu einem teilweisen rechtlichen Reparationsverzicht noch zu einer Rechtspflicht, auch in Zukunft nur mit den übrigen Signatarstaaten gemeinsam in Reparationsverhandlungen zu treten. Im Text selbst ist nicht einmal eine Anerkennung der Reparationsbestimmungen des Potsdamer Abkommens zu finden. Lediglich in der Präambel wird darauf Bezug genommen. Dort heißt es, die Signatarstaaten hätten das Abkommen in der Absicht geschlossen, "die Gesamtheit der Guthaben gerecht unter sich zu verteilen, die gemäß den Bestimmungen des vorliegenden Abkommens und der zu Potsdam am 1. August 1945 zwischen den Regierungen... vereinbarten Bestimmungen als von Deutschland zu leistende Reparationen (...) für verfügbar erklärt wurden oder erklärt werden". Die Einbindungsabsicht wird aber in Art. 2 des Teils I über "Deutsche Reparationen" - Teil II schafft zur Durchführung des

173 S. Decade, Dok. Nr. 207, S. 994 ff., dazu bereits oben, um Fn. 104.

Abkommens eine "Interalliierte Reparationsagentur", Teil III betrifft die "Rückerstattung von Münzgold" - recht deutlich. Nach Absatz A soll nämlich der Empfang des jeweiligen Anteils der Signatarmächte an den Reparationen als "Abgeltung aller ihrer Forderungen (shall be regarded by each of them as covering all its claims) und aller Forderungen ihrer Staatsangehörigen gegen die ehemalige deutsche Regierung oder gegen deutsche Regierungsstellen angesehen werden". Mit Ausnahme der Vorkriegsschulden, sozialversicherungsrechtlicher Ansprüche und der grundsätzlichen Einlösepflicht deutscher Reichs- und Rentenbanknoten (Absatz C) soll dies alle "Forderungen öffentlicher oder privater Natur, die aus den Kriegsverhältnissen entstanden sind (...), einschließlich der Kosten der deutschen Besetzung, der während der Besatzung entstandenen Clearing-Konten und der Forderung gegen die Reichskreditkassen", betreffen. Bereits nach dem Wortlaut des Paragraphen A liegt kein Forderungsverzicht (waiver, to waive) vor, sondern eine bloße Anrechnungsklausel. Vereinbart wird lediglich die Anrechnung aller Leistungen aus Deutschland auf den Reparationsanspruch und vor allem auf die jeweilige Reparationsquote. Als Abkommen zwischen den Gläubigerländern wird über den Umfang der Verpflichtungen des Schuldners - Deutschlands - keine Aussage getroffen. Dementsprechend wird das Abkommen im ersten Bericht der IARA folgendermaßen charakterisiert:

"Das Abkommen nimmt weder die Gesamtsumme der Reparationen vorweg noch ihre Dauer noch die Verpflichtung, die die entsprechenden deutschen Stellen im Hinblick auf eine endgültige Reparationsregelung treffen werden." [174]

Leistungen aus Deutschland sind auf den Reparationsanspruch nur anzurechnen. Schon wegen Fehlens einer Bestimmung über die gesamte Verpflichtung Deutschlands trifft das Pariser Abkommen keine Aussage über das weitere Schicksal des Reparationsanspruchs. Dieser bleibt bestehen. In der Kompromißformel des folgenden Paragraphen B kommt deutlich zum Ausdruck, daß die Reparationsfrage offengehalten wird. Mit dem Hinweis auf eine zukünftige Regelung sollen vor allem die weitergehenden Hoffnungen der kleineren Staaten besänftigt und die moralische, weniger die tatsächliche, wirtschaftliche Offenhaltung der deutschen Reparationsfrage demonstriert werden. Paragraph B des Art. 2 lautet:

"Die obigen Bestimmungen des Paragraphen A sollen nicht präjudizieren:

(i) Die zu gegebener Zeit zu treffende Bestimmung der Formen, der Dauer oder des Gesamtbetrags der von Deutschland zu leistenden Reparationen;
(ii) Das jeder Signatarmacht möglicherweise zustehende Recht (the right

---

174 Vgl. IARA, First Report, S. 8.

which each Signatory Government may have) bezüglich der endgültigen Regelung der deutschen Reparationen;

(iii) Jegliche Ansprüche politischer, territorialer oder anderer Art, die eine Signatarmacht bezüglich des Friedensschlusses mit Deutschland erheben könnte (may put forward)."

Absatz 1 war vor allem auf den Widerstand der jugoslawischen, belgischen und holländischen Verhandlungsdelegationen gestoßen. Sie hatten darüber hinausgehend aktuelle Beteiligungsrechte an den Reparationsverhandlungen des Alliierten Kontrollrats gefordert, womit sie sich aber nicht durchsetzen konnten. Lediglich ihre Forderung nach politischer Beteiligung an einem abschließendem Reparationsvertrag schlug sich dann in den Absätzen 2 und 3 nieder.[175]

Ihre Unzufriedenheit mit dem angloamerikanischen Reparationskurs machten die übrigen Staaten in den Verhandlungen deutlich. In einer Resolution, die von 12 Teilnehmerstaaten, darunter alle ehemals besetzten europäischen Staaten einschließlich Frankreich, angenommen worden war, drückten sie unter Berufung auf die Reparationsbestimmung im Jaltaer Verhandlungskommuniqué die Hoffnung aus, daß alle im Potsdamer Abkommen als für Deutschland nicht notwendig erklärten Wirtschaftsgüter auch als Reparationen zur Verfügung gestellt würden. Und sie bekräftigten darin, ohne die Notwendigkeit einer ökonomischen Entwaffnung bestreiten zu wollen, ihren über Demontagen hinausgehenden Anspruch auf bestehende Kapitalanlagen, Entnahmen aus der laufenden Produktion und Arbeitsleistungen sowie die sowjetischen Gegenlieferungen. Indirekt forderten sie den Alliierten Kontrollrat dazu auf, entsprechende Angaben zu machen und sich über ihre Bedürfnisse durch die Interalliierte Reparationsagentur beraten zu lassen.[176]

b. Das "Bündelungsprinzip"

Damit bekräftigten die kleineren Signatarmächte aber auch ihre weitergehenden Ansprüche an Deutschland. Dem amerikanischen Delegierten Angell war klar, daß mit Ausnahme vielleicht Großbritanniens ein Reparationsverzicht der übrigen Staaten auf der Konferenz nicht zu erzielen war. Ein solcher konnte allenfalls in

175 Vgl. FRUS 1945 III, S. 1478 ff., 1480.

176 S. "2. Resolution on Reparation from Existing Stocks and Current Production", AJIL 40 (1946), S. 131 f.; zu den Verhandlungen s. FRUS 1945 III, S. 1478 ff., 1479 f. Zur Frage der Entnahmen aus der laufenden Produktion vgl. a. ebd., S. 1386 u. 1389.

einem abschließenden Reparationsabkommen erreicht werden.[177] Für ihn war daher die Festlegung eines möglichst weiten Reparationsbegriffs von großer Bedeutung. Mit Hilfe der in Art. 2 A getroffenen Regelung sollte eine Trennung und Aufspaltung der verschiedenen Ansprüche der ehemaligen Feindstaaten gegenüber Deutschland verhindert werden. Das "Bündelungsprinzip" ("principle of single source") beschrieb er folgendermaßen:

"Die vordringliche Absicht des Paragraphen A, soweit er Ansprüche aus der Kriegszeit berührt, ist, eine Übereinstimmung zwischen den Signatarstaaten dahingehend zu erreichen, daß alle Ansprüche einer Regierung auf deutsche Reparationen, gleich welcher Natur, in einem einzigen Anspruch tatsächlich zusammengefaßt werden, wie er auf der Konferenz beraten worden ist und weiter, daß die deutsche Reparationsleistung, wie sie jeder Regierung in Übereinstimmung mit ihrer vereinbarten Quote zur Verfügung gestellt wird, der einzige Grund der Befriedigung der in solcher Weise zusammengefaßten Reparationsansprüche gegen Deutschland sein soll. Wenn dies nicht die Absicht des Paragraphen A wäre, so würde eine Vielzahl von Reparationsansprüchen der jeweiligen Regierungen weiterhin bestehen und könnte außerhalb des mit dem Potsdamer Abkommen beabsichtigten Reparationsprogramms zur Befriedigung vorgelegt werden. Unter diesen Umständen wäre die Reparationsquote, wie wir sie diskutiert haben, bedeutungslos, weil die Quoten nicht einmal eine relative Bedeutung haben würden, und die Arbeit der Pariser Konferenz wäre wertlos."[178]

Der Verweis auf einen ferneren Reparationsvertrag, im Abkommen als Art. 2 § B Abs. 1, der nicht von der Bündelungsfunktion des Paragraphen A erfaßt werden sollte, war für Angell die Formel zur Streitbeilegung. Angesichts ihres Ausschlusses bei der Bestimmung des deutschen Reparationsaufkommens weigerten sich die kleineren Staaten, auch nur teilweise verbindlich auf deutsche Reparationen zu verzichten.[179] Der Preis für das "Bündelungsprinzip" war insofern gering, als Paragraph B keine Beteiligungsrechte der kleineren Staaten für einen solchen, in ungewisser Zukunft liegenden Vertrag festlegte. Eine Erweiterung ihrer Rechtsposition brachte neben der Festlegung eines Verteilungsverfahrens lediglich das Beschlagnahmerecht des deutschen Auslandsvermögens.[180] Mit dem Bündelungsprinzip erreichten die USA und Großbritannien ein reparationspolitisches Einmischverbot der übrigen Staaten. Die von allen Staaten bestückte alliierte Reparationsagentur protestierte zwar in der Folgezeit wiederholt gegen die schleppende und einschränkende Reparationspraxis insbesondere der Anglo-

---

177 Vgl. FRUS 1945 III, S. 1478 ff., 1480.

178 Vgl. FRUS 1945 III, S. 1478 ff., 1479.

179 Vgl. ebd.

180 S. Teil I Art. 6 Pariser Reparationsabkommen. Im bundesdeutschen Kampf gegen die Beschlagnahme des deutschen Auslandsvermögens wurde darin ein "schweres Hindernis" gesehen, s. BTagsDrs. 1/3389, S. 7 u. 4.

amerikaner,[181] echte Eingriffsbefugnisse kamen ihr jedoch nicht zu.

c. Der reparationspolitische Kurs der kleineren Staaten am Beispiel der Niederlande

Die sicherheitspolitische und wirtschaftliche Neuorientierung Europas führte im übrigen zur stärkeren Anbindung vormals neutraler Staaten an die westlichen Hauptalliierten und im Zuge dieser Anbindung auch zur Akzeptanz des angloamerikanischen deutschland- und reparationspolitischen Kurses. Die in Paris noch beteiligten Länder Albanien, Tschechoslowakei und eingeschränkt Jugoslawien [182] scherten mit ihrer kommunistischen Ausrichtung aus dem Pariser Konferenzkreis später faktisch aus.

Neben Frankreich kann hier nur beispielhaft auf die Veränderung der niederländischen Außenpolitik hingewiesen werden, wie sie van Campen [183] frühzeitig herausgearbeitet hat. Nach ihm bestand für die Niederlande das deutsche Problem bei Kriegsende in zweifacher Hinsicht. Sicherheitspolitisch ging es um die Frage des zukünftigen deutschen politischen Status und damit einhergehend der Verhinderung einer erneuten deutschen Kriegsgefahr.[184] Erst als die Einbeziehung der drei Westzonen Deutschlands in einen Westblock vollends sichtbar geworden sei, habe die Niederlande die Politik eines Vier-Mächte-Abkommens unter den Vereinten Nationen aufgegeben und sich mit dem Beitritt zum Brüsseler Pakt 1948 [185] in ein lediglich westeuropäisches Bündnissystem eingeordnet. Die Einbeziehung der USA habe dann erst mit Gründung der NATO erreicht werden können.186 Angesichts der

---

181 Neben dem Hinweis Marshalls, Decade, S. 994 ff., 996, s. Keesing's Archiv 1946, S. 900 F; 1947, S. 1015 C; 1949, S. 1823 F. Zu den technischen und politischen Schwierigkeiten s. ebd., 1948, S. 1440 C, 1635 E.

182 Vgl. die Erklärung der Prager Konferenz der Außenminister Polens, der Tschechoslowakei und Jugoslawiens v. 18.2.1948, in: Deuerlein, Einheit, Dok. Nr. 66, S. 446 (s.a. Fn 271); andererseits ist Jugoslawien Unterzeichner des Londoner Schuldenabkommens.

183 Van Campen, The Quest for Security, 1957.

184 Van Campen, Quest, S. 23 f.

185 Die eindeutig deutschlandpolitische Motivation des von Frankreich, Großbritannien und den BeNeLux-Staaten unterzeichneten Vertrags über wirtschaftliche, soziale und kulturelle Zusammenarbeit und über kollektive Selbstverteidigung v. 17.3.1948, s. Kraus/Heinze, Urkunden, Nr. 19, kommt vor allem in der Präambel und Art 4 und 7 Abs. 2 zum Ausdruck.

186 Vgl. van Campen, Quest, insb. Kapitel 4, 6 u. 8.

wirtschaftlichen Verflechtung der Niederlande mit Deutschland sei die Frage des ökonomischen Status Deutschlands, dessen wirtschaftliche Beziehungen und damit einhergehend die Frage der Reparation und Restitution genauso wichtig gewesen.[187] Wegen der wirtschaftlichen Verflechtung und vor dem Hintergrund, daß die USA und Großbritannien ein wirtschaftsfähiges Gebilde erhalten wollten, gaben die Niederlande die anfänglichen Annexionsabsichten 1946 weitgehend auf.[188] In einer Erklärung der niederländischen Regierung vom 28. Oktober 1944 hatte diese angesichts der riesigen Schäden, einer begrenzten deutschen Schadensersatzfähigkeit und der moralischen Kriegsschuld Deutschlands gefordert, ein angrenzender Teil Preußens müsse entweder abgetreten oder auf andere Weise in das Dominion und die ökonomische Sphäre der Niederlande eingebracht werden.[189] In einem Memorandum der niederländischem Regierung an den alliierten Rat der Außenminister vom 5. November 1946 wurde diese Forderung als nicht praktikabel zugunsten aber noch weitgehender Grenzberichtigungen (1750 km2 mit 119.000 Einwohnern) aufgegeben, da Entschädigung für die erlittenen Verluste und Schäden vornehmlich in der "ökonomischen Sphäre" gesucht werden sollte. Konkret wurde die Übergabe deutscher Kohlegruben, der Abbau deutscher Transportvorteile gegenüber den niederländischen Häfen und der Schiffahrt und das Verbot einer diskriminierenden deutschen Geldpolitik genannt.[190] Nach van Campen hat die Niederlande ganz im Sinne der Potsdamer Beschlüsse auf ein unzerstückeltes, wirtschaftlich gestärktes, aber dezentralisiertes und dekonzentriertes und unter alliierter Kontrolle stehendes Deutschland gesetzt.[191] Für die Pariser Reparationskonferenz hatte die niederländische Regierung ihren Schaden noch auf über 25 Milliarden Gulden bzw. auf 14 Milliarden US-Dollar beziffert und unter Hinweis vor allem auf die letzten Kriegsmonate herausgestellt, die Niederländer hätten mehr als die meisten, wenn nicht sogar als alle anderen besetzten europäischen Länder wegen des Krieges gelitten.[192] Angesichts der geringen deutschen Repara-

---

187 Vgl. van Campen, Quest, S. 23 f.

188 Vgl. van Campen, Quest, S. 34-39; zu niederl. u. luxemb. Gebietsforderungen als Reparationen s.a. Menzel, EA 1949, S. 1899.

189 S. die Erklärung bei van Campen, Quest, Anhang 4, S. 203 f.; zur Annexionsforderung nach Kriegsende s. Keesing's Archiv 1945, S. 382 f. Nach Keesing's Archiv 1945, S. 244 E, bestanden Überlegungen für die Annexion eines Streifens von 10.000 Quadratmeilen längs der deutschen Grenze mit einer Bevölkerung von etwa 1,5 Millionen Menschen.

190 S. Anhang 6 bei van Campen, Quest, S. 219-229.

191 Vgl. van Campen, Quest, Kapitel 5.

192 S. Anhang 5 bei van Campen, Quest, S. 205-218. Zu den niederländischen

tionsleistung mehrfach unternommene Vorstöße der niederländischen Regierung blieben unbeantwortet. Ein letzter Versuch auf der Londoner Außenministerkonferenz im Frühjahr 1948 scheiterte ebenfalls. Im Schlußkommuniqué wurden wirtschaftliche Fragen gar nicht erst behandelt, und es war nur von kleineren vorläufigen Grenzberichtigungen die Rede. Lediglich eine erstmalige Beteiligung an der alliierten Deutschlandpolitik war erreicht worden. Und bei alliierten Demontagerücknahmen war für weitergehende Reparationsforderungen kein Raum mehr. 1949 setzte sich dann auch in den niederländischen Regierungskreisen allmählich die Einsicht durch, die Integration Deutschlands sei nicht nur für den europäischen Wiederaufbau notwendig, sondern leiste auch einen wichtigen Beitrag zur Lösung der deutschen Sicherheitsfrage.[193]

Die Entwicklung der niederländischen Reparationspolitik von einer Politik weitgesteckter Reparationsforderungen über die Einbeziehung wirtschaftlicher Erwartungen bis hin zu ihrer weitgehenden Aufgabe bereits vier Jahre nach Kriegsende zeigt in Parallele zur angloamerikanischen Reparationspolitik deren Dominanz und die völlige Abhängigkeit und Unterordnung der Reparationsforderungen der kleineren Staaten. Die bereits von den westlichen Besatzungsmächten vorher abgestimmten [194] Pariser Reparationsverhandlungen verdeutlichten, daß der reparationspolitische Spielraum der kleineren Staaten [195] gleich null war. Die nur zögernde, wesentlich dem Druck außenpolitischer Verhältnisse geschuldete Anpassung der niederländischen Reparationspolitik wird noch hinreichend sichtbar in einer Stellungnahme der niederländischen Regierung vom Juli 1949. Dort heißt es bezüglich der Reparationsforderungen gegen Deutschland:

"Die Wiederherstellung der wirtschaftlichen Beziehungen zwischen den Niederlanden und Deutschland mag einen erheblichen Beitrag hinsichtlich der Integration Deutschlands in das europäische Wirtschaftsleben bedeuten. Die Regierung übersieht nicht die Tatsache, daß eine solche Wiederherstellung wegen der vorherrschenden Umstände in einem bedeutend größeren Grad dazu führen kann, den von den Deutschen im Krieg verursachten Schaden wiedergutzumachen als jede andere Form von Reparationen.
Der entsetzliche Umfang dieses Schadens würde ohne Zweifel gute Gründe für die niederländische Regierung hergeben, eine bevorzugte Stellung, was

Kriegsschäden siehe a. Keesing's Archiv 1945, S. 233 C, 522 E; 1946, S. 789 B, 864 C; 1948, S. 1348 A.

193 Vgl. van Campen, Quest, Kapitel 9.

194 Vgl. FRUS 1945 III, S. 1357 ff., 1358; 1374 f.

195 Zu ihren Kriegsschäden und Reparationsansprüchen gegenüber Deutschland s. Keesing's Archiv 1945, für Belgien S. 406 D; Dänemark S. 168 D, 403 B u. 498 F; Griechenland S. 448 D u. 732 F; Jugoslawien S. 359 A, 380 f. (s. a. 1946, S. 690 F); Norwegen S. 168 D u. 324 D (s.a. 1946, S. 656 B; 1948, S. 1452 A); Tschechoslowakei 1947, S. 1121 A u. 1949, S. 1911 C.

Deutschland im wirtschaftlichen Bereich anbelangt, zu verlangen. Es ist die Auffassung der Regierung, daß im gegenwärtigen Stadium die Forderung nach einer solchen bevorzugten Stellung nicht zu der Kooperation mit anderen Nationen, um die sie sich bemüht, beitragen würde..." [196]

d. Die Diskussion um den Reparationsbegriff

Die Dominanz der angloamerikanischen Vorstellungen zeigte sich auf der Pariser Reparationskonferenz auch bei der Diskussion um den Reparationsbegriff und der daraus folgenden Quotenregelung. Entgegen den Verhandlungen in Potsdam beharrten die USA auf der Einbeziehung der Kriegskosten. Diese äußerst kontrovers geführte Diskussion berührte sowohl das "Bündelungsprinzip" als auch die eindeutige Einbeziehung von Personenschäden. Hier und in der Diskussion über die Frage der Zuteilung von Reparationsquoten an nichtrepatriierbare Opfer deutscher Maßnahmen wurde auch erstmals der Komplex der Entschädigung für Zwangsarbeiter berührt.

aa. Die Einbeziehung der Kriegskosten

Grundlage der Errechnung der Länderquoten am deutschen Reparationsaufkommen sollte der jeweilige Gesamtschaden eines Landes sein. Im Jaltaer Schlußkommuniqué und im Potsdamer Abkommen war als Reparationsgrund lediglich der verursachte Schaden genannt, während im Jaltaer Protokoll daneben vor allem die Bedeutung des Kriegsbeitrages herausgestellt worden war. Der französische Delegierte Rueff trat daher entschieden für die Einhaltung der Potsdamer Schadensersatzformel ein: Während Besatzungsschäden dauernde Spuren hinterließen, könnten Kriegsausgaben die Produktionsmöglichkeiten noch erhöhen. In Potsdam sei der Wiederaufbau der zerstörten Länder hervorgehoben worden. Die wahre Bedeutung der Reparationen liege darin, solche Schäden wiedergutzumachen. Rueff machte sich mit dieser Position zum Sprecher der übrigen Staaten und erhielt die Zustimmung des belgischen Delegierten. Großbritannien und die Vereinigten Staaten beriefen sich demgegenüber auf die dem Potsdamer Abkommen unterliegenden Reparationsprinzipien des Jaltaer Protokolls. Insbesondere die Vereinigten Staaten lehnten gegenüber der Sowjetunion eine solche Position zumindest später [197] beharrlich ab. Sowohl den Kriegsanstrengungen als auch den Verlusten sollten gleiches Gewicht beigemessen

---

[196] Zit. nach van Campen, Quest, S. 139.

[197] S. z.B. Decade, S. 991 ff., 993.

werden, wobei der amerikanische Delegierte Angell die Nuance stärker auf das Erfordernis des Wiederaufbaus legte als der Brite Waley. Mit etwas geringerem Gewicht sollten auch die Vor- und Nachkriegskosten (Besatzungskosten) in die Kriegsausgaben einbezogen werden.[198] Als amerikanisches Zugeständnis und Grundlage für den dann doch auf den Kriterien des Jaltaer Protokolls beruhenden [199] Quotenkompromiß [200] begnügten sich die Vereinigten Staaten mit einem wesentlich kleineren Anteil in der Reparationskategorie B, also vor allem der demontierten und für den europäischen Wiederaufbau verwendbaren Reparationsgüter.[201] Der Beitrag zum Sieg über Deutschland war neben dem Umstand, Opfer der deutschen Aggression gewesen zu sein, Auswahlkriterium für die Teilnahme an den Pariser Reparationskonferenzen gewesen. Ohne dessen Berücksichtigung hätten einigen der außereuropäischen, zum Commonwealth gehörenden Staaten die Teilnahmeberechtigung gefehlt.[202] Und in den Planungsgrundlagen für eine möglichst einheitliche, wenn auch grobe [203] Datenerhebung zur Bestimmung der Reparationsquoten war auf Basis der Jaltaer Protokollformel die Berücksichtigung der Haushaltsangaben und der Besatzungskosten vorgesehen.[204] Die Bedeutung der Kriegskosten für die Pariser Reparationsquotelung zeigt sich aber vor allem im Anteil der Vereinigten Staaten und Großbritanniens. In Kategorie A betrug ihr Anteil zusammen 56,00%, in Kategorie B 39,60%. Allen ehemals besetzten europäischen Ländern standen 36,65 bzw. 54,15% zu, wobei die französische Quote bereits 16,00 bzw. 22,80% betrug.[205]

bb. Die Einbeziehung der Personenschäden einschließlich der der Zwangsarbeiter

In Jalta und Potsdam waren die alliierten Siegermächte übereinstimmend davon

---

198 Zur Kontroverse vgl. FRUS 1945 III, S. 1407 ff., 1408-1410.

199 S. den Hinweis auf die Ausführungen Rueffs, FRUS 1945 III, S. 1463 f.

200 Ein weiterer Grund war die Nichtanrechnung der deutschen Arbeitsleistungen auf die Quote, was vor allem Frankreich begünstigte, vgl. FRUS 1945 III, S. 1414 f.; 1415; 1419 f.; 1423 f.

201 Vgl. FRUS 1945 III, S. 1388; 1399 f.; 1413 f.; 1419; 1423 f.

202 Vgl. das britische Memorandum, FRUS 1945 III, S. 1275 ff., 1277; aus amerikanischer Sicht bereits ebd., S. 1238; vgl. weiter ebd., S. 1399.

203 Vgl. FRUS 1945 III, S. 1407; 1464 f.

204 Vgl. FRUS 1945 III, S. 1267 ff.

205 Vgl. Teil I Art 1 § B Pariser Reparationsabkommen. Alle drei Besatzungsmächte hatten Anspruch auf 72,00 bzw. 62,40, die übrigen europäischen Staaten auf 20,65 bzw. 31,35 und die außereuropäischen auf 7,35 bzw. 6,25%.

ausgegangen, von Deutschland nur einen pauschalen und - gemessen am verursachten Schaden - nur geringen Ausgleich zu fordern. Die Frage des reparationsfähigen Schadens war deshalb kaum diskutiert worden. Entgegen der sich aber dort abzeichnenden Tendenz, nur auf wirtschaftlich meßbare Sachschäden abzustellen, war in den Pariser Reparationsverhandlungen von Anfang an die Einbeziehung auch der Menschenverluste und Personenschäden beabsichtigt. Als Ende August die Aufforderungen zur Auflistung aller Reparationsansprüche gegen Deutschland verschickt wurden, war ihnen ein Memorandum der alliierten Reparationskommission beigelegt worden. In diesem waren, wie bereits erwähnt, unter Bezug auf die Jaltaer Protokollformel Vorgaben für die Schadenserhebung gemacht worden. Ohne die Faktoren zur Bestimmung der Reparationsansprüche vorwegzunehmen, wie es einleitend und beschwichtigend hieß, waren als Schadenskategorien neben Haushaltsausgaben, Besatzungskosten und Eigentumsschäden und -verlusten einschließlich der an öffentlichen Infrastrukturleistungen auch Menschenverluste und Personenschäden genannt. Abschnitt III lautete:

"1. Jahresarbeitsleistungen (man-years) aufgrund der Kriegsanstrengungen gegen Deutschland.
2. Jahresarbeitsleistungen als Verlust des Nationaleinkommens durch Deportation von Arbeitskräften nach Deutschland und Zwangsarbeit im Heimatland auf deutschen Befehl.
3. Verlust des Lebens oder der Gesundheit und Verletzungen ziviler und militärischer Opfer des Krieges und der Besatzung."[206]

Die Diskussion der Berechnungsgrundlagen nach der später vereinfachten Aufstellung in Geld- und Nichtgeldansprüche [207] blieb in bezug auf letztere ergebnislos.[208] Während man sich über die Nichtberücksichtigung der Kriegspensionen [209] und der Bedeutung der Menschenverluste [210] einig war, bestanden in bezug auf die Zwangsarbeiterfrage Zweifel. Nach Meinung des britischen Delegierten Waley würden bei der Einbeziehung der Verluste potentiellen Einkommens infolge von Zwangsarbeit im Heimatland die gleichen Berechnungsschwierigkeiten wie bei Berücksichtigung der Jahresarbeitsleistungen in der Kriegsindustrie und ähnlicher Kriegsaktivitäten auftreten. Dem stimmte Rueff zu. Deportationen sollten zwar berücksichtigt werden, aber nur im Umfang einer andauern-

---

206 Vgl. FRUS 1945 III, S. 1267 ff., Zitat S. 1269 f.

207 Vgl. die Hinweise in FRUS 1945 III, S. 1407 mit Fn. 48; S. 1415 f.

208 Vgl. FRUS 1945 III, S. 1415.

209 Vgl. FRUS 1945 III, S. 1407 ff., 1410.

210 Vgl. FRUS 1945 III, S. 1415 ff., 1416.

den Minderung der Leistungsfähigkeit des einzelnen.[211] Hier wie bei der Frage der Kriegsgefangenen, deren Verluste Waley nicht, Angell dagegen auf jeden Fall einbezogen wissen wollte,[212] zeigte sich erneut die unterschiedliche Interessenlage der besetzten und nicht besetzten Länder. In den Verhandlungen war allein die Frage der wirtschaftlichen Eingruppierung von Bedeutung, da dadurch der reparationsfähige Schaden und damit die Reparationsquote erhöht werden konnte. Bei dieser Sichtweise war für die Berücksichtigung der Kategorie "Verfolgung" kein Raum mehr. Verfolgung war nur als meßbare Größe von Interesse und wurde nicht anders als die übrigen Kriegsschäden behandelt. Im Falle eines fehlenden Maßes wurde auch die Qualität eines Schadens bestritten. Diese Haltung wird besonders durch Waleys Auffassung zur Berücksichtigung der Deportationen deutlich, worunter die verhandelnden Delegationen nicht nur die Zwangsrekrutierung zur Arbeit in Deutschland, sondern auch die Verschleppung der Juden und anderen Verfolgten in die Konzentrationslager verstanden haben dürften.

Die Bedeutung, die die betroffenen Staaten der Entschädigungsfrage für Zwangsarbeiter überhaupt und im Verhältnis zu ihren übrigen Schadensersatzforderungen zumaßen, kann aus den ausschließlich verfügbaren amerikanischen Konferenzdokumenten nicht ersehen werden. Es ist aber zu vermuten, daß sie diesen Komplex in ihre Forderungen gegenüber Deutschland einbezogen.[213] Die vom International Labour Office bereits 1945 nach Kriegsende herausgegebene und von John. H. E. Fried verfaßte Studie nannte als noch ungelöstes Problem der von Deutschland verschleppten und ausgebeuteten Arbeitskräfte neben deren vorläufiger Versorgung und Repatriierung [214] die Abwicklung verbliebener Ansprüche:

"Ein zweites Problem betrifft mögliche Schadensersatzansprüche, die, als Teil einer eher allgemeinen Frage, die Regierungen der befreiten Länder und auch die Vereinten Nationen als Ganzes in Betracht ziehen mögen. Ein Aspekt dieses Problems, nämlich die Lage der Sozialversicherung, wird von einem von der Leitung der I.L.O. eingesetzten besonderen Ausschuß bedacht. Ein anderer Aspekt ist das in Deutschland angelaufene Schuldenkonto, da ein Lohntransfer nur innerhalb des Rahmens des im Kriege eingeführten deutschen Clearing-Systems möglich war. Es sind auch große Geldsummen vorhanden, die den Fremdarbei-

---

211 Vgl. FRUS 1945 III, S. 1415 ff., 1416.

212 Vgl. FRUS 1945 III, S. 1415; vgl. a. S. 1399 (unter 2 u. 4 c).

213 Für Belgien s. den Hinweis bei Fried, Exploitation, S. 57, Fn 1; für Jugoslawien s. Keesing's Archiv 1945, S. 380 f. C. S. a. für Norwegen den Hinweis von Lang, in: Michalka (Hrsg.), Weltkrieg, S. 148, Fn. 21.

214 S. Fried, Exploitation, S. 246.

tern gehören und auf eingefrorenen Konten auf deutschen Banken niedergelegt oder in deutsche Sparanlagen gesteckt wurden. Ferner überlebten viele Deportierte nicht die strenge Behandlung und schwere Arbeit, und es sind Maßnahmen notwendig, um ihren Angehörigen zu helfen. ..." [215]

Auch Fried weist hier auf den reparationsrechtlichen Zusammenhang der Entschädigungsfrage hin, wenn er diese als Teil einer "eher allgemeinen Frage" begreift. Einer Abspaltung einzelner Forderungen stand auch das "Bündelungsprinzip" nach Art. 2 des Pariser Reparationsabkommens entgegen. Das von vornherein feststehende geringe deutsche Reparationsaufkommen ließ eine Rangfolge der einzelnen Schadenskategorien nicht zu - ganz abgesehen davon, daß die verschiedenen Interessen der einzelnen Länder eine solche verhindert hätten -, da keine hätte voll befriedigt werden können. Für die wirtschaftliche und deutschlandpolitische Herangehensweise an die Reparationsfrage, wie sie gerade im "Bündelungsprinzip" zum Ausdruck kommt, ist es im übrigen belanglos, warum eine Forderung geltend gemacht wird. Von wirtschaftlichem Interesse sind allein Leistungen und Leistungsfähigkeit. In seiner wirtschaftlichen Funktion ist es aus der Sicht des deutschen Schuldners, und die eigene Nähe zu dieser Sichtweise wurde amerikanischerseits durchaus gesehen,[216] bedeutungslos, ob er alte Schulden begleicht, für versenkte Kriegsschiffe aufzukommen hat, Ersatz für Bombenschäden leisten soll oder wenigstens für die materiellen Folgen der Zwangsarbeit oder gar eines Völkermords einzustehen hat. In allen Fällen werden dem Wirtschaftskreislauf Werte ohne Gegenleistung entzogen. Reparationspolitisch war daher eine Unterscheidung in Kriegs- und Verfolgungsschäden in zweifacher Hinsicht unerheblich. Keine der beiden Schadenskategorien war gegenüber der anderen bevorrechtigt abzugelten. Wenn aber geleistet wurde, so sollte dies für beide gleichermaßen gelten, keine durfte gesondert geltend gemacht oder befriedigt werden. Das war gerade der Sinn des "Bündelungsprinzips".

Vom "Bündelungsprinzip" ausgenommen wurden aber Sozialversicherungsansprüche. Das war der einzige Bereich der von Fried genannten Aspekte der Entschädigungsfrage, der vom "Bündelungsprinzip" nicht erfaßt wurde. Diese Ausnahme war aber eindeutig nur wegen der Fremdarbeiter aufgenommen worden. Noch im ersten Entwurf des "Bündelungsprinzips" waren die "von den Fremdarbeitern in Deutschland bezahlten Versicherungsbeiträge" ausdrücklich in die ab-

---

215 Fried, Exploitation, S. 247.

216 S. das bereits (s.o. Fn. 173) erwähnte Memorandum Marshalls, Decade, S. 994 ff., 999.

zugeltende Gesamtforderung einbezogen worden.[217] Herausgenommen wurden dann nur Ansprüche der jeweiligen Sozialversicherungsträger [218] und erst die Endfassung erstreckte die Ausnahme auch auf die Individualansprüche der Angehörigen der Signatarstaaten.[219]

e. Die Auseinandersetzung um die Entschädigung nichtrepatriierbarer Opfer

Von Interesse für die Entschädigungsfrage ist ferner die Auseinandersetzung um die Entschädigung der nichtrepatriierbaren Opfer nationalsozialistischer Verfolgung. Diese zeigt ebenfalls, daß nach den Pariser Reparationsverhandlungen jeder Signatarstaat zunächst selbst für die Entschädigung seiner Verfolgungsopfer zu sorgen hatte. Mit Teil I Art. 8 des Pariser Reparationsabkommens wird erstmals eine internationale Entschädigungsregelung wenigstens für eine zahlenmäßig kleine Opfergruppe getroffen. Die Entschädigungsfrage für Zwangsarbeiter wird durch diese Bestimmung insofern berührt, als es sich hierbei vor allem um überlebende Zwangsarbeiter aus den Konzentrationslagern handelte.

aa. Die Intervention jüdischer Verbände

Die Frage der Einbeziehung deutscher Verfolgungsopfer war aufgrund der Intervention jüdischer Verbände notwendig geworden. Innerhalb des jüdischen Weltkongresses, der Jewish Agency und jüdischer Hilfsorganisationen waren bereits während des Krieges Studien verschiedener Autoren zur Frage der Entschädigung jüdischer Opfer vorgelegt worden.[220] Schon im November 1944 hatte der jüdische Weltkongreß auf seiner Konferenz in Atlantic City die Anerkennung des Prinzips gefordert, wonach das jüdische Volk Anrecht auf kollektive Entschädigung für seine materiellen und moralischen Verluste einschließlich für diejenigen Juden hat, die nicht selbst eigene Ansprüche stellen konnten. Diese Reparationen sollten insbesondere dem Aufbau Palästinas dienen. Jüdische Ansprüche

217 Vgl. FRUS 1945 III, S. 1406.

218 Vgl. FRUS 1945 III, S. 1478 f.

219 Vgl. Teil I Art 2 C (ii) Pariser Reparationsabkommen.

220 S. vor allem die zeitgenössischen Ausführungen Adler-Rudels, Fs. Moses, S. 201-212; s. weiter Sagi, Wiedergutmachung, S. 25-31; Balabkins, Reparations, S. 82-84; Jelinek, in: Herbst/Goschler (Hrsg.), Wiedergutmachung, S. 120 ff.; zu einzelnen Studien s.u., Abschnitt VI dieses Kapitels.

müßten vorrangig behandelt werden, sobald nationale und internationale Organe die Reparationsfrage erörterten. Eine neu gegründete Wiederaufbaukonferenz als Nachfolgeorganisation kollektiver Vermögensrechte nicht mehr existierender Organisationen und Einrichtungen sowie derjenigen, die, ohne Erben zu hinterlassen, vernichtet worden waren, sollten berechtigt sein, an den Beratungen der Vereinten Nationen in bezug auf Reparationen und Entschädigung teilzunehmen.[221] Und die Jewish Agency für Palästina unterbreitete im Mai 1945 den alliierten Siegermächten ein Papier mit den jüdischen Forderungen.[222] Trotzdem war die jüdische Entschädigungsfrage weder in Jalta noch in Potsdam erörtert [223] und waren Repräsentanten jüdischer Organisationen auch nicht zu den Pariser Reparationsverhandlungen eingeladen [224] noch im Vorfeld der Konferenz zur Anmeldung des Schadensumfangs aufgefordert worden. Dies und der weitere Konferenzverlauf zeigen, daß jüdische Entschädigungsforderungen mit den übrigen Reparationsforderungen konkurrierten.[225] Daran hatte auch der Appell an das Weltgewissen in einem Schreiben Chaim Weizmanns als Präsidenten der Jewish Agency für Palästina an die vier Mächte noch vor Konferenzbeginn nichts geändert. Weizmann gab darin die materiellen Verluste der Juden mit zwei Milliarden Pfund an. Er erhob die Forderung nach gleichberechtigter Rückerstattung jüdischer Vermögensgüter und die nach Verwendung des "erbenlosen Vermögens" für die Rehabilitierungsmaßnahmen jüdischer Opfer. Zu beachten sei die bei den Vereinten Nationen liegende moralische Verpflichtung, die durch Deutschland verursachte Lage der Juden zu bessern. Wenn auch Reparationen nur von Staaten verlangt werden könnten, so werde der besondere Anspruch im Namen des jüdischen Volkes unter diesem Gesichtspunkt vorgebracht. Weizmann forderte deshalb eine angemessene Quote an den deutschen Reparationen. Dieser Anteil müsse auch das Eigentum von in Palästina siedelnden Deutschen umfassen. Die Reparationsleistungen sollten ausschließlich in Palästina zur Ansiedlung jüdischer Opfer rassischer und religiöser Verfolgung verwandt werden.[226]

---

221 Vgl. Sagi, Wiedergutmachung, S. 31 ff.; s.a. Adler-Rudel, Fs. Moses, S. 210.

222 Vgl. Sagi, Wiedergutmachung, S. 27; Adler-Rudel, Fs. Moses, S. 211.

223 Zu Trumans Absicht, die jüdische Reparationsfrage einzubringen, s. Zweig, Reparations, S. 2 f.

224 Der jüdische Weltkongreß stellte lediglich einen Beobachter (Jacob Robinson), vgl. Sagi, Wiedergutmachung, S. 40.

225 Vgl. a. Böhm, in: Blumenwitz u.a. (Hrsg.), Adenauer, S. 438 f.

226 S. FRUS 1945 III, S. 1302-1305; dazu Sagi, Wiedergutmachung, S. 36 f.; Böhm, ebd.

Diese Vorstöße führten aber immerhin dazu, daß in den Richtlinien des amerikanischen Außenministeriums für den Vertreter in der Alliierten Reparationskommission die Frage der Reparationen und Restitution deutscher Opfer der Naziverfolgung berücksichtigt wurde.[227] Und auf den Pariser Reparationsverhandlungen unterbreitete dann die amerikanische Delegation den Vorschlag, eine Quote in Höhe von zwei Prozent neben weiteren Vermögensgegenständen für Naziverfolgte vorzusehen, nämlich für deutsche Flüchtlinge, Angehörige der besetzten Staaten, die von Deutschland verschleppt oder zur Flucht gezwungen worden waren, und Staatenlose.[228]

bb. Deutsche und österreichische Flüchtlinge

Der Streit auf der Konferenz entzündete sich dann über den bevorrechtigten Personenkreis. Dieser sollte möglichst klein gehalten werden, um nicht die übrigen Quoten zu gefährden.

Die Stimmung und die zu erwartenden Einwände beschrieb der amerikanische Vertreter Angell folgendermaßen:

"a. Zerstreuung des Reparationsaufkommens im allgemeinen.
b. Der Pro-Kopf-Anteil der Nichtrepatriierbaren könne in manchen Fällen größer sein als für verletzte Angehörige der repräsentierten Staaten.
c. Für den Fonds würden unangemessen große Teile des Ertrags aus den Auslandsvermögen in den neutralen Ländern gebraucht.
d. Der Fonds könnte als Unterstützung deutscher Kollaborateure oder politischer Gegner der jetzigen Regierungen verstanden werden." [229]

Bei einer Begrenzung des Fondsvermögens bestand bereits aus fiskalischen Erwägungen ein Interesse, den Kreis der Anspruchsberechtigten klein zu halten. Nur so war eine wirksame Hilfeleistung zu erwarten.[230] Die Frage der einzubeziehenden Opfergruppen war aber von Anfang an von allgemeinpolitischen Überlegungen überlagert. So wies die britische Delegation auf die Ungültigkeit der Aberkennung der deutschen Staatsbürgerschaft hin. Deutsche und österreichische Verfolgte seien deshalb nicht staatenlos. Nach Eindruck des amerikanischen Delegierten Angell lag der eigentliche Grund in der britischen Palästinapolitik. Angell vertrat dagegen die Auffassung, eine Begrenzung auf Staatenlose

227 S. FRUS 1945 III, S. 1357 ff., 1359; dazu s.a. Zweig, Reparations, S. 2 f.

228 S. FRUS 1945 III, S. 1437, Fn. 92; dazu a. Zweig, Reparations, S. 3.

229 S. FRUS 1945 III, S. 1451.

230 Vgl. FRUS 1945 III, S. 1437; 1467.

im Rechtssinne komme nicht in Betracht. Von der Regelung müßten alle aus politischen Gesichtspunkten oder wegen ihrer Herkunft nicht repatriierbaren Personen erfaßt werden. Dazu gehörten auch die deutschen und österreichischen Flüchtlinge, denn ihnen sei nicht zuzumuten, unter den Menschen zu leben, die sie streng verfolgt hätten und verantwortlich für den Mord an ihren Verwandten und politischen Verbündeten seien.[231] Aber auch Vertreter des American Jewish Committee versuchten am Rande der Konferenz, auf eine Begrenzung des Personenkreises hinzuwirken. Für sie erweckte der amerikanische Vorschlag den Anschein, das ganze Flüchtlingsproblem lösen zu wollen, während er tatsächlich nur eine sehr geringe pro-Kopf-Hilfe bedeute. Ihr Vorschlag, nur die Überlebenden der Konzentrationslager, etwa 100-200.000 Verfolgte einschließlich der polnischen DPs aus den Konzentrationslagern, einzubeziehen,[232] hätte alle der letzten Verfolgungsstufe durch Flucht entronnenen Emigranten und übrige Überlebende ausgeschlossen. Obwohl Angell mit diesem Vorschlag sympathisierte, weil er den Kreis der Anspruchsberechtigten auf die Gruppe der am stärksten Bedürftigen begrenzte und automatisch Nazisympathisanten und Kriegsförderer ausschloß,[233] lehnte ihn das amerikanische Außenministerium ab. Sein Abgesandter in Paris, Angell, sollte den jüdischen Vertretern vielmehr klar machen, daß Reparationen die Opfer nicht voll entschädigen könnten, daß aber die Besatzungsmächte, die Vereinten Nationen über die Flüchtlingsorganisationen (UNRRA u.a.) und private Wohlfahrtsverbände in der ganzen Welt sehr wohl um ihre Pflichten wüßten.[234] Mit darüber hinausgehenden Hilfen in Form von Entschädigungszahlungen war man zurückhaltend. Die restriktive amerikanische Reparationspolitik sollte auch, soweit es um internationale Regelungen ging, vor der Hilfe für die Verfolgungsopfer nicht halt machen:

"Da die Reparationen weitgehend aus Sachleistungen bestehen werden und Deutschland eine Wirtschaft belassen werde, die gerade in der Lage ist, die notwendigen Importe zu bezahlen, kann Deutschland nicht dazu bewegt werden, die Opfer der Naziverfolgung, die Deutschland verlassen haben oder verlassen wollen, vollständig zu entschädigen...."[235]

Entscheidend für das Außenministerium war, daß nur wahre Verfolgungsopfer einbezogen würden und daß als Maßstab der Bedürftigkeit ausschließlich die zu-

---

231 Vgl. FRUS 1945 III, S. 1437 f.

232 Vgl. FRUS 1945 III, S. 1437 ff., 1439.

233 Ebd.

234 Vgl. FRUS 1945 III, S. 1451 f., 1452.

235 Ebd.

künftige wirtschaftliche Rehabilitierung gelten sollte.[236] Letzteres, nicht nur Teil der amerikanischen Reparationspolitik insgesamt, sondern auch Teil des eine Individualentschädigung vermeidenden Kompromisses,[237] wurde im Abkommen dann so formuliert:

"Der Fonds soll nicht zur Entschädigung einzelner Opfer, sondern zur Erleichterung der Rehabilitierung oder Neugründung der Existenz von Personen der unterstützungsberechtigten Kategorien benutzt werden."[238]

Aber auch in der Einbeziehung deutscher und österreichischer Flüchtlinge schlug sich der Kurs des amerikanischen Außenministeriums nieder.[239]

cc. Das Problem der DPs

Wesentlich umstrittener war auf der Konferenz die Frage der nichtrepatriierbaren Staatsangehörigen der früher von Deutschland besetzten Länder. Diese Frage wurde von den politischen Nachkriegsverhältnissen überlagert.

Bereits in Jalta war die gegenseitige Repatriierung aller Staatsangehörigen vereinbart worden,[240] womit auch nach Kriegsende umgehend begonnen worden war. Zwischen Mai und September 1945 waren aus den drei Westzonen über 4,6 Millionen Personen in ihre Heimatländer zurückgebracht worden. Ein Teil der zunächst wegen Beginn des Winters verbliebenen 1,2 Millionen DPs vor allem ukrainischer und baltischer und vereinzelt auch polnischer Nationalität weigerte sich aber bereits Ende 1945 wegen erfolgter Grenzverschiebungen und/oder Änderung der politischen Verhältnisse in ihre Heimatländer zurückzukehren.

---

236 Ebd.

237 Ein ausdrückliches Verbot der Individualentschädigung ist erstmals im französisch-jugoslawisch-tschechischen Alternativentwurf, s. FRUS 1945 III, S. 1458 (unter 6.) und sogleich im Text, zu finden und wird in Angell's danach unterbreitetem Vorschlag, s. ebd., S. 1474, nicht übernommen. Vermutlich waren die ehemals besetzten Länder zu jener Zeit wegen der unmittelbaren Kriegsfolgen dazu selbst nicht in der Lage und beugten damit weitergehenden Anspruchserwartungen erst einmal vor.

238 Teil I Art 8 § H Pariser Reparationsabkommen. Vgl. a. die amerikanischen Vorschläge, FRUS 1945 III, S. 1437 ff. u. 1454; im ersten Vorschlag, ebd., S. 1437, Fn. 92, stand noch "Soforthilfe" (relief), s.a. Sagi, Wiedergutmachung, S. 39.

239 Vgl. Teil I Art. 8 § D (i) u. (ii) Pariser Reparationsabkommen. Zu den einzelnen amerikanischen Vorschlägen s. weiter FRUS 1945 III, S. 1437 ff., 1438 f.; 1448 ff., 1450, 1454. Für die erste Debatte vermerkte Angell allgemeine Sorge über die Definition des Personenkreises, s. ebd., S. 1454.

240 S. die Abkommen in: Teheran 2, Dok. Nr. 29. 29, S. 236-249.

Unter ihnen waren viele Juden.[241]

In der ersten Debatte über den Anteil für die nichtrepatriierbaren Personen lehnten vor allem die jugoslawische und die tschechoslowakische Delegation jede Hilfeleistung für Staatsangehörige der ehemals besetzten Länder ab. Sie vertraten den Standpunkt, daß diejenigen, die sich weigerten, zurückzukehren, Feinde der gegenwärtigen demokratischen Regierungen und von zweifelhafter Loyalität gegenüber ihren Heimatstaaten während des Krieges gewesen seien. Auch der amerikanische Kompromißvorschlag, Hilfeleistungen nur, um alle Fälle zweifelhafter Loyalität gegenüber den Vereinten Nationen auszuschließen, auf Opfer deutscher Konzentrationslager zu erstrecken, blieb für sie vorläufig nicht annehmbar.[242] Mit französischer Unterstützung legten sie einen Alternativentwurf vor.[243] Die französische Zustimmung hatten sie durch Erweiterung der Flüchtlingsdefinition erlangt. Nicht nur Flüchtlinge deutscher Verfolgungsmaßnahmen, sondern auch Verfolgte anderer faschistischer Regierungen sollten einbezogen werden. Dadurch hätte Frankreich über den Reparationsfonds Unterstützung bei der Versorgung von etwa 200.000 Flüchtlingen des Franco-Regimes erhalten.[244] Für die nichtrepatriierbaren Angehörigen der Vereinten Nationen sah der Alternativentwurf eine Kontrollmöglichkeit des alten Heimatstaates vor. Ohne vorherige Zustimmung des jeweiligen Delegierten im zwischenstaatlichen Flüchtlingskomitee sollte ihnen keine Unterstützung gewährt werden.[245] Ein solches Veto kam aber für das amerikanische Außenministerium schon deshalb nicht in Betracht, weil sie bereits in der internationalen Flüchtlingsfrage ein solches verhindert hatten.[246] Nach Angell betraf die Vetofrage vor allem polnische Juden. Er sah, daß Jugoslawien und die Tschechoslowakei hiermit neben eigenen und polnischen auch sowjetische Interessen vertraten.[247] Unklar bleibt aber, warum die Eingrenzung durch das Merkmal "ehemaliger Konzentrationslagerhäftling" zunächst nicht zu einer Einigung führte, da dadurch die Zahl der Unterstützungsberechtigten aus dem Kreis der DPs erheblich verringert worden wäre. Den Kompromiß ermöglichte schließlich die auf britischen Vorschlag zurück-

---

241 Dazu ausführlich Jacobmeyer, Zwangsarbeiter, S. 59-84, u. unten 4 I 3a aa.

242 Vgl. FRUS 1945 III, S. 1454.

243 FRUS 1945 III, S. 1458 f.

244 Vgl. FRUS 1945 III, S. 1467. Zur Ablehnung durch das amerikanische Außenministerium s. S. 1472.

245 S. FRUS 1945 III, S. 1458 f.

246 Vgl. FRUS 1945 III, S. 1473; vgl. a. S. 1467.

247 S. FRUS 1945 III, S. 1458 ff., 1460.

gehende Einbeziehung verfahrensrechtlicher Regelungen.[248] Art. 8 stellte nur noch "Hauptpunkte (general lines)" für einen eben von der Tschechoslowakei und Jugoslawien mit den drei Besatzungsmächten nach Beratung mit dem zwischenstaatlichen Flüchtlingskomitee in gemeinsamer Übereinkunft auszuarbeitenden Plan dar. Als hilfsbedürftig kamen nur die DPs in Betracht, "die in deutschen Konzentrationslagern oder in von einer unter Nazi-Einfluß stehenden Regierung eingerichteten Konzentrationslagern waren, jedoch unter Ausschluß von Personen, die nur in Kriegsgefangenenlagern interniert waren".[249]

Die Präzisierung des hier verwendeten Konzentrationslagerbegriffs unter Ausschluß der Kriegsgefangenenlager zielte gerade auf den Ausschluß osteuropäischer DPs nichtjüdischer Herkunft ab. Die osteuropäischen Kriegsgefangenen hatten größtenteils Lebensbedingungen unterlegen, die sich nicht oder kaum von denen in den Konzentrationslagern unterschieden hatten. Mit ihrem Ausschluß wurde ihnen mindestens die Weigerung zur Rückkehr zum Vorwurf gemacht. Im Ausführungsabkommen zu Art. 8, dem Abkommen über den Reparationsfonds für nichtrepatriierbare Opfer deutscher Verfolgung vom 14. Januar 1946,[250] wurde dann festgestellt, daß es sich bei den Opfern fast ausschließlich um Juden handele. Deshalb wurde der Anteil für Rehabilitierungsmaßnahmen der Juden auf 90% am in Betracht kommenden Auslandsvermögen und Nicht-Münzgold sowie 95% am "erbenlosen" Vermögen festgesetzt. Aber auch hinsichtlich der jüdischen Opfer schloß der Text des Ausführungsabkommens diejenigen aus, die als nichtdeutsche oder nichtösterreichische Staatsangehörige auf andere Weise als durch Konzentrationslagerhaft verfolgt worden waren. Der polnische oder russische Jude, der sich noch rechtzeitig vor den deutschen Einsatzgruppen durch Flucht in das westliche Ausland hatte retten können, galt nicht als "wirkliches Opfer" ("eligible victim"). In § A Absatz 3 des Ausführungsabkommens heißt es:

"Wirkliche jüdische Opfer einer Nazi-Maßnahme sind entweder Flüchtlinge aus Deutschland oder Österreich, die in diese Länder nicht zurückkehren wollen oder deutsche und österreichische Juden, die sich gegenwärtig in Deutschland oder Österreich aufhalten und emigrieren wollen, oder Juden, die Staatsangehörige oder frühere Staatsangehörige der vormals besetzten Länder waren und die Opfer der Nazi- oder der von unter Nazi-Einfluß stehenden Regimes errichteten

---

248 Vgl. FRUS 1945 III, S. 1458 ff., 1459; zum weiteren Verhandlungsverlauf s. ebd. u. S. 1467, 1468, 1472 f. u. 1474 f. mit Fn. 75.

249 Teil I Art 8 § D (iii) Pariser Reparationsabkommen.

250 Agreement Pertaining to Reparation Funds for Non-Repatriable Victims of German Action, United States Department of State Bulletin, Vol. XV, 367, v. 14.7.1946, S. 71 ff.

Konzentrationslager waren."

Und bei der Gruppe der nichtjüdischen Opfer werden Flüchtlinge aus den vormals besetzten Ländern gar nicht mehr erst erwähnt. § B Satz 2 des Ausführungsabkommens lautet:

"Wirkliche nichtjüdische Opfer einer Nazi-Maßnahme sind Flüchtlinge aus Deutschland und Österreich, die nachweisen können, daß sie von den Nazis aus religiösen, politischen oder rassischen Gründen verfolgt wurden und die nicht zurückkehren wollen, oder deutsche und österreichische Staatsangehörige, die auf ähnliche Weise verfolgt wurden und die emigrieren wollen."

Hier wird zudem erstmals in einem internationalen Abkommen das Diskriminierungsmoment, nämlich die Verfolgung aus rassischen, religiösen oder politischen Gründen, das bereits im Potsdamer Abkommen [251] und im Statut für den Nürnberger Gerichtshof zu finden ist, in einem entschädigungsrechtlichen Zusammenhang verwendet. Im übrigen stellten der tschechische und jugoslawische Vertreter klar, daß sie das "erbenlose Vermögen" grundsätzlich für den jeweiligen Staat beanspruchten.[252]

dd. Bedeutung und Umfang des Hilfsfonds

Der Erfolg für die jüdischen Opfer im Ausführungsabkommen kann daher nicht allein als Anerkennung ihrer berechtigten Forderungen gesehen werden.[253] Im Pariser Reparationsabkommen selbst hatten die jüdischen Organisationen keine ausdrückliche Anerkennung des jüdischen Verfolgungsschicksals erreichen können. Im einleitenden Teil des Artikels 8 wurde allgemein darauf verwiesen, "daß eine große Zahl von Personen unter den Nazis schwer zu leiden hatte und nun dringend Hilfe benötigt". § D, in dem die anspruchsberechtigten Opferkategorien definiert wurden, bezog sich nur auf die "wirklichen Opfer der Nazi-Verfolgung". Das amerikanische Außenministerium hatte vor Beginn der Beratungen der fünf Staaten einen jüdischen Beratungsausschuß einberufen. Mit dem hohen Anteil für jüdische Rehabilitierungsmaßnahmen war zwar anerkannt worden, daß Art. 8 wesentlich jüdische Verfolgte betraf. Die Definition der Verfolgungsgruppen zeigt aber, wie bereits die Verhandlungen zum Pariser Reparationsabkommen selbst, daß es hierbei auch um den Ausschluß der nichtrückkehrwilli-

---

251 Vgl. Teil III A 4 und 8 des Potsdamer Abkommens.

252 Vgl. die Erklärung v. 14.6.1946, als Annex zum Ausführungsabkommen abgedruckt.

253 Vgl. die Tendenz bei N. Robinson, Jewish Yearbook 1948, S. 193, Fn. 21; s.a. Bentwich, ebd., S. 161 f.

gen Verfolgten aus Osteuropa ging.

Nach dem Pariser Reparationsabkommen standen für Rehabilitierungsmaßnahmen das gesamte in Deutschland aufgefundene Nicht-Münzgold nebst 25 Millionen Dollar aus der Liquidierung des deutschen Auslandsvermögens in den neutralen Ländern zur Verfügung. Diese Mittel sollten von der zwischenstaatlichen Flüchtlingskommission oder den Nachfolgeorganisationen verwaltet werden. Für den Fonds "erbenloses Vermögen" sah das Ausführungsabkommen geeignete Organisationen vor. Der jüdische Anteil kam insgesamt Projekten des American Joint Distribution Committee und der Jewish Agency for Palestine zugute.

Die einzelnen Finanzquellen erwiesen sich insofern als nachteilig, als die neutralen Länder (Schweiz, Schweden, Portugal und Spanien) bis auf Schweden die deutschen Vermögenswerte nur sehr schleppend realisierten. Noch 1958 war dieser Vorgang nicht abgeschlossen gewesen. Für diese Verzögerungen waren auch bundesdeutsche Interventionen verantwortlich. Die Rückgängigmachung der Enteignungen des deutschen Auslandsvermögens, dessen Wert deutscherseits auf vier Milliarden Dollar auf der Preisbasis 1938/39 taxiert wurde, war ein Fall der bundesdeutschen Revisionspolitik in bezug auf die alliierten Nachkriegsmaßnahmen.[254] Das Nicht-Münzgold konnte erst bis 1950 verkauft werden und ergab den enttäuschenden Betrag von 3,5 Millionen Dollar. Verhandlungen über das "erbenlose Vermögen" wurden besonders von der Schweiz nicht gefördert und kamen erst 1962 zum Abschluß.[255]

Für die jüdischen Vertreter war daher das Pariser Reparationsabkommen in Anlage und Ergebnis eher ein Mißerfolg. Nach Schalom Adler-Rudel, seit 1939 mit der Entschädigungsfrage befaßt, hatten die Juden mit nennenswerter internationaler Hilfe bei der Lösung ihrer Nachkriegsprobleme gerechnet und waren von dem Konferenzergebnis überaus enttäuscht.[256] Zutreffend beschreibt er die internationale Haltung folgendermaßen:

"Keiner der Alliierten war bereit, auf einen auch nur geringen Anteil der ihm zu-

---

254 S. z.B. BTagsDrs. 1/3389; dort S. 4 f. zu den Abkommen mit den neutralen Staaten, die bereits nach Teil I Art. 6 § C Pariser Reparationsabkommen vorgesehen waren. Die Verzahnung gesellschaftlicher und staatlicher Interessen kommt auch in der Edition einschlägiger Texte in der vom BMdJ hrsg. Sammlung "Deutsches Vermögen im Ausland" zum Ausdruck; s.a. Kap 4 II 2b aa (2).

255 Zur Durchführung des Pariser Reparationsabkommens vgl. Adler-Rudel, Fs. Moses, S. 213-216; Sagi, Wiedergutmachung, S. 40 ff.; N. Robinson, Jewish Yearbook 1948, S. 193 f.

256 Vgl. Adler-Rudel, Fs. Moses, S. 214 f.

stehenden Reparationen zu Gunsten des jüdischen Volkes zu verzichten. Ebenso aussichtslos erschien es, die Alliierten zu einem Druck auf Deutschland im Hinblick auf Vergrößerung der Reparations-Zahlungen zu veranlassen." [257]

Demgegenüber betonte Eli Ginzberg, amerikanischer Vertreter auf der Fünf-Mächte-Konferenz zum Ausführungsabkommen, die Konferenz hätte anerkannt, daß die Reparation und Wiederansiedlung der Juden eine Verpflichtung aller zivilisierter Nationen sei.[258] Mit dieser Auffassung setzt er sich über das für die Entschädigungsfrage in mehrfacher Hinsicht bescheidene Ergebnis des Reparationsabkommens hinweg. Die Vereinigten Staaten selbst, die im übrigen auch deshalb an der Reparationsausschüttung für Verfolgungsopfer interessiert waren, weil dies den finanziellen Aufwand der internationalen Flüchtlingshilfe zu senken half,[259] hätten ohne weiteres auf einen Teil ihrer Quote verzichten oder wenigstens für die Beteiligung jüdischer Organisationen eintreten können. Dies hätte vermutlich aber weitere Begehrlichkeiten geweckt, deren Niederhaltung oder zumindest Begrenzung gerade das amerikanische Konferenzziel war.

Ginzbergs Feststellung ist aber insofern zutreffend, als mit Art. 8 des Pariser Reparationsabkommens trotz des geringen rechtlichen und finanziellen Ergebnisses erstmals durch einen Beschluß der alliierten Regierungen festgestellt wurde, daß die nicht durch einen Staat vertretenen "Opfer der Nazi-Verfolgung" einen eigenen Anspruch auf die von Deutschland zu zahlenden Reparationen hätten.[260]

f. Die Entschädigungs- als Reparationsfrage: Art. 8 und das "Bündelungsprinzip"

Neben dieser politisch-symbolischen Funktion bestätigt Art. 8 die Auffassung des "Bündelungsprinzips", nach dem reparationsrechtlich und -politisch nicht zwischen Kriegs- und Verfolgungsschäden zu unterscheiden ist. Artikel 8 betrifft nach der vertraglichen Überschrift die Verteilung eines Reparationsanteils ("Allocation of a Reparation Share to Non-repatriable Victims of German

257 Adler-Rudel, Fs. Moses, S. 216 f.

258 Ginzberg, Departement of State Bulletin, Vol. XV, 367, v. 14.7.1946, S. 56 f.

259 Auf diesen Zusammenhang weist Zweig, Reparations, S. 3, hin.

260 Die in der Literatur zu findende Betonung der Anerkennung der jüdischen Opfer als Gruppe und Reparationsgläubiger schaut zu sehr voraus auf den deutsch-israelischen Vertrag von 1952 und wird aus den im Text genannten Gründen nicht geteilt; vgl. Adler-Rudel, Fs. Moses, S. 216; Sagi, Wiedergutmachung, S. 42; Zweig Reparations, S. 4.

Action") und begründet (und begrenzt) die Anspruchsberechtigung damit, daß die betroffenen Personen nicht in der Lage sind, Unterstützung von einer Regierung, die von Deutschland Reparationen erhält, zu beanspruchen ("will be unable to claim assistance of any Government receiving reparation from Germany"). Nur wo ein reparationsberechtigter Staat rechtlich oder faktisch nicht vorhanden oder, aus welchen Gründen auch immer, nicht erreichbar ist, ist ein individueller Entschädigungsanspruch nicht ausschließlich über einen staatlichen Reparationsanspruch zu realisieren. Wo er vorhanden oder erreichbar ist, absorbiert er alle individuellen Ansprüche. Folgerichtig bezieht sich das "Bündelungsprinzip" nicht auf die Ansprüche der von Art. 8 erfaßten Personen. Weder besteht für diese Personen ein staatlicher Reparationsanspruch noch werden ihre Ansprüche zu einem vergleichbaren kollektiven Anspruch konzentriert. Konsequenterweise bleiben ihre Individualansprüche in jedem Falle erhalten. Art. 8 § I bestimmt daher:

"Keine Bestimmung dieses Artikels soll die Ansprüche präjudizieren, welche einzelne Flüchtlinge gegen eine zukünftige deutsche Regierung erheben könnten, mit Ausnahme des Beitrags an Unterstützungen, welche diese Flüchtlinge aus den in obigen Paragraphen A und C [261] genannten Quellen erhalten haben."

Während der Verweis auf einen künftigen Reparationsvertrag, der durch das "Bündelungsprinzip" ebenfalls nicht präjudiziert werden sollte, eine kompromißlerische Abwehr und Vertagung weitergehender Reparationsansprüche darstellt, entwirft § I umgekehrt ein deutsches Entschädigungsprogramm. 1945 gab es keinen (oder wenigstens keinen handlungsfähigen) deutschen Staat und von daher schon keine oder keine realisierbaren Ansprüche.

§ I bringt aber über den Anspruch auf Rehabilitationshilfe hinaus zum Ausdruck, daß die Verfolgungsopfer anspruchsberechtigt sind, daß ihre erlittene Verfolgung einen Anspruchsgrund liefert.

Nach dem Pariser Reparationsabkommen in Vollzug des Reparationskurses der Besatzungsmächte wird die Entschädigungsfrage weitgehend reparationsrechtlich entschieden. Die Masse der Verfolgten, alle Fremdarbeiter und jüdischen Verfolgten, soweit sie in ihren Heimatstaat zurückgekehrt sind, sollen nur durch diesen entschädigt werden. Alle übrigen, also alle Verfolgten, die in ihren Heimatstaat nicht zurückkehren wollen oder diesen verlassen haben, sowie alle aus Deutschland stammenden Verfolgten oder in Deutschland wohnenden Ver-

---

261 Also aus der zur Verfügung gestellten Summe aus der Liquidierung des deutschen Auslandsvermögens, dem Nicht-Münzgold und dem "erbenlosen Vermögen".

folgten deutscher Staatsangehörigkeit, werden - neben den Leistungen aus dem Hilfsfonds - auf unmittelbare Entschädigungsansprüche gegen Deutschland verwiesen.

2. Die polnischen Reparationsansprüche und die Verzichtserklärung vom 23. August 1953

a. Die polnische Reparationspolitik nach Kriegsende

Nach dem Potsdamer Abkommen war Polen an der sowjetischen Reparationsmasse zu beteiligen. Noch im August 1945 schlossen Polen und die Sowjetunion neben einem Abkommen über die polnisch-sowjetische Grenze eine Vereinbarung über den Schadensersatz für die durch die deutsche Besetzung entstandenen Verluste.[262] In der Präambel wird ausschließlich auf Sachschäden verwiesen: Die Regierungen

"stellen fest, daß die Invasion der deutschen Truppen in ausgedehnten Gebieten der Sowjetunion und der polnischen Republik ungeheuere Schäden zugefügt hat, da dadurch viele Städte, Industrieanlagen und Eisenbahnen zerstört und viele Vermögenswerte der Volkswirtschaft vernichtet wurden."

Ganz im Sinne eines Reparationszwecks "Wiederaufbau" sollte die Vereinbarung dazu dienen, die schweren Folgen der Okkupation zu beseitigen. In der Vereinbarung trat die Sowjetunion an Polen alle Reparationsansprüche bezüglich der zu Polen hinzugekommenen vormals deutschen Gebiete ab. Sie verpflichtete sich darüber hinaus, jeweils 15% aller Reparationsleistungen aus der sowjetischen Zone sowie - gegen entsprechende Lieferungen von Gütern - der Leistungen aus den Westzonen Polen zu überlassen. Im Gegenzug mußte Polen ab 1948 Kohle zu festgesetzten Preisen liefern.[263]

Der spätere polnische Außenminister Krzysztof Skubiszewski bezeichnete 1989 vor dem Sejm dieses Abkommen als eine ungünstige Regelung, da sie die Erhebung von polnischen Entschädigungsforderungen direkt gegenüber dem damals noch besetzten deutschen Staat unmöglich gemacht habe. Das Abkommen

---

262 Text des Abkommens v. 16.8.1945 in: Keesing's Archiv 1945, S. 374 F f., 375; s.a. u. 5 III 1 c bb um Fn. 361.

263 Vgl. a. Frelek, Thema, S. 202; Hacker, Ostblock, S. 276 f.; zur Kompensationsthese (deutsche Ostgebiete statt Reparationen) vgl. Uschakow, in: Meissner/Veiter, (Hrsg.), Potsdamer Abkommen, S. 191-193.

selbst sei nur teilweise erfüllt worden. Der vereinbarte Sonderpreis für die polnischen Kohlelieferungen habe zudem nur einen Zehntel des damals geltenden Weltmarktpreises betragen.[264]

Stärker noch als für die übrigen europäischen Staaten war für Polen die deutsche Frage mit der Sicherheitsfrage identisch. Diese kulminierte über den Warschauer Vertrag hinaus bis zum Grenzvertrag mit dem wiedervereinigten Deutschland im Jahre 1991 in der Frage der Anerkennung der polnischen Westgrenze.[265] Die Sicherheitsfrage bestimmte auch weitgehend den reparationspolitischen Kurs Polens. Ganz im Sinne des Potsdamer Abkommens trat Polen für eine auch wirtschaftliche Entmachtung Deutschlands ein und bestand auf der Potsdamer Formel von der "Erhaltung eines mittleren Lebensstandards in Deutschland, der den mittleren Lebensstandard der europäischen Länder nicht übersteigt".[266] Neben der auch wirtschaftlichen Schwächung, die letztlich sicherheitspolitisch motiviert war, sollten Reparationen dem Aufbau der eigenen Wirtschaft zugute kommen. Reparationen sollten in Polen, das der deutsche Militärtross zweimal durchzogen und das unter einer brutalen Okkupation zu leiden gehabt hatte, der Wiederherstellung einer funktionierenden Volkswirtschaft und Beseitigung der enormen Zerstörungen dienen.[267]

In einem Memorandum vom 23. Januar 1947 an die Konferenz der Außenminister-Stellvertreter in London trat die polnische Regierung unter mehrfacher Bezugnahme auf das Potsdamer Abkommen nicht nur für den Aufbau einer allein friedlichen Zwecken dienenden deutschen Wirtschaft und die Sicherstellung deutscher Reparationsleistungen ein.[268] Sie forderte in bezug auf die wirtschaftliche Reorganisation Deutschlands darüber hinaus eine

"Garantie für den Vorrang des Wiederaufbaus der von Deutschland zerstörten Länder mit dem Ziel, ein wirtschaftliches Gegengewicht in diesen Ländern herzustellen, das diese gegen eine deutsche wirtschaftliche Überlegenheit schützen

---

264 Vgl. die Übersetzung in: Prot. 73 BTagsInnenA 11. Wahlper., S. 323 ff., 324.

265 Zum ganzen Komplex s. Frelek, Thema, insb. S. 123-156; ders., Studies on International Relations 6 (1975), S. 7 ff.; Kokot, in: Jacobsen u.a. (Hrsg.), Bundesrepublik; Orzechewski, ebd.; Bingen, Stellung.

266 S. III B § 15 b Potsdamer Abkommen.

267 Zu den polnischen Kriegsschäden und -verlusten s. Szafranski, in: Polens Kriegsverluste, S. 36 ff.; Jedruszczak, Studia Historiae Oeconomicae 5 (1970), S. 315 ff.; zum poln. Kriegsbeitrag s. Koztowski, Polish Western Affairs XVI (1975), S. 37 ff.

268 S. Zbiór Dokumentów, nos 1-2, Nr. 2, S. 28-51 (poln., engl. u. franz. Fassung); deutsche Übersetzung bei Maass, Dokumentation, Nr. 7, S. 5-9.

kann."[269]

Die doppelte wirtschaftliche Bedeutung der Reparationen, nämlich Stärkung der eigenen und Schwächung der deutschen Wirtschaft zugleich zu sein, wurde jenseits der reparationspolitischen Tagesforderung nach Entnahmen aus der laufenden Produktion nochmals als eigentlicher Reparationszweck im Memorandum herausgestellt:

"In Anbetracht der Tatsache, daß die deutsche planmäßige Zerstörung der Gesamtwirtschaft Polens schwere Schäden zugefügt hat, betont die polnische Regierung ihr besonderes Anliegen, von Deutschland eine gerechte und volle Entschädigung sowohl aus der Eigentumssubstanz Deutschlands als auch aus der laufenden Produktion zu erhalten.
Die Polnische Regierung wünscht zu unterstreichen, daß Reparationen aus deutscher Industrieausrüstung für Polen, das von Deutschland verwüstet und ausgeraubt ist, von besonderer Bedeutung sind, da diese Reparationen einen schnelleren Wiederaufbau des polnischen wirtschaftlichen Lebens erlauben und dem Mißverhältnis zwischen der wirtschaftlichen Bedeutung von Polen und Deutschland zum Nachteil Polens begegnen würden."[270]

An diesem reparationspolitischen Kurs hielt Polen in der Folgezeit fest. Die Forderung nach Einhaltung des "Prioritätsprinzips", also Aufbau der von Deutschland besetzten Länder vor einem Wiederaufbau Deutschlands, war fester Bestandteil der polnischen Nachkriegsforderungen und wurde insbesondere von Jugoslawien und der Tschechoslowakei[271] geteilt. Über den Anteil an der sowjetischen Reparationsquote am Reparationsaufkommen der Westzonen hatte der Lieferungsstopp und reparationspolitische Kurs der Angloamerikaner unmittelbare Auswirkungen auf die Reparationen, die Polen zustanden. Polen protestierte wegen Verstosses gegen das Prioritäts- und "Mittlerer-Lebensstandard-Prinzip" wiederholt gegen den revidierten Industrieplan und bezeichnete ihn als einen Versuch, "die Regelung der Reparationen umzustoßen, die Deutschland den Siegerländern, einschließlich Polen, zu zahlen" habe.[272] Die These, ein Wiederaufbau Europas erfordere den Wiederaufbau Deutschlands, war für Polen nicht annehmbar. Der damalige polnische Außenminister Zygmund Modzelewski beharrte im November 1947 vor dem Auswärtigen Ausschuß des Sejm weiterhin auf dem Prioritätsprinzip:

---

269 Ebd., Nr. 11b des Memorandums.

270 Ebd., Nr. 14 des Memorandums.

271 Vgl. die Erklärung der Prager Außenministerkonferenz v. 18.2.1948, in: Maass, Dokumentation, Nr. 18, S. 20 f. (s.a. Fn. 182).

272 S. Poln. Aide-memoire an Frankreich v. 9.9.1947 in: Maass, Dokumentation, Nr. 13, S. 13 f., 14 (unter Punkt 5); Polnische Protestnote an Großbritannien und die USA vom 12.9.1947, ebd., Nr. 14, S. 14f. (unter Punkt 4).

"Wir haben bei mancher Gelegenheit betont, daß wir uns nicht dem widersetzen, Deutschlands Wirtschaft in Ordnung zu bringen, aber dies In-Ordnung-Bringen muß im Zusammenhang mit der Änderung der sozialen Struktur Deutschlands zum Vorteil der wirklich demokratischen Elemente Deutschlands stehen, und es muß vor allem dem Wiederaufbau der durch die deutsche Aggression zerstörten Länder untergeordnet werden."[273]

Polen protestierte zwar auch gegen die Empfehlungen der Londoner Sechs-Mächte-Konferenz vom Juni 1948. Angesichts der klaren Entscheidung der drei westlichen Besatzungsmächte klingt der reparationspolitische Teil der Protestnote aber nur noch wie eine Pflichtübung:

"Die Polnische Regierung kann nicht umhin, gegen die Tatsache zu protestieren, daß das Problem der Reparationen, so wichtig für die Staaten, die im Kriege große Schäden erlitten, völlig beiseite geschoben ist." [274]

b. Der Inhalt der polnischen Verzichtserklärung

Die sowjetische Beendigung der Reparationsentnahmen aus der DDR wurde zumindest nach außen von Polen mitgetragen. Nach Hacker erging bereits die Halbierung der noch ausstehenden sowjetischen Reparationsforderungen erst nach einer Vereinbarung mit Polen.[275] Eine solche Vereinbarung wird auch im sowjetischen Schreiben vom 15. Mai 1950 erwähnt.[276] Und einen Tag nach der sowjetischen Verzichtserklärung erging am 23. August 1953 die "Erklärung der Volksrepublik Polen in bezug auf die Beschlüsse der UdSSR betr. Deutschland".[277] Die mehrfache Bezugnahme auf die sowjetischen deutschlandpolitischen Beschlüsse könnte eine Distanzierung der polnischen Regierung zum Ausdruck bringen. Reparationsrechtlich handelt es sich jedenfalls um einen Reparationsverzicht, wobei allerdings nicht eindeutig ist, wer Adressat des Verzichts ist. In der Erklärung heißt es:

"Mit Rücksicht darauf, daß Deutschland seinen Verpflichtungen zur Zahlung von

---

273 S. Maass, Dokumentation, Nr. 17, S. 17 ff., 18; s. weiter die Erklärung des polnischen Außenministers vor der UN-Völkerversammlung am 17.9.1947, ebd., Nr. 15, S. 15, und vor dem Sejm am 25.2.1948, ebd., Nr. 19, S. 22 f.

274 S. die am 17./18.6.1948 an die Teilnehmerstaaten überreichten Noten, in: Maass, Dokumentation, Nr. 22, S. 25 f., 26. Ähnlich zurückhaltend Punkt 5 der Erklärung der Warschauer Acht-Mächte-Konferenz v. 24.6.1948, ebd., Nr. 23, S. 25 f.

275 Vgl. Hacker, Ostblock, S. 431.

276 S.o. Fn. 145.

277 Zbiór Dokumentów 1953, Nr. 6, S. 1830-1832 (poln. u. dt.); auch abgedruckt in: Maass, Dokumentation, S. 82; die Datierung "24.August", so z.B. der Hinweis im EA 1953, S. 5981, betrifft den Veröffentlichungszeitpunkt.

Reparationen bereits in bedeutendem Maße nachgekommen ist und daß die Verbesserung der wirtschaftlichen Lage Deutschlands im Interesse seiner friedlichen Entwicklung liegt, hat die Regierung der Volksrepublik Polen den Beschluß gefaßt, mit Wirkung vom 1. Januar 1954 auf die Zahlung von Reparationen an Polen zu verzichten, um damit einen weiteren Beitrag zur Lösung der deutschen Frage im Geiste der Demokratie und des Friedens, in Übereinstimmung mit den Interessen des polnischen Volkes und aller friedliebenden Völker zu leisten."

In dieser einseitigen Erklärung wird neben "Deutschland" auch "Westdeutschland" und die "Deutsche Demokratische Republik" genannt, was aber eher für eine bewußte Verwendung des Begriffs "Deutschland" spricht. Allerdings wird im Satz zuvor nur die Deutsche Demokratische Republik als die "Verkörperung" der "Kräfte des Friedens und der Demokratie in ganz Deutschland" bezeichnet, die durch die sowjetischen deutschlandpolitischen Beschlüsse gestärkt werden.

Noch in der Übersetzung ist die Ähnlichkeit mit der deutsch-sowjetischen Protokollvereinbarung vom 22.August 1953 [278] auffallend. Der erste Teil des oben wiedergegebenen Verzichtsabsatzes zitiert eindeutig den einleitenden Teil der Protokollvereinbarung, der wiederum die sowjetische Deutschlandnote vom 15. August 1953 auch in der Formulierung aufgreift.[279] Der polnische Verzichtsabsatz liest sich so wie ein aus Präambel und eigentlicher Verzichtserklärung der deutsch-sowjetischen Protokollvereinbarung zusammengepreßter Text. In den dem Verzichtsabsatz vorausgehenden vier Absätzen der polnischen Erklärung wird auch der Bezug zur deutschlandpolitischen Note der Sowjetunion vom 15. August nicht ausdrücklich, aber der Sache nach, hergestellt. Alle vier Absätze nehmen einleitend Bezug auf die sowjetischen Beschlüsse. Im ersten Absatz heißt es bereits, Polen begrüße die Beschlüsse der Sowjetunion zur deutschen Frage, die, so im zweiten, der Schaffung eines einheitlichen, demokratischen und friedliebenden Deutschlands dienten. Im dritten wird ihre Bedeutung für Polen betont. Im vierten, wie bereits erwähnt, die dadurch bewirkte Stärkung der "Kräfte des Friedens...". Und wiederum im Reparationsabschnitt der deutsch-sowjetischen Protokollvereinbarung wird ausdrücklich auf das "Einvernehmen mit der Regierung der Polnischen Volksrepublik (hinsichtlich ihres Anteils an den Reparationszahlungen)" Bezug genommen. Berücksichtigt man diese kontextuell-genetischen Überlegungen bei der Auslegung der polnischen Erklärung, so kann der Verzichtsabsatz in einen einleitenden Teil (Präambel) und die eigentliche Erklärung im Rechtssinne zerlegt werden. Diese

---

278 S.o. Fn. 150.

279 S.o. Fn. 152; zur Problematik s. dort im Text.

Vorgehensweise legt auch die sprachliche Fassung des Verzichtsabsatzes nahe. Die Formulierung "Mit Rücksicht darauf, daß.." deutet auf die Begründung eines nachfolgenden Rechtssatzes hin und ist typisch für Präambeln oder Einleitungen in internationalen Verträgen oder Erklärungen. Die "Präambel" des Verzichtsabsatzes schließt dann auch mit der Aussage, "hat die Regierung der Volksrepublik Polen den Beschluß gefaßt". Erst danach kommt als "Beschluß" der eigentliche Rechtssatz, nämlich: "mit Wirkung vom 1. Januar 1954 auf die Zahlung von Reparationen an Polen zu verzichten." Das daran anschließende Satzende weist bereits mit der Infinitivkonjunktion "um zu" auf eine Absicht hin, gehört also wiederum zu der den Rechtssatz begründenden "Präambel". Der auf diese Weise herauspräparierte eigentliche rechtliche Gehalt der polnischen Erklärung drückt einen lapidaren Reparationsverzicht aus, der auch sprachlich nicht ohne Zweifel auf "Deutschland" bezogen werden kann, wie eine unbefangene erste Lektüre noch suggerieren mag.

Andererseits fällt gerade im Vergleich mit der Protokollvereinbarung die fehlende Präzision der späteren polnischen Erklärung auf. Sie erweckt den Eindruck, auf dem Stand vom 15. August stehengeblieben zu sein, ohne bemerkt zu haben, daß in bezug auf "Deutschland" die dort gemachten Vorschläge eine Woche später weitgehend nur für die DDR verwirklicht worden sind. Dies wird im Vergleich eines weiteren Absatzes ebenfalls deutlich. Während es in der Präambel der Protokollvereinbarung ausdrücklich heißt, daß die Verwirklichung dieser Vorschläge (vom 15. August) "in bezug auf die Deutsche Demokratische Republik" "dem deutschen Volk eine wesentliche Hilfe sein wird...", werden in der polnischen Erklärung im auf den Verzichtsabsatz folgenden letzten Absatz diese Ausführungen fast wortgleich wiederholt, ohne aber die einschränkende Bezugnahme auf die DDR aufzunehmen.

Eine ausschließlich textbezogene Auslegung findet lediglich im vierten Absatz, der dem Verzichtsabsatz vorausgeht, einen Hinweis auf die DDR, in der diese als die Verkörperung der Kräfte des Friedens und der Demokratie in ganz Deutschland bezeichnet wird. Andererseits ist kein politischer oder rechtlicher Grund ersichtlich, warum Polen über die sowjetische Erklärung hinaus den Reparationsverzicht auf "Deutschland" bezogen haben sollte. Die Einbeziehung der politischen Umstände des Jahres 1953 und der vorausgehenden Protokollvereinbarung deuten trotz der unklaren sprachlichen Fassung eindeutig auf einen lediglich DDR-bezogenen Reparationsverzicht hin.

Auf diese kontextuellen Unklarheiten wird allerdings in der westdeutschen

Völkerrechtswissenschaft nicht eingegangen. Ohne nähere Erläuterung sieht Rumpf,[280] dem das Bundesverfassungsgericht [281] folgt, nicht nur in der sowjetischen,[282] sondern auch in der polnischen Erklärung einen materiellen Reparationsverzicht für das ganze Deutschland, der auch für die Bundesrepublik gelte. Zieger [283] stützt sich immerhin auf den Wortlaut der polnischen Erklärung. Da sich die Bundesrepublik Deutschland als mit dem Rechtssubjekt Deutschland identisch ansehe, gelte - Zieger benutzt allerdings nur den Ausdruck "wirkt" - der materielle Verzicht auch für die Bundesrepublik Deutschland. Ziegers Auffassung hängt damit von einer bestimmten deutschlandtheoretischen Position ab, die von Polen, das 1953 nicht einmal diplomatische Beziehungen zur Bundesrepublik unterhalten hat, nicht geteilt wurde und wird.[284] Eine ältere Auffassung [285] verneint indirekt jeglichen polnischen (und sowjetischen) Reparationsanspruch gegenüber der Bundesrepublik, da diese wegen der ihnen im Potsdamer Abkommen zugeteilten Ostmasse des deutschen Vermögens wegen aller Reparationsansprüche, worunter auch die Schäden der russischen und polnischen Zivilbevölkerung aus der Besetzungszeit fielen, abgefunden worden seien. Diese Auffassung setzt sich zum einen in Widerspruch zur fast einhellig in der Bundesrepublik vertretenen Auffassung, nach der das Potsdamer Abkommen für die Bundesrepublik keine unmittelbare Geltung besitze.[286] Gravierender ist aber der Einwand, daß das Potsdamer Abkommen mit der geographischen Aufteilung nur die Modalitäten der Reparationserfüllung betrifft und als Interimsabkommen [287] keine räumlich beschränkten Ansprüche schafft. Das Potsdamer Abkommen geht von Deutschland als einer Wirtschaftseinheit aus. Im übrigen sind die sowjetisch-polnischen Ansprüche nicht auf eine "Ostmasse" beschränkt. Nach dem Potsdamer Abkommen bestehen Ansprüche, z.T. gegen

---

280 Rumpf, ZaöRV 33 (1973), S. 351; ders., W. III, S. 338.; ders., in: Beiträge, S. 93; ders., in: Willms (Hrsg.), Handbuch, S. 348; ebenso Seidl-Hohenveldern, in: Encyclopedia IV, S. 183; Schweitzer, in: ders., Feger (Hrsg.), Konfliktverhältnis, S. 517 ff., 528; ders., in: Jacobsen u.a. (Hrsg.), Bundesrepublik, S. 118; Jacobsen, Jahre, S. 12; Kraus, W. VI, S. 173; Hahn, Prot.Nr. 73 BTagsInnenA 11. Wahlper., S. 175; Majer, ebd., S. 210, 221 u. 234.

281 BVerfGE 40, 141, 169.

282 Dazu bereits oben, um Fn. 159 ff.

283 Zieger, RIW/AWD 1980, S. 16.

284 S. d. Hinweise bei Sonnenfeld, The Netherlands Yearbook of International Law VII (1976), S. 93-99, 106 u. 116.

285 Granow, AöR 77 (1951), S. 72; ders., WbdVR II, S. 362; Blessin, in: ders. u.a., BEG, 2. Aufl., Art. I, Rn. 49.

286 Vgl. Faust, Abkommen, S. 70-80.

287 Vgl. Backer, Entscheidung, S. 155 f.

Gegenlieferungen, auch aus der "Westmasse".[288]

Die Frage nach der rechtlichen Bedeutung der polnischen Verzichtserklärung ist aber, obwohl sich die Bundesrepublik in der Folgezeit immer wieder darauf berufen hat, aus mehreren Gründen für die Entschädigungsfrage polnischer Zwangsarbeiter von geringer Bedeutung. So hat Polen den Verzicht auch der Bundesrepublik gegenüber nicht bestritten, sondern im Rahmen der Warschauer Vertragsverhandlungen sogar bestätigt. Darauf wird zumindest in der amtlichen Verlautbarung der Bundesregierung "Zum Vertrag mit der Volksrepublik Polen" hingewiesen. Dort heißt es:

"Hinsichtlich der Frage von Reparationen hat die polnische Delegation noch einmal ausdrücklich die Gültigkeit der Erklärung der polnischen Regierung vom 24.August 1953 bestätigt, mit der Polen in einer auf ganz Deutschland bezogenen Formulierung vom 1. Januar 1954 an auf weitere Reparationsleistungen verzichtet." [289]

Auf diese Bulletinverlautbarung, nicht aber auf die polnische Bestätigung selbst, nahm der damalige Staatsminister im Auswärtigen Amt, Moersch, auf eine Anfrage des CDU-Abgeordneten Czaja im Bundestag im Februar 1975 Bezug.[290] Es hätte nahe gelegen, diese Bestätigung nunmehr selbst vorzulegen. Auch im Schrifttum [291] wird fast ausschließlich nur auf die Bulletinvereinbarung verwiesen, weil die Bestätigung offensichtlich weder publiziert noch weitergereicht worden ist. Nur Rumpf,[292] damals Beamter im Außenministerium, weist auf die Verhandlungen selbst hin, in deren Verlauf die polnische Regierung versichert habe, daß sie auch gegenüber der Bundesrepublik zu ihrem Reparationsverzicht von 1953 stehe. Nimmt man allein die Bulletinerklärung, so könnte die polnische Bestätigung allein den Inhalt haben, daß Polen am damaligen Reparationsverzicht festhalte. Damit wird aber nicht notwendigerweise etwas gegenüber bundesrepublikanischen Reparationsforderungen ausgesagt. Nach Geyer [293] ist diese Bestätigung auf Wunsch der Bundesregierung vor Unterzeichnung des

---

288 Der überwiegende Teil der älteren, d.h. hier vor den Ostverträgen erschienenen Literatur, sieht die Verzichtserklärung nur in bezug auf die DDR, s. z.B. Baade, Staatslexikon VI, Sp. 860.

289 S. Bulletin der Bundesregierung Nr. 171 v. 8.12.1970, S. 1818 f. (unter IV).

290 S. BTagsStenProt. 7/152, S. 10521A/B.

291 So BVerfGE 40, 141, 169 f.; Zieger, RIW/AWD 1980, S. 16, Fn. 89; Schweitzer, in: ders./Feger (Hrsg.), Konfliktverhältnis, S. 517 ff., 528; Kraus, W. VI, S. 173; Hahn, Prot. 73 BTagsInnenA 11.Wahlper., S. 176; Majer, ebd., S. 217.

292 Rumpf, in: Wiedergutmachung III, S. 338; vgl. ferner ders., AVR 23 (1985), S. 98; ders., ZaöRV 33 (1973), S. 351.

293 Geyr, Wege, S. 79 f.

Warschauer Vertrages am 20.10.1970 [294] der deutschen Handelsvertretung in Warschau übermittelt worden. Möglicherweise ist die Frage, auf was Polen 1953 verzichtet hat, gar nicht erörtert worden, da jedenfalls die Bundesregierung mit dieser Bestätigung zunächst einmal den das Ratifizierungsverfahren störenden Reparationsspekulationen entgegentreten konnte.[295] Für diese Interpretation spricht auch die Darstellung von Moersch im Bundestag. Nach ihm ist an jenem Tag in der Warschauer Handelsvertretung eine Kopie der Verzichtserklärung von 1953 übergeben worden. Lediglich in der Übergabe, nicht aber in einer weiteren Erklärung erfolgte daher die "Bestätigung". Das erklärt auch, warum auf die Bestätigung selbst nicht verwiesen wird. Wenigstens in Schriftform scheint ein solches Dokument nicht zu existieren. Auch Moersch sah in der "Bestätigung" lediglich eine "Bekräftigung" der völkerrechtlichen Verbindlichkeit der früheren Erklärung.

Daß die bundesrepublikanische Sichtweise der polnischen Verzichtserklärung von 1953 einschließlich ihrer Bestätigung 1970 nicht der polnischen entspricht, darauf deutet eine halboffizielle Anmerkung der polnischen Mitherausgeber Sulek und Trzeciakowski eines 1979 erschienenen Sammelbandes [296] hin. Danach ist die Verzichtserklärung ebenso wie die frühere Erklärung vom 15. Mai 1950 nicht an die Bundesrepublik Deutschland, sondern nur an die Regierung der DDR gerichtet. Sie habe der Stärkung der DDR und ihrer Behauptung gegenüber der BRD dienen sollen und zugleich ein wichtiges Element bei der Beseitigung der Kriegsfolgen in den bilateralen Beziehungen zwischen Polen und der DDR dargestellt.

Der polnische Außenminister Skubiszewski erklärte allerdings in der bereits erwähnten Rede vor dem Sejm im Jahre 1989, im Gegensatz zur Sowjetunion habe Polen durch die Erklärung vom 23. August 1953 "auf Entschädigungszahlungen jeglicher Art, und zwar nicht nur im Hinblick auf die DDR, sondern auf Deutschland" verzichtet. Während die Sowjetunion nur die Einbeziehung von Entschädigungsleistungen unterbrochen habe, sei in der polnischen Erklärung "die Rede von einem Verzicht, und dies ist definitiv". Diese Verzichtserklärung habe einer Vereinbarung im Jahre 1970 dann im Wege gestanden. Als Erklärung

---

294 Zieger, RIW/AWD 1980, S. 16, datiert die Erklärung offensichtlich auf den Zeitpunkt des Vertragsabschlusses (7.12.1970); ebenso Seidl-Hohenveldern, in: Encyclopedia IV, S. 183.

295 Vgl. die Überlegungen bei Geyer, Wege, S. 80 f.

296 Jacobsen u.a. (Hrsg.), Bundesrepublik, S. 378. Nicht eindeutig Cholewiak, Studies on International Relations 2, S. 125 u. 129.

für das Vorgehen der damaligen Verantwortlichen verweist Skubiszewski lediglich auf die "sehr schädlichen Aktivitäten" der Regierung Bierut.[297]

Unabhängig davon, an wen die Verzichtserklärung vom 23. 8. 1950 gerichtet ist, bleibt festzustellen, daß Polen von der Bundesrepublik nichts und als Reparationsleistungen nur sehr wenig erhalten hat und bis auf ganz wenige Ausnahmen nicht einmal ein symbolischer Ausgleich der polnischen Schäden und des Verfolgungsleids erfolgt ist. Vor allem aber unterscheidet Polen zwischen Reparations- und Entschädigungsforderungen. Das erklärt einerseits die polnische Bestätigung des Reparationsverzichts, die sich nicht auf individuelle Entschädigungsforderungen bezogen hat,[298] entwertet aber andererseits aus bundesrepublikanischer, fiskalischer Sicht diesen. Diese polnische, auch juristische Position ist, soweit dies von hier nachvollziehbar ist, erst in den sechziger Jahren voll entwickelt worden und verarbeitet die bundesrepublikanische Entschädigungsgesetzgebung sowie die Entschädigungsverträge mit Israel und den westeuropäischen Staaten. Auf sie wird daher an anderer Stelle eingegangen.[299]

c. Polnische Individualforderungen in den vierziger Jahren

Von Interesse ist aber, daß gerade die Entschädigungsfrage für Zwangsarbeiter sehr frühzeitig aus dem Reparationskomplex ausgeklammert wurde. Dies ist umso bemerkenswerter, als in den vierziger Jahren auch für Polen, wie dies bereits für die übrigen ehemals von Deutschland besetzten europäischen Staaten gezeigt worden ist, die Frage nicht darin bestand, wofür, sondern ob überhaupt und in welcher Höhe Reparationen erhalten werden könnten. Neben der sicherheitspolitischen Motivation bestand für Polen der vornehmliche Reparationszweck in der Wiederaufbauhilfe.

Nach Geyr, einem der wenigen Autoren, der auf die Problematik eingeht, erhob Anfang 1945 die damalige provisorische Polnische Regierung in ihrem ersten Regierungsdokument, dem "Bericht über Kriegsverluste und Kriegsschäden Polens in den Jahren 1939 bis 1945", die Forderung nach individueller Wieder-

---

297 Prot. 73 BTagsInnenA 11. Wahlper., S. 323 ff., 325 f.

298 Vgl. Rumpf, W. III, S. 338.

299 S.u. 5 III 2.

gutmachung.[300]

Im bereits erwähnten Memorandum vom 23. Januar 1947 an die Konferenz der Außenminister-Stellvertreter in London [301] forderte die polnische Regierung ihre Beteiligung bei der Regelung von 14 im einzelnen benannten Fragen meist wirtschaftsrechtlicher Natur, darunter aber auch die Regelung von finanziellen Leistungen aus den Sozialversicherungen und

"j) Forderungen polnischer Bürger aus Zwangsarbeit in Deutschland".

Damit gab Polen zu erkennen, daß es weder den Komplex Sozialversicherung noch den Komplex Zwangsarbeit reparationsrechtlich behandelt sehen wollte. In Anbetracht der großen Zahl verschleppter polnischer Zwangsarbeiter und -arbeiterinnen ist die Ausgrenzung aus der Reparationsmaterie nicht verwunderlich. Allerdings fällt auf, daß andere Opferkategorien, insbesondere die Konzentrationslageropfer, nicht eigens erwähnt werden. Möglicherweise waren mit den "Forderungen aus Zwangsarbeit" nicht entschädigungsrechtliche Ansprüche wegen Verschleppung, Freiheitsberaubung und an die körperliche Substanz gehender Ausbeutung gemeint, sondern eher "vertragliche" Ansprüche wegen nicht ausgezahlter oder nur teilweise gezahlter Löhne und Leistungen im Rahmen der deutschen Lohntabellen.[302] Diese juristische Aufspaltung - tatsächlich bestand ein Teil der Verfolgung im Arbeitszwang mit seinen brutalen Begleiterscheinungen - in Verfolgungsschäden und Schäden wegen Verweigerung der Gegenleistung trotz erbrachter (Arbeits)Leistungen würde aber nur bestätigen, daß auch in den polnischen Forderungen in den vierziger Jahren sich ein eigentlicher Entschädigungskomplex noch nicht herausgebildet hat, wenn auch Ansätze erkennbar sind. Von daher ist eine bruchlose Kontinuität der polnischen Forderungen bis zurück in die vierziger Jahre [303] zu bezweifeln.

---

300 Geyer, Wege, S. 70; s.a. Herbert, in: Herbst/Goschler, (Hrsg.), Wiedergutmachung, S. 276.

301 S.o. Fn. 268.

302 Vgl. die Unterscheidung bei Klafkowski, Vertrag, S. 94 f.

303 Eine solche scheint Herbert, in: Herbst/Goschler (Hrsg.), Wiedergutmachung, S. 276 f., anzunehmen.

V. Die Friedensverträge vom 10. Februar 1947 (Italien, Rumänien, Ungarn, Bulgarien und Finnland): Der Entschädigungskomplex und der Verzicht auf deutsche Reparationsforderungen

Die ehemaligen Achsenmächte hatten sich alle im Verlauf des Krieges von Deutschland abgewandt und waren z.T. selbst noch von deutschen Truppen besetzt worden. Ihren anfänglichen Kriegsbeitrag auf Seiten des Deutschen Reiches konnten sie dadurch aber nicht vergessen machen. Sie wurden nach Kriegsende weiterhin als Feindstaaten behandelt, was in den mit ihnen abgeschlossenen Friedensverträgen deutlich zum Ausdruck kommt.

Bereits in Jalta und Potsdam waren Fragen eines Friedensvertrags mit den kleineren Achsenmächten erörtert worden. Die Ausarbeitung eines Friedensvertrags war dann dem Rat der Außenminister der vier Alliierten übertragen worden, der bis Juli 1946 detaillierte Entwürfe vorlegte. Diese Entwürfe waren dann Gegenstand der in Paris vom 29. Juli bis 15. Oktober tagenden Friedenskonferenz, an der sich mit Ausnahme Albaniens, Dänemarks und Luxemburgs alle Teilnehmerstaaten der Pariser Reparationskonferenz sowie neben Polen fünf weitere Länder beteiligten. Die Verträge wurden formell am 10. Februar 1947 in Paris von unterschiedlich vielen Staaten unterzeichnet.[304]

Alle Verträge sahen Reparationspflichten, vorwiegend gegenüber der Sowjetunion, in Höhe von 70 (Bulgarien) bis 300 (Finnland, Rumänien, Ungarn) und 360 Millionen US-Dollar (Italien) [305] vor, die aus Demontagen, Auslandswerten [306] und der laufenden Produktion zu befriedigen waren. Höhe und auch einige Modalitäten waren bereits durch die jeweiligen Waffenstillstandsverträge [307] präjudiziert worden.

---

304 Zum Ganzen s. v. Puttkamer, in: Encyclopedia IV, S. 117 f.; vgl. Keesing's Archiv 1946, S. 828 f.; 1947, S. 1005-1011. Texte in Übersetzung bei Sternberger (Hrsg.), Friedensverträge, engl. Text bei Menzel, Friedensverträge.

305 Vgl. Art. 21 bulg. FV, Art. 22 rum. FV, Art. 23 ung. FV; (zu diesen Hacker, Ostblock, S. 273-276, 283 f., 429 f. u. 496-501); Art 23 finn. FV (zur Durchführung vgl. Jutikkala/Prinen, Geschichte, S. 391 f.); Art. 74 ital. FV.

306 Zu den Auslandswerten vgl. Art. 79 ital., 27 rum., 29 ung., 25 bulg. FV; anders (Freistellung) nach Art. 27 finn. FV.

307 Lediglich der Waffenstillstandsvertrag mit Italien sah noch keine Reparationsverpflichtung vor; Texte in: Keesing's Archiv 1945, S. 18 (v. 11.9.1943 zw. USA und Italien); 35 f. (v. 28.10.1944 zw. SU, GB, USA u. Bulgarien); 37 f. (v. 19.9.1944 zw. GB, SU u. Finnland); 42 f. (v. 12.9.1944 zw. GB, USA u. Rumänien); 52 f. (v. 20.1.1945 zw. GB, SU, USA u. Ungarn). Dazu vgl. Hacker, Ostblock, S. 271 f., 283.

Ausgesprochene Entschädigungsregelungen enthielt keiner der Friedensverträge. Dennoch reagierten diese auf verschiedene Weise auf den Umstand, daß nicht nur Krieg und Kriegsschäden zu liquidieren waren, sondern auch eine Antwort auf innerstaatliche Verfolgungsmaßnahmen gefunden werden mußte. In allen Staaten, mit Ausnahme vielleicht Finnlands,[308] hatte z.T. bereits vor dem jeweiligen Kriegseintritt unter deutschem Einfluß die Verfolgung der Juden begonnen. Dem Völkermord zum Opfer gefallen war vor allem ein Großteil der über 250.000 in den 1941 zurückeroberten rumänischen Ostgebieten und der annähernd 150.000 in den von Ungarn abgetretenen Gebieten Transsilvaniens lebenden sowie der 750.000 ungarischen Juden.[309]

Alle Friedensverträge greifen daher in die innerstaatliche Ordnung durch die "politischen Klauseln" ein. Den Staaten wird die Einhaltung des Diskriminierungsverbots und die Sicherung der wichtigsten Menschenrechte auferlegt.[310] In allen Staaten gilt ein Verbot faschistischer Organisationen.[311] Bis auf Italien werden alle Staaten zum Widerruf diskriminierender Akte verpflichtet [312] und werden Rumänien und Ungarn zusätzlich angehalten, auch in Zukunft kein Gesetz zu erlassen, das wegen der Rasse, des Geschlechts, der Sprache oder Religion diskriminiert.[313]

Daneben wird allerdings nur im rumänischen und ungarischen Friedensvertrag die Rückabwicklung verfolgungsbedingter Vermögensverschiebungen angeordnet.[314] Alle Friedensverträge sehen die gemeinhin von der "Reparation" unter-

---

308 Vgl. Hilberg, Vernichtung, S. 387.

309 Zu Bulgarien, Rumänien u. Ungarn vgl. Hilberg, Vernichtung, S. 505-585, zu Italien S. 454-466.

310 Vgl. Art. 15 ital., 3 rum., 2 ung., 2 bulg. u. 6 finn. FV.

311 Vgl. Art. 17 ital., 5 rum., 4 ung., 4 bulg. u. 8 finn. FV.

312 Vgl. Art 4 rum., 3 ung., 3 bulg. u. 7 finn. FV.

313 Vgl. Art 3 II rum. u. 2 II ung. FV. Ausführlich zu den "politischen Klauseln" Schnitzer, Recht, S. 9 f. u. 65-68; vgl. a. Art. 6 u 8-10 des österreichischen Staatsvertrags v. 15. Mai 1955, abgedruckt in: EA 1956, S. 8745 ff.

314 Vgl. Art. 25 rum. u. 27 ung. FV (ähnl. Art. 26 österr. Staatsvertrag), dazu sogleich im Text; zum Fehlen einer Bestimmung im bulg. FV vgl. Hilberg, Vernichtung, S. 784, Fn. 301. Hinweis auf diese Bestimmungen bei Guggenheim, Lehrbuch, S. 828 f.; Erwähnung bei Leverkuehn, in: ders. (Hrsg.), Bestimmungen, S. 17; Wilmanns, ebd., S. 178 u. 193; nicht erwähnt bei v. Puttkamer, in: Encyclopedia IV, S. 121 f.; dies., WbdVR I, S. 602 f.; selbst Vásárhelyi, Restitution, der im Restitutionsgedanken nicht nur das Siegerinteresse, sondern den Gerechtigkeitssinn der ganzen zivilisierten Welt sieht (S. 14), ignoriert, abgesehen von einer beiläufigen Erwähnung auf S. 49, die innerstaatliche Rückerstattung.

schiedene "Restitution" vor.[315] Die Feindstaaten werden dadurch verpflichtet, nicht nur alle im Gebiet der alliierten Nationen während des Krieges entfernten Güter der Kriegsgegner oder deren Angehörigen zurückzuerstatten,[316] sondern auch die im eigenen Land beschlagnahmten Güter zurückzugeben bzw. die zugrunde liegenden Rechtsakte zu annullieren.[317] Die Restitution, die bereits im Versailler Friedensvertrag (vgl. Art. 297) bestimmt worden war, war erklärtes Kriegsziel der Alliierten gewesen. Schon in der Londoner Erklärung vom 3.1.1943 [318] hatten 18 Regierungen in einer interalliierten Erklärung ihre Absicht angekündigt, "die Enteignungsmethoden zu vereiteln, die von den Regierungen, mit denen sie sich im Krieg befinden, gegenüber den so rücksichtslos angegriffenen und geplünderten Staaten und Völker angewandt werden". Die Regierungen behielten sich das Recht vor,

"alle Übertragungen oder Verfügungen für ungültig zu erklären, die sich auf Eigentum, Rechte und Interessen irgendwelcher Art beziehen, welche in den jetzt von den feindlichen Regierungen besetzten oder mittelbar oder unmittelbar kontrollierten Gebieten belegen sind oder belegen waren oder in diesen Gebieten ansässigen Personen (einschließlich der juristischen Personen) gehören oder gehörten. Diese Warnung gilt ohne Rücksicht darauf, ob solche Übertragungen oder Verfügungen in der Form offenen Raubs und offener Plünderei oder in der Form äußerlich legaler Geschäfte erscheinen, auch wenn in Anspruch genommen wird, daß sie freiwillig vorgenommen seien".

Die Restitution als völkerrechtlicher Anspruch betrifft allerdings nur die Ansprüche der Alliierten und ihrer Staatsangehörigen. Verfolgungsbedingte Vermögensverschiebungen, seien sie in vertraglicher Form oder einseitig-hoheitlich erfolgt, der Angehörigen des Feindstaates selbst, also insbesondere der deutschen, ungarischen, rumänischen, italienischen und bulgarischen Juden, werden vom Restitutionsanspruch nicht erfaßt. In der Londoner Erklärung waren solche Ansprüche nicht genannt worden. Die Erklärung nannte weder die Juden als

---

315 Zur Ausdifferenzierung im Versailler Vertrag s. Kaufmann, AöR 75 (1949), S. 13-20.

316 Vgl. Art. 75 ital., 23 rum., 24 ung., 22 bulg. u., abweichend davon, 24 finn. FV. Dazu vgl. Wilmanns, in: Leverkuehn (Hrsg.), Bestimmungen, S. 151-161 f.; Martin, BYIL 1947, S. 275-289; Vásárhelyi, Restitution, insb. Kap. III u. IV.

317 Vgl. Art. 78 ital., 24 rum., 26 ung., 23 bulg. u. 25 finn. FV. Dazu vgl. Wilmanns, aaO., S. 182-195; Martin, BYIL 1947, S. 282-290. Ähnlich Art. 25 österr. Staatsvertrag.

318 Text (engl. u. dt.) in: Vermögen, S. 5, darauf wird ausdrücklich in den FV Bezug genommen, s. die Nachweise in Fn. 316. Zur Londoner Erklärung vgl. Wilmanns, aaO., S. 141 ff. u. 150 f., zur Rechtslage in Deutschland S. 161-177. Zu den einzelnen innerstaatlichen Gesetzen s. bereits Cahn, Schweizer Annalen 1945, S. 460 ff.; Beyer, Schweizerische Juristen-Zeitung 1948, S. 323 ff.; J. Robinson, AJIL 39 (1945), S. 216 ff.

solche noch bezog sie das Gebiet der Feindstaaten mit ein. Jüdische Organisationen erkannten aber frühzeitig die Chance, die die Londoner Erklärung für ihre Verfolgungsschäden bedeutete. Wenigstens über den Hohen Flüchtlingskommissar erreichten sie eine Intervention bei den alliierten Regierungen. Dieser gab in einem Memorandum zum Ausdruck, daß die Londoner Erklärung auch auf jene Enteignungen Anwendung finden müßte, die von den Nazis und den mit ihnen verbündeten Regierungen an den aus rassischen, religiösen oder politischen Gründen Verfolgten verübt worden seien. "Fairness" verlange es, daß Wiedergutmachung rückwirkend von dem Datum des Beginns der Enteignung einsetze.

"Es wäre prinzipiell unzulässig und unpraktisch, wenn man unterscheiden würde zwischen Enteignungen vor Ausbruch des Krieges und solchen, die während des Krieges vorgenommen wurden. Ebenso würde es unrecht sein, jenen, denen es möglich war zu flüchten, ihr Vermögen wiederzugeben, aber nicht den Unglücklichen, die nicht entkommen konnten."[319]

Die jüdischen Vorstöße erreichten zwar keine offizielle Erweiterung der Londoner Erklärung oder die Aufnahme ihres Anliegens in andere Verlautbarungen, wie überhaupt der Völkermord an den Juden während des Krieges nicht als solcher angeprangert worden war.[320] Aber die Ausdehnung der Restitution auf verfolgungsbedingte Vermögensverschiebungen auch innerhalb der Feindstaaten selbst wurde Bestandteil der alliierten Nachkriegspolitik. In Deutschland zeigte sich dies in der alliierten Beschlagnahme bzw. in Verfügungsverboten der aus Verfolgungsgründen verschobenen Vermögensgegenstände und in umfassenden besatzungsrechtlichen Gesetzen ab 1947.[321]

Auf erneute jüdische Intervention waren solche Rückerstattungsvorschriften in die Friedensvertragsverhandlungen aufgenommen worden. Auch hier hatten sich zwar die detaillierten jüdischen Vorschläge nicht durchsetzen können,[322] die Beschränkung auf den rumänischen und den ungarischen Friedensvertrag war allerdings insofern akzeptabel, als Italien und Bulgarien ihren diesbezüglichen Verpflichtungen bereits nachgekommen waren bzw. entsprechende Vorhaben vorbereiteten.[323]

Aber auch die im rumänischen und wortgleich im ungarischen Friedensvertrag

---

319 Zitat und Darstellung nach Adler-Rudel, Fs. Moses, S. 207.

320 Vgl. Wyman, Volk.

321 Vgl. Schwarz, W. I; Pawlita, KJ 1991, S. 42 ff.

322 Vgl. N. Robinson, Jewish Yearbook of International Law 1948, S. 201.

323 Robinson, ebd.; ebenso Schnitzer, Recht, S. 62.

aufgenommenen Regelungen über die innere Rückerstattung betraf nur Vermögensverschiebungen seit dem 1. September 1939, also seit Kriegsausbruch, und war auf rassische und religiöse Verfolgungsgründe beschränkt, klammerte also politische bzw. weltanschauliche Verfolgungsgründe aus.[324] Während die Restitutionsbestimmungen für untergegangene und beschädigte Vermögensgegenstände Schadensersatz bis zu zwei Dritteln des aktuellen Wiederbeschaffungswertes vorsahen, gingen die rückerstattungsrechtlichen Regelungen mit dem Anspruch auf "fair compensation" darüber hinaus.[325] Art. 25 Abs. 1 des rumänischen bzw. Art. 27 Abs. 1 des ungarischen Friedensvertrages lautet:

"Rumänien (Ungarn) verpflichtet sich, in allen Fällen das Eigentum, die gesetzmäßigen Rechte und Interessen mit allem, was dazu gehört, zurückzuerstatten - oder wenn Rückerstattung unmöglich ist, eine angemessene Entschädigung dafür zu leisten -, in denen in Rumänien (Ungarn) befindliches Eigentum, gesetzmäßige Rechte und Interessen von Personen, die der rumänischen (ungarischen) Gerichtsbarkeit unterstehen, seit dem 1. September 1939 wegen der rassischen Herkunft oder Religion dieser Personen Gegenstand von Beschlagnahme-, Einziehungs- oder Kontrollmaßnahmen gewesen sind."

Absatz 2, der die Regierungen verpflichtete, das "erbenlose Vermögen" auf entsprechende Organisationen für Hilfsmaßnahmen zu übertragen, nannte allerdings neben den rassischen und religiösen auch "andere faschistische Verfolgungsmaßnahmen".[326] Möglicherweise sind damit politische oder nationale Verfolgungsgründe gemeint. Diese Erweiterung zu Absatz 1 wäre aber nur konsequent, wenn sie nicht nur für das "erbenlose Vermögen", sondern vor allem für die Überlebenden der Verfolgung gelten würde. In jedem Falle deutet dies auf keine besonders sorgfältige Redaktion der Vorschrift hin.

Schnitzer, dem, soweit ersichtlich, die einzigen monographischen Ausführungen zu den "Wiedergutmachungsklauseln" zu verdanken sind, scheint die Erweiterung des Verfolgungsbegriffs in Absatz 2 übersehen zu haben und erklärt das Fehlen der politisch Verfolgten damit, daß nach dem Sturz der alten Regimes und dem Wiedererstarken demokratischer Parteien auf jeden Fall eine Bereitwilligkeit bestehe, diese Verfolgten wieder in ihre Rechte einzusetzen.[327] Er weist

---

324 So auch Schnitzer, Recht, S. 41. Gleiches gilt für Art. 25 I österr. Staatsvertrag; Stichtag ist hier der Zeitpunkt des "Anschlusses" (13. März 1938).

325 Überzeugend die Begründung bei Schnitzer, Recht, S. 54-57. Nach Art. 25 I 2 österr. Staatsvertrag wird nur Gleichstellung mit den Ersatzleistungen für österreichische Kriegsschäden verlangt.

326 Ebenso Art. 26 II 1 österr. Staatsvertrag ("oder andere Nazi-Verfolgungsmaßnahmen").

327 S. Schnitzer, Recht, S. 41 f., vgl. a. ders., Schweizerische Juristen-Zeitung 1948, S. 118 f.

aber darauf hin, daß die in allen Friedensverträgen enthaltene Definition des Begriffs "Staatsangehörige der Vereinten Nationen - United Nations nationals -" "auch alle Einzelpersonen, Körperschaften oder Gesellschaften umfasse", "die nach den während des Krieges in Italien (Rumänien, Ungarn, Bulgarien, Finnland) geltenden Gesetzen als Feind behandelt wurden" ("have been treated as enemy").[328] Schnitzer sieht hierzu die Interpretationsmöglichkeit, daß dadurch nicht nur die eigenen Staatsangehörigen, die ausdrücklich zu Staatsfeinden erklärt worden sind, einbezogen werden, sondern auch die, die faktisch wie Feinde behandelt wurden.[329] Damit will Schnitzer vor allem jüdische Rückerstattungsansprüche begründen, die aber eben nur in den rumänischen und ungarischen Friedensvertrag ausdrücklich aufgenommen wurden.[330] Vermutlich ist diese Definitionserweiterung auf natürliche Personen kaum anwendbar, sondern stellt für juristische Personen und Gesellschaften klar, daß es hier nicht allein auf die Beteiligungsverhältnisse, sondern deren faktische Behandlung ankommt. Immerhin gehen die Definitionen der Staatsangehörigkeit aber davon aus, daß die Emigranten, die in ihren Zufluchtsstaaten naturalisiert wurden, als Angehörige der Vereinten Nationen zu behandeln sind. Entscheidend ist nämlich nicht die Staatsangehörigkeit zum Verfolgungszeitpunkt, sondern zum Zeitpunkt des Inkrafttretens des Friedensvertrages, vorausgesetzt, daß dieser Status auch am Datum des Waffenstillstandes bestanden hat. Damit wird eine Ausnahme von der völkerrechtlichen Regel getroffen, nach der dieselbe Staatsangehörigkeit vom Zeitpunkt des Schadenseintritts bis zur Gewährung des Schadensersatzes bestehen muß.[331] Das Fehlen eines ausdrücklichen Entschädigungskomplexes für die vielfältigen Verletzungen an Körper, Gesundheit und Freiheit sowie für die Hinterbliebenen ist umso auffallender, als die rückerstattungsrechtlichen Vorschriften im rumänischen und ungarischen Friedensvertrag für Beschädigung oder Untergang des Vermögensobjekts Schadensersatz vorsehen. Damit ist der eigentliche Bereich und der Grund für die Bevorzugung rückerstattungsrechtlicher Vorschriften aufgegeben. Im Gegensatz zu Entschädigungen, die aus ökonomischer Sicht erst von einer Volkswirtschaft als Überschuß hervorgebracht

---

328 Vgl. Art. 78 IX a (2) ital., 24 IX a (2) rum., 26 IX a (2) ung., 23 VIII a (2) bulg. u. 25 VIII a (2) finn. FV; ebenso Art. 25 VIII a (2) österr. Staatsvertrag.

329 Schnitzer, Recht, S. 42 ff. u. 64; ders., Schweizerische Juristen-Zeitung 1948, S. 11, mit dem Hinweis, diese Auffassung sei auf der Friedenskonferenz seitens eines Delegierten einer Großmacht vertreten worden. Ebenso wohl Doroghi, The Property Rights of Foreign Nationals Protected by the Paris Peace Treaty, 1947, zit. n. Martin, BYIL 1947, S. 288, Fn. 2.

330 Vgl. Martin, BYIL 1947, S. 288 f.

331 Darauf weist auch Martin, BYIL 1947, 286 f., hin.

werden müssen, was gerade in der unmittelbaren Nachkriegszeit ein besonderes Problem darstellte, sind die rückerstattungsrechtlichen Objekte, vor allem Grundstücke, bereits vorhanden. Sie müssen lediglich an den ursprünglichen Eigentümer wieder herausgegeben werden. Die Herausgabe kann aber nur in dem tatsächlichen Zustand erfolgen. Werden Ausgleichsansprüche wegen Untergang oder Verschlechterung der Sache gegeben, so konkurrieren diese Ansprüche mit anderen Entschädigungsforderungen. Ihre vorrangige Abwicklung ist auch aus wirtschaftlichen Gründen nicht mehr einzusehen. Möglicherweise ist die Ergänzung der rückerstattungsrechtlichen Herausgabeansprüche vor allem deshalb aufgenommen worden, weil die Restitutionsansprüche, soweit sie in den ehemaligen Achsenmächten liegendes Vermögen betreffen, entsprechend ergänzt wurden - womit tatsächlich der Reparationsumfang erweitert wurde[332] - und dahinter die rückerstattungsrechtlichen Ansprüche nicht zurückstehen sollten.

In entschädigungsrechtlicher Hinsicht sind die Friedensverträge noch in einem weiteren Punkt bemerkenswert. Alle, bis auf den finnischen, wofür keine Erklärung ersichtlich ist,[333] enthalten einen Reparationsverzicht gegenüber Deutschland.[334] Dies ist insofern konsequent, als die ehemaligen Achsenmächte, auch insoweit sie nach ihrem Abfall von Deutschland besetzt worden waren, nicht an der Pariser Reparationskonferenz und damit an der Aufteilung der deutschen Reparationsmasse beteiligt worden waren. Der Grund für den Reparationsverzicht dürfte daher vor allem in der alliierten Absicht gelegen haben, das deutsche Reparationsaufkommen unter möglichst wenigen Staaten zu verteilen.[335] Da alle Staaten in den Friedensverträgen selbst zu Reparationsleistungen verpflichtet wurden, hätte die Beteiligung am deutschen Reparationsaufkommen zur indirekten Finanzierung ihrer Reparationsverpflichtung durch Deutschland geführt. Im übrigen wird der Abfall von Deutschland nicht nur in den jeweiligen Präambeln, sondern auch in den Reparationsbestimmungen mit der Maßgabe hervorgehoben, daß eine Entschädigung für die Verluste nicht ganz, sondern nur

332 Vgl., allerdings in anderem Zusammenhang, Kaufmann, AöR 75 (1949), S. 20 f.

333 Verwunderung auch bei Wilmanns, in Leverkuehn (Hrsg.), Bestimmungen, S. 76; spekulativ als (westliche) "Privilegierung" bei Menzel, Forderungsverzichtsklauseln, S. 21.

334 Vgl. Art. 77 IV ital., 28 IV rum., 30 IV ung. u. 265 IV bulg. FV; ähnlich Art. 23 III österr. Staatsvertrag u. Art. 19 III des japanischen Friedensvertrags v. 8.9.1951, zu letzterem s. Menzel, EA 1952, S. 5261 ff.; Text ebd., S. 5267-75.

335 Vgl. a. Dränzlin, Fs. Janssen, S. 94; Menzel, Forderungsverzichtsklauseln, S. 21 f., der aber darin vornehmlich eine "Strafmaßnahme" sieht (S. 17-21).

teilweise zu leisten ist. Wilmanns weist darauf hin, daß die restitutionsrechtliche Begrenzung eines Schadensersatzes auf Zwei-Drittel des Wiederbeschaffungswertes ebenfalls damit begründet worden sei.[336] Mit der Formulierung "auch Deutschland den Krieg erklärt und tatsächlich gegen es geführt hat" wird hierbei nicht auf die Verluste, sondern eben auf den Kriegsbeitrag abgestellt.

Vom Reparationsverzicht werden lediglich die eventuell nach dem Abfall von Deutschland, wobei als maßgebliches Datum der jeweilige Abschluß des Waffenstillstandsabkommens gilt, entstandenen Restitutionsansprüche ausgenommen.[337] Während die Reparationsverpflichtung der Achsenmächte z.T. vergleichsweise eng unter Aufnahme der Formulierungen des Waffenstillstandsabkommen begründet wird, wird der Reparationsverzicht möglichst weit gefaßt. So sind nach den rumänischen, ungarischen, bulgarischen und finnischen Friedensverträgen die Verluste, die den jeweiligen Reparationsgläubigern durch militärische Operationen und durch die Besetzung des Staatsgebietes verursacht worden sind, zu ersetzen. Die Verzichtsklauseln lauten demgegenüber übereinstimmend, hier zitiert nach dem italienischen Friedensvertrag:

"Unbeschadet dieser und irgendwelcher anderen Anordnungen zugunsten Italiens und italienischer Staatsangehöriger durch die Besatzungsmächte Deutschlands begibt Italien sich in seinem Namen und im Namen italienischer Staatsangehöriger aller Ansprüche gegen Deutschland und deutsche Staatsangehörige (Italy waives on its own behalf and on behalf italien nationals all claims against Germany and German nationals), die am 8. Mai 1945 ausstanden, ausgenommen derjenigen aus Verträgen und anderen Verpflichtungen sowie Rechten, die vor dem 1. September 1939 eingegangen bzw. erworben worden sind. Dieser Verzicht soll so verstanden werden (This waiver shall be deemed to include), daß er Schulden, alle Ansprüche von Regierung zu Regierung bezüglich im Laufe des Krieges eingegangener Abmachungen und alle Ansprüche auf während des Krieges entstandener Verluste oder Schäden umfaßt (all claims for loss and damage arising during the war)."

Dieser weite Reparationsverzicht, der neben den bereits erwähnten Restitutionsansprüchen nur noch die Vorkriegsschulden auszunehmen scheint,[338] ist vor dem Hintergrund des "Bündelungsprinzips" des ein Jahr zuvor abgeschlossenen Pariser Reparationsabkommens zu sehen. Nach der dort verhandelten Konzeption wird nicht zwischen Kriegs- und Verfolgungsschäden unterschieden.[339]

---

336 Vgl. Wilmanns, in: Leverkuehn (Hrsg.), Bestimmungen, S. 190 f.

337 Für Ungarn vgl. Vásárhelyi, Restitution, Kapitel VI u. VII.

338 Zu den während des Kriegs begründeten kommerziellen Forderungen s. Wilmanns, in: Leverkuehn (Hrsg.), Bestimmungen, S. 72.

339 Ausf. s.o. 3 II 1; für die ungarische Reparationspflicht unter Hinweis auf den Vertrag von Trianon vgl. Vásárhelyi, Restitution, S. 47 f.

Aus den Friedensverträgen selbst wird nicht ersichtlich, daß diese Konzeption inzwischen aufgegeben worden war.[340] Dagegen spricht die spärliche Normierung der rückerstattungsrechtlichen Materien im rumänischen und ungarischen Friedensvertrag, die aber immerhin wie Teil I Art. 8 des Pariser Reparationsabkommens die Tür zum Feld der Verfolgungsschäden offen hält, allerdings bei Fehlen jeglicher Normierung der Körper- und übrigen Verfolgungsschäden. Die deutsche Rechtswissenschaft hat gegenüber diesen Staaten aus den Reparationsverzichtsklauseln daher zeitweise ein Erlöschen jeglicher, insbesondere eben der Entschädigungsforderungen konstruiert.[341] Wenn damit noch nichts über die Bemühungen der alliierten Nationen hinsichtlich der Verfolgungsopfer ausgesagt werden soll, da hierfür die konkreten Hilfsmaßnahmen vor allem der internationalen Hilfs- und Flüchtlingsorganisationen und die innerstaatliche Gesetzgebung der ehemaligen Feindstaaten untersucht werden müßte, so ist jedenfalls der völkerrechtliche Entschädigungskomplex auch in den Friedensverträgen nur in Spuren zu erkennen.

VI. Eine erste Theoriebildung: Der Entschädigungskomplex bei jüdischen und anderen Autoren

1. Die Funktion der Reparationen

Die bisherigen Erörterungen haben gezeigt, daß sich eine Unterscheidung zwischen Reparation und Entschädigung bis zur Entstehung der Bundesrepublik Deutschland völkerrechtlich nicht herausgebildet hatte. Kriegs- und Verfolgungsschäden wurden nicht unterschieden. Die grundsätzliche Einbeziehung der Verfolgungsschäden in die allgemeine Reparationspolitik mit der Maßgabe, daß nicht einmal eine begriffliche Unterscheidung erfolgen konnte, wurde durch die sicherheits- und wirtschaftspolitische Überlagerung der Reparationspolitik befördert. Dies gilt auch für die Länder, die von Anfang an für deutsche Reparationen in größerem Umfang eingetreten waren, also die Sowjetunion, Frankreich und die kleineren Alliierten. Reparations- als Sicherheitspolitik bedeutete vor allem die militärische und militärökonomische Abrüstung Deutschlands bis hin zur all-

340 Zur Bezugnahme in Art. 5 IV LSA s.u. 4 II 2.

341 S. dazu u. 5 II 3b.

gemeinen Begrenzung des deutschen Wirtschaftspotentials, wie dies anfänglich in den Industrieplänen verfolgt worden war. Ziel einer solchen Reparationspolitik war daher in erster Linie die deutsche Wirtschaft, Schadensersatz für die besetzten Länder war dabei nur eine erwünschte Nebenfolge. Wirtschaftspolitisch sollten die deutschen Reparationen dem Wiederaufbau der durch eine mit dem ersten Weltkrieg nicht vergleichbare rücksichtslose Ausbeutungspolitik schwer angegriffenen Volkswirtschaften der besetzten Länder dienen, wobei, in unterschiedlichem Ausmaß und sehr umstritten, ein deutsches Wirtschaftspotential erhalten bleiben sollte. Wegen der vermeintlichen Erfahrungen mit den Reparationszahlungen nach dem Versailler Vertrag war man sich nunmehr einig, daß, zur Vermeidung von Transferproblemen, Geldzahlungen nicht in Betracht kämen, sondern allenfalls Warenlieferungen. Deren Dauer und Wert sollte aber stärker begrenzt werden als nach dem ersten Weltkrieg, so daß alle beteiligten Siegermächte nur von einer sehr bruchteiligen Ersetzung auch bloß der materiellen Schäden ausgingen. Von Anfang an kam daher nur eine Pauschalsumme in Betracht, deren Höhe oder Festsetzung dann allerdings zu den umstrittensten Punkten gehörte. Ein solches Vorgehen machte jedoch jede Kategorisierung der Schäden entbehrlich. Dies gilt auch für die quotenmäßige Verteilung auf der Pariser Reparationskonferenz, auf der ein Disput über einzelne Schadenskategorien nicht ausgetragen werden mußte, da diese lediglich grobe Anhaltspunkte für die Berechnung der einzelnen Quoten liefern sollten.

Jüdische Ansprüche werden dabei weitgehend nicht berücksichtigt. Sie werden als Reparationsgrund nicht eigens erwähnt. Sie werden als bloße Quotengröße in die allgemeinen, reparationsfähigen Kriegsschäden einbezogen. Jedem Siegerstaat bleibt es überlassen, ob und wie er solche Ansprüche befriedigt. Lediglich dort, wo eine solche alliierte Schutzmacht fehlt, also bei Staatenlosen und nicht rückkehrwilligen Flüchtlingen aus den Siegerstaaten und vor allem aus Deutschland und Österreich, werden allgemeine Wiederaufbaugelder im Pariser Reparationsabkommen vorgesehen. Weder hier noch in den Friedensverträgen von 1947 werden aber Ansprüche für Verfolgte aller Achsenmächte dekretiert. Lediglich im ungarischen und rumänischen Friedensvertrag sind verfolgungsbedingte Ansprüche vermögensrechtlicher Art als Rückerstattung vorgesehen.

Im nächsten Kapitel wird der Frage nachzugehen sein, inwieweit deutsches innerstaatliches Recht, sei es als Besatzungsrecht oder als Gesetzgebung der deutschen Länder oder der Bundesrepublik ergangen, dieses System ergänzt. Die Lückenhaftigkeit der internationalen Regelungen wird aber erst vollends deutlich vor dem Hintergrund früher Konzeptionen vor allem jüdischer Autoren.

Diese Studien, die z.T. Grundlage der bereits erwähnten jüdischen Vorstöße auf der Pariser Reparationskonferenz waren, sind während des Krieges oder unmittelbar danach entstanden. Ausgangspunkt aller dieser Überlegungen ist das völkerrechtliche Haftungssystem, wie es mit dem Versailler Vertrag entstanden war. Auf die darin enthaltenen Reparationsregelungen wird fast durchweg direkt oder indirekt Bezug genommen.

2. Der Maßstab: Die Versailler Reparationsregelungen

Im Versailler Vertrag, dem Friedensschluß zwischen Deutschland und den alliierten und assoziierten Mächten vom 16. Juli 1919,[342] war Deutschland im Teil VIII zu "Wiedergutmachungen", so die offizielle Übersetzung für "réparations" bzw. "reparation", verpflichtet worden. Nach dem einleitenden Art. 231 erkannte Deutschland an, daß es und seine Verbündeten "als Urheber für alle Verluste und Schäden verantwortlich sind (accepts the responsibility of Germany and her allies for causing all the loss and damage), die die alliierten und assoziierten Regierungen und ihre Staatsangehörigen infolge des ihnen durch den Angriff Deutschlands und seinen Verbündeten aufgezwungenen Krieges haben". Unabhängig davon, wie man diesen von Deutschland und nicht zuletzt von der deutschen Völkerrechtswissenschaft zur "Kriegsschuldfrage" hochstilisierten [343] Artikel beurteilt,[344] stellte der nachfolgende Artikel 232 klar, daß die Hilfsmittel Deutschlands unter Berücksichtigung der übrigen Vertragspflichten nicht ausreichten, "um die volle Wiedergutmachung aller dieser Verluste und Schäden sicherzustellen (to make complete reparation for all such loss and damage)". Im Absatz 2 wurde dann im Anschluß an die amerikanische Lansingnote vom 5. November 1918 die Reparationspflicht grundsätzlich auf

342 RGBl. I 1919, 687; Materialien VII.

343 Vgl. z.B. die Ausführungen P. Krügers, Deutschland, S. 161-163. Zur Rede des damaligen Außenministers Brockdorff-Rantzau bei der Übergabe des Vertragstextes s. P. Krüger, Versailles, S. 21 f., u. 28-30; vgl. ferner Kraus, HWbStW IV, S. 423-426; Eckert, ebd., S. 468 f.; klarstellend bereits Holborn, Kriegsschuld. Zur Bedeutung des Art. 231 vgl. ders., Geschichte, S. 347 ff.; Wessely, in: Bosl (Hrsg.), Versailles, S. 146; instruktiv zur Bedeutung des Versailler Vertrages Fellner, ebd.; P. Krüger, Versailles, S. 15 f.; vgl. a. zur Übernahme der "Kriegsschuldlüge" in der Bundesrepublik Janssen, in: Friedrich/Wollenberg (Hrsg.), Licht; Überblick über Konzeptionen und Verhandlungsverlauf bei Bansleben, Reparationsproblem, S. 13-112.

344 Zur rechtlichen Auslegung s. Held, WbdVR I, S. 729; Kraus HWbStW IV, S. 424 f.; zur politischen Auseinandersetzung s. bereits Materialien VI.

den Ersatz der Schäden der Zivilbevölkerung begrenzt. Als Kompromiß[345] gegenüber weitergehenden Forderungen auf Einbeziehung der Kriegskosten wurde die Definition der zivilen Schäden in die Anlage I des Art. 232 verwiesen. Nicht zuletzt hatte dazu auch das Zugeständnis der Vereinigten Staaten an Frankreich und Großbritannien zur Aufnahme des an und für sich bedeutungslosen Art. 231 verholfen, mit dem die dortige innenpolitische Stimmung ebenfalls beschwichtigt werden sollte.[346] Der Reparationsumfang wurde daher, da ein endgültiger Betrag im Vertrag nicht genannt wurde, sondern dessen Festsetzung bis zum 1. Mai 1921 einem "Wiedergutmachungsausschuß" übertragen wurde, rechtssystematisch - über den tatsächlichen Betrag und seine Funktion[347] ist bereits in der Weimarer Republik heftigst gestritten worden - durch die Begrenzung der reparationsfähigen Schäden beschränkt. Neben der in Absatz 3 vorgesehenen Ausnahme der Erstattung der belgischen ausländischen Kriegsanleihen als Folge des deutschen Einmarsches in Belgien unter Verletzung dessen Neutralität waren nach Art. 232 Absatz 2 nur alle die Schäden wiedergutzumachen,

"die der Zivilbevölkerung jeder der alliierten und assoziierten Mächte und ihrem Gut während der Zeit, in der sich die beteiligte Macht mit Deutschland im Kriegszustand befand, durch diesen Angriff zu Lande, zu See und in der Luft zugefügt worden sind, sowie überhaupt alle Schäden, die in der Anlage I näher bezeichnet sind" (Art. 232 Abs. 2).

Reparationsfähig sind danach nur zivile Personen- und Sachschäden. Anlage I konkretisiert die Schadenskategorien folgendermaßen:

"Gemäß obigem Artikel 232 kann von Deutschland Ersatz für jeglichen Schaden gefordert werden, der unter eine der folgenden Gattungen fällt:
1. Schäden, die wo immer es sei, Zivilpersonen an ihrer Person oder ihrem Leben und den ihnen unterhaltsberechtigten Hinterbliebenen durch irgendwelche Kriegshandlungen, einschließlich der Bombardements und sonstiger Land-, See- und Luftangriffe, sowie durch die unmittelbaren Folgen dieser Kriegshandlungen oder die Folgen irgendwelcher Kriegsoperationen der beiden kriegführenden Gruppen zugefügt worden sind.
2. Schäden, die, wo auch immer es sei, von Deutschland oder seinen Verbündeten Zivilpersonen oder der ihnen gegenüber unterhaltsberechtigten Hinterbliebenen durch Grausamkeiten, Gewalttätigkeiten oder Mißhandlungen zugefügt sind. Darunter fällt auch Schädigung an Leben oder Gesundheit infolge von Gefangensetzung, Verschickung, Internierung, Abschiebung auf See und Zwangsarbeit.[348]

---

345 S. de Clery, Friedens-Warte 1943, S. 4 f.; vgl. ferner Holborn, Geschichte, S. 347 f.; Eckert, HWbStW IV, S. 469.

346 Dazu vor allem bereits Holborn, Kriegsschuld, S. 28-36.

347 Eckert, HWbStW IV, S. 469, bezeichnet sie z.B. als "Tributforderung".

348 Zu den Bemühungen, die Deportation belgischer Zwangsarbeiter zu rechtfertigen, s. die Verhandlungen des Untersuchungsausschusses des Reichstags, Werk, S.

3. Schäden, die von Deutschland oder seinen Verbündeten auf eigenem Gebiet oder im besetzen und mit Krieg überzogenen Gebiet Zivilpersonen oder den ihnen gegenüber unterhaltsberechtigten Hinterbliebenen durch Verletzung von Gesundheit, Arbeitsfähigkeit oder Ehre zugefügt sind.
4. Schäden aus jeder Art schlechter Behandlung von Kriegsgefangenen.
...
8. Die den Zivilpersonen von Deutschland oder seinen Verbündeten durch Heranziehung zur Arbeit ohne angemessene Vergütung zugefügten Schäden.
9. Schäden an allem Eigentum..."

Die Nummern 5 bis 7 bezogen Kriegs- und Invalidenpensionen sowie andere Unterstützungszahlungen ein, Nummer 10 betraf Auflagen, Geldstrafen und ähnliche Beitreibungen Deutschlands.

Deutschland war an den Versailler Vertragsverhandlungen selbst nicht direkt beteiligt worden, sondern hatte nur einen Beobachter entsenden dürfen. Bereits nach Präsentation des Vertragstextes im Mai 1919 wandte die Reichsregierung gegen die Nummer 4 ein, eine Entschädigung für Kriegsgefangene könnte nur bei Gegenseitigkeit erfolgen. Vor allem aber wurden die Nummern 5 bis 7 abgelehnt, da es sich bei den Kriegspensionen um unmittelbare Kriegskosten und nicht um Schäden handele, die der Zivilbevölkerung durch den Angriff zugefügt worden seien. Unter Berufung auf Wilsons 14-Punkte Erklärung vom Januar 1918 und die Lansingnote vertrat die deutsche Regierung weiter die Auffassung, nur für die Gebiete Belgiens und Frankreichs sei aller Schaden zu ersetzen. Unter dieser Einschränkung wurde einer Ersatzpflicht für die hier insbesondere interessierenden Nummern 1 bis 3 sowie der Nummern 8 bis 10 zugestimmt.[349] Der Vorstoß der deutschen Regierung, die die Haltung der Siegermächte zur Reparationsfrage völlig unterschätzt hatte und sie außenpolitisch vor allem als Rechtsfrage behandelte,[350] blieb aber erfolglos.[351] Der Vertrag trat wie die übrigen Pariser Vorortverträge, von denen der Vertrag von St. Germain mit Österreich und der von Trianon mit Ungarn gleichlautende Regelungen enthielten,[352] in Kraft.

Das dort entworfene Reparationsprogramm spielte nach dem zweiten Weltkrieg

---

187-442.

349 Vgl. Materialien III, S. 54-57; Eckert, HWbStW IV, S. 469.

350 Vgl. P. Krüger, Deutschland, passim; ders., Versailles, S. 19 f., 38-43; Holborn, Geschichte, S. 342-358.

351 Vgl. die offizielle Zusammenstellung in: Materialien V, S. 42; auf eine marginale Änderung wird in: Friedensvertrag, S. 103, hingewiesen.

352 S. die Hinweise bei Kraus, HWbStW IV, S. 423 f.; Fellner, in: Bosl (Hrsg.), Versailles, S. 20; Wessely, ebd., S. 150.

in den alliierten Verhandlungen insofern keine Rolle, als von vornherein nur Sachlieferungen in Betracht kamen, der zeitliche Rahmen wesentlich kürzer gesteckt und vor allem der Reparationsumfang überhaupt noch wesentlich stärker begrenzt werden sollte. Neben den jüdischen wurde lediglich in konzeptionellen deutschen Überlegungen [353] eine ähnliche Regelung erwartet.

Mit der Orientierung an den Versailler Reparationsregelungen war zunächst das erste Problem jüdischer Entschädigungsansprüche, überhaupt eine Rechtsgrundlage zu finden, lösbar geworden. Die konzeptionelle Einbettung der Entschädigungsansprüche in eine zukünftige Reparationsregelung reflektierte zum einen die Abhängigkeit einer Verwirklichung der Entschädigungsansprüche vom Verhalten der alliierten Siegermächte. Zum anderen war sie vor allem für zionistische Autoren ohne weiteres gangbar, weil das Problem des völkerrechtlichen Subjekts als Anspruchsinhaber mit dem postulativen Hinweis auf das jüdische Volk, vertreten durch die Jewish Agency, da Israel erst 1948 entstand, beantwortet werden konnte. Wiederholt wird daher darauf verwiesen, daß Hitler den Krieg zuerst gegen das jüdische Volk geführt habe.

Die Reparationsregeln stellten aber zwei rechtliche Hürden auf. Sie betrafen zunächst nur Angehörige der Siegermächte, nicht aber der Feindstaaten selbst. Damit drohte ein Ausschluß der deutschen, rumänischen, ungarischen, bulgarischen und italienischen Juden. Und damit zusammenhängend waren die Regelungen eindeutig nur auf Kriegshandlungen während des Krieges bezogen. Die Verfolgung der Juden war aber, insbesondere in Deutschland, weit vor Kriegsanbruch begonnen worden. Alle Konzeptionen unterscheiden daher relativ klar zwischen Kriegs- und Verfolgungsschäden, die aus rassischen, religiösen oder politischen Gründen erfolgt sind. Diese Unterscheidung spielte in den alliierten Verhandlungen keine Rolle, sie taucht nur als Reflex im Pariser Reparationsabkommen und den Friedensverträgen von 1947 auf.

3. Die einzelnen Autoren

Hier soll vor allem der juristische Gehalt dieser Konzeptionen im Überblick dargestellt werden, deren Rezeption ansonsten vorwiegend als Vorstufe zum Abkommen mit Israel und der Claims Conference von 1952 erfolgt.[354] Ihre ein-

---

353 Vgl. z.B. Leverkuehn, in: ders. (Hrsg.), Bestimmungen, S. 13-18.

354 Vgl. Balabkins, Reparations, S. 81-85; Sagi, Wiedergutmachung, S. 21-43; dies., in: Herbst/Goschler (Hrsg.), Wiedergutmachung, S. 99-103; Jelinek, ebd., S. 120-

gehende historische und rechtswissenschaftliche Bearbeitung steht noch aus.

Nach Jelinek enthalten allein die Akten der Jewish Agency for Palestine zahlreiche Skizzen, Entwürfe und Vorschläge für Forderungen an Deutschland.

"Die ersten erschienen sofort nach Kriegsausbruch, und ein dünnes Rinnsal setzte sich durch die Jahre 1940 bis 1942 hindurch fort. Seit den großen Schlachten Ende 1942 wandelte sich das Rinnsal zu einem Strom. Die meisten Dokumente stammten von Emigranten aus Deutschland,[355] aber ebenso kamen Beiträge von jüdischen Emigranten aus der Tschechoslowakei und aus Österreich." [356]

Neben Arbeiten aus dem zionistischen Umfeld und den anderen jüdischen Organisationen dürfte es vermutlich eine Reihe von organisatorisch weniger stark oder eher lokal eingebundenen Autoren gegeben haben.[357] Hierzu scheinen selbst überblicksartige Darstellungen zu fehlen, ebenso wie eine Auswertung der Flüchtlings- und Emigrantenliteratur,[358] zu nennen ist nur der in New York erscheinende deutschsprachige "Aufbau", wohl bisher nicht erfolgt ist.

a. Schalom Adler-Rudel

Die ersten Überlegungen stammen von Shalom (Shalom, Salomon) Adler-Rudel. Adler-Rudel, geboren 1894 im damals noch österreichisch-ungarischen Czernowitz, war als bekannter deutscher Zionist viele Jahre mit Flüchtlingshilfe und -rehabilitierung befaßt. In der Weimarer Republik war er Direktor des Arbeiterfürsorgeamts der jüdischen Organisationen, von 1930 bis 1934 Leiter der Abteilung für produktive Wohlfahrt der jüdischen Gemeinde in Berlin. Danach war er Geschäftsführer der Reichsvertretung der Juden in Deutschland. Nach seiner Ausweisung aus Deutschland aufgrund einer Denunziation als Sozialist im Jahre

---

122; Deutschkron, Israel, S. 36 f.; Grossmann, Ehrenschuld, S. 13; Féaux de la Croix, W. III, S. 148 f.; als Teil der Vorgeschichte zur Rückerstattungsgesetzgebung s. die Darstellung bei Schwarz, W. I, S. 11-20; weitergehend Schwerin, Northwestern University Law Review 1972, S. 486-488.

355 Insofern verfehlt die Entgegensetzung "deutsche Menschen"/"jüdisches Anliegen" bei Féaux de la Croix, in: Wiedergutmachung III, S. 148.

356 Jelinek, in: Herbst/Goschler (Hrsg.), Wiedergutmachung, S. 121.

357 Weitere Einzelhinweise bei den zuvor Genannten; s. ferner den Hinweis von Kossoy, Wiedergutmachung, S. 24 f., auf die Schrift von Richard Lamm, La Réparation des dommages résultant des persécutions, Genève (Grivet), 1945 (296 Seiten); s.a. Marx, Case (zur Person vgl. Göppinger, Juristen, S. 302 f.; weitere Beiträge von Marx: RzW 1959, S. 356 f.; 1963, S. 99 ff).

358 Vgl. die allgemeinen Hinweise bereits bei Großmann, Ehrenschuld, S. 14, und bei F. Moses, Geschichte, S. 6 f., auf die amerikanische Presse.

1936 setzte er seine Arbeit in der jüdischen Flüchtlingshilfe in Großbritannien fort. 1938 nahm er an der Konferenz von Evian zu dem Problem der vorwiegend jüdischen Flüchtlinge teil. 1949 wanderte er nach Israel aus, wo er wiederum in der Flüchtlingshilfe tätig war. Von 1958 bis zu seinem Tode im Jahre 1975 war er Vorstandsmitglied des Leo Baeck Instituts in Jerusalem.[359]

In einem unmittelbar nach Kriegsbeginn verfaßten Memorandum vom 10. Oktober 1939 gab Adler-Rudel im wesentlichen Anregungen zur Sammlung von Material. Für ihn war die Kriegserklärung Hitlers an die Juden bereits 1933 erfolgt. Letzten Anstoß für seine Überlegungen gab eine amtliche deutsche Erklärung an Polen aus den ersten Septembertagen, in der gegenseitige Wiedergutmachung für Verletzung der jeweiligen Minderheitenrechte verlangt worden war. Wenn, so faßte er später seine Überlegungen zusammen, die deutsche Regierung es also für richtig hielt, Schädigungen wiedergutzumachen, die Deutschland gegen seine eigenen Staatsangehörigen, die einer Minderheit angehörten, begangen hatte, und dies auch für die Minderheit in Polen verlangte, so sei nicht einzusehen, warum die Schädigungen, die die deutsche Regierung ihren jüdischen Staatsangehörigen zufügte, nach Beendigung des Krieges nicht nach demselben Grundsatz ebenfalls gutgemacht werden sollte. In einem weiteren Memorandum vom März 1941 für den Leiter der zwischenstaatlichen Flüchtlingskommission schätze er bereits die Schäden ab und betonte die Besonderheit der Lage, in der nicht etwa zwei Staaten gegeneinander Krieg führten, sondern ein Staat seine eigenen Staatsbürger verfolgte und ihnen den Krieg erklärte.[360]

b. Jacob Robinson

Jacob Robinson stand an der Spitze des 1941 vom Jüdischen Weltkongreß gegründeten Instituts für jüdische Angelegenheiten.[361] Er legte im Februar 1943 in den Vereinigten Staaten eine Studie zum Thema "Entwurzelte Juden in der un-

---

359 S. Handbuch I, S. 8 f.; vgl. ferner Sagi, Wiedergutmachung, S. 21 sowie 33 u. 100; Leo Baeck Institute Year Book XIII (1968), S. 344; biographische Sprengsel bei Vollnhals, in: Benz (Hrsg.), Juden, S. 319 u. 380 f.; bibliographische Hinweise in: Leo Baeck Institute Year Book XV (1970), S. 265, Nr. 7844; s.a. Adler-Rudel's Studien "Ostjuden in Deutschland 1880-1940" u. "Jüdische Selbsthilfe unter dem Naziregime 1933-1939".

360 Darstellung nach Adler-Rudel, Fs. Moses, S. 201-203; Sagi, Wiedergutmachung, S. 21 f.

361 Zur Person vgl. die knappen Angaben bei Sagi, Wiedergutmachung, S. 22 f., 31, 40 u. 95 f.

mittelbaren Nachkriegswelt" im Rahmen des dritten Berichts der "Commission to Study the Organization of Peace" vor,[362] der u.a. der spätere Außenminister John Foster Dulles angehörte.[363]

Jacob Robinson wies darin bereits auf den Massenmord an den Juden hin, wenn er auch noch nicht die ganze Tragweite des bereits begonnenen Völkermords erkennen konnte. Aufgrund der brutalen Verfolgungspraxis der Achsenmächte sah er als unmittelbar zu lösende Probleme die physische Rehabilitation der durch Hunger, Zwangsarbeit und andere Entbehrungen geschwächten Überlebenden, die Wiederherstellung ihres rechtlichen Status, die Wiederansiedlung in ihrer Heimat oder an einem Emigrationsort und ihre Wiedereingliederung in die neuen Nachkriegswirtschaften an. Er erörterte die unterschiedliche Ausgangslage der in Europa verbleibenden Juden und der übrigen Bevölkerung, mit denen sie die Wiederaufbauschwierigkeiten teilen müßten, von denen aber die meisten ihre Arbeit vor und nach dem Kriege haben würden. Niemand außer den Juden werde so vollständig aus jeder wirtschaftlichen Betätigung verdrängt sein. Die Frage der Entschädigung trat hinter diesen unmittelbar notwendigen Hilfsmaßnahmen zurück. Jacob Robinson verknüpfte aber, ähnlich dem Reparationszweck "Wiederaufbauhilfe", das Entschädigungs- mit dem Rehabilitierungsproblem:

"Die Gelder, die für den jüdischen wie nichtjüdischen Wiederaufbau gebraucht werden, müssen zu einem beachtlichen Teil durch staatliche oder zwischenstaatliche Zuschüsse aufgebracht werden. Dieses Problem hängt jedoch sehr eng mit dem Schadensersatz für die Verluste und der wirtschaftlichen Rehabilitation zusammen. Voller Wiederaufbau ist nicht möglich, es sei denn, Reparationen (nicht unbedingt in Geld) tragen ihren Teil dazu bei. Das moralische und materielle Leid, das dem jüdischen Volk von der hitlerischen Geißel in Europa und darüber hinaus zugefügt wurde, kann nicht bloß in Mark und Pfennig berechnet werden. Selbst ein voller Schadensersatz für die materiellen Verletzungen kann nicht Unrecht zu Recht machen. Andererseits ist es ein allgemeiner Grundsatz der Gerechtigkeit, daß Unrecht beseitigt werden muß und daß sich niemand durch anderen zugefügte Ungerechtigkeiten bereichern darf. Vom Gesichtspunkt des Wiederaufbaus ist es wichtig festzustellen, daß ein beträchtlicher Teil der Kosten von den Juden selbst durch die Schadensersatzzahlungen, die sie für ihr geraubtes Eigentum erhalten, aufgebracht werden könnte." [364]

Jacob Robinson verwies damit zunächst auf vermögensrechtliche Ansprüche, die spätere Rückerstattung. In den besetzten Ländern sollten die jüdischen wie die anderen Ansprüche in der Regel von den ordnungsgemäß verfaßten Regie-

362 Uprooted Jews in the Immediate Postwar World, S. 291 ff.

363 Vgl. ebd., S. 235.

364 Ebd., S. 309.

rungen wahrgenommen werden. Robinson erkannte damit den völkerrechtlichen Grundsatz an, nach dem die Ansprüche der Staatsbürger völkerrechtlich solche des Staates sind. In den Achsenstaaten und einigen nicht näher genannten besetzten Staaten sollten die Wiedergutmachungsansprüche von einer internationalen Agentur für Wiedererlangung jüdischer Verluste vertreten werden. Dieser Gedanke ist zum Teil in der späteren Rückerstattungsgesetzgebung verwirklicht worden.

c. Georg Landauer

Eine erste grundlegende Orientierung dürfte das im September 1943 von Georg Landauer verfaßte Memorandum für die Jewish Agency gegeben haben.[365]

Georg Landauer, geboren am 17.11.1895 in Köln am Rhein, am 5. Februar 1954 in New York gestorben, unterbrach sein 1913 begonnenes Studium der Indogermanistik, da er als Kriegsfreiwilliger Dienst an der russischen Ostfront leistete. Nach Studium der Rechtswissenschaft und Nationalökonomie, Syndikus in einem Düsseldorfer Industriewerk und Promotion zum Dr. jur. 1923 mit einer Arbeit über "Das geltende jüdische Minderheitenrecht mit besonderer Berücksichtigung Osteuropas" engagierte er sich in den zwanziger Jahren auch beruflich für und in Palästina. Bereits während seiner Studentenzeit war er Sekretär der Zionistischen Vereinigung für Deutschland für die besetzten Gebiete des Rheinlands gewesen. Bis 1933 war er führend in der deutschen zionistischen Bewegung tätig und in dieser Eigenschaft auch mit der Auswanderung nach Palästina befaßt, so vor allem mit Fragen des Vermögenstransfers. Seit 1934 setzte er diese Tätigkeit an leitender Spitze in Palästina und Israel fort. Bis zu seinem Tode war er Vorsitzender des Irgun Olej Merkas Europa, einer Selbsthilfeorganisation der Einwanderer aus Mitteleuropa, gewesen. Robert Weltsch nannte ihn in einem Nachruf einen "leidenschaftlichen jüdischen Nationalisten" ohne üblen Nebensinn.[366]

---

365 S. Entschädigungsforderungen (Kollektivanspruch) der Juden aus Deutschland, wohl erstmals veröffentlicht in den von Max Kreutzberger herausgegebenen Schriften: Landauer, Zionismus, S. 277-279.

366 Weltsch, in: Landauer, Zionismus, S. 453 f.; zur Biographie s. ausführlich die Einleitung von M. Kreutzberger, ebd., S. 11 ff., und den tabellarischen Lebenslauf auf S. 467 f.; Handbuch I, S. 413 f. Nach F. Meyer, Fs. Moses, S. 115, war Landauer Verfasser jener nur aus dem historischen Kontext verständlichen "Äußerung der Zionistischen Vereinigung für Deutschland zur Stellung der Juden im neuen deutschen Staat" (ebd., S. 120-123); vgl. dazu a. die Bemerkung von H. Hahn, ebd.,

Bereits im Frühjahr 1942 hatte Landauer in einem Jerusalemer Vortrag betont, die jüdische Nachkriegsnot könne von den Juden allein nicht behoben werden. An allen ökonomischen und sozialen Rekonstruktionsprogrammen müßten sie Anteil haben.[367]

In seinem kurzen Memorandum vom September 1943 unterschied Landauer neben den Kriegsschäden die "Schädigung der Juden und anderer Völker durch nichtkriegerische Maßnahmen". Er führte dies nicht weiter aus, da er sah, daß hauptsächlicher Maßstab die deutsche Leistungsfähigkeit, die für ihn vor allem in der Möglichkeit des Exports deutscher Industrieprodukte bestand, sein werde:

"Es ist daher mit Recht festgestellt worden, daß Umfang und Zahlungsmethode deutscher Reparationen bestimmt werden von der Aufnahmefähigkeit und dem Aufnahmewillen der Siegerstaaten, die Reparationsforderungen stellen.
Unter diesem Gesichtspunkt ist der jüdische Kollektivanspruch zu betrachten." [368]

Dieser jüdische Kollektivanspruch, der hier erstmals geltend gemacht wurde, könnte nur von Palästina verwirklicht werden, da allein dort die Voraussetzungen zur Aufnahme deutscher Reparationslieferungen bestehen würden. Landauer sah darin auch eine Chance, die Einwanderungsziffern zu erhöhen, da Reparationen nach den vorherigen Erfahrungen nur für kurze Zeit erfolgen würden. Nur bei erhöhter Einwanderung ließe sich so Entschädigungsprogramm Hand in Hand mit dem jüdischen Aufbauprogramm durchführen.

Kurze Zeit später, in der 1944 verfaßten Schrift "Probleme der Übergangszeit", in der er die Reparationsfrage streift, macht er sich als Nationalökonom nach der Konferenz von Bretton Woods wenig Hoffnung auf deutsche Reparationslieferungen. Ein großes deutsches Bezahlungsprogramm stehe im Gegensatz zum Sicherheitsbedürfnis der Welt:

"Es ist nicht wahrscheinlich, daß über Menschenkraft und bereits vorhandene Güter hinaus noch viel zu fordern sein wird. Für uns schwer geschlagenes, durch Deutschland in Europa ruiniertes Volk ist das ein schwerer Schlag." [369]

S. 99. Zur Beteiligung Landauers an den innerjüdischen Auseinandersetzungen in Deutschland vgl. a. Plum, in: Benz (Hrsg.), Juden, S. 58 f.

367 Vgl. "Zwischen zwei Revolutionen", in: ders., Zionismus, S. 161.

368 Landauer, Entschädigungsforderungen, S. 278.

369 Landauer, Probleme, S. 187 f., Zitat S. 188.

d. Siegfried Moses

Im Anschluß an Landauers Vorgabe brachte Siegfried Moses mit seiner 69-seitigen, 1944 erschienenen Schrift "Die jüdischen Nachkriegs-Forderungen" [370] eine erste, auch rechtliche Überlegungen einbeziehende ausführliche Bearbeitung des Entschädigungskomplexes.

Bei Siegfried Moses handelt es sich ebenfalls um einen führenden Repräsentanten der deutschen zionistischen Bewegung der Weimarer Republik. Am 3. Mai 1887 geboren, trat er bereits mit 16 Jahren in die zionistische Schülerbewegung ein. Nach Studium der Rechtswissenschaft in Berlin, in dieser Zeit war er aktiv im Kartell Jüdischer Verbindungen, und handelsrechtlicher Promotion ließ er sich 1912 als Anwalt in Berlin nieder, war im Krieg seit 1916 Soldat, danach bis 1921 stellvertretender Geschäftsführer des deutschen Städtetages, 1923 bis 1929 Direktor und Berater des damaligen "Kaufhaus-Königs" und Verlegers Salman Schocken, eröffnete danach wieder eine Wirtschaftskanzlei in Berlin und wanderte 1937 nach Palästina aus. 1949 bis 1961 war er israelischer Staatskontrolleur, der die Aufgabe eines Rechnungshofes wahrzunehmen hat. Daneben war Moses immer in zionistischen Organisationen tätig, 1922 sogar hauptberuflich. Nach der nationalsozialistischen "Machtergreifung" wurde er im Sommer 1933 zum Vorsitzenden der Zionistischen Vereinigung für Deutschland gewählt und hatte als solcher das Amt des Vizepräsidenten der Reichsvertretung der Juden inne. Mit Landauer verband ihn über die gemeinsame zionistische Tätigkeit hinaus, insbesondere auch in Flüchtlings- und Auswanderungsfragen, die Tätigkeit für dieselbe politische Partei in Palästina. Moses war während des Krieges und danach in verschiedenen Organisationen mit Entschädigungsfragen beschäftigt. Er starb am 14. Januar 1974 in Tel Aviv.[371] Möglicherweise hat Moses auch Landauer inspiriert, da er bereits 1943 mehrere Beiträge in Zeitungen in Palästina veröffentlichte,[372] u.a. "Wiedergutmachungsforderungen der Juden" im am 2. Juli 1943 erschienenen Mitteilungsblatt des Irgun Olej Merkas Europa.[373]

---

370 Tel Aviv (Verlag Biaton) 1944 (Irgun Olej Merkas Europa).

371 Zur Biographie Moses s. den Überblick bei Gerling, Fs. Moses; zu einzelnen Etappen liefern die Beiträge von Tramer, Blumenfeld, Cohn, Hahn, Brodnitz, Tuchler, Pinner, Muller, Bentwich, Adler-Rudel, Schwarz und Shinnar biographische Berührungspunkte; vgl. ferner Handbuch I, S. 509.

372 Vgl. Sagi, Wiedergutmachung, S. 24 f.

373 Wieder abgedruckt in: R. Vogel, Dialog, S. 4-15.

Moses erkennt in seiner Schrift, daß nur ein kleiner Teil des Schadens nach bisherigem Recht ersetzt werden kann. Offensiv legt er dar, daß deshalb für die meisten Forderungen die gesetzliche Grundlage für einen Rechtsanspruch neu geschaffen werden müßte. Die Lösung des Problems der fehlenden Rechtsgrundlage sucht Moses im Völkerrecht. Den wichtigsten Grund dafür nennt er eingangs im Kapitel zum Reparationsproblem:

"Den Ausgangspunkt für alle Überlegungen, die der Realisierung unserer Chance dienen, bildet die Frage, ob und in welchem Umfang und unter welchen Voraussetzungen die Alliierten es überhaupt für richtig und möglich erachten werden, von Nazi-Deutschland Schadensersatz zu fordern." [374]

Moses sieht also die Abhängigkeit der jüdischen Forderungen vom alliierten Vorgehen. Einen weiteren Grund nennt er an anderer Stelle. Nach der Erfahrung der Verfolgung kann von Deutschland selbst nichts mehr erwartet werden. Deshalb lehnt er die Alternative über eine innerdeutsche Gesetzgebung ab:

"Wir sollten uns vor Argumentationen hüten, die dazu führen können, daß ein Weg gesucht wird, um die jüdischen Forderungsberechtigten auf eine innerstaatliche Gesetzgebung Deutschlands zu verweisen. Das würde nach allen Erfahrungen, die es gibt, keine Gewähr für eine Befriedigung der jüdischen Forderungen bieten - auch dann nicht, wenn vorgesehen werden soll, daß Deutschland zum Erlaß bestimmter Gesetze verpflichtet ist und in ihrer Durchführung überwacht wird. Eine umfassende innerstaatliche Gesetzgebung Deutschlands wird freilich notwendig sein, um die Entschädigungsregelung durchzuführen; aber die Entschädigungsregelung selbst muß in Völkerrechtsakten festgelegt werden, und wir müssen dafür kämpfen, daß die jüdischen Forderungsberechtigten ihre Forderungen unmittelbar auf Grund internationaler Bestimmungen und von außen her geltend machen können." [375]

Ein dritter Grund liegt darin, daß Moses mit der Jewish Agency für Palästina eine Repräsentanz des jüdischen Volkes als gegeben ansieht, wenn er auch deren Vertretungsbefugnis ausdrücklich auf die in Palästina ansässigen Juden begrenzt wissen will.[376] Damit kann Moses zionistische Forderungen nach Autonomie mit den Entschädigungsforderungen verknüpfen. An anderer Stelle drückt er die Hoffnung aus, Palästina dürfe als British-Empire-Land die jüdischen Forderungen selbst geltend machen.[377] Zum anderen gelingt dadurch eine Anpassung an das erwartete alliierte Reparationsprogramm. Moses geht davon aus, daß nur Sachlieferungen in Betracht kommen. Eine Aufnahme solcher Waren zur Abgeltung jüdischer Ansprüche ist nur in Palästina möglich. Dies gilt

---

374 Moses, Nachkriegs-Forderungen, S. 8.

375 Ebd., S. 20.

376 Vgl. ebd., S. 46.

377 Vgl. ebd., S. 25 f.; weitere Überlegungen S. 44, 46-49; dazu auch unten im Text.

nicht nur für den jüdischen Kollektivanspruch. Die Aufnahmefähigkeit des jüdischen Palästina gebe zugleich auch die Möglichkeit, einen wesentlichen Teil der jüdischen Individualansprüche zu verwirklichen. Den in Palästina lebenden Juden könnten so durch Vermittlung jüdisch-palästinensischer Stellen ihre Entschädigungsansprüche ausgezahlt werden.[378]

Wie löst Moses nun das Problem der Staatsangehörigkeit? Auch hier vertritt er eine in zweifacher Hinsicht pragmatische und politische Lösung. Moses geht zunächst von der politischen Funktion des Völkerrechts und von dessen Wandelbarkeit aus.[379] Verfehlt wäre es, für die Durchsetzung von Ansprüchen deren Anerkennung im Völkerrecht zu suchen, sondern:

"Der umgekehrte Weg ist geboten: Es muß zunächst festgestellt werden, welche jüdischen Nachkriegsforderungen unter sachlichen Gesichtspunkten Berücksichtigung verlangen, und dann muß überlegt werden, welche Wege völkerrechtlicher Art einzuschlagen sind, um diese Ansprüche zu verwirklichen." [380]

Dafür sei keine juristische, sondern eine politische Arbeit erforderlich. Diese werde aber durch eine völkerrechtliche Argumentation unterstützt.[381] Für die Staatsangehörigkeitsfrage bedeutet dies, daß grundsätzlich derjenige Staat die Forderungen geltend machen kann, dem der Verfolgte angehört oder in dem er, unabhängig von der Staatszugehörigkeit, Zuflucht genommen hat, sei es wegen nationalsozialistischer Verfolgung aus den Achsenmächtenstaaten oder weil er in das vormals besetzte Land nicht zurückkehren will.[382] Die Fortentwicklung des Versailler Vertrags in der Staatsangehörigkeitsfrage sei notwendig, um die deutschen oder aus Deutschland vertriebenen Juden nicht erneut in dem Augenblick rechtlos zu machen, in dem eine Sühne möglich sei. Und ferner:

"Dem jüdischen Volk, das von Nazi-Deutschland als erster Feind empfunden und behandelt wurde, kann das Recht nicht versagt werden, bei der Friedensregelung, in gewissem Umfange, den Staaten und Völkern gleichgestellt zu werden, die an dem Kriege beteiligt waren." [383]

Mit dem Grundsatz, jeder Staat sei für seine Angehörigen zuständig, vermeidet Moses nicht nur jeden Argwohn auf jüdische Einmischung in die alliierten inner-

378 Vgl. ebd., S. 46 f., 12-14, 58-60 u. 65.

379 Vgl. ebd., S. 16-20 u. 7; zur völkerrechtlichen Erneuerung durch den Versailler Vertrag S. 18 f.

380 Ebd., S. 17 f.

381 Vgl. ebd., S. 19; ferner S. 55-57.

382 Vgl. ebd., S. 22-28; ferner S. 30 f. u. 62 f.; z.T. differenzierend nach Sach- u. Personenschäden, vgl. S. 50-53.

383 Ebd., S. 22 f.; vgl. a. S. 19 f., 46 u. 62.

staatlichen Angelegenheiten,[384] sondern begründet zusätzlich den Vertretungsanspruch Palästinas und damit der Jewish Agency:

"Der Fall, daß es sich um Personen handelt, die Staatsangehörige eines alliierten Staates sind und in diesem Staate wohnen, ist der Normalfall. In diesem Fall stehen selbstverständlich diesem Staat alle Funktionen zu, die nach dem Versailler Vertrag den Siegerstaaten zustanden. Dies für den Normalfall geltende Prinzip ist für uns von außerordentlich großer Bedeutung; aus ihm folgt nicht bloß, daß die Rechte der englischen Juden durch England und die der amerikanischen Juden durch U.S.A. wahrgenommen werden, sondern vor allem auch, daß die Rechte der in Palästina lebenden palästinensischen Staatsangehörigen durch Palästina geltend gemacht werden." [385]

Nur für die Verfolgten, die weder alliierte Staatsangehörige sind noch in einem alliierten Staate wohnen, sei ein international anerkanntes Organ zu schaffen.[386]

Auch für die Frage der Entschädigungsansprüche fordert Moses die Schaffung neuen Völkerrechts. Für ihn waren lediglich einige vermögensrechtliche Ansprüche bereits nach allgemeinem Recht begründbar.[387] Und die Versailler Ersatzansprüche beschränkten sich auf solche aus Schädigung durch Kriegshandlungen. Moses will daher neben den Reparations- und Restitutionsansprüchen eine weitere Schadenskategorie einführen:

"Dagegen besteht ein vitales jüdisches Interesse daran, daß die Typen von Wiedergutmachungsansprüchen gegenüber dem Versailler Vertrag erweitert werden. Den beiden im Versailler Vertrag vorgesehenen Kategorien muß eine dritte Kategorie von Wiedergutmachungsansprüchen angefügt werden, die geeignet ist, die Schäden zu erfassen, die gerade die Juden in so furchtbarem Umfang erlitten haben: alle Schäden, die den Juden durch Nazideutschland seit 1933 im Wege diskriminatorischer Gesetzgebung oder Verwaltungspraxis und durch Delikte aller Art angetan worden sind - mögen diese Delikte nun vom Staat oder von seinen Beamten oder von Parteiformationen verübt oder veranlaßt oder geduldet worden sein. Durch Schaffung dieser dritten Kategorie von Wiedergutmachungsansprüchen muß erzielt werden, daß der Schädigung durch Kriegshandlungen die Schädigung gleichsteht, die

nicht nur während des Krieges, sondern auch vor dem Kriege
seit Beginn des Nazi-Regimes;
nicht nur durch Kriegshandlungen, sondern auch durch
diskriminatorische oder deliktische Maßnahmen irgendwelcher Art

den Juden zugefügt wurden." [388]

Die Funktion eines jüdischen Kollektivanspruchs sieht Moses in der Aufbauhilfe

---

384 Neben dem im Text sogleich folgenden Zitat vgl. ebd., S. 48 u. 50.

385 Ebd., S. 25.

386 Vgl. ebd., S. 28; u. Staaten, die auf Reparation verzichten, vgl. S. 49.

387 Vgl. ebd., S. 6 u. 29-36.

388 Ebd., S. 39., vgl. a. S. 48 u. 63.

für Palästina [389] und, da von vornherein klar sei, "daß eine Wiedergutmachung in Geld nur einen winzigen Bruchteil des Unglücks ausgleichen kann, das Nazi-Deutschland über das jüdische Volk gebracht" habe,[390] in einer "Sühne durch Wiedergutmachung".[391]

Obwohl Moses vor allem für einen jüdischen Kollektivanspruch eintritt, lehnt er zusätzliche Individualansprüche nicht ab. Auch hier sollen die alliierten Vorgaben, insbesondere in den kommenden Friedensverträgen, maßgebend sein. Einen jüdischen Kollektivanspruch sieht er aber in jedem Falle als gegeben an, wenn auch bestritten werden würde, die Ansprüche der in Palästina lebenden Juden kollektiv geltend zu machen:

"Auch ohne daß das jüdische Volk schlechthin als Völkerrechtssubjekt anerkannt wird, kann und muß ihm die Funktion zugebilligt werden,
(a) als Sammelgläubiger und legitimer Rechtsnachfolger die jüdischen Individualansprüche geltend zu machen, deren Inhaber nicht bekannt oder ohne nahe Erben verstorben sind;
(b) in gleicher Weise die Ansprüche jüdischer Gemeinden oder sonstiger jüdischer Institutionen zu vertreten, die nicht mehr bestehen;
(c) Ersatz für die schwere Schädigung der Existenzgrundlagen des jüdischen Volkes zu fordern, die durch den Krieg Nazi-Deutschlands gegen das jüdische Volk bewirkt worden ist." [392]

Die Ansprüche der neuen dritten Schadenskategorie, also der Verfolgungsschäden, möchte Moses lieber als Individualansprüche ausgestaltet sehen, die im Streitfalle vor internationalen Schiedsgerichten geltend zu machen sind.[393] Als Grund für die Herausnahme dieser Ansprüche aus einem nur staatlich, bzw. kollektiv realisierbaren Reparationsanspruch, und dies soll auch für die Juden mit alliierter Staatsangehörigkeit gelten, verweist Moses auf die Ähnlichkeit mit den Restitutionsansprüchen nach dem Versailler Vertrag:

"Sie (die dritte Anspruchskategorie, Anm. d. Verf.) hat mit den Kriegsschäden gemeinsam, daß sie ein Verschulden Deutschlands voraussetzt, während der entstandene Schaden vielfach dem durch Maßnahmen des Wirtschaftskriegs entstandenen Schaden gleichen wird". [394]

Moses verarbeitet hier vermutlich vor allem seine eigenen Erfahrungen in den dreißiger Jahren in Deutschland und nicht den damals noch andauernden

389 Vgl. ebd., S. 47 f.

390 Ebd., S. 5.

391 Ebd., S. 40.

392 Ebd., S. 44 f., vgl. a. S. 48 u. 63.

393 Vgl. ebd., S. 40 f., 48 u. 63.

394 Ebd., S. 40.

Völkermord. Möglicherweise vertraut er aber auch nicht seinen Erweiterungen in der Staatsangehörigkeitsfrage. Mit der auch verfahrensrechtlichen Individualisierung der dritten Schadenskategorie würde die innerstaatliche Entschädigung nicht mehr dem einzelnen alliierten Staat überlassen, sondern würde unmittelbar zwischen Verfolgten und Deutschland unter internationaler Aufsicht vollzogen werden. Ein solches zurückhaltendes Mißtrauen klingt an anderer Stelle an, wenn Moses die völkerrechtliche Verankerung nationaler Minderheitenrechte nicht bloß in bezug auf die besiegten Länder, sondern auch auf die Siegerstaaten fordert.[395]

In Fortführung der vor allem wirtschaftspolitischen Überlegungen Landauers, die in etwas allgemeinerer Weise auch bei Jacob Robinson zu finden sind, legte Moses mit seiner Schrift erstmals ein politisches und völkerrechtliches Konzept vor.

e. Nehemiah Robinson

Unabhängig von Moses veröffentlichte in den Vereinigten Staaten ebenfalls 1944 Nehemiah Robinson seine 302-seitige Studie "Indemnification and Reparations. Jewish Aspects" als Publikation des Instituts für jüdische Angelegenheiten des amerikanischen jüdischen Kongresses und des Weltkongresses der Juden. Nehemiah Robinson arbeitete wie sein Bruder Jacob am 1941 gegründeten Institut für jüdische Angelegenheiten. Aus Litauen geflüchtet war er bis zu seinem Tod in den sechziger Jahren für den jüdischen Weltkongreß tätig und war später an den deutsch-israelischen Verhandlungen beteiligt. Grossmann bezeichnete ihn als "Wiedergutmachungsautorität".[396]

Den größten Teil seiner Untersuchung widmet Nehemiah Robinson den jüdischen Vermögensverlusten in den einzelnen europäischen Staaten und rückerstattungsrechtlichen Problemen. Insbesondere untersucht er bestehende Restitutionsregeln und die Planungen der Exilregierungen. Robinson bemüht sich dabei fortlaufend, seine Auffassung durch entsprechende völkerrechtliche Präzedenzfälle abzustützen. Wie Moses fordert er eine internationale Regelung, geht aber insofern weiter, als er eine Bevorrechtigung der jüdischen Forderungen verlangt.

395 Vgl. ebd., S. 50 f.; vgl. ferner S. 49 u. 64.

396 Vgl. Grossmann, Ehrenschuld, S. 82, sowie S. 13, 19 u. 123, u. die knappen Angaben bei Sagi, Wiedergutmachung, S. 28, 37 f. u. 99 f.; Balabkins, Reparations, S. 84, ausf. zu Person u. Bibliographie vgl. Ten Years.

Allgemeine Entschädigungsgrundsätze müßten folgendes beinhalten:

"(a) Ein allgemeines Entschädigungsgesetz mit besonderer Bevorzugung der Juden, weil sie den größten Schaden erlitten haben;
(b) besondere Vorkehrungen für die Einführung dieser Grundsätze gemäß dem Recht des betreffenden Landes und der dortigen besonderen wirtschaftlichen und sozialen Situation." [397]

Die Untersuchung der Planungen der Exilregierungen für die besetzten Länder [398] hat für Robinson das Ergebnis gebracht, daß diese für die jüdischen Bedürfnisse unzureichend sind.[399] Und bisherige völkerrechtliche Regelungen betreffen nur Angehörige der Alliierten und sind nur auf Kriegshandlungen bezogen, so insbesondere das Kriegsvölkerrecht und die Versailler Reparationsbestimmungen.[400] Hinzu kommt, daß Nehemiah Robinson die Entwicklung der Reparationsfrage etwas differenzierter einschätzt als Moses. Auch für ihn ist das Problem der Reparationen auf das engste mit dem der Entschädigung verbunden.[401] Seine ausführliche Analyse der internationalen Reparationsentwicklung [402] faßt er dahingehend zusammen, daß nur ein kleiner Teil der Schäden angesichts deren Größe und der beschränkten Leistungsfähigkeit der Achsenmächte durch Reparationen ersetzt werden könne, wovon noch die UdSSR den größten Teil für sich beanspruche, während die USA und Großbritannien sich vermutlich größeren Reparationslasten widersetzen würden. Hinzu komme eine Tendenz zur Bevorzugung der materiellen Verluste. Eine Unterscheidung zwischen "normalen" Kriegsschäden und "außergewöhnlichen" Kriegsverlusten hält er aber für nicht unwahrscheinlich.[403] Für die jüdische Situation folgert er daraus:

"(a) Ein Ausgleich für den personellen und materiellen Schaden der Juden (mit Ausnahme vielleicht der Rückerstattung) kann von den Reparationsleistungen der Achsenmächte zu einem spürbaren Grad nicht erwartet werden, es sei denn, den Juden würde Vorrang vor den anderen Anspruchstellern gegeben; dies würde insbesondere dann möglich sein, wenn nur der durch 'außergewöhnliche Kriegsmaßnahmen' hervorgerufene Schaden entschädigt würde oder wenn diese Verluste bevorzugt würden. Die Vorrangigkeit materieller Schäden ist kaum im

397 N. Robinson, Indemnification, S. 247.

398 Vgl. ebd., S. 114-133.

399 Vgl. ebd., S. 247.

400 Vgl. ebd., S. 98-114 u. 188-190.

401 Vgl. ebd., S. 210.

402 Vgl. ebd., S. 210-241 u. 167-173.

403 Vgl. ebd., S. 241-243.

jüdischen Interesse."[404]

Die Juden müßten einen fairen Anteil an den deutschen Lieferungen fordern, die möglichst schnell und in großem Umfange zu erfolgen hätten. Und für die geflüchteten und naturalisierten Juden müßte verstärkt um ihre Berücksichtigung in den Reparationsplanungen eingetreten werden.[405] Der Vorteil einer völkerrechtlichen Regelung bestehe auch darin, daß als maßgeblicher Zeitpunkt nicht auf den Kriegsbeginn abgestellt werden müsse.[406]

Was versteht Robinson unter den "außergewöhnlichen Kriegsmaßnahmen", wie grenzt er also Kriegs- und Verfolgungsschäden gegeneinander ab? Innerhalb der Schadenskategorien unterscheidet Robinson nicht nur nach Art der Rechtsgüter und einem zeitlichen Moment, sondern vor allem nach der Schadensursache.[407] Es sei zu unterscheiden, ob sie das Ergebnis allgemeiner Maßnahmen oder besonderer diskriminierender Handlungen sei:

"Die erste Kategorie, die allgemeinen Maßnahmen, schließen gewöhnlich die Folgen der Führung in den Staatsangelegenheiten in einem diktatorischen Staat oder in einem Land unter diktatorischem Einfluß ein, so besonders die Folgen der allgemeinen Kriegsführung - Bombardements aus der Luft, Schaden an Eigentum, Leben und Gesundheit durch Kampfhandlungen, Requisitionen, Steuern und andere durch den Feind auferlegte Lasten und Plünderungen durch feindliche als auch eigene Truppen. Die Beschlagnahme gewisser Eigentumsarten durch den Staat oder die feindliche Macht ist nicht selten; die Methoden auf die oft zurückgegriffen wird, sind Deportation und Zwangsarbeit. Die zweite Kategorie, diskriminierende Handlungen, beinhalten alle allgemeinen und besonderen Handlungen, die gegen Personen oder Gemeinschaften wegen ihres rassischen oder religiösen Charakters oder der politischen Haltung angewandt werden. Diese Unterscheidung ist besonders deshalb von Bedeutung, weil die Juden der zweiten Schadenskategorie in einem unvergleichlich größeren Maß unterworfen wurden als andere Teile der Bevölkerung in jedem Land unter Herrschaft der Achsenmächte und weil der allgemeine Kriegsschaden so groß sein wird, daß ein vollständiger Schadensersatz unmöglich sein wird.
Der allgemeine Schaden ist grundsätzlich (wenn die Kriegsschuld nicht einseitig ist oder sich kein Verstoß gegen die geltenden Kriegsregeln finden läßt) durch höhere Gewalt hervorgerufen, z.B. gibt es keine Verantwortlichen für ihn. Aber selbst wenn der andere Teil für den Schaden verantwortlich erklärt wird, haben die verletzten Personen kein Recht auf unmittelbare Ansprüche. Andererseits bringen die diskriminierenden Handlungen eo ipso Beziehungen zwischen den Personen, die Verluste erlitten, und jenen, die sie verletzten oder von ihnen Nutzen zogen. Und während weiter allgemeine Maßnahmen der Beschlagnahme das Ergebnis des Kriegszustandes sein mögen, obgleich nicht notwendigerweise so, so können solche diskriminierenden Maßnahmen niemals durch militärische Notwendigkeiten gerechtfertigt werden. Deshalb handelt es sich bei ihnen nicht

404 Ebd., S. 244.

405 Ebd.

406 Vgl. Ebd., S. 181-182.

407 Vgl. ebd., S. 93-97.

um Kriegsverluste im strengen begrifflichen Sinn, sondern vielmehr um die Folgen illegalen Verhaltens eines Teils der Staatsführung oder der Vertreter der feindlichen Macht".[408]

Wie Moses stellt Robinson auf die Diskriminierung, also auf die Verletzung des Gleichheitssatzes aus bestimmten Gründen ab. Auch ihm dürfte das Ausmaß des Völkermords noch unbekannt gewesen sein. Auf die Probleme einer internationalen Anerkennung der Bevorzugung der Verfolgungsschäden wies Robinson mit seiner Einschränkung für die allgemeinen Kriegsschäden, soweit nicht eine eindeutige Kriegsschuld oder Verstöße gegen das Kriegsvölkerrecht vorlägen, hin. Mit dem Verbot des Angriffskrieges war völkerrechtlich den Einzelstaaten die Disposition über Krieg oder Nicht-Krieg entzogen worden. Daraus folgt aber, daß Kriegsschäden nicht mehr nur als wie Naturkatastrophen hinnehmbare höhere Gewalt verstanden werden können. Das hatten bereits noch vor Verbot eines Angriffskrieges die Pariser Vorortverträge mit der grundsätzlichen Ersatzfähigkeit aller zivilen Schäden gezeigt. Mit dem Diskriminierungsmoment erfaßte Robinson aber dennoch ein nur der Verfolgung eigentümliches Moment, denn die Kriegshandlungen betrafen im Gegensatz zu den Verfolgungsmaßnahmen Verfolgte wie Nicht-Verfolgte gleichermaßen. Damit begründet dann auch Robinson an anderer Stelle die Vorrangigkeit oder die bevorzugte oder in größerem Umfang zu erfolgende Befriedigung der jüdischen Ansprüche und die der auf gleiche Weise Verfolgten:[409]

"Die Juden haben entsprechend weit größeren Schaden und Verluste als ihre nichtjüdischen Mit-Staatsangehörigen erlitten, da jeder von ihnen Personenschaden, Entwürdigung usw. zusätzlich zu den materiellen Verlusten erlitten hat."[410]

Die Staatsangehörigkeitsfrage will Robinson ebenfalls nach dem Territorialprinzip regeln. Alle Flüchtlinge aus Europa, ob naturalisiert oder nicht, werden von dem Staat vertreten, in dem sie Zuflucht gefunden haben. Für die in den Achsenstaaten verbliebenen Verfolgten müßten die Vereinten Nationen einen Minderheitenschutz durchsetzen. Sie ist aber letztlich für ihn von geringerer Bedeutung. Aufgrund seiner Analyse einzelner Gesetzesvorhaben befürchtet er, daß die Einzelstaaten Ansprüche nur für ihre eigenen Staatsangehörigen vorsehen werden. Die Durchsetzung jüdischer Ansprüche könne daher nur durch eine internatio-

---

408 Ebd., S. 96 f.

409 Vgl. ebd., S. 164 f., zu den nicht-jüdischen Verfolgten s. S. 246, Anm. 2.

410 Ebd., S. 164.

nale Regelung erfolgen.[411]

Die Möglichkeit einer alliierten Verwaltung und Kontrolle der Achsenmächte veranlaßte Robinson zu der Schlußfolgerung, die Regelung der jüdischen Ansprüche könne in Umkehrung der Verfolgung ebenfalls zentral aus Deutschland gesteuert werden. Dazu müßte von den Großmächten oder den geplanten Vereinten Nationen eine besondere Organisation für jüdische Entschädigungsansprüche geschaffen werden.[412] Daneben tritt Robinson für die Gründung einer "Jüdischen Agentur für Wiederaufbau" ein, die z.T. die Funktion einnehmen soll, die Moses für die Jewish Agency for Palestine bzw. ergänzend für eine neuzuschaffende Organisation vorsah. Diese "Jüdische Agentur für Wiederaufbau" ist für Robinson das Mittel, gegen alliierte Vorbehalte oder Zurückhaltungen gegenzusteuern und für die Durchsetzung der jüdischen Ansprüche zu sorgen. Sie sollte mit möglichst umfassenden, internationalen Rechten ausgestattet werden, um ihre weitgesteckten Aufgaben, insbesondere der weltweiten Wirtschafts- und Rechtshilfe, der Verwaltung des "erbenlosen Vermögens", der Soforthilfe und der entsprechenden Nutzbarmachung von in Form von Warenlieferungen erfolgenden Entschädigungsleistungen erfüllen zu können.[413] Ohne die Frage der Subjektsqualität der "Jüdischen Agentur für Wiederaufbau" völkerrechtlich näher zu thematisieren, fordert er mit ihr die gleichberechtigte Teilhabe des jüdischen Volkes an dem deutschen Reparationsaufkommen. Auch hierin gleicht seine der Moses'schen Konzeption. Der Unterschied besteht lediglich in einer anderen innerjüdischen Akzentsetzung. Sachlich greift er auch den Gedanken seines Bruders Jacob Robinson auf, wenn er wie dieser das Reparations- mit dem Rehabilitierungsproblem verknüpft:

"Weil die Juden große Verluste durch die Achsenmächte erlitten haben, müssen sie deshalb ein Anrecht auf einen Teil dieser Reparationen haben. Es muß anerkannt werden, daß Deutschland einen Krieg gegen das jüdische Volk geführt hat; Gerechtigkeit verlangt, daß von ihm angemessene Reparationen für jene Juden verlangt werden, die dem ihnen von den Nazis zugedachten Schicksal entkommen konnten. Besonders Deutschland muß gezwungen werden, die Hilfsmittel zu beschaffen, die für die Ansiedlung seiner Opfer, die bereits außerhalb Europas sind oder bald emigrieren wollen, notwendig sind. Die Ansprüche gegen Deutschland und seine Satelliten, die aus dem Krieg der Achsenmächte gegen die Juden erwachsen, können nicht von den Staaten, in denen sich die Juden aufhalten (dies trifft besonders für die Juden in den Achsenstaaten zu) wahrgenommen und durchgesetzt werden oder von einzelnen Juden oder ein-

411 Vgl. ebd., S. 175-180 u. sogleich i. Text.

412 Vgl. ebd., S. 250 f.

413 Vgl. ebd., S. 250 u. 256-269.

zelnen jüdischen Gemeinden ..." [414]

f. F. Gillis und H. Knopf

Die zunächst auf deutsch [415] im Januar 1944 der Jewish Agency vorgelegte Arbeit von F. Gillis und H. Knopf erschien noch im selben Jahr in einer ergänzten englischen Übersetzung unter dem Titel "The Reparation Claim of the Jewish People".[416]

Gillis und Knopf fordern in ihrer Schrift vor allem die Anerkennung eines kollektiven jüdischen Anspruchs, der von der Jewish Agency vertreten werden müsse. In ausdrücklicher Entgegensetzung zu Moses' Auffassung [417] geht es für sie aber nur noch um die Durchsetzung bestehenden Völkerrechts. Die politische Aufgabe ist für sie daher nur auf die Durchsetzung der Reparationsansprüche beschränkt.[418]

Auch Gillis und Knopf bevorzugen eine völkerrechtliche Lösung. Sie unterscheiden nach der Art der schädigenden Handlung fünf Schadenskategorien. Die ersten vier aufgrund exekutivischen Handelns, so Schaden durch direkte (u.a. Verletzung von Leben, Gesundheit, Ehre, Freiheit, Zwangsarbeit) oder indirekte Gewalt (z.B. Boykott, Verkaufszwänge), Vertragsbrüche und Verletzung literarischen und industriellen Eigentums (auch Entlassungen) sowie Verwaltungsrecht (z.B. Entzug polizeilichen Schutzes) seien bereits nach innerstaatlichem deutschen Recht ersatzfähig. Das vor Hitler geltende deutsche Zivilrecht, das keine diskriminierende Gesetzgebung kenne, gewähre weitreichende Schadensersatzansprüche. Und die fünfte Kategorie "Abschaffung der gesetzgebenden Gewalt", unter die alle Rassegesetze und Sondergesetze gegen die Juden fallen, seien wegen Verstoßes gegen grundlegende Rechte und die Verfassung nichtig.[419] Wegen Verletzung allgemeiner Rechtsprinzipien und Minderheiten-

---

414 Ebd., S. 258 f.

415 Nach Auskunft der Gießener Universitätsbibliothek ist die deutsche Ausgabe, auf die in der englischen verwiesen wird, im bundesrepublikanischen Leihverkehr nicht nachgewiesen.

416 Tel Aviv (Verlag Olympia, Martin Feuchtwanger), 64 S. Kurzer Hinweis zur Person Knopf's (Jg. 1887, Rechtsanwalt in Berlin, Flucht nach Palästina, seit 1952 Justitiar der URO in Israel), bei Schwarz, RzW 1972, S. 10; weitere Publikation von Knopf: RzW 1962, S. 481 ff.; 1963, S. 241 ff.

417 Vgl. die ergänzenden Ausführungen, ebd., S. 60 f.

418 Vgl. ebd., S. 7 f. u. 47-50.

419 Vgl. ebd., S. 12-17.

rechte gehen Gillis und Knopf auch von völkerrechtlichen Ansprüchen aus,[420] da jede Rechtsverletzung zur Anspruchsbegründung führe.[421] Über die Versailler Regelungen setzen sie sich ohne nähere Begründung hinweg. Als "Reparation" fassen sie jeden Schadensersatzanspruch, unabhängig davon, ob er im staatlichen oder im Völkerrecht wurzele. Der Fall der antijüdischen Verfolgung müsse für sich allein beurteilt werden, und bei den Verträgen nach dem ersten Weltkrieg handele es sich lediglich um Rechtsquellen wie bei anderen positiven Regeln und allgemeinen Prinzipien des Völkerrechts.[422] Einzuschlagen sei aber der völkerrechtliche Weg, weil nach dem rassistischen Nationalsozialismus auf deutsche Richter kein Verlaß sei und die Vielzahl der Individualansprüche zu einer Rechtszersplitterung führe.[423] Da den Individuen aber die völkerrechtliche Parteifähigkeit fehlt, begründen Gillis und Knopf vor allem aus dem Gedanken, Deutschland befinde sich mit dem jüdischen Volk in einem Kriegszustand, dessen Eigenschaft als völkerrechtliches "Quasi-Subjekt". Die Legitimation zur Geltendmachung des jüdischen Reparationsanspruchs komme der Jewish Agency zu.[424] Das Problem der Abgrenzung von Verfolgungs- und Kriegsschäden reduziert sich daher bei ihnen darauf, daß Friedensverträge nicht nur auf die Regelung von Kriegsschäden beschränkt seien, sondern auch Schädigungen vor Ausbruch des Krieges erfassen könnten.[425] Das Problem der Staatsangehörigkeit lösen sie durch die Zusammenfassung aller jüdischen Verfolgten in einer "ungeteilten Anspruchsgemeinschaft". Entscheidend sei allein, ob jemand zu dieser ungeteilten Gläubigergemeinschaft gehöre.[426]

Mit dem Merkmal "Diskriminierung" nähern sich Gillis und Knopf in der Abgrenzungsfrage den anderen Autoren an. Die Ausgrenzung dieses Problems führt dazu, daß die Abhängigkeit der jüdischen Ansprüche von der internationalen Entwicklung und die Konkurrenz zu den Ansprüchen der Siegermächte kaum analysiert wird. Das Abstellen auf die Verletzung von Minderheitenrechten [427] ist, neben der Problematik ihrer Anwendbarkeit auf die Verfolgten der Achsenmächte selbst, kaum in der Lage, die weit darüber hinausgehende und im Völkermord endende Verfolgung zu erfassen.

420 Vgl. ebd., S. 19-25.

421 Vgl. ebd., S. 8 f.

422 Vgl. Ebd. S. 9.

423 Vgl. ebd., S. 18.

424 Vgl. ebd., S. 25-36.

425 Vgl. ebd., S. 37 f.

426 Vgl. ebd., S. 43 f.

g. Louis C. Bial

Bei der in Habana/Kuba im Jahre 1945 veröffentlichten und von Louis C. Bial[428] verfaßten 83-seitigen Schrift "Vergeltung und Wiedergutmachung in Deutschland. Ein Beitrag zu den Fragen der Bestrafung der Naziverbrecher und der Wiedereinsetzung der Naziopfer in ihre Rechte" dürfte es sich um eine Einzelarbeit eines deutschen Emigranten handeln.

Bial beschäftigt sich vor allem mit Deutschland und deutschen Verfolgungsopfern. Er begründet zunächst die "Ungültigkeit der kriminellen und diskriminatorischen Gesetze" und tritt für eine Bereinigung der Justiz sowie Bestrafung der Naziverbrecher ein.[429] Aus der Ungültigkeit der staatlichen Akte folgt für ihn, daß die Wiederherstellung des früheren Zustandes nur noch tatsächlich, nicht rechtlich vollzogen werden müsse.[430] Darüber hinaus habe der Staat "für alle Schäden einzustehen, die den Naziopfern durch seine Gesetze oder Organe zugefügt wurden".[431] Diese Ansprüche "entfließen dem allgemeinen bürgerlichen Recht und sind, falls der Staat nicht freiwillig zahlt, vor den ordentlichen Gerichten zu verfolgen". Deshalb bedürfe es keiner neuen Gesetzgebung.[432] Merkmal der Verfolgung ist für Bial ebenfalls die Diskriminierung. Als "diskriminatorische Gesetze" bezeichnet er die, durch die "einzelne oder Organisationen wegen ihrer Rasse, Religion, Weltanschauung, Sprache, politischen Überzeugung usw. verfolgt, geschmäht und ihrer Rechte beraubt wurden".[433] Neben den Juden sieht er an anderer Stelle diejenigen als Naziopfer an, die einer religiösen, weltanschaulichen oder politischen Minorität angehören.[434]

Völkerrechtliche Ansprüche, so international anzumeldende Minoritätenansprüche, will er nur zusätzlich gelten lassen. Bei einer ausschließlich völkerrechtlichen Verankerung befürchtet er den Verlust der dinglichen Rechte.[435] Diese Befürchtung dürfte vor allem einer fehlenden juristischen Durchdringung ge-

---

428 Über Bial ist im biographischen Handbuch nichts verzeichnet. Kurze Stellungnahme von ihm zum Problem der Abgrenzung von Rückerstattungs- und Entschädigungsansprüchen, in: NJW 1950, S. 583 f.

429 Vgl. Bial, Vergeltung, S. 11-36.

430 Vgl. ebd., S. 37-40.

431 So ebd., S. 46.

432 So ebd., S. 49.

433 So ebd., S. 15.

434 Vgl. ebd., S. 59.

435 Vgl. ebd., S. 59.

schuldet sein, wie sie in den Begriffen Restitution/Rückerstattung und Reparation/Schadensersatz zum Ausdruck kommt. Im übrigen ist sich Bial nicht sicher, ob die alliierten und neutralen Staaten die Forderungen der Flüchtlinge geltend machen werden. Trotzdem hofft er, daß in den Friedensverträgen entsprechende Bestimmungen aufgenommen werden.[436] Da Bial die Ansprüche der Verfolgten vor allem als "Inlandsforderungen" [437] begreift, braucht er die Frage der Staatsangehörigkeit nicht zu erörtern. Die Hoffnung auf deutsche Entschädigungszahlungen liegt letztlich darin begründet, daß Bial einleitend voraussetzt, Deutschland werde nach dem Kriege von den Antifaschisten oder den Alliierten oder beiden zusammen regiert werden.[438] Neben Fragen, die heute als rückerstattungsrechtliche zu bezeichnen sind,[439] beschäftigt sich Bial mit den in Betracht kommenden Schäden (so u.a. auch den Zwang zu übermäßig schwerer körperlicher Arbeit) und den möglichen Rechtsfolgen,[440] Verfahrensfragen,[441] Wirtschafts- und finanzpolitischen Fragen [442] und versucht in einem Anhang ausführlich den Entschädigungsgedanken geschichtlich zu begründen.[443] Bial führt im übrigen einen neuen Gedanken zur Funktion einer auch innerstaatlich wirksamen Entschädigungspraxis ein, der möglicherweise seiner spezifisch "deutschen" Sichtweise geschuldet ist. Bial greift einen Gedanken aus der Exilzeit des tschechischen Außenministers Masaryk auf, in dem dieser u.a. gefordert habe, Deutschland müsse eine richtige Lektion erhalten, daß Angriff sich nicht bezahlt mache, und überträgt diesen auf den Entschädigungskomplex. Diese Warnfunktion nicht nur des Strafrechts, sondern auch des Entschädigungsrechts begründet er folgendermaßen:

"Wenn die Naziverbrecher bestraft und ihrer Beute beraubt, die Naziopfer aber entschädigt werden, dann sieht das Deutsche Volk an Millionen Einzelbeispielen, daß es doch eine Gerechtigkeit gibt; es sieht es nicht in abstrakter Form oder durch Beobachtung der welthistorischen Vorgänge, die dem Mann aus dem Volke viel zu fern liegen, als daß er daraus für sich selbst praktische Schlüsse ziehen könnte, sondern jeder beobachtet die Ausübung der Gerechtigkeit in seinem eigenen kleinen Kreis. Wenn der Nazi Lehmann, der eine Synagoge angezündet hat, wegen Brandstiftung ins Zuchthaus kommt und wenn der Kommunist Müller, dem bei seiner Verhaftung im Jahre 1933 die Möbel kurz

436 Vgl. ebd., S. 59-62.

437 So auch ausdrückl. ebd., S. 58; vgl. a. S. 52 f.

438 Vgl. ebd., S. 7.

439 Vgl. ebd., S. 37-46, 51 f. u. 53.

440 Vgl. ebd., S. 47-49.

441 Vgl. ebd., S. 49-51 u. 53.

442 Vgl. ebd., S. 54-59.

443 Vgl. ebd., S. 63-83.

und kleingeschlagen wurden, auf Staatskosten eine neue Wohnungseinrichtung erhält, dann macht das auf Lehmann's und Müller's Nachbarn mehr Eindruck als alle internationalen Verträge und wohlgemeinten Erziehungsmaßnahmen, ja es ist sogar im erzieherischen Sinn wichtiger als Entwaffnung und Besatzung, mögen diese auch aus anderen Gründen notwendig und zu empfehlen sein."[444]

h. Siegfried Goldschmidt

Als Publikation des "American Jewish Committee Research Institute on Peace and Post-War-Problems" erschien 1945 in den Vereinigten Staaten Siegfried Goldschmidts Schrift "Legal Claims Against Germany. Compensation for Losses Resulting from Anti-Racial Measures".[445]

Goldschmidt, geb. am 10. Februar 1890 in Kosten/Brandenburg, war nach Studium und Promotion zum Dr. jur. Staatsanwaltschaftsrat und aktives Mitglied der SPD und im Reichsbanner in Breslau. Nach seiner Entlassung im Juni 1933 emigrierte er in die Tschechoslowakei, wo er sozialdemokratische Publikationen betreute und später Leiter der jüdischen Emigrantenfürsorge in Prag wurde. 1938 wanderte er in die Vereinigten Staaten aus. Über sein weiteres Schicksal ist bis auf die hier erwähnte Publikation nichts bekannt.[446]

In dieser vermutlich bereits Mitte 1944 fertiggestellten[447] kenntnisreichen, auf einen wissenschaftlichen Anmerkungsapparat gestützten und auf zahlreiche völkerrechtliche Präzedenzfälle verweisenden Schrift favorisiert Goldschmidt völkerrechtliche Individualansprüche, deren Bestehen er umfangreich nachzuweisen versucht.

Die Grundlage der Schadensersatzansprüche sieht Goldschmidt im Naturrecht und in Minoritätsrechten. Das nach dem Völkerrecht bestehende Interventionsrecht aller zivilisierten Nationen setze die Begehung eines Völkerrechtsvergehens voraus. Eine Abhilfe könne nicht nur durch Verhinderung weiterer Verletzungen, sondern auch durch Eintreiben des Schadensersatzes für den bereits verursachten Schaden erfolgen. Vor allem müßten Individuen völkerrechtlich als Forderungsberechtigte anerkannt werden.[448] Damit will Goldschmidt auch das

444 Ebd., S. 9 f.

445 New York (Verlag The Dryden Press) 1945, 213 S.

446 Vgl. Handbuch I, S. 234.

447 Das von M. R. Cohen verfaßte Vorwort stammt bereits vom September 1944.

448 Vgl. Goldschmidt, Claims, Kap. 1-4.

Problem der Staatsangehörigkeit lösen:

"Wenn die Verletzung der Menschenrechte die rechtliche Grundlage des völkerrechtlichen Anspruchs ist, dann ist die Staatsangehörigkeit der verletzten Person unwichtig. Offenkundig kann sein eigener Staat als der, der den 'Nicht-Arier' verletzt, nicht durch das dem Individuum, gegen dessen Rechte er selbst verstoßen hat, zugefügte Übel selbst verletzt werden". [449]

Vor einem zu schaffenden internationalen Gerichtshof müsse die Staatsangehörigkeit in jedem Falle belanglos sein.[450] Die auf diese Weise mögliche Einbeziehung der verfolgten Angehörigen der Achsenmächte scheint für Goldschmidt dabei ausschlaggebend zu sein. Mit der Internationalisierung des Rechtswegs entzieht er den Achsenmächten auch die Verfügung über die Entschädigungsansprüche. Ein Mißtrauen gegenüber den alliierten Einzelstaaten dürfte neben dem Bemühen um eine juristisch konsistente Theoriebegründung ausschlaggebend gewesen sein. Im abschließenden Kapitel über das in einem Entschädigungsvertrag zu berücksichtigende Gericht faßt er zusammen:

"In unseren Fällen wird der Kläger nicht ein Staat, sondern eine Einzelperson ohne den Schutz irgendeines Staates sein. Daraus folgt, daß die Ansprüche nicht auf die Theorie gestützt werden können, nach der das durch den einen Staat einer Person zugefügte Übel eine völkerrechtliche Verletzung eines anderen Staates ist, z.B. gegen ein Mitglied der Völkerrechtsgemeinde. Die Grundlage unserer Ansprüche liegt darin begründet, daß die verletzte Einzelperson ein Völkerrechtssubjekt ist und deshalb sowohl einen persönlichen als auch unabhängigen Anspruch und das Recht hat, diesen vor einem internationalen Gerichtshof geltend zu machen. Weil der Streit nicht zwischen Staaten, sondern zwischen einem Staat und einer privaten Einzelperson ausgetragen wird, ist fraglos ein Spruchkörper ähnlich einer gemischten Anspruchskommission oder eines Schiedsgerichts einzurichten.
Der Vorschlag, nach dem der Anspruch vom Staat des Aufenthaltsorts der verletzten Person wahrgenommen werden soll, ist nicht durchführbar. Dieser stünde im Gegensatz zu unserer These, wonach die Einzelperson unmittelbares deliktisches Opfer ist und würde weiter die verschiedensten Beschränkungen und praktischen Schwierigkeiten zur Folge haben, was nachteilig für die Rechte der verletzten Personen wäre. Noch würde dieser Vorschlag eine angemessene Lösung für die Vielzahl der Fälle bringen, in denen die verletzten Parteien Ortsansässige des verantwortlichen Staates sind, wenn die Ansprüche geltend gemacht werden können." [451]

Konsequent zu dieser streng individualrechtlichen Lösung erörtert Goldschmidt die Reparationsfrage nicht. Bereits mit seiner Grundthese, es gehe um Menschenrechtsverletzung, beantwortet Goldschmidt die Frage nach der Abgrenzung der Kriegs- von den Verfolgungsschäden, ohne diese selbst aufzuwerfen.

---

449 Ebd., S. 65.

450 Ebd., insbes. S. 135 u. 165.

451 Ebd., S. 164 f.

Auch er greift damit letztlich auf "Diskriminierung" als entscheidendes Merkmal zurück. So bezeichnet er z.B. als Gegenstand eines Schadensersatzvertrages die außerordentliche Gesetzgebung mit einem anti-rassischen, anti-religiösen oder politischen Charakter.[452]

Die sehr juristischen Ausführungen Goldschmidts führte Adler-Rudel aus der eigenen, zionistischen Position heraus in seinem 1962 veröffentlichten Rückblick als ein Beispiel dafür an, "wie hilflos jene Kreise, die mehr von allgemeinen als speziell jüdischen Erwägungen ausgingen, dem Problem der Wiedergutmachung gegenüberstanden", an. Die "an sich ausgezeichnet geschriebene wissenschaftliche Arbeit" begründe das Recht des geschädigten Individuums auf Wiedergutmachung, "ohne daß es dem Verfasser dabei auch nur zu erwähnen einfällt, daß das Problem der Wiedergutmachung des an den Juden begangenen Unrechts eigentlich in erster Linie eine Frage moralischer und politischer Natur sei, bei der die legale Seite mehr die Technik der Durchführung als den Grundsatz der Verpflichtung zur Wiedergutmachung betrifft".[453]

i. Paul Guggenheim, Gerhart Riegner u.a. (Schweizerischer Israelitischer Gemeindebund)

Ebenfalls 1945 erschien (in zweiter Auflage) ein bereits im Oktober 1944 von der "Kommission für Nachkriegsprobleme des Schweizerischen Israelitischen Gemeindebundes" angenommener Bericht über "Jüdische Nachkriegsprobleme".[454] Der Kommission gehörten u.a. der international renommierte Schweizer Völkerrechtler und juristische Berater des jüdischen Weltkongresses, Paul Guggenheim, sowie Gerhart Riegner an. Bei Riegner lag die Redaktion des Gesamtberichts.

Riegner, geboren am 12. September 1911 als Sohn eines Berliner Anwalts, während die Mutter Vorstandsmitglied der Deutschen Demokratischen Partei gewesen war, hatte in Deutschland Jura studiert. Während seiner Studentenzeit war er Mitglied der Republikanischen Front gewesen, einer eher links von der Mitte anzusiedelnden Gruppierung, und war gegen Ende auch in Kontakt mit

---

452 Vgl. ebd., S. 71; zu den einzelnen Gesetzen vgl. S. 149-153.

453 Adler-Rudel, Fs. Moses, S. 205 f.

454 Hrsg. vom Schweizerischen Israelitischen Gemeindebund und als Heft 1 ihrer Schriftenreihe erschienen, Zürich und New York (Verlag "Die Gestaltung"), 2. Aufl 1945, 60 S.

zionistischen Studentenorganisationen gestanden. Nach der Machtübernahme durch die Nazis wurde er aus dem juristischen Referendariat entlassen. Er emigrierte nach Paris und bestand dort sein zweites juristisches Staatsexamen. Ein danach verabschiedetes französisches Gesetz erlaubte Ausländern erst zehn Jahre nach ihrer Einbürgerung die Niederlassung als Anwalt. Der als Gastprofessor in Paris lesende Staats- und Völkerrechtler Kelsen (er war bereits 1933 von Köln in die Schweiz geflohen und lehrte in Genf) vermittelte ihm ein Stipendium zum Studium internationaler Beziehungen in Genf. Er und Guggenheim empfahlen ihn dann dem damaligen Vorsitzenden des Verwaltungsausschusses des Jüdischen Weltkongresses und dessen späterem Präsidenten Nahum Goldmann. Riegner wurde so Rechtsbeistand und ab 1939 geschäftsführender Direktor der Genfer Geschäftsstelle des Jüdischen Weltkongresses. Ab 1948 vertrat er den Jüdischen Weltkongreß in verschiedenen internationalen Organisationen. Er,[455] aber auch Guggenheim, waren dann ab Herbst 1942 entscheidend an der Weiterleitung der ersten Nachrichten aus Deutschland über den Völkermord an den Juden an die Westalliierten beteiligt.[456]

Der Bericht beginnt mit der Erschütterung der Überlebenden:

"Wir Juden in der Schweiz gehören zu den wenigen jüdischen Gemeinschaften, welche ein gütiges Schicksal vor dem grausamen Los bewahrte, das das Judentum in den meisten Ländern des europäischen Kontinents getroffen und zur physischen Vernichtung großer Teile der jüdischen Diaspora geführt hat." [457]

Er spricht sich positiv hinsichtlich Bestrebungen zur Errichtung und zum Ausbau einer Jüdischen Nationalen Heimstätte in Palästina aus[458] und betont die Notwendigkeit eines autonomen jüdischen Aufbaus.[459] Die in Palästina lebenden Flüchtlinge müßten völkerrechtlich deren Staatsangehörigkeit erlangen können. Für die Staatsangehörigen der ehemaligen Achsenmächte müsse es ein Optionsrecht geben. Einbürgerungen in den Fluchtorten seien wünschenswert, nicht immer aber erreichbar. Die Juden müßten durch völkerrechtliche Absicherung der Menschenrechte geschützt werden. Der Antisemitismus müsse international

455 Zur Biographie Riegners s. die Angaben bei Laqueur/Breitmann, Mann, S. 115-121; ferner Handbuch I, S. 602 f., Goldmann, Leben, S. 293 u. 347 (beide auch kurz zu Guggenheim)

456 Zur Rolle Riegners bei der Übermittlung der Nachricht über den Völkermord s.a. Wyman, Volk.

457 Nachkriegsforderungen, S. 7.

458 Vgl. ebd., S. 7-13.

459 Vgl. ebd., S. 33-35 u. 45-48.

verdammt werden.[460] "Erbenloses Vermögen" müsse jüdischen Gemeinden oder auch der jüdischen Kollektivität zufließen.[461]

Das Problem der jüdischen Kriegs- und Verfolgungsschäden wird als Problem der wirtschaftlichen Reintegration ausführlich erörtert. Klar wird im Bericht zwischen den "eigentlichen Kriegsschäden" und den "besonderen Verfolgungsschäden" unterschieden. Die jüdischen Kriegsschäden bestünden in den eigentlichen Kriegszerstörungen, die an sich, bis auf Benachteiligung bei ihrer Abwicklung wie z.B. durch Entschädigungssperren, keinen Unterschied zwischen Juden und Nichtjuden machten. Bis auf diese Ausnahme gäbe es keine Sonderkategorie der jüdischen Kriegsschäden. Kriegsschäden seien nach Landesrecht zu entschädigen.[462]

Die jüdischen Verfolgungsschäden grenzt der Bericht nicht abstrakt von den Kriegsschäden ab. Sie werden im Hinblick auf das verletzte Rechtsgut in verschiedene Kategorien aufgeteilt. Eine Unterscheidung in vor und nach dem Kriegsausbruch erfolgte Schädigungen wird abgelehnt:

"Es (das Problem der jüdischen Verfolgungsschäden, Anm. v. Verf.) umfaßt alle Sachschäden, die im Gefolge von Verfolgungs- und Vergeltungsmaßnahmen der jüdischen Bevölkerung zugefügt worden sind. Eine besondere Abgrenzung gegenüber den bereits in den Vorkriegsjahren in den Achsenländern und teilweise auch in einigen anderen Staaten erlittenen Verfolgungsschäden dürfte sich erübrigen, da die Verfolgungsschäden durch ihre Verallgemeinerung und Systematisierung gerade in den Kriegsjahren ihren Höhepunkt erreicht haben." [463]

In der Gegenüberstellung von allgemeinen Kriegsschäden und besonderen Verfolgungsschäden sowie der Beschreibung der einzelnen Schadenskategorien wie z.B. Sperrung ganzer Berufssparten, Einschränkung des jüdischen Verbrauchs, wird deutlich, daß die Verfasser des Berichts ebenfalls auf den diskriminierenden Charakter der Maßnahmen abstellen.[464]

Die Verfolgungsschäden sind nach dem Bericht im Wege individueller und kollektiver Ansprüche zu ersetzen. Bei der Begründung des kollektiven Anspruchs wird deutlich, daß in dieser gegen Kriegsende redigierten Fassung die Bedeutung des Völkermords zunehmend erfaßt wird. Nach systematischer Zerstörung der jüdi-

---

460 Vgl. ebd., S. 14-32 u. 49-54.

461 Vgl. ebd., S. 31, 40 u. 44.

462 Vgl. ebd., S. 36 f. u. 41 f.

463 Ebd., S. 37.

464 Vgl. ebd., S. 37-40.

schen Lebenswelt geht es für die Verfasser nicht um Wiederherstellung des alten Zustandes, sondern um einen Neuaufbau.[465] Und für den kollektiven Anspruch bedeutet dies:

"Angesichts der Vernichtung des größten Teils des europäischen Judentums und damit der überwiegenden Zahl von geschädigten jüdischen Individuen kommt dem kollektiven Wiedergutmachungsanspruch eine ganz besondere Bedeutung zu. Die Forderung, die Wiedergutmachung als Beitrag zur Sicherung der materiellen Existenzgrundlagen des Diaspora-Judentums zu verwerten, ergibt sich daraus mit Notwendigkeit." [466]

Im kollektiven Anspruch suchen die Verfasser damit eine wenigstens juristisch adäquate Antwort und Anerkennung des an dem jüdischen Kollektiv begangenen Völkermords zu finden.

Wie werden nun diese Ansprüche rechtlich begründet? Sie sind rechtlich und moralisch zu begründen.[467] Im Gegensatz zu den Kriegsschäden ist nach Ansicht der Verfasser für die Verfolgungsschäden im traditionellen Völkerrecht keine Grundlage zu finden. Als notwendige Sanktion der widerrechtlichen Judenverfolgungen müsse hier neues vertragliches Völkerrecht geschaffen werden:

"Diese (die völkerrechtliche Grundlage, Anm. d. Verf.) müßte auf jeden Fall den ersatzpflichtigen Staaten durch rechtsschöpferische internationale Abmachungen auferlegt werden. Es ist daher die Forderung der jüdischen Gemeinschaft, daß neben den im Friedensvertrag der besiegten Partei auferlegten allgemeinen Reparationslasten alle in den Krieg verwickelten Staaten verpflichtet werden müssen, allen geschädigten Juden einen gerechten und vollwertigen Ausgleich für die durch die Verfolgungsmaßnahmen erlittenen Vermögensverluste und Personenschäden zu gewähren." [468]

Ihre rechtspolitische Forderung nach einer gleichermaßen Sieger wie Besiegte und Verfolger erfassenden völkerrechtlichen Entschädigungspflicht begründen die Verfasser damit, daß eine wie bei den Kriegsschäden mögliche landesrechtliche Regelung untunlich sei:

"Setzt eine solche doch ein Vertrauen in die gerechte Behandlung der jüdischen Kriegs- und Verfolgungsopfer voraus, das angesichts der geschichtlichen Erfahrungen nicht oder nicht immer als gerechtfertigt gelten kann." [469]

Eine landesrechtliche Regelung würde auch zur Zersplitterung der jüdischen An-

---

465 Vgl. ebd., S. 12 f. u. 33 ff.

466 Ebd., S. 41.

467 Vgl. ebd., S. 41.

468 Ebd., S. 42.

469 Ebd.

sprüche führen und die Durchsetzung des kollektiven Anspruchs erschweren. Und mit dem Hinweis auf den gegen die Juden geführten Krieg versuchen die Verfasser den weiten Regelungsumfang der kommenden Friedensverträge zu begründen:

"Es kann schließlich auch darauf hingewiesen werden, daß die als Kriegsziel definierte Verfolgung der Juden im Kriegsverlauf insbesondere als Begleiterscheinung der militärischen Besatzung aufgetreten ist und somit im gleichen Maße wie die allgemeinen Besatzungskontributionen und Zwangsarbeitsleistungen zu den Mitteln der totalen Kriegsführung gehörten, deren Folgen und Rückwirkungen gerade durch die dem Kriegsende folgenden internationalen Abmachungen beseitigt werden sollen." [470]

Bei der Nennung der Institution, die den jüdischen Kollektivanspruch zu vertreten hat, üben die Autoren Zurückhaltung. Ihr als Maximalprogramm bezeichnetes Ziel setze die Bereitschaft der Staaten voraus,

"den Weg von völkerrechtlichen Neuerungen zu beschreiten und insbesondere einer jüdischen Körperschaft diejenigen Rechte einzuräumen, die die jüdische Gesamtheit auf Grund der erlittenen Gemeinschaftsleiden geltend machen kann." [471]

j. Adolf F. Schnitzer

Die von Adolf F. Schnitzer im März 1947 [472] verfaßte Schrift "Das neue Recht der Friedensverträge. Insbesondere die Wiedergutmachungsklauseln" erschien in Budapest als Veröffentlichung der ungarischen Sektion des Jüdischen Weltkongresses. Schnitzer, der zuvor durch Publikationen zum internationalen Privatrecht hervorgetreten war, war nach seinen eigenen Angaben Dozent an der Universität Genf.

Auf Schnitzers 111 Seiten umfassende Schrift ist bereits im Zusammenhang mit den Friedensverträgen hingewiesen worden. Schnitzer erkennt die Verfolgungsschäden als etwas Neues, was in den Friedensverträgen nach dem ersten Weltkrieg noch nicht zu behandeln war.[473] Dabei gehe es nicht um das Problem des Minoritätenschutzes. Es handele sich vielmehr um ein politisches Problem.[474] Hier gehe es um die Folgen rassischer, politischer und religiöser Verfolgung,

---

470 Ebd., S. 42 f.

472 Vgl. Schnitzer, Recht, S. 108.

473 Vgl. ebd., S. 17.

474 Vgl. ebd., S. 26 f. u. 30.

nicht eigentlich um eine Kriegsfolge und einen Kriegsschaden.[475] Zur Unterscheidung stellt er neben der Diskriminierung [476] durch die Maßnahme selbst auf die Haltung, die Verfolgermotivation ab:

"Anders (als bei den Kriegsschäden, Anm. d. Verf.) liegt es bei den Schäden, die durch rassische, religiöse oder politische Verfolgung entstanden sind. Wir bezeichnen sie kurz als Verfolgungsschäden. Man findet auch den Ausdruck Entrechtungsschäden. Diese unterscheiden sich durch den Zeitpunkt der Entstehung und durch Ursache von allen genannten Schäden. Sie sind nicht durch den Krieg verursacht, sondern durch eine bestimmte Haltung bestimmter politischer Systeme. Das nationalsozialistische System hat grundsätzlich mit dem Begriff der Gleichheit der Menschen und der Menschengruppen gebrochen,.."

Statt dessen sei dem Rassegedanken gehuldigt worden.

"Seit der 'Machtübernahme' werden deshalb in steigendem Maße Verfolgungen eingeleitet, die sich gegen die Angehörigen einer anderen Rasse, gegen Personen, die aus religiöser Überzeugung diesem System sich nicht fügen wollen und gegen politische Gegner aus allen Lagern richtet." [477]

Und die unterschiedliche Wertigkeit der Ansprüche begründet Schnitzer ähnlich wie bereits Nehemiah Robinson:

"Der Anspruch, der aus den Verfolgungsschäden hergeleitet werden kann, hat daher zeitlich und ursächlich eine ganz andere Basis als Kriegsschäden. Die Kriegsfolgen hat der einzelne als Teil des Ganzen, als patriotischer Staatsbürger, willig zu tragen und wenn es auch billig ist, daß der Staat ihm diesen Schaden nach Möglichkeit ersetzt, so handelt es sich doch hier um Risiken, die der einzelne Staatsbürger für die Dauer des Krieges übernehmen muß, so wie er andere Leistungen zu Gunsten des Staates auf sich nimmt.
Bei den Verfolgungsschäden handelt es sich dagegen um eine unerlaubte Handlung, die bestimmten Personen und Personengruppen gegenüber begangen worden ist, sowohl eigenen, wie fremden Staatsangehörigen gegenüber. Hier liegt also ethisch nicht der geringste Anlaß vor, daß der Betroffene den Schaden selbst trägt; er hat vielmehr ethisch einen Anspruch auf Wiedergutmachung, einen Anspruch, der sich juristisch ganz generell als Schadensersatz wegen einer unerlaubten Handlung rechtfertigt". [478]

Von daher rechtfertige sich auch eine volle Abgeltung der Verfolgungsschäden im Unterschied zu den Kriegsschäden. Wie bei Robinson handelt es sich für Schnitzer bei Krieg um höhere Gewalt, während Verfolgung ein Verbrechen sei, für das das jeweilige Regime verantwortlich sei.[479] Überspitzt führt er an anderer Stelle in bezug auf die Kriegsschäden aus, auch die Siegerstaaten hätten

---

475 Vgl. ebd., S. 17, 27, 41, 79, 81.

476 So ausdrücklich ebd., S. 28, 55 f.

477 Ebd., S. 19 f.

478 Ebd., S. 23.

479 Vgl. ebd., S. 24.

gegenüber den besiegten Staaten und ihren Angehörigen ähnliche Maßnahmen ergriffen und nur das Kriegsergebnis bringe es mit sich, wer dem anderen zur Wiedergutmachung verpflichtet sei.[480]

Schnitzer sieht deutlich, daß nur ein ganz geringer Teil der Schäden in den Friedensverträgen von 1947 geregelt wird. Über seine Zweifel, ob die dort normierten Diskriminierungsverbote, die ihn vor allem zu der Wertung veranlassen, mit den Friedensverträgen sei eine bedeutsame Entwicklung des Völkerrechts eingetreten,[481] für die Vergangenheit Ansprüche begründen können, setzt er sich ohne nähere Begründung hinweg. Sowohl vor Kriegsbeginn entstandene Schäden als auch andere, in den Friedensverträgen nicht berücksichtigte Schadenskategorien seien zu ersetzen. So schwach die hierfür von Schnitzer gegebene rechtliche Begründung ist, die zudem die politischen Verhältnisse ausklammert, desto eindringlicher ist jedoch der rechtspolitische Hinweis darauf, daß die Nichtentschädigung letztlich die Anerkennung der Verfolgungsmaßnahme bedeutet. Daran muß bei Betrachtung der späteren innerdeutschen Auseinandersetzungen erinnert werden. Bei Schnitzer heißt es dazu:

"Die Verfolgungsmaßnahmen, sowohl jene vor als auch nach dem 1. September 1939 haben nicht nur in Maßnahmen der Sequestration, Konfiskation oder Kontrolle bestanden, sondern sie haben sich auch gegen die Personen (Körper, Gesundheit und Arbeitskraft) gerichtet, ferner auf die Ausschaltung aus Amt, Beruf und Gewerbe. Wenn hier auch diese Maßnahmen als rechtswidrig erkannt worden sind, erheischen sie auch außerhalb des Friedensvertrages eine sachgemäße Wiedergutmachung, über deren Ausmaß sich nichts aus dem Friedensvertrage ergibt, das aber der Sachlage entsprechen sollte. Keines der Länder wird sich darauf zu berufen wagen, daß eine Mißhandlung, eine Deportierung oder eine Tötung ohne Gerichtsurteil eine rechtlich zulässige Handlung gewesen sei. Denn bei Nichtbeachtung der nationalsozialistischen Grundsätze werden derartige Handlungen durch das Recht keines dieser Länder zugelassen." [482]

k. Hans Joseph Cahn

Die umfassend konzipierte Studie von Hans Joseph Cahn, "Das Kriegsschadensrecht der Nationen", deren ersten Band er 1947 im Schweizer Europa Verlag vorlegte, ist aus nicht feststellbaren Gründen leider nicht vollendet worden.

Cahns Vorwort ist zu entnehmen, daß es sich bei den mit dem ersten Band vorgelegten ersten beiden Büchern um eine vom Schweizer Völkerrechtler und

---

480 Ebd., S. 55.

481 Vgl. ebd., S. 94 f., 108-111.

482 Ebd., S. 68 f.

Herausgeber der Friedenswarte, Prof. Hans Wehberg, betreute Doktor- und Diplomarbeit am Genfer Institut Universitaire de Hautes Etudes Internationales handelt, die auch von Paul Guggenheim gefördert wurde. Cahn selbst war als Doktor der Rechtswissenschaft von Deutschland in die Schweiz geflohen. Zum Beweggrund seiner Arbeit teilt er mit:

"Die Idee, dieses Buch zu schreiben, ist an einer der zahlreichen Stätten im Europa des zweiten Weltkrieges entstanden, wo man gejagte und gequälte Menschen nahezu ihres letzten Besitzes beraubte, bevor sie zu Sklavenarbeit verschickt oder einem grausamen Tod überantwortet wurden.
Der Wunsch, an der Wiedergutmachung so vielen Unrechts mitzuwirken, drückte mir die Feder in die Hand. Angesichts des ungekannten Ausmaßes von Plünderung und Verwüstung war es nur allzu deutlich, daß dabei neue Mittel und Wege gesucht werden müßten". [483]

In dieser akribischen und kenntnisreichen Studie nennt Cahn bereits im "Literaturverzeichnis" auf mehr als sechzig Seiten fast 1000 Verordnungen und Gesetze aller europäischen und weiterer Länder, insgesamt von 37 Staaten, zum Kriegsschadensrecht seit dem 19. Jahrhundert bis nach dem Zweiten Weltkrieg. Er selbst führt zu seiner Untersuchung aus, daß das Studium des früheren und geltenden Kriegsschadensrecht, das ihm als eine unerläßliche Vorbedingung erschienen sei, doch solche Schwierigkeiten offenbart habe, daß die Zielsetzung bescheidener geworden sei. Was als Vorarbeit gedacht gewesen sei, die Wiedergabe des geltenden Rechts, sei zum Inhalt der Arbeit geworden.[484]

Im I. Buch, Wesen und Grundbegriffe des Kriegsschadensrechts, versucht Cahn aus der Vielzahl der von ihm untersuchten Länderregelungen Begriffe und Unterscheidungen für ein allgemeines Kriegsschadensrecht zu entwickeln. Im II. Buch untersucht er die Entwicklung des Kriegsschadenrechts bis zum ersten Weltkrieg. Die weiteren geplanten Bücher hatte Cahn für das Kriegsschadensrecht des Ersten (III) und des Zweiten Weltkrieges (IV) und ein allgemeines Kriegsschadensrecht (V) vorgesehen. Das VI. Buch "Besonderes Kriegsschadenrecht" gliedert er in einen Teil "Wiedergutmachung politischen Schadens" mit den Kapiteln "Verschiebungs- und Vernichtungsschäden", "Wiedergutmachung politischen Schadens in der Vergangenheit", "Die Wiedergutmachung politischen Schadens nach dem Weltkrieg in: "(er nennt dann 13 europäische Staaten), in einen weiteren Teil "Entschädigung beim Bevölkerungsaustausch" mit den Kapiteln "Der Bevölkerungsaustausch auf dem Balkan" und "Der Bevölkerungsaustausch während des zweiten Weltkrieges" sowie in einen abschließenden Teil

---

483 Cahn, Kriegsschadenrecht, S. CVIII.

484 Vgl. ebd.

mit den Kapiteln "Die Ersatzpflicht für Kriegsschäden im Völkerrecht" und "Die Reparationen". Die sechs Bücher sollten 78 Kapitel umfassen, wovon er mit den ersten beiden Büchern auf über 400 Seiten zwanzig vorgelegt hat. [485]

Für die hier vor allem interessierende Frage der Abgrenzung von Kriegs- und Verfolgungsschäden hätte Cahn vermutlich in seinem VI. Buch einiges beizutragen gehabt. Cahns Grundkonzeption wird aber bereits im ersten Buch deutlich. Kriegsschadensrecht sei die staatliche Organisation des Wiederaufbaus.[486] Es bedeute nichts anderes als eine ganze oder teilweise Übernahme des Kriegsrisikos durch den Staat.[487] Die Ersatzfähigkeit der Kriegsschäden hänge allein vom Vorhandensein von dem Staat zu diesem Zweck verfügbaren Mitteln ab.[488] Den durch Kriegshandlungen hervorgerufenen Kriegsschaden [489] erweitert Cahn durch die Kategorie des "Politischen Schadens".

"Eine neue Art der Bekämpfung ruft eine neue Art des Schadens hervor: die innenpolitische Zersetzung, die Schaffung feindhöriger politischer Gruppen und dem Feinde gefügiger Regierungen in besetzten Ländern, die den Okkupanten von dem ihm lästigen Schranken des Völkerrechts befreien, und die ihm erlauben, die innere Ordnung eines besetzten Landes mit der Weltanschauung in Übereinstimmung zu bringen, in deren Namen er seine Unterwerfung verlangt.
Besatzungs- und Invasionsschäden umfassen nicht diejenigen Nachteile, die eine unter dem mehr oder weniger aufrecht erhaltenen Schein der Legalität vom Feind eingesetzte und auf seine Macht gestützte Regierung des Landes ihren eigenen Bürgern zufügt; diese Schäden sind aber auch noch als Kriegsfolgen anzusehen.
Zu den Kriegsfolgeschäden müssen daher auch die politischen Schäden zugerechnet werden." [490]

Cahn konkretisiert weder hier noch an anderer Stelle über die gegebenen Beispiele hinaus das, was er unter den politischen Schaden faßt. Die in Deutschland weit vor Kriegsanbruch beginnende Verfolgung thematisiert er ebensowenig wie den Völkermord an den Juden. Sein Begriff des "politischen Schadens" kann aber als Versuch gewertet werden, die Totalität der deutschen Kriegsführung, wie sie sich in den besetzten Ländern niederschlug, als etwas Neues zu erfassen. Bei der Beschreibung der Unterschiede von Kriegs- und politischem Schaden tauchen dann allerdings Begründungen auf, die andere Autoren [491] zur

---

485 Vgl. das Inhaltsverzeichnis, ebd., S. III-X.

486 Vgl. ebd., S. 3.

487 Vgl. ebd., S. 15.

488 Vgl. ebd., S. 16.

489 Vgl. ebd., S. 19-25.

490 Ebd., S. 152 f.

491 Vgl. oben., z.B. bei Gillis und Knopf sowie Bial.

Unterscheidung von Kriegs- und Verfolgungsschäden gegeben haben. Diese Parallele dürfte weniger begrifflichen Unschärfen als vielmehr Ähnlichkeiten im historischen Sachverhalt geschuldet sein. Mit der Brutalität der Kriegsführung und der Besatzungspolitik, die, wenn auch in unterschiedlichem Ausmaß, unmittelbar rassisch begründeten politischen Zielen diente, waren Eingriffe in die Ordnung der besetzten Länder an der Tagesordnung und nahmen Verfolgungscharakter an. Dies zeigt gerade die im vorherigen Kapitel untersuchte Deportation der Fremdarbeiter.

Von seiner positivistischen Position geht Cahn zunächst davon aus, daß aus innerstaatlicher Sicht Kriegsschäden ohne Recht erfolgten, politische Schäden aber rechtmäßig seien, wenn sie auch durch Mißbrauch des Rechts erfolgten.[492] Cahn spricht von "Mißbrauch", weil er die Gültigkeit dieser auf eine Zwischenregierung gestützte Rechtsordnung nicht als unantastbar ansehen will. Der einer Verpflichtung zur Wiedergutmachung rechtfertigende Zweifel am Recht sei

"nur zu begründen aus dem Fortbestehen unveräußerlicher Menschenrechte, die so tief im Bewußtsein eines jeden Menschen verwurzelt sind, daß ihre Verletzung von jedem als Unrecht empfunden wird, auch wenn diskriminierende Gesetze oder Maßnahmen sie zeitweise für gewisse Personen außer Kraft setzten. Solche Grundrechte sind unter anderem die Gleichheit aller Bürger vor dem Recht und der Schutz rechtmäßig erworbenen Eigentums." [493]

Cahn gibt sich dadurch, daß er diese Menschenrechte nicht als "neben, entgegen oder über dem im Staate" geltenden Recht ansieht, nicht nur als Positivist zu erkennen, sondern legt auch den politischen Gehalt der zu schaffenden Rechte offen. Die Grundsätze eines von der überwiegenden Mehrheit der Menschen empfundenen Rechts würden deshalb nicht zum Inhalt des Rechts, sondern sie blieben das Zeugnis einer anerkannten Moral:

"Auf mehr als das Bewußtsein der Moral braucht sich aber ein die Rückwirkung der Wiedergutmachung rechtfertigender Zweifel an dem von einer Zwischenregierung erlassenen Recht auch nicht zu stützen." [494]

Der Diskriminierungsgedanke dient Cahn letztlich dazu, die Verschiedenheit von Kriegs- und politischem Schaden zu begründen. Auch für Cahn ist Kriegsschaden "höhere Gewalt", ohne daß er diesen Begriff gebraucht:

"Da aber die Kriegsführung das Recht und unter Umständen selbst die Pflicht

492 Vgl. ebd., S. 153.

493 Ebd., S. 159.

494 Ebd., S. 159.

des Staates ist, so ist er zur Verhütung des Kriegsschadens nicht verpflichtet. Den Umstand, daß ein Kriegsschaden eingetreten ist, hat der Staat also niemals zu vertreten". [495]

Ähnlich dem zivilrechtlichen Deliktsrecht, nach dem eine auf Wiederherstellung des Vermögens zielende Ersatzpflicht nur darum gerechtfertigt sei, weil der Geschädigte ein Recht darauf habe, so dient für Cahn der Ersatz des politischen Schadens der Wiederherstellung des Rechts des Geschädigten. In seiner Vorliebe für eine einfache und klare Sprache unterscheidet Cahn so "Schadensersatz" als Ausgleichsprinzip im Zivilrecht, "Entschädigung" als rechtliche Maßnahme zur Beseitigung des Kriegsschadens und "Wiedergutmachung" zur Beseitigung des politischen Schadens. Nach der Verschiedenheit des Zweckes unterschieden, dienten sie der Wiederherstellung des Vermögens, eines einzelnen Gegenstandes und des Rechts des Geschädigten, nach der des Grundes unterschieden, erfolgten sie wegen eines vom Verpflichteten zu vertretenden Unrechts, wegen eines vom Verpflichteten nicht zu vermeidenden Unglücks bzw. bezwecke sie die Beseitigung eines durch Mißbrauch des Rechts entstandenen Schadens. "Wiedergutmachung" scheint für Cahn vorrangig durch Naturalersatz zu geschehen, denn in erster Linie gehe es um Wiederherstellung der infolge der Rechtsverletzung aufgehobenen oder beeinträchtigten subjektiven Rechte des Geschädigten. Nur als Folge dieser Wiederherstellung des Rechts könne ein ganzer oder teilweiser Ausgleich der Vermögenseinbuße im Vermögen des Geschädigten eintreten. Dies, wie die Auffassung, der aus der "Wiedergutmachung" begründete Anspruch sei gegen die Person gerichtet, die das wiederhergestellte Recht störe oder es verletzt habe, deuten ebenfalls darauf hin, daß Cahn stärker Vermögens- als Personenschäden im Blick hat.[496]

VII. Das internationale Statut für den Militärgerichtshof und der Prozeß gegen die Hauptkriegsverbrecher

Die Frage der Abgrenzung von Kriegs- und Verfolgungsschäden erfährt, so könnte vermutet werden, als Frage der Abgrenzung von strafbarem und nicht strafbarem Handeln bzw. als Abgrenzung verschiedener Tatbestände ihre entsprechende strafrechtliche Modifizierung. Eine erste Lektüre des Statuts für den

---

495 Ebd., S. 164.

496 Zum Ganzen vgl. ebd., S. 163-166. Auf Cahns stark rückerstattungsrechtlich geprägte Sichtweise deuten auch seine Ausführungen zum Thema "Das holländische Gesetz über die Wiedergutmachung politischen Schadens", Schweizer Annalen 1945, S. 460 ff., hin.

Internationalen Militärgerichtshof scheint diese Vermutung sogar zu bestätigen. Das Statut, mit dem Londoner Viermächte Abkommen über die Verfolgung und Bestrafung der Hauptkriegsverbrecher der Europäischen Achse vom 8. August 1945 geschaffen,[497] unterscheidet zwischen Kriegsverbrechen und Verbrechen gegen die Menschlichkeit. Nach dem Statut gelten als "Kriegsverbrechen" (Art. 6b):

"Verletzungen der Kriegsgesetze oder -gebräuche. Solche Verletzungen umfassen, ohne jedoch darauf beschränkt zu sein, Mord, Mißhandlungen, oder Deportationen zur Sklavenarbeit oder für irgendeinen anderen Zweck, von Angehörigen der Zivilbevölkerung von oder in besetzten Gebieten, Mord oder Mißhandlungen von Kriegsgefangenen oder Personen auf hoher See, Töten von Geiseln, Plünderung öffentlichen oder privaten Eigentums, die mutwillige Zerstörung von Städten, Märkten oder Dörfern oder jede durch militärische Notwendigkeit nicht gerechtfertigte Verwüstung;"

und als "Verbrechen gegen die Menschlichkeit" (Art. 6c):

"Mord, Ausrottung, Versklavung, Deportation oder andere unmenschliche Handlungen, begangen an irgendeiner Zivilbevölkerung vor oder während des Krieges, Verfolgung aus politischen, rassischen und religiösen Gründen, begangen in Ausführung eines Verbrechens oder in Verbindung mit einem Verbrechen, für das der Gerichtshof zuständig ist, und zwar unabhängig davon, ob die Handlung gegen das Recht des Landes verstieß, in dem sie begangen wurde, oder nicht."

Die auf den englischen Völkerrechtler Hersch Lauterpacht zurückgehende[498] Definition der "Verbrechen gegen die Menschlichkeit" knüpft nicht nur an das Diskriminierungsmoment an, sondern bezieht ausdrücklich auch Verfolgungsmaßnahmen vor Kriegsbeginn ein und beschränkt sich, anders als die der "Kriegsverbrechen", nicht auf Angehörige der Alliierten, worauf das Merkmal "Angehörige der Zivilbevölkerung von oder in besetzten Gebieten" verweist. Der Bedingungszusammenhang mit weiteren Verbrechen nach dem Statut, neben den Kriegsverbrechen die "Verbrechen gegen den Frieden", ist Ausdruck eines Kompromisses, wonach der Gerichtshof nicht auf die Befassung mit Kriegsverbrechen beschränkt werden sollte. Mit den Verbrechen gegen die Menschlichkeit konnten Handlungen, die vor 1939 in Deutschland und seit 1938 in Österreich und in der Tschechoslowakei begangen worden waren, durch den Gerichtshof abgeurteilt werden.[499] In der Urteilsbegründung[500] stellte der Gerichtshof dann

---

497 Beide abgedruckt in IMT I, S. 7 ff. u. 10 ff.

498 Vgl. Smith, Jahrhundert-Prozeß, S. 73.

499 Vgl. dazu Smith, Jahrhundert-Prozeß, S. 24 f.

500 Das Urteil ist abgedruckt in: IMT I, S. 189-386; die davon unbedeutend abweichende Protokollfassung, IMT XXII, S. 466-670, liegt der selbständigen Ausgabe des Urteilstextes, s. Urteil, zugrunde. Zu den Problemen, Verfahren und Urteil des

zwar fest, die "vor dem Krieg in Deutschland durchgeführte Politik der Verfolgung, der Unterdrückung und der Ermordung von Zivilpersonen, von denen eine gegen die Regierung gerichtete Einstellung zu vermuten gewesen" sei, sei auf das erbarmungsloseste durchgeführt worden, ebenso wie die "in der gleichen Zeit vor sich gehende Verfolgung der Juden" über allen Zweifeln festgestellt sei. "So empörend und so entsetzlich viele dieser Verbrechen" gewesen seien, so sei doch nicht hinreichend nachgewiesen worden, daß sie in Ausführung eines Angriffskrieges oder in Verbindung mit einem derartigen Verbrechen verübt worden seien.[501]

Abseits der genannten Unterschiede zeigen aber beide Definitionen große Ähnlichkeiten. In einem seine Ressentiments hinter Rechtsfragen kaum versteckenden schriftlich verfaßten Vortrag zur Kritik des Nürnberger Urteils und der Besatzungsverhältnisse überhaupt bemerkte Grewe, insoweit zutreffend, die Kriegsverbrechen bildeten einen Sonderfall der Verbrechen gegen die Menschlichkeit. Bei zahlreichen Verbrechen gegen die Menschlichkeit handele es sich nicht um Kriegsverbrechen, was sich bereits aus der weiter gefaßten Definition ergebe.[502] Entsprechend wird in Anklageschrift und Urteil zwischen beiden Tatbeständen kaum unterschieden. Während die Anklageschrift unter Anklagepunkt Vier, den Verbrechen gegen die Menschlichkeit, vor allem auf Verfolgungsmaßnahmen in Deutschland seit 1933 verweist, die nach Kriegsbeginn dann auf die besetzten Gebiete ausgedehnt worden seien, und die Verfolgung und Ermordung der Juden hier eigens erwähnt,[503] werden im Urteil beide Verbrechenskategorien unter einer gemeinsamen Überschrift abgehandelt.[504] Eine weitergehende Differenzierung hält das sich in den Unterabschnitten zunächst auf Kriegsverbrechen stützende Gericht nicht für notwendig, weil es aus den genannten Gründen die Einbeziehung der vor Kriegsbeginn erfolgten Verbrechen ablehnt und weil es ebenfalls von einer Überlappung der Tatbestände ausgeht:

"Aber seit Beginn des Krieges im Jahr 1939 sind Kriegsverbrechen in großem Umfang begangen worden, die auch Verbrechen gegen die Menschlichkeit waren; und soweit die in der Anklage zur Last gelegten unmenschlichen Hand-

---

Nürnberger Prozesses s. vor allem Smith, Jahrhundert-Prozeß; zu den bundesrepublikanischen Rezeptionsbedingungen vgl. die Beiträge in: Friedrich/Wollenberg (Hrsg.), Licht, sowie I. Müller, Fs. Kempner.

501 IMT I, S. 285; Urteil, S. 135.

502 Vgl. Grewe/Küster, Nürnberg, S. 25 f. Zum Grund für die um weitere polemische Spitzen bereinigte Wiedergabe des Vortragstextes s. die Vorbemerkung, S. 5.

503 Vgl. IMT I, S. 70-72.

504 Vgl. IMT I, S. 253-286; Urteil, S. 96-135.

lungen, die nach Kriegsbeginn begangen wurden, keine Kriegsverbrechen darstellen, wurden sie doch alle in Ausführung eines Angriffskriegs oder im Zusammenhang mit einem Angriffskrieg begangen und stellen deshalb Verbrechen gegen die Menschlichkeit dar." 505

Das Gericht reagiert damit weniger auf dogmatische Abgrenzungsfragen als vielmehr auf den dahinterstehenden Umstand der "Totalität" der Kriegsführung. Kriegsverbrechen waren im Zweiten Weltkrieg nicht mehr bloße Vergehen einzelner Soldaten oder ein einkalkulierter Völkerrechtsverstoß bei einzelnen militärischen Operationen. Sie waren auch nicht bloße Folge der Wandlung vom Stellungs- zum die gesamte Bevölkerung einbeziehenden Wirtschaftskrieg. Die Unzahl der Kriegsverbrechen war Ausdruck einer rücksichtslosen deutschen Kriegsführung, die sich um des bloßen Vorteils willen über jede Kriegsregel hinwegsetzte. Sie war, wie vor allem die Fremdarbeiterdeportationen zeigen, Folge der hemmungslosen Einbeziehung der Ressourcen aller besetzten Länder in die deutsche Kriegswirtschaft, mit der auch Neuordnungsvorstellungen für die Nachkriegszeit vorweggenommen wurden. Und nicht zuletzt wurde deutscherseits kein bloßer europäischer Hegemonialkrieg geführt, sondern sollten insbesondere die osteuropäischen Nationen zerstört werden und war der Völkermord an den Juden erklärtes Kriegsziel geworden. Im Abschnitt über "Kriegsverbrechen und Verbrechen gegen die Menschlichkeit" weist der Gerichtshof einleitend darauf hin, daß im Urteil wegen des großen Umfangs nicht das gesamte Material zu den Kriegsverbrechen hatte berücksichtigt werden können:

"Fest steht, daß Kriegsverbrechen in größtem Ausmaße verübt worden sind, wie nie zuvor in der Kriegsgeschichte. Sie wurden in allen von Deutschland besetzten Ländern und auf hoher See begangen und zwar ferner unter allen nur erdenklichen Begleiterscheinungen von Grausamkeit und Schrecken. Kein Zweifel kann darüber bestehen, daß sie größtenteils aus der Auffassung der Nazis vom 'totalen Krieg' stammen, mit der die Angriffskriege durchgeführt wurden. Denn bei dieser Auffassung des 'totalen Krieges' werden die Konventionen zu Grunde liegenden sittlichen Ideen, die den Krieg menschlicher zu gestalten trachten, als nicht länger in Kraft oder Geltung befindlich angesehen. Alles wird dem gebieterischen Diktat des Krieges untergeordnet ..." 506

Bereits an dieser Stelle wird im Urteil auf die Bedeutung der Zwangsarbeit hingewiesen, wobei weder hier noch an anderen Stellen grundsätzlich zwischen der konzentrationären, jüdischen, der Zwangsarbeit unter der Besatzungsherrschaft oder der der Fremdarbeiter unterschieden wird:

---

505 IMT I, S. 286; Urteil, S. 135. Ähnlich die Ausführungen in bezug auf die Behandlung der Kriegsgefangenen, vgl. IMT I, S. 254, bzw. das Zitat sogleich im Text, sowie den Überfall auf Polen, vgl. IMT I, S. 227 f., bzw. Urteil, S. 64.

506 IMT I, S. 253 f., Urteil; S. 97.

"In ähnlicher Weise hat die deutsche Regierung bei Aufstellung der Pläne für die Ausnützung der Bewohner der besetzten Gebiete zur Sklavenarbeit in größtem Maßstab diese Maßnahme als wesentlichen Bestandteil der Kriegswirtschaft angesehen, und dieses besondere Kriegsverbrechen bis in die letzten fein ausgearbeiteten Einzelheiten geplant und organisiert ...
Kriegsgefangene wurden mißhandelt, gefoltert und ermordet, nicht nur unter Mißachtung der anerkannten Regeln des Völkerrechts, sondern unter vollständiger Außerachtlassung der elementarsten Vorschriften der Menschlichkeit. Zivilpersonen in besetzten Gebieten erlitten das gleiche Schicksal. Ganze Bevölkerungen wurden nach Deutschland deportiert, um an Verteidigungswerken, in der Rüstungsindustrie und ähnlichen, mit dem Kriegseinsatz zusammenhängenden Aufgaben, Sklavenarbeit zu leisten." [507]

Im allgemeinen Teil des Urteils wird dann vor allem auf die Ermordung und Mißhandlung von Kriegsgefangenen [508] sowie der Zivilbevölkerung eingegangen, so u.a. auf die brutale Unterdrückung jeglicher Gegnerschaft zur deutschen Besetzung, Geiselnahmen, Zerstörung ganzer Städte, Massenmorde wie in Oradour-sur-Glane oder Lidice, Einrichtung von Konzentrationslagern, Massenvernichtung in Gaskammern als Teil der "Endlösung" und das besonders brutale Vorgehen gegen die sowjetische und polnische Bevölkerung.[509] Unter Schilderung verschiedener Mordaktionen der sog. Einsatzgruppen heißt es dazu:

"Die erwähnten an der Zivilbevölkerung begangenen Verbrechen sind entsetzlich genug, und doch zeigt das Beweismaterial, daß jedenfalls im Osten die Massenmorde und Greueltaten nicht nur zu dem Zwecke begangen wurden, um Opposition oder Widerstand gegenüber den deutschen Besatzungstruppen zu brechen. In Polen und der Sowjetunion waren diese Verbrechen Teil eines Planes, der darauf zielte, die ganze einheimische Bevölkerung durch Austreibung und Vernichtung zu beseitigen, um ihr Gebiet von den Deutschen für Siedlungszwecke verwenden zu können." [510]

Im Unterabschnitt "Plünderung öffentlichen und privaten Eigentums" [511] werden die völlige Ausbeutung der Wirtschaftsquellen der besetzten Gebiete und die dabei verwendeten Methoden abgehandelt. Hier werden Maßnahmen, die sich bzw. deren Folgen sich nicht immer unmittelbar gegen einzelne richtete, wie die Einbeziehung der Industrieproduktion in die deutsche Kriegswirtschaft, Beschlagnahme von Wirtschaftsgütern und landwirtschaftlichen Produkten bis hin zur Verursachung von Hungersnöten, sowie von Kulturgütern aufgeführt. Im Unterabschnitt "Die Politik der Zwangsarbeit" [512] geht das Urteil auf die Ar-

---

507 IMT I, S. 254 f.

508 Vgl. IMT I, S. 255-260; Urteil, S. 98-104.

509 Vgl. IMT I, S. 260-267; Urteil, S. 104-113.

510 IMT I, S. 285; Urteil, S. 111.

511 Vgl. IMT I, S. 267-272; Urteil, S. 113-119.

512 Vgl. IMT I, S. 272-277; Urteil, S. 119-125.

beitspflichten in den besetzten Ländern und vor allem auf die Deportationspraxis ein. Das Gericht erörtert die direkte und indirekte Zwangsrekrutierung, die Transportbedingungen, die Behandlung in Deutschland und die Ermordung vieler Fremdarbeiter in deutschen Krankenanstalten. Schließlich geht das Urteil auf die Judenverfolgung ein.[513] Zu weiteren Einzelheiten und Kriegsverbrechen nimmt das Urteil in den einzelnen Abschnitten über die angeklagten Organisationen und Personen Stellung.

Die unterschiedliche tatbestandliche Fassung von Kriegs- und Verbrechen gegen die Menschlichkeit ist daher kaum als Anhaltspunkt verschiedener Schadenskategorien geeignet. Das IMT-Statut und das Nürnberger Urteil zeigen vielmehr umgekehrt, daß viele Verfolgungsmaßnahmen als Kriegsmaßnahmen erscheinen. Bei beiden Tatbeständen handelt es sich um Völkerrechtsdelikte, die grundsätzlich gleichermaßen zum Schadensersatz berechtigen. Mit der Totalität der deutschen Kriegsführung wird auch die Unterscheidung zwischen einer unmittelbar am Individuum ansetzenden Verfolgungsmaßnahme und einer allgemeinen Kriegsmaßnahme, die den einzelnen nur als Teil der Nation trifft, zunehmend hinfällig. Dies gilt vor allem für das deutsche Vorgehen in Osteuropa und wird offensichtlich in der rücksichtslosen Beschlagnahme der Nahrungsmittel, bei der bewußt der Tod von Millionen von Menschen in Kauf genommen wurde.

Mit der tatbestandlichen Fassung eines "Verbrechens gegen den Frieden" (Art. 6a) wird das Kriegführen als solches verurteilt. Damit wird aber auch eine Unterscheidung zwischen kriegsverbrecherischen und allgemeinen, nicht kriegsverbrecherischen Kriegsmaßnahmen zum Problem. Im Urteil wird das Kriegführen in der Form eines Angriffskrieges auch als das schwerste Verbrechen bezeichnet:

"... Der Krieg ist seinem Wesen nach ein Übel. Seine Auswirkungen sind nicht allein auf die kriegführenden Staaten beschränkt, sondern treffen die ganze Welt.
Die Entfesselung des Angriffskrieges ist daher nicht bloß ein internationales Verbrechen; es ist das schwerste internationale Verbrechen, das sich von anderen Kriegsverbrechen nur dadurch unterscheidet, daß es in sich alle Schrecken der anderen Verbrechen einschließt und anhäuft." [514]

Die Kategorisierung nach Art. 6 des Statuts für den Nürnberger Militärgerichtshof korreliert daher weitgehend mit der Diskussion um den der Reparation zugrunde liegenden Schadensbegriff, wie sie ansatzweise auf der Pariser Reparati-

---

513 Vgl. IMT I, S. 277-283; Urteil, S. 125-132.

514 IMT I, S. 207; Urteil, S. 39.

onskonferenz geführt wurde. Mit dem Verbot des Angriffskrieges können auch die notwendigen Kosten zur Verteidigung, die allgemeinen Kriegslasten, als Schaden gerechtfertigt werden. Kriegsverbrechen und Verbrechen gegen die Menschlichkeit sind vor allem gegen die einzelnen Nationen und ihre Angehörigen gerichtet. Der Völkermord an den Juden wird zwar im Urteil, nicht aber im Statut ausdrücklich erwähnt. Und in der Urteilsbegründung wird er als Teil des Verbrechens an der Zivilbevölkerung der besetzten Länder wie auch eigenständig im Unterabschnitt über die Judenverfolgung erörtert. Die Nichteinbeziehung der vor Kriegsbeginn geschehenen Verfolgungsmaßnahmen hatte denn auch zur Folge, daß keiner der Angeklagten wegen dieser zur Rechenschaft gezogen wurde.[515] Ein weiterer Grund neben der angloamerikanischen Furcht, diese Maßnahmen als völkerrechtswidrig zu brandmarken,[516] dürfte der Umstand gewesen sein, daß alles Spätere sie noch wesentlich überschattete. Im Urteil heißt es dazu:

"Die Verfolgung der Juden im Vorkriegsdeutschland durch die Nazis, so hart und unterdrückend sie auch war, läßt sich jedoch nicht mit der während des Krieges in den besetzten Gebieten verfolgten Politik vergleichen." [517]

Die strafrechtliche Zwecksetzung des Nürnberger Verfahrens erlaubte aber anders als die von wirtschafts- und deutschlandpolitischen Überlegungen überlagerte Reparationspolitik eindeutige Aussagen zu einzelnen deutschen Kriegs- und Verfolgungsmaßnahmen. Hinsichtlich der im vorigen Kapitel untersuchten Formen der Zwangsarbeit einschließlich der Fremdarbeiterdeportationen stellte der Gerichtshof deren Verwerflichkeit eindeutig fest.[518] In der Eröffnung der Anklage bezeichnete der amerikanische Hauptankläger Jackson "die Verschleppung zur Sklavenarbeit" als "vielleicht das schrecklichste und größte Sklavenunternehmen der Geschichte".[519]

---

515 Vgl. Smith, Jahrhundert-Prozeß, S. 155 f.

516 Vgl. Smith, Jahrhundert-Prozeß, S. 74 f.

517 Vgl. IMT I, S. 280; Urteil, S. 128.

518 Vgl. a. bereits die Anklageschrift, IMT I, S. 46-58; aus den Verhandlungen s. die Ausführungen der Ankläger, insb. IMT III, S. 450-552; V, S. 492-576; VII, 204-207; VIII, 148-178. Zur Verhandlungsreihenfolge s. Smith, Jahrhundert-Prozeß, S. 81 u. 103 f.

519 S. IMT II, S. 164. Einen Überblick über die Rechtsprechung zur Deportation in den ersten Nachkriegsjahren gibt Uhler, Schutz, S. 181-185.

VIII. Zusammenfassung

Die Frage der Entschädigung für Verfolgungsopfer des Nationalsozialismus wird bis zur Gründung der Bundesrepublik Deutschland, abgesehen von marginalen Ausnahmen, nicht völkerrechtlich geregelt. Im Verhältnis der Staaten zueinander erscheint sie als Teil der Reparationsfrage. Abseits des Streits über Höhe und Modalitäten einer deutschen Leistungspflicht waren sich alle alliierten Staaten darüber einig, daß Deutschland grundsätzlich durch Reparationen zum europäischen Wiederaufbau beitragen sollte. Auf den Konferenzen von Jalta und Potsdam spielte angesichts des Ausmaßes der von Deutschland verursachten Kriegsverwüstungen die Frage des Reparationsgrundes keine Rolle. Die großen Drei waren sich ebenso darüber einig, daß allein ein anteiliger, kein voller Schadensausgleich stattfinden sollte. Zur Begründung eines Verteilungsmaßstabes waren Personen- neben Sachschäden von geringerer Bedeutung. Dafür sollten entgegen den Verlautbarungen in den beiden Konferenzkommuniqués die allgemeinen Kriegskosten einbezogen werden, da nur so ein Reparationsanteil der beiden nicht besetzt gewesenen Hauptsieger Großbritannien und Vereinigte Staaten begründbar war. Polen und die Sowjetunion wurden mit dem Potsdamer Kompromiß auf die "Ostmasse" verwiesen, ihnen zustehende Lieferungen aus den Westzonen wurden als Folge des deutschlandpolitischen Streits frühzeitig eingestellt. Beide erklärten dann im August 1953 den Verzicht auf weitere Reparationsentnahmen. Diese Verzichtserklärungen beziehen sich jedoch eindeutig ausschließlich auf die damalige DDR. Die übrigen Staaten wurden durch das Pariser Reparationsabkommen auf den angloamerikanischen Reparationskurs festgelegt. Mit der Übereinkunft über die jeweiligen Anteile am deutschen Reparationsaufkommen ohne Kenntnis des Gesamtumfangs wurde der restriktive angloamerikanische Reparationskurs abgesegnet. Aber auch der sicherheitspolitisch motivierte Zweck der Reparationen, wie er in den Demontagen zum Ausdruck kam, wurde von den Vereinigten Staaten bereits Ende der vierziger Jahre aufgegeben. Demontagen wurden nur noch als Symbol für die deutsche Niederlage und mit Rücksicht auf die europäischen Verbündeten gerechtfertigt. Im Zuge einer integrationistischen Sicherheitspolitik gegenüber Deutschland gaben auch Großbritannien und Frankreich ihren anfänglichen Widerstand auf. 1951 wurden die Demontagen auch in ihren Besatzungszonen beendet. Reste dieser symbolträchtigen Reparationsfunktion enthält der Überleitungsvertrag insofern, als die drei Westalliierten die juristische Regelung der Reparationsfrage einem zukünftigen Vertrag vorbehalten und den faktischen Reparationsverzicht weder hier noch in anderen Verträgen durch einen rechtlichen ergänzt haben.

Die Einbindung in den restriktiven Reparationskurs der Angloamerikaner, die von einer geringen deutschen Leistungsfähigkeit ausgingen, bedeutete auf der Pariser Reparationskonferenz die Verwendung eines weiten Reparationsbegriffs, da möglichst alle Forderungen gegenüber Deutschland durch die Reparationsquote abgegolten werden sollten. Dieses Reparationskonzept unterschied daher nicht zwischen Kriegsschäden, zu denen auch die allgemeinen Kriegskosten gerechnet wurden, und Verfolgungsschäden. Beide Schadenskategorien waren gleichermaßen reparationsfähig, keine gegenüber der anderen bevorrechtigt. Versuche jüdischer Verbände und Autoren, einen eigenständigen Anspruch des jüdischen Volkes oder zumindest Individualansprüche der Verfolgten zu begründen, wurden, abgesehen von einigen peripheren Regelungen, weder in das Pariser Reparationsabkommen noch in die Friedensverträge von 1947 aufgenommen. Neben den Eigeninteressen, die Reparationsquoten nicht zu vermindern, und palästinapolitischen Gesichtspunkten dürfte die eigene Sichtweise, selbst Opfer eines verbrecherischen Krieges geworden zu sein, eine weitergehende Differenzierung in Kriegs- und Verfolgungsopfer verhindert haben. Diese, auf die brutale deutsche Kriegsführung und Besetzungspolitik zurückgehende Auffassung findet einen rechtlichen Ausdruck in der weitgehenden tatbestandlichen Übereinstimmung der Kriegs- und Verbrechen gegen die Menschlichkeit nach dem Statut für den Nürnberger Militärgerichtshof.

Verfolgungsopfer waren daher grundsätzlich durch ihre eigenen Staaten, die als Kriegsgegner und besetzte Staaten zumeist deutsche Reparationsgläubiger waren, zu entschädigen. Eine völkerrechtliche Vereinbarung darüber wurde nicht getroffen. Von dieser "Reparationslösung" wurden die Verfolgten, die Angehörige der Achsenmächte waren, und die, die in ihre Heimatstaaten nicht zurückkehren wollten, sowie, meist zu einer der bereits genannten Gruppen gehörend, die Staatenlosen nicht erfaßt. Als Kompromiß wurde einem Teil dieser Personen, nämlich verfolgten Flüchtlingen aus Deutschland und Österreich sowie nichtrückkehrwilligen Angehörigen der vormals besetzten Länder, soweit es sich um Konzentrationslageropfer handelte, ein insgesamt bescheidener Fonds für Rehabilitierungsmaßnahmen zur Verfügung gestellt. In Anerkennung des Umstandes, daß es sich hierbei vorwiegend um jüdische Verfolgungsopfer handelte, flossen diese Gelder fast vollständig jüdischen Siedlungsmaßnahmen zu. Bereits das Pariser Reparationsabkommen sah aber vor, daß diese Unterstützungsmaßnahmen nicht die Ansprüche der Flüchtlinge präjudizieren sollten, die diese gegen eine zukünftige deutsche Regierung erheben könnten.

Es wird also im folgenden zu untersuchen sein, ob und welche Ansprüche den

Opfergruppen nach Besatzungs- oder deutschem Recht zukamen, die von der "Reparationslösung" nicht erfaßt wurden. Damit rücken auch die Regelungen in das Zentrum der Untersuchung, die zunächst unter deutscher Beteiligung oder durch deutsche Stellen geschaffen wurden.

4. KAPITEL: DIE ENTSTEHUNG DES ENTSCHÄDIGUNGSRECHTS UNTER ALLIIERTER AUFSICHT

Ein bundesweit geltendes Entschädigungsgesetz wurde erst unter alliiertem Druck im Jahre 1953 durch den Bundestag verabschiedet. Wesentliche Vorgaben enthielten der Überleitungsvertrag mit den drei Westalliierten und das ergänzend zum Vertrag mit Israel ausgehandelte Abkommen mit der eigens zur Geltendmachung von Entschädigungsansprüchen gegenüber Deutschland geschaffenen Claims Conference. Die parallel laufenden Verhandlungen zum Londoner Schuldenabkommen sind insofern von Bedeutung, als sie klarstellten, daß von der auf der Pariser Reparationskonferenz eingeschlagenen Linie nicht abgewichen werden sollte. Reparationsforderungen, einschließlich der in London thematisierten Ansprüche der Zwangsarbeiter in Deutschland, sollten weiterhin eingefroren bleiben. Die internationalen Vorgaben und das erste Bundesergänzungsgesetz sowie das folgende Bundesentschädigungsgesetz griffen auf ein kodifiziertes Anspruchssystem zurück, das bereits bei Gründung der Bundesrepublik in den Ländern der US-Zone galt und dessen Grundsätze sich auch in den übrigen Zonen herausgebildet hatten. Im Nachvollzug der Entstehung dieser Grundsätze und ihrer Korrektur und Modifizierungen durch die internationalen Abkommen wird besonders zu berücksichtigen sein, auf welche Weise die "Reparationslösung" ergänzt wurde, inwieweit also die Opfergruppen einbezogen wurden, die nicht durch ihren eigenen Staat als Reparationsgläubiger zu entschädigen waren. Unberücksichtigt bleibt der Umstand, daß die deutschen Reparationsleistungen insgesamt nicht geeignet waren, wenigstens eine Entschädigung der Opfer in den ehemals besetzten Ländern zu bewirken. Soweit es sich nicht um deutsche oder ehemals deutsche und vom nationalsozialistischen Deutschen Reich ausgebürgerte Verfolgungsopfer handelte, erwies sich ihre Einbeziehung als besonders schwierig. Das zeigen die Auseinandersetzungen um eine Entschädigungsregelung für die Displaced Persons und die Flüchtlinge.

I. Die Rechtsetzung in den drei Westzonen bis zur Gründung der Bundesrepublik

1. "Wiedergutmachung" als alliiertes Besatzungsziel

Bereits in der Berliner Erklärung "In Anbetracht der Niederlage Deutschlands und der Übernahme der obersten Regierungsgewalt" vom 5.Juni 1945 wurde neben der Freilassung und Versorgung aller Kriegsgefangenen auch die aller sonstigen verfolgten Personen verlangt:

"Die deutschen Behörden und das deutsche Volk haben auf gleiche Weise alle anderen Angehörigen der Vereinten Nationen zu versorgen und freizulassen, die eingesperrt, interniert oder irgendwelchen anderen Einschränkungen ausgesetzt sind sowie alle sonstigen Personen, die aus politischen Gründen oder infolge nationalsozialistischer Handlungen, Gesetze oder Anordnungen, die hinsichtlich der Rasse, der Farbe, des Glaubensbekenntnisses oder der politischen Einstellung diskriminiert, eingesperrt, interniert oder irgendwelchen anderen Einschränkungen ausgesetzt sind." [1]

Wenn auch das Potsdamer Abkommen trotz vielfältiger Vorgaben für die Gestaltung eines zukünftigen deutschen Staates bis auf die bereits erwähnte Regelung über die Displaced Persons auf fürsorgerische und entschädigungsrechtliche Fragen der Verfolgungsopfer nicht einging, so griff doch die besatzungsprogrammatische Kontrollratsproklamation Nr. 2, "Zusätzliche an Deutschland gestellte Forderungen", vom 20. September 1945 [2] die Formulierung der Berliner Erklärung teilweise erneut auf. Sie verpflichtete u.a. Deutschland nicht nur auf den Schutz aller nichtdeutschen Staatsangehörigen und deren Fürsorge,[3] sondern auch die deutschen Behörden auf die Beachtung der Abschaffung aller diskriminierenden Gesetze und der aus diesen "erwachsenden gesetzlichen oder anderweitigen Rechtsunfähigkeiten" sowie aller Anordnungen,

"die von den Alliierten Vertretern herausgegeben werden in bezug auf Eigentum, Guthaben, Rechte, Anrecht und Interessen von Personen, die von Gesetzen, welche Rechtsunfähigkeiten auf Grund von Rasse, Farbe, Glaube, Sprache oder politischer Meinung mit sich bringen, betroffen werden." [4]

Damit hatten die alliierten Besatzungsmächte zwar klargestellt, daß sie unabhängig von der Staatsangehörigkeit alle Verfolgungsopfer zumindest fürsorge-

---

1 Art. 6b der Berliner Erklärung, Nachweise, s.o., Kap. III, Fn 1.

2 ABl.KR 1945, 8, zit. n. Proklamationen, B2.

3 Vgl. Nr. 9, ebd.

4 Nr. 42 b, ebd.

risch betreuen und für die Wahrung ihrer Interessen sorgen würden. Neben der unmittelbaren Befreiung, medizinischen Versorgung, ersten Hilfsmaßnahmen, Aufhebung der diskriminierenden Gesetze [5] und Verbot diskriminierender Handlungen,[6] so z.B. auch das Verbot aller Zwangsmaßnahmen und jeglicher Zwangsarbeit,[7] erging jedoch mit Ausnahme des Rückerstattungsrechts weder eine ausgesprochene alliierte Entschädigungsgesetzgebung noch findet sich auf Kontrollratsebene eine eindeutige programmatische Festlegung.

Während die amerikanische Besatzungsrichtlinie vom April 1945 lediglich auf die Beschlagnahme geraubten Vermögens einging,[8] sah die Richtlinie vom Juli 1947 dann neben der Verwendung des sog. erbenlosen Vermögens für Wiedergutmachung und Wiederansiedlung nichtrepatriierbarer Opfer deutscher Maßnahmen [9] ein Rückerstattungs- und Entschädigungsprogramm vor:

"Es ist die Politik ihrer Regierung, daß Personen oder Organisationen, die durch nationalsozialistische Verfolgung ihr Eigentum verloren haben, dieses zurückbekommen oder dafür entschädigt werden sollen und daß diejenigen, die persönliche Schäden oder Verletzungen durch nationalsozialistische Verfolgung erlitten haben, in deutscher Währung entschädigt werden sollen. Für Vermögen, das den internen Wiedergutmachungsbestimmungen unterliegt und für das keine Besitzansprüche geltend gemacht werden, haben sie geeignete Nachfolgeorganisationen zu ernennen."[10]

Damit hatten die Amerikaner die "Wiedergutmachung" als Besatzungsziel formuliert. Diese Veränderung in der Besatzungsprogrammatik dürfte zum einen in der nun auch formellen Aufgabe Morgenthauscher Deutschlandpolitik liegen, so wenig wie möglich eine Verantwortung für die innerdeutschen Verhältnisse zu übernehmen. Zum anderen deutet sie darauf hin, daß zwischenzeitlich über die Auseinandersetzung mit vorwiegend jüdischen Verbänden eine Sensibilisierung hinsichtlich der "Wiedergutmachungs"-problematik erfolgt war, deren erstes Ergebnis der amerikanische Vorschlag für einen besonderen Rehabilitationsfonds auf der Pariser Reparationskonferenz gewesen war.

Die Verwirklichung dieses Zieles mußte jedoch nicht unbedingt durch Besatzungsrecht erfolgen. Das für die drei Westzonen geltende Besatzungsstatut

---

5 Vgl. neben Nr. 41 u. 42a KRP Nr. 2 insb. KRGe Nr. 1, 11 u. 55; US-MilitärG Nr. 1.

6 Vgl. neben Nr. 43 KRP Nr. 2 die KRP Nr. 3.

7 Vgl. Nr. 4, Satz 1 KRP Nr. 2.

8 Nr. 48 e 2, Nachweis s.o., 3. Kap., Fn. 103.

9 Nr. 17c, Nachweis s.o., 3. Kap., Fn. 102.

10 Nr. 17d, dazu kurz Hilberg, Vernichtung, S. 788 f. Diese Bestimmung wird z.B. übersehen von Féaux de la Croix, W. III, S. 123 f.

vom 12. Mai 1946,[11] gleiches gilt für die revidierte Fassung vom 6. März 1951,[12] nannte die Entschädigung nicht unter den alliierten Vorbehaltsrechten. Die Vermögensobjekte verfolgungsbedingter Vermögensverschiebungen wurden jedoch, wenigstens soweit es sich um hoheitliche Maßnahmen handelte, bereits im Juli 1945 in die zur Vorbereitung der völkerrechtlichen Restitution ergangenen Regelungen zur Vermögenskontrolle einbezogen.[13] Auf die später als "Rückerstattung" bezeichnete Rückabwicklung verfolgungsbedingter Vermögensverschiebungen dürfte sich auch vornehmlich die bereits zitierte Bestimmung der Kontrollratsproklamation Nr. 2 bezogen haben.[14] Die Alliierten bemühten sich zwar um eine einheitliche, zonenübergreifende Regelung auf Kontrollratsebene, scheiterten aber im Spätsommer 1947 an zu großen Meinungsverschiedenheiten sowohl in Fragen der Entschädigung als auch der Rückerstattung.[15]

Zu zonenweiten Regelungen kam es dann zunächst auf dem Gebiet der Rückerstattung. Bereits im November 1947 ergingen in der amerikanischen [16] und französischen [17] Zone weitgehend abschließende Militärgesetze. Die Briten zogen - am amerikanischen Vorbild orientiert - im Mai 1949 [18] nach. Das von Schwarz aufbereitete Material für das amerikanische Rückerstattungsgesetz [19] dokumentiert hinreichend, daß die amerikanische Besatzungsmacht nach dem Scheitern auf Kontrollratsebene nicht länger gewillt war, sich auf die auf Abmil-

---

11 ABl.AHK 1949, 2; Gesetzgebung, A/1; v. Schmoller u.a., Handbuch, § 100, S. 15-21.

12 ABl. AHK 1951, 792; EA 1951, S. 3829 f.; v. Schmoller u.a., Handbuch, § 100, S. 34-38. Zur Einbeziehung der Rückerstattung unter den Begriff "Restitution" s. v. Schmoller u.a., Handbuch, § 53, S. 7 u. 40; dort auch zum "gelegentlich im Ausland vorgebrachten Argument", die Besatzungsmächte hätten sich die gesamte Wiedergutmachung vorbehalten.

13 Vgl. ausführlich Schwarz, W. I, S. 24-28; Buschbom, W. II, S. 23-26, zur Organisationsrückerstattung S. 13-23.

14 Vgl. Schwarz, W. I, S. 27.

15 Vgl. Hudemann, GG 1987, S. 199-204; Schwarz, W. I, S. 44-46.

16 Gesetz Nr. 52 über die Rückerstattung feststellbarer Vermögensgegenstände v. 10.11.1947, Beilage Nr. 9 zum HessGVBl. 1947, S. 113 ff.

17 Verordnung Nr. 120 über die Rückerstattung geraubter Vermögensobjekte v. 10.11.1947, Journal Officiel 1947, 1219.

18 Gesetz Nr. 59 über die Rückerstattung feststellbarer Vermögensgegenstände an Opfer der nationalsozialistischen Unterdrückungsmaßnahmen v. 12.5.1949, Text in: Franke, Leitfaden, S. 29 ff. Für Westberlin s. die gleichlautende Anordnung BK/O (49) 180 der Alliierten Kommandantur Berlin v. 26.7.1949, BerlVOBl. 1949, 221.

19 Schwarz, W. I, S. 28-54.

derung und Verwässerung ihrer Vorstellungen zielende deutsche Verhandlungstaktik einzulassen. Und es zeigt weiter, daß deutscherseits die Bereitschaft fehlte, für eine Rückerstattungsgesetzgebung die politische Verantwortung gegenüber einer breiten und einflußreichen Kritik aus Wirtschaft und Gesellschaft zu übernehmen. Die schnellere Regelung der Rückerstattung mag auch auf alliierter Seite nicht zuletzt fiskalische Gründe gehabt haben. Darauf deuten die anfänglichen Eingriffe in deutsche Teilentschädigungsgesetze hin.[20] Rückerstattung bedeutete hauptsächlich die Herausgabe der verschiedenen Eigentumsobjekte durch den verpflichteten und nicht verfolgten Besitzer an den verfolgten Eigentümer. Darüber hinausgehende Ansprüche gegen den Fiskus, auch soweit dieser für untergegangene Vermögensobjekte verantwortlich war, waren lediglich festzustellen (außer in der französischen Zone) und wurden erst mit dem Bundesrückerstattungsgesetz aus dem Jahre 1957 realisierbar. Mit dem Erlaß der Rückerstattungsgesetze machten die Alliierten aber weiter deutlich, daß die "Wiedergutmachung", gerade auch, soweit sie deutsche Verfolgungsopfer betraf, nicht im Belieben der Deutschen stand. Die auf Archivunterlagen zurückgehenden Untersuchungen von Hudemann [21] für die französische Zone und Kreikamp [22] für die amerikanische Zone zeigen zwar, daß der politische deutsche Spielraum relativ groß war, sie zeigen andererseits aber auch, daß die Militärregierungen gegebenenfalls intervenierten.

"Wiedergutmachung" als Besatzungsziel wird weiter an der Haltung der drei Westmächte zur Frage der Entschädigung für Displaced Persons deutlich. Bei dieser Personengruppe handelte es sich um nicht-deutsche Staatsangehörige, für die sich die Alliierten von Anfang an sämtliche Hoheitsbefugnisse vorbehalten hatten. Als sich abzeichnete, daß ein Rest dieser Personengruppe in Deutschland verbleiben würde, forderten die drei Westalliierten vor Übertragung der Zuständigkeit auf deutsche Stellen die Sicherung von Mindestgarantien für diese Gruppe. Bei der Revision des Besatzungsstatuts im März 1951 behielten sie sich die Zuständigkeit für "verschleppte Personen und die Aufnahme von Flüchtlingen" weiterhin vor und machten deren Aufgabe u.a. davon abhängig, daß die Entschädigung der Opfer der nationalsozialistischen Verfolgung geregelt werde.[23]

---

20 Vgl. für die britische Zone Asmussen, Traum, S. 26 f., 31 f. u. 32, für die französische Zone Hudemann, GG 1987, S. 184.

21 Hudemann, GG 1987.

22 Kreikamp, in: Herbst/Goschler (Hrsg.), Wiedergutmachung.

23 S. Ziff. 2b der Entscheidung Nr. 10 der AHK v. 6.3.1951, wiedergegeben bei: v.

2. "Wiedergutmachung" als deutsche Aufgabe

"Wiedergutmachung" war auch in den ersten Nachkriegsjahren ein erklärtes politisches Ziel in den deutschen Ländern. Für Adolf Arndt, damals noch leitender Ministerialbeamter in Hessen, war auch nach Erlaß des amerikanischen Rückerstattungsgesetzes nicht nur die Rückerstattung "eine deutsche Aufgabe" geblieben:[24]

"Die Wiedergutmachung ist eine deutsche Aufgabe. Sie wurde als solche alsbald erkannt und frühzeitig in Angriff genommen, jedenfalls in den Ländern des amerikanischen Besatzungsgebiets." [25]

Erste deutsche Konzeptionen für eine "Wiedergutmachungs"gesetzgebung wurden bereits im französisch besetzten Bereich von Hessen-Pfalz im Juli/August 1945 entwickelt, in Bayern ab Oktober 1945,[26] und im von den Briten besetzten Hamburg nahm Anfang Juli 1945 eine Beratungsstelle für Wiedergutmachungsansprüche ihre Tätigkeit auf. Personen, die aus rassischen oder politischen Gründen während der NS-Herrschaft Schäden erlitten hatten, wurden aufgefordert, ihre Ansprüche anzumelden.[27] In Berlin dekretierte der Magistrat durch die Abteilung für Sozialfürsorge am 5. Juni 1945 zur "Sorge für die Opfer des Faschismus":

"Der Magistrat der Stadt Berlin hat zur Linderung des vom Faschismus hervorgerufenen Elends eine Reihe erster Hilfsmaßnahmen beschlossen. Im Vordergrund steht dabei die Sorge um die Opfer des Faschismus. Hierzu gehören alle, die aus politischen Gründen langjährig in Zuchthäusern, Gefängnissen, Konzentrationslagern und dgl. festgehalten wurden und im Laufe dieses Jahres freigekommen sind, sowie Angehörige der vom Faschismus Ermordeten bzw. solcher Gefangener, die noch vermißt werden." [28]

Als konkrete Hilfsmaßnahmen nannte der Erlaß einmalige Geldzahlungen, Lebensmittelkarten, Wohnraumbeschaffung, Kleidung, gesundheitliche Fürsorge, Wiedereingliederung in den Arbeitsprozeß und weitere Unterstützungsmaßnahmen für Angehörige unter Aufsicht eines aus Opfern des Faschismus zusammengesetzten Ausschusses. Der Sozialdemokrat Wilhelm Hoegner, nach der Ab-

---

Schmoller u.a., Handbuch, § 100, S. 35, Fn. 5.

24 Arndt NJW 1947/48, S. 162; zur SPD vgl. Shafir, in: Herbst/Goschler (Hrsg.), Wiedergutmachung, S. 191-195.

25 Arndt, ebd., S. 161.

26 Vgl. Hudemann, GG 1987, S. 187.

27 Vgl. Asmussen, Traum, S. 26.

28 BerlVOBl. 1945, 17.

setzung von Fritz Schäffer [29] neuer bayerischer Ministerpräsident, nannte in seiner Regierungserklärung vom Oktober 1945 die "Wiedergutmachung" nach der Justizpolitik, insbesondere der Durchsetzung der Rechtsgleichheit, an vorrangiger Stelle. Neben der Bestrafung der nationalsozialistischen Verbrecher und der rechtlichen Rehabilitierung unschuldig Verurteilter trat er für öffentliche Hilfsmaßnahmen für die Opfer ein:

"Die Gerechtigkeit erfordert ferner, daß den unglücklichen Opfern der nationalsozialistischen Verbrechen nach besten Kräften geholfen wird. Wir sind arm geworden, aber doch nicht so arm, daß wir nicht himmelschreiendes Unrecht einigermaßen wieder gut machen könnten." [30]

Damit hatte Hoegner zugleich den Grundkonflikt aller Entschädigungsbemühungen angesprochen, inwieweit man nämlich für die Finanzierung der Entschädigung bereit war, andere öffentliche Aufgaben zurückstehen zu lassen. Hoegner hoffte hier noch, das Finanzproblem gleichsam kostenneutral durch die Heranziehung des nationalsozialistischen Vermögens lösen zu können.[31] Am Ende seiner Rede wies Hoegner auf die Sühnefunktion der "Wiedergutmachung" hin und damit auf einen weiteren Grundkonflikt. Ähnlich der Reparationsverpflichtung erinnerte die "Wiedergutmachung" in ihrer ideologisch-symbolischen Funktion an das Einstehen-Müssen für deutsche Verbrechen und das Ausscheren aus der zivilisierten Welt. Mit dem Anruf der Siegermächte wird bei Hoegner die Sühnefunktion z.T. sogar noch auf den Ausgang eines kriegerischen Machtkampfes, Sieg oder Niederlage, reduziert. Dies mag mit ein Ausdruck für die Stärke des deutschen Empfindens dafür gewesen sein, daß auch die Besatzungsmächte entsprechende Maßnahmen erwarteten. Hoegner formulierte diesen Grundkonflikt am Ende seiner Rede folgendermaßen:

"... Gerechtigkeit verlangt Sühne und verlangt Wiedergutmachung. Sie verlangt aber nicht Vernichtung und Tod. Wir müssen heute als ganzes Volk büßen, was Entartete in unseren Reihen verbrochen haben. Aber die Sühne darf nicht unangemessen, sie muß dem Verschulden angemessen sein."

Die größte Schuld bestehe im geringen Widerstand. Durch die Kriegsverluste habe das deutsche Volk bereits schwer gebüßt.

"So wird es an der Zeit sein, uns zu sagen, daß die Schmach von dem anständigen Teil unseres Volkes getilgt ist, daß wir den Blick erheben und den Siegern

29 Zu den Gründen der Absetzung s. Pross, Wiedergutmachung, S. 31 f.; Vogelsang, Deutschland, S. 59.

30 BayGVBl. 1945, Nr. 4, S. 3.

31 Vgl. Gesetz Nr. 75 über die Bildung eines Sonderfonds zum Zwecke der Wiedergutmachung v. 1.8.1947, BayGVBl. 1947, 164; vgl. a. Kreikamp, in: Herbst/Goschler (Hrsg.), Wiedergutmachung, S. 66.

offen ins Auge schauen dürfen. Daß dieser Augenblick nicht mehr allzuferne sein möge, ist unser aller Wunsch...." [32]

Der Einfluß der sich früh organisierenden Verfolgten war in den allerersten Nachkriegsjahren sehr hoch. Zum einen verkörperten sie wenigstens anfangs das "neue" Deutschland, das es aufzubauen galt, und waren sie auf der politischen Ebene und in den neugeschaffenen Ämtern der "Wiedergutmachungs"-verwaltung vertreten.[33] Auch Arndt und Hoegner waren verfolgt worden.[34] Zum anderen wurden die in Deutschland agierenden Verfolgtenverbände von den Besatzungsmächten und den deutschen Stellen zur Beratung herangezogen.[35] Die Bedeutung des Organisationsgrades in dieser frühen Phase mag mit dazu geführt haben, daß die Interessen unorganisierter Verfolgter nicht berücksichtigt wurden.[36] Die spezifischen Bedingungen des geteilten Deutschlands und die parteipolitische Überlagerung der Verfolgtenverbände führte zur Aufgabe einer einheitlichen Organisation und zur Ausdifferenzierung, bis schließlich die Vereinigung der Verfolgten des Naziregimes als kommunistische Hilfsorganisation bereits 1950 offen diskriminiert wurde.[37] Damit fehlte den Verfolgten bei der Ausarbeitung der bundesrepublikanischen Gesetze in den fünfziger und Anfang der sechziger Jahre eine wichtige Stimme.

Auch Vertreter der jüdischen Gemeinde sind frühzeitig zu Beratungen herangezogen worden.[38] Die im Ausland ansässigen jüdischen Interessenvertretungen

---

32 Ebd., S. 7 f.

33 Vgl. die Hinweise bei Hudemann, GG 1987, insb. S. 187-189, 193 u. 205 f.; zu Hamburg als Beispiel für die brit. Zone s. Asmussen, Traum, S. 28, 34 - 45 u. 82-86. Dies gilt weder für die allgemeine Verwaltung noch für die Zeit spätestens ab Gründung der Bundesrepublik, zu deren Spitzenbeamten in der "Wiedergutmachungsverwaltung" vgl. Pross, Wiedergutmachung, S. 46 f., 66 f. u. 78-91.

34 Vgl. Holtfort, Adolf Arndt, in: Kritische Justiz (Hrsg.), Juristen, S. 451; Hoegner, Flucht.

35 Vgl. Hudemann, ebd.; Kreikamp, in: Herbst/Goschler (Hrsg.), Wiedergutmachung, S. 65.

36 So vor allem Hudemann, GG 1987, insb. S. 187, 206 f. u. 216.

37 S. z.B. den Runderlaß des nordrhein-westf. Innenministers v. 5.9.1950, "Unterstützung von Organisationen mit verfassungswidriger Tätigkeit", MBl.NW 1950, 853; Beschluß der nordrhein-westf. Landesregierung v. 25.9.1950, "Politische Betätigung von Angehörigen des öffentlichen Dienstes gegen die demokratische Grundordnung", ebd., S. 854. Zur Veränderung des Organisationsgefüges s. Hudemann, GG, 1987, S. 206.

38 Vgl. Kreikamp, in: Herbst/Goschler (Hrsg.), Wiedergutmachung, S. 65; Bentwich, LBIYB X (1965), S. 209, 210 f. u. 213.

versuchten vornehmlich, über die Alliierten Einfluß zu nehmen.[39] Eine Zusammenarbeit mit deutschen Behörden dürfte erst nach Bildung entsprechender Organisationen aus Anlaß der alliierten Rückerstattungsgesetzgebung erfolgt sein.[40]

3. Die Kodifizierung des Entschädigungsrechts auf Länderebene

Das Entschädigungsrecht entwickelte sich von ersten Sofortmaßnahmen über spätere Grundprinzipien bereits ausformulierende Teilregelungen bis hin zu einzelnen Entschädigungsgesetzen auf Länderebene.[41] Eine zonenübergreifende Kooperation kam nicht zustande. Lediglich in der amerikanischen Zone führten entsprechend der allgemeinen Besatzungspolitik frühzeitig begonnene länderübergreifende Beratungen zu einer einheitlichen Rechtslage. Im August 1949 wurden inhaltsgleiche Ländergesetze (US-EG) verabschiedet. An dieses Entschädigungsgesetz knüpften dann die internationalen Vereinbarungen mit der Bundesrepublik sowie das spätere Bundesentschädigungsgesetz an. In der französischen Zone gelangten die Koordinationsbemühungen wenigstens ab 1950 zu einer inhaltlichen Rechtsangleichung. Erst zu Beginn der 50er Jahre verabschiedeten die meisten Länder der britischen Zone einzelne Entschädigungsgesetze, die aber größtenteils kaum das Niveau einer sozialen Mindestsicherung überschritten. In allen Zonen führten eindeutige fiskalpolitische Präferenzen dazu, daß diese Regelungen fast ausschließlich nur die eigenen Landesbewohner betraf. Gesetzestechnisch gelang dies durch die Beschränkung auf die Verfolgungsgründe der Rasse, Politik und des Glaubens sowie die Wohnsitz- und Stichtagsklauseln. Diese frühe, in der unmittelbaren Nachkriegszeit noch am ehesten verständliche Weichenstellung wurde dann in der Bundesrepublik nur sehr partiell überwunden. Soweit darüber hinausgehende Ansätze der Einbeziehung ausländischer Verfolgter vorhanden waren, wurden diese, so in Bayern, schnell aufgegeben. Oder sie führten, soweit sie alliierterseits mit Nachdruck vertreten wurden, nur zu Korrekturen im Randbereich der Entschädigungszahlungen für DPs. Insgesamt war Grundlage der Entschädigung von Anfang an ein

39 Vgl. Breslauer/Goldschmidt, Arbeit, S. 9-13 u. 41 f.; Hudemann, GG 1987, S. 196 u. 202.

40 Vgl. Breslauer/Goldschmidt, Arbeit, S. 41-44; zur Tätigkeit der URO s. Bentwich, LBIYB X (1965), S. 223 u. 214-219; Hockerts, in: Herbst/Goschler (Hrsg.), Wiedergutmachung.

41 Vgl. Hudemann, GG 1987, S. 183; ähnl. Kreikamp, in: Herbst/Goschler (Hrsg.), Wiedergutmachung, S. 61.

Verständnis, wonach nur den Landesbewohnern ein sozialer Ausgleich zu gewähren war. Der Umstand, wenigstens als ein Rechtsnachfolger für die Handlungen des nationalsozialistischen Deutschen Reichs eintreten zu müssen, trat dahinter deutlich zurück. Dies kam nicht zuletzt in der vereinzelt sogar kodifizierten "Würdigkeitsklausel" zum Ausdruck. Die Verknüpfung von Verfolgung und "Staatswohl" führte so frühzeitig zum Ausschluß vieler Gruppierungen auch innerhalb der deutschen Verfolgungsopfer. Unter Hervorhebung der die ausländischen Verfolgten betreffenden Regelungen wird diese Entwicklung im folgenden nachgezeichnet. Der Schwerpunkt liegt dabei auf der Gesetzgebung. In einem Exkurs wird die Rechtslage in der sowjetischen Besatzungszone und der DDR skizziert.

a. Erste fürsorgerische Maßnahmen

aa. Alliierte Zuständigkeit für DPs

Für die Displaced Persons, etwa 11 Millionen Menschen bei Kriegsende, von denen sich etwa 6,5 Millionen im alliierten deutschen Besatzungsgebiet aufhielten, waren ausschließlich die Alliierten in Zusammenarbeit mit den internationalen Hilfsorganisationen, so der eigens zum Zwecke der Repatriierung und Hilfe 1943 von 54 Staaten gegründeten UNRRA (United Nations Relief and Rehabilitation Administration) und der von den Vereinten Nationen 1946 gegründeten Nachfolgeorganisation IRO (International Refugee Organization), zuständig. Damit waren nicht nur alle nach Deutschland Verschleppten gemeint, also insbesondere die aus den besetzten Ländern, sondern auch alle aus den Konzentrationslagern Befreiten.[42] Dies galt insbesondere für die etwa 50.000 befreiten jüdischen Überlebenden, von denen letztlich nur etwa 30.000 tatsächlich am Leben geblieben waren. Die DPs sollten nur vorübergehend in Deutschland bleiben. Hauptsächliches Ziel war die Repatriierung oder die Hilfe zur Auswanderung. Bis zum Herbst 1945, als wegen des bevorstehenden Winters die Repatriierungsmaßnahmen unterbrochen werden mußten, waren täglich über 33.000 Personen in ihre Heimatstaaten zurückgebracht worden, insgesamt 4,6 Millionen Personen. Zurück blieben vorläufig noch 1,2 Millionen Menschen, vorwiegend aus Osteuropa, die zunehmend eine Rückkehr in ihre Heimatstaaten ablehnten.

---

42 Zur Veränderung des DP-Begriffs vgl. a. v. Schmoller u.a., Handbuch, § 32, S. 6-13.

Hinzu kamen weitere Flüchtlinge, so etwa 100.000 osteuropäische Juden. Ende 1946 befanden sich noch über 900.000 Displaced Persons in den drei Westzonen. Erfolgreiche Auswanderungs- und Übersiedlungsbemühungen beschränkten dann die Zahl der endgültig in Deutschland verbleibenden Displaced Persons im Jahre 1950 auf etwa 170.000. Die Unterschiede und Probleme dieser sich weitgehend aus Verfolgten zusammensetzenden Personengruppe hat Jacobmeyer, auf dessen Material die Zahlenangaben beruhen, eingehend analysiert.[43] Von Stepien liegt jetzt eine weitere Studie vor, die, auch unter Auswertung persönlicher Zeugnisse, auf die Probleme der in Deutschland verbliebenen Zwangsarbeiter eingeht.[44]

Der Personenkreis der DPs stand unter weitgehender alliierter Hoheit.[45] Deutsche Stellen wurden auch zur Durchführung von Fürsorgemaßnahmen für die zu einem großen Teil in Lagern untergebrachten DPs nicht herangezogen. Jacobmeyer und Stepien haben nicht nur eindrucksvoll die Probleme der DPs als Folge von Verfolgung und einer sie mehr verwaltenden Besatzungspolitik dargestellt, sondern auch die fortlebenden deutschen Vorurteile ihnen gegenüber. Jacobmeyer weist beispielhaft auf die Proteste bei Wohnungsbeschlagnahmen und auf Weigerungen, Forderungen nach Lebensmitteln für die DPs nachzukommen, hin und faßt zusammen:

"Insgesamt sind das nur einige Beispiele dafür, daß die deutsche Bevölkerung - die deutsche Verwaltung ohnehin - außerstande war, den politischen Statuswechsel von NS-Fremdarbeitern zu den DPs als den Schutzbefohlenen der Siegermächte nachzuvollziehen und zu honorieren (...)
In dieser auf Abwehr bedachten Haltung der deutschen Bevölkerung mischten sich Beweggründe, die die Niederlage politisch nicht in dem von den Siegermächten geforderten Sinne nachvollziehen mochten, und Beweggründe, die den rückwärtigen moralischen Bezug des DP-Problems unzureichend aufgearbeitet hatten. Die Klassifizierung "Fremdarbeiter" wirkte weiter und bestimmte den Ur-

---

43 Jacobmeyer, Zwangsarbeiter; zur wegen des Holocaust besonderen Lage der jüdischen DPs s. dessen Studien in: GG 1983, sowie in: Brumlik u.a. (Hrsg.), Leben; dazu auch die Dokumentation von Kugelmann mit den Beiträgen von Gringauz und Pinson, Babylon 5/1989; zur Situation in Israel s. den Beitrag von Zertal, ebd.; s.a. Muhlen, Survivors, S. 1-18, 52-57, 83 u. 195. Vgl. ferner Jacobmeyers ältere Arbeiten, VfZ 1977, und in: Bremisches Jahrbuch 59 (1981), sowie die Lokalstudie von Müller, GWU 1989; Statistische Angaben auch bei Liman, Fremdarbeiterpolitik, H. 10 (1981); zur emotionalen Lage der DPs bereits Schmolkovà, Friedens-Warte 1947.

44 Stepien, Fremde.

45 Vgl. v. Schmoller u.a., Handbuch, § 32, S. 38; ausf. Jahn, DP-Problem, insb. S. 47-53 u. 65-82. Vgl. ferner, vor allem unter dem Aspekt der "Kostenlast", Institut für Besatzungsfragen, Jahre, S. 191-213.

teilshintergrund der deutschen Bevölkerung." [46]

bb. Maßnahmen in den Ländern

Nach Asmussen hat sich in Hamburg die neue Senatsverwaltung sofort einer ersten Betreuung von KZ-Häftlingen angenommen und verschiedene Anordnungen zur Hilfegewährung erlassen, bevor dann eine zonenpolitische Anweisung der Militärregierung erging.[47] Die deutschen Maßnahmen beschränkten sich vorwiegend auf Verfolgte deutscher Staatsangehörigkeit, die sich als unterstützungsbedürftige Personen im jeweiligen Land aufhielten. Neben der unmittelbaren Versorgung zielten sie vor allem auf die Verbesserung der Alltagssituation in einer weitgehend vom Mangel gekennzeichneten Nachkriegsgesellschaft und auf eine Mindestsicherung des Lebensunterhalts.[48] Eine Versorgung der kranken oder invaliden Verfolgten oder der Hinterbliebenen Getöteter wurde über die Einbeziehung in das Rentensystem der Reichsversicherungsordnung zu erreichen versucht. So wurden in Berlin bereits im Oktober 1945 alle anerkannten Opfer des Faschismus unter Verzicht auf etwaige Wartezeitvoraussetzungen und Mitgliedschaft wie Rentenversicherte behandelt.[49] Über sozialfürsorgerische Ansätze hinaus waren dies Versuche, eine dauernde Sicherung der Lebensgrundlage zu gewährleisten. Für die französische Zone nennt Hudemann als erste Hilfsmaßnahmen die Auszahlung kleinerer Bargeldsummen, Gewährung von Krediten, Grundausstattung mit Gebrauchsgütern und Arbeitsver-

---

46 Jacobmeyer, Zwangsarbeiter, S. 209.

47 Asmussen, Traum, S. 25-27.

48 S. den bereits erwähnten Berliner Erlaß v. 5. Juni 1945 (s.o. Fn. 28); zu einkommenssteuerlichen Erleichterungen s. Erlaß v. 23.12.1945, BerlVOBl. 1945, 185, sowie 1947, 249; zu besonderen Einkaufsausweisen vgl. die Bekanntmachung v. 15.1.1946, BerlVOBl. 1946, 14; zu Nachforschungen über vermißte polit. Gefangene s. die Bekanntmachung v. 26.5.1945, BerlVOBl. 1945, 17; s.a. die Aufforderung zur Anmeldung von Vermögensschäden in Auswirkung der Nazigesetzgebung v. 15.3.1946, BerlVOBl. 1946, 106. Vgl. a. das brem. Gesetz über die Gewährung eines Sonderurlaubs für die aus rassischen, religiösen od. politischen Gründen Verfolgten v. 2.8.1947, BremGBl. 1947, 127.

49 S. die Bekanntmachung zur Ingangsetzung der Sozialversicherung Berlin v. 25.10.1945, BerlVOBl. 1945, 162, sowie die Verordnung über Rentenzahlung an Opfer des Faschismus v. 18.2.1947, BerlVOBl. 1951, 51. Ähnl. das bay. Gesetz Nr. 9 betreffend sozialrechtliche Wiedergutmachung von Schäden, die durch das nationalsozialistische System verschuldet worden sind, v. 15.10.1945, BayGVBl. 1946, 21, eingeschränkt durch VO Nr. 61 v. 17.5.1946, BayGVBl.1946, 191; nr.-w. Gesetz über die Gewährung von Unfall- u. Hinterbliebenenrenten an die Opfer der Naziunterdrückung v. 5.3.1947, GVBl.1947, 225. Nur Versicherte betraf die hess.-pf. Rundverfügung über Wiedergutmachungsmaßnahmen in der Invaliden- u. Angestelltenversicherung v. 16.5.1946, Amtl.Mitt. Oberregpräs. HessPf. 1946, 336.

mittlung.[50] Daneben gab es bereits früh Regelungen zur Existenzsicherung Selbständiger und Freiberufler.[51]

b. Die Entwicklung in den drei Westzonen

Über diese, die erste Not lindernden Maßnahmen hinaus entstanden aber bald gesetzliche Regelungen auf entschädigungsrechtlichen Teilgebieten. Die Entwicklung in den einzelnen Zonen ist trotz einiger Parallelen unterschiedlich verlaufen.

aa. Amerikanische Zone

Die ersten Aktivitäten in der amerikanischen Zone gingen von Bayern aus. Das noch vor Hoegners Regierungserklärung ergangene Gesetz Nr. 9 betreffend die sozialrechtliche Wiedergutmachung von Schäden, die durch das nationalsozialistische System verschuldet worden sind, v. 15.10.1945 [52] ist in dreifacher Hinsicht bemerkenswert.

Zum einen hob es alle sozialversicherungsrechtlichen Beschränkungen "gegenüber deportierten Ausländern der Vereinten Nationen", die aus bestimmten Verfolgungsgründen von Sozialversicherungs-Vergütungen ausgeschlossen worden waren, auf. Sie sollten die gleichen Rechte wie deutsche Versicherte genießen (Nr. 2). Auch wenn man dieser Regelung wegen der generellen Aufhebung des NS-Rechts nur deklaratorische Bedeutung zumessen wollte, so ist dies doch der einzige gesetzgeberische Versuch, insbesondere auf das diskriminierende Fremdarbeiterrecht zu reagieren.

Das Gesetz Nr. 9 ging aber noch darüber hinaus, als es alle verfolgten ausländischen Staatsbürger einschließlich der Kriegsgefangenen in diese erste Hilfsmaßnahme, Körperschäden wie Betriebsunfälle nach der Reichsversicherungsordnung zu behandeln, einbezog. Diese weite Fassung des Tatbestandes ist für

---

50 Hudemann, GG 1987, S. 185 f.

51 Vgl. die nieders. Regierungs-Bekanntmachung, Betr.: Wiederaufnahme des Berufs v. 26.7.1947, ABl. 1947, 158; Verordnung des Zentralamts für Wirtschaft in der Britischen Zone betr. die Versorgung neubegründeter Groß- u. Einzelhandelsgeschäfte von aus politischen oder rassischen Gründen geschädigten Personen mit bewirtschafteten Waren v. 27.9.1946, SchlHA. 1946, 479.

52 BayGVBl. 1946, 21.

einen deutschen Gesetzgeber einmalig und findet sich nur noch in der alliierten Rechtsetzung. Nr. 1, Satz 1 des Gesetzes Nr. 9 lautet:

"Fälle von körperlichen Behinderungen, die durch Behandlung unter dem nationalsozialistischen System aus Gründen der Rasse, des Glaubens, der Nationalität, der politischen Anschauung oder Zugehörigkeit, für Tätigkeit gegen den nationalsozialistischen Staat oder als Kriegsgefangener oder als deportierter Ausländer unter deutscher Bewachung erlitten wurden, sind gleichermaßen zu behandeln wie körperliche Behinderungen deutscher Zivilisten, die nicht aus militärischen Ursachen entstanden sind, und sind als solche ohne Rücksicht auf die finanzielle Lage des Betroffenen zu entschädigen."

Die in der deutschen Rechtswissenschaft später vertretene Auffassung, die Verfolgungsschäden - terminologisch wird deshalb nicht von Verfolgung, sondern von bloßer "Schädigung" oder von (National) "Geschädigten" gesprochen - wegen Zugehörigkeit zu einer bestimmten nationalen Gruppe seien allein reparationsrechtlich, also völkerrechtlich zwischen den Staaten und nicht entschädigungsrechtlich durch unmittelbare Individualansprüche zu regeln,[53] ist jedenfalls in dieser frühen Phase nicht Allgemeingut. Zumindest aber ist sie umstritten, was auch die weiteren Beratungen des Entschädigungsrechts für die amerikanische Zone zeigen.

Und als drittes ist hervorzuheben, daß bereits hier nicht allein auf eine unter Anwendung von Zwang erfolgte Körperverletzung ("Behinderungen, die... unter deutscher Bewachung erlitten wurden") abgestellt wird, sondern bestimmte Verfolgungsgründe für die Erfüllung des Tatbestandes hinzukommen müssen.

Die Verordnung Nr. 61 v. 17. Mai 1946 [54] führt dann eine einschränkende Wohnsitzklausel ein, eine Technik, die sich ebenfalls in allen weiteren Gesetzen findet. Danach bestehen Ansprüche nur noch für solche Schäden, welche innerhalb Bayerns entstanden sind. Als solche Schäden, so heißt es in der Verordnung, gelten auch die Schäden von Personen, die aus politischen Gründen in Bayern verhaftet und in auswärtige Konzentrationslager verbracht wurden, sofern diese Personen bzw. ihre Hinterbliebenen zur Zeit der Antragstellung in Bayern ihren Wohnsitz haben. Damit werden die Ansprüche der aus dem Ausland Deportierten eingeschränkt. Alle Verletzungen, die vor Betreten des bayerischen Territoriums entstanden sind, das gilt vor allem für die zumeist aus anderen Konzentrationslagern verlegten Häftlinge, aber auch für alle erst nach ihrer Verfolgung nach Bayern gelangten, wirken nicht anspruchsbegründend. Ver-

---

53 So z.B. Kraus, W. VI, S. 194 f.; s. dazu ausf. u. 4 III 2 u. 3 sowie 5 I.

54 BayGVBl. 1946, 191.

letzungen bayerischer Bürger, denn vor allem für sie begann die Verfolgung in Bayern, werden aber ausnahmslos, unabhängig vom Verletzungsort, als entschädigungsfähig anerkannt, sofern sie nach Bayern zurückgekehrt waren. Damit werden tendenziell auch Emigranten und Auswanderer ausgeschlossen.

Das Gesetz Nr. 35 über Bildung eines Sonderfonds zum Zwecke der Wiedergutmachung vom 1.8.1946 [55] ist, da es Hilfe nur in Fällen wirtschaftlicher Notlage und als vorläufige Zahlungen gewährte, ebenfalls noch den Soforthilfemaßnahmen zuzurechnen. Art. 2 wies auf eine später zutreffende Regelung hin. Als Verfolgungsgrund wurden hier nur noch "Rasse, Religion, weltanschauliche oder politische Überzeugung", nicht mehr die "Nationalität" genannt (Art. 1, Satz 2). Ausländische Staatsangehörige wurden nicht rechtlich, aber faktisch zudem durch die Wohnsitzklausel ausgeschlossen. Nach Art. 3, Satz 1, bestand der Anspruch nur, verschämt wird dies als Voraussetzung der Zahlungspflicht des Landes formuliert, wenn der Anspruchsteller zu Verfolgungsbeginn seinen Wohnsitz in Bayern hatte bzw., bei im Ausland einsetzender Verfolgung, als deutscher Staatsbürger seinen letzten Wohnsitz in Bayern gehabt hatte (Satz 3).

Auf Länderratsebene begannen die Beratungen Anfang 1946.[56] Aus fiskalischen Gründen wurde die Rückerstattung vorrangig behandelt. Der Kreis der Berechtigten, der anfangs in eine Entschädigungsgesetzgebung einbezogen werden sollte, wurde in dem vom Länderrat im Juli 1947 eingesetzten Sonderausschuß noch sehr weitgezogen. Nach ihm waren alle ehemaligen Häftlinge deutscher Konzentrationslager ungeachtet ihrer Staatsangehörigkeit zu entschädigen. Damit wäre eine der am härtesten verfolgten Personengruppe ohne große weitere Unterscheidung nach der Verfolgermotivation entschädigt worden. Der Ausschuß trat auch für die aus Polen und der Tschechoslowakei aus politischen Gründen "Hinausgedrängten" ein. Sie sollten ebenfalls entschädigt werden. Damit wäre rechtssystematisch eine weitgehend lückenlose Ergänzung des Reparationssystems erfolgt.

Noch auf der Tagung Deutscher Juristen in Bad Godesberg im Herbst 1947 hatte der bayerische Referent Roemer ausgeführt, eines der großen Grundprobleme sei, ob "der Wiedergutmachungsanspruch nur Deutschen und ehem. Deutschen sowie Personen mit früherem Wohnsitz in Deutschland oder auch

---

55 BayGVBl. 1946, 258, 383.

56 Zum Folgenden s. Kreikamp, in: Herbst/Goschler (Hrsg.), Wiedergutmachung; vgl. ferner Goschler, ebd., S. 82-93; Féaux de la Croix, W. I, S. 37-42; kurze Hinweise auf den Beratungsstand bereits in der SJZ 1946, S. 75 u. 101.

verfolgten nunmehrigen DPs zustehen" sollte.[57]

Verfolgte ausländischer Staatsangehörigkeit wurden in die folgenden Entwürfe weiterhin einbezogen, wenn auch der Personenkreis gegenüber den ersten Beratungen immer mehr verkleinert wurde. Aber erst in dem der alliierten Militärregierung im August 1948 vorgelegten Entwurf war die Einbeziehung der DPs endgültig fallengelassen worden.[58] Der Berater des Oberbefehlshabers in jüdischen Angelegenheiten, William Haber, hatte das Gesetz für die amerikanische Militärregierung kritisiert. Sein Einwand, das Gesetz verfehle bei weitem sein Ziel, diejenigen zu entschädigen, die Schaden an "Person und Eigentum" erlitten hätten, bezog sich insbesondere auf die Nichtberücksichtigung der DPs und einen schlechten Umrechnungskurs von Reichsmark in DM. Die US-Besatzungsbehörden intervenierten zwar nicht auf zonaler Ebene (OMGUS), ließen aber die deutsche Seite unmißverständlich wissen, daß auf die Einhaltung eines Minimalprogramms nicht verzichtet werde. In einem Schreiben der Landesmilitärregierung Württemberg-Baden an den Länderrat vom März 1948 stellte diese fest, seitens der Besatzungsmacht könne keine Maßnahme von der Art der vorgeschlagenen Gesetzentwürfe genehmigt werden, die die Insassen von Verschlepptenlagern aus der Kategorie der vom Naziregime verfolgten Leistungsberechtigten ausschließe.[59] Der Länderrat brachte erneut fiskalische Bedenken vor, nahm aber eine DP-Klausel in den dann im August 1949 genehmigten Entwurf auf. Auch hier, im Bereich der sog. Nationalverfolgten und der erst später nach Deutschland geflüchteten Juden, hatte man sich in Kenntnis der Probleme bewußt für eine weitgehend "deutsche Lösung" entschieden und war erst auf Druck der Militärregierung zu einer Nachbesserung bereit gewesen.

Weitere Verfolgtengruppen, so Geisteskranke, Zwangssterilisierte, Homosexuelle und auch die zu den Sinti und Roma gehörenden Verfolgten blieben bereits von Anfang an von einer Entschädigungsregelung ausgeschlossen. Vertreter der politischen Verfolgtenverbände selbst traten dabei z.T. für eine Begrenzung des Personenkreises ein. Entscheidend für die Begrenzung des Kreises der Anspruchsberechtigten dürfte aber weniger die Stärke der Verfolgtenverbände gewesen sein als vielmehr der Umstand, daß ihre Interessen einer früh ausgeprägten fiskalischen Abwehrfront entgegenkamen und einer Verfolgungsideologie entsprachen, nach der Entschädigung nicht nur Schadensausgleich für eine ver-

---

57 Roemer, in: Tagung, S. 160.

58 Neben Kreikamp, aaO., vgl. LG Darmstadt, RzW 1953, 371.

59 Übereinstimmend Kreikamp, aaO., S. 73, Fn. 52, und LG Darmstadt, ebd.

folgungsbedingte Rechtsgutverletzung war, sondern nach der Verfolgung als ein Verdienst um die Allgemeinheit, und das heißt eigentlich um den vom Nationalsozialismus getrennt gedachten deutschen Staat, anzuerkennen war. Umgekehrt bedeutete dies, daß die Opfer, denen eine solche "Dignitität" nicht zugesprochen wurde, unabhängig davon, daß sie das gleiche Schicksal erlitten hatten, erneut ausgegrenzt wurden. Eine Dreiteilung, wie sie z.B. in einer hessischen Verordnung vom November 1946 [60] zu finden ist, in Personen, die Widerstand geleistet hatten, die verfolgt oder die durch Maßnahmen des Nazismus geschädigt worden waren, hätte ideologischen Abstufungen Raum gelassen und nicht zur Ausgrenzung ganzer Opfergruppen geführt. Aber auch in dem hessischen Gesetz ging es nur noch um die Entscheidung, wer von den Opfern zum "Kreis der Verfolgten" gehört. Die Würdefähigkeit als Kriterium für eine Entschädigung führte regelmäßig dazu, daß z.B. den Verfolgten, denen nach Kriegsende die bürgerlichen Ehrenrechte aberkannt oder die zu einer Zuchthausstrafe meist von mehr als drei Jahren verurteilt worden waren, ein Recht auf "Wiedergutmachung" von vornherein nicht zustand.

Das rheinland-pfälzische Gesetz zur Wiedergutmachung nationalsozialistischen Unrechts im öffentlichen Dienst überschrieb den Ausschlußtatbestand ausdrücklich mit "Wiedergutmachungsunwürdigkeit".[61] Das niedersächsische Sonderhilfengesetz vom September 1948 verwehrte demjenigen einen Anspruch, der wegen "asozialen Verhaltens" als "unwürdig" erschien.[62] Im Bereich strafrechtlich geahndeter sexueller Kontakte mit Juden waren die Extremfälle der "Unwürdigkeit" auszuschließen.[63] Und den Ausschluß aus dem Entschädigungsrecht wegen Bekämpfens der freiheitlich demokratischen Grundordnung rechtfertigte das Bundesverfassungsgericht mit der "politischen Unwürdigkeit" der

---

60 § 1 II Verordnung über die Bildung und das Verfahren der Betreuungsstellen in Groß-Hessen v. 27.11.1946, HessGVBl. 1946, 227;zu einem ähnl. Ansatz s. u. Fn. 378.

61 Vgl. § 2 d.G. v. 17.8.1949, RhpfGVBl. 1949, 501.

62 § 1 II d. G. v. 22.9.1948, NiedersGVBl. 1948, 77 (s.a. Fn. 79); dazu § 2 I DurchführungsVO v. 6.12.1948, NiedersGVBl. 1949, 1. S. ferner § 4 II lit. c. hamb. Allg. Wiedergutmachungsgesetz, GVBl. 1953, 55 (s.u. Fn. 81); zum ersten "Koblenzer Entwurf" v. Sept. 1946 s. Hudemann, GG 1987, S. 198. Der Begriff hat auch in die Verwaltungspraxis Eingang gefunden, s. z.B. Féaux de la Croix, W. III, S. 57; van Dam u.a., Wiedergutmachungsgesetze, S. 127. Vgl. ferner das Beispiel zur Aberkennung der "Wiedergutmachungswürdigkeit" bei Asmussen, Traum, S. 63; aus der Rspr. s. BGH RzW 1968, 304, 305 ("Entsch.-Würdigkeit"). Gegen die "Würdigkeit des Verfolgten" als Voraussetzung für die Annahme der politischen Gegnerschaft s. BTagsDrs. 2/2382, S. 3 (zu §1).

63 Vgl. OLG Bremen, RzW 1952, 76; LG Stuttgart, RzW 1951, 71, 72; s.a. OLG Hamburg, RzW 1951, 73, u. Art. 1 USREG.

betroffenen Verfolgten.[64] Nach einer Entscheidung des OLG Stuttgart bedeutete die fiskalpolitisch begründete Begrenzung des Verfolgtenbegriffs, daß ein Recht auf Entschädigung nur denen zuerkannt worden sei, die "am würdigsten" erschienen seien.[65]

Die fiskalischen Bedenken führten auch insgesamt zu einer Verzögerung der Entschädigungsgesetzgebung. Die Finanzressorts und das Direktorium des Länderrats wandten sich wiederholt gegen den vorliegenden, bereits reduzierten Entwurf als finanziell nicht tragbar. Die bevorstehende Währungsreform, dann die bevorstehende Gründung der Bundesrepublik mußten als weitere Begründungen herhalten. Inwieweit der finanzpolitische Spielraum wirklich so eng war, ist kaum nachzuprüfen. Es ist jedoch zu vermuten, daß es auch hier an der Bereitschaft fehlte, die politische Verantwortung für eine eindeutige Vorrangigkeit der "Wiedergutmachung" zu übernehmen, gegebenenfalls unter Zurückstellung ebenfalls als dringlich erachteter anderer Maßnahmen.

Das Entschädigungsgesetz wurde als inhaltlich identisches Gesetz in allen Ländern der amerikanischen Zone im August 1949 als Ländergesetz (US-EG) verabschiedet.[66] Es griff die Rechtssystematik aus dem Sonderfondsgesetz erweiternd auf. Ein "Recht auf Wiedergutmachung" setzte einen Verfolgungsschaden an "Leben, Körper, Gesundheit, Freiheit, Eigentum, Vermögen" oder im "wirtschaftlichen Fortkommen" voraus. Als Verfolgungsgrund kamen nur noch die politische Überzeugung, Rasse, Glauben oder Weltanschauung in Betracht (§ 1).

Mit dieser Systematik der Verfolgungsgründe wurden ausländische Staatsangehörige der besetzten Länder ausgeschlossen. Wenn überhaupt, galten sie nur als aus Gründen der Nationalität verfolgt, unabhängig davon, ob sie in ein Konzentrations- oder Arbeitslager verschleppt worden waren.[67]

Von der Möglichkeit nach § 50 Abs. 1 US-EG, durch Gesetz oder Rechtsverordnung das Entschädigungsrecht auf andere Personen zu erstrecken, "die unter

---

64 BVerfGE 13, 46, 50; dazu s. u. 4 II 3a dd, um Fn. 272, sowie 5 I 4b, Fn. 164.

65 OLG Stuttgart, RzW 1949/50, 375 (Nr. 12B).

66 Gesetz zur Wiedergutmachung nationalsozialistischen Unrechts v. 12.8.1949, BayGVBl. 1949, 195; s. ferner das brem. und württ.-bad. Gesetz v. 12.8.1949, BremGBl. 1949, 159, u. württ.-bad. RegBl. 1949, 187, sowie das hess. G. v. 18.8.1949, HessGVBl. 1949, 101.

67 Vgl. vorläufig Schultz, NJW 1951, S. 631, mit Anm. 19; noch nicht eindeutig Blessin, NJW 1950, S. 573; dazu ausführlich unten, Kap. 5 I.

gröblicher Mißachtung der Menschenrechte verfolgt wurden", wurde nicht Gebrauch gemacht.[68] Diese erweiternde, mindestens alle Konzentrationslager-Opfer einbeziehende Formel wurde modifiziert im Überleitungsvertrag aufgenommen und diente dann nur noch einer Beschränkung der Ansprüche der Nationalverfolgten.[69]

Nach der Wohnsitz- und Stichtagsklausel (§ 6 US-EG) kam es auf einen rechtmäßigen Landeswohnsitz [70] nur noch zum Stichtag 1. Januar 1947 an. Später zugewiesene Flüchtlinge wurden einbezogen, ebenso die Emigranten und die Hinterbliebenen der Verfolgten, die ihren letzten Wohnsitz vor dem Stichtag [71] in Bayern gehabt hatten. Die nachgebesserte DP-Regelung schloß alle nach 1946 gekommenen Flüchtlinge aus, es sei denn, es handelte sich um deutsche Vertriebene. Sie mußten sich am Stichtag bereits in einem bayerischen DP-Lager aufgehalten haben. Alle bereits bis Ende 1946 ausgewanderten DPs wurden ebenfalls ausgeschlossen.[72] Dies dürfte vor allem jüdische Auswanderer betroffen haben. Einbezogen wurden die bis spätestens ein Jahr nach Inkrafttreten "in die Rechts- und Wirtschaftsordnung des Landes Bayern" eingegliederten, was Aufgabe des Lagermilieus als sozialen, auch aus der Verfolgung verständlichen Bezugsrahmen bedeutete,[73] sowie alle seit 1947 ausgewanderten DPs. Dies galt aber nur dann, wenn die übrigen Voraussetzungen, insbesondere ein bestimmter Verfolgungsgrund vorlag. Die Rechtsprechung legte an das "subjektive Territorialitätsprinzip" schon frühzeitig strenge Maßstäbe an. Zum berechtigten Aufenthalt in einem DP-Lager mußte kumulativ die Anerkennung als DP durch UNRRA bzw. IRO hinzutreten.[74] Der Aufenthalt in einem DP-Lager galt wegen der alliierten Hoheit nicht als Wohnsitz.[75] Versuche, in die im Westen gelegenen Konzentrations- und Zwangsarbeitslager deportierte ausländische Staatsangehö-

---

68 Vgl. Kraus, W. VI, S. 195; BGH RzW 1956, 121.

69 S. u. 4 II 3a bb (um Fn. 262).

70 Zu den engen Voraussetzungen s. OLG Stuttgart, RzW 1950, 249, mit ablehnender Anm. v. Küster.

71 Mit Ausnahme der Haftentschädigung, vgl. § 15 IV 1 US-EG; dazu Schultz, NJW 1951, S. 632.

72 S. z.B. OLG München, RzW 1954, 61.

73 Vgl. LG Ravensburg, RzW 1951, 372, 374.

74 LG Stuttgart, RzW 1950, 405; LG München, Entsch. v. 28.8.1950, zit. bei Ehrig, RzW 1951, 95, Nr. 73.

75 So später ausdrücklich § 4 III BEG; zur Rspr. vgl. OLG München, RzW 1954, 61; s.a. LG Ravensburg, RzW 1951, 372; Wiedergutmachungsamt Reutlingen, RzW 1952, 380. Zur Ausnahme jüdischer Verfolgter dt. Staatsangehörigkeit s. OLG München, RzW 1955, 25.

rige in die Entschädigungsregelung über die "Landesklausel" einzubeziehen, waren in der Rechtsprechung anfangs erfolgreich,[76] bis der Bundesgesetzgeber 1956 lapidar feststellte, der durch Freiheitsentziehung bedingte Zwangsaufenthalt gelte nicht als Wohnsitz oder dauernder Aufenthalt (§ 4 Abs. 3 BEG).

bb. Britische Zone

In der britischen Zone gelang eine zonenweite Kooperation in geringerem Umfang und nur auf Teilgebieten, obwohl bereits im November/Dezember 1945 in Oldenburg erste Konferenzen mit Vertretern aller Länder und Provinzen stattgefunden hatten. Die hier und später ausgearbeiteten Entwürfe versandeten in zonalen und überzonalen Verhandlungen, bis im Frühjahr 1947 der Weg einer Ländergesetzgebung beschritten wurde.[77] Als erstes Gesetz erging das Gesetz über die Gewährung von Unfall- u. Hinterbliebenenrenten an die Opfer der Naziunterdrückung vom 5. März 1947 in Nordrhein-Westfalen.[78] Die britische Kontrollkommission in Berlin nahm dies zum Anlaß, allen Regionen den Vorschlag landesgesetzlicher Regelungen zu unterbreiten. Die Länder hätten die finanziellen Lasten der an der Bedürftigkeit der Betroffenen auszurichtenden Leistungen zu tragen. Die Gesetze über die Gewährung von Sonderhilfe, vornehmlich Renten, ergingen in den übrigen Ländern noch 1948.[79]

Ergänzend erfolgten 1949 Haftentschädigungsgesetze,[80] die wie in der US-Zone lediglich 150,00 DM für jeden Monat Haft, worunter u.a. auch der zwangsweise Ghetto-Aufenthalt und die Einweisung in ein Zwangsarbeiterlager fielen, vor-

---

76 OLG München, RzW 1953, 236, mit abl. Anm. v. Blessin (aus dem Bundesfinanzministerium) unter Hinweis darauf, diese Entscheidung weiche von der gesamten Verwaltungspraxis ab; zur Rspr. d. BGH s. u. 4 III 2 a bb, insb. Fn. 430.

77 Vgl. hierzu und zum Folgenden die auf der Auswertung Hamburger Aktenbestände beruhende Untersuchung v. Asmussen, Traum, insb. S. 45 f. u. 49-58.

78 GVBl. 1947, 225.

79 Schl.-holst. G. über die Gewährung von Renten an die Opfer des Nationalsozialismus v. 4.3.1948, GVBl. 1948, 74; hamb. G. der Sonderhilfsrenten v. 24.5.1948, GVBl. 1948, 27; nieders. G. über Gewährung von Sonderhilfe für Verfolgte der nationalsozialistischen Gewaltherrschaft (Personenschaden) v. 22.9.1948, GVBl. 1948, 77.

80 Nr.-w. Gesetz über die Entschädigung für Freiheitsentziehung aus politischen, rassischen und religiösen Gründen v. 11.2.1949, GVBl. 1949, 63; schl.-holst. G. v. 4.7.1949, GVBl.1949, 161; nieders. G. über Entschädigung für Freiheitsentzug durch Maßnahmen der nationalsozialistischen Gewaltherrschaft (Haftentschädigungsgesetz) v. 31.7.1949, GVBl. 1949, 185, neu bekannt gemacht i.d. F. v. 16.5.1952, GVBl. 1952, 33; hamb. Gesetz über die Entschädigung für Freiheitsentziehung aus politischen, weltanschaulichen u. religiösen oder rassischen Gründen (Haftentschädigungsgesetz) v. 16.8.1949, GVBl. 1949, 165.

sahen. Die Haftentschädigung wurde nicht sofort, sondern nur in jährlichen Teilbeträgen fällig. Auch als sich nach Gründung der Bundesrepublik abzeichnete, daß der Bund nicht in seine Verantwortung eintreten wollte, legte nur Hamburg sehr spät (1953) und nach dem bundesrepublikanischen Kurswechsel ein Entschädigungsgesetz vor.[81] Nordrhein-Westfalen löste die durch britische Rechtsetzung ergangenen sozialfürsorgerischen Regelungen durch ein Anerkennungs- und Betreuungsgesetz vom März 1952 [82] ab.

Bereits dieser Überblick zeigt, daß die Länder in der britischen hinter den Bemühungen in der amerikanischen Zone weit zurückblieben. Sie überschritten nicht das Niveau der Sicherung einer Mindestversorgung für alte, gebrechliche und Hinterbliebene von Verfolgten. Das Bemühen, sie wenigstens aus der Abhängigkeit von der allgemeinen Sozialfürsorge zu befreien, was durch Anhebung der Rentenbezugsgröße geschah,[83] darf vielleicht aus heutiger Sicht als nicht zu gering veranschlagt werden, zeigt aber andererseits, daß es im Entschädigungsrecht im zeitgenössischen Verständnis vorwiegend um die sozialstaatliche Abfederung persönlich erlittener Einzelschicksale ging, hinter der das Einstehenmüssen für deutsche Verbrechen zwangsläufig zurücktrat. Trotz dieser sozialfürsorgerischen Tendenz wurde bei ausnahmslos allen Regelungen auf die tatbestandliche Voraussetzung der drei (bzw. mit den "weltanschaulichen Gründen" vier) "klassischen" Verfolgungsgründe "Politik, Rasse, Glauben" nicht verzichtet. Verstärkt wurde die sozialstaatliche Tendenz auch hier dadurch, daß nur die jeweiligen Landesbewohner einbezogen wurden. Obwohl die britische Militärregierung anfänglich auf die Einbeziehung auch der DPs in alle "Wiedergutmachungs"-bemühungen bestanden hatte, grenzten entsprechende Wohnsitz- und Stichtagsklauseln sie aus. Im Januar 1946 hatte ein Vertreter der Militärregierung gegenüber Hamburger Senatoren darauf hingewiesen, bei der vorläufigen Sammlung rückerstattungsrechtlicher Ansprüche müßten auch die Anträge aus dem Ausland von seit 1933 emigrierten Personen und von in Hamburg ansässigen Ausländern, also vor allem der DPs, bearbeitet werden.[84] Noch im 1949 erlassenen britischen Rückerstattungsgesetz galt die Nationalität wie in

---

81 Hamb. G zum Ausgleich von Schäden, die durch politische, weltanschauliche, religiöse oder rassische Verfolgung entstanden sind (Allgemeines Wiedergutmachungsgesetz), v. 8.4.1953, GVBl. 1953, 55.

82 Nr.-w. G. über die Anerkennung der Verfolgten und Geschädigten der nationalsozialistischen Gewaltherrschaft und über die Betreuung der Verfolgten v. 4.3.1952, GVBl. 1952, 39.

83 Vgl. die Hamburger Diskussion bei Asmussen, Traum, S. 50 f.

84 Vgl. Asmussen, Traum, S. 26 f.

den beiden anderen Westzonen als weiterer Verfolgungsgrund. Und in der zonenpolitischen Anweisung vom Dezember 1945, mit der die allerdringlichsten Nöte der ehemaligen Konzentrationslagerhäftlinge gelindert werden sollten, waren neben den Verfolgten deutscher Staatsangehörigkeit gerade die nach Deutschland verschleppten Personen einbezogen worden.[85] Diese anfängliche Tendenz der britischen Militärregierung, alle Verfolgten gleichermaßen in Unterstützungsmaßnahmen einzubeziehen, dürfte schließlich der restriktiven Finanzpolitik gewichen sein, die in der Furcht lebte, für deutsche Defizite aufkommen zu müssen. So hatte die britische Militärregierung bei Überprüfung des hamburgischen Sonderhilfsrentengesetzes vor allem Bedenken wegen der Deckung der Fehlbeträge im Haushalt. Sie versuchte sogar, die Rentenbezugsgröße erheblich zu senken, was der Senat erfolgreich ablehnte.[86]

Die Wohnsitzklauseln der Sonderhilfengesetze sahen Ansprüche nur für Personen mit "ständigem Wohnsitz" im jeweiligen Lande vor. Ausnahmebewilligungen waren im Einzelfall besonderer Härte möglich.[87] Dies bezog sich gerade auf ausländische Staatsangehörige, wie aus der ausführlicheren Regelung im niedersächsischen Gesetz deutlich wird.[88] Die dort nach der Staatsangehörigkeit getroffene Unterscheidung in Zusammenhang mit der Wohnsitzklausel verdeutlicht nochmals, daß die Wohnsitzklauseln gerade diese Unterscheidung bewerkstelligen sollten. Staatenlose und ausländische Staatsangehörige, also vorwiegend DPs, die entschädigungsrechtlich meist keinen Wohnsitz im Lande hatten, wurden so ausgeschlossen. Unklarheiten bezüglich zurückkehrender Emigranten führten teilweise zu Klarstellungen.[89] Die Haftentschädigungsgesetze kombinierten die Wohnsitz- mit einer Stichtagsregelung und schlossen alle Flüchtlinge ein, Emigranten aber zum Teil (Nordrhein-Westfalen u. Niedersachsen) nur, soweit sie vor ihrer Emigration den Wohnsitz im Lande gehabt hatten.[90] Die durchgewanderten Verfolgten wurden durch diese Kombinationsregel ebenfalls ausgeschlossen.

Neben der Haftentschädigung sah lediglich das hamburgische Haftentschädi-

---

85 Vgl. Asmussen, Traum, S. 27 f.

86 Vgl. Asmussen, Traum, S. 51.

87 Vgl. § 8 nr.-w. G.; § 8 hamb. G.

88 Vgl. §§ 6 u. 7 nieders. G.

89 Vgl. Art. IV a hamb. Änderungsgesetz v. 13.11.1951, GVBl.1959, 205; dazu Asmussen, Traum, S. 53.

90 Vgl. § 1 nr.-w. G.; § 1 lit. b, II nieders. G.; § 2 IV hamb. G., mit §3 Erste DurchführungsVO v. 9.9.1949, HambGVBl. 1949, 215.

gungsgesetz einen Schmerzensgeldanspruch ("eine zusätzliche Entschädigung im Sinne des § 847 Bürgerlichen Gesetzbuches") für die Fälle vor, in denen der Verfolgte zu Menschenversuchen mißbraucht worden war (§ 2 Abs. 3).

cc. Französische Zone

In der französischen Besatzungszone [91] ergingen in den einzelnen Teilgebieten verschiedene Soforthilfemaßnahmen. Ein erster Entwurf einer "Wiedergutmachungs"regelung lag im August 1945 in Hessen-Pfalz vor, der vor allem auf die Wiedereingliederung der Betroffenen abzielte. In diesen frühen Einzelregelungen destillierten sich bereits bis 1946 die drei klassischen Verfolgungsgründe heraus, wobei bewußt nicht alle Verfolgtengruppen einbezogen wurden. Emigranten wurden nur z.T. berücksichtigt. Koordinationsversuche auf Zonenebene führten im September 1946 zum ersten sog. Koblenzer Entwurf, der Rückerstattungs- und Entschädigungsrecht vereinte. Er lag auf der Linie des Ausschlusses vieler Verfolgter im innerstaatlichen Bereich. Eine Regelung der Entschädigung für Sterilisationsgeschädigte sollte später erfolgen, ebenso die der Ostflüchtlinge und Ausländer. Eine überarbeitete Fassung vom August 1947 verzichtete immerhin auf die "Würdigkeitsklausel". Eine dritte Fassung, ohne das inzwischen erlassene Rückerstattungsrecht, wurde im März 1948 vorgelegt, nachdem die Militärregierung im Januar überraschend den Ländern die Weisung erteilt hatte, Entwürfe für eine Entschädigungsregelung ohne Koordination getrennt voneinander in kürzester Frist vorzulegen. Hudemann führt diesen Sprung in der Besatzungspolitik, nachdem zuvor auf Zonenkoordination gedrängt worden sei, auf sachlich unabhängig davon erfolgte interne Veränderungen in der Spitze der Besatzungsregierung zurück.[92] Allerdings waren in den Ländern die Maßnahmen kaum über eine Soforthilfe hinausgekommen. Neben der sozialversicherungsrechtlichen Anrechnung von Haftzeiten gewährte Baden Renten an mittellos und berufsunfähig gewordene NS-Opfer. Auf Grundlage der Unfallversicherung erhielten auch in Rheinland-Pfalz Hinterbliebene und in ihrer Erwerbsfähigkeit geminderte Verfolgte eine Mindestsicherung. In Württemberg-Hohenzollern wurde seit dem Herbst 1947 für verfolgungsbedingte Schäden lediglich einmalige Beihilfen bei wirtschaftlicher Notlage gewährt. Auch im Saarland war bis zum Erlaß des Gesetzes über die Wiedergutmachung der den Opfern des

---

91 Die Darstellung des folgenden Abschnitts erfolgt im wesentlichen nach Hudemann, GG 1987.

92 Ebd., S. 207.

Nationalsozialismus zugefügten Schäden vom Juli 1948 nur eine versorgungsrechtliche Mindestsicherung erfolgt.[93] Möglicherweise versuchte die französische Militärregierung nach dem Scheitern zonenübergreifender Bemühungen im Kontrollrat, die Gesetzgebung in ihrer Zone voranzubringen. Dagegen spricht allerdings deren zögerliches Verhalten aus fiskalischen Erwägungen im Frühjahr 1950 bei der Genehmigung der Landesentschädigungsgesetze.[94] Aufgrund eigener Vorarbeiten, die aber nach Hudemann inhaltlich wesentlich von den bereits vorliegenden deutschen Entwürfen partizipierten,[95] erließen sie dann mit der Verordnung Nr. 164 über die Entschädigung der Opfer des Nazismus vom 29.6.1948 [96] als einzige Besatzungsmacht eine klare und vergleichsweise mit 15 Artikeln detaillierte Anordnung zu einer deutschen Entschädigungsgesetzgebung. Hervorzuheben ist hier insbesondere die Einbeziehung des Verfolgungsgrundes der Nationalität bzw. der "Staats- und Volkszugehörigkeit" nach der offiziellen Übersetzung des Ausdrucks "nationalité" (Art. 2). Damit erfolgte in dieser Streitfrage eine klare Abgrenzung zu den deutschen Entwürfen. Nach der Wohnsitzklausel bestand der Anspruch für Personenschäden nur für alle gegenwärtigen und früheren, also von dort emigrierten oder deportierten Landesbewohner. Die Vermutung liegt nahe, daß auch die wenigen in der französischen Zone sich aufhaltenden DPs miteinbezogen werden sollten. Die Verordnung nannte alle im betreffenden Land "wohnhaften Personen" ("les personnes résidant dans le Land") (Art. 5) . Die "Würdigkeitsklausel" (Art. 8) schloß weder "Kriminelle" noch "Asoziale", sondern lediglich NS-Belastete von einer Entschädigung aus. Finanziert werden sollte diese Entschädigung nicht nur durch eingezogenes NS-Vermögen und Sühnegelder aus Entnazifizierungsverfahren, sondern auch durch das sog. erbenlose Vermögen aus der Rückerstattung (Art. 10, Abs. 2). Damit wäre aus dem Vermögen der Verfolgten selbst zumindest ein Teil der Entschädigungsgelder bestritten worden. Dies hatten die Verfolgtenverbände zu Recht immer heftigst abgelehnt.[97]

---

93 Neben Hudemann vgl. die Länderübersicht bei Féaux de la Croix, W. III, S. 17-19, 27-30 u. 32 f.

94 Vgl. Hudemann, ebd., S. 213.

95 Hudemann, ebd., S. 207 f.

96 ABl. (Journal officiel) des franz. Oberkommandos in Deutschland 1948, 1583. Aufgehoben aus den im Text genannten Grund durch VO Nr. 268 des frz. Hochkommissars v. 29.9.1951, ABl. AHK 1951, 1245. Ordonnance Nr. 245 des frz. Hochkommissars v. 15.4.1950, Abl. AHK 1950, 292. S. rh.-pf. LandesVO über die Bildung eines "Sondervermögens für Wiedergutmachung nationalsozialistischen Unrechts" v. 15.7.1949, GVBl. 1949, 281; dazu Hudemann, ebd., S. 213.

97 Vgl. dazu Schwarz, W.I, S. 56 u.o., 3 IV 1e aa (nach Fn. 225) u. VI.

Die Länder setzten jedoch ihre Koordinationsbemühungen auf Zonenebene fort und legten im Juni 1949 einen weiteren Entwurf vor, der im Jahre 1950 zu den nur im Detail abweichenden Landesgesetzen über die Entschädigung der Opfer des Nationalsozialismus führte.[98] Abweichend von der französischen Vorgabe wurde der Verfolgungsgrund "Nationalität" nicht genannt. Nach der Wohnsitzklausel kam ein Anspruch nur für die Landesbewohner einschließlich aller zugewiesenen Flüchtlinge und aller vor Kriegsende emigrierten Verfolgten in Betracht. Die Ausschlußgründe waren demgegenüber erweitert um Verurteilungen "wegen einer aus niedriger Gesinnung begangenen Straftat" und den Verlust der bürgerlichen Ehrenrechte. Rechtstechnisch wurde weiterhin an der Subsidiarität der Staatshaftung festgehalten. In den Entschädigungsrenten wegen Tod oder Gesundheits- oder Körperschaden lehnten sich die Gesetze an das System der Kriegsopferversorgung bei vergleichsweise höherem Niveau an. Die Haftentschädigung, auch für Einweisung in ein Zwangsarbeiterlager, Konzentrationslager oder Ghetto, betrug wie in den übrigen Zonen 150,00 DM für einen Haftmonat.

dd. Berlin

In Berlin [99] erfolgte die Einbeziehung aller "anerkannten Opfer des Faschismus" in das Leistungssystem der Berliner Versicherungsanstalt bereits im Oktober 1945.[100] Nach einer Neuregelung vom Februar 1947 kam eine Rentenzahlung nur an alte und erwerbsunfähige Verfolgungsopfer mit Wohnsitz in Berlin in Betracht.[101] In der hier getroffenen Unterscheidung zwischen Hinterbliebenen von Personen, die aus politischen Gründen hingerichtet oder im Konzentrationslager, Zuchthaus oder Gefängnis verstarben und von anerkannten Opfern des

---

98 S. rh.-pf. Landesgesetz v. 22.5.1950, GVBl.1950, 175, neu bekannt gemacht i.d.F. v. 19.3.1951, GVBl. 1951, 63. Weitere Nachweise bei Hudemann, ebd., S. 213, Fn. 121, u. Féaux de la Croix, W. III, S. 58, Fn. 26.

99 Gesetzesüberblick auch bei Féaux de la Croix, W. III, S. 21 u. 60.

100 Vgl. die 3. Bekanntmachung zur Ingangsetzung der Sozialversicherung in Berlin v. 25.10.1945, VOBl. 1945, 162.

101 Vgl. die Verordnung über Rentenzahlung an Opfer des Faschismus v. 18.2.1947, VOBl. 1947, 51, aufgehoben durch § 53 I des Berliner Entschädigungsgesetzes vom 10.1.1951, VOBl. I 1951, 85; versorgungsrechtliche Neuregelung durch G. über die Versorgung der politisch, rassisch oder religiös Verfolgten und ihrer Hinterbliebenen (PrV-Versorgungsgesetz) v. 27.3.1952, VOBl. 1952, 226, bzw. durch Gesetz über die Anerkennung und Versorgung der... v. 13.4.1956, VOBl. I 1956, 388; zu bundesrepublikanischen Bedenken vgl. Féaux de la Croix, W. III, S. 82.

Faschismus wird die besondere Hervorhebung der aus politischen Gründen Verfolgten deutlich. Deren Hervorhebung wird auch im am 20. März 1950 in den drei Westsektoren ergangenen Gesetz über die Anerkennung als politisch, rassisch oder religiös Verfolgte [102] deutlich, das rechtssystematisch den Verfolgungsgrund durch Auflistung verschiedener Verfolgtengruppen spezifizierte. Diese Regelungstechnik ist nur noch in der Sowjetischen Besatzungszone und der DDR zu finden. Die Spezifizierung im Berliner Gesetz führte aber zu einer verengten Tatbestandsbildung und damit zum Ausschluß weiterer Verfolgtengruppen. In der ersten Gruppe (§ 3 Nr. 1) mußte der Verfolgungsgrund (zusätzlich ethischer Gründe) als Widerstandsmotiv vorliegen und zu mindestens sechsmonatigem Freiheitsentzug geführt haben. Andere Widerstandsleistende wurden nur anerkannt, wenn sie erhebliche gesundheitliche oder andere schwere Schäden erlitten hatten (§ 3 Nr. 2). Emigranten mußten nachweisbar deshalb geflohen sein, um einer drohenden Verhaftung zu entgehen. Von den jüdischen Verfolgten wurden nur die einbezogen, die mindestens sechsmonatige Freiheitsentziehung hinter sich hatten (bzw. Illegalität oder Einsatz zu besonders schweren Arbeiten) oder die "Sternträger" gewesen waren. Damit wurden die meisten der bis Kriegsbeginn ausgewanderten Juden [103] ausgeschlossen.

Als weitere Gruppen wurden "Mischlinge oder jüdische Versippte im Sinne der Nürnberger Gesetze", Ehegatten von Juden und Widerstandskämpfern sowie alle aus politischen oder rassischen Gründen zwangsweise Sterilisierten aufgeführt. Die besondere "Ehrung", die in der Anerkennung als Verfolgter zum Ausdruck kommen sollte, wird nicht bloß in der ausdrücklich als "Verleihung" bezeichneten Anerkennung durch den Magistrat deutlich [104], sondern auch in der weiter gefaßten "Würdigkeitsklausel". Ausgeschlossen wurden nicht nur NS-Belastete, sondern neben späteren Straftätern auch die Personen, deren Verfolgung nur auf einer Gelegenheitstat beruhte oder deren Handlungsweise nicht ideellen Motiven entsprach oder "die nach der Verfolgung innerhalb der Zeit vom 30. Januar 1933 bis 8. Mai 1945 ihre Gesinnung der Treue nicht bewahrten".[105] Das Berliner Entschädigungsgesetz vom Januar 1951 [106] orientierte

---

102 VOBl. I 1950, 93.

103 Zu den einzelnen Verordnungen zum Tragen des "Judensterns" vgl. Ehrig, in: Blessin u.a., BEG, 2. Aufl., Rnrn. 3-6 zu § 47. Zur jüdischen Auswanderung vgl. Adler-Rudel, Selbsthilfe, S. 72-120 u. 216; Benz (Hrsg.), Juden, S. 733 u. 738.

104 Vgl. § 1 I u. 8 I.

105 Durch Art I Nr. 1 Änderungsgesetz v. 14.3.1952, VOBl. I 1952, 159, wurde die Formel aus dem Entschädigungsgesetz, s. sogleich im Text, aufgenommen.

106 Gesetz über die Entschädigung der Opfer des Nationalsozialismus v. 10.1.1951,

sich dann aber wesentlich an dem in der US-Zone geltenden Gesetz. Mit einer erweiterten "Würdigkeitsklausel" reagierte es als erstes auf die Teilung der Stadt und schloß von einer Entschädigung diejenigen aus, die als Anhänger eines totalitären Systems die demokratische Staatsform bekämpften (§ 2 Nr. 3). Nach einer Berliner Kommentierung wurden dadurch vor allem Widerstandskämpfer des 20. Juli 1944 ausgeschlossen, was die Alliierte Kommandantur bemängelte.[107] Es beschränkte sich ebenfalls auf die Verfolgungsgründe der Rasse, Religion, Weltanschauung oder der politischen Gegnerschaft (§ 1). Diese wurden jedoch durch den der "Nationalität" im Falle einer Haftung des unmittelbaren Verfolgers, die alle Gesetze nicht ausschlossen, ergänzt. Schon wegen genereller Begrenzung der Entschädigungsansprüche und des Ausschlusses von Schmerzensgeld blieben die Entschädigungsregelungen hinter dem zivilrechtlichen Haftungssystem zurück. Für solche Ansprüche bestimmte nun § 9 Abs. 3 Satz 2 des Berliner Entschädigungsgesetzes:

"Der Wiedergutmachungspflichtige kann sich nicht darauf berufen, daß seine Handlungsweise allein schon deshalb nicht rechtswidrig gewesen sei, weil sie allgemeinen Anschauungen entsprochen habe, die einer Schlechterstellung einzelner wegen ihrer Rasse, Religion, Nationalität, ihrer politischen Auffassung oder ihrer politischen Gegnerschaft gegen den Nationalsozialismus zum Inhalt hatten."

Möglicherweise sollte hierdurch das Anspruchssystem nicht nur durch die weiterbestehende zivilrechtliche Haftung ergänzt, sondern diese sogar erweitert werden.[108] Eine solche Regelung hätte für zivilrechtliche Ansprüche der "Fremdarbeiter", wie sie in der Bundesrepublik durchzusetzen versucht wurde, von Bedeutung sein können.

Die Wohnsitzklausel begrenzte den anspruchsberechtigten Personenkreis auf alle Westberliner zum Stichtag 1. Januar 1947 und zeitlich begrenzt auf Ostberliner und Ostflüchtlinge sowie alle Berliner Emigranten und ehemals in Berlin ansässigen Verfolgten (§ 8).[109]

Im Genehmigungsschreiben der Alliierten Kommandantura Berlin vom 31. Januar

---

VOBl. I 1951, 85, neu bekannt gemacht i.d.F. v. 21.2.1952, VOBl. 1952, 116.

107 Vgl. Bukofzer/Radlauer/Loewenberg, Kommentar, § 2, Anm. 9; Anordnung der Alliierten Kommandantur Berlin BK/O (51) 12 v. 31.1.1951, ebd., S. 103.

108 Die Kommentierung von Bukofzer/Radlauer/Loewenberg, Kommentar, § 9, Anm. 2, erwähnt nicht einmal den erweiterten Grund der "Nationalität".

109 Vgl. dazu auch die Ergänzungen durch Art. I Nr. 1 Zweites Änderungsgesetz v. 10.8.1951, VOBl. I 1951, 574, u. Art. I Nr. 1 Fünftes Änderungsgesetz v. 21.2.1952, VOBl. 1952, 113.

1951 wird u.a. eine zu niedrige Höchstgrenze und die fehlende Berücksichtigung der Opfer der am 20. Juli 1944 folgenden Unterdrückungsmaßnahmen gerügt, die in Berlin ungefähr 1000 zählten. Ausführlich wird auf das Fehlen eines Entschädigungsanspruchs für DPs hingewiesen. Allein 5506 in die US-Zone verschickte DPs würden auch nach den dortigen Stichtagsregelungen keine Entschädigung erhalten.[110]

Das später verabschiedete bundesdeutsche Entschädigungsrecht wurde auch in Berlin übernommen.[111]

4. Exkurs: Sowjetische Zone und DDR

Für die Entwicklung in der sowjetischen Besatzungszone und der Deutschen Demokratischen Republik können kaum Aussagen getroffen werden, da hierzu keine Veröffentlichungen [112] vorliegen. Die dort vertretenen Ansätze dürften vor allem für eine Beurteilung der Frühphase von Interesse sein. So war in Thüringen das erste Rückerstattungsgesetz [113] ergangen, das aber angesichts einer radikal anderen Eigentumspolitik, der Überlegungen zur Rückabwicklung verfolgungsbedingter Vermögensverschiebungen weichen mußten, nicht mehr vollzogen wurde.[114]

Auf entschädigungsrechtlichem Gebiet sind allerdings auch später noch Regelungen ergangen, die hier vor allem wegen der bereits aus der Rechtssystematik ersichtlichen Hervorhebung der politisch Verfolgten von Interesse sind. Das besondere Verdienst für den Nachfolgestaat, das in der Opferanerkennung zum Ausdruck kommt und das bisher in einer beschränkt geltenden Verfolgungsmotivation und der "Würdigkeitsklausel" zu finden war, wird hier noch deutlicher. Die bereits erwähnten Beispiele für die Westzonen und die in Berlin bis etwa

---

110 Zur Anordnung v. 31.1.1951 s.o. Fn. 107; vgl. ferner Bukofzer/Radlauer/Loewenberg, Kommentar § 8, Anm. 12.

111 Vgl. Féaux de la Croix, W. III, S. 82 u. 83.

112 Hinweise bei Richarz, in: Brumlik u.a. (Hrsg.), Leben, S. 19-21.

113 Wiedergutmachungsgesetz v. 14.9.1945, GesS. 1945, 24, geändert durch G. v. 30.5.1947, GesS. 1947, 51, abgedruckt in: Goetze, Rückerstattung, S. 507-510; Goetze, ebd., S. 11, verweist auf weitere Gesetze der einzelnen Länder. Hierbei dürfte es sich jedoch um die Organisations"wiedergutmachung" gehandelt haben.

114 Vgl. dazu Schwarz, W. I, S. 325-327; dort auch zur deutschen Urheberschaft des "auf Anordnung des Obersten Chefs der Sowjet-Militärverwaltung in Deutschland" ergangenen Gesetzes; zum Nichtvollzug s. ferner Breslauer/Goldschmidt, Arbeit, S. 10 (Sie datieren das thüringische Gesetz irrtümlich auf das Jahr 1946).

1950 gleichlaufenden Überlegungen, wie sie noch die Ähnlichkeiten des Westberliner Anerkennungsgesetz [115] mit den DDR-Regelungen dokumentieren, zeigen einen, wenn auch begrenzten ideologischen Gleichklang.

In den Richtlinien für die Anerkennung als Verfolgte des Naziregimes vom Februar 1950 [116] werden in einer kasuistischen Aufzählung 18 verschiedene Verfolgtengruppen aufgeführt (§ 1). Diese Anerkennung war Grundlage für besondere Leistungen.[117] Besonders hervorgehoben wird der in organisierter Form erfolgte Widerstand (vgl. Nr. 1, 3, 6, 7, 8) sowie die Teilnahme an den Kämpfen in Spanien (Nr. 4 u. 5). Während Personen, die "die Beseitigung des Naziregimes aus antifaschistisch-demokratischer Gesinnung in organisierter Form herbeizuführen versucht haben", nur mindestens sechs Monate in Haft gewesen sein mußten (Nr. 1), mußte die Haft bei Personen, "die wegen sonstiger antifaschistischer Handlungen" anerkannt werden wollten, mindestens 18 Monate gedauert haben (Nr. 2). Spanienkämpfer aus anderer als antifaschistischer Gesinnung heraus (Nr. 5), Kriegsgefangene in antifaschistisch-demokratischen Kampfgruppen im Ausland (Nr. 7), Personen, die sich gegen Zwangsmaßnahmen wandten und mindestens 18 Monate inhaftiert waren (Nr. 10), wegen ihrer Angehörigen Verfolgte (Sippenhaft) (Nr. 11) und nach 1945 durch das zuständige Arbeitsamt erfaßte (!) "Zigeuner" (Nr. 17) konnten nur anerkannt werden, wenn sie auch nach 1945 eine "antifaschistisch-demokratische Haltung bewahrt" hatten. Die Anerkennung, auf die kein Rechtsanspruch bestand (§ 6 Abs. 2), konnte sogar zurückgenommen werden, wenn der Anerkannte durch seine Handlungsweise die Bedeutung der Verfolgten des Naziregimes herabsetzte oder eine verwerfliche strafbare Handlung beging (§ 5 lit b u. c). Emigranten, die sich nicht am Kampf gegen das Naziregime beteiligt hatten, wurden nicht anerkannt (vgl. Nr. 6 u. 8), jüdische Emigranten darüberhinaus nur, wenn sie geflohen waren, um der Zwangsdeportierung zu entgehen (Nr. 12). Wie im Berliner Anerkennungsgesetz wurden jüdische Verfolgte weiter nur bei Vorliegen von Haft, Illegalität (Nr. 12) oder als "Sternträger" (Nr. 14) anerkannt. Haft setzte nach § 2 ausdrückliche Verfolgung aus "politischen, religiösen oder rassischen Grün-

---

115 Vgl. o. Fn. 102.

116 V. 10.2.1950, GBl. 1950, 92.

117 Vgl. Anordnung zur Sicherung der rechtlichen Stellung der anerkannten Verfolgten des Naziregimes v. 5.10.1949, ZVOBl. I, 765, und die dazu ergangenen Durchführungsbestimmungen v. 10.2.1950, GBl. 1950, 87. Nach der Anordnung bestand auch ohne Sozialpflichtversicherung ein erhöhter Rentenanspruch, dazu vorrangige Wohnraumzuteilung und Versorgung mit Hausrat, kostenlose Gesundheitsfürsorge und Studienhilfen für Kinder.

den" voraus. Auch hier wurde der Grund der "Nationalität" nicht genannt. Die Aufzählung nach § 1 zielte auch in keiner Umschreibung auf ausländische Verfolgte ab. Lediglich diejenigen, die auch nach ihrer Deportation Widerstand geleistet hatten, fielen unter einige tatbestandliche Umschreibungen. Für alle galt aber die Voraussetzung eines Wohnsitzes in der DDR (§ 6). Auch damit kam noch stärker als in den Westgebieten zum Ausdruck, daß lediglich die Landesbewohner entschädigt, eine Verantwortung für deutsche Verfolgungshandlungen aber nicht übernommen werden sollte. Diese durch das "antifaschistische" Selbstverständnis legitimierte Haltung zeigte sich auch in der kategorischen Ablehnung israelischer Entschädigungsforderungen und wurde letztlich erst nach Abdankung des SED-Regimes aufgeweicht.[118]

Mit der Verordnung über die Stiftung der "Medaille für Kämpfer gegen den Faschismus 1933-1945" aus dem Jahre 1958 [119] konnten aktive Widerstandskämpfer aus dem Kreis der anerkannten Verfolgten des Naziregimes geehrt werden, u.a. die, die bewaffnet an den antifaschistischen Befreiungskämpfen der Völker, die vom Hitlerfaschismus überfallen worden waren, teilgenommen sowie aktiv in den jeweiligen nationalen Volksbefreiungsbewegungen politisch gearbeitet hatten.[120] Auf dieser Verordnung baute die Unterscheidung in "Kämpfer gegen den Faschismus" und "Verfolgte des Faschismus" in der Ehrenpensionsverordnung von 1965 [121] auf, wonach unterschiedlich hohe "Ehrenpensionen" gezahlt wurden. Hinterbliebenenpensionen, die entsprechend differenziert wurden, konnten versagt werden, "wenn das Verhalten der Hinter-

---

118 Vgl. hierzu die Beiträge im Deutschland-Archiv von Rexin u. Lindemann (1973) sowie von Ammer (1988); vgl. ferner Lindemann, in: Jacobsen u.a. (Hrsg.), Jahrzehnte, S. 625, 627 u. 633; v. Plate, ebd., S. 676 f. Zur Entwicklung von Geschichtswissenschaft und Öffentlichkeit in bezug auf das "jüdische Erbe" s. die "Leistungsbilanz" von W.Schmidt, ZfG 1989.

119 V. 22.2.1958 mit Anlage "Statut der 'Medaille für Kämpfe gegen den Faschismus 1933-1945'", GBl. I 1958, 198. Nach § 3 I des Status war die Medaille an Einzelpersonen nur verleihbar, "soweit diese nach 1945 ihre antifaschistische Gesinnung beibehalten haben und für die Stärkung der Arbeiter- und Bauern-Macht in der Deutschen Demokratischen Republik" eintraten.

120 S. § 2 lit. e des Statuts; nach § 3 II des Statuts wurde die Medaille ohne Unterschied der Staatsangehörigkeit verliehen.

121 Verordnung über Ehrenpensionen für Kämpfer gegen den Faschismus und für Verfolgte des Faschismus sowie für deren Hinterbliebene v. 8.4.1965, GBl. I 1965, 293, geändert durch VO v. 21.10.1966, GBl. I 1966, 1253. Zur Definition der Unterscheidung in "Kämpfer" und "Verfolgte" s. § 1 Erste Durchführungsbestimmung v. gleichen Tage, GBl. I 1965, 295; zur Regelungshöhe s. die vom Sekretariat der DDR hrsg. Anordnung über Ehrenpensionen... v. 20.9.1976 (abgedruckt in: BfA 1991, Rentenversicherung im Beitrittsgebiet, Berlin 1990, S. 689 ff., m.N. zur Regelung im Einigungsvertrag).

bliebenen gröblichst gegen die Moral und die Gesetze der sozialistischen Gesellschaft verstößt" (§ 2 Abs. 3). Und der Bezug zum DDR-Staat kommt deutlich in der Präambel zum Ausdruck. Dort heißt es:

"Unsere sozialistische Gesellschaft und ihr Staat achten und ehren die Männer und Frauen, die Jahrzehnte ihres Lebens dem Kampf gegen Faschismus und Militarismus verschrieben und mithalfen, den Boden zu bereiten, auf dem wachsen konnte, was in der Deutschen Demokratischen Republik verwirklicht wird."

II. Die Auseinandersetzung um eine Bundesregelung

Bei Gründung der Bundesrepublik gab es weder in allen Ländern ein einigermaßen umfassendes Entschädigungsrecht noch waren die bestehenden Regelungen, insbesondere die verschiedenen Wohnsitz- und Stichtagsregelungen, aufeinander abgestimmt. Das Anspruchsniveau war von Zone zu Zone verschieden. Trotzdem fühlten sich die Länder mit der Finanzierung überfordert. Sie hatten sich z.T. ausdrücklich vorbehalten, von einem kommenden Gesamtstaat bzw. der Bundesrepublik eine Beteiligung an den Kosten zu verlangen.[122] Emigranten wurden unterschiedlich einbezogen. Das Problem einer Entschädigung für DPs war nur in der amerikanischen Zone berücksichtigt worden. Es kamen weitere Mißstände und Lückenhaftigkeiten im Detail hinzu.[123]

Auf Bundesebene galt lediglich das noch vom Wirtschaftsrat verabschiedete Soforthilfegesetz,[124] das als eine Art lastenausgleichsähnliche Sozial- und Integrationshilfe als vierte Gruppe der "Geschädigten" - auch in dieser regelungstechnischen Reihung wird die damalige Befindlichkeit, sich selbst als Opfer zu verstehen, deutlich - die "Politisch Verfolgten", wozu auch die aus Gründen der Rasse, des Glaubens oder Weltanschauung Verfolgten zählten, den (Ost)Flüchtlingen, den (Kriegs)Sach- und den Währungsgeschädigten [125] wenigstens rechtlich gleichstellte (§ 31). Diese rein an der Bedürftigkeit ausgerichte-

---

122 So z.B. § 6 IV US-EG; § 12 IV rh.-pf. EntschädigungsG. v. 22.5.1950; vgl. ferner § 7 nr.-w. Freiheitsentschädigungsgesetz v. 11.2.1949; § 13 nieders. Haftentschädigungsgesetz v. 30.7.1949.

123 S.o. 4 I 3b; zu den Problemen aus der Sicht der verfolgten Antragsteller s. Kossoy, Wiedergutmachung, S. 31-33.

124 Gesetz zur Milderung dringender sozialer Notstände v. 8.9.1949, GBl. d. Verw. d. Vereinigt. Wirtschaftsgebietes 1949, 205. Zur Entstehung im Zusammenhang mit den Planungen zum Lastenausgleich s. Kühne/Wolff, SHG, Einführung, S. 9-13.

125 Zu weiteren Geschädigtengruppen s. Kühne/Wolff, SHG, Anm. 1 zu § 31, S. 177 f., sowie die Anordnung nach § 73 SHG nebst Anm., S. 278-281.

ten Hilfen hatten mit einer Entschädigung wenig gemeinsam.

Für die politisch Verfolgten setzten die Leistungen "wesentliche wirtschaftliche Nachteile" voraus und waren im übrigen subsidiär. Bei ebenfalls bestehendem Landesrecht für Hilfen an die übrigen Geschädigtengruppen waren zur Erfüllung solcher Leistungen Zuweisungen aus dem Soforthilfefonds an die Länder möglich.[126] Auch in dieser Detailregelung kommt zum Ausdruck, daß im länderübergreifenden Wirtschaftsrat wenig Neigung zur finanziellen Beteiligung an den Entschädigungsleistungen bestand.[127]

Eine Bundesregelung hätte hinter den Stand der Länderregelungen nicht zurückgehen können. Sie hätte eine klare Beteiligung des Bundes an den Kosten bedeutet. In den Beratungen des Grundgesetzes hatte die "Wiedergutmachung" nicht einmal eine periphere Rolle gespielt. Während einige wenige der ersten Landesverfassungen wenigstens in den Übergangs- und Schlußbestimmungen ein "Wiedergutmachungs"-programm aufgenommen hatten,[128] begnügte sich das Grundgesetz mit der konkurrierenden Gesetzgebungskompetenz (Art. 74 Nr. 9 GG). Dies dürfte weniger an der allgemeinen sozialstaatlichen Zurückhaltung des Verfassungsgesetzgebers gelegen haben, als vielmehr am gesunkenen Stellenwert dieser Zielsetzung.[129] In seiner ersten Regierungserklärung vom September 1949 erwähnte Adenauer dieses Thema ebenfalls nicht.[130]

Entscheidend für die dann 1953 doch noch erfolgte Verabschiedung eines Bundesgesetzes war der Einsatz der Westalliierten. Sie machten zunächst die Einbeziehung der DPs in ein deutsches Entschädigungsprogramm, später ein solches überhaupt zu einer Vorbedingung bundesrepublikanischer Souveränität. Zur Strukturierung der Auseinandersetzung um ein bundesdeutsches Entschädigungsgesetz sind im wesentlichen vier Vorgänge auseinanderzuhalten, die zeitlich ineinander verwoben sind:

1. Die Bemühungen um eine Regelung der deutschen Auslandsschulden, die mit

---

126 Vgl. § 76 SHG nebst den Anmerkungen von Kühne/Wolff, SHG, S. 269; ferner § 356 LAG.

127 Dazu kurz Féaux de la Croix, W. III, S. 44.

128 S. Art. 183 bay.LVerf.; Art. 139 rh.-pf. LVerf.; vgl. a. Art. 158 hess. LVerf.

129 Zum "Entnazifizierungs-Rest" im GG vgl. Pawlita/Steinmeier, DuR 1980.

130 S. Adenauers Erklärung v. 20.9.1949 vor dem Bundestag, BTagsStenProt. 1/5, S. 22A-30D; in seiner Erwiderung am nächsten Tag betonte Schumacher, die NS-Verbrechen gegen die Juden Europas müßten gegenüber jedermann deutlich gemacht werden; vgl. a. unten 4 II 4a, um Fn. 295.

der Forderung nach Anerkennung der Haftung der Bundesrepublik für die Auslandsschulden des Deutschen Reichs im Anschluß an die Washingtoner Außenministerkonferenz vom September 1950 begannen und mit der Unterzeichnung des Londoner Schuldenabkommens am 27.2.1953 endeten. Mit der Ausklammerung aller "kriegsbedingten" Forderungen erhielt die Bundesrepublik die Bestätigung, daß mit weiteren Forderungen des Auslands, weitgehend auch für deren Verfolgungsopfer, nicht zu rechnen war;

2. die Verhandlungen zur Ablösung des Besatzungsregimes, die formell im Mai 1951 anfingen und zunächst einmal mit Unterzeichnung der Bonner Verträge am 26. Mai 1952 zum Abschluß gelangten;

3. das Bemühen Israels und jüdischer Verfolgtenverbände um eine Globalentschädigung und Verbesserung der innerdeutschen Individualentschädigung, das sich spätestens mit einer ersten Note Israels an die vier Besatzungsmächte im Januar 1950 mit der Forderung nach einem allgemeinen bundeseinheitlichen "Wiedergutmachungs"gesetz artikulierte und mit dem Luxemburger Vertragswerk am 10. September 1952 erfolgreich abgeschlossen wurde;

4. die deutschen Bestrebungen um eine Bundesgesetzgebung seit Gründung der Bundesrepublik.

Um die Abhängigkeit der anfangs zu scheitern drohenden deutschen Bemühungen von den internationalen Verflechtungen zu zeigen, wird mit ihrer Darstellung begonnen.

1. Deutsche Initiativen für ein Bundesgesetz

Die Länder versuchten zunächst, den Schwierigkeiten durch länderübergreifende Koordination zu begegnen. Die Experten der Koordinierungsgremien, voran Otto Küster, favorisierten jedoch bald ein "Dachgesetz". Ab November 1950 und verstärkt ab Oktober 1951 begannen die Länder mit der Forderung nach Einsetzung eines Sonderausschusses für "Wiedergutmachung" über den Bundesrat initiativ zu werden, den dieser am 7. Dezember 1951 beschloß.[131] Der Bundestag hatte sich ein Jahr zuvor, am 15.12.1950, dafür ausgesprochen, die Bundesregierung solle "den Entwurf eines Wiedergutmachungsgesetzes für alle im Bundesgebiet wohnenden politisch, rassisch oder religiös verfolgten Personen

---

131 Im einzelnen vgl. Féaux de la Croix, W. III, S. 42-54, 60-63 u. 68 f.

vor(zu)legen, das die Bestimmungen des im amerikanischen Besatzungsgebiet auf Länderbasis erlassenen zoneneinheitlichen Gesetzes von 1949 zeitgemäß für das gesamte Bundesgebiet fortbildet".[132] Dieses bereits im Verfassungsschutzausschuß einstimmig beschlossene Ersuchen war dort ohne vorherigen Antrag im Bundestag als Ausgleich an das Verlangen nach Beendigung der Entnazifizierung angekoppelt worden.[133] Es bezog sich, wie der Berichterstatter Brill von der SPD in einer die Entschädigung kaum berührenden Debatte [134] hervorhob, entsprechend dem Stand der Länderberatungen auf eine "Rahmengesetzgebung des Bundes" und war ausdrücklich auf alle im Bundesgebiet lebenden Verfolgten beschränkt.[135] Mit Hinweis auf die Länderbemühungen lehnten die Vertreter der Bundesregierung jede Bundesinitiative ab.

Staatssekretär Hartmann vom Bundesfinanzministerium wies zu Recht darauf hin, daß eine solche Regelung hinter das in der amerikanischen Zone geltende Entschädigungsrecht zurückgehen würde, da dort auch bestimmte Gruppen nicht im Bundesgebiet wohnender Emigranten und DPs einbezogen würden.[136] Brill erwiderte daraufhin, daß die DP-Regelung durch Eingriff der Militärregierung zustande gekommen sei und bezeichnete sie, nicht ganz verständlich, deshalb als "veraltet".[137] Bis zu diesem Zeitpunkt hatte der Bundestag sich wesentlich engagierter für eine Revision des Rückerstattungsrechts eingesetzt, was aber wegen der klaren Haltung der Alliierten gegenüber der Bundesregierung ohne Erfolgsaussichten war.[138]

Das Verlangen der SPD nach "Vorlage des Entwurfs eines Wiedergutmachungsgesetzes" in einer im Januar 1951 nachgeschobenen Interpellation [139] konnte Staatssekretär Hartmann dann schon eindeutig mit einem ablehnenden Beschluß

---

132 BTagsDrs. 1/1658 v. 24.11.1950 und die Abstimmung im Bundestag, BTagsStenProt. 1/108, S. 4071D.

133 Vgl. BTagsDrs. 1/1658.

134 Vgl. BTagsStenProt. 1/107, S. 4054 f., u. 1/108, S. 4065-4072. Neben der Entnazifizierung ging es vor allem um die Rückerstattung.

135 Ebd., S. 4069B u. 4055A.

136 Ebd., S. 4068 f.; s. daneben die Ausführungen des damaligen Bundesinnenministers Lehr, ebd., S. 4068.

137 Ebd., S. 4069C.

138 Vgl. die verschiedenen Anträge, BTagsDrs. 1/159, 886, 1010, und die Anfrage der CDU/CSU-Fraktion, Drs. Nr. 1455, sowie die Antwort der BReg. v. 4.11.1950, Drs. Nr. 1567. Zusammenfassend Pawlita, KJ 1991, S. 42 ff.

139 V. 24.1.1951, BTagsDrs. 1/1828. Zur Debatte s. BTagsStenProt. 1/120, S. 4589-4599; s.a. u. Fn. 369.

des Bundeskabinetts[140] zurückweisen. Neben föderalen Bedenken machte er geltend, daß eine Bundesgesetzgebung nicht nur "wahrscheinlich auf dem höchsten Niveau, das in den verschiedenen Ländern erreicht worden" sei, ansetzen müsse, sondern auch, daß sie "darüber hinausgehen" müsse. Dabei bezog er sich auf den Kreis der Berechtigten, ohne diesen näher zu bezeichnen. Gemeint waren damit die Emigranten und DPs, für deren Entschädigung sich die Bundesregierung erkennbar immer noch nicht einsetzen wollte. Mit seinen Bedenken zielte Hartmann auf den entscheidenden und bleibenden Aspekt des Entschädigungsrechts, nämlich die Finanzierungsfrage bzw. die fehlende Bereitschaft, die Entschädigung deutlich spürbar auf Kosten anderer Bereiche zu finanzieren. Unter "finanziellen Gesichtspunkten" gab Hartmann zu bedenken, eine "notwendigerweise mit erheblich erweiterten Ausgaben" verbundene Bundesgesetzgebung müsse, da man in einem Bundesgesetz kaum Ausgaben zu Lasten der Länder beschließen könne, zu Lasten des Bundes gehen.[141] Den weiteren Aspekt, man dürfe der Frage einer Haftung des Bundes für Reichsverbindlichkeiten nicht vorgreifen,[142] trug Hartmann nicht ausdrücklich vor. Er war aber im Abschieben der Kostenlast auf die Länderhaushalte mitinbegriffen. Gleichsam vorwegnehmend hatte Carlo Schmid in der Begründung der Interpellation, mit der im übrigen erstmals öffentlich im Bundestag der Gedanke einer Globalentschädigung für die Verfolgung der Juden gegenüber dem Staat Israel eingebracht wurde, den Kernpunkt getroffen:

"Wenn man den Run der Gläubiger des Reiches fürchtet, meine Damen und Herren: kann man dann nicht eine Rangordnung unter den Gläubigern unseres Vaterlandes Deutschland aufstellen?"[143]

Carlo Schmid, der vergleichsweise ausführlich auf die nationalsozialistische Verfolgung der Juden einging und auch sonst in der Debatte durch Sachkenntnis herausragte, brachte damit klar zum Ausdruck, daß seitens der Bundesregierung gerade dieser politischen Entscheidung einer bevorzugten Entschädigungsgesetzgebung ausgewichen wurde. Die übrigen Parteien stellten lediglich auf das Argument der Rechtsvereinheitlichung ab,[144] wobei die Rechtsparteien weiter-

---

140 Nach Féaux de la Croix, W. III, S. 52 f., erging dieser am 30.1.1951. Er war durch die alliierten Noten vom März und November 1950 mit der Forderung nach einem Bundesgesetz notwendig geworden, dazu sogleich im Text.

141 Vgl. BTagsStenProt. 1/120, S. 4593 f.

142 Vgl. dazu Féaux de la Croix, W. III, S. 53, und sogleich im Text.

143 BTagsStenProt. 1/120, S. 4592A.

144 Vgl. die Beiträge von Oellers (FDP), ebd., S. 4594C, Kleindienst (CSU), S. 4596A, u. Reismann (Z), S. 4597B.

hin hofften, mit einer einheitlichen "Wiedergutmachungsgesetzgebung" doch noch die Revision des Rückerstattungsrechts zu erreichen.[145] Für den Vertreter der KPD, Müller, war von der Bundesregierung kein Ausbau des Entschädigungsrechts zu erwarten. Für sie sei die Frage der "Wiedergutmachung" zu einem Dorn geworden, an dem man sich lieber nicht steche, sondern dem man aus dem Weg gehe.[146] Die Strategie der Nichtbefassung sollte jedoch nicht aufgehen. Mit der Verweisung der Interpellation an einen Ausschuß war die Frage "Bundesentschädigungsgesetz" zunächst einmal vertagt worden. Und im Mai ließ Adenauer in seiner Antwort auf die Anfrage vom Dezember 1950 den Bundestag wissen, die Bundesregierung strebe ein die Wiedergutmachungsgesetze der Länder abänderndes oder sie erübrigendes Bundesgesetz nicht an. Diese "abwartende Haltung" werde man erst dann aufgeben, wenn ein Ausgleich unter den Ländern wider Erwarten nicht gelingen sollte. Ein Bundesgesetz würde auch zu einer unterschiedlichen Behandlung der bereits erledigten mit den neuen Fällen führen, was "im Ergebnis den Interessen der Geschädigten zuwiderlaufen" würde.[147] Die Ländergesetze, die nicht nur als Ergebnis nicht abgestimmter Wohnsitz- und Stichtagsregelungen zum Ausschluß einzelner, sondern z.T. auch aus finanziellen Nöten zum bewußten Ausschluß ganzer Opfergruppen führten, lagen nur im Vergleich mit gar keiner Regelung im Interesse der Verfolgten. Mit dem Hinweis auf die "erledigten Fälle" artikulierte Adenauer das Interesse des Bundes, sich vorwärtsblickend dem "Wiederaufbau" zuzuwenden.

Die starre Haltung der Bundesregierung wurde erst aufgebrochen, als nach der Erklärung Adenauers im Bundestag zur Haltung der Bundesrepublik gegenüber den Juden im September 1951 die Bundesrepublik unter Zugzwang geriet und die Entschädigungsfrage Teil der Verhandlungen mit den Alliierten wurde. Neue Initiativen erfolgten erst 1952 über den Bundesrat durch Küster als Beauftragten des Landes Württemberg-Hohenzollern. Der Bundestag hatte trotz einhelliger Bekundungen der Vertreter aller Fraktionen, man könne sich "nicht denken, daß es irgend jemand in diesem Hause gibt, der nicht aus vollem Herzen die Notwendigkeit der Wiedergutmachung bejahen würde",[148] die Chance vertan, sich in dieser Frage politisch an die Spitze zu setzen. Der weitere Gang der Beratungen zeigt auch, wie gering seitens der Bundesregierung die Rolle des Parlaments geachtet wurde. Vorläufig wurde nur das Gesetz zur Regelung der Wie-

145 Vgl. die Beiträge von Oellers (FDP), ebd., S. 4594 f., u. Schmidt (WAV), S. 4598.

146 Ebd., S. 4596 f.

147 S. BTagsDrs. 1/2241 v. 10.5.1951.

148 So z.B. der Abg. Oellers (FDP), BTagsStenProt. 1/120, S. 4594D.

dergutmachung nationalsozialistischen Unrechts für Angehörige des öffentlichen Dienstes trotz bestehender Länderregelungen verabschiedet.[149] Offenkundiges Motiv der Gesetzgebung war die rechtliche Gleichstellung der schnell aus dem öffentlichen Dienst hinausgeworfenen Juden und politisch Verfolgten mit den nach Kriegsende zunächst entlassenen Beamten des nationalsozialistischen Staatsapparates, denen das Gesetz zu Art. 131 GG vom selben Tage [150] großzügige Wiedereinstellungs- und Versorgungsmöglichkeiten bot. Mit dem endgültigen Ausschluß der Verfolgten aus dem 1951 in Angriff genommenen Lastenausgleich, ihre Einbeziehung war in den Planungen der vierziger Jahre verschiedentlich überlegt worden,[151] wurde zutreffend erkannt, daß es hierbei nicht um den bloßen Ausgleich von Kriegsfolgen ging. Diese Auffassung wurde früh vom Bundesfinanzministerium geteilt, denn mit ihr ließ sich die Ablehnung einer Kostenlast des Bundes begründen. Nach Art. 120 GG trug der Bund nur die Kriegsfolgelasten. Als Nicht-Kriegsfolge, so führte bereits der damalige Finanzminister und einer der größten Widersacher jeglicher Entschädigungsleistungen Schäffer aus, müßten daher die Länder für die Kosten der Verfolgungsschäden aufkommen.[152] In den planerischen Konzeptionen herrschte aber durchaus die Vorstellung von den Kriegsfolgen vor, wie gerade Autoren aus dem dann federführenden Bundesfinanzministerium erkennen lassen.[153] Damit erschien die Verfolgung als ein Ergebnis des Krieges neben anderen wie Vertreibung, Bombenschäden, Menschenverluste u.a.m. und wurde ein Ende der "Wiedergutmachung" sichtbar. Planerisch bedeutete diese begriffliche Einordnung die gedankliche Abkehr von Entschädigungs- hin zu Fürsorgeansprüchen, von Rechtsansprüchen zu sozialstaatlichen Gewährungen.[154] Immerhin hatte aber

---

[149] V. 11.5.1951, BGBl. I, 291. Zur Entstehungsgeschichte vgl. Anders, BWGöD, S. 47 f.; Gnirs, W. VI, S. 267 f.

[150] Gesetz zur Regelung der Rechtsverhältnisse der unter Artikel 131 des Grundgesetzes fallenden Personen vom 11.Mai 1951, BGBl. I, 307; s.a. das zuvor ergangene Gesetz über Sofortmaßnahmen zur Sicherung der Unterbringung der unter Artikel 131 des Grundgesetzes fallenden Personen v. 14.12.1950, BGBl. I, 186; vgl. Gnirs, W. VI, S. 266.

[151] Dazu Schillinger, Entscheidungsprozeß; zur Abspaltung der "Wiedergutmachung" s. insb. S.1, 25, 32, 39, 42, 47 f., 70, 76, 123 f.; s.a. Féaux de la Croix, W. III, S. 44.

[152] Vgl. Féaux de la Croix, W. III, S. 53.

[153] So z.B. Féaux de la Croix, W. III, S. 6 f.; anders noch, vermutlich aus Gründen außenpolitischer Rücksichtnahme, sein Redebeitrag in: Freiheit und Recht, Juni 1964, S. 8; s. ferner die eindeutige Einbeziehung in: Liquidation; aus der Lexikonliteratur s. nur Krause, Kriegsfolgengesetzgebung, in: Ergänzbares Lexikon.

[154] Zu den unterschiedlichen Vorstellungen im Hinblick auf das BErgG s. bereits Küster, Wiedergutmachung S. 10-16.

1951/52 die "Wiedergutmachung" einen solchen außenpolitischen Stellenwert erreicht, daß die Anwendung der Lastenausgleichsquoten untunlich erschien.[155] Damit wurde aber auch das Finanzierungsmodell, aus neuen, besonderen Abgaben ein Sondervermögen zu bilden, das für das Entschädigungsrecht allerdings nur vereinzelt diskutiert wurde,[156] abgelehnt. Die Bildung eines solchen Sonderfonds hätte jedermann die Notwendigkeit materieller Sonderopfer verdeutlicht. Entschädigungen wären nicht im allgemeinen Steueraufkommen versteckbar gewesen. Eine solche Fondslösung hätte mit Sicherheit aber die sensible Frage einer "Kollektivschuld" und kollektiven Verantwortung wiederaufleben lassen. Sie hätte also in jedem Fall einer offensiven Politik auch gegenüber der eigenen Bevölkerung bedurft. Dies dürfte einer der Gründe sein, warum eine solche Lösung kaum erwogen wurde.

2. Die Entschädigungsfrage auf der Londoner Schuldenkonferenz (Londoner Abkommen v. 27.2.1953)

a. Die Verhandlungsvorgaben der Besatzungsmächte

Die ablehnende Haltung der Bundesregierung gegenüber einem Bundesentschädigungsgesetz schien zu Beginn der fünfziger Jahre auch außenpolitisch zunächst bestätigt zu werden. Als nach Ausbruch des Koreakrieges im Juni 1950 der Prozeß einer Wiederbewaffnung der Bundesrepublik und der Erlangung ihrer Souveränität beschleunigt wurde, verlangten die drei Westalliierten im Anschluß an die New Yorker Außenministerkonferenz vom September in einem Memorandum der Alliierten Hohen Kommission vom 23. Oktober 1950 [157] als Vorbedingung die Anerkennung der deutschen Auslandsschulden. Im Gegensatz zum Versailler Vertrag und zum Friedensvertrag mit den Vereinigten Staaten von 1921 waren die Auslandsschulden nicht mit dem beschlagnahmten deutschen

155 S. die Begründung der Bundesregierung zum Entwurf eines Gesetzes über einen Allgemeinen Lastenausgleich v. 20.1.1951, Anlage 1b zur BTagsDrs. 1 /1800, S. 7 f.; Schillinger, Entscheidungsprozeß, S. 189.

156 Allgemein zu Forderungen der Wiedergutmachungsreferenten der Länder s. Schillinger, Entscheidungsprozeß, S. 127 u. 212; Hinweis auf Auerbach bei Goschler, in: Herbst/ders. (Hrsg.), Wiedergutmachung, S. 92 f.; zur Frage der Deckungsmittel für das US-EG s. Féaux de la Croix, W. III, S. 41 f., zu Überlegungen des Bundesrats, ebd., S. 69.

157 S. Auslandsschulden, Nr. 2, S. 7-9; zur Vorgeschichte vgl. Buchheim, in: Herbst (Hrsg.), Westdeutschland, S. 220 f.

Auslandsvermögen verrechnet worden. In den Versailler Friedensregelungen war den Privatansprüchen der alliierten Staatsangehörigen der Vorrang vor den Reparationsansprüchen der Feindstaaten gegeben worden.[158] Ein solches Vorgehen war den Vereinigten Staaten nach den Verwüstungen und Verlusten des Zweiten Weltkrieges als nicht opportun erschienen. Aus dem "Bündelungsprinzip" des Pariser Reparationsabkommens waren daher die Vorkriegsschulden ausgenommen worden.[159] Ihre Befriedigung vor den Reparationsansprüchen hielt das amerikanische Außenministerium angesichts der zu erwartenden geringen Quote aus "moralischen Gesichtspunkten" für nicht vertretbar.[160] Die Priorität der Reparationen vor den Vorkriegsschulden sollte sich aber jetzt umkehren, denn mit Bedienung des Londoner Schuldenabkommens wurden diese im Vergleich zu den immensen Kriegsschäden in einer hohen Quote befriedigt. Das "Bündelungsprinzip" sollte hierbei nach den Vorstellungen der drei Westalliierten bestätigt werden, wenn auch Frankreich bezüglich des Umfangs der Schuldenanerkennung anfänglich noch weitergehende Vorstellungen hatte.[161] Die Reparationsfrage wurde im AHK-Memorandum nicht erwähnt und sollte offensichtlich nicht erneut angerührt werden. In Bezug auf einen auszuarbeitenden Zahlungsplan hieß es im Memorandum:

"Ihrer (der drei Westalliierten, Anm. d. Verf.) Ansicht nach muß sich der Plan daher notwendigerweise mit der Vorkriegs-Auslandsschuld, aber auch mit den Forderungen für nach dem Kriege geleistete wirtschaftliche Hilfe befassen, die gegenüber allen anderen den Vorrang genießen. Der Plan muß ferner die Regelung gewisser Forderungen im Zusammenhang mit Sozialversicherungsoperationen und mit der Konvertierung von Reichsmark in Deutsche Mark vorsehen, welche von repatriierten Kriegsgefangenen und Verschleppten aus Deutschland mitgebracht worden sind, es sei denn, daß diese Forderungen schon vor Einführung des Planes geregelt worden sind."

Und nach der Anerkennung der deutschen Auslandsschulden stellte die Alliierte Hohe Kommission gegenüber der Bundesrepublik im Mai 1951 klar, daß die geplante Regelung sich nur auf die Vor- und Nachkriegsschulden, "jedoch nicht auf Forderungen, die sich aus dem Kriege ableiten", beziehen würden; diese letzteren könnten "nur im Zusammenhang mit einem Friedensvertrag behandelt"

---

158 Dazu ausf. Janssen, in: ders./Erler, Regelung, S. 5-17; Baade, Fs. Janssen, S. 12-14.

159 S. Teil 1 Art. 2 § C (i) Pariser Reparationsabkommen; zum "Bündelungsprinzip" s.o. 3 IV 1b. Zur inneramerikanischen Auffassung und Gesetzgebung s. a. Baade, Fs. Janssen, S. 15 f.; ausf. zur Rechtslage des deutschen Auslandsvermögens v. Schmoller u.a., Handbuch, § 51.

160 S. FRUS 1945 III, S. 1442; s.a. ebd., S. 1406.

161 Vgl. den Hinweis v. H.-P. Schwarz, in: ders. (Hrsg.), Wiederherstellung, S. 67 f., 68.

werden.[162] Im Memorandum berührten lediglich die Reichsmarkforderungen, z.T. auch die sozialversicherungsrechtlichen, sachlich die Reparationsfrage. Beide Forderungsbereiche waren ebenfalls vom "Bündelungsprinzip" ausgenommen worden.[163] Nach den schon bei den vorbereitenden Beratungen vorgelegten deutschen, vom Bundesfinanzministerium erstellten Materialien vom Juni 1951 handelte es sich dabei "um die von alliierten Kriegsgefangenen und von verschleppten Personen nach dem deutschen Zusammenbruch aus Deutschland herausgebrachten Reichsmarknoten, welche von gewissen alliierten Regierungen gegen eigene Währungseinheiten eingetauscht worden seien, um der bittersten Not jener Personen zu steuern".[164] Damit ging es unmittelbar um die Anerkennung der Reichswährung als damaliges Zahlungsmittel und nur mittelbar um Forderungen ehemaliger Zwangsarbeiter. Mit der Bezugsgröße auf die eingetauschte Währung ging es weder um Lohn- noch um Entschädigungsansprüche der Zwangsarbeiter, sondern nur um die wertmäßige Anerkennung bereits gezahlter Löhne für die Nachkriegszeit. Diese mit 60 Millionen DM insgesamt geltend gemachte Forderung, verhandelt wurde bei den Vorkriegsschulden allein um etwa 13,5 Milliarden DM, die vermutlich vornehmlich französischen Interessen geschuldet war und auch die sechs Jahre nach Kriegsende noch aktuelle Bedeutung der Zwangsarbeit dokumentierte, lehnte das Bundesfinanzministerium aus sehr formalen Gründen ab:

"Zu bemerken ist, daß die Verpflichtungen aus diesen umgetauschten Reichsbanknoten zunächst keine Schuld des Deutschen Reiches, sondern eine solche der selbstst. Körperschaft der früheren Reichsbank darstellen, von deren Verbindlichkeiten noch nicht bestimmt ist, ob sie dem Deutschen Reich zugerechnet werden sollen. Ferner ist zu beachten, daß die betreffenden Forderungen der Kriegsgefangenen und verschleppten Personen, die wahrscheinlich auf ihren Arbeitsverdienst und ihre Löhnung während des Krieges Bezug haben, keine Vorkriegsschulden bilden".[165]

Nach Verzögerungen im zuständigen Bundestagsausschuß, weil hier die Lobbyisten der deutschen Auslandsinteressen Resonanz gefunden hatten,[166] gab die

---

162 Schreiben v. 23.5.1951, Anlage 1 (unter 5.), Auslandsschulden, Nr. 5, S. 13 ff., 14.

163 S. Teil 1 Art. 2 § C (ii) u. (iii) Pariser Reparationsabkommen; dazu oben, Kap. 3 IV 1 d bb; zur Bezugnahme auf das Pariser Reparationsabkommen in den alliierten Planungen s.o. 3 II 2, Fn. 129 u. 133. Zur Regelung der Sozialversicherungsansprüche im Londoner Schuldenabkommen vgl. Wartner, BABl. 1959, S. 510 f.; Bergmann, RzW 1979, S. 42-45.

164 Auslandsschulden, Nr. 16b, S. 75 ff., 82; vgl. ferner ebd., Nr. 7, S. 21 ff., 31 (Anlage VII unter IV 2 u. 3).

165 Ebd.

166 S. den Hinweis bei Buchheim, in: Herbst (Hrsg.), Westdeutschland, S. 221; zur

Bundesregierung am 6. März 1951 eine entsprechende Erklärung[167] ab. Am selben Tage wurde dann auch das Besatzungsstatut revidiert.

Die Verhandlungen für das in der bisherigen Wirtschaftsgeschichte auf dem Gebiet der internationalen Schuldenregelung "umfassendste und größte Vertragswerk"[168] fanden in vorbereitenden Beratungen zunächst zwischen den drei Westalliierten und der Bundesregierung im Juni/Juli 1951 statt. Eine weitere Vorkonferenz behandelte im November/Dezember die Nachkriegsschulden gegenüber den Westalliierten. Die Hauptkonferenz mit den Delegationen weiterer 22 Staaten tagte vom Februar bis zum August 1952 in London und legte die "Vereinbarten Empfehlungen" vor, die als Anlagen I bis IV in das Abkommen aufgenommen wurden. Daran schloß sich die Regierungskonferenz des Dreimächteausschusses und der deutschen Delegation bis zur Unterzeichnung des multilateralen Abkommens über deutsche Auslandsschulden am 27. Februar 1953 an.[169] Zum Komplex gehören neben dem die Vorkriegsschulden betreffenden eigentlichen multilateralen Londoner Schuldenabkommen[170] über ein

---

Bedeutung des dt. Auslandsvermögens vgl. a. Abs, in: H.-P. Schwarz (Hrsg.), Wiederherstellung, S. 16-19.

167 Auslandsschulden, Nr. 3, S. 10 f.; Report, S. 11 f. (engl.); zur Auseinandersetzung über die unter Ausschaltung des Parlaments abgegebene verbindliche Erklärung s. die Hinweise in Fn. 187, zu der damit auftretenden Frage der "Staatenkontinuität" vgl. Féaux de la Croix, Fs. Bilfinger, S. 3 f. mit Anm. 5a; Erhard, Deutschlands, S. 264; BVerfGE 77, 137, 156 (Teso-Beschluß).

168 S. Taubner, Schuldenabkommen, Lexikon, 3. Aufl, S. 1473. Eine monographische Bearbeitung des Komplexes "Londoner Schuldenabkommen" liegt bisher nicht vor. An neueren Publikationen s. H.-P. Schwarz (Hrsg.), Wiederherstellung; Buchheim, in: Herbst (Hrsg.), Westdeutschland; Herbert in: Herbst/Goschler (Hrsg.), Wiedergutmachung, S. 278-282 (in Fn. 16 zur Quellenlage); zum Teilaspekt der verbrieften Auslandsschulden die jurist. Dissertation von Schaffner, Regelung; aus zeitgenössischer Sicht s. Abs., in: H.-P. Schwarz, ebd.; ders., Londoner Schuldenabkommen, Vortrag; ders., in: ders., Zeitfragen; ders., in: Blumenwitz u.a. (Hrsg.), Adenauer, S. 235-242; Leverkuehn, MDR 1953, S. 521 ff.; Gurski, BB 1954, S. 909 ff.; ders., WM IV B 57, S. 1526 f.; ders., AWD BB, 1/1961, S. 12 ff., sein Kommentar: Das Abkommen über die Auslandsschulden und seine Durchführungsbestimmungen (Loseblattsammlung), Köln 1956 ff., konnte leider nicht herangezogen werden; B. Wolff, NJW 1953, S. 1409 ff.; vgl. ferner Féaux de la Croix, Fs. Bilfinger; Coing, Londoner Schuldenabkommen, WbdVR 2; E. Wolff, JZ 1954, S. 105 ff.; Taubner, Schuldenabkommen, in: Enzyklopädisches Lexikon, 2. Aufl.; Kroog/Luther, NJW 1953, S. 1652 ff. u. 1692 ff.; Erler, NJW 1954, S. 9 ff.; ders., EA 1952, S. 5165 ff.; Henn, RabelsZ 20 (1955), S. 270 ff.; Cohn, NJW 1957, S. 329 f.; umfassender Nachweis des juristischen Schrifttums bei Staudinger/Weber, BGB, Vorbem. zu §§ 244, 245, Rn. 480 (Fußnote, S. 975-980).

169 Zum Beratungsverlauf und Unterzeichnung s. insb. Féaux de la Croix, Fs. Bilfinger, S. 3-10; BTagsDrs. 1/4260, Anlage 1d, S. 154 f.; zur Hauptkonferenz s. den Report; der offizielle Konferenzbericht ist auch als Anhang B zum Londoner Schuldenabkommen abgedruckt.

170 Abkommen über deutsche Auslandsschulden v. 27.2.1953, BGBl. II 1953, 331; s.

Dutzend weitere bilaterale Abkommen, in denen insbesondere die Nachkriegsschulden geregelt werden.[171]

b. Die Fortsetzung des Pariser Reparationskompromisses: Art. 5 LSA

Die Ausklammerung jeglicher Reparationsforderungen fand in Art. 5 Abs. 2 des Londoner Schuldenabkommens ihren Niederschlag: [172]

"Eine Prüfung der aus dem Zweiten Weltkrieg herrührenden Forderungen von Staaten, die sich mit Deutschland im Kriegszustand befanden oder deren Gebiet von Deutschland besetzt war, und von Staatsangehörigen dieser Staaten gegen das Reich und im Auftrage des Reichs handelnde Stellen oder Personen einschließlich der Kosten der deutschen Besatzung, der während der Besetzung auf Verrechnungskonten erworbenen Guthaben sowie der Forderungen gegen die Reichskreditkassen, wird bis zu der endgültigen Regelung der Reparationsfrage zurückgestellt."

Absatz 3 erstreckte die Ausklammerung der Reparationsforderungen auf die neutralen Staaten, da diese an die Regelung nach Absatz 2 angekoppelt wurden. Für die ehemals verbündeten bzw. annektierten Staaten verwies Absatz 4 auf die in den einschlägigen Verträgen getroffenen Bestimmungen und damit vor allem auf die Reparationsverzichtsklausel der Friedensverträge von 1947.[173] Absatz 5 vertagte alle Forderungen gegen Berlin, Absatz 1 alle Regierungsforderungen aus dem ersten Weltkrieg, das sind die Reparationsforderungen gegen Deutschland.

Mit dieser textlich unscheinbaren Regelung, weil sie nur bestimmte, welche Forderungen nicht unter das Abkommen fallen, lag aber dennoch ein Hauptergebnis der Konferenz vor. Die Wiederherstellung der deutschen Kreditwürdigkeit, unerläßliche Voraussetzung für die Teilnahme am internationalen Markt und daher auch deutscherseits erwünscht,[174] bedeutete eine Zahlungsverpflichtung von 7,5 Mrd. DM für die Vor- und 7 Mrd. DM für die Nachkriegsschulden. Und

---

ferner das 117 Paragraphen umfassende Ausführungsgesetz v. 24.8.1953, BGBl. I 1953, 1003; s.a. Gesetz über die innerdeutsche Regelung von Vorkriegsverbindlichkeiten v. 20.8.1953, BGBl. I 1953, 999.

171 Übersicht bei Taubner, Enzyklopädisches Lexikon (2. Aufl.), S. 1384 f.; Féaux de la Croix, Fs. Bilfinger, S. 6 f. mit Anm. 18 u. S. 11-13.

172 Dazu s. bereits oben 3 II 2, insb. Fn. 128 u. 129.

173 Dazu bereits oben 3 V; vgl. a. Taubner, Enzyklopäd. Lexikon, S. 1386; Féaux de la Croix, Fs. Bilfinger, S. 39.

174 Vgl. den Vortrag von Abs v. 16. Sept. 1949, abgedruckt in: H.-P. Schwarz (Hrsg.), Wiederherstellung, S. 80-96; Erler, in: Janssen/ders., Regelung, S. 27 f.

dieses auch in Anbetracht der zur Disposition stehenden fast 30 Mrd. DM Auslandsschulden insgesamt günstige Ergebnis war ohne Erweckung der kaum befriedigten Reparationswünsche der an der Konferenz teilnehmenden ehemals besetzten westeuropäischen Staaten gelungen. Damit war, aber nun in Anbetracht eines wirtschaftlich potenteren Deutschlands, der Pariser Reparationskompromiß erneuert worden, an dem sich diesmal die Bundesrepublik aktiv beteiligen durfte.[175] Ein Druckmittel zur Erreichung dieses Ergebnisses war, wie der - in bezug auf die deutschen ökonomischen Interessen - geschickte deutsche Verhandlungsleiter Abs sich noch später erinnerte, die Anerkennung der Priorität der etwa die Hälfte ausmachenden Nachkriegsschulden, die vor allem durch amerikanische Wirtschaftshilfe (Marshall-Plan und vorherige Hilfen) angelaufen waren. Die Vereinigten Staaten reduzierten ihre Forderungen auf fast ein Drittel (von 3,2 auf 1,2 Mrd. Dollar), die Briten auf fast die Hälfte (von 240 auf 150 Millionen Pfund). Nach Abs hatten sich dadurch vor allem die Vereinigten Staaten ein starkes Mitspracherecht gesichert. Denn falls eine Regelung nicht erfolgt wäre, hätten sie (und ebenso Großbritannien, die französischen Forderungen waren sehr gering) die Möglichkeit gehabt, auf die volle Forderung zurückzukommen. Dies hätte unweigerlich zu Problemen hinsichtlich der Quote und Bedienung der übrigen Forderungen führen müssen.[176] Und die Amerikaner hatten sich auch nicht gescheut, dieses Mittel in den Beratungen einzusetzen.[177]

Abs war daher zu Recht nicht nur auf das Gesamtergebnis einschließlich der Tatsache, daß für die meisten Schuldenkategorien eine "Saldo-Quittung" erreicht worden war, die für den Fall der Wiedervereinigung galt,[178] sondern gerade auch auf die erfolgreiche Ausklammerung der Reparationen noch Jahrzehnte später stolz:

"... weil das Londoner Schuldenabkommen ganz wichtige Bestimmungen enthält, das ist vor allem das Ausschließen von Reparationsforderungen: Sie können nach dem Londoner Schuldenabkommen gegen die Bundesrepublik nicht erhoben werden, solange es noch Verpflichtungen aus dem Londoner Schuldenabkommen gibt. Man tut daher, so sagt man, gut daran, nicht alles zu erfüllen,

---

175 Vgl. die Eröffnungsrede des brit. Vorsitzenden der Dreimächte-Kommission, Rendel, v. 5.7.1951, Auslandsschulden, Nr. 11, S. 42 (unter 3.).

176 Vgl. Abs, in: H.-P. Schwarz (Hrsg.), Wiederherstellung, S.22.

177 Vgl. die Protokolle der informellen Besprechungen über die Regierungsumfragen zu dem Entwurf des Abkommens über deutsche Auslandsschulden, BTagsDrs. 1 / 4478 v. 17.6.1953, Anlage 3, S. 55 (Nr. 9).

178 Vgl. Art. 25 LSA; Abs; in: H.-P. Schwarz (Hrsg.), Wiederherstellung, S. 37 u. 53; BTagsDrs. 1/4260, Anlage 1d, S. 165 f.; Drs. 1/4568, S. 4.

weil dann mindestens diese Voraussetzung der Sperre des Londoner Schuldenabkommens, § 5.2, nicht mehr gilt." [179]

Und der damalige Abgeordnete des Bundestages Starke pflichtete Abs rückblickend bei:

"Und dann die Reparationen. Sie wurden mit großem Geschick zurückgedrängt, in die Zukunft verwiesen; ein Ergebnis von größter Tragweite. Heute können wir kaum mehr ermessen, was das damals bedeutete. Ich bin in meinem politischen Wirken immer wieder auf die Bedeutung dieses Erfolgs gestoßen." [180]

Im Schrifttum wurde Art. 5 LSA als eine der "ihrer Tragweite wegen zu den wichtigsten und einschneidendsten der gesamten Schuldenregelung" gehörenden Bestimmung,[181] die "von großer internationalrechtlicher Bedeutung" sei,[182] begrüßt. Für das Mitglied der Verhandlungsdelegation Leverkuehn zeigte nunmehr auch das Londoner Schuldenabkommen, daß die Reparationsansprüche der Vergangenheit angehörten und nicht wieder aufleben würden. Dessen Regelungen richtete den Blick nicht in die Vergangenheit, sondern in die Zukunft.[183] Für Rumpf galt noch 1985, Art. 5 LSA "war und ist der wichtigste Damm gegen eine Überflutung der Bundesrepublik mit Reparationsforderungen".[184]

aa. Die deutschen Verhandlungsziele

Diese Einschätzung von Abs und Starke gibt auch das erklärte Verhandlungsziel wieder. Aus den Gesetzgebungsmaterialien wird bereits hinreichend deutlich, daß reparationsrechtlich zwei Zielsetzungen bestanden.[185]

(1) Einmal sollte ein rechtlicher Reparationsverzicht erlangt werden, wobei die

---

179 Abs, in: H.-P. Schwarz (Hrsg.), Wiederherstellung, S. 33.

180 Starke, Diskussionsbeitrag, in: H.-P. Schwarz (Hrsg.), Wiederherstellung, S. 47; Starke war 1961/62 Bundesfinanzminister. Zur Bedeutung des Art. 5 s.a. Oppermann, in: Hoog (Hrsg.), Völkerrecht, S. 284-287.

181 So Gurski, zit. n. Wolany, WM 1960, S. 1112; ebenf. aufgenommen bei Staudinger/Weber, BGB, Vorbem. §§ 244, 245, Rn. 513.

182 Henn, RabelsZ 20 (1955), S. 284.

183 Leverkuehn, MDR 1953, S. 521.

184 Rumpf, AVR 1985, S. 89.

185 Vgl. die Gesetzentwürfe der BReg. BTagsDrs. 1/4260 v. 13.4.1953; schriftlichen Bericht des Sonderausschusses "Londoner Schuldenabkommen", BTagsDrs. 1/4568 nebst Nachtrag v. 24.6.1953; zu den Ausführungsgesetzen s. Drs. 2478 u. 4569 nebst Nachtrag sowie 4626 u. 4631; BTagsStenProt. 1/262 (29.4.1953), S. 12749A-12764B; 1/279 (2.7.1953), S. 13938C-13955A; 1/280 (3.7.1953), S. 14071B-14073B.

deutsche Delegation von Anfang an die Schuldenfrage mit der Reparationsfrage verknüpfte. Unter dem Schutz der drei Westalliierten und mit breiter innenpolitischer Rückendeckung,[186] die nur durch eine unzureichende Information und Beteiligung der Opposition über das Parlament gefährdet [187] wurde, konnte sie die Drohung abgeben, bei weiteren Reparationsforderungen könne eine Tilgung der Vorkriegsschulden nicht erfolgen.[188] Mit dem im Abkommen erzielten Kompromiß, der das Ergebnis des Überleitungsvertrags nunmehr für eine Vielzahl ehemaliger Feindstaaten verbindlich machte [189] und schon jede "Prüfung" der Reparationsfrage zurückstellte, war auch bereits Adenauer zufrieden gewesen. Darauf wies er, nicht ohne die eigene Verhandlungsposition hervorzuheben, in der ersten Beratung des Abkommens im Bundestag hin:

"Hier im Schuldenabkommen bedeutet dies eine Zurückstellung nicht nur im Einvernehmen mit den drei Hauptmächten wie im Deutschland-Vertrag, sondern im Einvernehmen mit allen Staaten, die das Schuldenabkommen unterzeichnet haben oder die ihm beitreten werden. Dieses Einvernehmen ist ein Schutz für uns im Hinblick auf die Tatsache, daß 18 Regierungen schon unterzeichnet haben und 55 weitere Regierungen zum Beitritt eingeladen sind, die sich zu einem großen Teil mit dem Deutschen Reich im Kriegszustand befunden haben. Ich glaube sagen zu können, daß die alliierten Hauptmächte - obgleich ein offizieller Verzicht nicht ausgesprochen worden ist - nicht beabsichtigen, gegen alle Regeln wirtschaftlicher Vernunft noch Reparationsforderungen geltend zu machen. Im übrigen hat die deutsche Delegation den Verhandlungspartnern keine Zweifel darüber gelassen, daß der in London vorgesehene Schuldendienst angesichts der beschränkten Leistungsfähigkeit Deutschlands nicht erfüllt werden könnte, wenn erneut Reparationsforderungen gestellt werden sollten." [190]

Die oppositionelle Sozialdemokratie hatte längst ihre "Wiedergutmachungsbemühungen" vollständig auf das deutsch-israelische Abkommen konzentriert, das ohne ihre Mithilfe gegen die Widerstände in der Regierungsbank nicht hätte

---

186 Vgl. Kopf (CDU), BTagsStenProt. 1/262, S. 12755B; Gülich (SPD), S. 12756B (allg.); s. ferner Fn. 182; Wellhausen (FDP, als Berichterstatter), S. 13939C/D.

187 Vgl. BTagsDrs. 1/1644, 2218, 2301, 3453, 3511, 3858, 4206 u. 4252; BTagsStenProt. 1/246, S. 11714A-11717A, nebst Anlage 1 (S. 11760 ff.); vgl. a. Gülich (SPD), S. 12556C u. D., u. vor allem Luetkens, S. 13943C-13945A; Wellhausen, S. 13949A.

188 Vgl. BTagsDrs. 1/4260, Anlage 1d, S. 158; s. ferner den Hinweis des amerikanischen Vertreters auf die von Abs vorgebrachten Argumente, BTagsDrs. 1/4478, Anlage 3, S. 10 (Nr. 74); Abs, ebd. (Nr. 75); Féaux de la Croix, Fs. Bilfinger, S. 14, Fn. 56.

189 Zur Wertung des Verhandlungserfolgs durch die Bundesregierung s. BTagsDrs. 1/4260, Anlage 1d, S. 161 (noch zu Art. 5); zur Ausdehnung auf die Nicht-Signatarstaaten s. die Erklärung der BReg. v. 6.2.1953; dazu BTagsDrs. 1/4260, Anlage 1d, S. 158 f.; zum Problem ferner Féaux de la Croix, Fs. Bilfinger, S. 36-39.

190 BTagsStenProt. 1/262, S. 12750B/C. Vgl. ferner Abs, in: ders., Zeitfragen, S. 18 f.; Erhard, Deutschlands, S. 262.

ratifiziert werden können.[191] Sie bemängelte daher vor allem, daß mit dem Londoner Schuldenabkommen leider immer noch kein "Schlußstrich unter die Vergangenheit gesetzt" werde, da es an einer echten Verzichtsklausel fehle.[192]

(2) Mit dem Argument, die Konferenz habe keine über die Schuldenregelung hinausgehende Kompetenz,[193] ist auch das zweite, revisionistische Ziel abgelehnt worden. Bereits in den Verhandlungen zum Überleitungsvertrag haben die drei Westmächte keinen Zweifel daran gelassen, daß über die Rechtmäßigkeit der Reparationsleistungen nicht diskutiert werden könne.[194] In Fortführung der einzigartigen Anti-Demontage-Koalition ist von allen Fraktionen, selbst als die alliierte Marschrichtung bekannt war, immer wieder die Aufhebung der Beschlagnahme des deutschen Auslandsvermögens gefordert worden. Dieses sollte wenigstens nur zur Tilgung der Vorkriegsschulden verwandt werden.[195]

Damit wäre nicht nur die von deutscher Seite betonte Völkerrechtswidrigkeit der Beschlagnahme [196] dokumentiert worden, sondern vor allem wäre sie als politisch-moralischer Fehler erschienen. Mit dem Insistieren auf der Völkerrechtswidrigkeit ignorierten die deutschen Vertreter und die deutsche Völkerrechtswissenschaft - unabhängig davon, wie nun die völkerrechtliche Lage zu beurteilen ist, wobei auch hier vor allem auf die Haager Landkriegsordnung [197] unter

---

191 Dazu unten 4 II 4a u. b; nur Luetkens (SPD), BTagsStenProt. 1/279, S. 13945B/C, sprach in der Debatte aus, die Verpflichtung aus dem Israel-Abkommen habe man "als dringender" übernommen.

192 So Gülich (SPD), BTagsStenProt. 1/262, S. 12757 C; ähnl. Luetkens (SPD), BTagsStenProt. 1/279, S. 13945A. Vgl. ferner Preusker (FDP), S. 12764B u. D.

193 Vgl. z.B. BTagsDrs. 1/4568, S. 3 f.; zur ähnl. Argumentation hinsichtl. d. Ablehnung eines Reparationsverzichts s. BTagsDrs. 1/4260, Anl 1d, S. 158.

194 Vgl. Kreikamp, Vermögen, S. 53; zu den Verhandlungen einschließl. der zum Londoner Schuldenabkommen, ebd., S. 48-57.

195 Vgl. Adenauer, BTagsStenProt. 1/262, S. 12750A/B; BTagsDrs. 1/4260, Anlage 1d, S. 158; Zur Bundestagsdebatte s. sogleich im Text; ferner BTagsDrs. 1/3327, 3389 u. 4165; zur Reaktion der Alliierten durch Erlaß des AHK-G 63 s. klarstellend Mann, Privatrecht, S. 10-14.

196 Vgl. Baade, Fs. Janssen, S. 21-23; v. Schmoller u.a., Handbuch, § 51, S. 8; Féaux de la Croix, DÖV 1962, S. 213 (doppelt völkerrechtswidrig); ausf. Seidl-Hohenveldern, in: ders./Ipsen, Entschädigungspflicht, S. 22-57; Gurski, BB 1954, S. 398; Krüger, Wesen, S. 8-13 u. 40; s.a. den Tagungsbericht "Tagungen", BB AWD 1961, S. 320; BTagsDrs. 1/3389, S. 6; Reisman (FU), BTagsStenProt. 1/262, S. 12760B; Arndt (SPD), BTagsStenProt. 2/32, S. 1536C; Diemer-Nicolaus (FDP), 5/151, S. 7757A. Zur außenpolitischen Reaktion, insb. im Zusammenhang mit der schleppenden "Wiedergutmachung", s. den Hinweis in der amtlichen Begründung zum Entwurf des BEG, BTagsDrs. 2/1949, S. 63 f.

197 Vgl. insb. Art. 46 HLKO; zur Frage der Besatzungsgewalt s. z.B. Bishop, AJIL 49 (1955), S. 126-129 u. 139 f.

Außerachtlassung der spezifischen Besatzungsbedingungen hingewiesen wurde - die Tatsache des vorausgehenden Krieges, der bisherige völkerrechtliche und zivilisatorische Standards gesprengt hatte. Eine solche Kriegsführung konnte nicht folgenlos bleiben. Die Besatzungsmächte waren der Bundesregierung aber insofern entgegengekommen, als diese vertreten konnte, der Verlust des Auslandsvermögens sei in die Bemessung der deutschen Leistungsfähigkeit eingeflossen.[198] Das in dieser Hinsicht magere Ergebnis, weil jegliche Regelungen kategorisch abgelehnt und nicht einmal die bescheidenen Verhandlungschancen des Überleitungsvertrages aufgenommen worden waren, war auch Hauptkritikpunkt fast aller Debattenredner in allen Lesungen.[199] Nach der Abstimmung sorgten die Regierungsfraktionen eigens für die Verabschiedung einer Resolution, in der von der Regierung freie Verhandlungen über das deutsche Auslandsvermögen gefordert wurden.[200] Dies geschah nicht nur mit Blick auf das Ausland, sondern war auch ein Versuch zur Besänftigung der Opposition und vor allem der eigenen und betroffenen Klientel.[201] In der Begründung kam der Abgeordnete Pfleiderer auf das bereits für die Anti-Demontagebewegung wichtige Moment der Diskriminierung zu sprechen. Während das italienische Vermögen wieder frei, das japanische weniger hart beschlagnahmt worden sei, unterliege die Bundesrepublik "einem diskriminierendem Ausnahmerecht, das härter ist als alles, was man in und nach dem zweiten Weltkrieg irgendeinem Staat der freien Welt auferlegt" habe.[202] Und aus Distanzierung über das Verhalten Frankreichs als Besatzungsmacht stimmten vornehmlich die Sozialdemokraten gegen das Abkommen mit Frankreich über die Nachkriegsverbindlichkeiten.[203] Das damit drohende Scheitern des gesamten Vertragskomplexes, weil die parlamentarische

198 Vgl. BTagsDrs. 1/4260, Anlage 1d, S. 158.

199 Vgl. Kopf (CDU), S. 12755A/B; Gülich (SPD), S. 12757B; Jaffé (DP), S. 12758D u. 13946D; Reismann (FU), S. 12760B; Fisch (KPD), S. 12761D; Preusker (FDP), S. 12762 A/B; Etzel, S. 12763B; Wellhausen (FDP), S. 13939D; Luetkens (SPD), S. 13945A u. 13946A; Müller (KPD), S. 13947D. S. bereits BTagsDrs. 1/4568, S. 3 f.; vgl. ferner Erhard, Deutschlands, S. 263; Leverkuehn, MDR 1953, S. 521.

200 Vgl. Pfleiderer, S. 13952 ff.

201 Das Sammelbecken war die "Studiengesellschaft für privatrechtliche Auslandsinteressen e.V." mit einer eigenen Schriftenreihe; Überblick über das juristische Schrifttum bei K.Pfeiffer, Gleichheitsgrundsatz, S. 18, Fn. 3; zur "mangelnden Unterstützung" durch die BReg. s. die Wahrnehmung von Baade, Fs. Janssen, S. 18 u. 24; zur Frage des Auslandsvermögens s. z.B. Janssen, in: ders./Erler, Regelung, S. 25 f.; zur Auseinandersetzung mit den USA vgl. Kreikamp, Vermögen (zur bundesrepublikanischen Interessenformierung S. 44-48).

202 Pfleiderer, S. 13953B/C.

203 Vgl. Gülich, S. 13951A-C; vgl. ferner Jaffé (DP), S. 13947A; Wellhausen, S. 13949B.

Regie versagt hatte und das Abkommen tatsächlich abgelehnt worden war, konnte nur durch die parlamentarische Blöße einer Wiederholung der Abstimmung aufgrund dutzender von Anfechtungen der Stimmabgabe wegen "Irrtums" verhindert werden.[204]

bb. Spezifizierung der Reparationsforderungen: Der niederländische Vorstoß zur Offenhaltung der Ansprüche der KZ-Arbeiter

Die reparationsrechtliche Linie war zwar weitgehend durch das Ergebnis des Überleitungsvertrages vorgezeichnet gewesen. Aber der auf der Konferenz sich erneut artikulierende Widerstand kleinerer Staaten drohte den erwünschten breiten Konsens zu verhindern. Gefährdet wurde die Beerdigung der Reparationsfrage nicht nur durch die parallel laufenden israelischen und jüdischen Forderungen, die zunächst als "Reparationsforderungen" gestellt worden waren.[205] Ein Hochkommen der Reparationsfrage drohte auch durch französische Forderungen in den parallelen Deutschlandverhandlungen.[206] Und bereits aus den veröffentlichten Protokollen zu den informellen Besprechungen über die Regierungsanfragen zu dem vom Dreimächteausschuß mit der deutschen Delegation ausformulierten Entwurf des Londoner Schuldenabkommens, die auf Drängen einiger kleinerer Staaten, weil sie den im Dezember präsentierten Entwurf so nicht akzeptieren wollten, vom 29. Januar bis 6. Februar 1953 stattfanden,[207] geht hervor, daß zumindest die Niederlande mit unterschiedlich starker Unterstützung von Norwegen und Dänemark[208] einen erneuten Vorstoß gerade wegen der verschleppten Zwangsarbeiter in den Konzentrationslagern wagten. Abs erinnerte sich noch später an das holländische Komitee: "die Holländer waren sehr schwierig".[209]

Der niederländische Vertreter Kan bestritt zunächst die Priorität der Nachkriegswirtschaftshilfe[210] und versuchte angesichts der bisherigen Entwicklung der

204 Vgl. S. 14069B/C, 14071B-14072C u. 14073B; zur Abstimmung vgl. Abs, in: H.-P. Schwarz (Hrsg.), Wiederherstellung, S. 35 f.

205 Vgl. 4 II 4b aa.

206 S.o. 3 II 2, um Fn. 134.

207 S. BTagsDrs. 1/4478, Anlage 3; zu ihrem Zustandekommen vgl. BTagsDrs. 1/4260, Anlage 1d, S. 155 u. 158.

208 Zu Norwegen vgl. ebd., S. 8 (Nr. 64), 9 (Nr. 70) und 54 (Nr.6); zu Dänemark S. 56 (Nr. 13).

209 Abs, in: H.-P. Schwarz (Hrsg.), Wiederherstellung, S. 66.

210 Ebd., S. 2 (Nr. 10).

Reparationsfrage, den Inhalt des bereits während der Pariser Reparationskonferenz umfassend gedachten Reparationsbegriffs zu verkleinern. Kan sah zutreffend die Gefahr, daß durch das Ausklammern der Reparationsfrage in Art. 5 Abs. 2 diese gerade geregelt und daß dadurch der Weg für politische, bilaterale Verhandlungen verbaut werde. Er appellierte an den Dreimächteausschuß, mit einer Neufassung "dem Gedanken Ausdruck zu verleihen, daß alle bisher erworbenen Rechte in keiner Weise durch die Bestimmungen des Artikels 5 Absatz 2 präjudiziert werden dürften".[211]

Tage zuvor hatte Kan bereits dargelegt, um welche Ansprüche es ihm dabei ging. Es bestünden "eine Anzahl von Forderungen, die nicht unbedingt Reparationsforderungen" seien.[212] Neben Kriegsschäden, die alliierte Staatsangehörige an ihrem Vermögen in Deutschland erlitten hätten, und Restitutionsansprüchen [213] thematisierte er ausdrücklich bestimmte Forderungen niederländischer Konzentrationslager-Häftlinge gegenüber den deutschen Arbeitgebern. Das Protokoll vermerkt dazu:

"Weiter auf die Arten der Forderungen eingehend, welche die niederländische Regierung meine, verwies Dr. Kan auf die Frage der Lohnforderungen ehemaliger niederländischer Konzentrationslager-Häftlinge gegen deutsche Arbeitgeber, wie z.B. die IG-Farbenindustrie, über welche die niederländische Regierung gerne zu einer Vereinbarung in Deutschland gelangen würde, und die sie nicht bis zur endgültigen Reparationsregelung auf Grund der im Schuldenabkommen gebrauchten Fassung zurückstellen möchte." [214]

Man habe sich bereits im Pariser Reparationsabkommen verpflichtet, Reparationen von Deutschland nicht außerhalb der allgemeinen Reparationsregelung zu verlangen:

"Aber es gebe so viele Nuancen in den Beziehungen zwischen Deutschland und den Nachbarstaaten, daß die niederländische Regierung nicht wünsche, sich in dem Schuldenabkommen zu verpflichten, alle Forderungen aus dem zweiten Weltkrieg erst bei einer endgültigen allgemeinen Regelung zu regeln." [215]

Durch die von Kan dargelegte niederländische Position wurde auch deutlich, daß

---

211 Ebd., S. 72 (Nr. 7); vgl. a. S. 8 (Nr. 63), 9 (Nr. 68), 10 (Nr. 73), 53 f. (Nr. 4), 54 f. (Nr. 8), 55 (Nr. 11) u. 71 (Nr. 4).

212 Ebd., S. 7 (Nr. 61).

213 Ebd., S. 8 (Nr. 63); ein Teil dieser Ansprüche war im deutsch-niederländischen Abkommen über Fragen der Restitution und über Freigabe von deutschen Reichsmarkwertpapieren v. 23. 1. 1953, BGBl. II 1953, 3, geregelt worden, vgl. Buschbom, W. II, S. 53 f.

214 Ebd., S. 10 f. (Nr. 76).

215 Ebd.

sich das Reparationsinteresse an allgemeinen Wiederaufbauhilfen in den vierziger Jahren nunmehr auf konkrete Forderungsgruppen verlagert hatte. Die von Abs bei den informellen Gesprächen abschließend gebrauchte diplomatische und den deutschen Standpunkt darlegende Formulierung, die deutschen Vertreter wüßten sehr wohl, was es für die Gläubigerregierungen und die einzelnen Gläubiger bedeute, an diesem Wiederaufbau Deutschlands mitzuwirken, der nur dann sinnvoll sei, wenn er zugleich zum Wiederaufbau einer freieren Welt beitrage,[216] erkannte genau dies nicht. Die Akzeptanz einer Integration der Bundesrepublik in Westeuropa war nicht nur ein Blick nach vorne, sondern stammte wesentlich aus den vergangenen Erfahrungen. Dafür aufgebrachte eigene Opfer, insbesondere ein faktischer Reparationsverzicht, bedeutete nicht notwendigerweise ein Verzicht auf Thematisierung dieser Vergangenheit. Die Spezifizierung der Reparationsforderungen auf einige wenige Schadenskategorien bedeutete nicht nur eine enorme Verminderung denkbarer Forderungen, sondern verschob damit das Schwergewicht von der Ökonomie auf die Moral. Ende der fünfziger Jahre brach die deutsche Position dann auch zusammen.[217]

Auf der Londoner Schuldenkonferenz herrschte aber weiterhin die Position des Entweder/Oder vor. Mit Hilfe der drei Westalliierten wurden Reparationsforderungen jeglicher Art abgeblockt. Die Vertreter der drei Westalliierten pochten auf der Erneuerung des im Pariser Reparationsabkommen mit dem "Bündelungsprinzip" ausgehandelten Kompromisses. Der amerikanische Vertreter Kearney wies darauf hin, man habe bewußt die Formulierung des Pariser Reparationsabkommens aufgegriffen. Im Protokoll heißt es weiter:

"Diese Fassung sei verwendet worden, um den Bestimmungen des früheren Abkommens zu entsprechen, und es sei absolut klar, daß es nicht möglich sei, auf der Schuldenkonferenz materiell irgendwie von dem in Paris erzielten Abkommen abzuweichen." [218]

Der französische Delegierte und der britische Vorsitzende Rendel wiesen weiter darauf hin, über die Signatarstaaten des Pariser Reparationsabkommens hinaus müßten nun weitere Staaten eingebunden werden.[219] Im übrigen verwiesen sie auf die Bestimmungen des Überleitungsvertrags.[220] Wegen dieser klaren Zielsetzung lehnten sie auch übereinstimmend das niederländische Kompromißan-

216 Ebd., S. 77 (Nr. 51).

217 S. u. 4 IV.

218 Ebd., S. 9 (Nr. 65).

219 Ebd., S. 10 (Nr. 71 f.); vgl. ferner S. 54 (Nr. 5) u. 56 (Nr. 12).

220 Vgl. ebd., S. 8 (Nr. 61 u. 65) u. 71 (Nr. 2).

gebot, es bei Art. 26 zu belassen, wonach frühere Abkommen nicht berührt werden,[221] oder wenigstens eine etwas weichere Formulierung in Art. 5 Abs. 2 zu verwenden,[222] ab.[223] Auf die niederländischen "politischen Erwägungen" bezugnehmend legte Rendel sogar dar, gerade aus diesem Grunde sei die Zurückstellung in Art. 5 Abs. 2 festgelegt worden.[224] Die deutsche Kreditwürdigkeit war auf spezifizierte Reparationsleistungen nicht angewiesen. Dafür kam es allein auf eine Abgeltung der Vorkriegsschulden an. Im Protokoll heißt es weiter:

"Die Regelung von Vorkriegsschulden könnte durch die politischen Seiten der Reparationsregelung präjudiziert werden, und der vorliegende Wortlaut sichere die Gläubiger und Schuldner lediglich im Sinne der ursprünglichen Ziele der Schuldenregelung. Die ganze Frage sei etwas heikel." [225]

Rendel spielte damit auf den Zusammenhang einer "unteilbaren" deutschen Zahlungsfähigkeit an [226] und bestärkte so die von der deutschen Delegation von Anfang an vertretene Position. Abs konnte die Abwehr der Reparationsfrage hier im wesentlichen den Vertretern der drei Besatzungsmächte überlassen. In sicherer Übereinstimmung mit ihnen wies er auf die begrenzte deutsche Zahlungsfähigkeit hin. Die Bundesregierung sehe keinen Weg, zu irgendeiner Zeit weitere Forderungen aus dem zweiten Weltkrieg zu erfüllen, ohne ihre Verpflichtung zur Regelung ihrer Vorkriegsschulden zu gefährden. An der Vertagung der Reparationsfrage, wie im Überleitungsvertrag vorgesehen, sei festzuhalten.[227] Beschwichtigend behauptete er, Art. 5 Abs. 2 stelle lediglich Forderungen gegen das Reich und im Auftrage des Reichs handelnde Stellen und Personen zurück und schließe private Wiedergutmachungsforderungen nicht aus.[228]

Genau dies wurde später dann von den deutschen Gerichten und politischen Instanzen verneint. Die Firmen seien zur Beschäftigung der konzentrationären Zwangsarbeiter gezwungen worden, deshalb habe es sich bei diesen um "im Auftrage des Reichs handelnde Stellen" ("agencies of the Reich") gehandelt. Da die holländischen Forderungen bereits zuvor an die Bundesrepublik herangetra-

---

221 Ebd., S. 53 (Nr. 4).

222 Ebd., S. 55 (Nr. 11)

223 Vgl. ebd., S. 54 (Nr. 5 u. 7) u. 56 (Nr. 12).

224 Ebd., S. 56 (Nr. 12).

225 Ebd.

226 Vgl. a. ebd., S. 9 (Nr. 69); s.a. S. 10 (Nr. 74) u. 55 (Nr. 9).

227 Vgl. ebd., S. 10 (Nr. 75); s.a. S. 55 (Nr. 10).

228 Ebd., S. 11 (Nr. 77).

gen worden waren,[229] dürfte die deutsche Strategie zur Abwehr dieser den deutschen Wiederaufbau erheblich störenden Forderungen bereits vorgelegen haben. Darauf deutet auch die sich auf das Pariser Reparationsabkommen und die Reparationsverzichte in den Friedensverträgen stützende erste, bereits Anfang 1951 veröffentlichte Ausarbeitung zur Frage ausländischer Individualforderungen des in London dann mitverhandelnden Ministerialbeamten Granow hin,[230] der schon das Problem der "agency" behandelt hatte. Aus den Akten des Bundesfinanzministeriums hat Jacobmeyer im übrigen dokumentiert, daß die "Reparationslösung" spätestens 1950 das Stichwort zur Verweigerung weiterer Entschädigungszahlungen war.[231]

c. Wirtschaftliche Rehabilitierung als Moral

Der Vorrang der Vorkriegsschulden vor weiteren, auch spezifizierten Reparationslasten betraf im wesentlichen Staatsschulden (Schulden des Deutschen Reichs, der Länder, Gemeinden, der Körperschaften einschließlich der Preußens). Einen Großteil davon bildeten die Dawes- und Young-Anleihe (Schuldenhöhe mit Goldklausel ca. 1,6 Mrd. DM), durch die Reparationsschulden aus dem ersten Weltkrieg privatisiert worden waren, sowie weitere Anleihen aus der Weimarer Republik und auch Österreichs für die Zeit des "Anschlusses", Verbindlichkeiten der Konversionskasse, mit deren Einführung im Jahre 1933 ausländische Gläubiger nicht mehr unmittelbar befriedigt werden durften, sondern nur noch deren Schuldverschreibungen erhielten (ca. 0,7 Mrd. RM zuzüglich 1,4 Mrd. DM Schweizer Franken; die Masse der Forderungen fiel auf die Kriegszeit und wurde ausgespart) und inländische Wertpapiere in ausländischem Besitz (ca. 1,6 Mrd. RM). Neben diesen Staatsschulden gehörten zum Paket der 13,5 Mrd DM private Industrieanleihen, Bankkredite und die übrigen privaten (Handels)-Schulden.[232] Hierfür waren 7,3 Mrd. DM, für die in engem zeitlichen, räumlichen und personellen Zusammenhang ausgehandelten Nachkriegsschulden nochmals 7 (von 16) Mrd. DM bei einer Laufzeit von bis zu dreißig Jahren, also bis in die achtziger Jahre, mit anfänglichen Raten für beide Kategorien von

229 Vgl. Kan, ebd., S. 11 (Nr. 76), wenigstens in bezug auf Kriegssachschäden.

230 Vgl. Granow, AöR 77 (1951), insb. S. 72-75, zur "agency" S. 73; dazu s. u. 5 II 2 (nach Fn. 193).

231 Vgl. Jacobmeyer, Zwangsarbeiter, S. 232-243.

232 Zur Schuldenhöhe vgl. das statistische Material der deutschen Delegation, in: Auslandsschulden, Nr. 16b, S. 75-165; vgl a. Abs, in: H.-P. Schwarz (Hrsg.), Wiederherstellung, S. 29-33.

zunächst (die ersten fünf Jahre) 567, ab 1958 dann 765 Millionen DM zu zahlen. Von diesen Raten entfielen lediglich 34 bzw. 29% auf die Privatschulden; fast 75% aller Schulden waren Staatsschulden.[233]

Bei einem damaligen Bundeshaushalt von 15 Milliarden DM bedeutete dies, daß in bezug auf den Etat 1953 vier bis fünf Prozent für die Tilgungsraten aufgewandt werden mußten.[234] Buchheim hat auf die enorme Bedeutung des Abkommens nicht nur für die wirtschaftliche, sondern auch für die moralische Rehabilitierung Deutschlands auf diesem Gebiet hingewiesen.[235] Der Wirtschaftsmoral wurde aber die allgemeine Moral, sieht man von den Nachbesserungen im Überleitungs- und Israelvertrag ab, geopfert. Mit der Priorität der Schuldenregulierung wurden die als schnöde "politische Schuld" [236] bezeichneten Reparations-, und damit auch die ausländischen Entschädigungsforderungen, zurückgewiesen. 1946 war kaum etwas zu verteilen gewesen. Der damalige Vorrang der "Kriegsschulden" hatte sich nicht in entsprechenden Leistungen ausgedrückt. 1950/1953, als eine deutsche Leistungsfähigkeit wiederhergestellt zu sein schien, wurde die Reihenfolge umgekehrt, war die Anerkennung von Kapital- und Zinsschäden wichtiger als die von Kriegs- und vor allem der Verfolgungsschäden. Die verbliebene Moral exemplifizierte sich mit der Tolerierung der Verhandlungen in Wassenaar ausschließlich am deutsch-israelischen Abkommen. Den zentralen Stellenwert dieses Abkommens auch für das "europäische Gewissen" trotz eigener Forderungen dürfte Abs, ein Hintertreiber des Abkommens, weil er darin nur eine unliebsame Forderungsvermehrung sah, übersehen haben.

d. Die Ausgangsbedingungen für ein deutsches Entschädigungsrecht

Im Ergebnis blieb die niederländische Intervention erfolglos. Die eigens aufgenommene Anlage VIII, wonach Art. 5 Abs. 2 nicht so ausgelegt werden darf, als würden dadurch Rechte gemäß den in der Bundesrepublik geltenden Rechtsvor-

---

233 Vgl. BTagsDrs. 1/4260, Anlage 1d, S. 156 f. u. 174.

234 Vgl. den Diskussionsbeitrag von Neuburger, in: H.-P. Schwarz (Hrsg.), Wiederherstellung, S. 50.

235 Buchheim, in: Herbst (Hrsg.), Westdeutschland; vgl. ferner die Beratungen des Schuldenabkommens im BTag.

236 So z.B. Janssen, in: ders./Erler, Regelung, S. 24.; aus dem Bundestag für "Wiedergutmachungsleistungen" s. Lenz (FDP), BTagsStenProt. 3/110, S. 6170C ("politische Schulden").

schriften oder solche Rechte aus früheren Abkommen beeinträchtigt, brachte keine Erweiterung im niederländischen Sinn. Sie stellte lediglich klar, daß das innerstaatliche Entschädigungsrecht einschließlich einer zukünftigen, vom Überleitungsvertrag geforderten Novellierung nicht als "Regelung der Reparationsfrage" anzusehen war. Der Hinweis auf die früheren Abkommen bezog sich allein auf den Israelvertrag. Das Entschädigungsrecht schloß aber gerade Forderungen ausländischer Verfolgter aus. Anlage VIII ist aber insofern von Bedeutung, als die Einbeziehung ausländischer Verfolgter nach der Reparationskonzeption zwar völkerrechtlich erschwert, der Gang über eine Ausweitung der innerstaatlichen Gesetzgebung aber nicht abgeschnitten wurde. Anlage VIII fror das Entschädigungsrecht nicht auf einem erreichten Stand ein - ein Bundesgesetz stand noch aus -, sondern überließ eine Regelung ausschließlich der Bundesrepublik. Mindestens nach der textlichen Fassung hätte daher der Kreis der entschädigungsberechtigten Verfolgten ausgeweitet werden können.[237]

Der den Vertretern der drei Westmächte sichtlich unangenehme [238] Komplex, dessen weitere Verhandlungen schließlich doch auf den informellen Besprechungen an den Dreimächteausschuß und die deutsche Delegation verwiesen wurde, blieb ansonsten in der vorgesehenen Weise geregelt. Internationale Vereinbarungen auf bilateraler Ebene mit der Bundesrepublik erfolgten erst Jahre später.

Das Londoner Schuldenabkommen bestätigte den Pariser Reparationskompromiß auf der neuen Grundlage einer wirtschaftlichen und politischen Reintegration der Bundesrepublik. Reparationspolitische Forderungen der kleineren Staaten, auch soweit sie ausgesprochene Entschädigungsforderungen für Verfolgte des nationalsozialistischen Deutschen Reichs beinhalteten, wurden dieser Zielsetzung, nun aber auf vergleichsweise hohem ökonomischen Niveau, geopfert. Das Londoner Schuldenabkommen ergänzte damit die reparationsrechtlichen Bestimmungen im Überleitungsvertrag unter Einbeziehung fast aller westlichen Staaten. Aus dem Kreis der ehemals besetzten europäischen Länder fehlten, nachdem die Niederlande das Abkommen 1958 doch noch ratifizierten, Albanien und die Tschechoslowakei. Die Regierungen beider Länder waren aber Signatarstaaten

---

237 So auch BGH RzW 1964, 34, 36; Kraus, W. VI, S. 172. Dem steht die Auffassung v. Simpson, ICLQ 6 (1957), S. 474, Fn. 7, nicht entgegen, neben Restitutionsansprüchen betreffe die Vorbehaltsklausel vor allem die Entschädigungsansprüche der Verfolgungsopfer.

238 S. die zahlreichen Wünsche auf Vertagung in andere Gremien, ebd., S. 9 (Nr. 66); 42 (Nr. 17); 54 (Nr. 5), 65 (Nr. 1); 71 (Nr. 2 u. 3), 72 (Nr. 6 u. 11); zum Vorwurf der verspäteten Intervention s. ebd., S. 9 (Nr. 69).

des Pariser Reparationsabkommens. Neu hinzugekommen war Jugoslawien. Die Sowjetunion war nicht beteiligt worden. Nur Polen hatte weder das Pariser noch das Londoner Abkommen unterzeichnet.

Die Vertagung der Reparationsfrage hinderte die Bundesregierung jedoch nicht, mit Genehmigung der Besatzungsmächte verschiedene Abkommen abzuschließen, deren Zahlungsumfang allerdings sehr begrenzt war. Das mit den Niederlanden abgeschlossene Restitutionsabkommen,[239] das auch Ersatzzahlungen für abhanden gekommene Wertpapiere enthielt, wurde mit der günstigen Wirkung "hauptsächlich auf politischem Gebiet" gerechtfertigt.[240] Gegenüber Liechtenstein wurden sogar Lohnforderungen von Grenzgängern aus der Zeit vor dem 8. Mai 1945 anerkannt.[241] Eine solche Öffnung kam aber gegenüber den Forderungen von Zwangs- und Fremdarbeitern nicht in Betracht. Ihre Einbeziehung in den Reparationskomplex bei dessen gleichzeitiger Vertagung hatten die Londoner Verhandlungen nochmals klargestellt.

Auf diese Weise reparationsrechtlich abgesichert, mußte die Bundesrepublik allerdings im Überleitungsvertrag und im Vertrag mit Israel ein entschädigungsrechtliches Mindestprogramm garantieren, das aber in Konsequenz der skizzierten, zwischen Verfolgungs- und Kriegsschaden nicht unterscheidenden Reparationspolitik vor allem auf die Einbeziehung der DPs, Flüchtlinge und Emigranten zielen mußte. Diese waren von der innerdeutschen Gesetzgebung bis dahin nicht oder nur teilweise berücksichtigt worden.

3. Der Überleitungsvertrag (v. 26. Mai 1952)

Im Memorandum vom Oktober 1950 [242] hatten die Besatzungsmächte als Vor-

---

239 Vgl. Gesetz betreffend deutsch-niederländische Vereinbarungen vom 19. Mai 1952 über Fragen der Restitution und vom 13./20. Juni 1952 über Freigabe von deutschen Reichsmark-Wertpapieren v. 23.1.1953, BGBl. II 1953, 3; dazu BTagsDrs. 1/3832 u. 3903. S.a. Gesetz betreffend die Vereinbarungen zwischen der Bundesrepublik Deutschland und der Französischen Republik über die Regelung der Forderungen der Französischen Republik an die Bundesrepublik Deutschland v. 7.5.1954, BGBl II, 519; dazu BTagsDrs. 2/64, Anlage II.

240 So in der Regierungsbegründung, BTagsDrs. 1/3832, S. 8.

241 S. Gesetz betreffend die Vereinbarungen zwischen der Bundesrepublik Deutschland und dem Fürstentum Liechtenstein über die Regelung der Forderungen des Fürstentums Liechtenstein an die Bundesrepublik Deutschland v. 7.5.1954, BGBl. II, S. 522; dazu BTagsDrs. 2/64, Anlage III.

242 Dazu s.o. Fn. 157.

bedingung von Verhandlungen zur Ablösung des Besatzungsstatuts[243] lediglich die Anerkennung der Auslandsschulden unter Ausklammerung weiterer Reparationsforderungen verlangt. Das bedeutete aber nicht, daß sie die Entwicklung der Entschädigungsgesetzgebung nicht weiterhin beeinflussen wollten. Bereits in der Ende Februar 1951 der Bundesregierung überreichten Liste mit 39 Einzelthemen, über die verhandelt werden sollte, waren neben Reparationen und Wiedergutmachung im Ausland, also der Restitution, und Verschleppten und Flüchtlingen auch der Punkt "Innere Wiedergutmachung" enthalten.[244]

Damit hatten die Besatzungsmächte von Beginn an die "Wiedergutmachung" in das Verhandlungspaket einbezogen. Schon im Mai des Vorjahres (1950) hatte die Alliierte Hohe Kommission den Erlaß eines Bundesgesetzes unter Einbeziehung der DPs und Schließung von Gesetzeslücken verlangt. Als im November bis auf eine hinhaltende Zwischennachricht noch keine Antwort vorlag, bat die Alliierte Hohe Kommission einfach um Übersendung entsprechender Gesetzesentwürfe. Im Januar 1951 lehnte die Bundesregierung, obwohl bereits ein Zusammenhang mit der Souveränitätsfrage erkennbar wurde, ein solches Vorhaben ab. Nach Revision des Besatzungsstatuts teilte die Hohe Kommission noch im selben Monat mit, der DP-Vorbehalt werde erst bei ausreichender Entschädigungsregelungen für diesen Personenkreis fallen gelassen. Hier und im Juni forderte sie erneut eine Bundesgesetzgebung. Trotz des Vorbehalts im Besatzungsstatut hatten die Besatzungsmächte bis zum Sommer 1951, wie in einer Note vom Februar 1950 angekündigt, ihre Befugnisse hinsichtlich der DPs weitgehend aufgegeben. In ihrer Obhut verblieben nur noch die in Umsiedlung begriffenen DPs. Für die im Bundesgebiet endgültig verbleibenden DPs, etwa 170.000 von 280.000 (Juli 1950), von denen die jüdische Gruppe einen geringeren Anteil stellte,[245] waren nunmehr die bundesdeutschen Stellen zuständig.

---

243 Allgemein zu den Verhandlungen s. Baring, Anfang, insb. S. 208-273; H.-P. Schwarz, Adenauer, S. 880-897 u. 925-955; Grewe, Rückblenden, S. 127- 156.

244 Vgl. die von Baring, Anfang, S. 214, Fn. 21, rekonstruierte Liste; hinsichtlich der "Wiedergutmachung" s. Féaux de la Croix, W. III, S. 127. Die Darstellung der Vorgeschichte und der Verhandlungen zum vierten, die Entschädigung betreffenden Teil des Überleitungsvertrags muß sich, soweit nicht vermerkt, auf dessen zeitgenössisch und fiskalpolitisch geprägte Darstellung, ebd., S. 49 f., 64 u. 123-142, stützen, da andere Publikationen nicht ersichtlich sind; s.a. seine wertenden Überlegungen, ebd., S. 142-147 u. 182-199; zu seiner Person einschließl. seiner Tätigkeit im Reichsjustizministerium bis 1945 s. Pross, Wiedergutmachung, S. 43-47, unter Hinweis auf dessen antisemitischen Sprachduktus.

245 Nach Kugelmann, in: Brumlik u.a. (Hrsg.), Leben, S. 179, waren von den 200.000 sich zwischen 1945 und 1950 in der Westzone aufhaltenden Juden knapp 17.000 in der Bundesrepublik (im Jahre 1955) geblieben; ähnlich Zweig, Reparations, S. 40. Richarz, ebd., S. 17 f., nennt für 1952 die Zahl von 12.000 jüd. DPs, die zu-

Der Auflage, ihre Rechte zu wahren und sie nicht gegenüber den deutschen Staatsangehörigen zu diskriminieren - wegen ihrer Diskriminierung hatten die Besatzungsbehörden gegen mehrere Landesgesetze Einspruch eingelegt - war die Bundesrepublik durch das Gesetz über die Rechtsstellung heimatloser Ausländer vom 25. April 1951 [246] trotz anfänglicher Widerstände in befriedigender Weise nachgekommen.[247] Die Entschädigungsfrage für diesen Personenkreis war jedoch offen geblieben. Die Hohe Kommission hatte versäumt, die Übergabe der Hoheitsbefugnisse an eine ausreichende Entschädigungsregelung zu koppeln.[248] Mit der Märznote holten sie dies nun nach. So war noch vor Beginn der formellen Gespräche zur Ablösung des Besatzungsregimes im Mai 1951 und der vorbereitenden Beratungen zum Londoner Schuldenabkommen klar, daß in der Entschädigungsfrage die Alliierten kaum nachgeben würden. Allerdings zeichnete sich auch hier ab, daß die "Reparationslösung" nicht aufgegeben werden sollte.

a. Die deutsche Verhandlungsposition

In den Verhandlungen konkretisierten dann die Besatzungsmächte im August ihre Vorstellungen. Das gesamte Rückerstattungsrecht sollte unantastbar bleiben, Geldverbindlichkeiten des Reichs, die bisher z.T. nur feststellbar, aber nicht realisierbar waren, sollten durch den Bund übernommen werden. Das Entschädigungsrecht sollte durch Einbeziehung bisher nicht berücksichtigter Gruppen verbessert und auf die britische Zone ausgedehnt werden. In Ergänzung des Reparationssystems sollten vor allem Emigranten und die DPs, auch die, die bereits Deutschland verlassen hatten, einbezogen werden.[249] Wegen letzterer be-

rückbleiben wollten; ebd., S. 16, zu den überlebenden Juden in Deutschland; vgl. ferner Bodemann, ebd., S. 52 f.

246 BGBl. I 1951, 269; Materialien: BTagsDrs. 1/1372, 1960 u. 3001; BTagsStenProt. 1/92, S. 3415 f.; 1/121, S. 4628-4630 (s. insb. den Beitrag von Brill, wenn auch ohne Konsequenz für das Entschädigungsrecht).

247 Zur Übertragung der Befugnisse auf deutsche Stellen einschließlich deren Rechtsstellung nach deutschem Recht s. v. Schmoller u.a., Handbuch, § 32, S. 36-49; Jacobmeyer, Zwangsarbeiter, S. 220-231; ferner s. bereits o. unter I 3a aa. Zur völkerrechtlichen Absicherung s. den 7. Teil des Überleitungsvertrags, BGBl. II 1954, 157, die allerdings in der in Kraft getretenen Fassung, BGBl. II 1955, 405, aufgegeben wurde.

248 Zutreffend Stepien, Fremde, S. 209. Ebenso Jacobmeyer, Zwangsarbeiter, S. 225; vgl. a. ebd., S. 221, den Forderungskatalog der AHK.

249 Féaux de la Croix, W. III, S. 129, nennt von den "nicht berücksichtigten Gruppen von NS-Opfern" nur die DPs. Auch dies weist auf eine sehr selektive Wahrnehmung der ihm zur Verfügung stehenden Quellen hin. Emigranten und Flüchtlinge

harrten die alliierten Vertreter auf der Einbeziehung des Verfolgungsgrundes der Nationalität. Dieser Punkt und die Frage der Bevorrechtigung blieben die entschädigungsrechtlich umstrittensten Punkte.

aa. Die "Westverfolgten" (Widerstandskämpfer und Zwangsarbeiter)

Möglicherweise verstanden die Alliierten unter dem Begriff "Nationalverfolgte" auch ihre eigenen, gegen die deutschen Besatzer aktiven Widerstandskämpfer sowie die nach Deutschland verschleppten Zwangsarbeiter. Da die Reparationsfrage weiterhin geschlossen bleiben sollte, wäre ein Minimalprogramm für die am schlimmsten verfolgten Gruppen - insbesondere die Widerstandskämpfer wurden, wenn nicht sofort erschossen, in die Konzentrationslager eingeliefert - über die innerdeutsche "Wiedergutmachungsgesetzgebung" erreichbar gewesen. Auf diese Absicht weisen die Ausführungen von Féaux de la Croix hin. Danach haben die drei Besatzungsmächte das Problem einer Entschädigung für Widerstandskämpfer immer wieder in den Verhandlungen zum Überleitungsvertrag aufgegriffen. Nach Féaux de la Croix sei dies aber ohne Erfolg geblieben. Darauf deutet auch das Fehlen einer eindeutigen Bestimmung im Überleitungsvertrag hin. Angesichts der deutschen ablehnenden Haltung in dieser Frage wäre eine solche zu erwarten gewesen. Eine solche Präzisierung könnte aber gerade mit dem Verfolgungsgrund der Nationalität gemeint sein, geht man von den, allerdings nicht eindeutig belegten Darlegungen bei Kraus aus. Nach ihm wünschten die Alliierten eine Einbeziehung der Nationalverfolgten in die innerdeutsche Entschädigungsgesetzgebung, weil nach ihrer Auffassung die deutschen Gerichte den Begriff der politischen Verfolgung sehr eng auslegten, so daß kaum ein Ausländer darunter falle, weil immer bis zu einem gewissen Grad die Vermutung begründet sei, daß es sich um einen Akt der Résistance und nicht um die gegen den Nationalsozialismus gerichtete politische Überzeugung handele.[250] Diese Sichtweise wird durch einen weiteren Hinweis bei Féaux de la Croix unterstützt, daß kurze Zeit nach Verabschiedung des Bundesergänzungsgesetzes, nämlich

aus Deutschland ("those resident abroad") wurden z.B. ausdrücklich in den Draft Instruction From the Three Foreign Ministers to the Allied High Commission v. 10.9.1951, FRUS 1951 III, S. 1197 f, 1205, erwähnt (s. Zitat unten im Text); vgl. ferner Statement by the Chairman of the Allied High Commission for Germany (Francois Poncet) to the German Federal Chancellor (Adenauer) v. 29.9.1951, FRUS 1951 III, S. 1528 ff., 1532 f. ("wherever they reside"). Bentwich, BYIL 1957, S. 215, berichtet von einer englischen Unterhausdebatte über die ungenügende Entschädigung für aus nationalen Gründen verfolgte Staatenlose.

250 Vgl. Kraus, W. VI, S. 196; ebenso BGH RzW 1970, 330, 331, unter Hinweis auf Ausschußprotokolle des BTags.

am 10. Dezember 1953, die Alliierte Hohe Kommission der Bundesregierung eine Note übersandt habe, in der sie auf Widersprüche des Gesetzes zum Überleitungsvertrag hingewiesen habe. Dabei sei hervorgehoben worden, daß für eine große Gruppe von Verfolgten mit Wohnsitz im Ausland bislang keinerlei Entschädigung vorgesehen sei, obwohl Völkerrechtsverletzungen vorlägen. Bereits hier oder im daraufhin erfolgten Meinungsaustausch - auch hier läßt die Darstellung von Féaux de la Croix es an der nötigen Präzision fehlen - wurde klar, daß damit die Entschädigung für ausländische Verfolgte angemahnt wurde. Als Hauptbeispiel seien die aus Frankreich deportierten, im Reich unmenschlich behandelten Zwangsarbeiter oder KZ-Häftlinge französischer Staatsangehörigkeit, die nicht entschädigungsberechtigt seien, genannt worden. Daneben sei auf Deportierte von den Kanal-Inseln, Norwegen, Belgien und Holland hingewiesen worden. Die Alliierten hätten weiter eingeräumt, daß diese Verfolgten nicht mit den Bestimmungen im Überleitungsvertrag gemeint gewesen seien, man jedoch erwartet habe, daß die Bundesregierung diesen Personenkreis aus einer moralischen Verpflichtung heraus von sich aus berücksichtige. Weniger mit der Deportation als mit der unmenschlichen, im Widerspruch zu den Kriegsgesetzen stehenden Behandlung im Deutschen Reich sei eine Verpflichtung begründet worden. Der Meinungsaustausch in dieser Frage sei auch nach Auflösung der Alliierten Hohen Kommission im Mai 1955 fortgesetzt worden. Die westeuropäischen Forderungen kulminierten dann in gleichlautenden Forderungen im Juni 1956, denen die Bundesrepublik nicht mehr ausweichen konnte und die dann in bilateralen Verträgen mündeten.[251] Die drei Westmächte hatten jedenfalls die notwendig gewordene Überarbeitung des Souveränitätspakets nicht von dieser Entschädigungsfrage abhängig gemacht. Mit diesen Forderungen standen sie auch im Widerspruch zu der auf der Londoner Schuldenkonferenz eingeschlagenen Linie. Möglicherweise war diese Linie aber hauptsächlich der amerikanischen Dominanz geschuldet; möglicherweise hatte man mit der Anlage VIII zum Londoner Schuldenabkommen aber auch an die Einbeziehung dieser "Westverfolgten" gedacht. Erfolgreicher setzten sich die Westalliierten jedenfalls in der DP-Frage durch.

bb. Die DPs

Im Bundesfinanzministerium wurde bereits 1950 mit Unterstützung eines

---

[251] Vgl. Féaux de la Croix, W. III, S. 201-204, der sich im Kapitel über den Überleitungsvertrag, vgl. Fn. 239, darüber ausschweigt; S.a. u. 4 IV.

Rechtsgutachtens des Staatsrechtlers Scheuner der Standpunkt vertreten, auch DPs könnten Entschädigungsansprüche nur über ihre Heimatstaaten geltend machen, wobei man genau einkalkuliert hatte, daß dies nicht geschehen würde. Und Scheuner hatte im mündlichen Vortrag hinzugesetzt, es sei "politisch kaum zu verantworten", solchen Personen Wiedergutmachungsansprüche zuzugestehen, deren Staaten "durch Ausraubung und Austreibung der Volksdeutschen das Völkerrecht schwer verletzt hätten".[252] Und in der Verwaltungspraxis waren sie bereits als weder politisch noch rassisch Verfolgte von Entschädigungsleistungen ausgeschlossen worden.[253]

Hinter dieser streng reparationsrechtlichen Argumentation, die angesichts des Krieges und der deutschen Verschleppungsmaßnahmen nicht haltbar war und die die Westalliierten schon im Pariser Reparationsabkommen aufgegeben hatten, verbarg sich neben der Vertreibungsaufrechnung die Auffassung, daß Deutschland insbesondere für das Schicksal der DPs nicht verantwortlich sei, weil es sich um Flüchtlinge vor der russischen Armee oder um jüdische Auswanderer, bei denen abgesehen von Ausnahmefällen "kein Zwang zum Verlassen der Heimat" vorgelegen habe, oder aber um Verschleppte handele, deren Verschleppung nicht völkerrechtswidrig gewesen sei.[254] Diese Argumentation liegt mit der bereits im Februar 1952 abgeschlossenen Bearbeitung über "Die Rechtsstellung der 'DP' in Deutschland" im Handbuch des Besatzungsrechts vor, dessen einzelne Kapitel fast alle von den aus dem Tübinger Institut für Besatzungsfragen stammenden Autoren v. Schmoller (er war gleichzeitig dessen Leiter), Maier und Tobler stammen. Dies ist umso bemerkenswerter, als v. Schmoller der Stellvertreter Grewes bei den Ablösungsverhandlungen war. Grewe wiederum nahm faktisch die Funktion Hallsteins als Delegationsleiter wahr. In dieser Rolle nahm v. Schmoller auch häufig an dem die deutsche Verhandlungsdelegation supervidierenden, beim Auswärtigen Amt unter Staatssekretär Hallstein gebildeten Instruktionsausschuß teil. Grewe erinnerte sich, v. Schmollers Hinzuziehung sei sehr hilfreich gewesen, "denn er gebot über eine

---

252 Zit. nach Jacobmeyer, Zwangsarbeiter, S. 233 f.; zu Scheuner bereits ebd., S. 230. Zur Verknüpfung der Reparationsfrage mit der Frage des Eigentums der Vertriebenen und der Wiedervereinigung vgl. Scheuner, Fs. H. Kraus, S. 203-205.

253 Vgl. Falldokumentation bei Jacobmeyer, Zwangsarbeiter, S. 239.

254 Vgl. v. Schmoller u.a., Handbuch, § 32, S. 3 f., u. sogl. im Text; s.a. Institut für Besatzungsfragen, Jahre, S. 192 u. 194; Jahn, DP-Problem, S. 2 (gehe jedoch nicht auf deutsche Maßnahmen des zweiten Weltkriegs zurück) u. 20 f. Bei aller Ähnlichkeit mit der Handbuchbearbeitung ist die gleichfalls aus dem Institut für Besatzungsfragen stammende Arbeit von Jahn in der Bewertung wesentlich zurückhaltender.

Hilfstruppe aus dem von ihm geleiteten Institut für Besatzungsfragen in Tübingen, aus dem ad hoc einzelne sachkundige Mitarbeiter in Auftrag genommen werden konnten".[255] Wegen dieser personellen neben der thematischen Verzahnung dürfte die im Handbuch geäußerte Auffassung, die im übrigen später zur Leitlinie der Rechtsprechung und Literatur wurde, Teil der deutschen Verhandlungspolitik insgesamt gewesen sein, auch wenn sich Féaux de la Croix in seiner Darstellung der Verhandlungen darüber ausschweigt. Möglicherweise scheute man sich auch, das "Wanderungsargument" zu vertreten, und zog das "neutralere" Reparationsargument vor.

Im Handbuch [256] werden alle, die "als politische Flüchtlinge gegen Ende der Feindseligkeiten und in den folgenden Jahren in Deutschland Zuflucht" gesucht haben, ausgeschlossen. Damit wird vollständig ausgeblendet, daß zunächst deutsche Truppen und deutsche SS deren Heimatländer besetzt hatten. Entschädigung setzte weiter nach allen Entschädigungsgesetzen "Verfolgung" voraus. Flucht nach 1945 hätte daher nie zur Anspruchsbegründung geführt. Weiter werden im Handbuch alle diejenigen ausgegrenzt, die auf Grund "echter, freiwillig eingegangener Arbeitsverträge nach Deutschland" gekommen seien. Geradezu unredlich erscheint die hierfür angegebene Belegstelle von Uhler.[257] Uhler führt zwar an der angegebenen Stelle aus, es habe auch Fälle gegeben, wo der Vertragskontrahent auf Grund tatsächlicher Willensbildung seinen korrespondierenden Willen im Vertrag kundgegeben habe, und hier sei selbstverständlich keine Verletzung des Völkerrechts durch den Okkupanten zu erblicken. Im übrigen analysiert Uhler aber gerade in diesem Teil seiner Arbeit die Rechtfertigungsversuche rechtlicher Art für den "gigantischen Bevölkerungsstrom, der sich während der vergangenen Kriegsjahre aus den okkupierten Ländern Europas nach Deutschland " ergossen habe und in dem ein einmaliger Vorgang zu sehen sei, der seinesgleichen in der Geschichte der Menschheit vergeblich suche.[258] Soweit nicht überhaupt auf eine juristische Begründung verzichtet worden sei, so bei der Verfolgung von Genocidplänen, aber auch z.T. bei der Deportation der Fremdarbeiter, hält Uhler die Deportationen aufgrund von Annexion, "Staatsvertrag" (mit den Regierungen der besetzten Länder) und individuellem

255 Vgl. Grewe, Erinnerungen, S. 130-132, zit. S. 131; Baring, Anfang, S. 214 f.

256 Vgl. v. Schmoller u.a., Handbuch, § 32, S. 27-30.

257 Uhler, Schutz, S. 179. Signifikant auch die Zitierpraxis bei Scheuner, Fs. H.Kraus, S. 198, Fn 35. Sein Verweis auf den hier im Text referierten Abschnitt über die Deportationen (S. 170 f.) dient ausschließlich als Beleg für die Völkerrechtswidrigkeit der Vertreibung.

258 Ebd., S. 175-180, Zitat S. 176.

Arbeitsvertrag für völkerrechtswidrig. In diesem Kontext zeigt die bereits zitierte Stelle über die freiwilligen Arbeitsverträge - Uhler skizziert hier auch die im 2. Kapitel ausführlich geschilderte Anwerbepraxis in Westeuropa, die lediglich einen "Schein der Legalität" erreicht habe - deren absoluten Ausnahmecharakter. Und bezüglich der osteuropäischen Deportationspraxis führt Uhler aus:

"Anders bietet sich das Bild der Deportationen in den besetzten osteuropäischen Gebieten, in welchen unmittelbar nach erfolgter Besetzung Massendeportationen angeordnet wurden. Hier waren die Deportierten auch materiell am schlechtesten gestellt, da sie an ihrem Bestimmungsort, sofern sie in der Arbeitsfront eingesetzt und nicht einfach vernichtet wurden, noch besonderen diskriminierenden Maßnahmen ausgesetzt waren. In diesem Sektor des europäischen Kriegsschauplatzes ist auch der Versuch einer rechtlichen Begründung gar nicht unternommen worden." [259]

Neben den Flüchtlingen, hier werden zudem die für die jüdischen Verfolgten existentiellen Auswirkungen des Völkermords auch für die Überlebenden völlig außer Acht gelassen,[260] und den "freiwilligen" Fremdarbeitern werden im Handbuch ein Teil der "politisch bedingten Deportationen" ausgegrenzt. Als völkerrechtliches Delikt könnten alle diejenigen Deportationen nicht angesehen werden, "die etwa im Interesse der Sicherheit der seinerzeitigen deutschen Besetzung erfolgten, wobei allerdings die Erforderlichkeit jeder solchen Entfernung von Angehörigen des besetzten Landes aus ihren Heimatstaaten mit strengsten Maßstäben zu messen" sein werde. Mit dem Hinweis, auf das Veranlassungsprinzip allein könne sich ein völkerrechtlicher Wiedergutmachungsanspruch nicht stützen, sollte wohl dem Einwand vorgebeugt werden, schließlich habe Deutschland den Krieg angefangen. Nach dem Handbuch handelte es sich so nur bei allen "rassisch" und nur teilweise bei den "politisch" bedingten Deportationen, nämlich "bei Verschleppungen auf Grund ausgesprochener Zwangsrekrutierungen, Verschleppung von Kindern und ähnlichen Tatbeständen" um völkerrechtswidrige und damit im völkerrechtlichen Sinne "wiedergutmachungsfähige" Handlungen. Noch klarer heißt es an anderer Stelle:

"Die Schwierigkeiten in der Wiedergutmachung für DP liegen einerseits auf rechtlicher Ebene, da die Frage der Unrechtmäßigkeit von Inhaftierungen feindlicher Staatsbürger und der Anwerbung von Arbeitskräften außerordentlich um-

---

[259] Ebd., S. 179 f. Eine entsprechende dt. Arbeit ist nicht ersichtlich. Kube, Kriegsschäden, klammert die Verbrechen gegen die Menschlichkeit aus (vgl. S. 32); zur jurist. Rechtfertigungsliteratur s. Herbert, Fremdarbeiter, S. 13 m. Fn. 18-21.

[260] Vgl. die sozialpsychol. Studie von Kugelmann, in: Brumlik u.a. (Hrsg.), Leben, insb. S. 179-181; s.a.o. Fn. 43; zu den rechtlichen Problemen bei der Durchsetzung eines Entschädigungsanspruchs s. insb. Kossoy, Handbuch, S. 35-48 u. passim.

stritten ist".[261]

Es wird nicht nur die Aktivlegitimation der Besatzungsbehörden, also ihre Befugnis zum Handeln für die DPs, weitgehend bestritten, sondern der Schadensersatzanspruch wird kompromißlos auch hier der "allgemeinen Reparationsforderung" zugeschlagen. Recht zynisch mutet die Begründung an, "als ihre Natur nach vorübergehende" Maßnahme bestehe bei allen DPs eine völkerrechtliche Verpflichtung zum Rücktransport, handelte es sich doch um Menschen, die nicht mehr zurückkehren wollten.

Als Kompromiß der bundesdeutschen Verhandlungsbemühungen wurde der Kreis der wegen ihrer Nationalität Verfolgten jedoch weiter eingeschränkt. Für sie sollte nach dem Überleitungsvertrag ein Anspruch nur bei einer Verfolgung "unter Verletzung der Menschenrechte" bestehen. Den zunächst noch engeren, die Formulierung des § 50 US-EG aufgreifenden[262] Vorschlags der "gröblichen" Verletzung akzeptierten die alliierten Vertreter nicht. Weiter mußte es sich um "politische Flüchtlinge" handeln, wodurch vor allem westeuropäische Ansprüche ausgeschlossen wurden und Fälle vor 1945 oder vor Kriegsbeginn erfolgter Auswanderungen zum Problem wurden.[263] Und ferner kam eine Entschädigung nur in Betracht, wenn ihnen ein Gesundheitsschaden zugefügt worden war. Die Trennung der Nationalverfolgten von den übrigen Verfolgten wurde damit endgültig festgelegt. Dem stand die Pflicht eines entschädigungsrechtlichen Minimalprogramms gegenüber.[264]

cc. Die Koppelung der Entschädigung an die deutsche Leistungsfähigkeit

In der Frage der Koppelung der Entschädigungszahlungen an die deutsche Leistungsfähigkeit konnte ebenfalls nur ein Kompromiß erreicht werden. Die Zahlungsfähigkeit durfte nicht die Entschädigungsleistungen an sich betreffen, also nicht die jeweilige Höhe regulieren. Sie durfte nur "bei der Festsetzung der Zeit und Methoden für die Entschädigungszahlungen" sowie bei der Bereitstellung der Mittel berücksichtigt werden.[265] Mit der Einschränkung auf "angemessene

---

261 v. Schmoller u.a., Handbuch, § 32, S. 49.

262 S. o. I 3b aa.

263 Vgl. Klee, W. III, 398-401; Kraus, W. VI, S. 245 ff.

264 Vgl. Schirilla, Wiedergutmachung, S. 25. Auf die im Überleitungsvertrag getroffene Unterscheidung beruft sich z.B. der zuständige Wiedergutmachungsreferent im Bundesfinanzministerium, Zorn, RzW 1966, S. 145.

265 Vgl. Abs. 3 Teil IV Überleitungsvertrag.

Entschädigung" und dem Aufgreifen der nach Verfolgungsgründen geordneten Tatbestandstypik war allerdings die Beschränkung nach Tatbestandsgruppen und die Beschränkung der Entschädigungsansprüche durch Höchstbeträge, wie sie die Ländergesetze kannten, bereits vorgezeichnet. Die Festlegung, hinter die bisherigen Regelungen dürfe nicht zurückgegangen werden, war mangels ausreichender Konkretisierung der verlangten Verbesserungen nicht nur für die Anspruchssteller von Vorteil. Möglich blieb darüberhinaus die nach den Ländergesetzen praktizierte Einteilung der Entschädigungsansprüche in verschiedene Klassen, die z.T. erst nach mehreren Jahren zu befriedigen waren. Immerhin wurde aber dadurch der deutsche Versuch abgewehrt, für die Entschädigungsansprüche eine Art Konkursquotelung einzuführen, was sicherlich, angesichts der Breite der möglichen deutschen Leistungspflichten ("innere Schulden") zu einer weiteren Verringerung der Ansprüche geführt hätte.

dd. Exkurs: "Wiedergutmachung" und die "Staatsbankrott-Rechtsprechung" des Bundesverfassungsgerichts

Auch das Bundesverfassungsgericht hat die "Wiedergutmachung" nicht in die für die Kriegsfolgen geltende "Staatsbankrott-Rechtsprechung" einbezogen, nach der es dem Gesetzgeber überlassen bleibt, wie er angesichts der "Konkurslage" mit vor der Gründung der Bundesrepublik Deutschland bestehenden Ansprüche umgeht.[266] Es hat aber andererseits mehrfach die "Wiedergutmachung" als eine neben den Kriegs- und Kriegsfolgelasten bestehende große Regelungsaufgabe bezeichnet und in diesem Zusammenhang betont, was sachlich gerade den Kern der Staatsbankrott-Rechtsprechung ausmacht, "das Ausmaß der allgemein eingetretenen Schäden und die durch den Zusammenbruch des Deutschen Reiches entstandene wirtschaftliche und finanzielle Situation" habe "zu einer Begrenzung der staatlichen Verpflichtungen in den verschiedensten Bereichen" genötigt. Bei der Ausgestaltung des innerstaatlichen Rechts sei der Gesetzgeber nicht gehalten gewesen, ausnahmslos zu entschädigen.[267]

---

266 BVerfGE 15, 126, 140 ff. (AKG); fortgeführt u.a. in E 19, 150, 163 ff. (Reichsbezogene Verbindlichkeiten von Gemeindeverbänden); 23, 153, 166 u. 188 (Nichtablösung der Ansprüche der Geldinstitute); 27, 253, 286 ff.; 41, 126, 150 ff. (RepSchädG); 53, 164, 175 ff. (Dt.-poln.Sozversabkom.); ansatzweise bereits in E 11, 50, 56 (LAG-Hausratsentschädigung). A.A. VG Köln, RzW 1964, 82, 84; BGH RzW 1960, 553, 555.

267 So BVerfGE 38, 128, 133 (Diplomatische Klausel) unter ausdrücklichem Hinweis auf die Besatzungsschäden-Entscheidung (E 27, 253, 284 f.), wo wiederum auf

Die anfangs in spärlichen obiter dicta betonte Sonderrolle des Entschädigungsrechts, nach der diese Leistungen "als Suche für gesetztes Unrecht gegenüber den allgemeinen Ausgleichs- und Fürsorgeansprüchen den Vorrang genießen mußten",[268] diente hauptsächlich der Ablehnung anderer Ansprüche. Sie ist aber nicht zu dem Topos entwickelt worden, auf den das Bundesverfassungsgericht abgestellt hätte, um seine eigenen, positiven Entscheidungen zu begründen. Beim Rückgriff insbesondere auf Art. 3 Abs. 1 GG in der Gestalt, die diese Vorschrift durch die Rechtsprechung erhalten hat, und das "Vertrauensschutzprinzip" brauchte der Frage, ob es "Ansprüche nach dem Bundesergänzungsgesetz gab, die wegen ihrer Anspruchsgrundlage und ihres Inhalts, besonders wegen ihres Sühnecharakters, dem grundrechtlich geschütztem Privateigentum gleichgestellt werden müssen", nicht weiter nachgegangen zu werden.[269] Man mag dies als erfreulich frühe "Normalisierung" [270] beurteilen. Die formale Abgrenzung zur Kriegsfolgengesetzgebung blieb damit weitgehend folgenlos, ein Unterschied zur Kriegsfolgenrechtsprechung ist sachlich kaum zu fassen. Als bloße "öffentlich-rechtliche" Ansprüche waren Ansprüche nach dem vorläufigen Bundesergänzungsgesetz zudem rücknehmbar.[271]

Hinzu kommt, daß die "Wiedergutmachung" immer als Teil des neuen, bundesrepublikanischen Systems gesehen wurde. So heißt es in einer Entscheidung des Bundesverfassungsgerichts, verwerfliche Maßnahmen eines totalitären Systems seien im Geiste menschlicher Verbundenheit und "im Interesse einer freiheitlichen, demokratischen Neuordnung 'wiedergutzumachen'".[272] Unter zutreffenden Rekurs auf die Präambel zum Bundesentschädigungsgesetz, nach der der

---

die übrige Kriegsfolgenrechtsprechung verwiesen wird.

268 So E 3, 58, 153 (Art. 131 GG-Gesetz); etwas zurückhaltender bereits in E 6, 132, 203 (Art. 131 GG-Gesetz).

269 So BVerfGE 18, 196, 200 (Freiheitsentziehung im Ausland); vgl. ferner E 13, 31, 36 (Ausgewanderte); 13, 39, 43 (Pauschalierung der Kapitalentschädigung); 13, 248, 253 (Rentenhöchstbeträge für Schäden im beruflichen Fortkommen); 16, 332, 339 (Erhöhung der Renten); 30, 128, 135 (Diplomatische Klausel); 27, 167, 178 (Zeitpunkt der Wohnsitznahme).

270 In BVerfGE 13, 46, 50, wird die Erwägung des "Antinationalsozialismus" als tragendes Konstitutionsprinzip des Grundgesetzes ausdrücklich abgelehnt. Die auf die Besonderheiten des Entschädigungsrechts abstellenden Ausführungen zum "Zweitbescheid", s. E 27, 297, 305, haben sich umgekehrt für das gesamte Verwaltungsrecht durchgesetzt.

271 Vgl. zuletzt BVerfGE 38, 128, 136, m.w.N; ähnlich zu Verschlechterungen nach dem BEG-SchlG E 27, 167; anders aber E 30, 367, 380, u. 31, 311 (Stichtag). Zum Versuch der Begründung einer Gewährleistung nach Art. 14 GG vgl. Cebulka, RzW 1978.

272 BVerfGE 13, 46, 49; s. bereits oben 4 I 3b aa, um Fn. 64.

gegen die nationalsozialistische Gewaltherrschaft geleistete Widerstand ein Verdienst um das Wohl des Deutschen Volkes und Staates (!) war", kann somit auch ein Verhalten nach dem Zusammenbruch der Gewaltherrschaft" auf "Unwürdigkeit" schließen lassen.[273] Insofern schließt sich auch hier der Kreis zur Kriegsfolgenrechtsprechung, nach der bei der Beseitigung der Kriegsfolgen "nicht die Bereinigung der Vergangenheit, sondern die Schaffung einer Grundlage für die Zukunft" ganz im Vordergrund stehen sollte.[274]

b. Die Bedeutung des Überleitungsvertrags für das Entschädigungsrecht

In der von den Kriegsfolgen getrennten Behandlung dürfte die eigentliche Bedeutung des vierten Teils des Überleitungsvertrags liegen. In einer ersten Antwort auf das alliierte Entschädigungskonzept auf einer Besprechung mit den Hohen Kommissaren im Oktober 1951 hatte Adenauer vor allem auf die begrenzte deutsche Leistungsfähigkeit abgestellt. Erst müsse Klarheit über die vorrangigen Fragen der deutschen Auslandsschulden und des deutschen Verteidigungsbeitrages gewonnen werden, erst dann könne man über den innerhalb der inneren Schulden bevorrechtigten "Wiedergutmachungskomplex" entscheiden.[275] Mit dem gleichzeitigen Hinweis auf seine Erklärung vom September gab er zu erkennen, daß aus dem "Wiedergutmachungskomplex" nur die Zahlungen gegenüber Israel, über die zu diesem Zeitpunkt noch nicht konkret verhandelt wurde, bevorrechtigt sein sollten. Mit der ausdrücklichen Verpflichtung, Verfolgte zu entschädigen, einschließlich der aus nationalen Gründen verfolgten und "ohne Diskriminierung irgendwelcher Gruppen oder Klassen verfolgter Personen",[276] wurde international die Vorrangigkeit dieser Ansprüche festgestellt. Mit ihrer reparationsrechtlichen Begrenzung waren sie insofern den Auslandsschulden gleichgestellt. Es ist nichts ersichtlich, daß das "Reparationssystem" durch den Überleitungsvertrag, der wie die Ländergesetze nur von "Verfolgten", unabhängig von der Staatsangehörigkeit sprach, wenn er auch keine Wohnsitz- und Stichtagsregelungen festsetzte, aufgegeben werden sollte. Das zeigen gerade die Verhandlungen auf der Londoner Schuldenkonferenz und die Begrenzung des einzubeziehenden Personenkreises. Die Vorrangigkeit trat aber gleichwohl in

---

273 BVerfGE 13, 46, 50.

274 BVerfGE 53, 164, 180. Zur "normalen" Praxis vgl. a. den Überblick von G.Herbert, RzW 1979, S. 81-95.

275 Vgl. Féaux de la Croix, W. III, S. 129.

276 Abs. 2d Teil IV Überleitungsvertrag.

Konkurrenz mit den anderen Verpflichtungen, insbesondere des Rüstungsbeitrags und der Auslandsschuldentilgung, wurde dadurch doch der finanzielle Spielraum enger. Während sich aber für den Rüstungsbeitrag zumindest Souveränitätsdefizite abhandeln ließen und für die Tilgung der Auslandsschulden ökonomische Vorteile wie freier Waren- und Devisenverkehr und vor allem nach Auslaufen der Marshallplanhilfe im Jahre 1952 neue Auslandskredite zu erwarten waren, war der "Wiedergutmachungskomplex" kaum faßbar.[277] Adenauer und einige Gefolgsleute sowie die sozialdemokratische Opposition hatten erkannt, daß die erstrebte "Souveränität" oder internationale Gleichrangigkeit ohne Diskriminierung gleichermaßen als Voraussetzung einer moralischen Rehabilitierung bedurfte. Sie konzentrierten ihr Interesse aber vor allem auf den Israelvertrag und weniger auf die innerdeutsche Entschädigungsgesetzgebung. Der Überleitungsvertrag stellte nun, wenn auch als wenig beachteter Teil der Bonner Verträge,[278] klar, daß von einem "souveränen" deutschen Staat als Nachfolgestaat des nationalsozialistischen Deutschen Reiches erwartet wurde, daß er endlich, vor anderen Aufgaben und beschleunigt für die Verfolgung einstehe. Diesen Aspekt der moralischen Rehabilitierung machten die Alliierten hinreichend deutlich. In einem Diskussionspapier vom September 1951 hatten die Außenminister die einzuschlagende Verhandlungsstrategie klar vorgezeichnet. Es müsse dringend auf ein in allen Ländern geltendes Entschädigungsrecht hingewirkt werden, das nicht schlechter als das bisherige Recht sein dürfe.

"Die Hohen Kommissare sollten den Bundeskanzler und andere geeignete deutsche Führungskräfte darüber aufklären, daß aus Sicht der drei Außenminister das bisherige Versäumnis der Bundesrepublik, irgendeine bedeutende Maßnahme zur Entschädigung der Opfer der Nazi-Verfolgung, einschließlich derjenigen, die außerhalb Deutschlands wohnen, zu treffen, ein größeres Hindernis für die freien Völker der Welt bildet, das deutsche Volk bei ihren Handlungen als gleichberechtigten Partner anzuerkennen. Die Außenminister betrachten die Verpflichtung für Entschädigungsleistungen als eine Angelegenheit, die schwer auf dem Gewissen des deutschen Volkes ruhen sollte und sie fühlen, daß es nicht notwendig für die alliierten Regierungen sein sollte, Forderungen hinsichtlich der Maßnahme festzulegen, die zur Abtragung dieser Pflicht unternommen werden sollten." [279]

---

277 Vgl. bereits die Bemerkung von Stratenwerth, DUZ 1954 (Heft 20), S. 4, man habe kein Geld für Investitionen, die sich nicht bezahlt machten.

278 Als Thema nur bei Küster, NJW 1955, S. 1217. Knapp, entsprechend der Anlage des Kommentars, die Anmerkungen von Kutscher, Bonner Vertrag, S. 208-211. Zu Kutschers antisemitischer Vergangenheit s. Greve, BTagsStenProt 1/47, S. 1593 ff., 1596A/B.

279 FRUS 1951 III, S. 1205; vgl. ferner ebd., S. 1532 f. Die Amerikaner scheinen zunächst die Ablehnung der israelischen Globalforderungen von den Fortschritten in der Frage der Individualentschädigung abhängig gemacht zu haben, vgl. The United States Delegation at the Intergovernmental Study Group in Germany to the

Die Bundesregierung verhielt sich unter Verkennung der moralischen Bedeutung weiterhin abwartend und wurde erst aktiv, als sich Ende 1952 im Bundesrat unter der Führung Otto Küsters eine neue Gesetzgebungsinitiative zusammenbraute, die für die weitergehenden Vorstellungen mehrheitsfähig zu werden drohte.

In den Verhandlungen nach Scheitern des EVG-Vertrages spielten die als Eingriff in originäre deutsche Zuständigkeiten empfundenen Bestimmungen des Überleitungsvertrages keine Rolle. Deutscherseits verzichtete man hier weitgehend auf Revisionsverhandlungen schon deshalb, um nicht "die Gesamtlösung" zu gefährden.[280] Gestrichen wurde nur Absatz 4 über die alliierten Kontrollbefugnisse. Sie blieben aber im begleitenden Briefwechsel erhalten.[281]

c. Die Regelungen im Überleitungsvertrag

Der vierte Teil "Entschädigung für Opfer der nationalsozialistischen Verfolgung" besteht nur aus einem Artikel mit vier Absätzen und acht Unterabsätzen. Die Entschädigungspflichten werden einleitend festgestellt:

"(1) Die Bundesrepublik erkennt die Verpflichtung an, Personen, die wegen ihrer politischen Überzeugung, aus Gründen der Rasse, des Glaubens oder der Weltanschauung verfolgt wurden und hierdurch Schaden an Leben, Körper, Gesundheit, Freiheit, Eigentum, Vermögen oder in ihrem wirtschaftlichen Fortkommen erlitten haben (mit Ausschluß feststellbaren Vermögens, das der Rückerstattung unterliegt), eine angemessene Entschädigung nach Maßgabe der Bestimmungen des Abs. (2) und (3) dieses Teils sicherzustellen. Ferner werden Personen, die aus Gründen der Nationalität unter Mißachtung der Menschenrechte verfolgt wurden und gegenwärtig politische Flüchtlinge sind, die den Schutz ihres früheren Heimatlandes nicht mehr genießen, eine angemessene Entschädigung erhalten, soweit ihnen ein dauernder Gesundheitsschaden zugefügt worden ist."

Absatz 2 legte die Weitergeltung der günstigsten Regelung fest, während ansonsten der in der US-Zone geltende Standard auf die übrigen Zonen auszudehnen war; ferner wurden Verfahrenserleichterungen, insbesondere beweisrechtlicher Art, beschleunigte Abwicklung, Möglichkeiten zum Wiederaufgreifen des Verfahrens wegen verbesserter Rechtslage und die Bereitstellung ausrei-

---

Secretary of State v. 30.4.1951, FRUS 1951 III, S. 1408 ff., 1409.

280 Vgl. Grewe, Rückblenden, S. 207.

281 Vgl. Gesetz betreffend das Protokoll v. 23.Oktober 1954 über die Beendigung des Besatzungsregimes in der Bundesrepublik Deutschland v. 24.3.1955, BGBl. II 1955, 213 (Liste IV Änderungen zu dem Vertrag zur Regelung aus Krieg und Besatzung entstandener Fragen); Briefwechsel s. BGBl. II 1955, 486 (VII).

chender Mittel nach Maßgabe der beschränkten Koppelung an die Leistungsfähigkeit nach Absatz 3 verlangt. Der später gestrichene Absatz 4 räumte den drei Mächten oder von ihnen beauftragten Stellen Überwachungsmöglichkeiten ein, die aber in den Verhandlungen auf nichtdeutsche Staatsangehörige und nicht im Bundesgebiet wohnende Personen, also vor allem die DPs und Emigranten einschließlich der vor allem nach Israel und Nordamerika übergesiedelten jüdischen Verfolgten, beschränkt worden war.

4. Der Vertrag mit Israel und das Abkommen mit der Claims Conference (v. 10. September 1952)

a. Verhandlungsbeginn und Verhandlungsverlauf

Am 10. September 1952 konnten Adenauer und der israelische Außenminister Sharett im Luxemburger Rathaus das deutsch-israelische Abkommen [282] nach mehrmonatigen Verhandlungen, die wegen des deutschen Versuchs, diese inhaltlich an die parallel stattfindenden Londoner Schuldenverhandlungen zu koppeln, beinahe gescheitert wären, unterzeichnen. Darin verpflichtete sich die Bundesrepublik an Israel 3 Milliarden DM, vornehmlich durch Lieferung deutscher Waren nach einer ausgehandelten Warenliste, in zwölf unverzinsten Jahresraten zu zunächst 200 und ab der 3. Rate (ab 1954) zu 310 Millionen DM zu zahlen. In einem weiteren Regierungsabkommen mit der Claims Conference, der eigens zum Zwecke der Verhandlungen mit Deutschland von 23 jüdischen Verbänden im Oktober 1951 gegründeten Conference on Jewish Material Claims against Germany,[283] übernahm die Regierung die Verpflichtung, zusätzliche 450 Millionen DM zu Gunsten der Claims Conference an Israel zu leisten. Weitere 50 Millionen wurden für einen Härtefonds für als Juden Verfolgte ohne Zugehörigkeit zur jüdischen Religionsgemeinschaft einbehalten. Neben dieser als "Protokoll Nr. 2" bezeichneten Vereinbarung sah "Protokoll Nr. 1" [284] in 20 Punkten den Ausbau einer Entschädigungsgesetzgebung und die Beseitigung rückerstattungsrechtlicher Probleme (weitere acht Punkte) vor. In einer vierten Vereinbarung

---

282 S. Gesetz betreffend das Abkommen vom 10. September 1952 zwischen der Bundesrepublik Deutschland und dem Staate Israel v. 20.3.1953, BGBl II, 35.

283 Dazu vgl. insb. Zweig, Reparations, S. 50-68.

284 Beide Protokolle sind im Anschluß an den Luxemburger Vertrag (s. Art. 16 Abs. b) veröffentlicht, BGBl. II 1953, 85.

verpflichtete sich Israel andererseits, für noch während des Krieges in der britischen Mandatszeit beschlagnahmtes deutsches Auslandsvermögen eine Entschädigung in Aussicht zu stellen. Die israelische Seite hatte in diese, von deutscher Seite kurz vor Verhandlungsende ohne Hemmung eingebrachte Forderung eingewilligt - in späteren Verhandlungen wurden 54 Millionen DM festgelegt -, um den Abschluß nicht zu gefährden.[285]

Entsprechend der Konzentration der Bundesrepublik auf dieses Abkommen für die internationale moralische Rehabilitierung ist dieser Komplex bisher von historischer Seite am besten erforscht worden. Balabkins [286] und Sagi [287] behandeln Vorgeschichte, Verhandlungen und Umsetzung des Luxemburger Abkommens. Wolffsohn [288] geht es unter dem Stichwort "Normalisierung" um den Nachweis, Entschädigungsleistungen seien freiwillig und ohne amerikanischen Druck, sie seien eher trotz der amerikanischen Haltung geleistet worden. Diese, auch innerhalb der historischen Wissenschaft zunehmend kritisierte Auffassung [289] vernachlässigt nicht nur die vielfältigen alliierten Interventionsversuche, wenn auch zutreffend gesehen wird, daß direkte Anweisungen oder gar rechtsverbindliche Anordnungen oder Rechtssätze fehlen und daß international das Londoner Schuldenabkommen als auch die Wiederaufrüstung zumindest gleichrangig behandelt wurden. Dennoch wird die Verbindung der Luxemburger Verhandlungen zu denen zum Londoner Schuldenabkommen und den Bonner Verträgen zu wenig berücksichtigt, wie sie vor allem für die damalige Selbstwahrnehmung von Bedeutung waren und damit ein Licht auf die deutsche Verhandlungsmotivation werfen. Die innerdeutsche Motivationslage hat vor allem Kai von Jena anhand der Kabinettsprotokolle mit folgendem Ergebnis herausgearbeitet:

---

285 Vgl. Féaux de la Croix, W. III, S. 170; Volle, EA 1953, S. 5626 f.

286 Balabkins, Reparations; ders., The Wiener Library Bulletin 1967.

287 Sagi, Wiedergutmachung; dies., in: Herbst/Goschler (Hrsg.), Wiedergutmachung; s. ferner Grossmann, Ehrenschuld, S. 18-61; Muhlen, Survivors, S. 19-41; aus Sicht unmittelbar Beteiligter s. Shinnar, Bericht, S. 21-87; Goldmann, Leben, S. 371-414 u. 444; ders., in: Blumenwitz u.a. (Hrsg.), Adenauer; Böhm, ebd., S. 442-465; ders., Reden, S. 216-225; Abs, in: H.-P. Schwarz (Hrsg.), Wiederherstellung, S. 23-26, 36 f., 57 f. u. 68 ff; ders., in: Vogel, Dialog, S. 55-58; ders., in: Blumenwitz u.a. (Hrsg.), Adenauer, S. 238-242.

288 Wolffsohn, Schuld, insb. S. 21-29, 85, 138 f.; Aus Politik u. Zeitgeschichte B 16-17, 1987; VfZ 1988; in: Herbst/Goschler (Hrsg.), Wiedergutmachung; vgl. ferner ders., Aus Politik und Zeitgeschichte B46-47, 1984; in: Herbst (Hrsg.) Westdeutschland; in der Wertung ähnlich Sagi, Wiedergutmachung, S. 10, 71, 208 f.

289 S. Frei, in: Herbst/Goschler (Hrsg.), Wiedergutmachung; vgl. a. Huhn, ebd.; weitere Hinweise sogleich im Text.

"Die Verhandlungen über das Abkommen bezeugen freilich, daß dieser Vertrag nicht nur aus moralischer Verantwortung zustande kam. Sie zeigen auch deutlich, daß ein entscheidendes Motiv zum Abschluß dieses Vertrages die Befürchtung der Bundesregierung und ihres Bundeskanzlers gewesen ist, die angestrebte Integration der Bundesrepublik in die westliche Welt nicht zu gefährden oder gar unmöglich zu machen." [290]

Zu einem ähnlichen Ergebnis kommt Jelinek in seiner unter Auswertung verschiedener Archive vorgenommenen Untersuchung über den deutschen, vor allem von dem in London verhandelnden Abs, der von Adenauer auch zu den deutsch-israelischen Verhandlungen hinzugezogen worden war, initiierten Versuch, die Londoner Schuldenregelung als vorrangig gelten zu lassen. Dieser Versuch hatte zu einer ernsthaften Krise und zur Unterbrechung der Luxemburger Verhandlungen geführt. Erst nach Vorliegen der Londoner Ergebnisse könnte nach Abs die deutsche Leistungsfähigkeit beurteilt werden. Damit wäre der politisch-moralische Anspruch der israelischen Forderungen zurückgewiesen und wäre deren Weiterverhandlung vertagt worden. Abs hatte erfahren, daß Israel nicht in der Lage war, seine Erdöllieferungen in Großbritannien zu bezahlen und ein Versuch, diese über eine Anleihe zu finanzieren, gescheitert war. Jelinek faßt zusammen:

"Adenauer folgte trotz seiner hohen moralischen Maßstäbe zunächst der Linie von Abs. Erst als sich die Krise zuspitzte, verließ Adenauer diesen Kurs. Der Bundeskanzler glaubte, die Juden würden den Zutritt Deutschlands zum internationalen Finanzmarkt erleichtern können und ein entsprechendes Verhalten ihnen gegenüber würde das deutsche Ansehen in der Welt wiederherstellen helfen." [291]

Jelinek belegt auch den über den amerikanischen Hochkommissar McCloy vermittelten alliierten Druck:

"Die Westmächte brachten den jüdischen und israelischen Forderungen zwar Sympathie entgegen, zogen es aber vor, im Hintergrund zu bleiben. Sie waren jedoch in Sorge, daß ein Mißerfolg in Wassenaar die Rückkehr Deutschlands in den Kreis der Nationen gefährden könnte. McCloy vertrat die amerikanischen und allgemein die westlichen Interessen in Bonn." [292]

Allerdings hatten die Westalliierten ihren bereits während der Verhandlungen zum Pariser Reparationsabkommen zum Ausdruck kommenden ablehnenden Standpunkt beibehalten. Als sich mit Gründung der Bundesrepublik eine Rücknahme des alliierten Einflusses in Deutschland abzuzeichnen begonnen hatte,

---

290 V. Jena, VfZ 1986, S. 480; vgl. a. Jasper, in: Herbst (Hrsg.), Westdeutschland, S. 198.

291 Jelinek, VfZ 1990; weniger deutlich noch ders., in: Herbst/Goschler (Hrsg.), Wiedergutmachung.

292 Jelinek, VfZ 1990, S. 138.

hatten Israel und auch der jüdische Weltkongreß zwischen Januar 1950 und November 1951 in verschiedenen Noten an die Besatzungsmächte die Verbesserung der Gesetzgebung und eine Globalzahlung gefordert.[293] Israel hatte diese zunächst als deutsche Reparationsverpflichtung bezeichnet. Während die UdSSR nicht reagierte, lehnten die Westalliierten wegen Bedenken hinsichtlich einer deutschen Leistungsfähigkeit ab. Wie bei der früheren Reparationsdiskussion herrschte der Gedanke vor, hierfür mittelbar als verantwortliche Besatzungsmacht aufkommen zu müssen.[294] Erst nach Ablehnung der März-Note (1951) wandte sich Israel an die Bundesrepublik selbst. Adenauer hatte nach dem Tadel Schumachers in der Aussprache über seine erste Regierungserklärung, er habe kein Wort über die Opfer des Faschismus gesagt,[295] in einem Interview mit der Allgemeinen Jüdischen Wochenzeitung Israel zehn Millionen DM angeboten.[296] Auf dieses beschämende Angebot erfolgte keine Reaktion. Gespräche kamen erst dann in Gang, als Adenauer seine hinter den Kulissen mit Vertretern des jüdischen Weltkongresses, insbesondere Goldmann, ausgehandelte Regierungserklärung [297] zur "Haltung der Bundesrepublik gegenüber den Juden" am 27. September 1951 vor dem Bundestag abgegeben [298] und wenig später nach einem geheimen Treffen mit Goldmann als Repräsentanten des jüdischen Weltkongresses und inoffiziellen Vermittler Israels als Verhandlungsgrundlage die moralische Pflicht des deutschen Volkes zu Zahlungen und die Höhe der israelischen Forderungen (1 Milliarde US-Dollar) in einem Brief vom Dezember [299] anerkannt hatte.

In dieser am Beginn seiner Verhandlungen mit den Hochkommissaren zur Ablösung des Besatzungsstatuts plazierten Erklärung [300] hatte Adenauer die Bereit-

---

293 Dazu vgl. a. Kossoy, Wiedergutmachung, S. 39-48; Balabkins, Reparations, S. 86-89. S. auch das Memorandum des Jüdischen Weltkongresses an den Staatssekretär im brit. Außenministerium v. 25.7.1950 nebst dem Protokoll der Besprechung v. 11.1.1951 bei Balabkins, Reparations, S. 273-291.

294 Vgl. Jelinek, in: Herbst/Goschler (Hrsg.), Wiedergutmachung, S. 130.

295 Vgl. Schumacher, BTagStenProt 1/6, S. 35 ff., 36 C/D; Adenauers Rede s. ebd., 1/5, S. 22-30; s. bereits oben 4 II, um Fn. 130.

296 Dokumentiert bei Vogel, Dialog, S. 16 f.

297 Während Adenauer, Erinnerungen, S. 136, das Zustandekommen der Regierungserklärung nicht näher erwähnt, geht Goldmann, Leben, S. 378 f., darauf ein. Ausführlich: Sagi, Wiedergutmachung, S. 73-76.

298 BTagsStenProt. 1/165, S. 6697D f. Der Staatssekretär im Bundesfinanzministerium, Hartmann, hatte noch im Februar den sozialdemokratischen Vorstoß (BTagsDrs. 1/1828, dazu s. o. um Fn. 139) als "reine Rechtsfrage" vertagen wollen.

299 Dokumentiert bei Vogel, Dialog, S. 50 f.

300 Vgl. Baring, Anfang, S. 235.

schaft bekannt gegeben, "gemeinsam mit Vertretern des Judentums und des Staates Israel, der so viele heimatlose jüdische Flüchtlinge aufgenommen hat, eine Lösung des materiellen Wiedergutmachungsproblems herbeizuführen, um damit den Weg zur seelischen Bereinigung unendlichen Leides zu erleichtern". Daneben versprach er, die Bundesregierung werde sich für den baldigen Abschluß der Wiedergutmachungsgesetzgebung und ihre gerechte Durchführung einsetzen. Hinsichtlich des Umfangs der "Wiedergutmachung" müßten aber die Grenzen der deutschen Leistungsfähigkeit im Hinblick auf die Versorgung der Kriegsopfer sowie der Flüchtlinge und Vertriebenen berücksichtigt werden.

Nach Überwindung deutscher, aus Wirtschaftskreisen und dem Bundesfinanzministerium unter Fritz Schäffer stammender Widerstände und einer heftigen öffentlichen Auseinandersetzung in Israel fanden die Verhandlungen vom 21. März bis zum 22. August 1952 in Wassenaar, bei Den Haag, mit dreimonatiger Unterbrechung (April bis Juni) als Folge der deutschen Verhandlungstaktik statt.

b. Der Vertrag mit Israel

Israel hatte in Fortführung verschiedener Stellungnahmen aus den vierziger Jahren den Anspruch zunächst als Reparationsanspruch geltend gemacht. In einem Gutachten vom Juli 1950 im Auftrage der israelischen Regierung begründete Hendrik van Dam, damals erster Generalsekretär des Zentralrats der Juden, Rechtsanwalt in Berlin und später Kommentator des Bundesentschädigungsgesetzes, den jüdischen Kollektivanspruch als von Israel als dem jüdischen Staat geltend zu machenden Reparationsanspruch. Die Aktivlegitimation Israel begründete auch er unter Hinweis auf den politischen Gehalt des Reparationsanspruchs und der Tatsache, daß die nationalsozialistischen Maßnahmen nicht gegen Juden verschiedener Staatsangehörigkeiten, sondern "gegen das jüdische Volk in seiner Gesamtheit" gerichtet gewesen seien.[301] Und im Memorandum vom März 1951, die Adenauer in seinem Brief vom Dezember als Verhandlungsgrundlage akzeptierte, wurden ebenfalls Reparationen verlangt.[302] In ihm wurde gerade gefordert, die Besatzungsmächte sollten keiner deutschen Regierung,

---

301 Das Gutachten van Dams ist dokumentiert bei Vogel, Dialog, S. 19-25; es handelt sich hier vermutlich um die Übersetzung von van Dam, The Problem of Reparations and Indemnification for Israel, 1950, zit. n. Balabkins, Reparations, S. 87.

302 Dies geht auch noch aus der deutschen Übersetzung hervor, wie sie bei Vogel, Dialog, S. 33-39, und Shinnar, Bericht, S. 203-210, zit. wird. Zur Geltendmachung einer Reparationsforderung s. auch die Erklärung des israelischen Außenministers Scharett vor der Knesseth bei Sagi, Wiedergutmachung, S. 60 f.

ganz gleich welcher, ihre Vollmachten übertragen, "ohne sich die Frage der Reparationszahlungen an Israel ausdrücklich vorzubehalten". Diese wurden zweifach begründet. Neben der Verfolgung selbst, deren Brutalität seitens der deutschen Verfolger einschließlich der Leiden der jüdischen Opfer in der Note skizziert werden, wird auf die Rehabilitierung der Opfer abgestellt. Während ersteres weder sühnbar noch abzahlbar sei, wird die Globalforderung auf die einfach zu berechnenden Rehabilitierungskosten für 500.000 Einwanderer, für die jeweils 3000 Dollar aufzuwenden gewesen seien, gestützt. Böhm, der deutsche Verhandlungsleiter, der neben Küster wesentlich zum Abschluß beitrug, versuchte dies später juristisch als "Entwurzelungsschaden" [303] zu fassen. In der März-Note heißt es:

"Ein derart entsetzliches Verbrechen kann nicht durch materielle Reparationen, ganz gleich welcher Art, gesühnt werden. Das jüdische Volk ist um ein Drittel vermindert worden, von je 4 europäischen Juden sind 3 getötet worden. Keine Schadensersatzzahlung kann die zerstörten menschlichen Leben und kulturellen Werte gutmachen oder die Folterung und Leiden der Männer, Frauen und Kinder abzahlen, die durch alle nur erdenklichen Mittel einer viehischen Einbildungskraft getötet worden sind.... Was getan werden kann ist dies: die Ersatzzahlung an die Erben der Opfer und die Wiedereingliederung der Überlegenden unter normalen Existenzbedingungen sicherzustellen. Die Juden sind getötet worden, und das deutsche Volk genießt weiterhin die Früchte der durch seine Führer von gestern begangenen Abschlachtungen und Plünderungen.... Was man aber verlangen kann, ist, daß das deutsche Volk aufgefordert wird, das gestohlene jüdische Eigentum zurückzuerstatten und die Kosten der Wiedereingliederung der Überlebenden zu tragen". [304]

aa. Vom Reparationsanspruch zur Wiedergutmachung

Shinnar, der auf israelischer Seite die Verhandlungen führte, gibt für diesen Berechnungsmodus im wesentlichen technische Gründe an. Für jede andere Art der Berechnung hätte es unüberwindliche Probleme gegeben, denn die Höhe des geraubten jüdischen erbenlosen Vermögens und der übrige materielle Verfolgungsschaden sei nicht annähernd zu bestimmen.[305] Dies muß umso mehr bezweifelt werden, als es nur um die Legitimierung einer Verhandlungsgrundlage ging, die zuletzt von der tatsächlichen "Schadenshöhe" bestimmt wurde. Im übrigen drückten die deutschen Verhandler mit Hilfe der Beamten aus dem Vertriebenenministerium die pro Person anfallenden Eingliederungskosten auf 2.500 Dollar. Auf israelischer Seite mag neben Überlegungen, den Globalanspruch von

303 Böhm, in: Blumenwitz u.a. (Hrsg.), Adenauer, S. 445.

304 S. Vogel, Dialog, S. 36 f.

305 Vgl. Shinnar, Bericht, S. 24.

dem der Claims Conference schlüssig abzugrenzen,[306] die Scheu eine Rolle gespielt haben, wie sie auch in der zitierten Stelle der Note anklingt, auf Tote und Verletzte Entschädigungsforderungen zu stützen. Damit kam man deutschen Tendenzen entgegen, in den israelischen Forderungen keinen Reparationsanspruch zu sehen. Hinsichtlich der Ausschaltung von Forderungen weiterer Reparationsgläubiger herrschte in der Betonung der Besonderheit der Judenverfolgung sogar Interessenidentität. Der als Beobachter auf der Londoner Schuldenkonferenz weilende israelische Botschafter Keren unterstrich dort die Bedeutung der jüdisch-israelischen Forderungen:

"Die von der Regierung von Israel vertretenen Ansprüche rühren aus der Judenverfolgung her, die von der Machtübernahme durch die Nazipartei im Jahre 1933 mit immer wachsender Heftigkeit bis zum Zusammenbruch der Naziherrschaft am 8. Mai 1945 andauerte. Die Eigenart dieser Ansprüche erfordert eine Sonderregelung." [307]

Ähnlich argumentierte Adenauer bei seiner Begründung des im Bundestag umstrittenen Vertragswerks:

"Das Ausmaß dieser Verfolgung, die Opfer an Menschen und materiellen Werten, die sie zur Folge hatte, rechtfertigt nicht nur, sondern verlangt eine Sonderbehandlung der Wiedergutmachung an den jüdischen Verfolgten". [308]

Damit wurde der Keim für die begriffliche Unterscheidung von "Reparation" und "Wiedergutmachung" gelegt. Während im "Reparationssystem" Verfolgung und Kriegsschaden nicht unterschieden wurden, dieses aber wegen seiner Begrenztheit insofern ergänzt wurde, als Verfolgte auf Grund von Flucht, Wanderungsbewegungen oder Staatsangehörigkeitsfragen ebenfalls grundsätzlich entschädigt werden sollten, wurden unter "Wiedergutmachung" nunmehr nur noch "besondere" Verfolgungsmaßnahmen gefaßt. Diese bereits mit den Verfolgungsgründen in den Entschädigungsgesetzen angelegte Unterscheidung hatte auch hier zunächst vornehmlich fiskalpolitische Gründe. Mit der Herauslösung bestimmter Verfolgungsschäden aus dem Reparationsbegriff konnte deren auch völkerrechtliche Entschädigung gerechtfertigt werden, ohne die Tür zur Reparationsfrage wieder zu öffnen. Den jüdisch-israelischen Forderungen konnte man nicht mehr ausweichen, während die übrigen Reparationsforderungen im Rahmen des Londoner Schuldenabkommens gerade vertagt werden sollten. Abs bedauerte noch Jahre später, daß in der israelischen Märznote von 1951 der

---

306 Vgl. Sagi, Wiedergutmachung, S. 88-91.

307 Dokumentiert bei Vogel, Dialog, S. 58.

308 BTagsStenProt 1/252, S. 12092D; klar als "Ausnahme" bezeichnet von Böhm, Reden, S. 202.

Begriff "Reparationen" verwandt worden war.[309] So heißt es z.B. unter der Überschrift "Reparationsforderungen des Staates Israel" in der 1951 erschienenen Fortsetzung der Harmssen-Studie über die Reparationsleistungen, die israelische Forderung sei nicht nur wegen der erst nach Kriegsende erfolgten Staatsgründung und wegen der die Schäden abdeckenden innerdeutschen Gesetzgebung unberechtigt. Die Forderung verstoße auch gegen den Grundsatz der Westmächte, "Reparationen aus der laufenden Produktion nicht zu entnehmen".[310] Und Abs rückblickend:

"Und es war die große Schwierigkeit, den Begriff Reparation unterzubringen. Darum mußte umgeschaltet werden auf eine materielle Wiedergutmachung." [311]

Und Adenauer beherrschte in der Begründung des Vertrages seine Lektion: Diesen habe man nicht zur Befriedigung eines völkerrechtlichen Anspruchs, sondern wegen "einer zwingenden moralischen Verpflichtung" [312] abgeschlossen:

"Bei den Leistungen der Bundesrepublik an den Staat Israel handelt es sich nicht um Reparationen. Das deutsche Reich hat gegen diesen Staat, der bekanntlich erst im Jahre 1948 entstanden ist, keine Kriegshandlungen begangen, die die Bundesrepublik zu Reparationen verpflichten könnten. Die in dem Abkommen zugesagten Zahlungen sollen vielmehr den Staat Israel im Rahmen unserer Leistungsfähigkeit für die Lasten entschädigen, die ihm durch die Eingliederung von Hunderttausenden von jüdischen Flüchtlingen aus Deutschland und den ehemals unter deutscher Herrschaft stehenden Gebieten erwachsen sind oder erwachsen werden." [313]

In der in "langwierigen Verhandlungen" ausgefeilten Präambel,[314] wobei über die einzelnen Streitpunkte leider nichts berichtet wird, wurden ebenfalls nur die "Eingliederungskosten" als Grund genannt; daneben wurde auf die nationalsozialistischen Verbrechen und Adenauers Regierungserklärung vom September

---

309 Vgl. das Interview mit Abs bei Vogel, Dialog, S. 57.

310 Harmssen (Hrsg.), Abend, S. 134; ähnl. EGO, Geopolitik, S. 46.

311 Abs, in: H.-P. Schwarz (Hrsg.), Wiederherstellung, S. 69.

312 BTagsStenProt. 1/252, S. 12093D.

313 Ebd., S. 12093B; genauso die Gesetzesbegründung, BTagsDrs. 1/4141, S. 4; vgl. ferner die Begründung zu Art. 1, ebd., S. 6. Der Berichterstatter v.Spreti (CSU) ging dann soweit zu behaupten, auch Art. 1 sei "kein völkerrechtlicher Akt", s. ebd., S. 12275D; Ebeling, Bericht, S. 1. Während Kossoy, Wiedergutmachung, S. 44, hervorhebt, in der Antwort der Alliierten v. 5. Juli 1951 auf die Märznote seien keine Bedenken wegen der fehlenden Aktivlegitimation erfolgt, weist Jelinek, in: Herbst/Goschler (Hrsg.), Wiedergutmachung, S. 120, auf solche amerikanische Bedenken hin. Ähnl. Deutung der dt. Materialien wie im Text bei Oppermann, in: Hoog, Völkerrecht, S. 281.

314 Vgl. Shinnar, Bericht, S. 49.

1951 abgestellt.

Der Vertrag wird daher in der Literatur als "Vertrag sui generis" [315] oder als "reparationsähnlicher" Vertrag [316] charakterisiert.

bb. "Ehrenpflicht" und "Ehrenschuld"

Die Verweigerung jeglichen Reparations- und damit auch Rechtsanspruchs dürfte deutscherseits das Selbstverständnis der "Freiwilligkeit" und einer damit einhergehenden hohen Moralität [317] erleichtert haben. Die Verneinung eines aktivlegitimierten Völkerrechtssubjekts bedeutete zugleich die Ablehnung einer deutschen Rechtspflicht; ohne Rechtsanspruch keine Rechtspflicht, ohne Rechte und Pflichten aber auch kein Rechtsverhältnis. Warum war die Ablehnung eines bestehenden Rechtsverhältnisses über den tagespolitischen Anlaß hinaus so wichtig?[318] Im Grunde genommen wurde dadurch die deutsche Verantwortung

---

315 So Honig, AJIL 48 (1954), S. 567, zu Besonderheiten a. S. 564; ihm folgt Balabkins, The Wiener Library Bulletin 1967, S. 9; vgl. ferner Oppermann, in: Hoog, Völkerrecht, S. 281 (gehöre der Rechtsnatur nach eigentlich nicht dem Reparationskomplex an, sei aber eine "Art Wiedergutmachungsanspruch im Hinblick auf Kriegsfolgen", so S. 283.); Majer, Prot73 BTagsInnenA 11. Wahlper., S. 204 (gehöre "eigentlich nicht dem Reparationskomplex" an).

316 So die Tendenz bei Kossoy, Wiedergutmachung, S. 58 f.; Gurski, BB AWD 1961, S. 13 ("eine Art bilaterales Reparationsabkommen"); als Reparationsvertrag und als "einzigartiges politisches und ökonomisches Phänomen" bezeichnet bei Giniewski, World Affairs Quaterly 30 (1959/60), S. 169; Böhm, in: Blumenwitz u.a. (Hrsg.), Adenauer, S. 442, unterscheidet die "frei geschlossenen" von den "klassischen" Reparationsverträgen; als "völkerrechtliche Reparationen" bei Meyer, Rechtskraftdurchbrechung, S. 25. Seidl-Hohenveldern, Reparations, in: Encyclopedia, S. 182, spricht von "reparations in their wider sense"; ders.: Kriegsentschädigung, in: WbdVR, S. 341 ("im gewissen Sinn als Reparationsabkommen"). Die Ähnlichkeit mit "Reparationen" wird z.T. von Vertretern jüdischer Verbände abgelehnt, so Katzenstein, Fs. Hirsch, S. 223; ähnlich, ohne Verwendung einer eindeutigen juristischen Terminologie, Goldmann, Fs. Hirsch; ders., in: Blumenwitz u.a. (Hrsg.), Adenauer, S. 435 (allerdings unter Verwendung des Begriffs "Reparationsabkommen").

317 Vgl. z.B. Féaux de la Croix, W. III, S. 185-187; Schürholz, Ergebnisse, S. 3.; s.a. Sontheimer, in: H.-P. Schwarz (Hrsg.), Handbuch, S. 324 ("großzügige Politik der Wiedergutmachung").

318 In seinem Manuskript aus dem Jahre 1953 nannte Böhm, Reden, S. 220, neben den Schwierigkeiten mit den arabischen Staaten die fehlende Aktivlegitimation, mit der man den Vertrag mit Israel beanstandet habe; s. die schriftl. Erklärung von Walter (DP), BTagsStenProt. 1/254, Anlage 3, S. 12286; vgl. ferner Féaux de la Croix, W. III, S. 193 f.; Rumpf, W. III, S. 318 f. u. 322 f. Ganz anders die Stellungnahmen hinsichtlich der vom BEG erfaßten Verfolgten; mit der Konstruktion einer Amtspflichtverletzung unterstellte man regelmäßig eine Rechtspflicht, s. z.B. Grimpe, BEG, S. 8.

für den Völkermord abgelehnt, denn zwischen Täter und Opfer entsteht ein solches Verhältnis durch die Handlung des Täters. Die Schadensersatzpflicht setzt aber wiederum Identität zwischen Täter und Verpflichteten voraus. Mit der Ablehnung jeder Rechtspflicht wurde nun gerade diese Identität mit den Tätern verleugnet. Unabhängig von der rechtsdogmatischen Frage, ob ein Reparationsanspruch unmittelbar durch die Handlung oder erst durch die vertragliche Anerkennung zustande kommt, so handelt es sich doch bei ihm um einen deliktischen Anspruch. Die Schadensersatzpflicht entsteht wegen der schädigenden Maßnahme. Mit dem Hinweis, man leiste die Zahlungen nicht aus rechtlichen, sondern allein aus moralischen Gründen, gab man zu erkennen, daß man für eine fremde, von Dritten verursachte Handlung einzustehen bereit war. Damit verleugnete man zwar nicht den Völkermord, wenn auch dieses Volk nur als Mordobjekt, nicht jedoch als Anspruchssubjekt vorhanden sein durfte, aber doch eine originär eigene, deutsche Verantwortung.[319] Für die innerdeutsche "Wiedergutmachung" führte der Abgeordnete Eichelbaum (CDU/CSU) einmal aus, die Bundesrepublik habe zwar keine Schuld an den Verbrechen des Nationalsozialismus, habe sich aber "vor der Welt und vor aller Öffentlichkeit" bereit erklärt, "die Haftung dafür zu übernehmen". Dieser "entscheidende Akt" habe der deutschen Politik "den Weg in die Weltöffentlichkeit wieder geöffnet".[320]

Erst wesentlich später, nämlich im Zusammenhang mit der Novellierung des Entschädigungsrechts durch das Schlußgesetz, ist zumindest in der Terminologie ein sich anbahnender Bewußtseinswandel in Teilen des Bundestags festzustellen. Im Bericht des Abgeordneten Hirsch (SPD) als Vorsitzenden des in der zweiten Legislaturperiode eingeführten Wiedergutmachungsausschusses wird zum erstenmal der Begriff der "Ehrenschuld" als ausreichende Legitimationsgrundlage angezweifelt und eine Begrenzung des Kreises der Anspruchsberechtigten nur noch fiskalpolitisch begründet. In diesem Zusammenhang wendet sich Hirsch auch ausdrücklich gegen das "Reparationsargument". Die Befriedigung der Ansprüche stelle nicht nur eine "Ehrenschuld" dar. Mindestens gegenüber den in Deutschland Verfolgten bestehe eine Schadensersatzverpflichtung, die sich aus

---

319 So verzichtet Féaux de la Croix, W. III, S. 194, auf die Identität von Reich und Bundesrepublik (Ein "Nachfolgestaat" habe "die Verantwortung für Untaten eines Rechtsvorgängers gleicher nationaler Zusammensetzung übernommen"), während er diese mit der herrschenden Meinung für das Londoner Schuldenabkommen gerade nachzuweisen versucht, s.o., Fn. 168.

320 BTagsStenProt. 3/116, S. 6656D. Damit begründete er die Ablehnung der von der SPD beantragten Gleichstellung der DDR-Häftlinge nach dem BEG, vgl. BTagsDrs. 2/1855; s.a. Lüders (FDP), 3/103, S. 5589C/D (Befreiung von "dieser moralischen Last für andere").

allgemeinen Rechtsgrundsätzen ergebe, insbesondere auch aus den §§ 823 ff. BGB. Und:

"Die Ausschußminderheit bejaht solche schadensersatzrechtlichen Verpflichtungen gegenüber allen Verfolgten, während die Bundesregierung bisher den Standpunkt vertreten hat, die außerhalb des Deutschen Reiches geschädigten Naziopfer seien nach reparationsrechtlichen Grundsätzen zu entschädigen."

Die Bundesrepublik als legitimer Rechtsnachfolger des Deutschen Reiches habe nicht nur aus Vereinfachungsgründen ein neues öffentlich-rechtliches Anspruchssystem gefaßt, sondern vor allem in der Erkenntnis, "daß es ihr, die ja nur die 'Konkursmasse' des früheren deutschen Reiches übernommen" habe, "finanziell nicht möglich" sei, "den Gesamtschaden zu ersetzen, zumal dieser - die vielen Millionen ermordeter Menschen und den den Überlebenden meist zugefügten Gesundheitsschaden nicht gerechnet - mehrere hundert Milliarden Mark" betragen würde.[321] Dies war zwar wesentlich rationaler, mied aber tunlichst die Frage der "Leistungsfähigkeit", also die Frage nach der Priorität der Ansprüche der Verfolgten gegenüber notwendigen oder weniger notwendigen Maßnahmen für die deutschen Nichtverfolgten. Eine grundsätzliche Änderung des Bundesentschädigungsrechts wurde durch das Schlußgesetz auch ausdrücklich vermieden. Die politische Verteilungsfrage hatten die sozialdemokratischen Abgeordneten Wittrock und Arndt Ende 1959 auf die plastische Formel gebracht, daß nach der Statistik das, was das deutsche Volk in einem Jahr für Tabak und Spirituosen ausgebe, die Summe der Wiedergutmachungsleistungen für einen Zeitraum von 20 Jahren übersteige.[322]

"Unsagbare Verbrechen" waren, wie Adenauer bereits in seiner Regierungserklärung ausgeführt hatte, nicht vom deutschen Volke, sondern nur "im Namen des deutschen Volkes",[323] bzw., so an anderer Stelle, "unter Mißbrauch des Namens des deutschen Volkes" begangen worden.[324] Darin, im Blick nach

---

321 Vgl. BTagsDrs. 4/3423, S. 2.

322 Vgl. Wittrock, BTagsStenProt. 3/92, S. 5087D; Arndt, ebd., 3/103, S. 5605D; s.a. u. Fn. 459.

323 BTagsStenProt. 1/165, S. 6698B, deshalb und wegen der ganzen Anlage der Erklärung ist die Bezeichnung als "Schuldbekenntnis", so Pross, Wiedergutmachung, S. 41, verfehlt; ähnliche Formulierungen in der Aussprache bei Löbe (SPD), S. 6698D; die übrigen Debattenredner vermieden bis auf nebulöse oder abstrakte Wendungen jeden "Rückblick". Kritik wurde auch später nur vereinzelt geäußert, so z.B. vom Abg. Jahn (SPD), BTagsStenProt. 3/103, S. 5608A, in der "Antisemitismusdebatte".

324 BTagsStenProt 1/252, S. 12092D; aus der zweiten Lesung, BTagsStenProt 1/254, vgl. Gerstenmaier (CDU), S. 12276C. Klarer in der Diktion die Regierungsbegründung zum BEG, vgl. BTagsDrs. 2/1949, S. 69 f.

vorn, lag der eigentliche Grund der als "Ehrenpflicht des deutschen Volkes" verstandenen [325] "Wiedergutmachung". Erst die großzügige deutsche Haltung machte aus der moralischen eine rechtliche Verpflichtung. So führte Adenauer zur Begründung aus:

"Der Name unseres Vaterlandes muß wieder die Geltung bekommen, die der geschichtlichen Leistung des deutschen Volkes in Kultur und Wirtschaft entspricht." [326]

Und mit der "Ehre Deutschlands" begründete Eugen Gerstenmaier (CDU) die Zustimmung zum Vertrag:

"Und dieser Vertrag hat das Ziel, Deutschland aus dem Ghetto ganz und für immer herauszubringen. Ich sehe nicht ein, warum nicht beides frei ausgesprochen werden sollte. Deutschland hat in dieser Sache eine unabweisbare doppelte Pflicht, erstens gegenüber den Opfern der Tyrannei, zweitens gegenüber sich selbst, seinen Namen und seiner geschändeten Ehre". [327]

Ähnlich betonte von Merkatz (DP), man lehne eine Kollektivschuld ab, stehe aber "in solidarischer Haftung für die Wiederherstellung der Ehre unseres Volkes".[328] Und der Abgeordnete Hasemann [329] erklärte für die FDP:

"Das Abkommen mit dem Staat Israel ist nun keine materielle Wiedergutmachung, die durch einen Rechtsanspruch begründet wäre, sondern dieses Abkommen ist ein Akt, der moralisch gewertet sein will und das deutsche Ansehen und den deutschen Namen in der Welt von bislang noch anhaftenden Schlacken reinigen soll." [330]

Aus israelischer Sicht war der Einwand der Aktivlegitimation, der, nachdem die Weichen auf Verhandlung gestellt worden war, kaum noch neben der Frage der deutschen Leistungsfähigkeit ins Gewicht gefallen sein dürfte,[331] nicht nachvollziehbar. Dazu der israelische Verhandlungsleiter Shinnar:

---

325 So im Brief v. 6.12.1951 an Goldmann, s. Vogel, Dialog, S. 51; das Zitat wird in der Regierungsbegründung, BTagsDrs. 1/4141, S. 4, aufgenommen. Zustimmende Wertung bei Schwarz, Adenauer, S. 898 f. "Ehrenschuld" war der begrifflich gemeinsame Nenner, vgl. z.B. Arndt (SPD), BTagsStenProt. 2/32, S. 1534D. "Ehrenpflicht" bei: Lüders (FDP), 2/66, S. 3395D; Heye (CDU/CSU), 2/93, S. 5271D; BTagsDrs. 1/1949, S. 84.; Hirsch (SPD), 4/188, S. 9477C.

326 BTagsStenProt. 1/252, S. 12092D. Vgl. dazu auch die sozialpsychologische Studie von Feldmann, Relationship, insb. S. 32-65 u. 76-82.

327 BTagsStenProt. 1/254, S. 12276D; vgl. a. S. 12277C.

328 Ebd., S. 12279D.

329 Zu ihm wie zur Atmosphäre vgl. Grossmann, Ehrenschuld, S. 52 f.; vgl. ferner seine Ehrenerklärung, BTagsStenProt. 1/255, S. 12360 f.

330 Ebd., S. 12278C/D.

331 Der Globalanspruch der Claims Conference wurde dadurch zeitweise blockiert, vgl. Féaux de la Croix, W. III, S. 167 f.

"... ich konnte ihn nie hören, ohne über die Träger dieser Auffassung erstaunt zu sein. Wen hätten die sechs Millionen, die der Vernichtung anheimfielen, mit der Geltendmachung des entstandenen Schadens betraut, wenn nicht das wiederentstandene Israel. War nicht das 'nezach Israel lo jeshakers' (Israel wird ewig sein) der letzte Trost dieser mit allen unmenschlich ersonnenen Methoden vernichteten Opfer, wie wir aus vielen Schilderungen wissen".[332]

Lediglich die beiden Verhandlungsleiter Böhm und Küster (Stellvertreter), die beide die eigene Regierung mit Rücktrittsdrohungen unter Druck setzten, die Küster auch öffentlich wahrmachte, maßen dem formalrechtlichen Grund der fehlenden Aktivlegitimation keine wesentliche Bedeutung zu. Küster sah bereits aus der Kollektivverfolgung den Kollektivanspruch als gegeben an: Die Auswirkungen der Verfolgung erst hätten auch zur Einwanderung in Israel geführt. Im der christlichen Ethik entlehnten Begriff des "Sühnevertrags" war nicht nur die deutsche, unmittelbare Verantwortung enthalten. Küster wollte damit auch ausdrücken, daß es nicht nur um den Ersatz des Schadens ginge.[333] Noch klarer formulierte Böhm, wenn auch viele Parallelen zur Adenauerschen Argumentation auffindbar sind, daß das Völkerrecht zwar keine Entschädigungspflicht gegenüber Staaten kenne, die von ihm Vertriebene "aus Gründen der Menschlichkeit"[334] aufgenommen hätten. Aber andererseits habe das Völkerrecht mit solchen Möglichkeiten auch nicht gerechnet.[335] Und aus der Überlegung, die Judenverfolgung Hitlers sei ein deutscher Staatsakt gewesen - auch hier weicht er terminologisch nicht unerheblich ab -, der sich gegen das jüdische Volk im ganzen gerichtet habe, folgert er, eine "Wiedergutmachung" müsse deshalb versuchen, "auch dieses Gut wiederherzustellen" und zwar wiederum durch einen "deutschen Staatsakt":

"Was dazu beitragen kann, es dem jüdischen Volk zu erleichtern, sich als Volk wieder von den schweren Wunden zu erholen, muß geschehen."[336]

Und das Argument der fehlenden Aktivlegitimation stellt er in die Kontinuität der Verfolgung:

"Und Hitler wußte auch, daß im Falle seiner Niederlage dieser Vernichtungsfeldzug nicht durch einen ehrlichen Friedensschluß beendet werden konnte, eben weil die Juden zwar ein Volk, aber kein Staat sind. Er rechnete damit, daß der

---

332 Shinnar, Bericht, S. 24.

333 Vgl. Küster, Erfahrungen, S. 27-29; s.a. ders., JZ 1954, S. 1 ff.

334 Hier widerspricht sich Böhm allerdings, da Israel nicht "fremde", sondern "eigene" Angehörige aufnimmt. Böhm haftet auch an der offiziellen Vertragsbegründung; das eigentliche Verbrechen war der Völkermord.

335 Vgl. Böhm, Reden, S. 218.

336 Ebd., S. 223; vgl. a. S. 218.

Antisemitismus seinen - Hitlers - Fall überleben werde, wenn auch zunächst nicht als offener, sondern als versteckter Antisemitismus. Und diesen versteckten Antisemitismus hinterließ er zu ihrer politischen Bewaffnung eben die Berufung auf die staatsrechtlichen Schwierigkeiten einer echten Restitution. Sie konnten sich - unter Beteuerung ihres Wiedergutmachungswillens - auf juristische Formalitäten berufen und sie sollten sich - nach seiner Berechnung - auf diese Formalitäten berufen." [337]

Böhms Konzeption unterschied sich dadurch nicht unwesentlich von der regierungsamtlichen, wenn auch er sich nicht um eine breite völkerrechtliche Begründung bemühte. Pragmatisch kam es darauf nicht mehr an, weil man verhandelte bzw. einen völkerrechtlichen Vertrag abgeschlossen hatte. Ein völkerrechtlich stringenter Ansatz hätte andererseits das Nürnberger Urteil des Internationalen Militärgerichtshofes kaum umgehen können, was allerdings sehr untunlich war. Später, als Abgeordneter der CDU und stellvertretender Vorsitzender des Wiedergutmachungsausschusses, ging er, allerdings in bezug auf die Individualansprüche, über die damalige Haltung der Bundesregierung hinweg. In der ersten Lesung des Bundesentschädigungsschlußgesetzes behauptete er, die Regierung sei sich von "vornherein darüber im klaren" gewesen, daß "die Wiedergutmachung im Grunde eine Rechtspflicht" gewesen sei, die zwar "aus verschiedenen Gründen formell durch Gesetze noch besonders übernommen werden mußte, aber nicht erst durch diese Gesetze geschaffen worden" sei.[338]

Im zum Vertragsbestandteil erklärten (Art. 16 Abs. a ii) Schriftwechsel verpflichtet sich Israel, keine weiteren Forderungen gegen die Bundesrepublik Deutschland "auf Grund von oder in Verbindung mit Schäden, die durch die nationalsozialistische Verfolgung verursacht worden sind", zu erheben. Dies betraf nicht die Individualansprüche israelischer Staatsbürger. Auf deutschen Vorschlag waren aber kurz vor Verhandlungsabschluß Zahlungen für Körperschäden ausgenommen worden. Diese, von der israelischen Verhandlungsdelegation bei weitem unterschätzte Regelung hatte israelische Mehraufwendungen von etwa 400 Millionen DM zur Folge.[339]

---

337 Ebd., S. 224; Bedenken bereits in der Debatte über den SPD-Vorschlag, durch Bundesgesetz Israel als Berechtigten des "erbenlosen Vermögens" anzuerkennen (s.BTagsDrs. 1/1828), vgl. Oellers (FDP), BTagsStenProt. 1/120, S. 4594D, u. Reismann (Z), S. 4597C/D.

338 Vgl. BTagsStenProt. 4/96, S. 4414B/C; ebs. Böhme (CDU/CSU), ebd., 4/188, S. 9473A.

339 Vgl. Art. 16 Abs. a ii mit Schreiben Nr. 1a u. b; s. § 71 V BErgG bzw. § 164 BEG. Ausführlich dazu Kossoy, Wiedergutmachung, S. 98-109 u. 367-369; Schürholz, Ergebnisse, S. 19 f. Nach Goldmann, Leben, S. 430 f., sind seitens der Bundesregierung Ausgleichszahlungen erfolgt.

Trotz der "moralischen Bedeutung" des Vertrages gelang Adenauer dessen Verabschiedung nur mit Hilfe der Sozialdemokratie. Die Sozialdemokraten, die bereits im Februar 1951 im Bundestag für eine Globalzahlung eingetreten waren,[340] schlossen als einzige aus der moralischen Natur der Verpflichtung, daß dies stärkere Bemühungen als die Einlösung einer nur durch die Normen des geschriebenen Rechts begründeten Schuld verlange. Um der Gerechtigkeit willen müsse bis an die äußerste Grenze des deutschen Leistungsvermögens gegangen werden. Und die Ablehnung der These von der Kollektivschuld bedeute nicht, daß es eine "Kollektivunschuld" des deutschen Volkes gebe.[341]

Die Gegner des Vertrags beriefen sich plötzlich auf den Vorrang der Entschädigungsgesetzgebung.[342] Soweit dies nicht der "arabischen Frage"[343] vorgeschoben[344] war, dürfte darin ebenfalls nur die Verleugnung eines durch den Völkermord getroffenen Subjekts zum Ausdruck kommen. Die angenommene Entschließung zu "offenkundigen Härten" in der Rückerstattung[345] zeigt weiter, daß auch diese Debatte nicht frei von Revanchedenken geführt wurde. Die KPD sah im Abkommen nur eine Vereinbarung zweier Kapitalistenklassen und stimmte geschlossen dagegen.[346]

Könke hat in einer neueren Untersuchung dargelegt, daß der Vertrag zwar kein Überlebensfaktor für den Staat Israel und seine Volkswirtschaft dargestellt habe, aber gleichwohl zur Überwindung der bedrohlichen Krise Anfang der fünfziger Jahre und zur wirtschaftlichen Modernisierung und zur Verbesserung der strukturellen Voraussetzungen beigetragen habe. Für Deutschland seien der zur Wiedererlangung politischer und wirtschaftlicher Handlungsfreiheit notwendige Gewinn an internationalem Renommee, das zusätzliche Auftragsvolumen für die

---

340 S.o. Fn. 143.

341 So Carlo Schmid, BTagsStenProt. 1/254, S. 12277. Zur Rolle der Sozialdemokratie s. a. die Beiträge von Shafir und Albrecht, in: Herbst/Goschler (Hrsg.), Wiedergutmachung; Ollenhauer, in: Infield (Hrsg.), Essays. Der zuständige BTagsausschuß empfahl Zustimmung, vgl. BTagsDrs. 1/4181.

342 Vgl. Hasemann (FDP), BTagsStenProt. 1/254, S. 12278D; Decker (FU), S. 12281D f., sowie die schriftl. Erklärung des fraktionslosen Abg. Bodensteiner, S. 12288.

343 Vgl. Atek, Orient 1983; Büttner/Hünseler, in: Kaiser/Steinbach (Hrsg.), Beziehungen, S. 113-118; Abediseid, Beziehungen, S. 50-91.

344 Vgl. die schrifl. Erklärung von Strauß zur Stimmenthaltung der meisten CSU-Abgeordneten, S. 12362; s. ferner den Beitrag von Strauß in der Zeitschrift Chemische Industrie 5/1953.

345 Vgl. Hasemann, BTagsStenProt. 1/254, S. 12279B.

346 Vgl. Müller (KPD), S. 11280 f.

deutsche Industrie und die langfristige Sicherung von Teilen des israelischen Marktes Faktoren gewesen, die die ursprüngliche Kostenbelastung wettgemacht und die Abkommenszahlungen in der Rückschau auch ökonomisch als sinnvolle Zukunftsinvestition ausgewiesen hätten. Für Könke handelt es sich daher um "kein einseitiges Subventionsunternehmen", das allein aus einer moralischen Verpflichtung eingegangen worden sei und nur einer Seite Gewinn gebracht hätte. In der Gesamtbetrachtung erscheine es vielmehr als "rationaler politisch-ökonomischer Kooperationsmechanismus", der beiden Teilen langfristig Nutzen gebracht habe.[347]

c. Die Regierungsabkommen mit der Claims Conference

aa. Der Globalanspruch (Protokoll Nr. 2)

Der Globalanspruch der Claims Conference wurde in der Präambel des Protokolls Nr. 2 auf das "erbenlose" Vermögen gestützt und den Umstand, daß sich zahlreiche jüdische Verfolgte infolge der Verfolgung in Not befänden. Ihr Anspruch von ursprünglich 500 Millionen Dollar war im Hinblick auf das Zustandekommen des gesamten Vertragswerks auf weniger als ein Viertel (450 Millionen DM, der Kurswert des Dollars lag bei 4,20 DM) gedrückt worden. Er wurde zunächst von der deutschen Verhandlungsdelegation abgelehnt, weil sich die Mittelverwendung nicht kontrollieren lasse.[348] In der Regierungsbegründung heißt es, die Forderung erscheine weder dem Grunde noch der Höhe nach gerechtfertigt. Unter Berücksichtigung der auch in der Präambel genannten Gründe habe die Bundesregierung jedoch eine moralische Verpflichtung zur Zahlung anerkannt.[349] Damit und mit der gerechtfertigten "Sonderbehandlung jüdischer Verfolgter" wurde deutscherseits ähnlich wie beim deutsch-israelischen Abkommen argumentiert. Eine Auseinandersetzung über die Situation des europäischen Judentums nach Völkermord und Flucht konnte so nur sehr partiell erfolgen.[350]

---

347 Könke, VfSWg 1988, Zitat S. 535; vgl. a. Balabkins, Reparations, S. 155-272; Ebeling, Bericht; Schürholz, Ergebnisse. Zu bundesrepublikanischen Vorteilen aus juristischer Sicht vgl. Kossoy, Wiedergutmachung, S. 59-67.

348 Vgl. Goldmann, Leben, S. 399; Féaux de la Croix, W III, S. 168.

349 BTagsDrs. 1/4141, S. 5.

350 Dazu und zur Verwendung der Mittel ausf. Zweig, Reparations; vgl. ferner Katzenstein, Fs. Hirsch; Katzenstein war nach Abschluß des Abkommens lange Zeit Leiter des deutschen Büros der Claims Conference gewesen.

In der parlamentarischen Auseinandersetzung spielte das nicht ratifizierungsbedürftige Abkommen keine Rolle.

bb. Die Vorgaben für eine Entschädigungsgesetzgebung (Protokoll Nr. 1)

(1) Ausbau der Gesetzgebung

Im Protokoll Nr. 1 über den Ausbau der "Wiedergutmachungsgesetzgebung" wurde im entschädigungsrechtlichen Teil ähnlich der Regelung im Überleitungsvertrag der bundesweite Ausbau der Gesetzgebung vereinbart (Nr. 1). Entsprechend des Vertragscharakters fehlte die Einbeziehung der Nationalverfolgten. Daneben wurden Regelungen zum Abbau der Probleme aus den verschiedenen Wohnsitz- und Stichtagsklauseln (Nr. 2 u. 3) und zur Verbesserung wichtiger Detailregelungen wie Vererbbarkeit von Ansprüchen (Nr. 6), Anerkennung der Ausbildungsschäden (Nr. 10), Ausgleich der Verluste in der Kriegsopferversorgung (Nr. 11), Verkürzung des Zahlungszeitraums (Nr. 15-17), der Beweisanforderungen (Nr. 19 u. 20), der Modalitäten bei der Abgeltung von Existenzschäden (Nr. 8) und der Einbeziehung jüdischer Gemeindebediensteter (Nr. 9) getroffen. Der Freiheitsentziehung wurde Zwangsarbeit unter "haftähnlichen Bedingungen" und das Leben in der Illegalität unter "haftähnlichen oder menschenunwürdigen Bedingungen" gleichgeachtet (Nr. 4 u. 5).

(2) Das Territorialitätsprinzip

Eines der größten Probleme war die Einbeziehung der Verfolgten nicht nur aus den osteuropäischen sog. Vertreibungsgebieten, sondern aus den besetzten Gebieten überhaupt. Vom Völkermord und den übrigen Verfolgungsmaßnahmen waren vor allem auch die Staatsangehörigen der besetzten Länder betroffen worden. Damit stand nicht nur die Frage einer enormen finanziellen Ausweitung im Raum, sondern auch die Verantwortung für die Verfolgungsmaßnahmen während des Krieges. In den besetzten Gebieten ohne die Sowjetunion lebten bei Kriegsbeginn über 6 Millionen Juden, davon über die Hälfte in Polen. Weitere drei Millionen lebten in der Sowjetunion. Annähernd 6 Millionen Juden aus ganz Europa waren ermordet worden. Überlebt hatten in der Sowjetunion 2,6 Millionen, im übrigen Europa fast 1,2 Millionen Juden. Aus Deutschland waren bis zum Einsetzen der Deportationen etwa 240.000 Juden emigriert, weitere 80.000 aus dem Sudetenland, 130.000 aus Österreich und 25.000 aus Böhmen und Mähren. Bis 1950 waren 120.000 Juden vornehmlich aus Osteuropa über die DP-Lager in Deutschland ausgewandert. Insgesamt wanderten in den ersten fünf Jahren nach Kriegsende annähernd 300.000 Juden aus Europa in die übrige Welt aus, davon 200.000 nach Israel und 72.000 in die Vereinigten Staaten. Zehntausende verließen vor allem Osteuropa in den Folgejahren.[351]

Die deutsche Verhandlungsdelegation widersetzte sich allen Ausweitungsversuchen.[352] Das Verhandlungsergebnis ging nicht wesentlich über die Regelung im US-EG hinaus. Das Wohnsitz- und Stichtagssystem wurde nicht abgeschafft, sondern nur modifiziert. Eine bundesweite Geltung hätte nur die im Einzelfall zum Anspruchsausschluß führenden Unterschiede der einzelnen Länderregelungen beseitigt.[353] Flüchtlinge waren bisher [354] nur bei Wohnsitznahme im jeweiligen Land anspruchsberechtigt. Neu einbezogen [355] wurden nun diejenigen, die "aus den Vertreibungsgebieten im Sinne des Lastenausgleichsgesetzes [356] vor der allgemeinen Vertreibung in das Ausland ausgewandert sind". Damit waren zunächst alle aus Österreich stammenden Verfolgten ausgeschlossen. Für diese hatte nach bundesdeutscher Auffassung allein Österreich aufzukommen, da es sich bei ihm gleichfalls um einen Nachfolgestaat handele.[357] Dies stellte der Zusatz "wenn anzunehmen ist, daß sie von den Vertreibungsmaßnahmen betroffen worden wären, die sich im Zusammenhang mit den Ereignissen des zweiten Weltkrieges gegen deutsche Staatsangehörige und deutsche Volkszugehörige gerichtet haben", klar. Durch ihn wurden ferner alle Nicht-Deutschen ausgeschlossen. Diese, von den Entschädigungsgesetzen dann mit Verweis auf das Bundesvertriebenen- und Flüchtlingsgesetz aufgegriffene Anspruchsvoraussetzung [358] führte zu der paradoxen Situation, daß die Verfolgten nunmehr ihre

351 Vgl. die einzelnen Angaben bei Gilbert, Endlösung, S. 236-243; Hilberg, Vernichtung, S. 710, 755 f. u. 779-782; Zweig, Reparations, S. 30-45.

352 Vgl. Sagi, Wiedergutmachung, S. 123; zu den Verhandlungen S. 124-129, 133 u. 164-168; Féaux de la Croix, W. III, S. 168.

353 Vgl. Nr. 1-3 Protokoll Nr. 1.

354 Vgl. § 6 US-EG, dazu oben um Fn. 70.

355 Vgl. Nr. 12 Protokoll Nr. 1.

356 Vgl. Gesetz über den Lastenausgleich (Lastenausgleichsgesetz- LAG) v. 14.8.1952, BGBl. I, 446. Nach § 11 LAG konnte ein Vertriebener nur aus den "deutschen Gebieten östlich der Oder-Neiße-Linie" oder aus "den Gebieten außerhalb der Grenzen des Deutschen Reiches nach dem Gebietsstand vom 31. Dezember 1937" kommen.

357 Dazu u. zur Rechtssystematik vgl. Blessin/Wilden, BEG, 2. Aufl., § 150, Rn. 11 f.

358 Vgl. § 8 I Nr. 4 BErgG bzw. § 4 I Nr. 1e u. II BEG; § 1 I des Gesetzes über die Angelegenheiten der Vertriebenen und Flüchtlinge v. 19.5.1953, BGBl. I, 201, war mit § 11 I LAG wortgleich.

deutsche Volkszugehörigkeit beweisen mußten. Nur Deutschtum und Verlassen Osteuropas durch Flucht zusammen sollten zum Entschädigungsanspruch führen. Ehemalige Bewohner der DDR sollten nur als politische Flüchtlinge, sogenannte Doppelt-Verfolgte, in die Entschädigungsgesetzgebung einbezogen werden, aber nur wegen Verletzung der Freiheit, des Körpers und der Gesundheit. Schaden an Eigentum und Vermögen sowie im beruflichen und wirtschaftlichen Fortkommen wurden nur sehr eingeschränkt berücksichtigt.[359] Mit der Gleichstellung aller innerhalb und außerhalb der Bundesrepublik lebenden Berechtigten [360] waren vermutlich alle, vom US-EG ebenfalls einbezogenen Emigranten gemeint. Staatenlose und die übrigen politischen Flüchtlinge, unabhängig davon, ob sie eine neue Staatsangehörigkeit erworben hatten, sollten nur einbezogen werden, wenn sie von keinem Staat oder keiner zwischenstaatlichen Organisation wegen des erlittenen Schadens betreut wurden oder noch werden. Ihr Anspruch war beschränkt auf Verletzung der Freiheit, des Körpers und der Gesundheit und konnte unter den Sätzen der übrigen Verfolgten liegen.[361]

Damit war das "subjektiv-persönliche Territorialitätsprinzip", das in den späteren Entschädigungsgesetzen nur im Detail modifiziert wurde, um die in ihm angelegten Härten am Rande auszugleichen, ausformuliert. Der Keim war bereits in den Landesgesetzen gelegt worden. Die dort aus fiskalischen Gründen getroffenen Beschränkungen waren auch insofern verständlich, als die einzelnen Länder nicht für die Ansprüche aller Verfolgten auch außerhalb des Landes oder des Bundesgebietes aufkommen konnten. Mit dem Territorialitätsprinzip wurden alle im ehemals besetzten Gebiet verbliebenen Verfolgten ausgeschlossen, also alle noch in West- oder Osteuropa lebenden Verfolgten. Die Verfolgten aus Ost- und Südosteuropa (einschließlich der ehemaligen deutschen Gebiete und der DDR) waren nur bei Verlassen ihres Landes anspruchsberechtigt. Die Begrenzung ihres Anspruchs deutet auf die Wahrnehmung einer geringeren Verantwortlichkeit für sie hin. Gleichberechtigt einbezogen wurden nur alle im Bundesgebiet lebenden Verfolgten, alle aus dem Bundesgebiet stammenden, aber bereits während des Nationalsozialismus oder bis zum Stichtag (1.1.1947) [362] ausgewanderten [363]

359 Vgl. Nr. 13 Protokoll Nr. 1; § 8 I Nr. 5 BErgG bzw. § 4 I Nr. 1 f BEG; ihre Ansprüche wurden nicht eingeschränkt.

360 Vgl. Nr. 18 Protokoll Nr. 1.

361 Vgl. Nr. 14 Protokoll Nr. 1. Zur Umsetzung sogl. im Text.

362 Vgl. § 8 Nr. 1 u. 2 BErgG; § 4 I Nr. 1a-c BEG setzte den Stichtag auf den 31.12.1952 fest.

363 Die Emigranten aus den früheren Reichs-, aber nicht bundesdeutschen Gebieten wurden erst 1956 durch § 4 I Nr. 1 c BEG einbezogen; zu möglichen Ansprüchen

Verfolgten sowie alle Vertriebenen, die sich im Bundesgebiet niedergelassen hatten oder über einen Zwischenaufenthalt im Bundesgebiet ausgewandert waren. Die übrigen Vertriebenen, die aus den Vertreibungsgebieten außerhalb des früheren Deutschen Reichs ihren Wohnsitz unmittelbar ins Ausland verlegt hatten, wurden wie die übrigen Flüchtlinge, aber auch wieder unterschiedlich, schlechter gestellt. Diese weitere Differenzierung war z.T. erst durch den Bundesgesetzgeber eingeführt worden.[364]

Damit hatte sich eine weitgehend "deutsche Lösung" durchgesetzt. Sie war nur durch die im Überleitungsvertrag und jetzt auch im Abkommen mit der Claims Conference vorgesehene Ergänzung für die schutzstaatlosen Flüchtlinge und DPs erweitert worden. Dagegen hatte man sich deutscherseits immer gewehrt. Dies kam noch deutlich in der Anspruchshöhe und der Regelungstechnik zum Ausdruck. Mit dieser Regelung war zwar eine Ergänzung des "Reparationssystems" erreicht worden, sieht man zunächst von der weiteren Diskriminierung der Nationalverfolgten durch die Verwaltungspraxis ab. Zweifelhaft bleibt aber, ob diese minimale Ergänzung des Reparationssystems noch im Jahre 1953, erst recht aber in den folgenden Jahren, so bei den Novellierungen 1956 und 1965, angesichts der überaus guten wirtschaftlichen Entwicklung vertretbar war. Die "deutsche Lösung" bedeutete aber auch, daß man die in der Entschädigungsgesetzgebung zum Ausdruck kommende Verantwortung nur für Deutsche übernahm, gleichsam so, als liege der Rechtsgrund vornehmlich in dem durch die Dogmatik der Volkszugehörigkeit erweiterten Bande zum deutschen Staat und nicht in der Verfolgungshandlung begründet. Überspitzt formuliert verpflichtete sich die Bundesrepublik mit der Entschädigungsgesetzgebung nur zu Leistungen an die eigenen Staatsangehörigen für Verfolgungsmaßnahmen, für die sie nicht einzustehen hatte. Unter dem Aspekt des Territorialitätsprinzips handelt es sich daher bei der Entschädigungsgesetzgebung wesentlich um eine Sozialgesetzgebung für die eigenen Staatsangehörigen. Das Stichwort von der notwendigen "Sonderbehandlung" wenigstens der jüdischen Verfolgten, das zur Begründung der Globalansprüche brauchbar war, spielt hier keine Rolle mehr. Mit der Unterscheidung in politische und nationale Verfolgte bei den Verfolgungsgründen war die wesentliche Funktion des Territorialitätsprinzips vor allem die Ausscheidung der Ansprüche verfolgter Juden, die nicht

---

bereits nach dem BErgG s. Blessin/Wilden, BEG, § 8, Rn. 13.

364 Vgl. Nr. 12 und 14 Protokoll Nr. 1 sowie §§ 8 I Nr. 4, II, 67-76 BErgG bzw. §§ 4 I Nr. 1e, 149-166 BEG. Aus der Kommentarliteratur s. Blessin/Wilden, BEG, § 68, Rn. 1, und § 71, Rn. 1; zur Verbesserung der Rechtslage durch das BEG s. dies., 2. Aufl, vor § 150.

zu Deutschland gerechnet wurden. Dies zeigt einmal mehr, daß der Hinweis auf das besondere Schicksal der Juden z.T. nur vorgeschoben war.

III. Das Bundesentschädigungsgesetz

1. Die Auseinandersetzung bis zur Verabschiedung des Bundesergänzungsgesetzes

a. Die Konkurrenz von Bundesrat und Bundesregierung und die Auseinandersetzung im Bundesrat: Fürsorge oder Schadensersatz?

Die Bundesregierung entschloß sich erst allmählich nach der Erklärung Adenauers im Bundestag vom September 1951 für ein Bundesgesetz. Vor allem Bundesfinanzminister Schäffer, dessen Ministerium zuständig blieb - eine der organisatorischen Fehlentscheidungen, die mit zu den Unzuträglichkeiten in der Folgezeit beigetragen haben dürfte - hintertrieb die spätestens seit Ende 1951/Anfang 1952 mit dem Überleitungsvertrag unausweichliche Entscheidung zum Erlaß eines Bundesgesetzes. Schäffer berief eine vorbereitende Kommission zur Ausarbeitung eines Gesetzentwurfs erst im November 1952 ein. Zuvor waren die Haager Verhandlungsergebnisse im Bundeskabinett im September gebilligt worden. Maßgeblich zu Schäffers Entschluß trug die Gefahr bei, der Bundesrat könne sich an die gesetzgeberische Spitze setzen. Im Bundesrat war bereits eineinhalb Jahre zuvor, im März 1951, die Weiche auf ein Bundesgesetz gestellt worden. Die Umsetzung dieser Entscheidung wurde etwa ein Jahr später verstärkt in Angriff genommen. Dazu trug wesentlich Otto Küster als "Staatsbeauftragter für die Wiedergutmachung" in Baden-Württemberg bei. Er arbeitete bereits im April 1952 einen ersten Vorentwurf aus, der in überarbeiteter Form im Oktober im Bundesrat beraten wurde. Einen Monat später lag der überarbeitete "Novemberentwurf" des Bundesrats vor, der jederzeit als Gesetzgebungsinitiative im Bundestag hätte eingebracht werden können. Dies versuchte das Bundesfinanzministerium zu verhindern, da dieser Entwurf in vielen Einzelbestimmungen über das US-EG und das in den Verträgen geforderte Mindestprogramm hinausging. Während Schäffers einberufene Kommission über den Jahreswechsel unter Hochdruck arbeiten mußte, rührte sich vereint mit dem Bundesfinanzministerium auch im Bundesrat Widerstand durch Vertagung der

Beratungen und dann fiskalischer Abschwächung des Novemberentwurfs.[365]

Die vereinzelt durchschimmernde Ambivalenz der Sozialdemokratie tritt hier deutlich in der an der Begrenzung der Existenz- und Vermögensschäden, den Vererbungsmöglichkeiten und der Entschädigung für DPs aufgehängten Kontroverse zwischen dem Bremer Senator und Vorsitzenden des Wiedergutmachungsausschusses im Bundesrat van Heukelum und dem baden-württembergischen Justizminister Renner zutage. Beide der SPD zugehörig vertraten sie in der Februardebatte (1953) im Bundesrat die gegensätzlichen Standpunkte, die dann zu einer Niederlage Renners und Küsters führte. Van Heukelum trat für eine gleichsam stärkere Berücksichtigung einer "Konkursquote" ein:

"Ich sehe daher in dieser Divergenz der Meinungen weniger eine juristische, als vielmehr eine entscheidende soziale Frage, nämlich ob und wieweit infolge des letztlich vorgegebenen finanziellen Rahmens eine Beschränkung des Ausgleichs der hohen Eigentums- und Vermögensschäden zugunsten einer wesentlich verbesserten sozialen, aber abgeschwächten quotalen Entschädigung vertreten werden kann."[366]

Die stärkere Berücksichtigung von Sozialkomponenten war aber nur bei starrer Vorgabe eines beschränkten finanziellen Rahmens überlegenswert. Eigentliches Thema der Entschädigungsgesetzgebung war die Frage, inwieweit man bereit war, diese vorrangig vor anderen Aufgaben durchzuführen. Davon hing entscheidend der finanzielle Rahmen ab. Renner und Küster hielten demgegenüber an einer eigentlichen, rechtlichen "Wiedergutmachungskonzeption" fest. Trotz der darin enthaltenen sozialpsychologischen Überschüsse bringt "Wiedergutmachung" i. S. v. Schadensersatz klar zum Ausdruck, daß der Schädiger dem Verletzten den materiellen, wirtschaftlich meßbaren Schaden zu ersetzen hat, unabhängig von den sozialen Verhältnissen des Geschädigten. Für darüber hinausgehende immaterielle Schäden ist Schmerzensgeld zu leisten.

Mit der bewußten Vermeidung des Ausdrucks "Wiedergutmachung", wie sie mit dem "Bundesergänzungsgesetz zur Entschädigung" bzw. "Bundesentschädigungsgesetz" vollzogen wurde, geht das offene Eingeständnis einher, möglich sei nur eine Entschädigung "in den Grenzen unserer Finanzkraft" für materiell

365 Hierzu und zum Folgenden vgl. Pross, Wiedergutmachung, S. 24-34 u. 78-91; Féaux de la Croix, W. III, S. 63-82.

366 S. den Brief der Landesregierung Bremen an den Präsidenten des Bundesrats v. 18.2.1953, Anhang 5 der Dokumentation der Landesregierung Baden-Württemberg, Unterlagen, S. 87 f., Zitat S. 88. Aus dem Bundestag vgl. z.B. Eichelbaum, BTagsStenProt. 3/116, S 6656D, der die "Wiedergutmachung" als "überdurchschnittliche Sozialhilfen" bezeichnete. Anfrage des Abg. Kaffka (SPD) und Antwort des Innenministers Höcherl (CSU), 4/125, S. 6068B.

meßbare Schäden.[367] Die Erklärung Baden-Württembergs setzt daher mit ihrer Kritik an van Heukelum vor allem an den Begriffen "sozial" und "quotal" an. Damit würden Leitbegriffe des Lastenausgleichs in Erinnerung gerufen. Hier gehe es aber um "Unrecht", "nicht um Unglück". Und mit dem Hinweis auf die Urheberschaft des "Unrechts" trifft die Kritik an der fiskalpolitischen Grundkonzeption des Entschädigungsrechts den Kern der Auseinandersetzung:

"Will man dem gerecht werden, daß auch im Bereich des Lastenausgleichs zum Teil Unrecht ausgeglichen wird, nämlich das in den Vertreibungsgebieten begangene, so müßte man heute formulieren: Bei der Wiedergutmachung geht es um unser eigenes Unrecht, nicht um fremdes Unrecht. Wir kommen nicht darum herum, daß im Namen und für Rechnung des deutschen Volkes die Dinge angetan, weggenommen oder vorenthalten wurden, um die es hier geht. Es hat Sinn, zu quotieren oder soziale Erwägungen anzustellen, wenn man einen Akt der Solidarität vornehmen will, wenn man Volksgenossen, die ins Unglück geraten sind, mit den Mitteln der Gesamtheit einen Teil des Schadens abnehmen will. Aber es hat keinen Sinn, soziale oder quotale Erwägungen anzustellen, wenn man Unrecht wiedergutmachen will, das im Namen der Volksgesamtheit begangen worden ist." [368]

Küster und Renner erlitten im Februar eine herbe Abstimmungsniederlage im Bundesrat. Die Bundesregierung hielt jedoch den revidierten, aber z.T. immer noch weitergehenden Entwurf zurück. Sie leitete diesen zusammen mit ihrem eigenen Entwurf, nachdem er seit Januar die verschiedensten Stellen durchlaufen hatte, am 20. Juni 1953 dem Bundestag zu. Schäffer sah nun allmählich ein, daß auch international ein weiteres Verzögern nicht mehr möglich war und hoffte, eine günstige Kostenverteilungsklausel Bund/Länder durchzubringen. Denn für Beratungen war kurz vor Ende der Legislaturperiode keine Zeit.

b. Die geringe Bedeutung des Bundestags

Im Bundestag selbst war mit der Ausschußverweisung der SPD-Interpellation zur Vorlage eines "Wiedergutmachungsgesetzes" im Februar 1951 [369] die Angele-

367 So die Regierungsbegründung, BTagsDrs. 1/4527, S. 36; vgl. ferner Küster, Erfahrungen, S. 12.

368 Erklärung Baden-Württembergs i.d. Sitzung des Bundesrats v. 20.2.1953, Anhang 6, in: Landesregierung Baden-Württemberg, Unterlagen, S. 88. Zur juristisch begründeten, sich aus dem Gedanken der Amtspflichtverletzung ergebenden Konzeption Küsters vgl. seinen im Juni 1953 in Frankfurt gehaltenen Vortrag, ders., Wiedergutmachung, insb. S. 10 f. u. 16; vgl. ferner ders., Probleme, S. 6 f.; ders., Erfahrungen, S. 13 u. 16; ähnlich Arndt, BTagsStenProt. 2/60, S. 3096D. Dies wird später inhaltl. aufgegriffen in der Regierungsbegründung zum BEG, vgl. BTagsDrs. 2/1949, S. 69 f., und durch das Argument "Leistungsfähigkeit" korrigiert.

369 Vgl. BTagsDrs. 1/1828; BTagsStenProt. 1/120, S. 4599A. Dazu s.u. 4 II 1 nach Fn. 139.

genheit erst einmal aufgeschoben worden. Der Rechtsausschuß legte seinen Bericht erst am 3. Juli 1952 [370] vor, als die Grundkonzeption eines Bundesentschädigungsgesetzes mit der Claims Conference bereits ausgehandelt worden war. Der Bericht geht über die bis dahin in den internationalen Abkommen als Mindestprogramm erzielten Vereinbarungen nicht hinaus.[371] Die Regelung noch ausstehender rückerstattungsrechtlicher Ansprüche gegen das Deutsche Reich sollten danach mit Ausgleichsansprüchen der Verpflichteten gekoppelt werden. Die ebenfalls im September angenommenen [372] entschädigungsrechtlichen Richtlinien sind in den 13 Absätzen deutlich am Protokoll Nr. 1 ausgerichtet, ohne bereits die erst in der Endphase ausgehandelten Einzelkautelen zu enthalten. Die Richtlinie über die Nationalverfolgten geht nicht über den Überleitungsvertrag mit seinen Einschränkungen hinaus. Eine Überwindung des engen "Territorialitätsprinzips" im Verbund mit den beschränkten Verfolgungsgründen ist auch zu Beginn der fünfziger Jahre nicht diskutiert worden. Vereinzelte Kontroversen bewegten sich lediglich an den Rändern dieser Grundkonzeption. Dies gilt auch für die auf Küsters Arbeiten beruhende Novemberfassung des Bundesrats und die revidierte Fassung, die Gesetzesvorlage des Bundesrats.[373] Hinsichtlich der DPs war die Küstersche Konzeption (nur die Novemberfassung) insofern offensiver, als sie eine Entschädigung nur für die Minderheit der am Stichtag (23. Mai 1949) integrierten DPs vorsah und für die übrigen auf Verhandlungen mit den Aufnahmestaaten setzte [374] - ein Vorschlag, der sicherlich nicht nur die Verantwortlichen im Bundesfinanzministerium beunruhigt haben dürfte, hätte er einen Türspalt zur Reparationsfrage, die man mit Mühe gerade erst am Schließen war, geöffnet.

aa. Neuansätze im SPD-Entwurf (Juni 1952)

Einzig die Fraktion der SPD brachte mit ihrem im Juni 1952 vorgelegten, 38 Paragraphen umfassenden "Entwurf eines Gesetzes zur Anerkennung des deutschen Widerstandes und zur Wiedergutmachung nationalsozialistischen Unrechts" [375] einige bemerkenswerte Neuansätze zur Grundkonzeption des An-

370 BTagsDrs. 1/3583.

371 Der Bericht, ebd., S. 2, weist auf diese Verpflichtungen ausdrücklich hin.

372 S. BTagsStenProt. 1/229, S. 10445B/C.

373 Vgl. insb. §§ 1, 3, 13, 113 u. 114 der beiden Entwürfe in der Synopse der Landesregierung Baden-Württemberg, Unterlagen.

374 Vgl. ebd., S. 80, Anm. zu § 114 der Gesetzvorlage des Bundesrats.

375 BTagsDrs. 1/3472.

spruchssystems. Bereits von daher geht die auch hier nicht über die Ebene der zeitgenössischen Ministerialbürokratie hinausschauende Kritik von Féaux de la Croix, der Entwurf sei "grob gesagt hingehauen", ohne Beachtung fiskalischer Möglichkeiten und des Problems, "ob seine Konzeptionen überhaupt verwaltungsmäßig zu bewältigen waren", "unausgegoren, ja zum Teil verfassungswidrig", am Kern vorbei. Immerhin hält er noch die Neuformulierung des Verfolgtenbegriffs für bemerkenswert.[376]

Im Neuansatz des Entwurfs wurde die Konzeption der Verfolgungsgründe, die wesentlich auf die Verfolgermotivation abstellte, fallengelassen. Unter Rückkehr zu einem deliktischen Anspruchssystem, das tatbestandlich allein auf die Rechtsgutverletzung abstellt, wurde Verfolgung als "bloße" Verletzung der Menschen- und Bürgerrechte definiert (§ 2 Abs. 1):

"Wer durch nationalsozialistische Verfolgungs- und Unterdrückungsmaßnahmen, die sich gegen die Menschen- und Bürgerrechte - insbesondere die Freiheit der Meinung, des Glaubens und der Person, sowie die Gleichheit vor dem Gesetz[377] - richteten, Unrecht erlitt (Verfolgter), hat nach den Vorschriften dieses Gesetzes Anspruch auf Wiedergutmachung gegen die Bundesrepublik Deutschland".

Demgegenüber beinhalteten die Verfolgungsgründe nach den Entschädigungsgesetzen mit ihrer Subjektivierungstendenz der Verfolgungshandlung Elemente des im Deliktaufbau dogmatisch zur Schuld zählenden Vorsatzes. Ihre Vertatbestandlichung verschiebt die mit der Schuld[378] einhergehende Beurteilung der Verwerflichkeit des Handelns in den Tatbestand. Maßgebend ist nicht mehr ausschließlich der Unrechtserfolg, dessen Verwerflichkeit allein aus dem Umstand herrührt, vom nationalsozialistischen Regime herbeigeführt worden zu sein. Die Verfolgungsgründe, nicht der Verletzungserfolg, bestimmen die Scheidelinie der Entschädigung. Der mit den Verfolgungsgründen aufgeladene Verfolgtenbegriff verschiebt nicht nur die mit der Entschädigung einhergehende Abgrenzung von Recht und Unrecht, sondern bedeutet zugleich die Heraushebung aus der Masse der Unrechtshandlungen. Die Aufgabe der Verfolgungsgründe im SPD-Entwurf war daher vermutlich durch die im Entwurf zum Ausdruck kommende Zweiteilung in Widerstandskämpfer und ("einfache") Verfolgte möglich geworden. Im Begriff "Widerstandskämpfer" waren bis auf "Rasse" die Verfolgungsgründe der

---

376 Féaux de la Croix, W. III, S. 65 f., Zitate S. 66.

377 Auffallenderweise fehlt bei dieser Tatbestandstypisierung das "Recht auf Leben und körperliche Unversehrtheit".

378 Zum Zusammenhang von Verfolgungsgründen und Schuld s.a. Küster, Probleme, S. 8; ders., Erfahrungen, S. 25; hierzu s. bereits o. um Fn. 60.

politischen Gegnerschaft, des Glaubens und der Weltanschauung aufgehoben. Um deren "Ehrung" und die der rassisch Verfolgten, weil sie die systematischste und im Völkermord endende Verfolgung getroffen hatte, ging es vornehmlich im Entschädigungsrecht. Mit der im "Widerstandskämpfer" zum Ausdruck kommenden Ehrung konnte zum einfachen, auf der Rechtsgutverletzung basierenden Schadenssystem zurückgekehrt werden. Die Ehrung der Widerstandskämpfer sollte ohne Rechtsfolge sein. Sie wurde lediglich im einleitenden Paragraphen 1 "Anerkennung des Widerstandes" festgestellt:

"Wer aus Überzeugung oder um seines Glaubens oder Gewissens willen der nationalsozialistischen Gewaltherrschaft Widerstand leistete, um die Menschenrechte zu verteidigen oder einem Verfolgten beizustehen oder der Zerstörung Deutschlands Einhalt zu gebieten oder sich gegen die Unterdrückung aufzulehnen, hat sich um das Wohl des deutschen Volkes und Staates verdient gemacht. Sein Verhalten war rechtmäßig."

Diese Formulierung, die gerade zur unbelasteten Neufassung des Verfolgtenbegriffs dient, taucht später ohne diesen Neuansatz in der Präambel des Bundesentschädigungsgesetzes auf. Dort isoliert trägt sie funktionell zur Rechtfertigung des Ausschlusses der Kommunisten über die erweiterte "Würdigkeitsklausel", die im SPD-Entwurf noch auf Kriminelle beschränkt war,[379] bei.

Adolf Arndt begründete im Bundestag den Neuansatz aus der mit anderen Geschädigtengruppen nicht vergleichbaren Sonderstellung der Verfolgten, die deshalb gelitten hätten, weil sie aus der Gemeinschaft ausgestoßen worden seien und der deshalb nicht an subjektiven Merkmalen des Geschädigten wie seine Rasse, seinen Glauben, seine politische Überzeugung anknüpfe, sondern "an den objektiven Tatbestand des Unrechts, das ihm durch eine nationalsozialistische Verfolgungs- und Unterdrückungsmaßnahme" zugefügt worden sei. Arndt thematisierte aber gerade auch den Zusammenhang zwischen "Widerstand" und "Wiedergutmachung". Widerstand sei weder erforderlich noch genügend, um "wiedergutmachungsberechtigt" zu sein. Der "Wiedergutmachung" zugänglich seien nur fortwirkende Schäden, was für die Anerkennung des Widerstandes nicht ausreichend sei.[380]

---

379 Vgl. § 4 II des SPD-Entwurfs; Bedenken schon bei Müller (KPD), BTagsStenProt. 1/229, S. 10439D f. Von daher verfehlt ist die positive Einschätzung dieser staatsfixierten Präambel bei Kirn, Verfassungsumsturz, S. 50.

380 Vgl. Arndt, BTagsStenProt. 1/229, S. 10434B/C; mit dem Hinweis, die Menschen- u. Bürgerrechte müßten nicht nur wiederhergestellt werden, sondern man müsse auch für ihre Verletzung in der Vergangenheit einstehen, ging Arndt indirekt auf die ein Jahr zuvor abgegebene Regierungserklärung Adenauers ein.

Aber auch bei der Formulierung des "Territorialitätsprinzips" beschritt der SPD-Vorschlag Neuland. Anspruchsberechtigt sollten nicht nur alle bis zum 1. Januar 1952 im Bundesgebiet ansässig gewordenen Verfolgten sein. Während mit der Einführung des Stichtags alle später sich ansiedelnden Verfolgten sowie die nicht über das Bundesgebiet flüchtenden oder auswandernden Verfolgten z.T. ausgeschlossen wurden, galt dies nicht für die rassisch Verfolgten. Sie sollten unabhängig vom Verfolgungsort, ausdrücklich wurden die während des Krieges besetzten Gebiete genannt, und unabhängig vom Wohnort, mit einer jedoch schwerwiegenden Ausnahme, anspruchsberechtigt sein. Durch die erstmalige Nennung der "diplomatischen Klausel" waren alle in Osteuropa einschließlich Jugoslawiens wohnenden verfolgten Juden ausgeschlossen, da zu diesen Staaten noch keine diplomatischen Beziehungen bestanden.[381] Israel, zu dem erst 1965 diplomatische Beziehungen aufgenommen wurden, wurde deshalb extra aufgeführt. In der nur die rassisch Verfolgten betreffenden Ausweitung drückt sich, neben einer sicherlich aus fiskalischen Gründen geübten Zurückhaltung, die entschädigungsrechtliche Konzentration auch der SPD in den internationalen Beziehungen auf die Verfolgung der Juden aus. Die "diplomatische Klausel" zeigt andererseits die Politisierung des Entschädigungsrechts insofern, als die politischen Nachkriegsverhältnisse entscheidend für einen Entschädigungsanspruch werden. Gleichsam als Prämie für das Verlassen der osteuropäischen Heimat erst kommt ein Entschädigungsanspruch in Betracht, was für westeuropäische Verfolgte belanglos ist. Wenn auch im Ergebnis damit die komplizierten Wohnsitz- und Stichtagsvoraussetzungen nur vereinfacht werden, so deutet die andere sprachliche Fassung aber eindeutig auf das Problem der Verfolgung in den während des Kriegs besetzten Ländern hin.

bb. Die Parlamentsdebatte im September 1952

Der Neuansatz der SPD-Fraktion wurde aber weder in der Debatte vom 11. September 1952 noch später aufgegriffen. Die Eile, mit der das Bundesergänzungsgesetz durchgepeitscht wurde, ließ keinen Raum für nicht erwünschte Grund-

---

381 Vgl. die inhaltsgleichen §§ 8 u. 10 des SPD-Entwurfs; § 8 Nr. 2c lautet: "Hinterbliebenenrente wird nur gewährt an Personen, die... 2. ihren Wohnsitz im Staat Israel oder in einem Staat haben, der mit der Bundesrepublik Deutschland diplomatische Beziehungen unterhält, wenn... c) der Tod des Verfolgten während der Besetzung durch deutsche Truppen durch Maßnahmen verursacht ist, die sich gegen die Rasse des Getöteten richteten oder der Verfolgte ein deutscher Staatsangehöriger gewesen und durch eine Verfolgung zur Auswanderung veranlaßt worden ist".

satzdebatten auf diesem Gebiet.

In der Septemberdebatte ging es vor allem um Fragen der Rückerstattung und um die Anerkennung des Widerstandes. Der hierzu aus der Defensive formulierte Vorschlag der SPD, weil er eigens die "Rechtmäßigkeit" des Widerstandes feststellen mußte, war mit Bedenken der Regierungsfraktionen, hier könnten Anhänger eines "anderen Systems der Gewalt", also Kommunisten, begünstigt werden, immerhin mehrheitsfähig, wenn auch die Debatte einige Ressentiments zutage förderte.[382]

Für das Entschädigungsrecht wurde der alliierte Einfluß nunmehr auch im Bundestag deutlich wahrgenommen. Der Berichterstatter Weber (CDU) versuchte die eingetretene Verzögerung damit zu entschuldigen, daß im Herbst 1951 bekannt geworden sei, "daß in den Verhandlungen über das kommende Vertragswerk zur Ablösung des Besatzungsstatuts auch die Frage der Entschädigung angeschnitten wurde und die Alliierten insofern bestimmte Forderungen" gestellt hätten.[383] Im übrigen wiederholten sich die Positionen des Vorjahres. Einzig die SPD trat für eine vorbehaltslose Priorität der Entschädigung ein. Nur für sie war deshalb "die uns auferlegte "Wiedergutmachung" "eine der peinlichsten Bestimmungen der umstrittenen Verträge mit den westlichen Besatzungsmächten".[384] Die CDU erkannte zwar einen Vorrang der Entschädigung vor der ebenfalls "dringenden rückerstattungsrechtlichen Entschädigungsforderung" (der Rückerstattungspflichtigen) an,[385] dies unterschied sie von der parlamentarischen Rechten und dem Zentrum, mehr jedoch nicht. Die Ausführungen Schneiders (FDP) erfuhren von ihr keinen Widerspruch. Schneider hatte eine Bevorzugung der Verfolgten, die er in eine "Vollentschädigung" umgedeutet hatte, abgelehnt. Bei der Größe der Summen könnten nicht grundsätzlich andere Entschädigungsregelungen Platz greifen als "für alle anderen (!) Gruppen von Kriegsgeschädigten".[386] Die KPD kam über das Vorbringen ihres Mißtrauens

---

382 Vgl. BTagsStenProt. 1/229, S. 10429D-10445C, darin Weber (CDU), S. 10444B-D u. 10431A/B; Ewers (DP), S. 10436D f.; Schneider (FDP), S. 10437B/C; von Thadden (Fraktionslos), S. 10443C/D. Vgl. bereits den "Entwurf eines Gesetzes zur Wiedergutmachung nationalsozialistischen Unrechts in der Strafrechtspflege" der SPD v. 15.2.1950, BTagsDrs. 1/564, sowie BTagsStenProt. 1/47, S. 1609D-1618A.

383 Weber (CDU), S. 10430C/D.

384 Arndt, S. 10434D f.; vgl. ferner Greve, S. 10441C/D.

385 Weber, S. 10443C.

386 Schneider, S. 10437C/D.

gegenüber ein von der Bundesregierung vorzulegendes Gesetz nicht hinaus.[387]

c. Die parlamentarische Verabschiedung

Wegen des Versäumnisses des Bundestags, sich ab 1951 an die Spitze der entschädigungsrechtlichen Reformbemühungen zu setzen, und des Taktierens des Bundesfinanzministeriums spielte der Bundestag in der ersten Legislaturperiode keine Rolle mehr. Die engagierten Kräfte, z.T. quer durch die Fraktionen, sorgten aber dafür, daß das Gesetz zur Nachbesserung in der zweiten Legislaturperiode offenstand. Die Bundesregierung brachte einen eigenen und den ihr bereits am 20. März übersandten Bundesratsentwurf[388] erst so spät im Bundestag ein, daß jedes Diskussions- und Änderungsbegehren unweigerlich zum Scheitern des Gesamtwerks in der auslaufenden Legislaturperiode führen mußte. Die Politisierung, die dieses Gesetzesvorhaben zwischenzeitlich erfahren hatte, war für die Mehrheit nunmehr spürbar. In einer "großen Koalition" von CDU/CSU und SPD wurde der Regierungsentwurf, abgesehen von wenigen redaktionellen Anpassungen durch den Bundestagsausschuß[389] ohne Änderung angenommen. Diesen Vorgang bezeichnete der Berichterstatter Weber von der CDU als "etwas Ungewöhnliches, in der Parlamentsgeschichte wohl kaum Dagewesenes".[390] Ihren Unmut brachte die SPD in schriftlichen Erklärungen der Abgeordneten Arndt, Greve und Weber zum Ausdruck.[391] Arndt verknüpfte seine Zustimmung mit dem Vorbehalt einer grundsätzlichen Neubearbeitung in der kommenden Legislaturperiode und sah sie als eine "Notmaßnahme" an, weil es die "letzte Möglichkeit bot, daß die erste seit 1945 frei gewählte deutsche Volksvertretung grundsätzlich die Wiedergutmachungspflicht anerkannte und regelte". Während die KPD auf Verschlechterungen verwies und die Gefahr für sich im neueingeführten Entschädigungsausschluß bei "Kampf gegen die freiheitlich demokratische Grundordnung" erkannte,[392] äußerte die rechte Deutsche Partei ihr Unbehagen erneut wegen der fehlenden Rückerstattungsentschädigung. Ihr Redner

387 Vgl. Müller, S. 10438 ff.

388 S. BTagsDrs. 1/4527.

389 Vgl. BTagsDrs. 1/4590.

390 BTagsStenProt. 1/279, S. 14008A.

391 Ebd., S. 14046-14048; s. bereits die Erklärung der Abg. Wolff (SPD) in der 1. Lesung, BTagsStenProt. 1/275, S. 13643.

392 Vgl. Müller (KPD), S. 14012D f. u. 1/275, S. 13643C f. Zur Nichtbehandlung ihrer 47 Änderungsanträge s. die Beiträge von Brill (SPD) und Müller, S. 14010, und Gerstenmaier (CDU), S. 14012D.

Ewers wies noch einmal auf den außenpolitischen Druck hin. "Erst durch die neueren internationalen Abmachungen, die neue Rechtsentwicklung" habe sich der Bedarf eines Bundesgesetzes herausgestellt. Mit dem Hinweis auf die angeblich ungeklärte Kostenlast berührte Ewers den Nerv des Entschädigungsrechts.[393] Die Kostenfrage in der Variante Bund/Länderverteilung hätte das Gesetz beinahe in letzter Minute zum Scheitern gebracht. Erst auf Intervention des Bundesrates wurde die endgültige Regelung der Kostenlast, die ursprünglich zu 9/10 bei den Ländern liegen sollte, auf die kommende Legislaturperiode verschoben.[394] Mit der Vertagung der Kostenverteilung und mit der Umgehung des Parlaments als Austragungsstätte öffentlicher Diskussion, wogegen sich die "große parlamentarische Koalition" wandte, war allerdings ein Ziel der Bundesregierung erneut nicht erreicht worden, nämlich die materielle Entschädigung "durch einen großen Opfer erheischenden Rechtsakt zum Abschluß zu bringen", wie es noch in der Begründung zum Regierungsentwurf geheißen hatte.[395]

Das 113 Paragraphen umfassende "Bundesergänzungsgesetz zur Entschädigung für Opfer der nationalsozialistischen Verfolgung" [396] trat am 1. Oktober 1953 (§ 113 BErgG) in Kraft.

2. Nachbesserungen durch das Bundesentschädigungsgesetz

Trotz der von Bundesrat und im Bundestag bei der Verabschiedung des Bundesergänzungsgesetzes abgegebenen Erklärungen, man wolle auf jeden Fall eine sofortige Novellierung, zog sich der weitere Gesetzgebungsprozeß [397] mehrere Jahre hin. Ein verzögerndes [398] Bundesfinanzministerium, das die Ak-

---

393 Vgl. Ewers (DP), S. 14010D f.

394 Vgl. BTagsDrs. 1/4661 u. 4666; BTagsStenProt. 1/282, S. 14269 f.

395 BTagsDrs. 1/4527, S. 36. Dies wird in der Begründung zum BEG verleugnet, s.BTagsDrs. 2/1949, S. 36; dort heißt es, die Bundesregierung sei sich stets darüber im klaren gewesen, daß mit dem BErgG die Erfüllung der materiellen Wiedergutmachung noch nicht für immer geregelt worden sei.

396 V. 18.9.1953, BGBl. I, 1387. Zur Unterscheidung vom späteren Bundesentschädigungsgesetz wird abweichend von der damaligen amtl. Abkürzung "BEG" die Bezeichnung "BErgG" verwandt.

397 Vgl. zum Folgenden Féaux de la Croix, W. III, S. 83-95, dessen Ausführungen streckenweise der Regierungsbegründung zum BEG, s. BTagsDrs. 2/1949, S. 62-76, sehr nahe kommen.

398 Vgl. a. Mellies (SPD), BTagsStenProt. 2/62, S. 3229C; zur Verzögerung anderer Gesetzesvorhaben s. Anfrage d. Abg. Hauffe (SPD), BTagsStenProt. 2/44, S. 2061A.

zente auf die der Bundesregierung in weitem Umfang eingeräumte und über eine bloße Durchführung hinausgehende Verordnungsbefugnis setzte [399] und das durch einen in dieser Hinsicht schwächlichen, weil die Materie auch zu unpopulär war, Bundestag nicht hinreichend korrigiert wurde, ergriff erneut erst zu dem Zeitpunkt die Initiative, als mit den Aktivitäten des Bundesrats die Kontrolle zu entgleiten schien. Zunehmend wurde deutlich - entsprechende parlamentarische Anfragen und Debatten sind, nimmt man die Abwicklung der Härtefonds der achtziger Jahre hinzu, bis heute auffindbar -, daß der Verwaltungsvollzug recht schleppend verlief,[400] die als Großtat angepriesenen Verfahrens- und Beweiserleichterungen zu wenig umgesetzt wurden [401] und eine verheerende medizinische Gutachterpraxis zumindest im Ergebnis begünstigten,[402] die von der fiskalpolitischen Begrenzung diktierte Durchnormierung der Ansprüche notwendigerweise zu kaum begründbaren Unterschieden führte,[403] sich z.T. ein krasses Mißverhältnis zu anderen Gebieten, insbesondere der Pensionsansprüche der "131er", offenbarte [404] und die verzögerte und stufenweise Auszahlungspraxis viele Verfolgte die Realisierung der Ansprüche nicht erleben ließ.[405] In vielen

---

399 Nachweis der Rechtsverordnungen bei Féaux de la Croix, W. III, S. 81 f. u. 93 f.; Blessin/Wilden, Rechtsverordnungen; BTagsDrs. 2/317 (dazu s. die folgenden Fn.).

400 Vgl. Lüders (FDP), BTagsStenProt. 2/66, S. 3395D; BTagsDrs. 2/912 mit 984; Anmahmung der Rechtsverordnungen erfolgte durch die SPD mit BTagsDrs. 2/317 u. 903, dazu BTagsStenProt. 2/32, S. 1532D-1542C, u. 2/60, S. 3095A-3106D; Heye (CDU/CSU), 2/93, S. 5271D; Anfrage von Böhm, 4/12, S. 290A u. 3335B; zur Frage der Personalausstattung s. die Anfragen d. Abg. Arndt (SPD), 2/51, S. 2504C; Görgen (CDU/CSU), 3/61, S. 3293D; Ritzel (SPD), 3/136, S. 7759D f.

401 Vgl. die Dokumentation des sozialdemokratischen Abg. (und späteren Bundesministers) Möller, Wiedergutmachung, nebst der 1. Ergänzung; ders., Verhandlungen des Landtags Baden-Württemberg 1/84, S. 4053 f.

402 Vgl. Greve (SPD), BTagsStenProt. 2/68, S. 3483B/C; ausf. zur Gutachtenpraxis Pross, Wiedergutmachung; Niederland, Folgen; Keilson, in: Brumlik u.a. (Hrsg.), Leben.

403 Vgl. Anfrage d. Abg. Arndt (SPD), BTagsStenProt. 2/63, S. 3275D; Sänger (SPD), 4/151, S. 7423A u. 7509B; zu Sterilisationsopfern s. bereits BTagsDrs. 2/3154 (Mdl. Anfrage d. Abg. Ritzel); BTagsStenProt. 2/191, S. 10875D f.; w.N.s.u. 5 III (Fn. 290).

404 Vgl. Vogel (CDU/CSU), BTagsStenProt. 2/59, S. 3048B; Wolff (SPD), 2/90, S. 5090B/C; Hamacher (SPD), 3/138, S. 7874A; vgl. a. die Gesetzesinitiative der SPD-Fraktion, BTagsDrs. 2/3659, dazu Drs. 2/3723; zur Frage einer Zahlung von Weihnachtsgeld für Rentenempfänger s. BTagsDrs. 4/82 u. BTagsStenProt. 4/10, S. 230D - 233A.

405 BTagsDrs. 2/903, 915 u. 1530, dazu BTagsStenProt. 2/60, S. 3095A-3106D; Drs. 2/1081 (kleine Anfrage der SPD) mit 1611 sowie die Gesetzesinitiative der SPD-Fraktion, Drs. 2/1139; 1. Beratung BTagsStenProt. 2/68, S. 3483A - 3493B. Kritik bei Ritzel (SPD), BTagsStenProt. 2/87, S. 4838D, u. 2/90, S. 5088B, sowie 2/207, S. 11883A/B; Frage des Abg. Görgen, BTagsStenProt. 3/27, S. 1519C; zum schleppenden Verfahrensgang s. Gülich (SPD), BTagsStenProt. 2/28, S.

Fällen trug nicht unwesentlich die Rechtsprechung dazu bei.[406] Diese restriktive Umsetzung, die andererseits auch durch vereintes Agieren der Länderverwaltungsspitzen, z.T. gegen die Rechtsprechung des BGH, durchbrochen wurde,[407] wurde durch an die Öffentlichkeit gegebene fiskalpolitische Horrorszenarien des Bundesfinanzministeriums unterstützt, das Ende der fünfziger Jahre in einer Debatte über die Bedrohung der deutschen Währung durch die auch ins Ausland zu leistenden Entschädigungszahlungen gipfelte.[408]

Der Bundestag setzte aber immerhin eine zweimalige Verlängerung der viel zu kurzen, anfänglich bis zum 1.10.1954 (bei inländischem Wohnsitz) bzw. 1.10.1955 (bei ausländischem Wohnsitz) (§ 91 Abs. 2 BErgG) geltenden Fristen für die Anmeldung der Ansprüche durch.[409] Nach Ablauf der dann bis September 1957 und durch ein späteres Änderungsgesetz [410] bis - endgültig - Ende März 1958 verlängerten Anmeldefrist (§ 189 Abs. 1 Satz 1 BEG), die auch durch das Schlußgesetz von 1965 nicht angetastet, sondern nur für den engen Bereich der Verbesserungen im Falle eines bereits gestellten Antrags neu eröffnet wurde, und die allein fiskalpolitisch motiviert war, kam dann das Problem der verfristeten Anträge hinzu.[411]

1217D f.; Arndt (SPD), 2/32, S. 1535B/C.

406 Vgl. vor allem BTagsStenProt. 2/68, S. 3483A ff., 3488A - 3492C u. 4104A. Neben weiteren traten die im Text genannten Kritikpunkte in verschiedenen Verhandlungen auf, s. BTagsStenProt. 2/32, S. 1532D-1542C; 2/49, S. 2450B-2456D; zum Ganzen Pross, Wiedergutmachung, S. 92-129; Grossmann, Ehrenschuld.

407 Vgl. die Verwaltungsvereinbarung der Länder v. 23.6.1959, RzW 1959, 364 f.; dazu Zorn, W.V, S. 165 f.; BTagsDrs. 2/328 u. 1189.

408 Vgl. Staatssekretär Hartmann, BTagsStenProt. 2/49, S. 2456B; Runge (SPD), 2/119, S. 6327A-C; dazu Pross, Wiedergutmachung, S. 110-112; Grossmann, Ehrenschuld, S. 85-90 u. 104-113, u. die zeitgenössische Analyse v. K.D. Arndt, Vierteljahreshefte für Wirtschaftsforschung 1958; s. ferner "Falsche Angaben über Wiedergutmachungsleistungen", Bulletin 1963 (Nr. 123), S. 1103; Schoettle (SPD), BTagsStenProt. 3/22, S. 1195D f.; Vogel (CDU/CSU), ebd., S. 1202A; Arndt (SPD), ebd., 3/56, S. 3052B u. 3121B; Jahn (SPD), S. 3070A, und zur Rechtfertigung Schäffer, S. 3077A; Jahn, 3/103, S. 5611A, und zur Rechtfertigung Schröder, S. 5615A.

409 S. Änderungsgesetze v. 24.11.1954, BGBl. I, 356, u. v. 10.8.1955, BGBl. I, 506; BTagsDrs. 2/811 u. 1543; BTagsStenProt. 2/49, S. 2450B-2456D, u. 2/94, S. 5353C-5355.

410 S. Änderungsgesetz v. 1.7.1957, BGBl. I, 663; dazu BTagsDrs. 2/3291 u. 3496; BTagsStenProt. 2/202, S. 11495D f.

411 Vgl. die "Zweitverfahrensrichtlinien der Länder", RzW 1972, S. 1 f.; 1973, S. 1 u. 50; zu den einzelnen jurist. Mechanismen s. Pross, Wiedergutmachung, S. 124-128; grundsätzlich zum Problem der Fristen, Grossmann, Ehrenschuld, S. 138 f; ders., Gewerkschaftliche Monatshefte 1964, S. 541 f.

Der politische, über Teile des Bundestags vermittelte Druck reichte andererseits aus, daß die als "technische Novelle" geplante Überarbeitung, die ein aus Beamten des Bundes und der Länder sowie acht Bundestagsabgeordneten verschiedener Parteien einschließlich der SPD gebildeter Sonderausschuß ab Juli 1954 vornahm, zu vielen sachlichen Erweiterungen [412] führte. Die Beratungen wurden im Bundestag im Juni 1956 abgeschlossen. Das als Novellierung ausgegebene Gesetz umfaßte in der mit einer neuen Paragraphenfolge versehenen Bekanntmachung 241 Paragraphen.[413] Als Zeitpunkt des Inkrafttretens galt wie bisher der 1. Oktober 1953 (§ 241 BEG).

a. Das Territorialitätsprinzip als Teil der Deutschlandpolitik

Die Grundstruktur des Anspruchssystems einschließlich des "subjektiv-persönlichen Territorialitätsprinzips" wurde nicht verändert.

aa. Konsequenzen der Option auf das Deutsche Reich

Aufschlußreich ist zunächst die für die Ausweitung des Territorialitätsprinzips gegebene Begründung. Nach der alten Regelung waren nur die vor dem Stichtag ausgewanderten, deportierten oder ausgewiesenen Verfolgten anspruchsberechtigt, die ihren letzten inländischen Wohnsitz im Bundesgebiet gehabt hatten (§ 8 Abs. 1 Nr. 2 BErgG). Nach § 4 Abs. 1 Nr. 1c BEG bestand der Anspruch auch, wenn der letzte Wohnsitz in Gebieten bestand, "die am 31. Dezember 1937 zum Deutschen Reich gehört haben". Die daran angefügte "diplomatische Klausel" sorgte dafür, daß neben den DDR-Bewohnern alle in Polen verbliebenen Verfolgten weiterhin ohne Anspruch blieben einschließlich der Emigranten, die dorthin zurückgekehrt waren. Als Grund für die sachlich vor allem Emigranten aus dem späteren DDR-Gebiet betreffende Regelung wird ausschließlich auf die deutschlandpolitische Option verwiesen. So heißt es in der Regierungsbegründung, die alte Regelung sei auf die Dauer deshalb nicht haltbar gewesen, "weil es sich hier um die räumliche Beziehung zu einem Staatsgebiet handelt, das die Bundesrepublik nach ihrer politischen Konzeption staatsrechtlich und völkerrechtlich zu re-

412 Vgl. BTagsDrs. 2/1949, S. 63 u. 66.

413 Bundesgesetz zur Entschädigung für Opfer der nationalsozialistischen Verfolgung (Bundesentschädigungsgesetz - BEG) v. 29.6.1956, BGBl. I, 550, dazu s. BTagsDrs. 2/1949 u. 2382; BTagsStenProt. 2/119, S. 6321A-6335D; 2/147, S. 7785C-7810D.

präsentieren" beanspruche.[414] Fiskalpolitische Bedenken aus dem Bundesrat kritisierte in den Verhandlungen der Abgeordnete Gille vom Gesamtdeutschen Block/Bund der Heimatvertriebenen und Entrechteten, dem der Sozialdemokrat Greve beipflichtete. Gille appellierte an das nationalstaatliche Gefühl. Über dem Recht der Bundesrepublik, für Gesamtdeutschland zu sprechen und zu handeln, sollte endlich auch einmal die Verpflichtung gesehen werden, für das gesamte deutsche Volk auch eine Last willig auf sich zu nehmen, wenn es darum gehe, "den Namen Deutschlands wieder zu Ansehen zu bringen".[415]

Rechtsprechung und Literatur vollzogen die deutschlandpolitische Konzeption dann im Detail. "Auswanderung" war weder die Verlegung des deutschen Wohnsitzes innerhalb des deutschen Staatsgebietes noch das Verbleiben an einem Ort nach dessen Ausgliederung aus dem deutschen Staatsgebiet. Damit wurde vor allem eine Wohnsitzverlegung in die DDR ausgeschlossen.[416] Eine spätere Rückkehr in ihr Heimatland führte bei DPs ebenfalls zum Anspruchsverlust.[417] Eine Wohnsitzbegründung erst nach Beendigung der nationalsozialistischen Herrschaft in der DDR oder den früheren Ostgebieten berechtigte auch bei zwischenzeitlicher Auswanderung ebenfalls nicht zur Anspruchserhebung.[418] Als die Rechtsprechung des Bundesgerichtshofs aufzuweichen begann, indem textgetreu auch die nach Kriegsende erfolgte Wohnsitzverlegung bei Auswanderung vor dem Stichtag als ausreichend angesehen wurde,[419] schloß der Gesetzgeber 1965 die in § 4 Abs. 1 Nr. 1c BEG bestehende Lücke mit einem entsprechenden Zusatz. Die diplomatische Klausel[420] sorgte weiter dafür, daß jede Wohnsitznahme in den osteuropäischen Staaten, auch nach Emigration, zum Ausschluß des Anspruchs führte. In Vervollkommnung dieser feingesponnenen Kasuistik wurde die diplomatische Klausel trotz rechtssystematischer Hürden bereits nach dem Bundesentschädigungsgesetz 1956 auch auf DPs bezogen, bis

---

414 S. BTagsDrs. 2/1949, S. 72 u. 88 f.; Staatssekretär Hartmann, BTagsStenProt. 2/199, S. 6322B.

415 Vgl. BTagsStenProt. 2/119, S. 6331D; Greve, ebd., S. 6332 f., zur ablehnenden Haltung des Bundesrats s. BTagsDrs. 2/1949, S. 210 (Nr. 6).

416 Vgl. Blessin/Ehrig/Wilden, BEG, § 4, Rn. 16.

417 BGH RzW 1957, 17 u. 361; 1959, 312 u. 389; Zorn, Erläuterungen, zu § 4, S. 108; Blessin/Wilden, § 4, Rn 42 u. 17; anders noch BGH RzW 1955, 221, 222; a. A. OLG Frankfurt, RzW 1962, 447; kritisch Czapski, RzW 1960, S. 189 f.

418 BGH RzW 1960, 22; 1961, 62 u. 546, 547; 1971, 164; 1979, 173, 174; Blessin/Giessler, BEGSchlG, § 4, Anm. III C5, S. 254; Zorn, Erläuterungen, zu § 4, S. 108; Überblick bei Gießler, W. IV, S. 58-60.

419 Vgl. BGH RzW 1962, 305; 1963, 521, 522; Gießler, W. IV, S. 59 f.

420 § 4 I Nr. 1c BEG 1956 bzw. § 238a BEG 1965.

das Bundesverfassungsgericht dieser Auslegung teilweise Einhalt gebot.[421] Zorn beseitigte in seinem Bestreben der Durchdogmatisierung des Entschädigungsrechts die Nichtanwendung der diplomatischen Klausel als "allzu formalistisch". Es bestehe keine "innere Rechtfertigung" dafür, den deutschen Emigranten in Polen von einer Entschädigung auszuschließen, dem DP aber einen Anspruch zuzuerkennen, der sich z.B. als Pole in Ungarn niedergelassen habe. Insofern liege ein offensichtliches Versehen des Gesetzgebers vor, der die DPs nur insoweit in das Entschädigungsrecht habe einbeziehen wollen, als sie "sich zur westlichen Welt bekannten und dadurch heimatlos wurden".[422] Fiegel spitzte den Sinn dieser Gesetzgebung und Judikatur darauf zu, daß in der Beziehung zu Territorien außerhalb der Bundesrepublik, insbesondere in den Fällen der West-Ost-Rückwanderung, "oft ein Bekenntnis gegen die demokratische Grundordnung der Bundesrepublik" gesehen werden könne.[423] Von daher kann der rechtssystematischen Einordnung der diplomatischen Klausel als "Ausgestaltung des Territorialitätsprinzips" [424] zugestimmt werden.

Den grundlegenden Mangel der Gesetzgebung, nämlich überhaupt nur einen kleinen Teil der Verfolgten in die Regelung einzubeziehen, brachte einzig der CDU-Abgeordnete und ehemalige Verhandler mit Israel, Böhm, zur Sprache. Trotz allen Bedauerns über die Unzuträglichkeiten des bisherigen Rechtszustands verpuffte dieser Beitrag, der auch mehr wie eine abschließende Erinnerung als ein die Kontroverse eröffnender Gedanke abgefaßt war, ohne jede Resonanz im Bundestag. Schon wegen des Seltenheitswerts wie auch wegen der darin enthaltenen legitimierenden Begründung ist der betreffende Teil der Böhm'schen Rede vollständig zu zitieren:

"Auch mancher Wermutstropfen ist in dem von unserem Arbeitskreis erarbeiteten und Ihnen heute vorliegenden Gesetzentwurf enthalten. Vielen berechtigten Ansprüchen konnten wir einfach aus Gründen der begrenzten Leistungskraft nicht entsprechen. Ein Umstand, der mich mit am meisten bekümmert und bedrückt ist der, daß wir im wesentlichen nur denjenigen eine Entschädigung gewähren, die sich an einem bestimmten Stichtag im Geltungsbereich des Gesetzes befunden haben, daß wir dagegen keine Entschädigung, namentlich keine Vermögensentschädigung, keine Wiedergutmachung für diejenigen Verbrechen leisten, die außerhalb des ehemaligen Reichsgebiets während des Krieges in den besetzten Zonen verübt worden sind. Das sind mengenmäßig die meisten Ver-

---

421 BVerfGE 13, 31; zur Neufassung durch das BEGSchlG s. E 38, 128; zum Stand der Rechtsprechung s. Zorn, Erläuterungen, zu § 238, S. 196; BGH RzW 1978, 238.

422 Zorn, RzW 1958, S. 202.

423 Fiegel RzW 1967, S. 433.

424 BVerfGE 38, 128, 136.

brechen gewesen. Wir haben uns auf den Standpunkt gestellt, der völkerrechtlich korrekt ist, daß hier Wiedergutmachung nicht an die geschädigten Individuen zu zahlen sein sollte, sondern daß die betreffenden Staaten, in denen diese Personen wohnen, im Wege von Reparationsforderungen diese Entschädigung verlangen können. Aber es sind in der Welt zerstreut zahllose Unglückliche, die von ihren eigenen Regierungen keine Entschädigung erwarten können. Es gibt auch Regierungen, die wenig Aussicht darauf haben, von uns zu irgendeinem Zeitpunkt noch Reparationen zu erhalten, aus denen sie Unterstützungen, die sie bisher freiwillig geleistet haben, nachher abdecken können. Und doch war das, was außerhalb unserer Grenzen geschehen ist, verursacht von dem gleichen Täter, innerhalb des gleichen politischen Machtbereichs und es war die gleiche Tat".[425]

Ein vorsichtiger Wandel deutet sich wenigstens bei Teilen des Bundestags über ein Jahr nach den Äußerungen Böhms an. Die alliierten Vorstöße in der "Entschädigungsfrage" für "Westverfolgte", die in den Verhandlungen zum Überleitungsvertrag zumindest ohne eindeutigen Erfolg geblieben waren, mündeten in gleichlautenden Noten von acht europäischen Staaten (Frankreich, Großbritannien, Norwegen, Dänemark, Niederlande, Belgien, Luxemburg und Griechenland), die am 21. Juni 1956 in Bonn überreicht wurden und die den Prozeß zu Verhandlungen der zwischen 1959 und 1964 abgeschlossenen bilateralen "Wiedergutmachungsabkommen" in Gang setzten.[426] In der eine Woche nach Übergabe der Noten stattfindenden Aussprache über die allgemeine außenpolitische Erklärung der Bundesregierung nahm allein der Fraktionsvorsitzende der oppositionellen SPD indirekt darauf Bezug. Ollenhauer bedauerte, daß der Außenminister bei Erwähnung seiner Besuche in Kopenhagen und Oslo sowie in Holland nicht auch "die Frage erwähnt" habe, mit der er sich in allen drei Ländern habe auseinandersetzen müssen, nämlich "mit der Frage der Wiedergutmachung für die Staatsangehörigen dieser Länder, die durch deutsche Besetzung infolge Haft, Verfolgung oder Enteignung persönliche und sachliche Schäden erlitten" hätten.[427]

bb. Ausgrenzung der ins Reich Deportierten

Trotz Böhms eindringlicher Worte wurde andererseits die Ausgrenzung weiterer ausländischer Verfolgter vollzogen, obwohl bereits die diplomatische Klausel eine solche Regelung inhaltlich erübrigte. Ein neu eingefügter Absatz stellte klar, daß "der durch Freiheitsentziehung bedingte Zwangsaufenthalt", ebenso der

---

425 BTagsStenProt. 2/119, S. 6630B/C.

426 Vgl. Féaux de la Croix, W. III, S. 204; s.o. 4 II 3a aa u. unten 4 IV.

427 BTagsStenProt. 2/156 (29.6.1956), S. 8509C/D.

Aufenthalt in einem DP-Lager[428] nicht als "Wohnsitz" oder "dauernder Aufenthalt", worauf das Territorialitätsprinzip in § 4 und andere Ansprüche abstellten, gelten sollte.[429] Dies war notwendig geworden, nachdem der Bundesgerichtshof ein Jahr zuvor in einer logisch deduzierenden, an der Zivilrechtsdogmatik orientierten Entscheidung festgestellt hatte, längere Zeit als Häftling in einem Konzentrationslager begründe einen "dauernden Aufenthalt".[430] Bei dem Kläger handelte es sich um einen katholischen Geistlichen aus Polen, der über vier Jahre Konzentrationslagerhaft in Buchenwald und Dachau überlebt hatte und weder nach Deutschland noch nach Polen zurückkehren wollte. Er war bereits Anfang September 1945 nach Rom ausgereist, war also wegen der fehlenden Stichtagsvoraussetzungen weder als "Inländer" noch als DP anspruchsberechtigt. Der Bundesgerichtshof setzte sich damit über die Auffassung Blessins hinweg, der u.a. zu "bedenken" gegeben hatte, daß der Gesetzgeber "die wichtige Frage, ob der KZ-Aufenthalt bei nachfolgender Auswanderung für jeden, insbesondere für jeden Ausländer", einen materiellen Entschädigungsanspruch begründen sollte, ausdrücklich geregelt hätte, "weil die Regelung dieser Frage von nicht unerheblicher finanzieller Bedeutung für den Staat" sei.[431]

Blessin sorgte dann für die Aufnahme seiner Auffassung in die amtliche Begründung. In der Immanenz zutreffend wird dort weiter ausgeführt, daß in der Linie der Rechtsprechung die Anspruchsberechtigung, die volle wie beschränkte, "von der rein zufälligen Tatsache abhängig" werde, in welchem Konzentrationslager der Verfolgte inhaftiert gewesen sei. Nur die Neuregelung führe "zu einer gleichmäßigen Behandlung gleicher Tatbestände".[432] Im Kommentar von Blessin/Wilden wird allerdings noch eingeräumt, daß neben dem "Wohnsitzprinzip" auch das "Schädigungsprinzip" (Beschränkung der Entschädigung auf im Geltungsbereich des Gesetzes verursachte Schäden) grundsätzlich einen Maßstab

---

428 Dies entsprach der Rspr.; nach Jahn, DP-Problem, S. 59, lebten (Stichtag: 30.6.1948) von 490.817 nur 17.132 DPs (3,5%) nicht in Lagern.

429 § 4 III BEG 1956 bzw. § 4 VI BEG 1965.

430 BGH RzW 1955, 220; zuvor bereits OLG München, RzW 1953, 236 mit abl. Anm. Blessin; OLG Celle bei Frenkel, Entschädigungsrecht, Nr. 311, zit. n. Beyer, Wiedergutmachungsrecht, S. 203 (Nr. 5284); OLG Karlsruhe, RzW 1954, 308 (Strafhaft) mit abl. Anm. Berg, RzW 1955, S. 21 f.; OLG München, RzW 1956, 144.

431 Blessin, RzW 1953, S. 237; auch Berg, RzW 1955, S. 22, stellt letztlich auf die Ausländereigenschaft (französischer Rechtsanwalt) ab.

432 S. BTagsDrs. 2/1949, S. 91, ohne Begründung übernommen vom Ausschußvorschlag, s. Drs. 2/2382, S. 25; Versuch einer Begründung des Unterschieds bei OLG München, RzW 1956, 144, 145.

hätte abgeben können.[433] Gießler, der sich ebenfalls auf fast zwei Seiten zur Rechtfertigung des Territorialitätsprinzips genötigt fühlt, präzisiert das Argument der "Gleichbehandlung". Der Verfolgte ausländischer Staatsangehörigkeit, der nicht Flüchtling sei, könnte sich wegen seiner Schäden an den eigenen Staat als seinen Schutzstaat wenden.[434] Er verweist damit auf das Reparationsargument. Dies zeigt, wesentliches Unterscheidungskriterium des Territorialitätsprinzips ist nicht die territoriale Bezogenheit in einem schlichten geographischen Sinne. Regelungstechnik und Begriff ersetzen vielmehr den Begriff der deutschen Staatsangehörigkeit. Diesen, auch im erweiterten Sinne eines "Deutschen i. S. des Art. 116 GG" in ein Entschädigungsgesetz zu schreiben, wäre unmöglich gewesen. Klarer als alles andere hätte dies dokumentiert, daß - überspitzt formuliert - im Selbstverständnis primär "Deutsche" und erst sekundär "Verfolgte" zu entschädigen waren. Mit einer etwas anderen Akzentuierung brachte Otto Küster dies auf folgende Formel:

"Es gibt keineswegs den Satz: Einen Verfolgungsschaden, den Deutschland aus den spezifischen Verfolgungsgründen verursacht hat, macht Deutschland wieder gut. Es gibt noch nicht einmal den Satz: Reichsdeutsche Verfolgte, die Deutschland aus diesen spezifischen Gründen verfolgt hat, werden von Deutschland entschädigt. Der reichsdeutsche Jude, der in Paris seinen beruflichen Wohnsitz hatte und dort 1940 von unserer Verfolgungsmaschinerie ergriffen worden ist, ist bis heute nicht entschädigungsberechtigt." [435]

Nach der Gesetzesänderung war auch dieses Einschlupfloch gestopft. Der Bundesgerichtshof wertete seine eigene Judikatur ab, wenn er in der Veränderung keine Verschlechterung der Rechtsstellung des Berechtigten, sondern "lediglich eine im Interesse der Rechtssicherheit gebotene Klarstellung" sah.[436]

Eine restriktive Rechtsprechung sorgte ferner dafür, daß die außerhalb der Lager befindlichen DPs nicht über die Wohnsitzklausel Ansprüche anmelden konnten, sofern sie Auswanderungsabsichten hatten.[437] Die sich als Auslegungsleitlinie festigende Rechtsprechung, nach der der Unterschied zwischen "Aufenthalt"

---

433 Blessin/Wilden, BEG, 1. Aufl., § 8, Rn. 1.

434 Vgl. Gießler, W. IV, S. 52-54.

435 Küster, Erfahrungen, S. 25 f.

436 BGH RzW 1957, 274, 275; in der Entscheidung RzW 1956, 362 (Nr. 27) hatte er die Frage auf Kosten einer restriktiven Abgrenzung der DP-Regelung noch offen gelassen.

437 BGH RzW 1957, 320, 322 (Fünfmonatiger Hotelaufenthalt nach Befreiung aus dem KZ Theresienstadt); OLG München, RzW 1957, 362 (Viereinhalbmonatiger Aufenthalt einer 1946 aus Polen ausgewanderten rassisch Verfolgten); a.A. KG Berlin, RzW 1954, 309; OLG München, RzW 1959, 103; LG Karlsruhe, RzW 1955, 129; vgl. ferner OLG München, RzW 1956, 266.

und "dauerndem Aufenthalt" "nicht in erster Linie in der Willensrichtung", sondern "in objektiven Umständen, insbes. in der Dauer" zu suchen sei, täuschte über das maßgebliche Kriterium der Motivforschung hinweg. Ein auch längere Zeit andauernder, "aber nur einem begrenzten Zweck dienender und von vornherein als ein vorübergehend gedachter Aufenthalt" konnte nämlich nicht "diejenige räumliche Beziehung zu Deutschland" herbeiführen, die eine maßgebliche Anspruchsvoraussetzung darstellte.[438] Bei einer von kasuistischen Einzelfallentscheidungen, bei denen auf "die Eigenart des Falles" abzustellen war,[439] nicht freien Rechtsprechung schimmerte im Kriterium der "räumlichen Beziehung" das der "ideellen Beziehung" durch. Abgesehen von den Auswanderungsfällen reichte weder ein vierjähriger Aufenthalt zu Studienzwecken [440] noch die längere, vermutlich über zweijährige Tätigkeit für die UNRRA [441] zur Begründung eines "dauernden Aufenthaltes" aus.

b. Widerstandskämpfer und Nationalverfolgte

Weder die SPD noch die anderen Parteien im Bundestag ergriffen aber eine Initiative, die deutschlandpolitische Konzeption des Entschädigungsrechts aufzugeben. In den Beratungen zum Bundesentschädigungsgesetz Anfang Juni 1956 war die Problematik an anderer Stelle, am Begriff des "Nationalverfolgten" aufgetaucht. Böhm referierte als Mitglied der Entwurfskommission und Mitglied des nunmehr zuständigen "Wiedergutmachungsausschusses" über den Diskussionsstand. Dabei ging es um die Novellierung des § 76 BErgG durch § 167 BEG. Der Anspruch für "Nationalverfolgte" ergänzte das allgemeine Anspruchssystem in zweifacher Weise. Der Verfolgungsgrund der "Nationalität" ersetzte die üblichen Verfolgungsgründe (§ 1), und statt des Territorialitätsprinzip kam es auf die Flüchtlingseigenschaft i. S. der Genfer Konvention an.[442] Einschränkend mußte die Schädigung "unter Mißachtung der Menschenrechte" erfolgt sein, ferner waren nur dauernde Körper- und Gesundheitsschäden ersatzfähig. Dies

---

438 BGH RzW 1963, 182 (Nr. 25).

439 BGH RzW 1960, 497 (bejahend für Tätigkeit eines ehemaligen polnischen KZ-Häftlings als Militärkaplan und Hilfskaplan in DP-Lagern); s.a. BGH RzW 1960, 262, 263 ("Würdigung aller Umstände").

440 BGH RzW 1959, 500 (Nr. 15).

441 BGH RzW 1963, 182 (Nr. 25); s. ferner OLG Stuttgart, RzW 1950, 249 (Tätigkeit in einer politischen Wachkompanie der Besatzungsmacht nach viereinhalbjährigem KZ-Aufenthalt) mit abl. Anm. Küster.

442 Vgl. Blessin/Ehrig/Wilden, BEG, § 167, Rn. 13; ausf. z. Rspr. s.u. 5 I 3.

war die Umsetzung des Kompromisses der Verhandlungen zum Überleitungsvertrag.[443] Auffallend am von Böhm referierten Diskussionsverlauf[444] ist zunächst, daß das Tatbestandsmerkmal "Flüchtling" in die Diskussion überhaupt nicht einbezogen wurde. Es ging also nur um den Personenkreis, der bis zum Oktober 1953 (Zeitpunkt des Inkrafttretens) seinen osteuropäischen Heimatstaat verlassen hatte. Damit blieb das Territorialitätsprinzip, das durch den Flüchtlingstatbestand nicht verändert, sondern nur ergänzt wurde, bestehen.

Der Regierungsentwurf hatte den von der Entwurfskommission unterbreiteten Vorschlag, zur Klarstellung den Verfolgungsgrund der "Nationalität" ausdrücklich auf die "als Anhänger einer nationalen Widerstandsbewegung" Geschädigten auszudehnen, übernommen.[445] Anlaß dafür gab eine sich festigende Rechtsprechung, die aus der Unterscheidung, Angehörige einer Widerstandsgruppe seien aus Sicherheitsgründen bekämpft worden, den Grund der "Nationalität" ausschied. Böhm wies darauf hin, diese Urteile hätten "im Ausland eine ungewöhnliche Verstimmung und Verbitterung hervorgerufen". Zudem vertrete ein "führender Kommentar", damit verwies er auf den u.a. vom "Wiedergutmachungsreferenten" im Bundesfinanzministerium Georg Blessin verfaßten Kommentar,[446] daß Angehörige einer Widerstandsgruppe nicht anspruchsberechtigt seien. Im Wiedergutmachungsausschuß, dessen stellvertretender Vorsitzender Böhm war, habe man diese Änderung für zu weitgehend gehalten, weil nicht alle Anhänger einer nationalen Widerstandsbewegung aus Gründen der Nationalität inhaftiert worden seien.[447] Andererseits sprach Böhm aus, daß Widerstandskämpfer nicht von vornherein ausgenommen sein sollten. Entschädigungsberechtigt solle jeder sein, "dem wegen seiner Zugehörigkeit zu einem oder wegen seines Einsatzes für einen fremden Staat Unrecht zugefügt" worden sei.[448] Damit blieb aber alles offen. Präziser war da die Begründung des Bundesrats, alles beim alten zu lassen. Durch eine Änderung würde nicht nur einem Personenkreis Ansprüche gegeben, der "schwer überblickbar" sei bei nicht übersehbaren finanziellen Auswirkungen. Es ließen sich auch dann kaum die Personen ausscheiden, die eine Partisanentätigkeit betrieben und "damit

---

443 S.o. 4 II 3a.

444 Vgl. Böhm, BTagsStenProt. 2/147, S. 7798A-7799B.

445 BTagsDrs. 2/1949, S. 37 (§ 76) mit der Begründung auf S. 179 ff.

446 S. Blessin/Ehrig/Wilden, BEG, 1. Aufl., § 76, Rn. 2. S. dazu den Überblick bei Schirilla, Wiedergutmachung, S. 45-47.

447 Vgl. a. BTagsDrs. 2/2382, S. 12 (Nr. 59).

448 Ähnl. bereits Greve (SPD) als Berichterstatter, BTagsStenProt. 2/147, S. 7788A.

nach allgemeinen Völkerrechtsregeln völkerrechtswidrig gehandelt" hätten. Und die Bundesratsbegründung setzte noch ein Argument darauf:

"Diesem Personenkreis einen Entschädigungsanspruch zuzubilligen, obwohl nach Art. 28 GG (sic!) die allgemeinen Regeln des Völkerrechts Bestandteil des Bundesrechts sind, ist rechtspolitisch bedenklich." [449]

Der rechtspolitische Sinn, für die völkerrechtswidrige Besatzungspolitik des Deutschen Reichs, bei der jegliche Sorge für das besetzte Territorium rassistisch aufgeladenen Kriegszielen untergeordnet worden war, einzustehen, war nie erörtert worden. Völkerrechtswidrigkeit oder Verletzung elementarer Rechtsgüter waren auch nie das ausschlaggebende Kriterium für einen Entschädigungsanspruch gewesen.

Mit einem Appell an die Gewissenhaftigkeit der Richter wollte Böhm die Abgrenzung weiterhin einer Rechtsprechung überlassen, die er gerade kritisiert und deren ideologisches Gewässer er scharf analysiert hatte. Die oftmals aus Gründen der Tarnung, legte Böhm dar, vor allem in Polen, aus angeblichen Sicherheitsgründen erfolgten Verhaftungen - nichts anderes würden die dafür Verantwortlichen angeben -, seien vom Antragsteller nicht zu widerlegen. Daraus schloß er:

"Wenn man aber so verfährt, dann legitimiert man sozusagen noch hinterher die nationalsozialistische Tarnung einer nationalen Verfolgungspolitik... Es wird vielmehr ganz stur nach den Regeln der Beweiswürdigung verfahren, d.h. es wird einfach unterstellt, wir hätten damals eine normale Regierung, einen soliden Rechtsstaat gehabt und einen ganz normalen Krieg geführt. Die geschichtliche Wirklichkeit wird einfach ignoriert. So kommt es, daß Behörden und Gerichte unserer Tage den Nationalsozialisten noch heute ihre arglistigen und vorgeschützten Argumente abkaufen und, ohne es zu wollen und sich dessen bewußt zu sein, die nationalsozialistische Polenverfolgungspolitik noch zu Ende führen." [450]

Böhm hatte auch hier den ideologischen Kern der Verfolgungsgründe getroffen. Mit ihrer Hilfe konnte man den Wust der Verfolgungshandlungen in die der "nationalsozialistischen Unrechtshandlungen" und in die übrigen Staatshandlungen, mit denen man, weil sie ja alle Staaten vornehmen, kein Unrecht gesetzt hatte, aufspalten. Böhms Analyse blieb folgenlos, weil sie weder diskutiert noch gar gesetzgeberisch umgesetzt wurde. Im "halbamtlichen" Kommentar Blessins, der den Gang der Beratungen bis auf die scharfe Kritik Böhms getreulich nachzeichnete, bestand daher keine Veranlassung zur Textrevision. Nur die Kasuistik der einzelnen Gruppen, wie sie die Rechtsprechung aussortierte, füllte immer

449 BTagsDrs. 2/1949, S. 216.

450 BTagsStenProt. 2/147, S. 7798D f.

mehr Raum.[451]

Im Ergebnis blieb es bei der alten Regelung. Lediglich die zu entschädigende Minderung der Erwerbsfähigkeit wurde von 50 auf 25% herabgesetzt.[452]

3. Weitere Nachbesserungen durch das Bundesentschädigungsschlußgesetz

Kristallationspunkt weiterer Reformbemühungen wurde in der Folgezeit der Wiedergutmachungsausschuß des Bundestages, dessen Arbeit aber wegen der skandalösen Rücktritte der Vorsitzenden Greve und Frenzel in den Jahren 1958 und 1960 zeitweise erschwert wurde.[453] Einer erneuten Novellierung war man zunächst durch die Verwaltungsvereinbarung 1959[454] ausgewichen. In der Antisemitismusdebatte vom Februar 1960[455] deutete sich eine "Selbstzufriedenheit" in den Reihen der Regierungsfraktionen an, weil ausnahmsweise nicht der Mahner Böhm das Wort ergriff. Deutlich wurde die Reinigungsfunktion, wenn Innenminister Schröder die antisemitischen Schmierereien "als einen bösen Verstoß gegen ihren (der deutschen Öffentlichkeit, Anm. d. Verf.) durch Taten bewiesenen Willen zur Wiedergutmachung, zur Versöhnung und zur Toleranz" bezeichnete[456] oder der Abgeordnete Kopf betonte, das deutsche Volk habe in den letzten Jahren "positive Beiträge" erbracht, in denen es "seine Ablehnung des Antisemitismus zum Ausdruck" gebracht habe. So habe es in dem "Wiedergutmachungsgesetz" und dem Vertrag mit Israel "seinen Wiedergutmachungswillen" bekundet.[457] Die sozialdemokratische Opposition widersprach und geißelte die Währungsfrage,[458] Arndt führte den Vergleich mit

---

451 Vgl. Blessin/Ehrig/Wilden, BEG, 2. Aufl., § 167, Rn 4-8.

452 Vgl. ferner Schirilla, Wiedergutmachung, S. 26-35; Kraus, W. VI, S. 199-203.

453 Vgl. dazu Pross, Wiedergutmachung, S. 111-115; Grossmann, Ehrenschuld, S. 115 f.

454 S.o. Fn. 407.

455 BTagsStenProt. 3/103, S. 5575A-5617D.

456 S. 5575D; bei allen Unterschieden ähnlich aber Schmidt (SPD), S. 5584D ("Staatsverbrechen"); s.a. Wittrock (SPD), 3/92, S. 5083D.

457 S. 5600B; ähnl., Friedensburg (CDU/CSU), S. 5603D; vgl. ferner Lüders (FDP), S. 5589D; Schneider (DP), 3/92, S. 5085B.

458 Vgl. Schmid, S. 5585A/B; Arndt, S. 5605D; Jahn, S. 5608A, 5611A u. 5615B; s.a. Wittrock, 3/92, S. 5083D u. 5087D. Zur Währungsfrage s. bereits oben vor Fn. 408; zur, allerdings aus der Defensive einer Oppositionspartei begründeten Gleichstellung von NS-Opfern und DDR-Häftlingen s. die Beratungen mit vertauschten Rollen, BTagsStenProt. 3/116, S. 6655B-6663B.

den Ausgaben bei Tabak und Alkohol an.[459]

Die deutschlandpolitische Entschädigungskonzeption hatte sich gegenüber den Forderungen der westeuropäischen Staaten behaupten können. Ihre Forderungen wurden durch im Ausmaß sehr bescheidene bilaterale Verträge abgegolten. Eine große Lücke war aber durch die Flüchtlingsbewegungen auch vieler verfolgter Juden aus Osteuropa offenkundig geworden. Ihren Ansprüchen standen die verschiedenen Wohnsitz- und Stichtagsregelungen entgegen. Daneben ging es um Verbesserungen der Leistungen für die Anspruchsberechtigten, insbesondere bei den Rentenleistungen. Trotz frühzeitiger Intervention der Verfolgtenverbände, vor allem der Claims Conference, setzte sich insgesamt der finanzielle Sparkurs der Regierung durch. Die Einbindung der sozialdemokratischen Opposition gelang durch eine partielle Ausweitung des Gesetzesvorhabens einen Tag vor Beginn der zweiten Lesung.[460] Das als Artikelgesetz mit 12 Artikel gefaßte Änderungsgesetz erging am 14.September 1965.[461] Art. I änderte in 131 Nummern zahlreiche Vorschriften des Entschädigungsgesetzes, Art. III und IV widmeten sich der komplizierten Frage der partiellen Neueröffnung des Antragsverfahrens wegen der rechtlichen Verbesserungen bzw. der erfolgten Korrekturen in der medizinischen Gutachterpraxis sowie einzelnen Ergebnissen der Rechtsprechung.[462] Eine Neueröffnung der Fristen war nicht vorgesehen, vielmehr setzte Art. VII vorsorglich eine absolute Schlußfrist zum Jahresende 1969.

a. Ablehnung einer Neukonzeption

Die Frage der Neukonzeption war nicht nur in der Fristenfrage,[463] sondern auch angesichts der neuen Flüchtlings- und Auswandererströme hinsichtlich des Territorialitätsprinzips zur Diskussion gestanden. In dem u.a. vom Vorsitzenden des

---

459 S.o. vor Fn. 322.

460 Zum Gesetzgebungsverfahren vgl. Pross, Wiedergutmachung, S. 110-129; Féaux de la Croix, W. III, S. 95-113; Grossmann, Ehrenschuld, S. 121-149; vgl. a. ders., Gewerkschaftliche Monatshefte 1964.

461 Zweites Gesetz zur Änderung des Bundesentschädigungsgesetzes (BEG-Schlußgesetz), BGBl. I 1965, 1315; BTagsDrs. 4/1550, 3423, 3537; BTagsStenProt. 4/96, S. 4406B-4426C; 4/188, S. 9466C-9480; zu den Änderungen s. ferner Zorn, RzW 1965, S. 385 ff; zu Verschlechterungen Cebulka, RzW 1965, S. 529 ff.

462 Aus juristischer Sicht vgl. insb. Meyer, Rechtskraftdurchbrechungen.

463 So wenigstens in der 1. Lesung, vgl. Hirsch (SPD), BTagsStenProt. 4/96, S. 4421B/C.

Wiedergutmachungsausschusses, Hirsch, und des Generalsekretärs des Zentralrats der Juden in Deutschland, van Dam, verfaßten Einführung zur Gesetzesnovellierung heißt es, die Ausgangsfrage für den Gesetzgeber habe in der Alternative Festhalten an der alten Konzeption mit seinem Territorialitätsprinzip und dem Verweis aller übrigen Schäden auf die Sphäre des internationalen öffentlichen Rechts oder Schaffung einer völlig neuen Grundlage mit der Einbeziehung aller durch das Dritte Reich rechtswidrig geschädigten Personen, unabhängig von Wohnsitz und Staatsangehörigkeit, bestanden.[464] Im von Hirsch verfaßten Ausschußbericht wird die Ablehnung der Neukonzeption allein mit dem Zeitfaktor begründet. 20 Jahre nach Beendigung der Naziherrschaft sei es dafür leider zu spät. Hirsch teilt hier noch klarer mit, daß die reparationsrechtliche Sichtweise der Bundesregierung zumindest von der Ausschußminderheit nicht anerkannt werde.[465]

Folgerungen daraus wurden kaum gezogen. So konnte man sich zu einer Änderung des Verfolgtenbegriffs nicht durchringen. Das Problem der Verfolgung aus "nationalen Gründen" reduziert hier Hirsch auf das Problem der nationalen Minderheiten der Dänen und Polen in Deutschland. Ihr Schaden stehe "in keinem Verhältnis zu dem der anderen Naziopfer", so daß es zu verantworten sei, "ihnen in diesem Gesetz, das ja ohnehin nicht alle Unrechtsmaßnahmen der Nazimachthaber entschädigen" könne, weiterhin keine ausdrücklichen Ansprüche zu gewähren.[466] Nicht einmal zur Beseitigung der diskriminierenden Unterscheidung in "Verfolgte" und bloße "Geschädigte" war man in der Lage. Rechtfertigend nahm Hirsch indirekt darauf Bezug, indem er betonte, daß "selbstverständlich derartige Verfolgungsmaßnahmen das Recht und die Gerechtigkeit" verletzt hätten.[467]

b. Weitere Ergänzungen des Territorialitätsprinzips

Der Ausschußvorschlag ging aber im Detail dann doch erheblich über den Regierungsentwurf hinaus. Verfolgte Vertriebene mit Wohnsitznahme im Bundesgebiet waren schon nach bisherigem Recht anspruchsberechtigt.[468] Bei eher mar-

---

464 Vgl. van Dam u.a., Wiedergutmachungsgesetze, S. 111 f.

465 Vgl. bereits o. 4 II 4b bb.

466 Zur fehlenden Flüchtlingseigenschaft der nationalen Minderheiten s. Kraus, W. VI, S. 198.

467 Vgl. BTagsDrs. 4/3423, S. 1-3.

468 Mit der Halbjahresfrist der Wohnsitznahme nach der Neufassung des § 4 I Nr. 1a

ginalen Verbesserungen für alle ins Ausland ausgewanderten deutschen Verfolgten einschließlich, so der Wortlaut nach der Neufassung, aller "der dem deutschen Sprach- und Kulturkreis" Angehörenden[469] wurde nunmehr ein Stichtag (1. Oktober 1953) eingeführt. Alle danach ausgewanderten Verfolgten waren dadurch nur noch nach den wesentlich schlechteren Regelungen für die Staatenlosen und Flüchtlinge anspruchsberechtigt. Als Begründung wurde von der Regierung wie vom Ausschuß angeführt, nach 1950/51 seien kaum Diskriminierungen vorgekommen, so daß ein Verlassen dieser Gebiete in keinem Zusammenhang mit der Zugehörigkeit zum deutschen Sprach- und Kulturkreis bestanden habe.[470] Die gleiche Frage hätte nicht nur für die vertriebenen Verfolgten mit Wohnsitz im Bundesgebiet wie überhaupt alle Vertriebenen aufgeworfen werden können. Im Ergebnis zeigt diese Regelung eine Verfeinerung der deutschlandpolitischen Konzeption, die auch nicht vor einer Verschlechterung der Rechtslage zurückschreckte. Erst 1971 wurde § 150 Abs. 2 BEG in der Fassung des Schlußgesetzes für verfassungswidrig erklärt, was allerdings vielen Betroffenen nicht mehr half.[471]

aa. Sonderfonds für Flüchtlinge

Als Ausgleich für die restriktive Lösung des Flüchtlingsproblems wurde nach Art. V BEG-SchlG ein neuer Sonderfonds eingeführt. Die Fondslösung, die mit dem Härteausgleich ohne Rechtsanspruch als Ergebnis der Verhandlungen mit der Claims Conference einen Vorläufer hatte,[472] war nach Aufstockung des Fondsvolumens von 600 Millionen auf 1,2 Milliarden DM die Kompromißformel zur Verabschiedung des Schlußgesetzes. Böhm hatte den Härtefonds schon in

---

sollte eine Umgehung des § 150 BEG vermieden werden, vgl. Zorn, RzW 1965, S. 386.

469 Es handelt sich hier lediglich um eine sprachl. Neufassung, da gleiches nach §§ 150 I 2, 4 II BEG 1956 galt.

470 Vgl. BTagsDrs. 4/1550, S. 35; 4/3423, S. 14, danach verfassungsrechtliche Bedenken der Ausschußminderheit; s. ferner die Stellungnahme der Bundesregierung im Verfahren vor dem BVerfG, BVerfGE 30, 367, 378; s.a. Brunn, ROW 1966, S. 49.

471 Vgl. BVerfG RzW 1971, 309 = BVerfGE 30, 367; anders noch BGH RzW 1966, 230; dazu Klee, W. V, S. 444-447; zu den Hintergründen s. Pross, Wiedergutmachung, S. 124-129.

472 Vgl. §§ 79 BErgG bzw. 171 BEG; zur auch hier komplizierten Rechtslage s. neben der Kommentarliteratur Hebenstreit, W. V, S. 453-501; zu den Verhandlungen mit der Claims Conference s. Sagi, Wiedergutmachung, S. 167, und Nr. 14 Abs. 3 Protokoll Nr. 1; zur geringeren Bedeutung des § 239 BEG vgl. die Kommentierung bei Blessin/Giessler, BEG-SchlG, sowie Brunn/Hebenstreit, BEG.

der ersten Lesung mit dem Hinweis angepriesen, daß dieser den "sehr großen Vorteil für den Wiedergutmachungsschuldner" habe, eine fest begrenzte Summe darzustellen.[473] Bei einer nicht ganz einfachen Regelungstechnik betraf die "Sonderregelung für überregionale Verfolgtengruppen" insbesondere alle seit Oktober 1953 aus den osteuropäischen Staaten geflüchteten Verfolgten, die sog. Post-Fifty-Three's, sowie diejenigen, die bereits zuvor im westlichen Ausland gelebt hatten, aber weder dem deutschen Sprach- und Kulturkreis angehörten noch Staatenlose oder Flüchtlinge i. S. der Genfer Konvention waren. Eine neue Stichtagsregelung sorgte dafür, daß alle ab 1966 Auswandernden leer ausgehen würden.[474] Eine Anspruchsberechtigung setzte eine mindestens halbjährliche Freiheitsentziehung, gleichgestellt auch hier Tragen des Judensterns und Leben in der Illegalität, oder eine momentane Erwerbsminderung um 80 Prozent voraus, für Witwen und Witwer kam ein Anspruch nur bei verfolgungsbedingtem Tod in Betracht, also Tod während oder innerhalb von acht Monaten nach der Verfolgungszeit. Der Grundbetrag der Beihilfe lag zwischen 1000,-- und 5000,-- DM und war steigerungsfähig. Der Steigerungsbetrag hing wiederum von der Summe aller Ansprüche ab. Von den 172.000 Anträgen, von denen über 30.000 zurückgezogen wurden, da Ansprüche nach den regulären Vorschriften bestanden, wurden am Ende 110.594 positiv beschieden. Dies ergab einen Steigerungsbetrag von 5940,-- DM. Wer drei Jahre Konzentrationslager überlebt hatte, der erhielt nun in einem sich über mehrere Jahre hinziehenden Abschlagszahlungsverfahren insgesamt 13.880,-- DM. Soviel erhielten 29% aller Anspruchsberechtigten, die Mehrzahl (53%) erhielt weniger, nur 18% mehr.[475] Hebenstreit betont daher zu Recht, daß die "Beihilfen" weder als Ausgleich bestimmter Schäden noch als Sozialleistung konzipiert worden waren. Sie hätten weder dem Ausgleich von Härten noch der Deckung des Lebensbedarfs gedient. Es sei vielmehr einzig darum gegangen, welchen Betrag die Bundesrepublik habe aufwenden können, um über die bisherige völkerrechtliche Verpflichtung hinaus ihre Bereitschaft zur Wiedergutmachung zu demonstrieren.[476]

Ob eine etwas ehrlichere Lösung bei einer sich beharrlich verweigernden Opposition im Zusammenwirken mit den Verfolgtenverbänden, insbesondere der Claims Conference, zu erreichen gewesen wäre, kann kaum verifiziert werden.

---

473 Vgl. BTagsStenProt. 4/96, S. 4416D.

474 Als Problem bereits gesehen von Hirsch, BTagsStenProt. 4/96, S. 4422B/C.

475 Vgl. Art V BEG-SchlG und Hebenstreit, W. V, S. 503-524; die Prozentangaben sind nach der Tabelle auf S. 517 errechnet.

476 Hebenstreit, ebd., S. 506 f.

Die ökonomischen Ausgangsbedingungen der Jahre 1953 und 1956 hatte man inzwischen weit hinter sich gelassen, so daß das Argument der Leistungsfähigkeit auch in Anbetracht einiger zusätzlicher Milliarden, verteilt auf mehrere Jahre, immer weniger plausibel wurde. Bis auf Böhm herrschte aber in den Regierungskreisen eine absolute Schlußstrichmentalität vor, die sich nicht nur in der eigens als "Schlußgesetz" gewählten Bezeichnung,[477] sondern auch in einer wohlgefälligen Selbstbespiegelung äußerte. Wenigstens verbal glaubte man, erneut die Grenze der Leistungsfähigkeit erreicht zu haben. In seiner ausschließlich fiskalpolitischen Eröffnung der ersten Lesung stellte Bundesfinanzminister Dahlgrün [478] die "Wiedergutmachung" nicht nur in die Reihe der Konkursschulden des "NS-Zusammenbruchs", für die eine "allgemeine Haftpflicht der Bundesrepublik" nicht bestehe,[479] sondern wies auch auf "die eindrucksvolle Leistung" der Bundesrepublik hin, die damit über ihre vertraglichen Pflichten hinausgegangen sei.[480] Die Funktion des Überleitungsvertrags und des Abkommens mit der Claims Conference war inzwischen von der Sicherung eines Minimalprogramms zum Legitimationsmaßstab geworden. Die Reduzierung des Rechtsgrundes auf diese Vereinbarungen drückte nichts anderes aus als das bereits beim Israelvertrag zutage getretene Gefühl, für eine "fremde Schuld" aufkommen zu müssen. In der überobligationsmäßigen Erfüllung dieser übernommenen Verpflichtungen zeigte sich nur noch die Generosität eines Spenders, dessen Stärke auch im Interesse der Verfolgten liegen müsse. Eine finanziell kranke Bundesrepublik wäre ein schlechter Partner der Geschädigten und der westlichen Welt überhaupt.[481] Dahlgrün vermied es tunlichst, auf den "angesichts des Umfangs und der Vielgestaltigkeit" der Schäden nicht angebbaren Verlust näher einzugehen. Jedenfalls könne "ein ernsthafter Zweifel" nicht aufkommen, "daß die Bundesrepublik alles Menschenmögliche getan" habe und tue, "um diese Schuld des Hitler-Regimes abzutragen".[482]

---

477 Vgl. den Antrag von Böhme (CDU/CSU), BTagsStenProt. 4/188, S. 9467B; nach Féaux de la Croix, W. III, S. 107, führte Böhme mit Spitzmüller (FDP) die "ausweitungsfeindliche" Ausschußmehrheit an, die den sachkundigen Argumenten aus dem Bundesfinanzministerium (RegDir. Zorn) Gehör verschafft hätten.

478 BTagsStenProt. 4/96, S. 4406B-4411C; ferner 4423A f.; nicht anders 4/188, S. 9468C-9471B. Ähnl. Argumentation bei Kohut, 4/96, S. 4424C f., u. Böhme (CDU/CSU), S. 9471B-9474D (letzterer z.T. mit terminologischen Abweichungen).

479 BTagsStenProt. 4/96, S. 4406C.

480 Ebd., S. 4407C.

481 Vgl. ebd., S. 4408C/D.

482 Ebd., S. 4407C.

Böhm und Hirsch ließen es an z.T. auch heftiger und grundsätzlicher Kritik nicht fehlen, machten andererseits aber deutlich, daß es nur um Akzentverschiebungen ging. Beide wiesen auf die Lückenhaftigkeit des Entschädigungsrechts hin. Böhm führte aus, geschichtliche Zufälligkeiten seien maßgebend für die Auswahl der Personengruppen und für die Auswahl der Tatbestände.[483] Er bemerkte auch, daß eine Entschädigung für Bürger anderer Staaten, die früher in den anderen Staaten gewohnt hätten und noch heute dort wohnten, nicht vorgesehen sei.[484] Ähnlich äußerte Hirsch, es gäbe "schwer verfolgte Menschen auf dieser Welt und in Deutschland, die überhaupt nichts" bekämen.[485] Die Grundsatzfrage der osteuropäischen Verfolgten, mit deren Staaten keine Globalabkommen abgeschlossen worden waren, wurde nicht angerührt. Böhm stimmte bei allen Unterschieden der Leistungsbilanz im Ergebnis zu und gab ihr eine deutschlandpolitische Komponente:

"Das ist ein glaubwürdiger Text; 40 Milliarden DM zahlt kein Volk aus der Westentasche. Wenn die Bundesrepublik ihren Anspruch, Gesamtdeutschland zu vertreten und zu repräsentieren, erhebt, dann ist das keine leere Behauptung, hinter der keine Taten stünden. Hinter diesem Anspruch steht die Wiedergutmachung". [486]

Und Hirsch stimmte trotz Kritik weiterer "Lücken" nach Einbeziehung der aufgestockten Fondslösung in der Schlußberatung darin überein:

"Aber es (das Gesetz, Anm. d. Verf.) löst die wesentlichen Probleme, und es löst sie so, glaube ich, daß wir uns mit dieser Novelle sehen lassen können." [487]

Mit der Fondslösung war eine auch nur partielle Einbeziehung der von ihr betroffenen Verfolgten in das Entschädigungsgesetz aber gerade vermieden worden.[488] Ähnlich wie bei der Auseinandersetzung um die Entschädigung für DPs [489] in den fünfziger Jahren hatte man hier Verfolgung und Flucht aufgespalten. Fluchtgründe wurden der deutschen Sphäre schon gar nicht zugerechnet. Auf der anderen Seite war eine unterschiedliche Behandlung der ausgewanderten und der gebliebenen Verfolgten kaum zu rechtfertigen. Mit der auch nur

---

483 Ebd., S. 4413B.

484 Ebd., S. 4412A.

485 Ebd., S. 4420A.

486 Ebd., S. 4416B/C.

487 BTagsStenProt. 4/188, S. 9475B.

488 So noch der Minderheitsvorschlag des Wiedergutmachungsausschusses, s. BTagsDrs. 4/3423, S. 23 f.

489 Hinterbliebene der während des Aufenthalts im Lager verstorbenen DPs waren nach der Neufassung (§ 4 I Nr. 2 BEG) erstmals anspruchsberechtigt.

partiellen Einbeziehung der ausgewanderten Verfolgten in das Entschädigungsrecht wurden dessen Defizite umso offenkundiger. Böhm hatte während der ersten Lesung noch angemerkt, bei Verzögerung der Herstellung eines allseitigen Friedenszustandes sei die Aussicht, für die noch lebenden Verfolgten zu ihren Lebzeiten eine Entschädigung zu bekommen, in die Ferne gerückt. Deshalb habe man mit den "befreundeten Nationen des Westens" die Globalabkommen geschlossen.[490] Das Problem der in Osteuropa lebenden Verfolgten vermied nicht nur Böhm, sondern blieb insgesamt ausgespart.

bb. Nationalverfolgte und Zwangsarbeiter

Nationalverfolgte waren, weil es sich nach allgemeiner Auffassung nicht um "echte Verfolgte" handelte, aus dem Anspruchssystem herausgenommen und wesentlich schlechter gestellt worden.[491] Eine restriktive Auslegungspraxis nahm vielen Verfolgten, die z.T. am Rande des Existenzminimums lebten, noch diesen Anspruch.[492] Nach Scheitern einer Verbesserung durch das Bundesentschädigungsgesetz 1956 setzte sich das Amt des Hohen Kommissars der Vereinten Nationen für Flüchtlinge, der Nachfolgeorganisation der IRO, verstärkt auch für die entschädigungsrechtlichen Belange dieses Personenkreises ein.

Die westeuropäischen Staaten hatten es bis auf Großbritannien abgelehnt, die Ansprüche dieses Personenkreises in ihre Globalforderungen einzubeziehen, da diese Flüchtlinge jedenfalls zum Verfolgungszeitpunkt nicht ihre Staatsangehörigkeit besessen hatten.[493] Die Bemühungen des Flüchtlingskommissars waren insofern erfolgreich, als er in einem Regierungsabkommen vom 5. Oktober 1960[494] die Gleichstellung wenigstens mit den übrigen verfolgten Flüchtlingen nach § 160 BEG erreichen konnte. Dies bedeutete statt der starren Rente zwischen 100,-- und 200,-- DM die z.T. wesentlich höhere allgemeine entschädigungsrechtliche Rente wegen Gesundheitsschadens und erstmals die Gewährung von Heilbehandlung. In einem Zusatzprotokoll wurde versucht, die

---

490 Vgl. BTagsStenProt. 4/96, S. 4412A/B.

491 Blessin/Ehrig/Wilden, BEG, vor § 167, hielten diese Ansprüche "rechtssystematisch" richtiger aufgehoben im AKG; vgl. ferner BTagsDrs. 4/1550, S. 44.

492 Vgl. Schirilla, Wiedergutmachung, S. 36-49; Kraus, W. VI, S. 174 f. u. 222-226; ausf. zur Rspr. s. u. 5 I 3 c.

493 Vgl. Kraus, W VI, S. 205; Schirilla, Wiedergutmachung, S. 50 f.

494 Nebst Zusatzprotokoll abgedruckt bei Schirilla, Wiedergutmachung, S. 54-57; w.N. bei Kraus, W. VI, S. 211, Fn. 58.

restriktive Praxis durch eine Definition des Verfolgungsgrundes "Nationalität" und durch Zentralisierung der Verwaltungsdurchführung beim Bund, d.h. hier beim Bundesverwaltungsamt, vor dem alle Verfahren wieder eröffnet werden konnten, zu durchbrechen. Wenn auch letzteres kaum erreicht werden konnte, so bedeutete das Abkommen jedenfalls eine größere internationale Transparenz der deutschen Verwaltungspraxis.[495] Daneben wurde ein Fonds für Härtefälle unter Verwaltung des Flüchtlingskommissars gegründet, in den die Bundesregierung 45 Millionen DM einbezahlte, der vor allem für Verfolgte mit einer nur geringen nachweisbaren Minderung der Erwerbsfähigkeit und Hinterbliebene gedacht war, die weiterhin ohne jeden Anspruch blieben.

Diese Regelung, die zunächst gegen das Gesetz erfolgte, was aber stillschweigend toleriert wurde,[496] vermutlich deshalb, weil dadurch eine erneute Gesetzesänderung, die kaum darauf zu beschränken gewesen wäre, vermieden werden konnte, sollte aber in das zweite Änderungsgesetz einbezogen werden. Als Ansprüche bloß "Geschädigter" wurde der gesamte Regelungskomplex unter Streichung der §§ 167 f. BEG in das Schlußgesetz (Art. VI) verlagert. Inhaltlich blieb es bei den Bestimmungen des Abkommens bei einigen wenigen Verbesserungen.[497] In der Frage der Definition konnte keine gesetzgeberische Verbesserung erzielt werden, da die im Gesetz aufgenommene Regelung aus dem Abkommen nur allgemein gehalten war und die strittigen Bereiche "Zwangsarbeiter" und "Widerstandskämpfer" nicht berührte.[498] Die vom Ausschußentwurf vorgenommene Erweiterung der Definition - allerdings sollte sie erst bei einer Minderung der Erwerbsfähigkeit von mindestens 50% gelten -, wonach auch als aus "Gründen der Nationalität geschädigt" gelte, "wer als Zwangsarbeiter wegen seiner Zugehörigkeit zu einem fremden Staat oder zu einem nichtdeutschen Volkstum unter Mißachtung der Menschenrechte unter Bedingungen hat arbeiten müssen, die bei ihm einen dauernden Schaden an Körper oder Gesundheit verursacht" habe,[499] fiel dem Kompromißpaket zur zweiten Beratung zum Opfer.[500] Diese in der Begründung als "Kompromiß" be-

495 Vgl. Schirilla, Wiedergutmachung, S. 57-66.

496 In der amtl. Begründung, BTagsDrs. 4/1550, S. 44, wird lediglich darauf verwiesen, die Sonderregelung sei bisher ohne gesetzliche Grundlage durchgeführt worden; darauf hatte das VG Köln hingewiesen, s. Schüler, RzW 1965, 108.

497 Im einzelnen s. Schirilla, Wiedergutmachung, S. 68-70; Zorn, RzW 1966, S. 146.

498 Vgl. a. Zorn, RzW 1966, S. 146.

499 S. BTagsDrs. 4/3423, S. 81; zu den Ausschußberatungen vgl. a. BGH RzW 1970, 567, 569.

500 S. Ziff. 15 des Umdrucks 660, BTagsStenProt. 4/188, Anl. 2.

zeichnete Definition sollte helfen, die durch die Rechtsprechung "unklare" Rechtslage zu beseitigen.[501] Wie bereits 1956 hatte hier der Bundestag eine Chance vertan, durch eine klare Regelung wenigstens auf dem kleinen Gebiet der Nationalverfolgten zu Krieg und nationalsozialistischer Okkupationspolitik Stellung zu nehmen. Der Einsatz für die jüdischen Verfolgten, denen im wesentlichen Art. V BEG-SchlG galt,[502] absorbierte erneut Bemühungen auf anderen Gebieten, ohne daß die Alternative Art. V oder erweiterter Art. VI bestanden hätte. Die Notwendigkeit einer gesetzgeberischen Korrektur zeigt bereits die Antragsstatistik. Von annähernd 37.000 Anträgen wurden 11.500 "auf sonstige Art" abgeschlossen, d.h. durch Antragsrücknahme, Tod des Antragstellers oder Nichtbearbeitung mangels einer Mindestsubstantiierung. Die auf diese Weise bereinigte Statistik verzeichnet immer noch mit über 19.000 abgelehnten gegenüber 6000 positiven Bescheiden ein Verhältnis von 76 zu 24.[503]

4. Die Grundkonzeption nach dem Kreis der Anspruchsberechtigten

Mit den geschilderten Novellierungen können, obwohl immer wieder betont wird, auf die Staatsangehörigkeit komme es nicht an,[504] trotz aller Unschärfen am Rande nach ihrer nationalen Herkunft drei Großgruppen unterschieden werden: Deutsche, ausländische Flüchtlinge und Ausländer. Ausländische Verfolgte, unabhängig von der Frage des Verfolgungsgrundes, also einschließlich der jüdischen Verfolgten, die ihren Wohnsitz im Heimatstaat behalten hatten, waren von vornherein nicht anspruchsberechtigt. Dies galt für west- und osteuropäische Staaten gleichermaßen. Der im Territorialitätsprinzip enthaltene notwendige Bezug zum Bundesgebiet bzw. früheren deutschen Reich grenzte alle Verfolgten aus den ehemals besetzten Ländern aus. Dies betraf auch die Fälle, in denen aufgrund von Deportationen Verfolgungshandlungen aus dem Reichsgebiet, insbesondere in den Konzentrationslagern, stattgefunden hatten. Der Gesetzgeber 1956 hatte ausdrücklich bestimmt, daß "der durch Freiheits-

---

501 Vgl. BTagsDrs. 4/3423, S. 24; ausführlich a. zu den Ausschußberatungen Kraus, W. VI, S. 230-235.

502 Vgl. Klee, W. V, S. 411.

503 Vgl. Kraus, W. VI, S. 260. Ausführlich zu den Problemen der Betroffenen und der schleppenden Verwaltungspraxis Schirilla, Wiedergutmachung, S. 70-100; zur Rechtsprechung s.u. 5 I 3.

504 Vgl. z.B. Klee, W. V, S. 393; Wilden/Klückmann, Wiedergutmachungsgesetz, S. 11; vergleichsweise eindeutig dagegen die Aussage bei Beil/Malorny, S. 14, der Gesetzgeber habe "in erster Linie die Rechte der Einwohner der Bundesrepublik Deutschland und der Emigranten aus Deutschland" wiederherstellen wollen.

entziehung bedingte Zwangsaufenthalt" nicht als "Wohnsitz" oder "dauernder Aufenthalt" gelten dürfe.

Für die als "Fremdarbeiter" ins Reich verschleppten Verfolgten war die "Wohnsitzfrage" ebenfalls unerheblich, da sie größtenteils nach Kriegsende und vor den Stichtagen das Reichsgebiet verlassen hatten. Rückkehr in das Heimatland galt nicht als "Auswanderung" aus Deutschland. Für die nicht zurückkehrenden Zwangsarbeiter kamen neben der DP-Klausel nach dem Wortlaut des § 4 BEG nur die Fälle der sich unmittelbar anschließenden Auswanderung sowie die der Todesfälle vor dem Stichtag Dezember 1952 in Betracht. Für sie konnte, wenigstens soweit sie nicht in haftstättenähnlichen Lagern hatten leben müssen, ein "dauernder Aufenthalt" nicht von vornherein verneint werden. Trotzdem ist weder in der Kommentarliteratur [505] noch in der von Schwarz und dem Bundesfinanzministerium herausgegebenen Wiedergutmachungsreihe [506] eine Erörterung entsprechender Fragen zu finden, erst recht finden sich keine Hinweise auf die Rechtsprechung,[507] obwohl bei Vorliegen der Voraussetzungen nach § 1 und 4 BEG ein Entschädigungsanspruch nach den Vorschriften für Nationalverfolgte nicht in Betracht kam.[508] Soweit sie nach Kriegsende einen Wohnsitz im Bundesgebiet hatten oder sich in einem DP-Lager befanden, wird regelmäßig daran angeknüpft. Dies deutet darauf hin, daß die Ausgrenzung für die ausländischen Verfolgten im wesentlichen über den Verfolgtenbegriff [509] vollzogen wurde. Dies bedeutete nicht nur den Ausschluß von Entschädigungsleistungen. Damit wurde weiter festgestellt, daß es sich überhaupt nicht um "Verfolgte" handelte. Allenfalls waren es National-"Geschädigte". Nur bei den Durchbrechungen dieses inländischen Verfolgtenbegriffs, so ganz bescheiden bei den "politischen" Gründen, bei den katholischen polnischen Priestern als aus Glaubensgründen Verfolgten und vor allem bei den ausländischen jüdischen Verfolgten aus Gründen der "Rasse", wurde das Territorialitätsprinzip in Funktion gesetzt. Für diese Gruppen war die DP-Klausel von Bedeutung, mit deren Hilfe

505 Vgl. insb. die Kommentierungen zu § 4 von Blessin/Gießler, BEGSchlG; Blessin/Ehrig/Wilden, BEG, einschließlich der beiden Vorauflagen (1. Auflage zu § 8); van Dam/Loos, BEG; Brunn/Hebenstreit, BEG.

506 Vgl. insb. Gießler, W. IV, S. 50-74, sowie Kraus, W. VI.

507 Eine Überprüfung anhand der RzW ist wegen der größtenteils auf eine Sachverhaltswiedergabe verzichtenden Veröffentlichungspraxis vor allem in den Anfangsjahren kaum möglich. Andererseits wurde kein Judikat gefunden, das sich mit dieser Problematik auseinandersetzt.

508 Vgl. BGH RzW 1970, 330.

509 Vgl. vorl. Blessin/Gießler, BEGSchlG, § 1, Anm. I1d; Kraus, W. VI, S. 174-176. Ausf. s.u. 5 I 3.

auch in geringem Umfang erst nach Kriegsende auf das Gebiet der späteren Bundesrepublik geflüchtete Verfolgte einbezogen werden konnten. Verfolgungsbegriff, Territorialitätsprinzip und als Sicherheitsventil die diplomatische Klausel für Osteuropa waren der dogmatische Dreiklang zur Ausschaltung der Ansprüche der ausländischen Verfolgten und damit der Fremdarbeiter.

Die "subjektiv-persönliche" Ausformulierung des Territorialitätsprinzips bedeutete die entschädigungsrechtliche Transformierung der These von der Identität mit dem Deutschen Reich, wenn dies auch funktionell der Ausweitung des Kreises der Anspruchsberechtigten einschließlich der Danziger diente. In der Endfassung kamen nach § 4 Abs. 1 Nr. 1a u. b Ansprüche für alle bundesrepublikanischen Alt- und Neubürger (Stichtag 31. Dezember 1952) in Betracht. Lit. d bis g sorgten im Endeffekt für die Verlängerung des Stichtags deutscher Flüchtlinge, lit. c. verhinderte den Ausschluß aller Alt- und Neuemigranten.

Der Wunsch nach Beendigung war mit Stichtagen und den allgemeinen Antragsfristen auch hier höher als die deutschlandpolitisch motivierte Sorge für die Verfolgungsopfer. Auf ein geringeres Entschädigungsniveau wurden die Vertriebenen herabgedrückt, die nicht über einen Wohnsitz im Bundesgebiet auswanderten. Zur Reichsbezogenheit mußte ein bundesrepublikanischer Anknüpfungspunkt hinzukommen. Sich nicht zum Rechtsnachfolger Bundesrepublik zählende Verfolgte wurden so schlechter gestellt. Die Ausweitung des Begriffs der deutschen "Volkszugehörigkeit" zum "dem deutschen Sprach- und Kulturkreis angehören" [510] versuchte die Folgen für die aus dem "Deutschtum" ausgegrenzten Juden entschädigungsrechtlich abzumildern. Die von der Verfolgungsseite nicht begründbare Unterscheidung führte so wegen der unterschiedlichen Rechtsfolgen zu tausenden weltweit durchgeführten Prüfungen, ob der von den deutschen Schergen Verfolgte sich dem "deutschen Sprach und Kulturkreis" soweit verbunden fühlte, "daß er sich den Traditionen, Wertvorstellungen und Gebräuchen des deutschen Volkes so angeglichen hatte, daß er sich ihnen mehr verbunden fühlte als den Wertvorstellungen, Gebräuchen und Traditionen der jüdischen oder einer anderen Volksgruppe".[511]

Nichtdeutsche Flüchtlinge wurden wesentlich schlechter gestellt. Sie konnten als Verfolgte oder Nationalgeschädigte nur Freiheits- und Gesundheitsschäden geltend machen, wenn sie bis zum Oktober 1953 geflüchtet waren. Westeuro-

---

510 Vgl. § 4 u. § 150 I BEG.

511 So Brunn/Hebenstreit, BEG, § 150, Rn. 3. Zu Rechtsproblemen, Umgehungs- und Gegenstrategien der Verwaltung vgl. ausf. Klee, W. V, S. 410-434.

päische Auswanderer fielen hier heraus. Spätere Flüchtlinge erhielten nur die gestückelten Pauschbeträge, nicht aber, wenn es sich um Nationalgeschädigte handelte.

IV. Der Abschluß weiterer Globalabkommen mit elf westeuropäischen Staaten.

1. Inhalt und Bedeutung der Verträge

Trotz Vorstößen der Besatzungsmächte in den Verhandlungen zum Überleitungsvertrag waren Verfolgte aus den ehemals besetzten Ländern nicht in das Entschädigungsrecht einbezogen worden. Erst die gleichlautenden Noten der acht zum Westen gehörenden früheren Feindstaaten vom Juni 1956, denen entsprechende Noten der Schweiz und Schwedens sowie Österreichs und Italiens folgten, führten zu, vermutlich aus Rücksicht auf den nunmehrigen Verbündeten, bilateralen Verhandlungen [512] und zu Einzelabkommen.[513] Folgt man der auf deutsche Akten zurückgreifenden Darstellung bei Féaux de la Croix,[514] so

512 Vgl. bereits oben, 4 II 3a aa u. 4 III 2 a a, insb. Fn. 425.

513

Staat	Datum d. Vertragsabschlusses	Datum des Ratifikationsgesetzes	Fundstelle (BGBl. II)	Abschlußhöhe (in Millionen DM)
Luxemburg	11.07.1959	08.08.1960	1960, 2077	18
Norwegen	07.08.1959	08.04.1960	1960, 1336	60
Dänemark	06.08.1959	08.04.1960	1960, 1333	16
Griechenland	18.03.1960	14.09.1961	1961, 1596	115
Niederlande	08.04.1960	10.06.1963	1963, 458	125
	14.05.1962		629, 652	
Frankreich	15.07.1960	27.07.1961	1961, 1029	400
Belgien	28.09.1960	28.07.1961	1961, 1037	80
Italien	02.06.1961	28.06.1963	1963, 791	40
Schweiz	13.09.1962	-	1963, 155	10
Großbritannien	09.06.1964	-	1964, 1032	11 (1 Mio. Pfund)
Schweden	03.08.1964	-	1964, 1402	1
Österreich	27.11.1961	21.08.1962	1962, 1041	101
			Summe	977

Zur Gesetzgebung in diesen Staaten s. Blessin/Ehrig/Wilden, BEG (2. Aufl.), Art. I ÄndG, Rn. 56-73.

514 Vgl. W. III, S. 201-275; Überblick bei Buschbom, W. II, S. 53-60; Auswärtige Poli-

beugte sich die Bundesregierung dem internationalen Druck, beharrte aber wiederum auf der Ablehnung jeder Rechtspflicht, da es sich bei den ausländischen Forderungen um durch Art. 5 LSA ausgeschlossene Reparationsforderungen handele. Auf den Hinweis, der außergewöhnliche und völkerrechtswidrige Charakter des Konzentrationslagersystems habe diesen Opfern einen Anspruch auf Entschädigung gegeben, konnte unter erneuter Betonung der beschränkten Leistungsfähigkeit nur mit der Bereitschaft zu freiwilligen Pauschalleistungen reagiert werden. Österreichische Forderungen [515] wurden zunächst vollständig abgelehnt, da für die Verfolgungsmaßnahmen Österreich selbst einzustehen habe.

In den jeweiligen Verhandlungen bestand die Bundesregierung auf dem entschädigungsrechtlichen Verfolgtenbegriff. Neben der fiskalischen Absicht, den Kreis der potentiellen Anspruchsberechtigten zu verkleinern, konnte so ideologisch in Fortführung des Reparationsarguments die Begrenzung einer deutschen Verantwortlichkeit begründet werden. Zahlungen sollten nur für "typisches NS-Unrecht" aus "humanitären Überlegungen" erfolgen. Die Mängel des entschädigungsrechtlichen Verfolgtenbegriffs waren aber Anlaß des internationalen Vorstoßes gewesen. Bis auf die Verträge mit Luxemburg, Frankreich und Großbritannien gelang es der deutschen Seite, ihren Verfolgungsbegriff in die Abmachungen hineinzuschreiben. In diesen Abkommen waren nur allgemein "nationalsozialistische Verfolgungsmaßnahmen" textiert worden. Bei dem luxemburgischen handelt es sich um das erste Abkommen. In dem Vertrag mit Frankreich, für das die Frage der Résistancekämpfer und der Zwangsarbeiter von größerer Bedeutung war, und Großbritannien, als den beiden stärksten Verhandlungspartnern, konnte die deutsche Auffassung nur im Briefwechsel dokumentiert werden. In der Antwort betonte Frankreich, einen Teilbetrag zugunsten in Frankreich wohnender Opfer sogenannter medizinischer Experimente zu verwenden. In allen Verträgen war die Verteilung der Gelder den jeweiligen Regierungen überlassen worden. Diese Regelung sollte ihnen die Anwendung ihrer eigenen Verfolgungskriterien ermöglichen. Einer Verteilung durch die Bundesrepublik, was die Bundesregierung von Anfang an abgelehnt hatte, hätte zu

---

tik, S. 41-43.

515 Die spezifischen Bedingungen des Vertragskomplexes mit Österreich, vgl. Féaux de la Croix, W. III, S. 288-309, dessen entschädigungsrechtliche Bestimmungen mit der österreichischen Entschädigungsgesetzgebung verwoben sind, werden im folgenden vernachlässigt. Zu letzterer, aber selten zum Vertrag selbst, s. Walch, Bemühungen; Knight, Ich bin dafür; Galanda, in: Meissl u.a. (Hrsg.), Schuld; Jellinek, in: Fraenkel (Hrsg.), Jews; Bienenfeld, Staatsvertrag.

außenpolitischen Problemen geführt. Sie hätte in jedem Verfahren ihren begrenzten Zahlungswillen und ihren im Ausland nicht verstehbaren Rechtsstandpunkt erneut vertreten müssen. In allen Verträgen erfolgten die Pauschalzahlungen nur wegen Freiheits- oder Gesundheitsschäden sowie zugunsten der Hinterbliebenen der infolge von Verfolgungsmaßnahmen Umgekommenen. Auch in der Aufnahme einer Abgeltungsklausel [516] konnte sich die deutsche Seite durchsetzen. In den Schriftwechseln bzw. Niederschriften behielten sich aber bis auf Luxemburg alle Regierungen vor, weitere Forderungen, die aus nationalsozialistischen Verfolgungsmaßnahmen während Kriegs- und Besatzungszeit herrührten, bei einer allgemeinen Prüfung gemäß Art. 5 Abs. 2 LSA geltend zu machen.

Bei einem anfangs wesentlich geringerem Zahlungsangebot hielten sich die deutschen Zahlungsverpflichtungen, meist in drei Jahresraten fällig, in bescheidenem Umfang. Der Kreis der Anspruchsberechtigten war in den Verhandlungen und im Verteilungsverfahren sehr begrenzt worden. Trotzdem bedeuteten die Zahlungen für die Verfolgten allenfalls eine symbolische Anerkennung ihres Schicksals. Die an Frankreich zu zahlenden 400 Millionen DM z.B. waren auf über 100.000 ehemals nach Deutschland Deportierte oder deren Angehörige zu verteilen, für jeden also weniger als 4000 DM. Die Niederlande erhielt 125 Millionen DM für über 50.000 Anspruchsberechtigte, für jeden durchschnittlich weniger als 2.500,-- DM, wobei nach der niederländischen Gesetzgebung Beträge zwischen knapp 300,-- bis über 5.000,-- DM ausgezahlt wurden. Ähnlich verhielt es sich in den anderen Ländern. Unabhängig von der tatsächlichen Einbeziehung in ein Verteilungsverfahren wurden alle Angehörigen der vertragschließenden Staaten von weiteren Ansprüchen nach dem Bundesentschädigungsgesetz ausgeschlossen.[517]

Hinsichtlich der Zwangsarbeiterfrage ist die Darstellung bei Féaux de la Croix wenig zuverlässig, da er sie nicht besonders behandelt. Für die Verhandlungen mit Norwegen, Griechenland, Niederlande und Belgien fehlt jeder Hinweis. In den Verhandlungen mit Luxemburg verweist er auf einen Briefwechsel, in dem Forderungen aus Zwangsarbeit als nicht existent ausgeschlossen worden seien. Dänemark, Frankreich und Italien haben Ansprüche wegen Zwangsarbeit jedenfalls ausdrücklich in die Verhandlungen eingebracht. In den Verhandlungen beschränkten sich aber alle Staaten im wesentlichen auf die in die Konzentrations-

---

516 Vgl. im einzelnen Féaux de la Croix, W. III, S. 277 ff.

517 Vgl. Art V, Nr. 1 Abs. 5, lit b BEG-SchlG; BGH RzW 1979, 25 f. (Nr. 16); 1977, 191 (Nr. 32); 1973, 479 f.

lager verschleppten Verfolgten. Die Zahlungsverpflichtung ist in den Verträgen mit Luxemburg und der Niederlande zusammen mit weiteren Fragen im Zusammenhang mit Kriegs- und Nachkriegszeit geregelt worden.

Keiner der Verträge hat eine öffentliche Beratung im Ratifizierungsverfahren [518] gefunden. Die vergleichsweise ausführliche Debatte des niederländischen Vertragswerks kreiste vor leerem Hause ausschließlich um den Grenzvertrag. In der ersten Lesung wurden die Verträge ohne Aussprache an die zuständigen Ausschüsse verwiesen. Die Ausschußberichte empfahlen kommentarlos die Zustimmung (hinsichtlich der Verträge mit Luxemburg, Norwegen und Dänemark) oder wiederholten im wesentlichen lediglich den Standpunkt der Bundesregierung. Die zweite und dritte Lesung fand bis auf die bereits erwähnten Beratungen des niederländischen Vertragskomplexes sowie des norwegischen und dänischen Vertrags ohne Aussprache statt. In letzteren, die als erste beraten wurden, legte die sozialdemokratische Opposition ihre grundsätzlichen Bedenken dar. Nach einem sehr zurückhaltenden Bericht des ebenfalls der SPD angehörenden Vorsitzenden des Wiedergutmachungsausschusses, Frenzel, begründete Wehner knapp die Stimmenthaltung seiner Fraktion, weil die Verträge nur einen Bruchteil der Verfolgungsschäden abdeckten und nicht an die mögliche äußerste Grenze gingen und kritisierte die sich über Jahre hinziehende deutsche Verhandlungstaktik:

"Die erste Frage ist, ob unsererseits, deutscherseits wirklich ein Wiedergutmachungsangebot vorgelegt worden ist, das so weit wie möglich ging; ich sage das sehr vorsichtig: so weit wie möglich ging.
Eine zweite Frage ist, ob wir durch sehr langes Zaudern und Zögern und durch ein verhältnismäßig enges Angebot materieller Art nicht doch eine Lage geschaffen haben, die für unsere skandinavischen Partner als eine unwürdige Lage erscheinen muß.
Eine dritte Frage: War es nötig, die dänische und norwegische Regierung durch

518 Für die Verträge mit der Schweiz, Großbritannien und Schweden fand ein solches nicht statt. S. im übrigen:

Staat	Regierungs-entwurf (BTagsDrs.)	1. Lesung (BTagsStenProt.)	Ausschuß-bericht (BTagsDrs.)	2. u. 3. Lesung (BTagsStenProt.)
Luxemburg	3/1831	keine	3/1939	keine
Norwegen	3/1591	3/99, S. 5422D f.	3/1674	3/106, S. 5747B-49C
Dänemark	3/1592	"	3/1675	"
Griechenland	3/2284	3/136, S. 7809B	3/2449 u. 2473	3/165, S. 9626C
Niederlande	3/2341	3/138, S. 7893B	3/2684	3/158, S. 9159D-9165A
Frankreich	3/2480	3/144, S. 8205B	3/2774	3/160, S. 9263D f.
Belgien	3/2640	3/154, S. 8902C	3/2798 u. 2803	3/162, S. 9389C
Italien	4/438	4/33, S. 1389C	4/776	4/51, S. 2282D f.
Österreich	4/392	4/32, S. 1362D f.	4/460	4/35, S. 1449A

eine Art Abgeltungsthese unsererseits, nach der also weitere Ansprüche ausgeschlossen sind, in eine Situation zu bringen, in der sie nicht umhin konnte, Stellung zu nehmen und ihren eigenen Standpunkt neben unseren zu stellen, wie wir es ja im Anhang zu den beiden Gesetzentwürfen im Briefwechsel sehen." [519]

Im Bundestagsplenum blieb aber diese Stellungnahme isoliert und fand eine Auseinandersetzung weder über sie noch über die später abgeschlossenen Verträge statt. Verfahren, Inhalt und finanzielles Volumen standen einer politischen Funktion entgegen, eine Auseinandersetzung über das durch Nationalsozialismus und Krieg ins Wanken gebrachte Verhältnis zu den europäischen Nachbarstaaten zu befördern.[520] Mit dem Verzicht auf eine Aussprache wurde die Thematisierung der antizivilisatorischen Vergangenheit verweigert. Dies aufzubrechen hatte die sozialdemokratische Opposition nicht versucht. In den Ratifizierungsverfahren konnten die Pauschalabkommen daher nicht die notwendige politische Funktion erlangen.

Noch eindeutiger als der Vertrag mit Israel unterlagen die Pauschalabkommen einem außenpolitischen Kalkül. Sie dienten den "deutschen Bestrebungen, die bilateralen Beziehungen zu den befreundeten und verbündeten Ländern durch Pflege der politischen und persönlichen Kontakte" auszubauen und die "noch offenen Fragen im Verhältnis zu diesen Staaten abschließend" zu klären.[521] Ein ranghoher Beamter aus dem Außenministerium interpretierte dies folgendermaßen:

"Konkret bedeutete das nicht zuletzt die Absicht, die in einigen dieser Länder einflußreichen Gruppen jüdischer und anderer Verfolgter auszusöhnen und die Möglichkeit von Störungen der bilateralen Beziehungen zu verringern, die von diesen Gruppen, besonders durch ihren Einfluß in den Massenmedien, ausgehen konnten." [522]

2. Die Verträge und das Reparationsargument

Der Abschluß der Pauschalabkommen bedeutet rechtlich die Herausnahme der Verfolgungsschäden aus dem Reparationsbegriff. Bereits während der Verhandlungen zum Londoner Schuldenabkommen hatte insbesondere die Niederlande

---

519 BTagsStenProt. 3/106, S. 5749A/B.

520 Zur Aufregung über Zahlungen an "italienische Partisanen" s. die Anfragen der Abg. Ertl (FDP) u. Riedel (CDU/CSU), BTagsStenProt. 4/140, S. 7007C f.

521 Vgl. die vom Auswärtigen Amt herausgegebene Dokumentation Auswärtige Politik, S. 41.

522 Rumpf, W. III, S. 334.

den Standpunkt vertreten, nicht alle aus der Kriegszeit herrührenden Forderungen unterfielen dem Reparationsbegriff. Für die Entschädigungsforderungen der konzentrationären Zwangsarbeiter gegenüber den zivilen Arbeitgebern als nichtstaatlichen Stellen ist bereits fraglich, ob sie überhaupt unter die Regelung des Art. 5 LSA fallen.[523] In diesem Begehren kommt ebenso wie in den alliierten Wünschen auf Einbeziehung ausländischer Verfolgungsopfer in das Entschädigungsrecht die Auffassung zum Ausdruck, Verfolgungsschäden seien von allgemeinen Kriegsschäden zu trennen. Die unmittelbaren Nachkriegsforderungen zielten auf allgemeine Aufbauhilfen. In den fünfziger Jahren waren die schlimmsten wirtschaftlichen Folgen des Krieges weitgehend beseitigt worden. Mit der Spezifizierung der Reparationsforderungen in einzelne Forderungsgruppen zeigte sich abermals eine Verschiebung deren Funktion. Ihre ökonomische war einer politischen Funktion gewichen. Zeigten die Demontagen noch, das Wirtschafts- und Kriegspotential eines Aggressors müsse verkleinert werden, so kam im Entschädigungsverlangen zum Ausdruck, wenigstens die schlimmsten Schädigungen einzelner Opfer als Verfolgungsunrecht anzuerkennen und damit einzugestehen, daß über das Unrecht "Krieg" hinaus weiteres Unrecht gesetzt worden war. Damit war notwendigerweise die während der Pariser Reparationsverhandlungen vertretene ökonomische Reparationskonzeption modifiziert worden. Es spricht einiges dafür, daß die drei westlichen Besatzungsmächte in den Verhandlungen zum Überleitungsvertrag zunächst von einer Einbeziehung der ausländischen Konzentrationslageropfer in das bundesrepublikanische Entschädigungsrecht ausgingen. Deren Entschädigung war also nicht durch ihre Heimatstaaten mit Hilfe deutscher Reparationsleistungen, sondern unmittelbar durch die Bundesrepublik als Nachfolgestaat des Deutschen Reichs sicherzustellen. Diese neue Konzeption war auch vom Standpunkt eines umfassenden Reparationsbegriffs zu rechtfertigen, da auf die Durchführung deutscher Reparationsleistungen weitgehend verzichtet worden war und sich die deutschen wirtschaftlichen Bedingungen entscheidend verbessert hatten. Erst als diese Erwartungen enttäuscht wurden, schwenkte man international auf Pauschalforderungen um. Die Individualisierung der ausländischen Ansprüche durch das deutsche Entschädigungsrecht wäre ohne weiteres über Anlage VIII mit dem Londoner Schuldenabkommen zu vereinbaren gewesen. Mit den Pauschalabkommen beließ man die Forderungen auf der völkerrechtlichen Ebene und trat in eine "Prüfung" eines Teils "der aus dem Zweiten Weltkrieg herrührenden Forderungen" ein, was nach Art. 5 Absatz 2 LSA gerade aufge-

523 S.o. 4 II 2b bb um Fn. 204 u. unten 5 II 3.

schoben werden sollte.[524] Da es sich ausnahmslos um Signatarstaaten des Londoner Schuldenabkommens handelte und die übrigen sich nicht gegen die Abkommen wandten, ist im Ergebnis von einer zulässigen Durchbrechung des Art. 5 LSA auszugehen. Im Vertragsabschluß, nicht in der nur bereits abgeschlossene Verträge betreffenden Anlage VIII[525] ist der Rechtsgrund für die Gültigkeit des Abkommens zu sehen.[526]

Demgegenüber wird insbesondere von Rumpf als allseits "akzeptierte Auffassung"[527] vertreten, obwohl Art. 5 LSA nicht zwischen Reparation und Wiedergutmachung unterscheide, seien diese Verträge wegen der Anlage VIII keine Durchbrechung.[528] Mit dem Bezug auf das innerdeutsche Entschädigungsrecht über Anlage VIII wird versucht, den dort geltenden Verfolgtenbegriff in der spezifisch deutschen Interpretation international zur Geltung zu verhelfen. Deshalb ist auf deutscher Seite auf entsprechende Formulierungen in den Abkommen bestanden worden. Mit der Formulierung allein ist aber der Dissens mit den jeweiligen Vertragsstaaten, die gerade ihre Widerstandskämpfer aus politischen bzw. weltanschaulichen Gründen verfolgt ansahen, nicht ausgeräumt worden.[529] Im übrigen gewährleistet gerade der deutsche Verfolgtenbegriff nicht, daß die "Unrechtshandlungen von ganz außergewöhnlicher Grausamkeit und Anzahl, für die eine alsbaldige Entschädigung moralisch und politisch unbedingt geboten schien", erfaßt werden. Auf die umstandslose Einbeziehung aller KZ-Opfer oder auf das Kriterium der Völkerrechtswidrigkeit, wofür auf das Nürnberger Urteil und das IMT-Statut mit der Definition der Verbrechen gegen

---

524 Nach Gurski, BB AWD 1961, S. 13, handelt es sich um "eine Art bilateraler Reparationsabkommen".

525 Diese lautet: "Vereinbarte Auslegung des Artikels 5 Absatz 2 des Abkommens über deutsche Auslandsschulden

Artikel 5 Absatz 2 des Abkommens über deutsche Auslandsschulden darf nicht so ausgelegt werden, als würden dadurch Rechte gemäß den in der Bundesrepublik Deutschland geltenden Rechtsvorschriften oder solche Rechte beeinträchtigt, die aus Abkommen hergeleitet werden können, welche vor der Unterzeichnung des Abkommens über deutsche Auslandsschulden zwischen der Bundesrepublik Deutschland und einer Partei dieses Abkommens unterzeichnet wurden."

526 Ebs. Bernhardt, RzW 1966, S. 487. Dagegen Stuby, ZRP 1990, S. 317; zu weiteren, Art. 5 LSA durchbrechenden Abkommen mit Frankreich s. Rumpf, AVR 1985, S. 97.

527 Rumpf, in: Beiträge, S. 92.

528 Vgl. Rumpf, ZaöRV 1973, S. 357 f. (er verweist auf Gurski); ders., W.III, S. 334 f.; ders., AVR 1985, 97; im Anschluß daran ebs. Hahn, Prot 73 BTagsInnenA 11.Wahlper., S. 180; dagegen jetzt Stuby, ZRP 1990, S. 317; zweifelnd bereits Féaux de la Croix, W.III, S. 281-283.

529 Vgl. Féaux de la Croix, W.III, S. 279.

die Menschlichkeit hätte zurückgegriffen werden können,[530] hatte man sich deutscherseits gerade nicht eingelassen. Das Beharren auf dem deutschen Verfolgtenbegriff diente daher letztlich der Legitimation einer nur sehr beschränkten Verantwortlichkeit für die Verfolgungsmaßnahmen in den während des Krieges besetzten Ländern.

Der Hinweis auf Anlage VIII LSA bestätigt im übrigen die Austauschbarkeit völkerrechtlicher und innerstaatlicher Regelungen, wenn es um die Entschädigung von Verfolgungsmaßnahmen geht. Auf die Globalabkommen bezogen liefert die Staatenpraxis durchaus Anhaltspunkte dafür, daß der Entschädigungskomplex von der Reparationsfrage nach Art. 5 LSA gar nicht erst erfaßt wird. Auf diese Interpretationsmöglichkeit deutet die bloß deklaratorische, klarstellende Funktion der Anlage VIII hin.

V. Zusammenfassung

Die Ergänzung des Reparationssystems durch das innerdeutsche Entschädigungsrecht gelang nur teilweise. Über den Verfolgtenbegriff und das subjektiv-persönliche Territorialitätsprinzip wurden alle in ihren Heimatstaaten wohnhaften Verfolgten ausgeschlossen. Voll anspruchsberechtigt waren aber im Ergebnis nur deutsche Verfolgte, wobei aus deutschlandpolitischen Erwägungen als Anknüpfungspunkt das Reichs-, nicht das Bundesgebiet gewählt wurde. Die Schlechterstellung der nicht über das Bundesgebiet auswandernden Vertriebenen wie der Ausschluß aller in die DDR oder die ehemaligen deutschen Ostgebiete rückwandernden Verfolgten zeigen, daß es rechtssystematisch auf eine Option für die Bundesrepublik ganz entscheidend ankam. Flüchtlingen aus Osteuropa wurden Ansprüche in geringerem Umfang gewährt; im wesentlichen wurden nur jüdische Verfolgte anerkannt, die übrigen konnten allenfalls als sog. Nationalgeschädigte noch geringere Zahlungen erhalten.

Die Herausbildung der innerdeutschen Entschädigungsgesetzgebung erfolgte in einem mehrstufigen Prozeß. In den ersten Jahren der Besatzung zeigte sich nur bei den Amerikanern eine vergleichsweise klare Zielsetzung für eine Entschädigung der Verfolgten. Bei Briten und Franzosen mag die Furcht vor wirtschaftlicher Unausgeglichenheit ihrer Besatzungsgebiete zunächst retardierend gewirkt

530 Vgl. Stuby, ZRP 1990, S. 317 f.

haben. Auf deutscher Seite waren anfangs Vertreter der Verfolgtenverbände von größerem Einfluß. Konzeptionen zur Einbeziehung ausländischer Verfolgter waren sehr vereinzelt. Nur aufgrund amerikanischer Intervention wurde in das US-EG eine DP-Klausel aufgenommen. Die Ländergesetze beschränkten im übrigen den Kreis der Anspruchsberechtigten auf ihre Landesbewohner.

Auch nach Gründung der Bundesrepublik zeigte die Bundesregierung wenig Neigung zur Verbesserung des partikular zersplitterten, uneinheitlichen und ungenügenden Entschädigungsrechts. Erst die klare Haltung der Alliierten in den Verhandlungen zur Ablösung des Besatzungsstatuts durch die Bonner Verträge brachte den Durchbruch für ein Bundesentschädigungsgesetz. Das im Überleitungsvertrag formulierte Minimalprogramm, das später funktional als Meßlatte deutscher Bemühungen eingesetzt wurde, sah auch begrenzte Ansprüche der aus Gründen der Nationalität Verfolgten vor. Möglicherweise zielte diese Bestimmung nicht nur auf die Einbeziehung der DPs, sondern gerade auf schwer verfolgte Deportierte aus den ehemals besetzten Ländern.

Die deutsche Verpflichtung zu einem begrenzten Ausbau der Entschädigungsgesetzgebung wurde durch das Reparationsmoratorium im Londoner Schuldenabkommen völkerrechtlich flankiert. In Fortführung des Pariser Reparationsabkommens wurde nunmehr unter deutscher Beteiligung der im Überleitungsvertrag mit den drei Westalliierten enthaltene Reparationsaufschub auf alle Weststaaten einschließlich Jugoslawiens ausgedehnt. Angesichts der geringen Reparationsleistungen der Bundesrepublik wurde mit der Zahlungsverpflichtung von 7 Mrd. DM für die deutschen Vorkriegsschulden (und weiteren 7,3 Mrd. DM für die Nachkriegsschulden) im Londoner Schuldenabkommen international eine klare Priorität der wirtschaftlich-moralischen vor der politisch-moralischen Rehabilitierung durchgesetzt. Das entsprach vollständig den bundesdeutschen Interessen. Reparationsleistungen waren allenfalls abstrakt, nicht aber in ihrer Durchführung gebilligt worden. Das beschlagnahmte deutsche Auslandsvermögen sollte, wenn schon nicht freigegeben, so doch wenigstens auf die deutschen Vorkriegsschulden angerechnet werden. Und die Einbeziehung der DPs und ausländischen Flüchtlingen in das deutsche Entschädigungsrecht geschah nur aufgrund internationaler Verhandlungen.

Unter diesen Rahmenbedingungen konzentrierte sich aller politisch-moralischer Rehabilitierungswille auf den deutsch-israelischen Vertrag. Die Unterscheidung von "Reparation" und "Wiedergutmachung" mit der Ablehnung jeder Rechtspflicht zur Leistung sollte die völkerrechtlichen Entschädigungszahlungen legitimieren, ohne die gerade vertagte Reparationsfrage erneut aufzuwerfen. Die Freiwilligkeit der "Wiedergutmachung" brachte darüberhinaus wenigstens unterschwellig zum Ausdruck, daß man als deutsches Völkerrechtssubjekt nicht unmittelbar haftbar zu machen war und letztlich für eine fremde Schuld einstand.

Die moralische Absorptionsfunktion des deutsch-israelischen Vertrags wurde auch nicht durch den Abschluß von Pauschalabkommen mit elf westeuropäischen Staaten sowie Österreich aufgehoben. Mit ihnen wurde das Reparationssystem nicht allein aufgrund von Staatsangehörigkeitsverhältnissen, also wegen der Flüchtlinge und Staatenlosen, ergänzt. In ihren Entschädigungsverlangen brachten diese Staaten zum Ausdruck, wenigstens die schlimmsten Schädigungen einzelner Opfer als Verfolgungsunrecht anzuerkennen und damit einzugestehen, daß über das Unrecht "Krieg" hinaus weiteres Unrecht gesetzt worden war. Verfahren, Inhalt, finanzielles Volumen und der sich hinter dem Reparationsargument verschanzende deutsche Rechtsstandpunkt verhinderten eine politisch-moralische Funktion dieser Verträge. Die sozialdemokratische Opposition beschränkte sich auf die einmalige Abgabe einer Grundsatzkritik, ohne eine politische und öffentliche Debatte einzufordern. Verfolgungsunrecht in den ehemals besetzten Ländern war in den fünfziger und sechziger Jahren auch kein Thema in den Debatten über die Entschädigungsgesetzgebung. Die außenpolitische Abgrenzung von Osteuropa bewirkte, daß über die Okkupationspolitik in diesen Ländern öffentlich keine Rechenschaft abgelegt werden mußte. Im weitgehenden Ausschluß der ausländischen Verfolgten waren sich Regierung und Opposition im Grundsatz einig. Von der Gesetzgebung konstruiert, wirkten in dieser Frage Verwaltung und Rechtsprechung einvernehmlich am Vollzug mit. In den wenigen Fällen, in denen die Rechtsprechung ausscherte, so z.B. bei der Auslegung des Begriffs "ständiger Aufenthalt", sorgte der Gesetzgeber für die notwendige Korrektur.

Auf der Grundlage der deutschlandpolitischen Grundkonzeption des Entschädigungsrechts ist nunmehr zu untersuchen, mit Hilfe welcher Argumentation die ausländischen Verfolgten im einzelnen aus dem Verfolgtenbegriff ausgeschieden wurden.

5. KAPITEL: DIE ABWEHR DER ANSPRÜCHE DER AUSLÄNDISCHEN VERFOLGTEN

I. Die Ablehnung der Entschädigungsansprüche: Der Begriff des "Verfolgten" in der Rechtsprechung

Die Ansprüche der ausländischen Verfolgten wurden vornehmlich über den "Verfolgtenbegriff" abgelehnt. Bei den Klägern der veröffentlichten Entscheidungen handelte es sich fast ausschließlich um Osteuropäer, die nicht mehr in ihren Heimatstaat zurückkehren wollten, und z.T. um deutsche Angehörige. Sie waren daher nicht schon über das Territorialitätsprinzip auszuschließen. Über den engen Verfolgtenbegriff wurden darüber hinaus zahlreiche Gruppen deutscher ehemaliger Konzentrationslagerinsassen ausgeschlossen.

1. Zur Verfolgung "aus Gründen der Rasse" und wegen Einsatzes gegen die "Mißachtung der Menschenwürde": Verbotener Umgang mit Ausländern

Als Opfer der nationalsozialistischen Verfolgung war Verfolgter, wer u.a. aus Gründen der Rasse durch nationalsozialistische Maßnahmen verfolgt worden war und hierdurch einen Schaden erlitten hatte (§ 1 Abs. 1 BEG). Als aus rassischen Gründen Verfolgte galten jedoch nur Juden und, allerdings nicht ohne Brüche, "Zigeuner". Die Angehörigen nichtjüdischer Herkunft der osteuropäischen Staaten, deren Besetzung auf die auch rassisch motivierte Zerschlagung der Nationen zielte, wurden von Anfang an nicht als rassisch Verfolgte angesehen.

1967 faßte der Bundesgerichtshof seine bisherige, spärliche Rechtsprechung zusammen. Er konnte dabei auf eine Reihe von Urteilen verweisen, in denen das Merkmal "aus Gründen der Rasse" gar nicht erst thematisiert worden war. Nach dem Bundesgerichtshof erfasse das Merkmal "aus Gründen der Rasse" i.S.d. § 1 nicht alle Maßnahmen, denen rassenpolitische Erwägungen zugrunde gelegen hätten. Der Begriff sei enger, allein nach Maßgabe der Nürnberger Gesetze auszulegen. Verfolgter aus Gründen der Rasse sei nur derjenige, der allein wegen seiner Zugehörigkeit zu einer bestimmten Rasse verfolgt worden sei, und zwar deshalb, weil diese Rasse habe ausgemerzt werden sollen. Auf Personen, die durch die nationalsozialistische Volkstumspolitik geschädigt worden seien, treffe dies, obwohl dieser Politik rassenpolitische Gesichtspunkte mit zugrunde gelegen hätten, nicht zu. Für diese Personen komme allein eine Schädigung aus Gründen der Nationalität in Betracht.[1]

In dieser und den früheren Entscheidungen ging es um Verfolgungsmaßnahmen wegen persönlicher Beziehungen deutscher Frauen zu polnischen Fremdarbeitern bzw. russischen Kriegsgefangenen, aus denen jeweils ein Kind hervorgegangen war. In einem Fall war der Kindesvater auf Veranlassung der Gestapo durch den Strang hingerichtet worden,[2] in den beiden übrigen Fällen wird darüber nichts mitgeteilt. Die Klage wurde abgelehnt, weil Art. VI BEG-SchlG für Hinterbliebene keine Ansprüche vorsieht. In den beiden anderen Fällen war die Mutter zu drei Jahren Zuchthaus und drei Jahren Ehrverlust verurteilt worden, von denen sie 14 Monate absitzen mußte,[3] bzw. es war eine Einweisung in ein Konzentrationslager erfolgt.[4]

Mit der Einräumung "rassepolitischer Gesichtspunkte" war der Bundesgerichtshof über seine frühere Rechtsprechung hinausgegangen, was freilich nichts am Ergebnis änderte. In den Entscheidungen aus den fünfziger Jahren hatte die Betonung der Normalität und der Rechtmäßigkeit noch im Vordergrund gestanden. Rechtsdogmatischer Anlaß dafür war die Erweiterung des Verfolgtenbegriffs nach § 1 Abs. 2 Nr. 1 BEG. Danach ist einem Verfolgten gleichzustellen, "wer durch nationalsozialistische Gewaltmaßnahmen verfolgt worden ist, weil er auf Grund eigener Gewissensentscheidung sich unter Gefährdung seiner Person aktiv gegen die Mißachtung der Menschenwürde oder gegen die sittlich, auch durch den Krieg nicht gerechtfertigte Vernichtung von Menschenleben eingesetzt hat". Nach dem Bundesgerichtshof liege aber weder in der Einschränkung der Möglichkeit einer Korrespondenz, wie sie im Kriege auch nicht allein für Fremdarbeiter bestanden habe, noch im Einsatz zu landwirtschaftlichen Arbeiten

---

1 BGH RzW 1968, 115, 116; vgl. ferner OLG Stuttgart, RzW 1950, 375; OLG Koblenz, RzW 1955, 92; OLG Zweibrücken, RzW 1970, 209, 210; OLG Frankfurt, bei Frenkel, Entschädigungsrecht, Entscheidungen, Nr. 48; OLG Frankfurt, LG München (=RzW 1951, 138 nur LS) und LG Wiesbaden, bei Ehrig, RzW 1951, S. 94 (Nr. 41-43); vgl. ferner Kraus, W. VI, S. 174-176; Gießler, W.IV, S. 20.

2 BGH RzW 1968, 115 f.

3 BGH RzW 1957, 228 f.; zur Vorinstanz, OLG Hamm, RzW 1956, 82, s. sogleich im Text.

4 BGH RzW 1958, 182; s.a. OLG Oldenburg, bei Frenkel, Entschädigungsrecht Entscheidungen, Nr. 286.

eine Mißachtung der Menschenwürde. Entsprechende Maßnahmen hätten die Angehörigen der Ost- gleichermaßen wie der Weststaaten betroffen. Die unterschiedliche Behandlung, die Deportationspraxis, die nationalsozialistische Ideologie und die konkreten Lebensumstände werden keiner näheren Prüfung unterzogen. Und so heißt es weiter:

"Denn dabei handelt es sich um Vorgänge, die im Hinblick auf Kriegsverhältnisse mit rechtsstaatlichen Grundsätzen vereinbar waren und durch die auch die Menschenwürde der von solchen Maßnahmen Betroffenen grundsätzlich nicht verletzt wurde." [5]

Und die Bestrafung des Umgangs mit Kriegsgefangenen der "Ostvölker" sei keine Maßnahme gewesen, mit der lediglich diese Völker verfolgt werden sollten, weil man sie als minderwertig angesehen und sie habe ausrotten wollen.[6] Damit verweigerte sich der Bundesgerichtshof einer Differenzierung, wie sie verschiedene Obergerichte aufgezeigt hatten. Das OLG Karlsruhe hatte aus Verfahren und Strafmaß wenigstens auf eine Mißachtung der Menschenwürde geschlossen. Wenn aber die aus nationalen oder militärischen Gründen notwendig erscheinenden Maßnahmen nicht durch öffentliches Gesetz getroffen und Zuwiderhandlungen durch Geheimerlaß der Ahndung durch die geheime Staatspolizei überlassen worden seien, und zwar in einem so wenig gesicherten Verfahren, daß derartige Maßlosigkeiten wie die Todesstrafe für Geschlechtsverkehr möglich gewesen sei, so habe diese Regelung in besonderem Maße nationalsozialistischer Geisteshaltung entsprochen. Sie sei der Verachtung des Nationalsozialismus für fremdes Volkstum und eigener Überheblichkeit gerade gegenüber den "Ostvölkern" entsprungen sowie seiner rücksichtlosen Unterdrückung der Rechte des Einzelnen gegenüber dem angeblichen Wohl der Gesamtheit. Wenn es auch am "aktiven Einsatz", wie es das Gesetz voraussetze, fehle, so müsse § 1 BEG zumindest in entsprechender Weise angewandt werden.[7] Das OLG Hamm schloß ähnlich aus der Strafhöhe eines Urteils wegen des Umgangs mit einem russischen Kriegsgefangenen auf eine Verfolgungsmaßnahme und sah in der Nichtbeachtung der schweren Verbotsbestimmungen einen aktiven Einsatz gegen die Mißachtung der Menschenwürde.[8] Und im Falle

---

5 BGH RzW 1958, 128.

6 BGH RzW 1957, 228, 229; zustimmend die Kommentarliteratur, vgl. Blessin/Ehrig/Wilden, BEG, § 1, Rn. 17 u. 29; van Dam/Loos, BEG, § 1, Anm. 4a u. 7d; Blessin/Gießler, BEGSchlG, § 1, Anm. II A 2b, S. 225, u. II B 1 a u. b, S. 225; Brunn/Hebenstreit, BEG, § 1, Rn. 13.

7 OLG Karlsruhe, RzW 1958, 16.

8 OLG Hamm, RzW 1956, 82 f.; zur Aufhebung durch BGH RzW 1957, 228, s.o. im Text.

einer Klägerin, die wegen Beziehungen zu einem polnischen, deportierten Landarbeiter, die diesem das Leben kosteten, inhaftiert und nur zur Geburt ihres Kindes entlassen worden war und dann nach erneuter Verhaftung mehrere Jahre im Konzentrationslager Ravensbrück verbringen mußte, hatte das OLG Hamm unmißverständlich ausgeführt:

"Die Mißachtung der Menschenwürde, der die Zivilarbeiter aus Polen und bestimmten anderen Oststaaten ausgesetzt waren, beschränkte sich nicht darauf, daß die Mehrzahl von ihnen gegen ihren Willen nach Deutschland verschleppt worden war, sondern lag in der gesamten Behandlung, die sie hier nach dem ausdrücklichen Willen der nationalsozialistischen Machthaber erfuhren. Hierüber bestanden zahlreiche Vorschriften, die eine strenge Absonderung der Polen und sogenannten Ostarbeiter von der Bevölkerung bezweckten, sie darüber hinaus auch völlig entrechteten und damit zu Menschen minderen Wertes herabwürdigten." [9]

Soweit ersichtlich ist nur das Oberverwaltungsgericht Lüneburg in einer Entscheidung aus dem Jahre 1956 zum Wiedergutmachungsgesetz für den öffentlichen Dienst davon ausgegangen, daß slawische Volksangehörige, insbesondere Tschechen und Polen, nicht nur wegen des Bekenntnisses zu ihrem Volkstum, sondern auch aus Gründen der Rasse verfolgt worden seien. In dem der Entscheidung zugrundeliegenden Fall war der Kläger wegen seiner 1940 geschlossenen Ehe im Polizeivollzugsdienst nicht mehr befördert worden. In der Begründung heißt es, mit der Besetzung der östlichen Nachbarstaaten habe die nationalsozialistische Rassepolitik auch diese Völker getroffen, was anhand verschiedener Verordnungen und Erlasse belegt wird.[10]

Die übrigen Oberlandesgerichte hielten sich zurück. Das OLG Düsseldorf sah in sechs Monaten Haft wegen verbotenen Umgangs mit Kriegsgefangenen keine Verfolgung, da ein solches Verbot "immerhin auch aus rein abwehrpolizeilichen Gründen gerechtfertigt" gewesen sei.[11] Nach dem OLG Oldenburg stellte weder die Verurteilung wegen der Verletzung der Vorschriften über die Briefkontrolle der Kriegsgefangenen [12] noch der KZ-Aufenthalt wegen eines Geschlechtsverkehrs mit einem Kriegsgefangenen eine Verfolgungsmaßnahme dar.[13] Und noch

---

9 OLG Hamm, RzW 1957, 148, 149. Es ist anzunehmen, daß diese sowie die Entscheidung des OLG Karlsruhe, die beide zum Zeitpunkt der Veröffentlichungen noch nicht rechtskräftig waren, ebenfalls durch den BGH aufgehoben worden sind.

10 OVG Lüneburg, DVBl. 1956, 381 ff.; ablehnend die Kommentierung von Anders, BWGöD, § 1, Anm. 4 B, S. 76; es könne aber eine Verfolgung aus politischer Gegnerschaft angenommen werden; dagegen a. BVerwG RzW 1961, 427 f.

11 OLG Düsseldorf, RzW 1956, 211, 212.

12 OLG Oldenburg, bei Frenkel, Entschädigungsrecht, Nr. 299.

13 OLG Oldenburg, bei Frenkel, Entschädigungsrecht, Nr. 286; vgl. ferner OLG Zwei-

1974 rechtfertigte das Oberverwaltungsgericht Münster in einer Entscheidung zum Wiedergutmachungsgesetz für den öffentlichen Dienst die Entlassung eines Angestellten bei einer Marinestandortverwaltung wegen Umgangs mit einem entflohenen französischen Kriegsgefangenen, wobei es immerhin unter zustimmenden Hinweis auf die Rechtsprechung des OLG Hamm auf die unterschiedliche Behandlung der Polen und anderer Ostarbeiter hindeutete. Für das OVG Münster war die Entlassung "deshalb geboten, weil der verbotene enge Kontakt mit einem entflohenen Kriegsgefangenen, der sich unter falschem Namen verborgen hielt, Zweifel an der Verschwiegenheit und Loyalität des Bediensteten begründet" habe. "Wegen dieser Zweifel an ihrer Zuverlässigkeit" habe die Klägerin für die Marinestandortverwaltung ein "Sicherheitsrisiko" dargestellt. Ihre Entlassung sei daher lediglich zum Schutz der Geheimhaltung militärischer Vorgänge erfolgt.[14]

Die Rechtsprechung des Bundesgerichtshof zur Verfolgungspraxis gegenüber den Angehörigen der osteuropäischen Staaten setzte sich nur völlig unzureichend mit der rassenpolitischen Motivation der deutschen Behörden auseinander. Daran änderte auch nichts ein Gutachten des Historikers Martin Broszat vom Institut für Zeitgeschichte zum "Verbot und Strafverfolgung wegen Verkehrs polnischer Zivilarbeiter mit deutschen Frauen und Mädchen".[15] Das Münchner Institut erteilte in "Wiedergutmachungs-" und Verfahren zum 131er-Gesetz in den 50er Jahren jährlich etwa 150 Gutachten und kürzere Auskünfte.[16] Im erwähnten Gutachten vom Mai 1957 legte Broszat unmißverständlich die in Verboten und Strafmaß ganz erheblich nach den einzelnen rassisch-nationalen Kategorien der betreffenden Fremdarbeiter erfolgten Differenzierungen dar. Broszat kam zu dem Ergebnis, daß in der Rasse- u. Volkstumspolitik das entscheidende Motiv für die überaus harten Strafmaßnahmen gelegen habe, die man gegenüber polnischen Zivilarbeitern in Fällen des Geschlechtsverkehrs mit deutschen Frauen regelmäßig angewendet habe. Ähnlich hatte Buchheim ein Jahr zuvor in einem Gutachten über die "Behandlung nichtjüdischer polnischer Staatsangehöriger im Kriege" ausgeführt, schon bald nach dem Sieg über Polen

---

brücken, RzW 1970, 209, 210.

14 OVG Münster, RzW 1975, 249, 250; ähnl. BVerwG RzW 1975, 222 (Entlassung wegen Umgang mit frz. Kgf. keine Verfolgung). Vgl. ferner OLG Frankfurt, RzW 1954, 306 (Arbeitseinsatz französischer Kriegsgefangener in Rüstungsbetrieben trotz Verstoßes gegen die HLKO nicht als Mißachtung der Menschenwürde); LG Stuttgart, bei Frenkel, EntschR., Bl. 8, Nr. 60 (Hilfe für Partisanen).

15 S. Gutachten I, S. 387-389.

16 Vgl. Gutachten I, S. 9.

habe sich die deutsche Politik gegenüber dem polnischen Volk insofern entscheidend verändert, als ihr "rassebiologische Kategorien anstelle von völkerrechtlichen" zugrunde gelegt worden seien. Das polnische Volk sei nicht mehr als nationale und völkerrechtliche Einheit begriffen worden, sondern als "Konglomerat rassisch verschieden bewerteter Menschen", von denen möglichst viele einem "Umvolkungsprozeß" unterworfen und "eingedeutscht" werden sollten. Auch die nichtjüdischen Polen, also das ganze polnische Volk, sei "prinzipiell unter rassebiologische Kategorien gestellt" worden.[17]

Mit der Betonung der Ausschließlichkeit des rassepolitischen Verfolgungsgrundes versuchte der Bundesgerichtshof auch in der Entscheidung aus dem Jahre 1967 sich einer näheren Auseinandersetzung zu entziehen. Dies geschah in zweifacher Weise, da die Ausschließlichkeit nicht nur auf die Deportationspraxis insgesamt, sondern auch auf die konkrete Behandlung, also die Todesurteile, bezogen wurde. Rechtsdogmatisch wich diese von der übrigen Rechtsprechung insofern ab, als "Mitursächlichkeit" eines Verfolgungsgrundes, wenn auch in verschiedenen Abstufungen, immer ausgereicht hatte. In der restriktiven und ablehnenden "Zigeunerrechtsprechung" wurde zunächst darauf abgestellt, ob der Grund "Rasse" "wesentlich mitursächlich" für die Verfolgung gewesen sei.[18] In der Entscheidung vom Dezember 1963, die eine teilweise Aufgabe der Rechtsprechung markierte, erachtete der Bundesgerichtshof es als ausreichend, daß rassenpolitische Beweggründe "mitursächlich" gewesen seien.[19] Und in der Entscheidung zur Verfolgung eines polnischen Rotspanienkämpfers aus dem Jahr 1975 wies der Bundesgerichtshof auf zwei bereits 1969 ergangene Urteile hin und stellte ausdrücklich fest, entgegen der früheren Rechtsprechung genüge "die einfache Mitwirkung von Verfolgungsgesichtspunkten des Verfolgers". Die Auffassung, "wesentliche Mitursächlichkeit" sei erforderlich, sei daher unrichtig.[20]

Abseits der weitgehenden Abstraktion aller rassenpolitischen Gesichtspunkte aus der nationalsozialistischen Verfolgungspraxis kennzeichnet diese Rechtsprechung den im Völkermord begründeten wesentlichen Unterschied. Bereits in den alliierten Rückerstattungsgesetzen, die allerdings vor allem auf innerdeutsche

---

17 S. Buchheim, Gutachten I, S. 385 f., 386.

18 BGH RzW 1957, 51, 52; Blessin/Ehrig/Wilden, BEG, § 1, Rn. 66; Blessin/Gießler, BEGSchlG, § 1, Anm. III 1, S. 230 f.; Gießler, W. IV, S. 9 f.

19 BGH RzW 1964, 209, 210.

20 BGH RzW 1975, 264, 265; Zorn, Erläuterungen, zu § 1 I, S. 105.

Vermögensverschiebungen zu reagieren hatten, war zwischen den Verfolgungsgründen "Rasse" und "Nationalität" unterschieden und war in der Bestimmung der Entziehungsvermutung ausdrücklich auf den Zeitpunkt des Erlasses der Nürnberger Gesetze Bezug genommen worden.[21] Im Unterschied zu diesen waren aber aus Gründen der "Nationalität" Verfolgte keine Verfolgte i. S. d. § 1 BEG. Als "Nationalitätsgeschädigte" waren sie wesentlich schlechter gestellt. Diese vom Gesetzgeber bewußt vorgenommene Unterscheidung hatte einzig die Ausgrenzung der ausländischen Verfolgten zum Ziel. Die Rechtsprechung des Bundesgerichtshofs zu § 1 BEG diente daher vor allem der konsequenten Umsetzung dieser fiskalpolitischen Entscheidung. Ihre volle Funktion wird erst in der gleichermaßen restriktiven Entscheidungspraxis zu den übrigen Verfolgungsgründen deutlich. In der Begründung der "Rechtsstaatlichkeit" der Maßnahmen deutet sich aber ein ideologisch überschießendes Element an. Diese Rechtfertigungsideologie wird nur unzureichend durch den Hinweis überdeckt, das Entschädigungsrecht wolle und könne nicht all das Unrecht entschädigen, das unter der Herrschaft des Nationalsozialismus angerichtet worden sei, sondern es beschränke bewußt eine Entschädigung auf einzelne Vorgänge und auch für diese nur auf einen eng begrenzten Umfang.[22]

Bei der Entscheidung des Bundesgerichtshofs vom Januar 1968 dürfte es sich allenfalls um eine vorsichtige Kurskorrektur der Linie zu § 1 Abs. 2 BEG gegen Ende der Abwicklung der Entschädigungsfälle gehandelt haben. Ein damals 21jähriger Pole war wegen Lebensmittelhilfen für sowjetische Kriegsgefangene im November 1941 festgenommen und zu neun Monaten Haft verurteilt worden. Danach war er bis zur Befreiung durch alliierte Truppen in einem Konzentrationslager inhaftiert. Gegen die ablehnende Entscheidung des Berufungsgerichts (OLG München) forderte der Bundesgerichtshof Aufklärung darüber, "ob auf Grund geschichtlicher Erfahrungen" festgestellt werden könne, ob die sowjetischen Kriegsgefangenen sich in einem Elendszustande zumindest im allgemeinen befunden hätten, von dem der Kläger ausgegangen sei. Im Hinblick auf die "nationalsozialistische Maßnahme" nach § 2 BEG ordnete der Bundesgerichtshof die Aufklärung darüber an, ob die Behandlung und Versorgung den Regeln der Genfer Konvention zum Schutze der Kriegsgefangenen nicht entsprochen habe und diese Abweichung auf einem anderen Grunde als dem der objektiven Unmöglichkeit einer ausreichenden Ernährung und menschenwürdigen Behandlung,

---

21 Vgl. Art 1 I u. 4 I US-REG; Art. 1 I u. 3 III BrREG; Art. 1 I u. 3 III REAO; vgl. ferner Art 1 I Ord. 120.

22 So z.B. gerade in BGH RzW 1958, 182 f; s.a. 1957, 228, 229; 1970, 209,210.

z.B. infolge zwingender militärischer Notwendigkeiten, beruht habe. Von Amts wegen sei das historische Material darüber beizuziehen, ob die Unterernährung der Gefangenen in den Dienst ihrer Dezimierung gestellt worden sei oder ob sie ihre Ursache in der Gleichgültigkeit der Staats- und Wehrmachtsführung oder der mit dem Gefangenenwesen betrauten Dienststellen und Personen gegenüber dem Schicksal von Angehörigen "rassisch minderwertiger" oder "völkisch tiefstehender" Nationen gehabt habe. Eine Mißachtung der Menschenwürde komme aber auch dann in Betracht, wenn die zuständigen Stellen "faktisch außerstande" gewesen seien, die Masse der Kriegsgefangenen vor der Verelendung zu bewahren. Denn wenn der "kriegführende Staat dazu nicht in der Lage" sei, so müsse er "die karitative Betätigung der Bevölkerung zur Linderung der körperlichen und seelischen Leiden der Gefangenen dulden".[23] In ihrer Bedeutung als gleichfalls gering zu bewerten sind Entscheidungen, nach denen auch Ausländern grundsätzlich eine Einstellung gegen die nationalsozialistische Rassepolitik zugebilligt wurde. Damit wurden sie lediglich in die ständige Rechtsprechung einbezogen, nach der auch derjenige "aus Gründen der Rasse" verfolgt war, der wegen seiner Beziehungen zu Juden unterdrückt worden war.[24]

2. Zur Verfolgung "aus Gründen politischer Gegnerschaft"

Das Bundesentschädigungsgesetz hatte den Verfolgungsgrund "wegen seiner gegen den Nationalsozialismus gerichteten politischen Überzeugung", wie er noch nach dem US-EG und dem Bundesergänzungsgesetz gegolten hatte, in "aus Gründen politischer Gegnerschaft" abgeändert. Anlaß zu dieser Änderung hatte die vom Gesetzgeber als zu eng qualifizierte Rechtsprechung des Bundesgerichtshofs zu § 1 BEG gegeben, nach der der Verfolgte, etwa auf Grund seines Werdegangs oder auf Grund kritischer Prüfung, eine feste innere Einstellung zu den Fragen der Politik, d.h. der Zwecke des Staates und der Mittel zu ihrer Verwirklichung, gewonnen haben mußte. Diese so gewonnene Überzeugung müsse gegen den Nationalsozialismus als solchen gerichtet gewesen sein und zu Verfolgungsmaßnahmen geführt haben. Dies sei aber nur dann zu bejahen, wenn die Überzeugung dem Verfolger bekannt gewesen sei und nationalsozialistische Gewaltmaßnahmen gegen den Verfolgten ausgelöst habe. Eine besondere gegen den Nationalsozialismus gerichtete Tat sei jedoch nicht erforder-

---

23 BGH RzW 1968, 304, 306.

24 Vgl. BGH RzW 1967, 542; 1971, 113; dazu unten um Fn. 49.

lich.[25] Der Bundesgerichtshof hatte damit im wesentlichen die vom OLG Stuttgart ausgehende Formel bestätigt, nach der als politische Überzeugung "nur eine charaktervolle, auf sittlicher Grundlage bewährte Grundeinstellung in Fragen des Verhältnisses zwischen Staat und Einzelpersönlichkeit" anzuerkennen war.[26] In der Begründung der Regierungsvorlage hieß es, der neue Begriff solle klarstellen, daß neben den subjektiven Gründen der Einstellung des Verfolgten auch die objektiven Gründe der Einstellung des Verfolgers in Betracht kämen.[27] Der zuständige Wiedergutmachungsausschuß stimmte mit der Maßgabe zu, damit "solle eine so weitgehend wie nur mögliche Objektivierung des Tatbestandes erreicht" und Entscheidungen wie die des OLG Stuttgart in Zukunft unmöglich gemacht werden.[28] Der Bundesgerichtshof versuchte wenigstens in abstrakten Wendungen die Dogmatik an die geänderte Rechtslage anzupassen, indem er maßgeblich auf die Sicht des Verfolgers abstellte. Verfolgung aus Gründen der politischen Gegnerschaft liege nur dann vor, wenn die Verfolgung ihren Grund darin gehabt habe, daß der Verfolgte auf politischem Gebiet als ein Gegner der NS-Herrschaft oder NS-Bestrebungen oder NS-Gedanken angesehen worden sei, wenn er mit anderen Worten nach der Absicht des Verfolgers durch die ihm zugefügte Schädigung wegen seiner politischen Gegnerschaft habe getroffen werden sollen.[29] Weniger als Bestandteil dieser Verfolgungsdogmatik als in verschiedentlich in die Entscheidungsgründe einfließenden Formulierungen machte der Bundesgerichtshof aber deutlich, daß es hierbei um eine ex-post Betrachtung und um eine Wertung geht. In einer anderen Entscheidung heißt es, die geänderte Rechtslage bedeute nicht, daß nunmehr dann immer Entschädigung zu leisten sei, wenn die politische Einstellung, gegen die die Verfolger glaubten einschreiten zu sollen, von deren Standpunkt aus als Gegnerschaft gegen den Nationalsozialismus beurteilt worden sei. Die Gewaltmaßnahme müsse sich vielmehr gegen eine Einstellung gerichtet haben, die "wirklich" als politische Gegnerschaft gegen den NS "zu bewerten" sei. Die Objektivierung des Tatbestandes bedeute allein, daß diese Einstellung nicht notwendig bei dem Verfolgten vorgelegen haben müsse,

---

25 BGH RzW 1955, 85 (nur LS), hier zitiert nach BTagsDrs. 2/1949, S. 86; s.a. BGH RzW 1956, 142 (Nr. 21).

26 OLG Stuttgart, RzW 1949/50, 248; 315; LG Stuttgart, RzW 1949/50, 315; KG Berlin, RzW 1952, 319 (Nr. 43) (nur LS); w.N. bei Blessin/Wilden, BEG, 1. Aufl, § 1, Rn. 7, u. 2. Aufl, Rn. 5. Kritisch zur Klarstellung durch die Novellierung van Dam/Loos, BEG, § 1, Anm. 3a, S. 50-52.

27 BTagsDrs. 2/1949, S. 86.

28 BTagsDrs. 2/2382, S. 2 f.

29 So z.B. BGH RzW 1962, 68, 69; 1956, 360; vgl. weiter Blessin/Gießler, BEGSchlG, § 1, Anm. II A 1b, S. 221 (m.w.N.).

sondern daß es genüge, wenn die Verfolger bei dem Betroffenen eine Einstellung angenommen hätten, die sich "auch bei Anwendung der richtigen Maßstäbe" als Gegnerschaft gegen den NS dargestellt habe. In dem der Entscheidung zugrunde liegenden Fall handelte es sich um einen Anhänger der "Schwarzen Front" Otto Strassers, einer frühen Abspaltung der NSDAP.[30] Diese im Hinblick auf das Merkmal "gegen den Nationalsozialismus" noch zu rechtfertigende Auffassung wird aber im Ergebnis auf fast sämtliche Fälle mit "Auslandsberührung" übertragen. Die Wertung der zeitgenössischen Gegnerbekämpfung als Kampf gegen die Besatzungsmacht führt zu feinsinnigen Differenzierungen des Begriffs des "Politischen".

Dieser Transformationsvorgang wird besonders deutlich in einer Entscheidung des OLG Köln aus dem Jahre 1965. Der Kläger war als aktives Mitglied des polnischen Vereins für Schulbildung und der Caritas 1942 durch die Gestapo in Lodz verhaftet und nach verschiedenen Gefängnisaufenthalten im Sommer 1943 in das KZ Auschwitz und im Mai 1944 in das KZ Buchenwald "überführt" worden. Unter Hinweis auf die eben zitierte Entscheidung des Bundesgerichtshofs folgert das OLG Köln, die Frage der politischen Gegnerschaft könne weder ausschließlich nach heutigen Maßstäben noch allein aus dem Blickwinkel der Verfolger beantwortet werden. Es sei vielmehr beides zu berücksichtigen. Zwar treffe es zu, daß der nationalsozialistische Staat in einem weiteren Sinne jede seinen Zielen entgegengesetzte Meinung oder Betätigung als politische Gegnerschaft betrachtet habe. Darauf sei es zurückzuführen, daß selbst Ausländer, die sich einer Widerstandstätigkeit verdächtig gemacht hätten, in den Konzentrationslagern als politische Häftlinge geführt und gekennzeichnet worden seien:

"Dem Verfolger war aber in solchen Fällen regelmäßig die Einstellung des Betroffenen zum NS als Ideologie gleichgültig. Die tatsächliche oder vermutete oder auch nur für die Zukunft befürchtete Auflehnung gegen deutsche Interessen war dann mit seltenen Ausnahmen Motiv des Verfolgers und nicht eine möglicherweise auch vorhandene gegnerische Einstellung zum NS als politischer Lehre."[31]

Nur "die Deutschstämmigen im Reichsgebiet und die deutschen Volkszugehörigen außerhalb des Reiches" seien vom Nationalsozialismus als Gegner angesehen worden:

"Ausländer mochten Feinde der deutschen Hegemonie- und Expansionsbestrebungen sein und dementsprechend als politische Gegner im allgemeinen Sinne

---

30 BGH RzW 1960, 371 f.; aufgenommen bei Blessin/Gießler, BEGSchlG, § 1, Anm. II A1b, S. 222.

31 OLG Köln, RzW 1965, 510. Die Revisionsentscheidung scheint nicht veröffentlicht zu sein.

bekämpft werden. Als Gegner des NS wurden sie oft selbst dann nicht gewürdigt, wenn sie als Politiker hervorgetreten waren, weil sie als Nichtdeutsche vom Herrenstandpunkt des ns. Verfolgers aus gar kein Verhältnis zu der eigentlich nur für Deutsche erdachten und ihnen vorbehaltenen Lebensform des NS haben konnten. Gegner des NS als einer innerpolitischen Erscheinung wird ein Ausländer demnach höchst selten gewesen sein, und noch seltener war gewiß ein Einschreiten deutscher Stellen gegen einen Ausländer aus diesem Grunde." [32]

Der "Herrenstandpunkt" der nationalsozialistischen Volksgemeinschaftsideologie wird erneut bemüht, um die Ausgrenzung ausländischer Verfolgter zu vollziehen. Das dieser Ideologie inhärente aggressive Expansionsmoment des "Volkes ohne Raum" bleibt ausgeklammert. Das dem "Herrenmenschen" entgegengesetzte Knechtschaftsverhältnis bzw. "Untermenschentum" bleibt unbeachtlich. Ausländische Verfolgte waren so per definitionem nicht als politische Verfolgte zu behandeln. In der halbamtlichen Kommentierung von Blessin und Wilden war eine solche Definition von Anfang an enthalten:

"Die geforderte politische Überzeugung ist auch nur auf die Einstellung zur Innenpolitik zu beziehen. Richtig ist zwar, daß das Wort 'politisch' auch die Außenpolitik umfaßt. Doch verweist hier der Begriff der Überzeugung auf die innenpolitische Einstellung, weil man schon sprachlich eine außenpolitische Überzeugung als Nationalbewußtsein bezeichnet; es fehlt dann auch an einem echten Widerstreit der politischen Interessen des einzelnen zu seinem Staat; im Widerstreit liegen hier nur die Interessen der einzelnen Staaten."[33]

Neben sprachlichen Veränderungen wurde nach der Gesetzesnovellierung lediglich der Begriff "politische Überzeugung" durch den Begriff "politische Gegnerschaft" ersetzt.[34] Der Bundesgerichtshof wandte sich nur dagegen, Fragen der Beziehungen einer nationalen Minderheit zu dem Staat, in dem sie lebte, als eine Angelegenheit der Außenpolitik zu bezeichnen. Allein das Bekenntnis eines deutschen Staatsangehörigen zu einer solchen Minderheit habe als politische Gegnerschaft ausgelegt werden können.[35] Bis auf ganz wenige Fallgruppen sind daher ausländische Verfolgte einhellig nicht als aus politischen Gründen Verfolgte anerkannt worden.

Angehörige nationaler Widerstandsbewegungen, auch soweit sie nur agitato-

---

32 Ebd.

33 Blessin/Wilden, BEG, 1. Aufl., § 1, Rn 9 (in der Diktion noch offen Wilden/Klückmann, Wiedergutmachungsgesetz, S. 13 f.); ähnl. OLG Koblenz, RzW 1954, 333 f.; 1955, 329 f.; OLG Celle, bei Frenkel, Entschädigungsrecht, Entscheidungen, Nr. 128.

34 Blessin/Wilden, BEG, 2. Aufl, § 1, Rn. 7; Blessin/Ehrig/Wilden, BEG, § 1, Rn. 7. Knapper Blessin/Gießler, BEGSchlG, § 1, Anm. II A1d, S. 223.

35 BGH RzW 1959, 250.

risch auf die eigene Bevölkerung einwirkten, blieben von vornherein ohne Ansprüche nach § 1 BEG, weil ihre Tätigkeit nicht ideologischer Gegnerschaft, sondern allein aus nationalen Beweggründen entsprang [36] oder weil es schlicht um die Sicherung der militärischen Ordnung ging.[37] In einer Entscheidung des OLG München wird zum Fall des Klägers, der Flugblätter eines von der deutschen Besatzungsmacht verbotenen Vereins verteilte, in denen auch gegen die "Anwerbung von Ostarbeitern" Stellung bezogen wurde, ausgeführt, dies habe von der deutschen Polizei in Polen, dessen Bevölkerung ohnehin als "deutschfeindlich eingestellt angesehen" worden sei, "als grundsätzliche Mißachtung der von der Besatzungsmacht erlassenen Vorschriften und als planmäßige Erschwerung der von den Besatzungsbehörden aufgetragenen Tätigkeit" verstanden werden müssen. "Eine solche grundsätzliche Widersetzlichkeit gegen die Anordnung der Besatzungsmacht, insbesondere die Aufwiegelung der Jugend" gegen die Anwerbepraxis, sei in den besetzten Gebieten durchweg mit polizeilicher Freiheitsentziehung geahndet worden.[38] Der Kläger, noch im Jahre 1959 körperlich leidend, war im April 1942 in Polen verhaftet worden und ein Jahr im Gefängnis und zwei Jahre in verschiedenen Konzentrationslagern inhaftiert gewesen. Die den Entscheidungsgründen vorausgeschickte Feststellung, der erkennende Senat sei sich der Tatsache bewußt, daß während der Herrschaft des nationalsozialistischen Deutschlands über Polen "vieles Unrecht" verübt worden und daß die langjährige Inhaftierung des Klägers "ohne jedes Gerichtsverfahren" eine gegen alle rechtsstaatlichen Grundsätze verstoßende Handlungsweise gewesen sei, zeigt sich als folgenloser Entlastungsversuch, da Terror und Konzentrationslager als beliebige Pazifizierungsstrategie einer scheinbar bloß um das Wohl der Ordnung im besetzten Gebiet besorgten Siegermacht gebilligt werden. Verhaftung wegen des Verdachts der Verbindung zu ukrainischen Partisanen - "Der Kl. gibt nunmehr selbst zu, daß dieser Verdacht begründet war." -, was mehrjährige Konzentrationslagerhaft zur Folge hatte, geschah aus "Gründen militärischer Sicherheit, um eine Störung oder Gefährdung der Kriegshandlungen zu verhüten". Die anschließende Deportation zum Arbeitseinsatz nach Deutschland erfolgte ohne Rücksicht auf die politische Überzeu-

---

[36] Vgl. OLG Koblenz, RzW 1955, 329 f. (Sabotage eines tschechischen Zwangsarbeiters durch Verzögerung der Reparatur von Wehrmachtsfahrzeugen).

[37] Vgl. die Alternative in OLG München, RzW 1957, 189 (Polnische nationaldemokratische Partei); OLG Stuttgart, bei Frenkel, Entschädigungsrecht, § 1, Bl. 9 (Nr. 71). S.a. OLG Neustadt, RzW 1953, 341 (Verurteilung und KZ-Haft wegen landesverräterischer Beziehungen zum tschechoslowakischen Heer).

[38] OLG München, RzW 1959, Beiheft, S. 14, 15 (Nr. 17); vgl. ferner ebd., S. 12 f. (Nr. 14) (tschechische Sokolbewegung); OLG Celle, RzW 1957, 22, 23 (polnische

gung aufgrund einer auf dem Verordnungswege eingeführten allgemeinen Arbeitspflicht für Polen, weil in Deutschland "Arbeitskräfte gebraucht wurden".[39] Bei bewaffneten Verbänden lag es "auf der Hand, daß eine Besatzungsmacht, gleichviel, von welchem politischen System sie beherrscht wird, die Existenz bewaffneter Verbände, die von ihr nicht kontrolliert werden konnten, nicht dulden kann". Der Kampf gegen diese und ihre Helfer "entsprang also militärischen Notwendigkeiten". "Er mußte geführt werden ohne Rücksicht darauf, zu welchem Volkstum und zu welchem Staat sich die Betreffenden bekannten." Jeder wisse, daß er im Kriege bei Unterstützung eines der Besatzungsmacht feindlichen Verbandes sich der Verfolgung aussetze.[40]

Aber auch die Verhaftung "am Tage des Beginns des deutschen Feldzuges gegen Polen" erfolgte ausschließlich aus nationalen Gründen. Einen besonderen Grund zur Inhaftnahme habe der Kläger nicht darlegen können. Die Massenverhaftung habe alle im polnischen Arbeiterverband Organisierten betroffen.[41] Zwangsarbeit in Deutschland war Folge einer "allgemeinen Verschleppungsaktion", bei der es den deutschen Dienststellen auf die politische Einstellung der betreffenden Personen überhaupt nicht angekommen sei.[42] Konzentrationslagerhaft für einen unter falschem Namen geflüchteten Hauptmann der polnischen Armee erfolgte "wegen seines völkerrechtswidrigen Verhaltens". Die deutschen Befehlsstellen hätten davon ausgehen müssen, daß er im Verbande einer mit Polen kämpfenden Macht habe weiter gegen das Deutsche Reich kämpfen wollen. Bei einem so entgegen dem Völkerrecht grundsätzlich "unmilitärischen" Verhalten, der Kläger hatte es vorgezogen, Zivilkleidung anzulegen, sei "Ehrenhaft" nicht in Betracht gekommen, vielmehr sei der Kläger in den Verdacht der Spionage geraten.[43] Die fristlose Entlassung eines leitenden Hüttenangestellten nach der Besetzung Polens war 10 Jahre nach Kriegsende noch verständlich. Der deutsche Reichstreuhänder habe nach Übernahme des Konzerns den Kläger, der von Geburt und Nationalität Pole gewesen sei, nicht auf diesem wichtigen Posten lassen, sondern durch einen anderen, ihm besser

---

Jugendbewegung).

39 OLG München, RzW 1955, 54; vgl. ferner 1959, 544 (Organisation ukrainischer Nationalisten).

40 OLG München, RzW 1955, 330; s. ferner OLG München, RzW 1975 (tschechische Akademische Legion).

41 OLG München, RzW 1954, 306 (Nr. 35).

42 OLG Frankfurt, bei Frenkel, Entschädigungsrecht, Entscheidungen, Nr. 48.

43 OLG Celle, bei Frenkel, Entschädigungsrecht, Entscheidungen, Nr. 128.

geeignet erscheinenden Mann ersetzen wollen.[44]

Lediglich das OLG Hamm schloß aus dem Umstand, daß Mitglieder des Polenbundes trotz des erfolgreichen militärischen Feldzuges nicht entlassen worden seien, obwohl die entsprechenden Stellen eine Freilassung verfügt hätten, auf politische Verfolgung. Die weitere Inhaftierung sei nicht aus militärischen Sicherheitsgründen aufrechterhalten worden, sondern hierfür seien rein staatspolitische Gründe maßgebend gewesen. Darauf deute auch die Tatsache hin, daß der Kläger im Konzentrationslager einen roten Winkel habe tragen - eine Bedeutung dieses Umstands wird ansonsten regelmäßig verneint [45] - und daß er sich noch nach seiner Entlassung längere Zeit bei der Gestapo habe melden müssen.[46] Und das OLG Bremen sah wenigstens im Beitritt eines "Volksdeutschen" zur polnischen Widerstandsbewegung einen Ausdruck politischer Gegnerschaft,[47] was allerdings das OLG Köln im Falle eines deutschen Soldaten, der sich von seiner Truppe entfernt hatte, verneinte. Der Kampf mit der polnischen Widerstandsbewegung habe sich "gegen das staatliche und gesellschaftliche Leben im allgemeinen oder gegen das Deutsche Reich als solches wie auch gegen seinen militärischen und zivilen Machtapparat" gerichtet. Ihr Ziel sei der "Kampf gegen Deutschland schlechthin" gewesen.[48]

Eine sehr partielle Auflockerung dieser Rechtsprechung deuten Entscheidungen des Bundesgerichtshofs erst Ende der 60er Jahre an. Für die Sozialistische Partei Polens (PPS) stellte der Bundesgerichtshof fest, daß sie möglicherweise "nicht nur den deutschen Staat als Besatzungsmacht" bekämpft, sondern sich gerade auch "gegen die Ideologie des NS" gewandt habe. Die Verfolger müßten beim Betroffenen eine Einstellung angenommen haben, die eine politische Gegnerschaft gegen den Nationalsozialismus gewesen sei. Die Behauptung, Ausländer seien regelmäßig nicht von den nationalsozialistischen Machthabern als ihre politischen Gegner oder Gegner ihrer Rassenpolitik angesehen worden, lasse sich in dieser Allgemeinheit nicht aufrechterhalten.[49] Als "Grundlage der

44 OLG Oldenburg, bei Frenkel, Entschädigungsrecht, Entscheidungen, Nr. 298.

45 Vgl. BGH RzW 1958, 182.

46 OLG Hamm, bei Frenkel, Entschädigungsrecht, Entscheidungen, Nr. 427.

47 OLG Bremen, RzW 1957, 52.

48 OLG Köln, RzW 1958, 180 f.; Zur Unterstützung ausländischer Widerstandsgruppen durch einen deutschen Polizisten s. BGH RzW 1959, 280; dazu Küster, RzW 1959, S. 489, 490, und JZ 1959, S. 770 (Anm.).

49 BGH RzW 1967, 542, 543; ausf. Sachverhalt in LM BEG 1956, § 1 Nr. 71; vgl. weiter OLG Köln, RzW 1968, 285; OLG München, RzW 1956, 143 (Nr. 22, nur LS); vgl. aber BGH RzW 1969, 572, im Hinblick auf Art. VI BEG-SchlG, dazu s.u.

ns. Weltanschauung" wird in dieser Entscheidung vor allem die "Rassenpolitik" verstanden, die auch hier ausschließlich auf Juden bezogen wird. Die Gegnerschaft könne sich zwar auch gegen die nicht näher genannten "sonstigen weltanschaulichen Grundlagen dieses Systems" gerichtet haben, wichtigste Frage sei aber, ob die PPS durch die Unterstützung der von den Nationalsozialisten verfolgten Juden der Rassepolitik des Nationalsozialismus entgegengetreten sei. Diese Frage hatte der Bundesgerichtshof in seiner Entscheidung aus dem Jahre 1958,[50] an der er ausdrücklich festhielt, trotz eines bereits 1956 angefertigten Gutachtens von Broszat über "Die Polnische Sozialistische Partei (PPS), ihr Verhältnis zum Nationalsozialismus und zur deutschen Besatzungsmacht" nicht gestellt. Broszat hatte darin festgestellt, die PPS sei keinesfalls eine Partei gewesen, welche ohne sonstige politische Prinzipien ihre Handlungsweise allein von nationalen Gesichtspunkten aus bestimmt habe. Gerade in Polen habe es sich keineswegs um eine "normale" Besatzung gehandelt, sondern um "ein Experimentierfeld, auf dem in großem Stile erstmalig die auf weltanschaulich-nationalsozialistischen Prinzipien beruhende Politik der Eindeutschung sowie der Ausrottung und Unterdrückung von Juden und Polen rücksichtslos in die Wege geleitet" worden sei. "Naturgemäß" lasse sich daher im Einzelnen nicht genau trennen, ob beim Widerstand der Kampf gegen die Besatzungsmacht als solche oder gegen das System des Nationalsozislismus den Ausschlag gegeben habe.[51] Damit hätte ohne weiteres von einer Regelvermutung der politischen Gegnerschaft bei Angehörigen der PPS ausgegangen werden können, ohne die dogmatischen Grundlagen preiszugeben. Bereits in seiner 58er Entscheidung verlangte der Bundesgerichtshof aber eine Prüfung "auf Grund aller Umstände in jedem einzelnen Falle". Die weitere Forderung nach "Berücksichtigung der allgemein von den ns. Gewalthabern gegenüber den Polen verfolgten Politik" bedeutete im Ergebnis gerade eine Abstraktion von der konkreten Besatzungspolitik. Im Ergebnis heißt es, der - vermutlich von den deutschen Besetzern getötete - Ehemann der Klägerin sei als "allgemein politisch interessierter Angehöriger der Intelligenz" [52] und damit als Gegner oder möglicher Gegner der von den Besatzern in Polen verfolgten Ziele angesehen worden. Nicht wegen seiner parteipolitischen, sondern wegen seiner nationalpolitischen Gegnerschaft sei er ver-

---

um Fn. 94.

50 BGH RzW 1958, 300 (Nr. 24); s.a. OLG Celle, RzW 1958, 64 f.; a.A. OLG Stuttgart, RzW 1949/50, 248 f.

51 Broszat, Gutachten I, S. 382 ff., 384 f.

52 Vgl. a. OLG München,RzW 1957, 188, 189.

folgt worden.

Wie die 58er setzte sich auch die 67er Entscheidung nicht konkret mit der gegen den polnischen Staat und das ganze polnische Volk gerichteten Besatzungspolitik auseinander. "Nationalsozialismus" wird vielmehr weitgehend auf "Rassenpolitik gegen Juden" reduziert. In einer Entscheidung aus dem Jahre 1970 über einen Anspruch eines im Mai 1943 in das Konzentrationslager Mauthausen verschleppten Jugoslawen, weil er sich nach eigenen Angaben gegen die Verfolgung der Juden eingesetzt habe, betonte der Bundesgerichtshof erneut, wesentliche Grundlage des Nationalsozialismus, "die ihn von anderen totalitären Weltanschauungen" abgehoben und sein "Wesen" geprägt hätten, seien seine "rassischen Vorstellungen und Ziele" gewesen. Widerstand gegen den Rassenwahn, eine Einstellung, die bei Deutschen und Ausländern zu finden sei, reiche aus.[53] Damit wandte der Bundesgerichtshof im Grunde lediglich seine bisherige Rechtsprechung auf ausländische Verfolgte an, nach der auch derjenige, gegen den wegen Unterstützung von Juden Verfolgungsmaßnahmen getroffen wurden, als "aus Gründen der Rasse" verfolgt anzuerkennen war.[54] Einer Verdoppelung der Verfolgungsgründe hätte es dafür nicht bedurft.

Die weitgehende Reduzierung der nationalsozialistischen Ideologie auf die Judenverfolgung in den Fällen mit "Auslandsberührung" ermöglicht auch eine Aufspaltung der deutschen Besatzungspolitik in nationalsozialistische und deutsche, politische und sicherheitspolizeiliche, Verfolgungs- und Feindbekämpfungsmaßnahmen. Das Landgericht Köln begründete seine Entscheidung, ein von der Gestapo wegen einer Rede gegen die nationalsozialistischen Gewaltmaßnahmen verhafteter Lette sei aus politischen und nicht nationalen Gründen verfolgt worden, im wesentlichen damit, daß der dortige Widerstand "sich nicht gegen Deutschland als kriegführende Macht und auch nicht gegen die Deutschen als solche, sondern fast ausschließlich gegen die deutsche (d.h. natsoz.!) Verwaltung und deren Maßnahmen" gerichtet habe.[55] Und der Bundesgerichtshof schloß im Falle eines in Litauen geborenen Rechtsberaters der litauischen Eisenbahnverwaltung, der nach Denunziation ins KZ Stutthof verbracht wurde und dort umkam, nicht aus, daß er das Verwaltungsinteresse der Besatzungsmacht auf dem Gebiet des Bahnwesens behindert und geschädigt

---

53 BGH RzW 1971, 113, 114.

54 Vgl. ebd. u. BGH RzW 1960, 376 (Nr. 32); 1965, 164, 165; Blessin/Gießler, BEG-SchlG, § 1 Anm. I A 2a aa, S. 224.

55 LG Köln, RzW 1956, 361.

habe, um es aus anerkannten Gründen zu bekämpfen, ohne daß dieser Beweggrund für sein Verhalten vom Verfolger erkannt worden sei (§ 1 Abs. 3 Nr. 2 BEG). Zur Begründung führt er an, der Verfolgte habe mit dem Deutschtum sympathisiert und habe der Einbeziehung seiner litauischen Heimat in den Machtbereich Deutschlands loyal gegenübergestanden. Er könne daher auch als Litauer Interessen der Besatzungsmacht nur deswegen und nur soweit sabotiert haben, "wie der NS sein politisches System" auch in seinem Dienstbereich durchzusetzen versucht habe.[56]

Mit der Trennung Innen-/Außenpolitik wurden Krieg und Besatzungspolitik als "unpolitische" Staatsmaßnahmen qualifiziert. Personen, die gegen die deutsche Besatzungsmacht gearbeitet und die feindliche Untergrundbewegung unterstützt hatten, waren nach dem Bundesgerichtshof als "Feinde des Deutschen Reiches" angesehen worden.[57] Mit dieser Sichtweise reduzierte sich der Nationalsozialismus auf ein innenpolitisches Phänomen und konnte der Ausschluß der ausländischen Verfolgten legitimiert werden. Die Trennung in "Nationalsozialismus" und "Staat" zeigt aber Elemente einer überschießenden "Staatsideologie" auch im "Außenverhältnis". Denn Maßstäbe der Rechtsordnung spielten bei dieser analytischen Trennung keine Rolle. In bezug auf die Ansprüche eines inhaftierten jugoslawischen Staatsbürgers wegen seiner Weigerung, in die auf Anordnung der deutschen Besatzungsmacht aufgestellte Heimatwacht einzutreten, führte der Bundesgerichtshof aus, auf die völkerrechtliche Beurteilung dieser Maßnahmen komme es nicht an. Die Maßnahmen gegen den Kläger seien lediglich deshalb getroffen worden, weil er sich einer an die volksdeutschen Bewohner der besetzten Gebiete gerichteten Anordnung der Besatzungsmacht widersetzt habe.[58]

Im Falle eines tschechoslowakischen Staatsbürgers, der sich geweigert hatte, einer Dienststelle der Geheimen Staatspolizei Lebensmittel ohne Bezugsschein zu liefern, rechtfertigte der Bundesgerichtshof noch über ein Jahrzehnt nach Kriegsende die deutsche Ausbeutungspolitik gegenüber den besetzten Ländern. Zwar gehöre es zum Wesenskern des totalitären Weltanschauungsstaates, daß seine jeweiligen Machthaber sich nicht an Gesetz und Recht gebunden fühlten, vielmehr im Interesse ihrer Machtbehauptung und Machtentfaltung, zu deren

---

56 BGH RzW 1967, 391 f.

57 BGH RzW 1960, 111, 112; vgl. a. die bereits zit. Entscheidung des OLG Köln, RzW 1958, 180 f. (s.o. Fn. 48).

58 BGH RzW 1967, 211 f. Auf das Völkerrecht wird meist nur bei für völkerrechtskonform gehaltenen Maßnahmen hingewiesen, vgl. z.B. OLG Köln, RzW 1968, 285, 287.

Rechtfertigung sie sich auf die Staatsideologie in ihrer jeweils eigenen Interpretation beriefen, grundsätzlich alles für erlaubt hielten. Dies bedeute jedoch nicht, daß jedes rechtswidrige Handeln unter Berufung auf die allgemeine Rechtlosigkeit gedeckt werde. Auch der totalitäre Unrechtsstaat müsse sich, wenn seine Ordnung sich nicht alsbald in Anarchie und Chaos auflösen solle, in weitem Umfang an sein gesetztes Recht halten und auf dessen Einhaltung durch seine Organe bestehen. Und sein funktionales, allenfalls naturrechtlich legitimiertes Rechtsstaatsverständnis begründet der Bundesgerichtshof dann folgendermaßen:

"Nicht jede gesetzwidrige Handlung eines staatlichen Organes im Herrschaftsbereich eines solchen Staates kann daher als Ausfluß und Auswirkung des grundsätzlichen Nichtgebundenseins an Recht und Gesetz gewertet werden. Eine solche Wertung verbietet sich schon durch die Erwägung, daß auch im Rechtsstaat gesetz- und rechtswidrige Handlungen staatlicher Organe vorkommen. Sie erhalten also - hier wie dort - kein sicheres und eindeutiges Kriterium für das grundsätzliche Kriterium des Staates zu den Forderungen des Rechts und der Sittlichkeit. Ebensowenig kann deshalb aber auch der Widerstand gegen eine solche Handlung im totalitären Staat in jedem Fall als Ausdruck einer gegnerischen Einstellung zu seiner grundsätzlichen Recht- und Gesetzlosigkeit und damit als Angriff auf den Wesenskern des rechtlosen Gewaltregimes angesehen werden".[59]

Nur bei Unrechtshandlungen gegen "hohe Lebenswerte" wie "etwa die Verschleppung, Mißhandlung und Umbringung von Angehörigen einer bestimmten Rasse oder Maßnahmen zur Durchführung der sogenannten Sippenhaft oder zur Vernichtung sogenannten lebensunwerten Lebens" sei der Widerstand immer als politische Gegnerschaft eingestuft worden. Unter Vernachlässigung der polykratischen Struktur des nationalsozialistischen Regimes, der besonderen Stellung der Geheimen Staatspolizei und der ausbeuterischen Besetzungspolitik dient der Hinweis, bei einem Deutschen sei die korrekte Einhaltung der Bewirtschaftungsvorschriften wahrscheinlich nicht mit einer Verhaftung beantwortet worden, lediglich zur Begründung der Annahme, daß es sich um eine unbeachtliche rechtswidrige Handlung einer einzelnen untergeordneten Stelle gehandelt habe. Diese sei für die nationalsozialistische Gewaltherrschaft nicht typisch gewesen, da sie als "staatliche" Maßnahme klassifiziert wird, mit folgender Begründung:

"Daß in Kriegszeiten einzelne Angehörige oder Dienststellen einer Besatzungsmacht sich eigenmächtig, d.h. im Widerspruch zu den für sie maßgebenden Gesetzen oder Anordnungen der Besatzungsmacht selbst, von Einwohnern des besetzten Landes Lebensmittel oder andere Güter zu beschaffen suchen, ist ein Vorkommnis, wie es jedes Kriegsgeschehen mit sich zu bringen pflegt."[60]

---

59 BGH RzW 1959, 498, 499.

60 Ebd.

Die Abspaltung des Krieges aus dem Verfolgungsbegriff und damit seine epochale "Normalisierung" brachte in einer frühen, noch zu § 1 US-EG ergangenen Entscheidung das Landgericht München auf folgende Formel:

"Gerade was den Zusammenstoß gegensätzlicher nationaler Interessen und Bestrebungen anlangt, war Europa seit Jahrhunderten ein überaus heißer Boden; es ist hier gegen das Gebot nationaler Verträglichkeit nicht nur von deutscher, sondern auch von anderen Seiten nur zu oft gesündigt worden. Derartige Übergriffe stellen sich daher nicht so sehr als typisch natsoz. Unrecht dar, zu dessen Wiedergutmachung das EntschG bestimmt ist."[61]

Ansprüche nach § 1 BEG kamen so außer in den Verfolgungsfällen polnischer katholischer Geistlicher [62] nur in denen der Weigerung "Volksdeutscher", sich in die "Deutsche Volksliste" aufnehmen zu lassen, in Betracht. Im Falle eines kriegsgefangenen polnischen Soldaten, der infolge seiner Weigerung in einem Konzentrationslager inhaftiert worden war, hatte die Vorinstanz, OLG Celle, aus der Rücksichtslosigkeit, mit der der "Umvolkungsprozeß" und die "Eindeutschung" durchgeführt wurde, geschlossen, daß damit nur "den deutschen Belangen gedient" werden sollte. "Denn es wurden Soldaten und Arbeitskräfte gebraucht." Wer sich diesen Bestrebungen widersetzt habe, habe damit "gegen die deutschen Interessen" verstoßen. Es fehle an jedem Anhaltspunkt, daß jemand im Weigerungsfall als ein politischer Gegner des "ns.Systems als einer Weltanschauung" angesehen worden sei. "Die auf dem Grundsatz 'Wer nicht für mich ist, ist gegen mich' beruhende Anordnung, sich nicht zum Deutschtum bekennende Staatsangehörige dem KZ zuzuführen", stelle "sich nach der Gesamtlage als eine sicherheitspolizeiliche Maßnahme gegen deutschfeindliche Elemente" dar.[63] Der Bundesgerichtshof kommt zum gegenteiligen Ergebnis und sieht in diesen Fällen in der Regel eine Verfolgung wegen einer gegen den Nationalsozialismus gerichteten politischen Überzeugung. Aus dem Umstand, daß die Durchführung der "Volkstumsarbeit" nicht dem Reichsminister des Innern, sondern dem Reichsführer SS, "also einer politischen Institution", die "dem Staat nicht untergeordnet" gewesen sei, schließt er auf den politischen Zweck der Maßnahmen. Die Rassenideologie habe hierbei überwogen. So wichtig die Aufgabe der Überwindung des Arbeitermangels gewesen sei, so habe

---

61 LG München, RzW 1951, 40, 41.

62 Vgl. OLG Celle, RzW 1960, 112 ff.; Blessin/Ehrig/Wilden, BEG, § 1, Rn. 37. Ablehnend LG Stuttgart, bei Frenkel, Entschädigungsrecht, Leitsätze, § 1, Nr. 61; einschränkend die Kommentarliteratur, vgl. Blessin/Gießler, BEGSchlG, § 1, Anm II A 3, S. 225; Brunn/Hebenstreit, BEG, § 1, Rn 7, unter Hinweis auf eine nicht auffindbare BGH-Entscheidung. S.a. BGH RzW 1970, 330 ff.

63 OLG Celle, RzW 1959, 457 f.

doch in der Sicht des "ns. Deutschen Reichs" die Sicherung und Stärkung des deutschen Blutes im Vordergrund gestanden. In Widerspruch zu seiner sonstigen Rechtsprechung wird aus der Wahl der Mittel, insbesondere der drohenden Überführung in ein Konzentrationslager, auf den politischen Charakter der Maßnahme geschlossen.[64] Mit der Trennung in "Reichsministerium" und "SS", ohne auch nur ansatzweise den personellen und organisatorischen Verschmelzungsprozeß gerade der SS mit dem Staatsapparat zu reflektieren, stellt der Bundesgerichtshof wiederum auf "entpolitisierten" Staat und "politischen" Nationalsozialismus ab. In der rechtsideologischen Begründung fällt diese Rechtsprechung daher nicht aus der Reihe, allenfalls werden hier andere Schlüsse und Wertungen vollzogen. Einer genaueren Untersuchung des Verfolgerapparates sowie einer Gewichtung der Konzentrationslagerhaft hat sich der Bundesgerichtshof in den übrigen Fällen ausländischer Verfolgter gerade gesperrt. Im Leitsatz der Entscheidung ist aus dem eine Eintragung ablehnenden polnischen Staatsangehörigen ein "Volksdeutscher oder Deutschstämmiger" geworden. Und am Schluß der Entscheidung wird ausgeführt, Gründe der Nationalität schieden aus, weil er nicht als Pole, sondern wegen seiner Weigerung, sich in die Volksliste einzutragen, verfolgt worden sei. Berücksichtigt man dies, so paßt diese auch zu den Wertungen der übrigen Entscheidungen.[65] Als "Volksdeutscher" konnte er gegen den Nationalsozialismus kämpfen, als Pole nur gegen das Deutsche Reich. Letzteres durfte aber "zurückschießen" bei Ausschluß jeder Haftung. Der Volkstumskampf, wie das Landgericht Stuttgart im Dezember 1949 urteilte, sei viel älter als der Nationalsozialismus gewesen und habe sich "nicht speziell gegen diesen" gerichtet. Er habe "unter allen deutschen Staatsformen" bestanden, die damalige Staatsform habe diesen Kampf "lediglich verschärft", aber nicht hervorgebracht.[66]

Die Problematik dieser Rechtsprechung zu § 1 BEG verdeutlicht nochmals eine Entscheidung des OLG Zweibrücken aus dem Jahre 1969. Die jugoslawische Klägerin war als siebzehnjährige bei einer Razzia gegen Juden in Belgrad im Juni 1942 verhaftet worden. Da sie ihre katholische Herkunft nachweisen konnte,

---

64 BGH RzW 1960, 163 f.

65 Nach Nr. II. 11 und IV. 2 der Richtlinien des Bundesministers der Finanzen zur Durchführung des Artikels VI BEG-Schlußgesetz v. 8.5.1968, BAnz. Nr. 94 v. 18.5.1968, auch abgedruckt bei Schirilla, Wiedergutmachung, S. 107-118, waren fremde Volkszugehörige, die sich weigerten, in die deutsche Volksliste aufnehmen zu lassen, nur als Nationalgeschädigte zu behandeln; vgl. dazu Kraus, W. VI, S. 226, Fn. 103.

66 LG Stuttgart, RzW 1949/50, 124, mit zust. Anm. Küster.

wurde sie nicht wie ihre jüdischen Freunde ermordet, sondern nach Deutschland in ein Konzentrationslager verschleppt. Im unter strenger Bewachung der SS stehenden Frauenlager für Zwangsarbeiter der Firma IG Farben in Wolfen bei Bitterfeld mußte sie in der Aluminium-Schmelzerei schwere Zwangsarbeit leisten. Nach der Zusammenkunft "mit einem kriegsgefangenen Juden - ihrem späteren Ehemann -", war sie 1944 über 5 Monate in Polizeihaft. Das Entschädigungsamt hatte Ansprüche abgelehnt, weil die Klägerin einer Jugendorganisation angehört habe, deren Tätigkeit sich gegen die deutsche Besatzungsmacht und deren Anordnungen gerichtet hätten.

Das OLG Zweibrücken wirft der Kl. zunächst vor, sie sei selbst nicht in der Lage, den tatsächlichen Grund der gegen sie gerichteten Verfolgungsmaßnahmen anzugeben. Anhaltspunkte für eine politische Gegnerschaft, was politische, nicht persönliche, wirtschaftliche oder sonstige Gründe voraussetze, lägen nicht vor. Ihr rettender Nachweis als Christin habe zur Folge, daß sie "nicht wie ihre jüdischen Freunde liquidiert, sondern in ein KZ nach Deutschland abtransportiert worden" sei. Eine Verfolgung aus Gründen der Rasse als vermeintliche Jüdin scheide ebenfalls aus. Die Verschickung zur Zwangsarbeit sei auch nicht aus Glaubensgründen erfolgt. Das Gericht schwankt zwischen den Gründen "kriegsbedingten Mangels an Arbeitskräften", wofür u.a. der Umstand spreche, daß nach eigener Darstellung der Klägerin zur damaligen Zeit noch weitere Serben nach Deutschland verschickt worden seien, und "Mitglied einer nationalen Widerstandsgruppe", die die Sicherheit der deutschen Besatzungsmacht in Jugoslawien gefährdet habe. Beides begründe aber keinen Entschädigungsanspruch. Für die Polizeihaft liege die Annahme nahe, "daß sie wegen verbotswidrigen Umgangs mit Kriegsgefangenen inhaftiert und möglicherweise auch bestraft" worden sei. Hierfür seien aber weder politische noch rassische, sondern militärische Gründe maßgebend gewesen. Anhaltspunkte für einen aktiven Einsatz gegen eine menschenunwürdige Behandlung von Kriegsgefangenen seien gleichfalls nicht ersichtlich. Das BEG habe eben nicht alle Unrechtshandlungen der nationalsozialistischen Gewaltherrschaft entschädigen wollen.[67]

3. Verfolgung "aus Gründen ihrer Nationalität"

Für ausländische Verfolgte, die nicht als Juden verfolgt worden waren, kamen daher fast ausschließlich nur Ansprüche als "Nationalgeschädigte" in Betracht.

---

67 OLG Zweibrücken, RzW 1970, 209 f.

Die von vorneherein als "Härteausgleich" konzipierte Regelung [68] in §§ 67, 76 BErgG bzw. §§ 167, 168 BEG 1956 bzw. Art. VI BEG-SchlG bedeutete aber gegenüber den Verfolgten i.S.d. § 1 BEG eine wesentliche Schlechterstellung. Ansprüche wegen "Schaden an Leben" (§§ 15 ff. BEG), also u.a. Hinterbliebenenrente im Todesfall des Verfolgten, Ansprüche wegen "Schaden an Freiheit" (§§ 43 ff. BEG), also Kapitalentschädigung in Höhe von 150,00 DM für jeden vollen Monat Freiheitsentziehung, insbesondere Konzentrationslagerhaft, Ansprüche wegen "Schaden an Eigentum" (§§ 51 ff. BEG) und "an Vermögen" (§§ 56 ff. BEG), die auf, seit der Novellierung 1956, jeweils 75.000,-- DM begrenzt waren, und Ansprüche wegen "Schaden im beruflichen und wirtschaftlichen Fortkommen" (§§ 64 ff. BEG), die Renten bis zu 1000,-- DM monatlich (Stand 1966) oder eine Kapitalentschädigung bis zu 40.000,-- DM gewährten, sowie der Härteausgleich nach § 171 BEG bestanden von vornherein nicht. Ein Anspruch kam nur wegen "Schaden an Körper und Gesundheit" in Betracht. Die Novellierung 1956 hatte eine Gleichstellung insofern bewirkt, als die erforderliche Beeinträchtigung der Erwerbsfähigkeit von 50 auf 25 vom Hundert gesenkt worden war. Im Abkommen mit dem Hohen Flüchtlingskommissar aus dem Jahre 1960, dessen Inhalt durch das Schlußgesetz übernommen wurde, war statt der geringen Pauschalrente die allgemeine Verfolgtenrente und Heilverfahren gewährt worden. Eine Versorgung der Hinterbliebenen auch bei Tod infolge der Gesundheitsschädigung blieb, soweit diese nicht selbst als "Nationalgeschädigte" anerkannt wurden, auch nach dem Schlußgesetz ausgeschlossen.

Neben der Gesundheitsschädigung und Flüchtlingseigenschaft i.S. d. Genfer Konvention [69] reichte eine Verfolgung aus Gründen der Nationalität allein nicht zur Anspruchsbegründung aus. Die Gründe der Nationalität bedeuteten, daß die Zugehörigkeit zu einem fremden Staat oder zu einem nichtdeutschen Volkstum "ganz oder wesentlich" den Grund für die schädigende Maßnahme gebildet hatten. Die in dieser Weise motivierte Schädigung mußte "unter Mißachtung der Menschenrechte" erfolgt sein. Die vom Gesetzgeber aus der Verhandlungsniederschrift zum Abkommen übernommene Vermutung der Verfolgermotivation, nach der die Schädigung aus Gründen der Nationalität erfolgt ist, soweit keine anderen Gründe für die unter Mißachtung der Menschenrechte vorgenommene

---

68 Vgl. BTagsDrs. 1/4527, S. 35; 2/1949, S. 35; BGH RzW 1970, 330, 331. Zur Entstehungsgeschichte s.o., Kapitel 4 III 2b u. 3b bb.

69 Zur anfänglich problematischen Auslegung des Flüchtlingsbegriffs s. Kraus, W. VI, S. 245-247.

schädigende Maßnahme ersichtlich sind (Art. VI Nr. 1 Abs. 1 Satz 3 BEG-SchlG), war bereits bei Verabschiedung des Gesetzes wenig geeignet, "Unklarheiten" zu beseitigen. Die beschränkte, aber ausdrückliche Erweiterung der Vermutung in Form einer unwiderlegbaren Fiktion auf Zwangsarbeiter war nicht durchsetzbar gewesen. So reichten auch nach der Neuregelung die Offenkundigkeit der Terrormaßnahme, wie sie im Begriff der "Mißachtung der Menschenrechte" zum Ausdruck kam, selbst in Kumulation mit der nicht unerheblichen Gesundheitsverletzung für die Begründung eines Entschädigungsanspruchs nicht aus.

Analogien zur Rechtsprechung zum Begriff der Verfolgungsmaßnahmen schloß der Bundesgerichtshof aus, denn die Sonderregelung für Nationalgeschädigte mache den Anspruch von besonderen, eng umgrenzten und miteinander verknüpften Voraussetzungen abhängig.[70] Die Besserstellung der aus den Gründen des § 1 BEG Verfolgten gegenüber den Nationalgeschädigten sei im Hinblick auf die Verschiedenartigkeit der Gründe der Schädigung sachlich gerechtfertigt.[71] Die Folgen des rechtzeitigen Abtauchens in die Illegalität eines jugoslawischen Rechtsanwalts, Zeitungsredakteurs und Abgeordneten der slowenischen Volkspartei nach der Besetzung Jugoslawiens im Juni 1941 waren, weil ein vergleichbarer allgemeiner Verfolgungsdruck gefehlt habe und es auf "subjektiven Befürchtungen" nicht ankomme, nicht entschädigungsfähig.[72]

a. "Nationalität" und "Deutschenklausel"

Zur Auslegung des Art. VI BEG-SchlG konnte der Bundesgerichtshof zu Recht darauf verweisen, daß die Begriffsbestimmungen des Nationalgeschädigten an seine frühere Rechtsprechung anknüpfe. Für § 167 BEG 1956 sei bereits angenommen worden, aus Gründen der Nationalität sei nur derjenige geschädigt worden, der nicht verfolgt worden wäre, wenn er nicht Angehöriger eines nichtdeutschen Volkstums gewesen wäre. Jetzt werde durch die Begriffsbestimmung beim Zusammentreffen mehrerer Motive des Schädigers klargestellt, daß der Gesichtspunkt der Nationalität des Geschädigten ganz oder wesentlich mitge-

---

70 BGH RzW 1970, 329 f.; 1978, 238, 239, gegen 1969, 574, 575.

71 BGH RzW 1970, 329, 330.

72 BGH RzW 1978, 238 f.; zum fehlenden allgemeinen Verfolgungsdruck im "Generalgouvernement" s. BGH RzW 1969, 572 ff.

wirkt haben müsse.[73]

Diese Bemühungen um rechtsdogmatische Kontinuität bedeuteten zunächst das weniger gravierende Festhalten an der Auffassung, es komme nicht darauf an, ob die Tat, die zur Verfolgung geführt habe, Ausfluß des Nationalbewußtseins sei. Entscheidend seien vielmehr die Beweggründe, die den Verfolger zu der schädigenden Maßnahme veranlaßt haben.[74] Für die Verfolgten i.S.d. § 1 BEG bedeutete die Handlungsmotivation immer ein Indiz, mit dessen Hilfe auf die Verfolgermotivation geschlossen werden konnte. Und § 1 Abs. 3 Nr. 2 BEG fingierte als Verfolgten auch den Geschädigten, der eine ihm zur Last gelegte Handlung in Bekämpfung der nationalsozialistischen Gewaltherrschaft oder in Abwehr der Verfolgung begangen hat, aber den Beweggrund dieser Handlung verbergen konnte. Auf die Nationalverfolgten angewandt hätte dies jedenfalls die Anerkennung aller Widerstandshandlungen bedeutet, da wenigstens subjektiv die nationalbewußte Motivationslage nicht abgesprochen werden konnte [75] oder die Verfolgermotive unbeachtet geblieben wären.

Bedeutender war die "Deutschenklausel" bzw. die "Ausschließlichkeitsthese".[76] Nach ihr war ein Schaden wegen Zugehörigkeit und Bekenntnis zu einem nichtdeutschen Volkstum und damit aus Gründen der Nationalität eingetreten, wenn der Schaden bei gleichem Geschehensablauf einem anderen Volkstumszugehörigen, insbesondere einem Deutschen, nicht zugefügt worden wäre.[77] Diese Rechtsprechung bewirkte eine Vergleichsmentalität nach der Maßgabe, je allgemeiner eine Brutalität der deutschen Besatzungsmacht zu verzeichnen war, desto eher konnte angenommen werden, hier werde nicht wegen einer bestimmten Nationalität vefolgt. Und der Vergleich mit der Behandlung Deutscher bedeutete zu Ende gedacht, daß immer dann, wenn ein Deutscher wegen der gleichen Tat auch verfolgt worden wäre, nicht "nationale", sondern eben andere Gründe vorgelegen hätten. Für den deutschen Verfolgten war dies weniger bedeutsam, da bei diesem dann in der Regel eine "politische Gegnerschaft" vorlag,

---

73 BGH RzW 1969, 571; zur rückerstattungsrechtlichen Rechtsprechung und Praxis s. Wirth, W. II, insb. S. 260 f. u. 269 f., zu Entziehungen in Konzentrations- und Zwangsarbeitslagern S. 288-292; Kraus, W. VI, S. 177-194.

74 BGH RzW 1969, 571; 1965, 275.

75 Vgl. OLG Stuttgart, RzW 1956, 91 (Nr. 40).

76 So bezeichnet bei Rossmeissl, RzW 1968, S. 241.

77 BGH RzW 1965, 275; ausdrücklich verwiesen in RzW 1969, 572; zuvor bereits 1962, 371, 372; nach LG München, RzW 1951, 40, 41, konnte die umgekehrte Formel ("wenn unter den gleichen Umständen auch ein Deutscher verfolgt worden wäre") einen politischen Verfolgungsgrund begründen.

was bei ausländischen Verfolgten so gut wie ausgeschlossen war. Mit dem "innenpolitischen" Verständnis der politischen Gegnerschaft hätte die "Deutschenklausel" bei konsequenter Anwendung die verbleibenden Reste der "Nationalitätsgründe" beseitigt. Mord, Todesurteile, Inhaftierungen, Verschleppungen und Konzentrationslagereinweisung kamen auch bei deutschen Verfolgten vor. Diese potentielle Funktion der "Vergleichsklausel" macht eine Entscheidung des OLG Köln aus dem Jahre 1971 deutlich. Die Klägerin war wegen Beteiligung an einer polnischen Untergrundzeitung im November 1940 durch die Gestapo verhaftet und im Mai 1942 in das Konzentrationslager Ravensbrück eingewiesen worden. Die Vorinstanz, das Landgericht Köln, hatte unter Heranziehung historischen Materials und von Gutachten zu belegen versucht, daß in Westeuropa und in Deutschland die Mitherstellerin einer hektografierten konservativ-antinationalsozialistischen Zeitung in der fraglichen Zeit wohl einem Gerichtsverfahren unterzogen, aber keinesfalls für Jahre in ein Konzentrationslager eingeliefert worden wäre. Die unterschiedliche Behandlung der Polen im Generalgouvernement beruhe, weil nur gegen Angehörige eines bestimmten Volkstums gerichtet, auf der Nationalität der Klägerin.[78] Das OLG Köln las in seiner ablehnenden Entscheidung aus dem vom Landgericht vorgelegten Material vor allem heraus, daß die nationalsozialistischen Gewalthaber auch Angehörige anderer Nationalitäten ohne Gerichtsverfahren in ein Konzentrationslager verbracht hätten. In den annektierten Gebieten sei immerhin ein Gerichtsverfahren vorgesehen gewesen. Erforderlich sei die Feststellung, daß "grundsätzlich und allgemein und im Gegensatz zu Deutschen nur den Polen der Rechtsschutz verweigert" worden sei. Diese Feststellung lasse sich nicht mit dem Hinweis "auf eine zwar vorherrschende, aber doch nicht ausnahmslos gehandhabte schlechte Behandlung bestimmter polnischer Täter treffen, die nur für eine begrenzte Zeit und nur für einen bestimmten Teil Polens" gegolten habe.[79] Das OLG Köln verwies hierbei zutreffend auf eine Entscheidung des Bundesgerichtshofs aus dem Jahre 1962, in der dieser dem OLG Köln in einem anderen Fall mangelhafte Aufklärung vorgeworfen hatte. Dort hatte es geheißen, die Feststellung des Grundes der Inhaftnahme hätte sich für das OLG nur dann erübrigt, wenn es ohne Verletzung der Aufklärungspflicht zu dem Ergebnis gekommen wäre, daß polnische Volkszugehörige bei jedem Verhalten der angegebenen Art (Arbeitsvertragsbruch, Flugblattbesitz) im Gegensatz zu Deutschen "grundsätzlich und allgemein" ohne vorheriges gerichtliches Verfahren festgehalten und in ein Konzentrationslager verbracht worden seien. Denn die Verwei-

78 LG Köln, RzW 1971, 187 ff.

gerung des Rechtsschutzes "nur gegenüber den Angehörigen eines bestimmten Volkstums" bedeute eine Schädigung aus Gründen der Nationalität.[80] Diesen Satz griff der Bundesgerichtshof 1969 auf, als er erneut zur Frage "KZ-Einweisung ohne Gerichtsverfahren" Stellung bezog. Er fügte hinzu:

"Diese Gründe (der Nationalität, Anm. d. Verf.) sind jedoch in den Fällen nicht gegeben, in denen die ns. Machthaber gegen Personen, die ihre Gewaltherrschaft gefährdeten, mit größter Strenge und unter Einsatz aller ihnen zur Verfügung stehenden Mittel ohne Rücksicht auf Rechtsstaatlichkeit und Menschenrechte unterschiedslos eingeschritten sind und es ihnen dabei auf das Volkstum, dem die Betroffenen angehörten, nicht angekommen ist, so daß sie auch gegen Deutsche in gleicher Weise vorgegangen sind oder wären." [81]

Der abweisenden Entscheidung lag die Klage eines Mitglieds der Polnischen Sozialistischen Partei (PPS) und ihrer Jugendorganisation zugrunde, das wegen Propagandatätigkeit im Juni 1942 von der Gestapo festgenommen, bei Verhören mißhandelt und anschließend in die Konzentrationslager Auschwitz und Dora verbracht worden war. Im Falle eines Briefzustellers bei der tschechischen Postverwaltung, der an die Gestapo gerichtete Briefsendungen vernichtet hatte, um darin enthaltene Anzeigen gegen Tschechen zu unterdrücken, bestätigte der Bundesgerichtshof die Auffassung des OLG Köln, die von der Gestapo nach Verhaftung des Klägers vorgenommenen Verhöre, in denen er mißhandelt worden war, hätten ersichtlich dem Zweck gedient, ihn zum Geständnis seiner gegen die Gestapo gerichteten Taten zu bringen. Nichts deute darauf hin, daß die Gestapo den Kläger derartigen Verhören unterworfen habe, weil er Tscheche gewesen sei. Auch gegenüber Deutschen im Reichsgebiet habe die Gestapo solche Vernehmungsmethoden in gleicher Weise angewendet.[82]

b. Die Vermutungsregel und ihre Widerlegung bei Beteiligung am nationalen Widerstand

Waren so nationale Verfolgungsgründe kaum nachweisbar, so hätte die Vermutungsregel nach dem Schlußgesetz abhelfen können. Entgegen einer restriktiven Tendenz innerhalb der kommentierenden Ministerialbeamtenschaft, wonach von der schädigenden Maßnahme und ihrer Menschenrechtswidrigkeit nicht auf das

---

79 OLG Köln, RzW 1972, 198, 199.

80 BGH RzW 1962, 371, 372; s.a. OLG München, RzW 1955, 54 (Verhaftung wegen Verlassens des Arbeitsplatzes, um nach Polen zu fliehen, ist keine Verfolgung).

81 BGH RzW 1969, 572, 573; ähnlich 1969, 571 f. (Flugblattverteilen).

82 BGH RzW 1969, 574 (Nr. 34); ebs. 1969, 574, 575 (Nr. 35).

Vorliegen einer Schädigung aus nationalen Gründen geschlossen werden dürfe,[83] setzte der Bundesgerichtshof die als Beweisregel [84] verstandene gesetzliche Vermutung rechtsterminologisch um. Die abstrakt noch akzeptable Rechtsdogmatik war aber wertlos, da die gesetzliche Vermutung ohne große Beweisanforderungen oder geschichtswissenschaftliche Bemühungen widerlegbar war. Mit der die Vermutung außer Kraft setzenden Suche nach anderen Gründen als denen der "Nationalität" ging die "Sortierarbeit im Unflat der Motive" [85] weiter.

Nach der höchstrichterlichen Rechtsprechung ist die Vermutung anzuwenden, wenn die übrigen Voraussetzungen, insbesondere eine menschenrechtswidrige Schädigung, vorliegen. Bei Konzentrationslagerhaft war dies immer der Fall. Die Vermutung sollte erst widerlegt sein, wenn zur Überzeugung der Entschädigungsorgane feststehe, daß andere Gründe als die der Nationalität des Geschädigten für den Schädiger bestimmend gewesen seien.[86] Die bloße Mitursächlichkeit der anderen Gründe genüge nicht. Vielmehr müsse ihre Ursächlichkeit für die Schädigung die des vermuteten Grundes der Nationalität zumindest überwogen haben. Aus der Entstehungsgeschichte begründet der Bundesgerichtshof, "ersichtlich" seien die anderen Gründe erst, wenn sie festgestellt werden könnten. Zur Widerlegung der Vermutung reiche deshalb nicht aus, daß andere Gründe als möglich vorgetragen oder von den Entschädigungsorganen angenommen würden. Für ihre Überzeugungsbildung hätten die Entschädigungsorgane nicht einen mehr oder weniger hohen Grad von Wahrscheinlichkeit festzustellen, sondern zu entscheiden, ob sie die Überzeugung vom Vorliegen bestimmender anderer Gründe - dem Widerlegungstatbestand - erlangt hätten oder nicht. Die persönliche Gewißheit des Sachbearbeiters der Entschädigungsbehörde oder des Tatrichters, in dessen Verantwortungsbereich die Feststellung des Widerlegungstatbestandes falle, sei für die Entscheidung notwendig, aber auch genügend. Für die Feststellung bestimmender anderer Gründe sollten ebenfalls die zu § 167 BEG 1956 entwickelten Rechtsgrundsätze gelten.[87] Alternative Gründe für die Verfolgungsmaßnahmen waren bei einer großzügigen Bewertung, bei der die nationalsozialistische Propagande als wahr und maßgebend

83 Vgl. Zorn, RzW 1966, S. 146; ferner Blessin/Gießler, BEGSchlG, Art. VI, Anm. le, S. 975; Brunn/Hebenstreit, BEG, Art. VI, Rn. 1 u. 2.

84 BGH RzW 1969, 572, 573.

85 Küster, Probleme, S. 8.

86 BGH RzW 1972, 352, 353; 1970, 567, 570.

87 BGH RzW 1969, 519, 520; s.a. BGH RzW 1969, 571, 572 (Nr. 34); 575 (Nr. 36).

oder entsprechende Gründe aus der Rationalität einer machtkalkulierenden Besatzungsmacht unterstellt wurden, leicht auffindbar. Militärische, ordnungs- oder sicherheitspolizeiliche und kriegswirtschaftspolitische Gründe [88] konnten bei Bedarf immer entgegengesetzt werden.

Verfolgung wegen Beteiligung am nationalen Widerstand führte fast durchweg zur Versagung eines Anspruchs. In fünf von sechs Entscheidungen vom 10. Juli 1969 sah der Bundesgerichtshof andere als nationale Gründe als maßgeblich an. Im Falle des flugblattverteilenden polnischen Zwangsarbeiters in Berlin, der u.a. zur Sabotage an den Arbeitsplätzen aufgefordert hatte, erfolgte die Inhaftierung nach Auffassung des Bundesgerichtshofs aus sicherheitspolizeilichen Gründen, weil die Dienststellen des nationalsozialistischen Staates ihn als Gefahr für Belange der Kriegswirtschaft angesehen hätten.[89] Die Maßnahmen gegen einen die Gestapo-Post unterschlagenden Briefträger hätten der "Ermittlung einer strafbaren Handlung, die auch in Rechtsstaaten geahndet" werde, gedient.[90] Gestapo-Verhöre einer polnischen Adelsfamilie, auf deren Besitztum Partisanen in Erscheinung getreten waren, stellten eine "aus konkretem Anlaß getroffene Sicherungsmaßnahme der Gestapo" dar, die der Bekämpfung der Partisanentätigkeit in der Umgebung der Güter dienen sollte. Das Berufungsgericht hatte bereits, sich in die Psyche der Schergen einer gewalttätigen Besatzungsmacht einfühlend, festgestellt, "Nervosität und Mißtrauen der Gestapo, hervorgerufen durch die Partisanentätigkeit in den Wäldern" des Besitzes, hätten zum Verhör der Gutsherrschaft geführt. Brutaler Verhörmethoden habe sich die Gestapo auch gegenüber deutschen Staatsangehörigen bedient.[91] Die Verhaftung eines Ungarn sei aus Gründen militärischer Sicherheit erfolgt, weil er sich in den Jahren 1943/44 in Ungarn jenen politischen Kräften angeschlossen habe, die eine Loslösung Ungarns vom Bündnis mit dem Deutschen Reich erstrebt hätten, und weil er sich bei der Verwirklichung dieser Ziele als ungarischer Patriot in einer Weise betätigt habe, die als Gefahr für die Belange der deutschen Kriegs- und Bündnispolitik anzusehen gewesen sei. Die Nationalität habe dabei keine oder nur eine völlig untergeordnete Rolle gespielt. Die "vorbeugende Sicherungsverwahrung" sei wegen bestimmter aktiver Widerstandshandlungen verhängt worden. Die Haft hätte "nicht wahllos alle Ungarn, sondern den Kl. und andere bekannte Patrioten, weil sie sich gegen die Besatzungsmacht betätigt"

88 Vgl. OLG Köln, RzW 1979, 466, 467.

89 BGHRzW 1969, 571.

90 BGH RzW 1969, 574 (Nr. 34).

91 BGH RzW 1969, 574, 575 (Nr. 35).

hätten, getroffen.[92] Im bereits erwähnten Fall des polnischen, propagandistisch tätigen PPS-Mitglieds offenbarte der Bundesgerichtshof die Schwäche dieser kasuistischen Rechtsprechung. Wann ein bestimmender Anteil der Mitursache Nationalität anzunehmen sei, lasse sich in Prozentsätzen nicht ausdrücken. "Nur die Gesamtschau aller Umstände des Einzelfalles" ermöglichten eine Aussage darüber, welche der in Betracht zu ziehenden Gründe für die schädigende Maßnahme den Ausschlag gegeben habe. Als Anhänger einer Widerstandsbewegung habe er "eine konkrete Gefahr für die deutsche Besatzungsmacht" dargestellt. Wegen einer besonderen Stellung des Generalgouvernements könnten nicht in allen dort ergriffenen Maßnahmen der deutschen Besatzungsmacht eine Schädigung aus Gründen der Nationalität zu sehen sein. Im Ergebnis würde das auf einen absoluten Entschädigungsanspruch aller polnischen Geschädigten hinauslaufen. Ein großer Teil des polnischen Volkes sei "unmittelbaren Verfolgungsmaßnahmen nicht ausgesetzt" gewesen, sehe man "von den in den besetzten Ostgebieten damals allgemein schlechten Lebensbedingungen und dem Gewaltregime des NS als solchem" ab.[93] Eine Auseinandersetzung damit, obwohl durch die vermutende Beweisregel unumgänglich, blieb der Bundesgerichtshof schuldig und forderte er auch nicht bei den Instanzgerichten ein. Von der vergleichsweise positiven, zwei Jahre zuvor ergangenen Entscheidung zur PPS im Hinblick auf die politischen Verfolgungsgründe[94] war hier nichts mehr zu spüren. Dies bestätigt deren Ausnahmecharakter.

Einzig im Falle eines seit 1913 der tschechisch-nationalsozialistischen Partei (der Partei von Edvard Benesch) angehörenden Mitglieds, der Ende 1938 zwei Monate den Regierungen Generals Syrovy als Minister angehört hatte und der mit Kriegsbeginn verhaftet und bis Kriegsende in den Konzentrationslagern Dachau und Buchenwald inhaftiert gewesen war, wollte der Bundesgerichtshof es nicht bei einer, wenn auch ohne konkreten Anlaß erfolgten, "vorbeugenden" und nach der Vorinstanz deshalb sicherheitspolizeilichen Verhaftung belassen. Als hervorragender Repräsentant des tschechischen Nationalsozialismus sei der Kläger den nationalsozialistischen Gewalthabern gefährlich erschienen. Davon lasse sich seine Zugehörigkeit zum tschechischen Staat und tschechischen Volkstum, eben seine tschechischen Nationalität, nicht trennen.[95] Ein Unterschied zu den anderen Entscheidungen kann allein in dem Umstand gesehen

92 BGH RzW 1969, 577 f.

93 BGH RzW 1969, 572 ff.

94 BGH RzW 1967, 542; dazu s.o. Fn. 49.

95 BGH RzW 1969, 519, 520.

werden, daß der Kläger bisher in keiner Weise gegen das nationalsozialistische Regime in Erscheinung getreten war, er also allenfalls wegen seiner herausgehobenen "nationalen" Position eine "abstrakte Gefahr", Anknüpfungspunkt für eine Widerstandsbewegung zu werden, verkörperte. Denn schädigende Maßnahmen ohne tatsächliche Anhaltspunkte für den Verdacht der Zugehörigkeit zu einer Untergrundbewegung konnten einen Entschädigungsanspruch auslösen.[96]

Nach dem Oberlandesgericht Köln kam weder der besonderen Strenge "sicherheitspolizeilicher Stellen" bei Aktionen in Polen noch völkisch-ideologischen Vorstellungen gegenüber dem konkret gebotenen Anlaß (Mitarbeit an einer nichtkommunistischen polnischen Zeitung) zum "sicherheitspolizeilichen Einschreiten der deutschen Stellen" ein besonderes Gewicht zu. Dies galt gleichermaßen für die Konzentrationslagereinweisung.[97] Jegliche Anzeichen einer Verbindung zur nationalen Widerstandsbewegung, bewaffnet oder propagandistisch, reichten aus für die nachträgliche Billigung der nationalsozialistischen Terrormaßnahmen durch die Rechtsprechung. Die dogmatische Kontinuität entsprach einer inhaltlichen. Inhaftierung wegen der Tätigkeit als Meldegängerin und Verbindungsperson für die polnische Widerstandsbewegung war erlaubt gewesen, weil die Klägerin als erkannte Widerständlerin "eine konkrete Gefahr für die deutsche Besatzungsmacht" dargestellt habe.[98] Der Transport einer im Warschauer Ghetto illegal gedruckten Untergrundzeitung war zwar eine "Tat, die noch im zivilen Bereich" gelegen habe und die "Sicherheit der deutschen Besatzungsmacht nicht unmittelbar gefährdet" habe. Sie habe jedoch "mittelbar" der Untergrundbewegung "neue Nahrung" zugeführt "und damit die militärische Sicherheit untergraben". Die Verfolgung sei somit eine "aus dem Kriegszustand sich ergebende reine Sicherungsmaßnahme" gewesen und für die Frage der militärischen Sicherheit" habe die Nationalität keine Rolle gespielt.[99]

Aber selbst da, wo jegliche militärische Rationalität nicht konstruierbar war, wurde die Wehrmacht und das Deutsche Reich von Exzeßtaten einzelner Soldaten entlastet. Der Bundesgerichtshof bescheinigte der klagenden Witwe eines

---

96 Vgl. BGH - IX ZR 160/68 - bei Hoppenz, RzW 1971, S. 490 (nur LS).

97 OLG Köln, RzW 1972, 198, 199 f.; dazu bereits oben im Text.

98 BGH RzW 1965, 275.

99 OLG Stuttgart, RzW 1956, 91 f.; s.a. OLG München, RzW 1955, 54; OLG Koblenz, RzW 1954, 305 (Ausweisung wegen Spionageverdachts trotz gerichtlichen Freispruchs); OLG Celle, RzW 1957,22 = Frenkel, Entschädigungsrecht, Entscheidungen, Nr. 396 (mit Sachverhalt) (Konzentrationäre Zwangsarbeit wegen Abhörens ausländischer Nachrichten).

von einem Angehörigen der Wehrmacht im besetzten Athen aufs schwerste und verabscheuungswürdige Weise mißhandelten Opfers, eine auch aus Verfolgungsgründen vorgenommene Handlung sei nicht von einer offiziellen Stelle nach § 2 BEG veranlaßt, wenn "Privatpersonen" "auf eigene Faust" zur Befriedigung rein persönlicher Interessen Plünderungen, Mißhandlungen oder andere Gewalttaten begangen" hätten. Ihr Ehemann sei Opfer einer "Einzelaktion" geworden. Eine solche habe "schon nicht im Interesse der militärischen Disziplin, an deren Aufrechterhalten gerade in besetzten Gebieten ein besonderes Interesse der Besatzungsmacht" bestanden habe, gelegen. Nicht jede auch aus antisemitischen Vorstellungen heraus begangene Gewalttat berechtige zur Entschädigung. Im übrigen stehe "zum mindesten offen, ob der Soldat oder Offizier, wenn er hätte ermittelt werden können, nicht wegen der rohen Mißhandlung vom Militärgericht erheblich bestraft worden wäre".[100] Bei deutschen Opfern war es hingegen nicht notwendig, daß die nationalsozialistische Gewaltmaßnahme i.S. der Staatsführung gelegen hatte. Die gewaltsame Räumung eines Ladenlokals aufgrund einer Anweisung des Ortsgruppenleiters der NSDAP, damit ein anderes Parteimitglied dort seinen Einzelhandelsbetrieb aufmachen konnte, galt als eine solche Maßnahme.[101]

c. Die Fremdarbeiterrechtsprechung

Ähnlich wie in den Fällen der Beteiligung am nationalen Widerstand argumentierte die Rechtsprechung hinsichtlich der Verschleppung der Fremdarbeiter. Seine restriktive Linie legte der Bundesgerichtshof bereits in einer Entscheidung vom Dezember 1960 dar. Nach den Feststellungen des Berufungsgerichts war der Kläger wegen verbotenen Abhörens von Rundfunknachrichten von der Gestapo in Polen verhaftet und als Fremdarbeiter zu einem allgäuischen Bauern transportiert worden, dem er "ohne weitere Freiheitseinschränkung" - räumliche oder soziale Beschränkungen wurden gar nicht erst thematisiert - "als Arbeitskraft zugeteilt" worden sei. Die Verbringung im Zuge der großen, der Beschaffung von Arbeitskräften dienenden Aktion sei allein deshalb erfolgt, weil der Kläger Pole gewesen sei. Ohne sachliche Auseinandersetzung deduziert der Bundesgerichtshof, es gehöre "zu dem historischen Wissen unserer Zeit, daß die überstürzte Aufrüstung und andere Vorhaben der ns. Regierung, nicht zuletzt auch die Einführung der allgemeinen Wehrpflicht bereits seit dem Jahre 1937 im

100 BGH RzW 1957, 150, 151.

101 BGH RzW 1956, 307.

ns. Reich zu einer empfindlichen Verknappung der Arbeitskräfte geführt" hätte. Mobilmachung und Produktion des benötigten Kriegsmaterials hätten diesen Arbeitermangel verstärkt. Die nationalsozialistischen Machthaber hätten daher in Deutschland und im unterjochten Europa alle "greifbaren Arbeiterreserven" mobilisiert. Die Angehörigen der fremden, dem deutschen Machtbereich unterworfenen Völker seien zur Arbeit gezwungen worden. Die Nationalität dieser "Zwangsarbeiter" sei den "Deutschen Arbeitseinsatzbehörden" "hierbei gleichgültig" gewesen. Ihnen sei es vielmehr "ausschließlich" darauf angekommen, Arbeitskräfte zur Stärkung der deutschen Volkswirtschaft, insbesondere der Rüstungsindustrie zu gewinnen. Der Kläger sei deshalb nicht wegen seiner Zugehörigkeit und seines Bekenntnisses zum polnischen Volkstum verhaftet worden, sondern "allein deshalb, weil das ns. Deutsche Reich zur Fortsetzung des Krieges unter allen Umständen Arbeitskräfte" benötigt habe. Daran ändere auch nichts die Besetzung Polens als Voraussetzung für die Verhaftung. Die Auffassung der Vorinstanz, die Verhaftung sei erfolgt, "weil er Pole war", sei revisionsrechtlich nicht bindend und "eine der historischen Kenntnis unserer Zeit widersprechende, unrichtige Schlußfolgerung". Hinsichtlich der weiteren Verschleppung in verschiedene Konzentrationslager, in denen der Kläger für eingegliederte Rüstungsbetriebe arbeiten mußte, so u.a. für die V-Waffen-Produktion in Dora-Nordhausen, bemängelte der Bundesgerichtshof die fehlende sachliche Feststellung über die Gründe und die Arbeitsbedingungen.[102] Die zeitgenössische historische Kenntnis reichte weder hier noch in anderen Fällen zur Anspruchsbegründung aus.

Das für die Ansprüche der Nationalgeschädigten ausschließlich zuständige Landgericht Köln folgerte daraus, die Verbringung zur (landwirtschaftlichen) Zwangsarbeit "als solche" sei keine aus nationalen Gründen schädigende Maßnahme. Nach Ansicht des Landgerichts galt dies auch für die die Polen diskriminierenden Bestimmungen zur Arbeitsverpflichtung. Sie hätten ihren wesentlichen Grund nicht darin gehabt, die polnischen Staats- und Volkstumszugehörigkeiten zu schädigen, sondern hätten "in erster Linie und vorwiegend der Beseitigung des kriegsbedingten Mangels an Arbeitskräften" gedient. Die besonders diskriminierenden Vorschriften für den Arbeitseinsatz der osteuropäischen Arbeiter begründeten "als solche" ebenfalls noch keinen Anspruch. Hinzukommen müsse, daß der Betroffene im Einzelfall infolge dieser Schlechterstellung aus nationalen Gründen einen dauernden Schaden an Körper oder Gesundheit erlit-

---

102 BGH RzW 1961, 184, 185.

ten habe. Das Landgericht schloß daher nationale Schädigungsgründe aus.[103] Die Klägerin war im Juli 1941 in Polen auf der Straße festgenommen und vier Tage später nach Deutschland zur Zwangsarbeit bei Landwirt D. deportiert worden. Für die Kriegswirtschaft war eben auch noch nach über 25 Jahren jedes Mittel zulässig. Eine Entschädigung der Klägerin wegen der von ihr als brutal und unmenschlich geschilderten Arbeitsbedingungen scheiterten an der höheren Glaubwürdigkeit des ihr als Zeugen gegenübergestellten Landwirts D.

Der Bundesgerichtshof stellte in einer Entscheidung vom Juli 1970 fest, Zwangsverschickung und Zwangsarbeit seien "als solche" nicht "kraft Gesetzes" als schädigende Maßnahme i.S.d. Art. VI BEGSchlG ausgeschlossen.[104] Und die Feststellung der Widerlegung der Vermutungsregel delegierte er nun unter ausdrücklichem Abrücken von der Entscheidung aus dem Jahre 1960 an die Tatrichter.[105] Damit war wenigstens dogmatisch die Beurteilung der Zwangsarbeit wieder offen, wenn auch nunmehr den Instanzgerichten überlassen. Eine umgekehrte Behauptungslast stellte der Bundesgerichtshof jedoch nicht auf. In einer Entscheidung vom selben Tage stellte er fest, einen "allgemeinen Erfahrungssatz des Inhalts, der Arbeitseinsatz aller zwangsverschickten Polen sei von den für die polnischen Zwangsarbeiter geltenden diskriminierenden Vorschriften bestimmt gewesen", gebe es nicht.[106]

Der Bundesgerichtshof stellte jetzt auch ausdrücklich fest, von den Maßnahmen, die den Arbeitseinsatz vor allem der Polen und der Ostarbeiter bestimmt hätten, seien die Zwangsverschickung und das Festhalten dort die einschneidendsten gewesen. Sie hätten gegen das Völkerrecht verstoßen und eine Mißachtung der Menschenrechte bedeutet. Neben u.a. auf die Haager Landkriegsordnung verweist hier der Bundesgerichtshof, ein einmaliger Vorgang, auf das Londoner Viermächteabkommen über die Verfolgung und Bestrafung der Hauptkriegsverbrecher, also das IMT-Statut.[107] Die Menschenrechtswidrigkeit der Arbeitsbedingungen sei jedoch weiterhin nach den besonderen Umständen des Einzelfalls zu prüfen.

---

103 LG Köln, RzW 1968, 525 ff.; anders für die Behandlung polnischer Zivilarbeiter im "Altreichsgebiet" LG Köln, RzW 1969, 30 ff.

104 BGH RzW 1970, 567, 568; zur Entscheidung s. a. Kraus, W. VI, S. 247 f.

105 BGH RzW 1970, 567, 570.

106 BGH RzW 1970, 566, 567.

107 BGH RzW 1970, 567, 569; s.a. BGH RzW 1972, 352; OLG Köln, RzW 1970, 466, 467; 1971, 44. Anders, nämlich nicht als "Mißachtung der Menschenwürde", OLG München, RzW 1959, Beiheft, S. 14, 15 (Nr. 17).

Der generalisierten Feststellung der Völker- und Menschenrechtswidrigkeit der Zwangsarbeit als solcher kam jedoch, so sehr sie auch trotz ihres späten Zeitpunkts zu begrüßen ist, wegen der Aufspaltung in "Mißachtung der Menschenrechte" und "Schädigungsgrund" nur eine sehr periphere Bedeutung für die Ergebnisse zu. Am Tatbestandsmerkmal der "Mißachtung der Menschenrechte" waren auch bisher Ansprüche kaum abgewiesen worden.[108] Die Delegation der Feststellung der Verfolgermotivation an die Tatsacheninstanz ohne generalisierende Vorgaben oder deutliche Aufklärungspflichten war Ausdruck dafür, daß an der bisherigen Rechtsprechung grundsätzlich festgehalten werden sollte. So beanstandete der Bundesgerichtshof nicht die Feststellung, die im Juli 1944 aufgrund einer Denunziation nach Deutschland erfolgte Abschiebung eines polnischen Schusterehepaares habe auf dem damaligen Arbeitskräftebedarf beruht.[109] Gleiches galt für den Fall einer polnischen Klägerin, die wegen der Teilnahme ihres Bruders an geheimen Vorbereitungskursen für eine Prüfung, wofür er erschossen worden war, mit ihren Eltern inhaftiert und nach deren Tode zum Arbeitseinsatz zu einem Bauern nach Österreich verbracht worden war.[110]

Das als Berufungsinstanz für das LG Köln ausschließlich zuständige OLG Köln sah sich daher trotz der Rüge nicht genötigt, von seiner bisherigen Linie[111] grundsätzlich abzuweichen, wenn es auch einräumte, manche Entscheidungen seien mißverständlich gewesen. Unter Billigung des Bundesgerichtshofs hielt das OLG Köln an der "kriegswirtschaftlichen Sichtweise" fest.[112] Die Frage, ob Zwangsarbeit der Polen und Russen "als solche" unwiderlegbar als Schädigung aus Gründen der Nationalität behandelt werden müßte, sei zu verneinen. Die Vermutungsregel sei widerlegbar. Bestimmender Grund für die zweimalige Verbringung der Klägerin zum Arbeitseinsatz nach Deutschland und ihr Festhalten dort sei die "Arbeitskräftebeschaffung" gewesen. Der durch den Krieg und die Erfordernisse der Kriegswirtschaft hervorgerufene gewaltige Arbeitskräftebedarf sollte mit allen Mitteln befriedigt werden. Aus dem Umfang der aus zahlreichen Staaten kommenden Arbeitskräfte, "die zunächst auch auf polnischem Gebiet durch Anwerbung auf der Basis mehr oder weniger großer Freiwilligkeit" erfolgt

---

108 Vgl. BGH RzW 1965, 275, 276 (Anwesenheit bei der Hinrichtung eines anderen Zwangsarbeiters); OLG Köln, RzW 1972, 198 (KZ-Haft).

109 BGH RzW 1970, 567, 568.

110 BGH RzW 1970, 566 f.; s.a. BGH RzW 1972, 276.

111 Die Entscheidungen sind sämtliche unveröffentlicht, s. die Nachweise bei Kraus, W. VI, S. 247, Fn. 99.

112 Vgl. Kraus, W. VI, S. 248-251, mit zahlreichen Nachweisen auf die mit Ausnahme der im Text referierten Entscheidung unveröffentlichte Judikatur.

sei, folgert der Senat, daß auch "die Heranschaffung der Arbeitskräfte aus polnischen Gebieten im Rahmen und nach den Notwendigkeiten der Kriegswirtschaft" erfolgt sei. Gerade aus Gründen der Bevölkerungs- und Volkstums- oder Rassepolitik seien Bedenken gegen die Verwendung polnischer Arbeitskräfte hergeleitet worden. Der in der diskriminierenden Rechtslage zum Ausdruck kommende rassepolitische Kompromiß dient als Beleg für die verständlichen Sorgen einer um den Siegeserfolg zitternden Nation. Wie wenig der Einsatz ausländischer Arbeitskräfte, so heißt es weiter, im allgemeinen und derjenige von Angehörigen der besiegten und unterdrückten Völker im besonderen mit den "elementaren Grundsätzen der Gefahrenabwehr" vereinbar gewesen sei, zeige die Fülle der einschlägigen Erlasse des Reichsführers SS und Chefs der Deutschen Polizei. Und schließlich sei auch in anderen von Deutschland besetzten Gebieten ebenfalls eine Dienstverpflichtung eingeführt worden. Eine geringere Zahl von Verhaftungsaktionen und ein "nicht so rigoroses" Vorgehen wie in Polen möge daran gelegen haben, daß die deutsche Macht in diesen Gebieten nicht in gleichem Maße uneingeschränkt habe ausgeübt werden können. Unterschiedliches Ausmaß und unterschiedliche Härte der Zwangsmaßnahmen hätten angesichts der zuvor geschilderten historischen Sachlage jedenfalls nichts daran geändert, daß die Gewinnung und Ausnutzung der Arbeitskräfte der Betroffenen im Vordergrund gestanden habe. Soweit Gründe des Volkstumskampfes "in einem gewissen Umfang mitursächlich gewesen sein sollten", werde dadurch nicht die Feststellung ausgeräumt, daß bestimmender Grund die Beschaffung von Arbeitskräften gewesen sei. Dies sei rechtlich allein entscheidend.[113]

Als schädigende Maßnahmen kamen daher i.d.R. nur Transport, allgemeine Lebensbedingungen und die Behandlung der Zwangsarbeiter in Betracht. Aber auch hier ließ der Bundesgerichtshof keine generellen oder indiziellen Annahmen zu,[114] sondern verlangte allenfalls eine Aufklärung darüber, ob die diskriminierenden Vorschriften auch auf den Anspruchssteller angewandt worden seien.[115] Trotz der dogmatischen Betrachtungsweise, auf die Unterscheidung zwischen der Zwangsverschickung und der Zwangsarbeit als solcher und der Behandlung (der konkreten Lebensbedingungen) des einzelnen komme es nicht an,[116] was im Einzelfall für die Begründung der Kausalität des Gesundheitsschadens dienlich sein konnte, bedeutete diese Rechtsprechung im Ergebnis eine Aufspaltung des

113 OLG Köln, RzW 1971, 44 f.

114 So in der Tendenz aber LG Köln, RzW 1969, 30 ff.

115 Vgl. BGH RzW 1970, 567, 568.

116 BGH RzW 1970, 567, 568 f.

einheitlichen Verfolgungsschicksals "Zwangsarbeit". Die Abspaltung des Verschleppungsvorgangs als "kriegswirtschaftliche" Maßnahme "normalisierte" auch den Arbeitsvorgang selbst. Im Fall der nach Österreich zu einem Bauern verschleppten einzigen Überlebenden ihrer Familie führte der Bundesgerichtshof aus, die von der Klägerin geschilderten Lebens- und Arbeitsbedingungen enthielten nicht eine einzige konkrete diskriminierende Maßnahme. Was sie schildere, seien die typisch harten und manchmal sogar armseligen Lebens- und Arbeitsverhältnisse von Gebirgsbauern. Ihren Einwand, weder sei sie diese Lebensbedingungen gewöhnt gewesen noch habe sie sich ihnen freiwillig unterworfen, verwarf das Gericht mit der Begründung, die Zwangsverschickung sei wegen des kriegsbedingten Arbeitskräftemangels in der Landwirtschaft erfolgt.[117]

Mangels verfügbaren veröffentlichten Materials läßt sich die Bewertung der konkreten Lebens- und Arbeitsbedingungen durch die Instanzgerichte nicht hinreichend belegen. Die "aus Gründen der Nationalität" und "Mißachtung der Menschenrechte" sowie dem Kausalitätserfordernis für den Gesundheitsschaden errichtete Hürde dürfte allerdings schwer zu nehmen gewesen sein. In der bereits ausführlich zitierten Entscheidung des OLG Köln heißt es dazu, die von der Klägerin aufgestellten Behauptungen, wonach sie an den verschiedenen Arbeitsorten unter besonders schlechten und schweren Bedingungen zu leiden gehabt habe, worauf sie auch ihre heutigen Gesundheitsschäden zurückführe, seien darauf zu prüfen, ob "abgesehen von der Tatsache der erzwungenen Heranziehung zur Arbeit" "besondere Umstände" festgestellt werden könnten, nach denen die Klägerin menschenrechtswidrigen Maßnahmen ausgesetzt gewesen sei, deren Grund ganz oder überwiegend in der polnischen Nationalität der Klägerin zu sehen oder zu vermuten sei und die die wahrscheinliche Ursache eines heute vorhandenen dauernden Gesundheitsschadens bildeten. Die Würdigung des Klagevorbringens und des Beweisergebnisses lasse eine solche Feststellung jedoch nicht zu.[118]

d. Die Durchführungsrichtlinien des Bundesministers der Finanzen

Nach den "Richtlinien des Bundesministers der Finanzen zur Durchführung des

---

117 BGH RzW 1970, 566, 567; s.a. BGH RzW 1972, 352, 353; LG Köln, RzW 1968, 525, 526. Zur Frage des Vorliegens eines Arbeitsverhältnisses s. BGH RzW 1960, 563 (Nr. 25).

118 OLG Köln, RzW 1971, 44, 45.

Artikels VI BEG-Schlußgesetz" v. 8. Mai 1968[119] reichte daher weder "Fremdarbeit als solche" noch "die allgemeine Ausnahmesituation, unter der alle während des Krieges eingesetzten osteuropäischen Fremdarbeiter leben mußten", für die Begründung eines Anspruchs aus. Es komme danach auf die konkreten Umstände an, unter welchen der einzelne Fremdarbeiter zum Arbeitseinsatz gekommen sei (III 1). So sei von einer Schädigung aus nationalen Gründen bei denjenigen auszugehen, die als Jugendliche bis zur Vollendung des 17. Lebensjahres und getrennt von ihrer Familie zum Arbeitseinsatz gekommen seien oder älteren und kranken Personen, die, ohne an den Kampfhandlungen beteiligt gewesen zu sein, im Zusammenhang mit dem Warschauer Aufstand im August 1944 in ein KZ verbracht worden und entweder dort verblieben oder ebenfalls zum Arbeitseinsatz gekommen seien. Für andere nicht an den Kampfhandlungen beteiligte Personen gelte dies nur, wenn aus Art und Grad der gesundheitlichen Schädigung auf eine unmenschliche Behandlung während der Verbringung oder des Aufenthalts in einem KZ geschlossen werden könne (II 8 u. 9). Ansonsten komme ein Anspruch nur bei dauernd arbeitsunfähigen Personen in Betracht, soweit der festgestellte Gesundheitsschaden die Folge der Verbringung zum Arbeitseinsatz gewesen sei (II 10). Von einer Schädigung aus Gründen der Nationalität sei auch auszugehen bei der Verbringung eines polnischen Fremdarbeiters in ein Arbeitserziehungslager oder KZ-Lager auf Grund der damals in Polen geltenden besonderen, diskriminierenden Vorschriften (II 1), bei der Verbringung von Polen ab Ende 1942 aus der Strafhaft in ein KZ, nicht aber, wenn Grund der Verurteilung Widerstands- oder Sabotagehandlungen gewesen sei oder Freiheitsstrafe von acht und mehr Jahren verhängt worden sei, weil dann auch Deutsche in ein KZ überführt worden seien (II 4), bei Personen, die wegen des objektiv unbegründeten Verdachts von Widerstands- oder Sabotagehandlungen in ein KZ verbracht worden seien, wobei aber etwaige frühere Angaben auf eine Widerstandstätigkeit entgegenzuhalten waren (II 5), bei der Verbringung von Kriegsgefangenen in ein KZ (II 7) sowie bei Kollektivmaßnahmen bis Anfang 1940 gegen die polnische Intelligenz und gegen Mitglieder der ukrainischen Freiheitsbewegung (OUN) bis 1942, da sie hier immer nur als Angehörige einer Widerstandsbewegung verfolgt worden seien und nicht wegen Eintretens für die nationalen Ansprüche ihres Volkes (Errichtung eines eigenen ukrainischen Staates) (II 6).

Bei Fremdarbeitern war immer eine Überprüfung im Einzelfall erforderlich. Hier

---

119 Bundesanzeiger Nr. 94 v. 18.5.1968, S. 1 ff., wiedergegeben bei Schirilla, Wiedergutmachung, S. 107 ff.

mußten besondere Umstände nachgewiesen werden. Soweit Fremdarbeitern wegen ihrer Volkszugehörigkeit bei Luftangriffen das Aufsuchen geeigneter Luftschutzeinrichtungen verweigert worden sei und sie hierdurch einen Körperschaden erlitten hätten, könne im Einzelfall gleichfalls eine Schädigung aus Gründen der Nationalität vorliegen (III 1). Der Verkehr polnischer Fremdarbeiter mit deutschen Frauen und Mädchen konnte zwar grundsätzlich einen Anspruch begründen [120] (II 2), nicht aber in den schlimmsten, tödlich endenden Fällen, da ein Anspruch für Hinterbliebene, insbesondere die daraus hervorgegangenen Kinder, fehlte.[121] Für Arbeitsvertragsbruch oder Arbeitsverweigerung wird auf die restriktive Rechtsprechung verwiesen (III 2), ebenso wie für die Fälle einer Verurteilung wegen nur geringfügiger Delikte zu hohen Strafen oder der Verbringung in ein KZ ohne vorheriges gerichtliches Verfahren (III 5), des Abhörens ausländischer Sender (III 6), der Zugehörigkeit zu politischen Parteien und nationalen Organisationen (III 8). Widerstandstätigkeit jeder Art (III 3) und Sabotagehandlungen (III 4) sowie die Zwangsrekrutierung zu den nationalen Legionen im Rahmen der Wehrmacht (III 7) waren mit den "getroffenen Gegenmaßnahmen" nicht aus Gründen der Nationalität bekämpft worden. Gleiches galt grundsätzlich für die Behandlung von Kriegsgefangenen, außer in den Fällen der Verbringung in ein Konzentrationslager. Nach den Richtlinien reichte es nicht aus, daß Kriegsgefangene unter Verletzung internationaler Abkommen über die Behandlung Kriegsgefangener unrechtmäßigen Maßnahmen ausgesetzt worden waren, z.B. durch Arbeitseinsatz bei kriegsgefangenen Offizieren oder Verweigerung der Heimsendung schwerkranker oder schwerverwundeter Kriegsgefangener. Auch eine Bestrafung wegen Fluchtversuchs sei in der Sicht der damaligen Machthaber nicht mit Rücksicht auf die Nationalität erfolgt (III 10). Eine Entschädigung kam daher allenfalls in Einzelfällen in Betracht. Die notwendig mit dem Schicksal eines jeden Kriegsgefanenen verbundenen Einschränkungen, die durch das Sicherheitsbedürfnis und die kriegsbedingte Wirtschaftslage des Gewahrsamstaates verursacht worden waren, wie es in der Darstellung eines Verwaltungsjuristen heißt, wurden nicht als eine Schädigung aus Gründen der Nationalität gewertet. Die Entlassung polnischer Kriegsgefangener und ihre Überführung in den Status von Zivilarbeitern sei in erster Linie aus kriegswirtschaftlichen Erwägungen, nicht solcher der Nationalität geschehen. Nicht im Entzug völkerrechtlichen Schutzes, sondern Sinn und Zweck dieser Maßnahmen hätten darin bestanden, durch die Entlassung aus der Kriegsgefangenschaft und die damit verbundenen Erleichterungen einen größeren Anreiz für den Arbeitseinsatz zu

120 Vgl. OLG Koblenz, RzW 1956, 91 (Nr. 39).

schaffen, diesen zu vereinfachen, die Verpflichtung für den Unterhalt auf die Arbeitgeber und den einzelnen Arbeiter zu übertragen und nicht zuletzt einen erheblichen Teil der durch die zahlreichen Arbeitskommandos gebundenen Wehrmachtsangehörigen für den Fronteinsatz zu gewinnen. Auch bei Behandlung der Kriegsgefangenen habe im Vordergrund die Absicht gestanden, mit dem geringsten Aufwand möglichst schnell die größtmögliche Zahl von Arbeitskräften aus ihren Reihen zur Verfügung zu haben.[122]

Nach einer Entscheidung des OLG Köln stellte die Bestrafung eines in Belgien ansässigen polnischen Bergmannes durch ein Kriegsgericht zu fünf Jahren Zuchthaus, weil er zwei unter seiner Leitung auf der Grube tätigen russischen Kriegsgefangenen bei der Flucht geholfen hatte, keine aus Gründen der Nationalität ergriffene menschenrechtswidrige Maßnahme dar. Es entspreche dem legitimen Interesse kriegführender Staaten, den Verkehr der eigenen Bevölkerung und im besonderen noch der Bewohner besetzter Gebiete mit Kriegsgefangenen zu unterbinden und Verstöße, vor allem in schwerwiegenden Fällen der Fluchthilfe, auch aus Gründen der Abschreckung zu ahnden.[123]

Die Richtlinien kamen zu einem Zeitpunkt, als das ausschließlich zuständige Bundesverwaltungsamt von den 36.000 Anträgen bereits über die Hälfte erledigt hatte.[124] Zorn hatte als maßgeblicher Ministerialbeamter aber zwei Jahre zuvor in einem Aufsatz die Richtlinien fast inhaltsgleich vorweggenommen. Statt "Überprüfung im Einzelfall" überschrieb er die strittigen Fallgruppen, wozu gerade die Fremdarbeiterfälle zählten, mit dem Diktum "ist grundsätzlich in folgenden Fällen zu verneinen".[125]

Die Kritik an dieser Verwaltungspraxis und Rechtsprechung, von vornherein auf den engen Kreis einer Fachöffentlichkeit beschränkt, war im Umfang durchweg bescheiden und blieb ausschließlich eine Angelegenheit der Rechtsanwälte, die vor allem die ungenügende historische Aufarbeitung und die verfehlten Wertungen brandmarkten.[126] Nach den Leitentscheidungen bis zu Beginn der siebziger

---

121 Vgl. BGH RzW 1968, 115, 116.

122 Kraus, W. VI, S. 252, m.N. auf die (unveröffentlichte) Rechtsprechung.

123 Zitiert nach Kraus, W. VI, S. 255; nach BGH RzW 1966, 410, 411, konnte die Fluchthilfe für Zwangsarbeiter ein Indiz für die politische Gegnerschaft sein.

124 Vgl. Schirilla, Wiedergutmachung.

125 Zorn, RzW 1966, S. 145 ff., 147.

126 Vgl. Maurer, RzW 1959, S. 145-148; Rossmeissl, RzW 1968, S. 241-246; ders., RzW 1970, S. 145-148; Hartstang, RzW 1970, S. 102-105; ders., RzW 1972, S. 244 f.; grundsätzlich zu § 1 BEG bereits Maurer, RzW 1957, S. 337 f.; noch aus-

Jahre erfolgten keine weiteren Veröffentlichungen, deren Anzahl auch zuvor recht spärlich gewesen war. Die Konzentration auf den Instanzenzug "LG Köln - OLG Köln - BGH" mag mit dazu beigetragen haben, daß größere Auseinandersetzungen innerhalb der Rechtsprechung ausblieben. Der von Rossmeissl gegebene Hinweis, LG und OLG Köln hätten in überaus sorgfältigen Beweisaufnahmen viele zutreffende und positive Entscheidungen gefällt, die in einem wohltuenden Gegensatz zu der die Verantwortung beim Tatrichter belassenden Meinung des Bundesgerichtshofs stehe, nach der die tatrichterliche Überzeugung allein schon zur Rechtfertigung anderer Gründe ausreichte,[127] kann anhand des veröffentlichten Materials [128] nicht nachvollzogen werden. Zur Legitimation seiner restriktiven Rechtsprechung verwies der Bundesgerichtshof wiederholt darauf hin, der Gesetzgeber habe in Kenntnis der Probleme und der Rechtslage keine Änderung auch bei allgemeiner Novellierung herbeigeführt.[129] Die meisten Fälle, darauf deuten bereits die veröffentlichten Entscheidungen hin, betrafen die Fallgruppen "Widerstandsbewegung" und "Fremdarbeiter". Aber gerade hier ließen die von der Rechtsprechung entwickelten Ideologeme keine nationalen Verfolgungsgründe zu. Nach einer Analyse von Schirilla, seinerzeit Rechtsberater beim Amt des Hohen Flüchtlingskommissars der Vereinten Nationen in Bonn, betrafen von den bis Juni 1974 ergangenen und überprüften 16.598 (von insgesamt 19.000) [130] ablehnenden Entscheidungen des Bundesverwaltungsamts 8.449 (51%) die Gruppe der Zwangsarbeiter und 1.101 (7%) die der Widerstandsfälle. Beide Gruppen zusammen machten also insgesamt 58% der Ablehnungen gegenüber 20% aus Verfahrensgründen und jeweils 4% wegen fehlender Flüchtlingseigenschaft, deutscher Kriegsgefangenschaft oder fehlender verfolgungsbedingter Minderung der Erwerbsfähigkeit aus.[131]

Nach Verabschiedung des Schlußgesetzes kam diese restriktive Entschädigungspraxis auch im Bundestag zur Sprache. Neben vereinzelten Anfragen, in

---

schließlich als Reparationsfrage bei Küster, RzW 1949/50, S. 125.

127 Rossmeissl, RzW 1970, S. 146 f.

128 Ausnahme LG Köln, RzW 1968, 232; diese Entscheidung betrifft aber den "Sonderfall" "Warschauer Aufstand"; s. weiter OLG Köln, RzW 1970, 466 (z.T. restriktiver); BGH RzW 1972, 352; tendenziell eher ablehnend zu Art. 1 REAO KG Berlin, RzW 1968, 494; zum Ganzen Kraus, W. VI, S. 258 f.

129 Vgl. BGH RzW 1969, 572, 573; 1965, 275; s.a. 1970, 567, 569.

130 S. bereits o. 4 III 3b bb vor Fn. 503.

131 Vgl. die Tabelle bei Schirilla, Wiedergutmachung, S. 76; Prozentangaben aufgrund eigener Berechnung.

denen die schleppende Verwaltungspraxis [132] als auch Einzelfälle [133] kritisiert wurden, nutzten verschiedene Abgeordnete, nicht zuletzt mit Rücksicht auf Eingaben von Kirchen und Verbänden, die Fragestunde zur grundsätzlichen Kritik. Auch 1969 sah die Regierung kaum Anlaß zu Veränderungen der Entschädigungspraxis. Zwar werde nicht verkannt, führte der parlamentarische Staatssekretär Leicht im Bundestag aus, daß "der Zwangsarbeitseinsatz ausländischer Arbeitskräfte während des Krieges in Deutschland eine nationalsozialistische Unrechtsmaßnahme" gewesen sei. Wegen des ungeheurlichen Ausmaßes des Unrechts habe die Entschädigung auf bestimmte Tatbestände beschränkt werden müssen. Zwangsarbeit als solche reiche nicht aus. Solange die Verwaltungspraxis wie bisher von den Gerichten bestätigt werde, bestehe für die Bundesregierung auch keine Veranlassung, das Bundesverwaltungsamt anzuweisen, seine bisherige Praxis zu ändern.[134]

4. Der entschädigungsrechtliche Begriff des "Politischen": Trennung von "Staat" und "Nationalsozialismus"

Der Verfolgungsbegriff nach § 1 BEG grenzt fast vollständig alle ausländischen Verfolgten, die nicht als Juden verfolgt wurden, aus dem Entschädigungsrecht aus. Die in diesem Zusammenhang zu findende Begründung, nationale Gründe seien kein nach § 1 BEG anzuerkennender Verfolgungsgrund, bedeutete nicht die Anerkennung als "Nationalgeschädigte".

a. Die nichtdeutschen Verfolgten als "Staatsverfolgte"

Während die entschädigungsrechtliche Beschränkung des Begriffs "aus Gründen der Rasse" auf Juden sowie Sinti und Roma auf den Vökermord reagierte, zeigte die Begründung des Ausschlusses der ausländischen Verfolgten aus dem Kreise der politisch Verfolgten eine Sichtweise, die den Nationalsozialismus weitgehend als deutsches Phänomen im Sinne einer nur die Deutschen betreffenden Angelegenheit begreift. Mit der Trennung in Innen- und Außenpolitik, Staat und Nationalsozialismus, Sicherheitspolitik und Volkstumskampf, Feindbekämpfungs- und

---

132 Vgl. BTagsStenProt. 5/30, S. 1301A; 4/12, S. 290A, u. 4/13, S. 335B.

133 Vgl. BTagsStenProt. 5/148, S. 7678 (Anlage 17) (zu BGH RzW 1968, 115, s.o. Fn. 1), sowie die folgende Fußnote.

134 Vgl. BTagsStenProt. 5/246, S. 13716A - 13719D; zur Diskriminierung im Rentenrecht vgl. BTagsStenProt. 7/230, S. 16045D f.

Verfolgungsmaßnahmen wird eine Unterscheidung getroffen, die das Vorgehen im Ausland nicht dem Nationalsozialismus zurechnet, sondern als Folge einer kontinentalen, kriegerischen Auseinandersetzung erscheinen läßt. Dies geschieht nicht, um den Nationalsozialismus zu entlasten. Personelle Träger des Nationalsozialismus und seiner exekutivischen Ausführungsorgane sind Deutsche gewesen. Mit der Reduzierung des "typisch nationalsozialistischen Unrechts" wird auch die Verantwortung der Deutschen als Nation reduziert. Je größer der Umfang dieses Unrechts ist, desto größer ist der Kreis der Verantwortlichen und desto schwieriger ist die Verlagerung der Verantwortlichkeit auf einige wenige Nationalsozialisten. Dem Krieg und der kriegerischen Besetzung Europas wird das Stigma "Nationalsozialismus" entzogen. Solchermaßen entschlackt bleibt er ein von den Deutschen und Deutschland geführter Krieg, darf aber insgesamt als ein "ehrenhaft" geführter, in einer Kette europäischer Auseinandersetzungen stehender Krieg erscheinen, bei dem vereinzelt Unrechtsmaßnahmen, wie eben in jedem Krieg, vorgekommen sind. Als ein Krieg des Deutschen Reiches ist er im wesentlichen ideologiefrei und "normal". "Normal" heißt in der Sprache des Entschädigungsrechts, "Maßnahmen" erfolgten eben aus sicherheits- oder ordnungspolizeilichen oder militärischen Gründen, aus Gründen der Kriegswirtschaft, der Gefahrenabwehr, ja auch noch zur Sicherung der Besatzungsherrschaft. Schäden ausländischer Verfolgter sind allenfalls als reparationsfähige Kriegsschäden vom Verlierer zu ersetzen. Für Nationalgeschädigte gibt es nur eine Härteregelung. Leistungen an sie erfolgen aus "Gründen der Humanität".[135] Sie resultieren nicht aus einer Haftung für das Deutsche Reich, mit dem man identisch zu sein glaubte, sondern erscheinen als Haftungsübernahme für die von einem Dritten, dem nationalsozialistischen Regime verursachten Schäden. Auch nur aus "humanitären Gründen" sind verschiedene Pauschalabkommen zur Entschädigung der Opfer von Menschenversuchen abgeschlossen worden. Außenpolitischer Druck war auch hier erforderlich.[136]

Eine Entschädigung der Nationalverfolgten erfolgte nur, wenn es sich um ausgesprochene "Exzeßtaten", um auch vom Standpunkt einer rücksichtslosen Besatzungspolitik sinnlose Taten handelte. Haft, Deportation, ja auch Konzentrationslager und Tötungen waren grundsätzlich zulässige Besatzungsmittel. Jegliches Auflehnen gegen eine brutale Besatzungspolitik durfte sanktioniert werden. Auch die Gestapo hatte sich auf die Zuverlässigkeit des Postverkehrs verlassen dürfen. Wer arbeitsfähig war, mußte sich für eine sinnlose Kriegswirt-

135 Vgl. Blessin/Wilden, BEG, 1. Aufl., § 67, Rn. 2.

136 Vgl. bereits oben 4 IV und dort Fn. 512.

schaft schinden lassen. Nur wer alles demütig ertrug und trotzdem ergriffen wurde, wer zu alt, krank oder schwach zum Arbeiten war und trotzdem arbeiten mußte oder wer wegen besonders geringfügiger Anlässe aus der ordentlichen Staatsverwaltung für Fremdarbeiter, Kriegsgefangene oder Besatzungsunterworfene den von der SS verwalteten Konzentrationslagern überstellt worden war, hatte überhaupt eine Chance, etwas zu erhalten. Der Kampf war weitergegangen. Die Humanität reichte nicht aus, denjenigen eine letztlich symbolische Entschädigungsleistung zukommen zu lassen, die sich einmal deutschen Anordnungen widersetzt hatten und dafür regelmäßig mit Konzentrationslagerhaft hatten bezahlen müssen. Die Ideologie des kriegführenden Deutschen Reichs ließ eine Beteiligung des Nationalsozialismus nicht zu.

Die sich zunächst aus dem subjektiv-persönlichen Territorialitätsprinzip ergebende deutschlandpolitische Konzeption wird durch den Verfolgtenbegriff abgerundet. Neben der fiskalpolitischen Funktion der Eingrenzung des entschädigungsberechtigten Verfolgtenkreises verstärkt der Verfolgtenbegriff auch ideologisch die deutschlandpolitische Konzeption, als er, wie in der Abgrenzung der "Nationalverfolgten" deutlich wird, zwischen Nationalsozialismus und Deutschem Reich unterscheidet. Nur mit Hilfe dieser ideologischen, weil von den historischen Gegebenheiten abstrahierenden Unterscheidung ist überhaupt der Gedanke von der Fortexistenz des Deutschen Reiches möglich, das mit der Bundesrepublik irgendwie identisch oder doch über dieser als schützendes Dach dient, ist doch andererseits die Bundesrepublik Deutschland nur in Abgrenzung vom Nationalsozialismus denkbar. Der Verfolgtenbegriff wird von einem Staatsverständnis gespeist, das den Staat, das Deutsche Reich, über, neben oder unter, aber jedenfalls nicht identisch mit dem nationalsozialistischen Machtapparat weiß. Verfolgt ist nicht jeder, der irgendwelchem Unrecht ausgesetzt wurde, sondern nur der, der Opfer "typisch nationalsozialistischen Unrechts" geworden ist. Während die "Verfolgten des Nationalsozialismus" ("Bewegungsverfolgte") entschädigungsberechtigt sind, gehen die "Verfolgten des Deutschen Reichs" als bloße "Staatsverfolgte" leer aus oder erhalten allenfalls über Härteregelungen sehr beschränkte Leistungen. Die Einengung des Verfolgtenbegriffs ist daher nicht nur Ausdruck dafür, wie sehr die Frage der "Wiedergutmachung" abhängig ist von dem Prozeß der sich verändernden Wahrnehmung der Geschichte des Nationalsozialismus und seiner Verbrechen.[137] Über den Verfolgtenbegriff erfolgt vielmehr eine staatliche, da über Recht verordnete Aneignung von Geschichte, die zugleich das Problem staatlicher Kontinuität bzw. Diskontinuität

137 Vgl. Herbert, in: Herbst/Goschler (Hrsg.), Wiedergutmachung, S. 293 f.

beinhaltet.

Die Suche nach staatlicher Kontinuität kommt bereits in der Präambel des Bundesentschädigungsgesetzes zum Ausdruck. In der aus dem sozialdemokratischen Gesetzentwurf zur Anerkennung des Widerstands übernommenen Formulierung [138] wird ausdrücklich die Tatsache anerkannt, daß der aus Überzeugung oder um des Glaubens oder des Gewissens "gegen die nationalsozialistische Gewaltherrschaft" geleistete Widerstand ein Verdienst um das Wohl des "Deutschen Volkes und Staates" gewesen sei. Mit "Staat" kann aber nicht der die Gewaltherrschaft vermittelnde nationalsozialistische Staat gemeint gewesen sein. Bezugspunkt kann nur ein von der Gewaltherrschaft nicht infiltrierter Staat sein, der selbst Opfer der Gewaltherrschaft geworden ist, da für ihn Widerstand geleistet wurde. Während der SPD-Entwurf noch neben der Zielsetzung "um der Zerstörung Deutschlands Einhalt zu gebieten" die Ziele "um die Menschenrechte zu verteidigen oder einem Verfolgten beizustehen oder sich gegen die Unterdrückung aufzulehnen" enthielt, ist in der Präambel jeglicher Freiheitsbezug im Staatsbegriff aufgehoben. Die Betonung des Deutschen Staates und nicht der Freiheit oder der Menschenrechte erklärt auch, warum der ausländische Widerstand, der nur deutsche Besatzer und Unterdrücker wahrnahm, nicht Widerstand im entschädigungsrechtlichen Sinne sein konnte.

Die These von der im Verfolgtenbegriff zum Ausdruck kommenden Unterscheidung von "Bewegungs-" und "Staatsverfolgte" soll im folgenden anhand der Rechtsprechung zu den Verfolgtengruppen, die als deutsche Verfolgte ebenfalls ausgegrenzt wurden, weiter verifiziert werden. Bereits die oben referierten Entscheidungen zeigen, daß diese Unterscheidung nicht im Sinne einer strikten Trennung zu verstehen ist. Auch vom Deutschen Reich oder Staat ging die Verfolgung aus, was in der Definition der "nationalsozialistischen Gewaltmaßnahmen" nach § 2 BEG ausdrücklich aufgenommen wurde. Und der von den Verfolgtenverbänden immer wieder betonte Unterschied zu den Kriegsfolgen, die in oder nach dem Krieg durch andere verursacht worden seien und für deren Ausgleich die Bundesrepublik als der unterlegene Staat aufzukommen habe, während bei der "Wiedergutmachung" für das Unrecht einzustehen sei, das ein deutscher Staat und Angehörige dieses Staates begangen hätten, hatte Eingang in die Begründung des Regierungsentwurfs gefunden.[139] Die Unterscheidung bedeutet aber, daß der Staat als lediglich besetzter und von den Nationalsoziali-

---

138 S. bereits o. 3 III 1b aa, um Fn. 375.

139 Vgl. BTagsDrs. 2/1949, S. 70 f.

sten instrumentell eingesetzter Staat verstanden wird.

b. Verifizierung der These von der Unterscheidung in "Staats-" und "Bewegungsverfolgte" anhand der Rechtsprechung zu § 1 BEG

In bezug auf die erste große Deportation von 2800 Sintis aus Westdeutschland im Mai 1940 in die Konzentrationslager und Ghettos im besetzten Polen, mit der die letzte Phase der "Lösung des Zigeunerproblems" eingeleitet worden war, was der Bundesgerichtshof verharmlosend als "Umsiedlungsaktion" bezeichnete, führte er aus, die Maßnahmen hätten sich "noch im Rahmen polizeilicher Vorbeugungs- und Sicherheitsmaßnahmen" gehalten. Trotz rassenideologischer Begründung habe man "lediglich die durch die Zigeuner hervorgerufenen Mißstände auf einer einheitlichen Basis" bekämpfen wollen. Selbst die drohende Einweisung in ein Konzentrationslager wird noch in die Reihe bisher üblicher polizeilicher Präventivmaßnahmen gestellt. Zusätzlich begründete der Bundesgerichtshof seine Entscheidung mit militärischen und sicherheitspolitischen Argumenten. Das Umherziehen werde verboten, "um der daraus sich möglicherweise ergebenden Gefahr der Spionage durch Zigeuner vorzubeugen". Auch in der "Umsiedlung" könne nicht mehr gesehen werden als eine "starke Verschärfung der gegen die Zigeuner aus Gründen der Kriegsführung getroffenen Maßnahmen".[140] In seiner Entscheidung aus dem Jahre 1963 rückte der Bundesgerichtshof von dieser Auffassung insofern ab, als nunmehr rassische Beweggründe nicht mehr "allein maßgebend", sondern nur noch "mitbestimmend" gewesen sein müßten. Seit 1935, zumindest aber seit 1938 seien "für die gegen die Zigeuner ergriffenen Maßnahmen nicht nur militärische und sicherheitspolizeiliche, sondern auch rassenpolitische Beweggründe mitursächlich" gewesen.[141]

Nach dem Bundesgerichtshof war zwar eine Verfolgung auch gegen "einen Asozialen oder ständigen Rechtsbrecher" denkbar. Wenn aber ein "so oft wie der Kl. mit Gefängnis oder Zuchthaus bestrafter Rechtsbrecher" nach der letzten Haftverbüßung 1939 in ein Konzentrationslager gebracht worden sei, so lasse dies keine politische Gegnerschaft erkennen. Es sei vielmehr die Annahme gerechtfertigt, "daß für eine solche Verbringung ausschließlich die Eigenschaft des

---

140 BGH RzW 1956, 113.

141 BGH RzW 1964, 209, m. Anm. Calvelli-Adorno, S. 368; s.a. ders., RzW 1961, S. 529 ff.; Stanicki, RzW 1968, S. 529 ff.; Schüler, RzW 1968, S. 344 f.; Überblick bei Pawlita, ZfS 1990, S. 436-440.

hemmungslosen Asozialen und unverbesserlichen Rechtsbrechers von Bedeutung" gewesen sei.[142] Bei der Änderung des Begriffs des politisch Verfolgten hatte es bereits in der Regierungsbegründung geheißen, "selbstverständlich" sollten wie bisher Fälle ausgeschlossen werden, "in denen es sich um gelegentliche Unmutsäußerungen, um sittlich nicht gerechtfertigte Gewalttaten, um Asoziale sowie um solche Personen" gehandelt habe, die "jede staatliche Ordnung, welche es auch sei, zu bekämpfen entschlossen" seien.[143] Der Wiedergutmachungsausschuß hatte dem zwar entgegengesetzt, die genannten Personengruppen seien nicht schlechthin ausgeschlossen, da auch bei ihnen eine politische Gegnerschaft gegen den Nationalsozialismus vorgelegen haben könne,[144] setzte dies aber nicht legislativ um. Wer die "deutsche Staatsgewalt schlechthin" und den Nationalsozialismus "lediglich als derzeitigen Träger dieser Staatsgewalt",[145] wer eine "Einordnung in das staatliche Leben überhaupt" ablehnte und daher "mit jeder staatlichen Ordnung" in Konflikt geriet, war "Gegner jeden Staates und jeder Staatsform",[146] aber kein politischer Gegner des Nationalsozialismus. Neben "Asozialen" und "Berufsverbrechern" schieden so Anarchisten und Separatisten aus dem Kreis der entschädigungsberechtigten Verfolgten aus. Wenn in einzelnen Fällen ehemalige Separatisten, die in den zwanziger Jahren für einen selbständigen linksrheinischen Staat eingetreten waren, verfolgt worden seien, so heißt es in einer Entscheidung des OLG Koblenz, "so mußte dies nicht unbedingt in einer gegen den Nationalsozialismus gerichteten Einstellung" seinen Grund gehabt haben, sondern konnte "ebensogut auf das Mißtrauen zurückzuführen sein, das diesen Personen von jeher hinsichtlich ihrer Treue zum deutschen Staat entgegengebracht" worden sei und in einer "ablehnenden Bevölkerung seinen Ausdruck" gefunden habe.[147]

Fast ein Vierteljahrhundert später, im Jahre 1978, hielt das OLG Koblenz

---

142 BGH RzW 1957, 17 (Nr. 29), zu § 1 BErgG; zu eine Ausnahme rechtfertigenden besonderen Umständen s. BGH RzW 1956, 142 (Nr. 21).

143 BTagsDrs. 2/1949, S. 86.

144 BTagsDrs. 2/2382, zu § 1, S. 3.

145 So van Dam/Loos, BEG, § 1, Anm. 3e, S. 55.

146 Blessin/Ehrig/Wilden, BEG, § 1, Rn. 11; ähnl. Wilden/Klückmann, Wiedergutmachungsgesetz, S. 13.

147 OLG Koblenz, RzW 1955, 218, 219; OLG Neustadt, RzW 1953, 342 (Nr. 37, nur LS); für das Rückerstattungsrecht OLG Düsseldorf, RzW 1952, 109 (Nr. 22); OLG Neustadt, RzW 1951 (Nr. 45); OLG Köln, RzW 1954, 234 m.w.N.; vgl. a. die in BGH RzW 1956, 360 (Nr. 24), widergegebene Begründung der Vorinstanz, dem Kl. sei lediglich mangelnde nationale Gesinnung während des Ruhrkampfes zur Last gelegt worden.

weiterhin an dieser Rechtsprechung fest. Terminologisch fiel es in die Zeit vor Änderung des § 1 BEG zurück, wenn es ausführte, als "achtbare politische Haltung" sei der Separatismus schon damals mindestens in der französischen Besatzungszone nicht anerkannt worden, weil mit Hilfe der Besatzungsmacht Gebietsteile vom Reich gelöst und gerade mit Rücksicht auf die Besatzungsmacht einer zweifelhaften Autonomie zugeführt werden sollten. Er sei deshalb von der übergroßen Mehrheit der Bevölkerung und den "damals staatstragenden Parteien" abgelehnt und als Landesverrat oder Hochverrat charakterisiert worden. Trotz verschiedener Angriffe gegen die nationalsozialistische Staatsführung sei "nach dem eindeutigen Inhalt der Anklageschrift" Gegenstand des vor dem Volksgerichtshof geltend gemachten strafrechtlichen Vorwurfs "ausschließlich das Verbrechen der Vorbereitung des Hochverrats" aufgrund der separatistischen Betätigung in Lothringen in der Zeit von 1927 bis 1939 gewesen. Im Juni 1942 verhaftet, war der damals fast sechzigjährige Ehemann der Klägerin 1943 vom Volksgerichtshof zu zehn Jahren Zuchthaus und Ehrverlust verurteilt worden. In Haft war er bis zum Kriegsende gewesen.[148]

Ähnlich argumentierte der Bundesgerichtshof bei der Ablehnung von Entschädigungsansprüchen von Zeugen Jehovas, die den Kriegsdienst verweigert hatten. Im Falle [149] eines Verfolgten, der als Zeuge Jehova zwei Jahre Haft abgesessen und nach seiner Kriegsdienstverweigerung nach Kriegsausbruch zum Tode verurteilt, was dann in 10 Jahre Zuchthaus umgewandelt worden war und was für ihn Haft vom November 1939 bis zur Befreiung durch alliierte Truppen im Strafgefangenenlager Esterwegen bedeutet hatte, knüpfte der Bundesgerichtshof zunächst an seine bisherige Rechtsprechung an, wonach die Verurteilung von Wehrdienstverweigerern im allgemeinen nicht als ein Verstoß gegen "rechtsstaatliche Grundsätze" angesehen werden könne. "Nicht nur Deutschland und etwa nur zur Zeit der natsoz. Herrschaft" hätten diese bestraft, sondern zahlreiche andere Länder auch.[150] Die der Verurteilung zugrunde liegende Kriegssonderstrafrechtsverordnung sei daher nicht zu beanstanden. Die aus der strafrechtlichen Auseinandersetzung mit der NS-Justiz hinlänglich bekannte Kumpanei mit den damaligen Richtern, wenn diese nicht sogar einer personellen Identität der Spruchkörper der 50er und 60er Jahre geschuldet war,[151] kommt

---

148 OLG Koblenz, RzW 1979, 128.

149 BGH RzW 1964, 501.

150 So bereits BGH RzW 1957, 52, 53 (Nr. 38).

151 Vgl. Friedrich, Freispruch. Zur Praxis der ca. 50.000 Todesurteile verhängenden Wehrmachtsjustiz s. Messerschmidt/Wüllner, Wehrmachtsjustiz.

auch hier zum Tragen. Die Folgerung, es handele sich um eine Unrechtsnorm, würde bedeuten, daß Richter, die seinerzeit auf Grund dieser Normen Strafen verhängt hätten, damit in jedem Fall nicht Recht gesprochen, sondern schlechthin Unrecht verübt hätten. Eine Verfolgung könne aber auch nicht schon deshalb angenommen werden, weil die Bestrafung mit dem Tode immer dafür spreche, daß der totale Staat den prinzipiellen Gegner des Totalitarismus habe treffen wollen. Auch bei der Verhängung einer solchen Strafe hätten die Richter "sich ausschließlich von der Überzeugung leiten lassen" können, daß sie notwendig sei, um die Widerstandskraft des deutschen Volkes im Kriege zu schützen." Auch hier gilt - Noch war der Krieg nicht verloren gewesen!

Der Schutz der Widerstandskraft des deutschen Volkes, das ja selbst nicht angegriffen worden war, war auch noch im Jahre 1939 eine "unpolitische" Maßnahme. Aber auch einen anerkennenswerten "Beweggrund" für die Verweigerung, der den Verfolgern verborgen geblieben war (§ 1 Abs. 3 Nr. 2 BEG), mochte der Bundesgerichtshof nicht zubilligen. Da nach den Glaubensinhalten dieser Gemeinschaft der Wehrdienst gegenüber jedem Staat abgelehnt werde, sei in diesem Denken für eine Unterscheidung zwischen Rechts- und Unrechtsstaat zur Kennzeichnung einer Staatsform kein Raum. Als Kriegsdienstverweigerer habe er damit nicht das jeweilige ihm gegenübertretende staatliche Regime um seines etwaigen besonderen Unrechtscharakters willen, nicht in Deutschland den "NS als solchen, d.h. dessen spezifische verbrecherische politische und ideologische Zielsetzungen" bekämpft. Ein Widerstandsrecht nach den "dem staatlichen Recht vorgehenden höheren Rechtsgrundsätzen" scheide aus. Weil dieses Problem auch bei Staaten mit rechtsstaatlicher Ordnung auftrete, müsse bei der Beantwortung dieser Frage, so der Bundesgerichtshof ausdrücklich, der Sachverhalt zunächst einmal so betrachtet werden, als handle es sich dabei um Vorgänge, die sich in einem Rechtsstaat abgespielt hätten, der einen Angriffskrieg gegen benachbarte Staaten begonnen habe. Die Entscheidung über den Krieg könne aber kein Staat dem einzelnen Bürger überlassen, ohne sich selbst aufzugeben. Und weiter heißt es:

"Denn die Frage, ob ein Krieg ein gerechter oder ungerechter ist, kann dem einzelnen Bürger nicht zur Entscheidung überlassen werden. Sie kann vielleicht nicht einmal von der zeitgenössischen historischen Wissenschaft immer mit Sicherheit beantwortet werden. Das Urteil wird sehr oft erst von der Geschichte gesprochen und es ist keineswegs davon abhängig, ob der Krieg Erfolg gehabt hat oder nicht."[152]

---

152 BGH RzW 1964, 501, 504.

Im Fortgang der Begründung heißt es zwar eindeutig, der "vom NS-Staat geführte Krieg" sei ein "völkerrechtswidriger Angriffskrieg" gewesen, was aber wiederum folgenlos bleibt. Mit dieser Aussage liegt eine eindeutige geschichtliche Wertung vor. Die Geschichte ist auf der Seite des Wehrdienstverweigerers und nicht des deutschen Soldaten. Der Bundesgerichtshof weigert sich aber, aus seiner Erkenntnis Folgerungen zu ziehen, weil er die Gefahr sieht, aus der solchermaßen geschichtlichen Privilegierung des Klägers folge notgedrungen die Verdammung jedes einzelnen Soldaten. Zwischen Schuld und Nichtschuld des einzelnen hält das Schicksal jedoch eine ganze Palette von Abstufungen bereit. In Verkennung des Streitgegenstandes, daß es nicht um die Verurteilung einzelner Kriegshandlungen oder gar aller Soldaten geht, sondern um die im Rückblick geschichtlich legitimierte Anerkennung derjenigen, die sich der allgemeinen Tötungsmaschinerie, die immer auch eine nationalsozialistische war, unter Inkaufnahme härtester Strafen verweigerten, versucht der Bundesgerichtshof die soldatische Ehre zu retten. Der Soldat, der sich in Erfüllung seiner staatsbürgerlichen Wehrpflicht an einem solchen verbrecherischen Krieg beteilige, begehe nicht selbst ein Verbrechen. Die Teilnahme an Kriegshandlungen sei nicht sittlich verwerflich gewesen. Mit der Weigerung, der Einberufung zum Wehrdienst Folge zu leisten, werde daher nicht gegen ein Ansinnen, ein Verbrechen zu begehen, Widerstand geleistet.

Noch deutlicher brachte ein drei Jahre zuvor ergangenes Urteil die Sorge des Bundesgerichtshofs zum Ausdruck, mit der Anerkennung der Wehrdienstverweigerung könne der Masse der Deutschen, die als Soldaten willig oder unwillig Kriegsdienst geleistet hatten, der Sinn dieses biographischen Abschnitts abgesprochen werden, den er in der Pflichterfüllung für den deutschen Staat sah. Im Fall eines vom OLG Bremen als politisch Verfolgten anerkannten Wehrdienstverweigerers, der deshalb 1939 zu 3 1/2 Jahren Festungshaft und nach zwei Jahren auf der Festung Torgau in ein Strafbataillon versetzt und schließlich in Rußland zu Schanzarbeiten eingesetzt worden war, wo er sich nun weigerte, Minen zu legen, wofür er erneut verurteilt und inhaftiert wurde,[153] führte der Bundesgerichtshof aus, als sinnlose Einzelaktion habe sie keine Wende zum Besseren bewirken können, ganz abgesehen davon, daß er möglicherweise dadurch deutsche Wehrmachtsangehörige in Gefahr gebracht habe. Der Kläger habe sich vielmehr unmittelbar der Gefahr ausgesetzt, zum Tode verurteilt zu werden. In jedem Falle habe er auch über seine Familie, seine Ehefrau habe damals kurz vor der Geburt ihres ersten Kindes gestanden, schweres Leid ge-

153 OLG Bremen, RzW 1961, 210.

bracht. Wenn auch über die moralische Bewertung seiner Gewissensentscheidung damit nichts ausgesagt werde, so könne diese Bewertung aber für die rechtliche Beurteilung seiner Handlung nicht ausschlaggebend sein. Und weiter:

"Andernfalls würde er unberechtigterweise vor jenen bevorzugt, die es - möglicherweise bei ebenfalls eindeutiger grundsätzlicher Ablehnung der NS-Gewaltherrschaft - auf Grund ebenso gewissenhafter Abwägung aller Umstände als ihre Pflicht angesehen haben, sich dem Wehrdienst, wie er von der staatlichen Gewalt von ihnen gefordert wurde, nicht zu entziehen, und für die dieser Entschluß ebenfalls schwere Opfer und Gefahren mit sich brachte."[154]

In einer Anmerkung dazu sah ein Bonner Ministerialbeamter das Problem vor allem darin, daß bei Nichtsanktionierung einer auch rechtmäßigen Widerstandshandlung die Gefahr bestehe, für die Weiterexistenz des Volkes unerläßliche Normen könnten unverbindlich werden. Auch der Unrechtsstaat erfülle doch als Staatsverband als Notdach ein Gebot der Rechtssicherheit, weil dieses Notdach den physischen Fortbestand der Gemeinschaft noch ermögliche.[155]

Wer sich dem Kampf mit dem Feind entzog, konnte in keinem Falle als Widerstandskämpfer anerkannt werden. Dies galt auch bei Verstoß gegen das Abhören ausländischer Rundfunksender. Nach dem Bundesgerichtshof konnte auf eine politische Gegnerschaft dann nicht geschlossen werden, wenn mit dem Abhören der Sendungen oder dem Verbreiten von Nachrichten, etwa durch Agenten der mit Deutschland im Krieg befindlichen Mächte, ausschließlich dem Ziel der damaligen Kriegsgegner, "Deutschland" militärisch niederzuringen, Vorschub geleistet werden sollte. Eine Bekämpfung der nationalsozialistischen Gewaltherrschaft könne zwar auch in der Unterstützung der Kriegsgegner gelegen haben, sie müsse aber mindestens mit darauf gerichtet gewesen sein, das nationalsozialistische Unrechtssystem in Deutschland als solches zu beseitigen.[156] Astrologen, die im Zuge der sogenannten Heß-Aktion nach dessen Flucht 1941 verhaftet worden waren, war zwar "schweres und durch nichts gerechtfertigtes Unrecht" geschehen. Dies reichte jedoch nicht zu einer Entschädigung. Nach dem Bundesgerichtshof hatten sie nicht nur im Verdacht der Spionage gestanden. Sodann hätten die staatlichen Machthaber befürchtet, sie könnten durch die "Vorhersage eines ungünstigen Kriegsausgangs den Widerstandswillen des deutschen Volkes im Kriege lähmen". Eine Verhaftung sei wegen "Zersetzung der Wehrkraft des Volkes" erfolgt. Habe danach der Verhaf-

---

154 BGH RzW 1962, 68, 70; dazu Küster, RzW 1962, S. 57.

155 Erdsiek, NJW 1962, S. 193; dagegen Arndt, NJW 1962, S. 432.

156 BGH RzW 1966, 410; s.a. BGH RzW 1959, 386, 387.

tungsgrund in "der Gefahr der Schwächung des Selbstbehauptungswillens des deutschen Volkes" gelegen, so fehle es an einer Verfolgung aufgrund der Weltanschauung.[157]

Nach einer Entscheidung des OLG Hamm "mußte" das Bestreben der Gestapo darauf gerichtet gewesen sein, aus den genannten Kreisen "drohende Gefahren für die seelische Haltung von Führungspersönlichkeiten, aber auch der Masse der Bevölkerung im Kriege zu ermitteln und zu bekämpfen". An Stelle des einen "objektiven Schädlings für die Kriegsführung" habe man die Astrologen festgesetzt. Es habe sich um eine "Maßnahme zur Sicherung der Kriegsführung" gehandelt.[158] Auch über zehn Jahre nach Kriegsende waren Durchhalteparolen wichtiger.

Kommunisten wurden zwar nach der Änderung des Begriffs der politischen Verfolgung als Verfolgte anerkannt, nachdem ihnen zuvor abgesprochen worden war, eine achtbare, gegen den Nationalsozialismus gerichtete Überzeugung besessen zu haben, weil ihr Bestreben dahin gegangen sei, ein totalitäres Regime durch ein anderes zu ersetzen.[159] Bereits das Bundesergänzungsgesetz hatte 1953 als Neuerung gegenüber den Entschädigungsgesetzen in der US-Zone den Verwirkungstatbestand "wer die freiheitliche demokratische Grundordnung bekämpft" eingeführt (§ 1 Abs. 4 Nr. 4 BErgG). Eine entsprechende Klausel hatte es zunächst im Berliner Entschädigungsgesetz v. 10.1.1951 [160] gegeben, dem einige Länder dann nacheiferten. Das Bundesentschädigungsgesetz 1956 (§ 6 Abs. 1 Nr. 2) stellte lediglich klar, daß für die Verwirkung erst die Zeit nach Inkrafttreten des Grundgesetzes maßgebend war. Entschädigung wurde so zu einer Prämie für politisches Wohlverhalten.[161] In der Regierungsbegründung wurde der Verwirkungstatbestand damit begründet, wer sich durch politische oder kriminelle - dies bezog sich auf die Nummern 3 und 4 der Aberkennung der bürgerlichen Ehrenrechte und der Verurteilung zu einer Zuchthausstrafe von mehr als drei Jahren nach Kriegsende - Betätigung zu der "Ordnung des heutigen Staates in Gegensatz" gesetzt habe, könne keine Leistung bekommen. Dies sei staatspolitisch nicht zu verantworten. Wegen der öffentlich-rechtlichen Natur

---

157 BGH RzW 1959, 90, 91.

158 OLG Hamm, RzW 1958, 180; z.T. a.A. OLG Düsseldorf, RzW 1958, 15; zu Wünschelrutengängern s. BGH RzW 1960, 451; KG Berlin, RzW 1960, 66.

159 Vgl. OLG Neustadt, RzW 1953, 342 (Nr. 38) (zu § 1 rh.-pf. EG); KG Berlin, RzW 1953, 276, m. abl. Anm. Beyer (bei ihm w.N.).

160 S. o. 4 I 3b dd, Fn. 105.

161 Vgl. Beyer, RzW 1955, S. 250.

des Entschädigungsanspruchs sei es auch rechtlich vertretbar, Personen, die "an sich" durch nationalsozialistische Gewaltmaßnahmen Schaden erlitten hätten, von der Entschädigung auszuschließen.[162] Während in der Literatur immerhin rechtspolitische Bedenken gegen diese in keinem anderen Leistungsgesetz zu findende Klausel geäußert wurden,[163] verlängerte das Bundesverfassungsgericht lediglich seine "Parteienprivileg"-Rechtsprechung auch auf den Bereich des Entschädigungsrechts. Handlungen für die KPD konnten den Verfolgten entgegen der bis dahin üblichen Rechtsprechung des Bundesgerichtshofs erst ab dem Zeitpunkt des konstitutiven Verbotsurteils zur Last gelegt werden. Nach der Entscheidung war die Klausel selbst verfassungsrechtlich nicht zu beanstanden. Das Entschädigungsrecht sei von großer politischer Bedeutung. Es ziele darauf ab, verwerfliche Maßnahmen eines totalitären Systems im Geiste menschlicher Verbundenheit und im Interesse einer freiheitlichen demokratischen Neuordnung "wiedergutzumachen". Dabei sei entscheidend, daß die Entschädigung ihrer ganzen Struktur nach kein Schadensersatz im Sinne des bürgerlichen Rechts sei. Unter Verweis auf die Präambel des Gesetzes heißt es weiter, die Verfolgten würden also einer "öffentlich-rechtlichen Entschädigung würdig erachtet". Das schließe nicht aus, im Einzelfall aus einem Verhalten nach dem Zusammenbruch der Gewaltherrschaft auf "Unwürdigkeit" zu schließen. Beim Ausschluß wegen Bekämpfens der freiheitlichen demokratischen Grundordnung handele es sich nicht um "Unwürdigkeit der Person im eigentlichen Sinne", sondern um die "staatsschädlichen Folgen politischen Verhaltens, um eine 'politische Unwürdigkeit'".[164] In der Judikatur des Bundesgerichtshofs wurde Sinn und Inhalt der "politischen Unwürdigkeit" noch etwas klarer zum Ausdruck gebracht. Auf die Rechtmäßigkeit des Handelns komme es nicht an. Entscheidend sei vielmehr dessen "innerer Unwertcharakter und Unwertgehalt". Der Bundesrepublik Deutschland könne grundsätzlich nicht "zugemutet" werden, solchen Verfolgten Entschädigung zu leisten, die sich aktiv für die Ziele des Kommunismus einsetzten, um mit der freiheitlichen demokratischen Grundordnung in der Bundesrepublik auch die menschlichen, ideellen, politischen und wirtschaftlichen Grundlagen der Wiedergutmachungspolitik, durch die solche Leistungen erst ermög-

162 S. BTagsDrs. 2/1949, S. 93; vgl. a. Staatssekretär Grund, BTagsStenProt. 5/52, S. 2483C f.

163 S. Blessin/Ehrig/Wilden, BEG, § 6 Rn. 3; anders dann Blessin/Gießler, BEGSchlG, § 6, Anm. I 3, S. 272. Insb. Beyer hat immer wieder auf die verfassungsrechtlichen Bedenken und Schwächen dieser Regelung und der Rechtsprechung hingewiesen, s. z.B. RzW 1957, S. 300 f.; ders., in: Frenkel, Entschädigungsrecht, Abhandlungen, S. 59 ff., 142 ff. u. 171 ff., und die Anm. RzW 1955, S. 249 f.; 1953, S. 276 f.

licht worden sind, zu zerstören. Das lasse sich um so weniger rechtfertigen, als die SED in ihrem Machtbereich jede Wiedergutmachung und sogar jede Mitwirkung bei ihrer Durchführung durch die Entschädigungsorgane der Bundesrepublik ablehne.[165] Maßstab dieser Rechtsprechung, die sich auch hier nicht in einem Gegensatz zu Gesetzgebung und Verwaltung befand, war das nachnationalsozialistische Staatssystem. Wer nicht für dieses eintrat, der war allenfalls gegen den Nationalsozialismus, aber eben nicht für das Deutsche Reich gewesen. Sein Einsatz war nicht für das "Wohl des Deutschen Staates" geschehen. Der Verwirkungstatbestand nach § 6 Abs. 1 Nr. 2-4 BEG ergänzt daher den Verfolgtenbegriff und schafft keine Ausnahmetatbestände, wie die z.T. inhaltsgleichen Begründungen einiger Urteile vor seiner Einführung zeigen. Neben der Instrumentalisierung der Kommunistenklausel für die tagespolitische Auseinandersetzung im Ost-West-Konflikt sieht Jasper deren innenpolitische Bedeutung sowohl als Indikator als auch Motor der Verdrängung in den fünfziger Jahren. Sie habe dazu geführt, daß Wiedergutmachung im wesentlichen nur an jüdische Opfer des Nationalsozialismus geleistet worden sei. Diese Praxis habe jene damals weitverbreitete Vorstellung, die Herrschaft Hitlers sei insgesamt so schlecht nicht gewesen, wenn nur der Antisemitismus nicht so übertrieben worden wäre, befördert.[166] Dem kann im wesentlichen zugestimmt werden. Kriterium für die Entschädigung ist jedoch zunächst nicht die Abgrenzung jüdisch/nichtjüdische Verfolgte, sondern deutsche/nichtdeutsche, wie die mehrfachen Ausgrenzungsversuche gerade auch jüdischer Verfolgter zeigen. Nicht übersehen werden dürfen auch die zahlreichen rechtlichen und tatsächlichen Fallstricke des Entschädigungsverfahrens. Und hinter der auf einen Antisemitismus reduzierten Rezeption des Nationalsozialismus ist eine Staatsorientierung deutscher und bundesdeutscher Eliten zu finden, die auch zur eigenen Entlastung nur den Nationalsozialismus und nicht den Staat, dies verlängert auf die jeweiligen Funktionsträger, in Verantwortung nehmen wollen.

Während auf diese Weise einigen der konsequentesten und resistentesten Gegner des Nationalsozialismus die Entschädigungsfähigkeit schlechthin aberkannt wurde, wurde die im "Auskämmen der Gesellschaft" und in der konzentrationären Ausgrenzung sichtbare Verfolgung passiver und von alters her stigmati-

---

164 BVerfGE 13, 46, 49 f. = RzW 1961, 375, 376. S. bereits o. 4 I 3 b aa, Fn. 64 f.

165 BGH RzW 1970, 403, 405; 1962, 119, 120; 210; vgl. ferner 1973, 420: zustimmend Audiatur (alias W. Schwarz), RzW 1962, 203 f; zum Ganzen s. Jasper, in: Herbst/Goschler (Hrsg.), Wiedergutmachung; v.Brünneck, Justiz.

166 Jasper, ebd., S. 382.

sierter Opfergruppen als "normal" übergangen. Die "staatspolitische" Aktualisierung des gesamten Sozialbereichs mit seiner Verpolizeilichung wurde auf der Motivationsebene und damit auf der Ebene der Verfolgungsgründe "rechtsstaatlich" umgedeutet. Auf diese Weise wurden sie bloße "Staatsverfolgte" oder auf die Ebene privatisierter Exzeßtaten gezogen unter Außerachtlassung der Tatsache, daß erst in einem solchermaßen politisierten System der Exzeß möglich geworden war. So heißt es im Kommentar von Blessin/Ehrig/Wilden, der nationalsozialistische Staat habe seinem Handeln vielfach den "Mantel des Politischen zu Tarnzwecken" umgelegt, auch wo er sich in Wirklichkeit nicht von politischen Beweggründen, sondern von "Ordnungs- oder Zweckmäßigkeitserwägungen oder Bereicherungsabsichten" habe leiten lassen oder wo es sich um die "Befriedigung persönlicher Rachegier von NS-Größen und ähnliche Gründe" gehandelt habe. Rote Winkel auf der KZ-Kleidung seien von Personen getragen worden, die "aus den verschiedensten unpolitischen Gründen" dort eingeliefert worden seien, für deren Inhaftierung aber eine "dem Politischen entnommene Motivierung von den NS-Machthabern gefunden" worden sei. Diese Gründe hätten vom "Interesse von Volk und Staat an der Sicherstellung" bis "zum Schutz der eigenen Person" bestanden. "Verwaltungsanordnungen" für die Verbringung ins Konzentrationslager hätten u.a. für Wilderer, Sittlichkeitsverbrecher, Zuhälter, Landstreicher, Trunksüchtige, Arbeitsscheue, Schwerverbrecher und sog. Asoziale, Unterhaltsverweigerer, Psychopathen und geistig Gestörte, Dirnen sowie Homosexuelle bestanden. Ihr Aufenthalt in einem Konzentrationslager und das Tragen des roten Winkels sei daher noch kein Indiz für politische Gegnerschaft.[167] Diesen Gruppen fehlte die "soziale Würdigkeit".[168] Gegen die Vorinstanzen sprach der Bundesgerichtshof einem 1938 wegen "Schizophrenie" in eine Heil- und Pflegeanstalt eingewiesenen Kläger infolge seiner Geisteskrankheit "jedes Erkenntnis- und Einsichtsvermögen" ab. Ihm habe daher ein "innerer Gegensatz" zum nationalsozialistischen Herrschaftssystem gefehlt. Ein äußeres Verhalten allein genüge nicht. Erst wenn zur äußeren Gegnerschaft gegenüber dem Nationalsozialismus die Ablehnung durch den Verfolgten hinzutrete, erscheine es gerechtfertigt, Entschädigung zu gewähren. Zur Machterhaltung oder Machtentfaltung verhängte Strafen oder sichernde Maßnahmen "ohne Rücksicht auf die Gebote des Rechtsstaates"

---

167 Blessin/Ehrig/Wilden, BEG, § 1, Rn. 12; ähnlich bereits Blessin/Wilden, BEG, 1. Aufl., § 1, Rn. 19; van Dam/Loos, BEG, § 1, Anm. 3c, S. 54; selbst Küster, Anm. zu LG Stuttgart, RzW 1949/50, 125; ungebrochen Gießler, W. IV, S. 13 f.

168 Gegen eine solche Prüfung van Dam/Loos, ebd.

reichten dafür nicht aus.[169] Die Berufungsinstanz hatte demgegenüber unter Hinweis auf die Begründung des damaligen Sondergerichtsurteils festgestellt, der Kläger sei zwar kein politischer Gegner gewesen, aber doch wegen der das Ansehen des nationalsozialistischen Staates gefährdenden und politischen Gegnerschaft begünstigenden Wirkung seiner Äußerungen auf die Öffentlichkeit seiner politischen Freiheit beraubt worden. Ein durch Maßnahmen des nationalsozialistischen Staates zur Festigung seiner politischen Macht gegen Andersdenkende Betroffener müsse einem Verfolgten gleichgestellt werden. Eine überholende Kausalität (§ 9 Abs. 5 BEG) scheide aus. Nach rechtsstaatlichen Maßstäben sei der Kläger auch 1938 nicht einweisbar gewesen, weil er weder eine Gefahr für sich noch für andere dargestellt habe.[170] Abgesehen von der Frage der medizinischen Diagnostik im Jahre 1938 griff der Bundesgerichtshof auf subjektive Überzeugungsvorstellungen zurück und sprach auf diese Weise "Geisteskranken" die Entschädigungsfähigkeit ab. Ähnlich der Rechtsprechung in den Zeugen-Jehova-Fällen waren sie nicht in der Lage, zwischen "gutem" und "schlechtem" Staat zu unterscheiden. Diese Staatsideologie muß als so beherrschend angesehen werden, daß der Weg der Vorinstanz, die letztlich nur genauer sortierte, nicht begehbar war. Ähnlich scheiterten die Bemühungen um eine Entschädigung für Opfer der "Euthanasie".[171] Die Folgen für die etwa 400.000 Zwangssterilisierten wurden als "unpolitisch" und "normal" angesehen, weil auch andere Staaten entsprechende Gesetze hätten. Als "Staatsverfolgte" kam für diese Opfer allenfalls ein Härteausgleich in Betracht.[172]

II. Die Ablehnung von Individualansprüchen: keine "Wiedergutmachung" durch Zivilrecht

Das öffentlich-rechtliche Entschädigungssystem mit der durch die Rechtsprechung sanktionierten Auslegung schloß fast lückenlos die ausländischen Ver-

---

169 BGH RzW 1960, 494.

170 OLG Bremen, RzW 1960, 65.

171 Vgl. OLG Celle, RzW 1955, 22; Gießler, W. IV, S. 11; Hebenstreit, W. V, S. 492 f., zur Geschichte und zur bundesrepublikanischen Auseinandersetzung s. Dörner u.a., Krieg.

172 Die rassen- und frauenpolitischen Aspekte hat vor allem Bock, Zwangssterilisation, herausgearbeitet; zum Kontinuitätsaspekt s. ferner die Lokalstudie von Schmacke/Güse, Zwangssterilisiert; aus der Sicht der Entschädigungsexperten s. Weiss, W. IV, S. 207-212; Gießler, W. IV, S. 20; Hebenstreit, W. V, S. 488-492; zum Härteausgleich s. § 171 BEG und § 5 AKG; zu letzterem s. Blessin, RzW 1958, S. 81 ff.

folgten aus. Von daher lag der Rückgriff auf das zivilrechtliche Anspruchssystem nahe. Dies galt insbesondere für die Zwangsarbeiter, hatten sie doch weitgehend zum Nutzen privater Arbeitgeber ihre Arbeit verrichten müssen. Entsprechende Klagen sind in den 50-er und 60-er Jahren unternommen worden. Sie drohten, die international gebilligte Reparationslösung auszuhebeln. Im folgenden wird daher zunächst das Verhältnis Entschädigungs- und Zivilrecht untersucht. Im Nachvollzug der rechtswissenschaftlichen Linie zur Reparationsfrage wird sodann verdeutlicht, wie man frühzeitig auf die in Kapitel 3 und 4 referierten veränderten politischen Ausgangsbedingungen reagierte. Die Abwehr von Ansprüchen aus dem Ausland galt zunächst nicht nur den verfolgten Zwangsarbeitern, sondern ist Teil einer umfassenden Abwehrstrategie. Im Anschluß daran wird die zu den Klagen der Zwangsarbeiter ergangene Rechtsprechung im einzelnen vor allem rechtswissenschaftlich analysiert.

1. Entschädigungs- und zivilrechtliche Ansprüche

Zwangsarbeit ist nach den Entschädigungsgesetzen der Länder und nach dem Bundesentschädigungsgesetz grundsätzlich nicht ersatzfähig.[173] "Zwangsarbeit" und "Leben unter haftähnlichen Bedingungen" sind zwar der "Freiheitsentziehung" gleichgestellt (§ 43 Abs. 2 BEG). Entscheidender Anknüpfungspunkt ist aber das Tatbestandsmerkmal der "haftähnlichen Bedingungen", handelt es sich doch insgesamt um einen "Schaden an Freiheit", wie die Überschrift des dritten Titels lautet. Der Ansprüch bezieht sich daher auf Kapitalentschädigung in Höhe von "150 Deutsche Mark für jeden vollen Monat der Freiheitsentziehung" (§ 45 Abs. 1 BEG). Die Entschädigung für "Schäden im beruflichen Fortkommen" für eine Schädigung in der Nutzung der Arbeitskraft (§ 65 BEG) setzt ebenfalls nicht unmittelbar am Tatbestand der Zwangsarbeit selbst, sondern an der Unterbrechung einer bereits vor der einsetzenden Verfolgung ausgeübten Tätigkeit an (vgl. §§ 69 ff., insb. 75, 91 BEG). Diese Entschädigungsleistung beinhaltet kein Entgelt für die geleistete Arbeit, denn entschädigungsrechtlich ist es unerheblich, ob der "Schaden im beruflichen Fortkommen" durch eine oft todbringende Zwangsarbeit verursacht worden ist. Nach dem Entschädigungsrecht gibt es daher keine Ansprüche auf vorenthaltenen Lohn oder Sozialversicherungsbeiträge.[174] Gleichfalls fehlt, abgesehen von der ähn-

173 So auch die entschädigungsrechtliche Literatur, vgl. Blessin/Ehrig/Wilden, BEG, § 43, Rn. 25; Klee, W. IV, S. 450.

174 Zur rentenrechtlichen "Wiedergutmachung" s. Pawlita, ZfS 1990, S. 432-436 u. 454-462; zur Entschädigung wegen Lohnausfalls nach § 87 BEG s. sogleich im

lich verstandenen Haftentschädigung, ein Schmerzensgeldanspruch, der bei den oft katastrophalen Arbeits- und Lebensbedingungen insbesondere der osteuropäischen Fremdarbeiter sowie der konzentrationären Zwangsarbeiter nach dem zivilrechtlichen Deliktssystem (§§ 823 ff. BGB) regelmäßig in Betracht kommt. Die öffentlich-rechtlichen Entschädigungsansprüche sind auch in der Höhe begrenzt. Unmittelbarer Peiniger war neben der staatlichen Arbeitseinsatzverwaltung oder SS der jeweilige zivile (oder auch öffentliche) Arbeitgeber gewesen.

Das Bundesentschädigungsgesetz regelt nur die Verfolgtenansprüche gegen das Reich, den Bund und die Länder abschließend (§ 8 Abs. 1 BEG). Ansprüche gegen Privatpersonen wie auch gegen weitere juristische Personen des öffentlichen Rechts bleiben unberührt. Nur soweit Entschädigung geleistet wird, gehen sie auf das leistende Land über (§ 8 Abs. 2 BEG). Eine entsprechende Regelung kannte bereits § 9 BErgG, der wiederum auf § 5 US-EG beruhte. § 5 US-EG sah systematisch die individuelle Wiedergutmachungspflicht noch vor der öffentlichen vor (§ 6 US-EG), wenn diese auch nicht rechtlich subsidiär war (§ 8 Abs. 1 US-EG). Nach § 5 US-EG wurden die einem Wiedergutmachungsberechtigten gegen den nach den Vorschriften des Bürgerlichen Rechts Wiedergutmachungspflichtigen zustehenden Ansprüche nicht berührt und konnten auch die nach den Vorschriften über unerlaubte Handlungen weitergehenden Ansprüche geltend gemacht werden (§ 7 Abs. 3 Satz 1 US-EG). Der Entschädigungsgesetzgeber geht also von der Anwendbarkeit der zivilrechtlichen Vorschriften aus, wenn er auch sondergesetzliche Tatbestände i.S. eines besonderen Schuld- oder Deliktsrechts nicht geschaffen hat.

Zum Ausgleich für einen Schaden im beruflichen Fortkommen besteht lediglich ein zusätzlicher, von der Entschädigungsbehörde festzustellender Anspruch auf Wiedereinstellung gegen den früheren Arbeitgeber (§§ 89 BEG bzw. 34 f. BErgG bzw. 28-31 US-EG), dessen Bedeutung aber nach zwölfjähriger Verfolgungspraxis gering war. Der Anspruch auf Entschädigung wegen Entlassung oder zu geringer Entlohnung (§ 87 BEG bzw. §§ 34, 36 BErgG bzw. 31 US-EG) gegen das Land [175] ist ebenfalls nicht auf Zwangsarbeit zugeschnitten. Zwar hatte der Bundesgerichtshof trotz ihrer verfolgungsbedingten Zuweisung in der Aufnahme einer Arbeitsstelle bei einer Schreinerei im April 1941 die Begründung eines Arbeitsverhältnisses gesehen. Der damals 17jährige jüdische Kläger arbeitete dort

---

Text; zum Vergleich mit dem Bürgerlichen Recht s.a. Luber, Wiedergutmachung, S. 32 f.

175 Zu den Besonderheiten nach § 31 US-EG vgl. Zorn, W. V, S. 97 f.; zur Berliner Regelung s. die zeitgenössischen Bemerkungen von Bley, JR 1953, S. 37 ff.

zeitweise illegal weiter und konnte so der Deportation mit seinen Eltern entgehen. In der Begründung stellt der Bundesgerichtshof darauf ab, daß jedenfalls vor Inkrafttreten der diskriminierenden Sonderbestimmungen trotz verschiedener Einschränkungen die allgemeinen arbeitsrechtlichen Normen gegolten hätten. Zur Abgrenzung weist er auch darauf hin, der Kläger habe nicht zum Kreis der Hälftlinge gehört, die von nationalsozialistischen Dienststellen kriegswichtigen Betrieben gegen eine den Machthabern geschuldete Summe zur Verfügung gestellt worden seien.[176] Für Notstandsarbeiten Anfang der 30er Jahre hatte er zuvor aus dem Fürsorgecharakter der nur für Erwerbslose geltenden Maßnahmen, obwohl diese mit Arbeitsaufnahme in ein privates Arbeitsverhältnis eingetreten seien, geschlossen, es liege kein freies Arbeitsverhältnis vor.[177] Im Falle eines polnischen Zwangsarbeiters, der nach den Urteilsgründen durch die deutschen Behörden, die ihm zum Zwecke des Arbeitseinsatzes verhaftet und aus Polen nach Deutschland verschleppt hatten, einem Bauern zur Verfügung gestellt worden war, hatte der Bundesgerichtshof angenommen, ungeachtet des Zwangs könne ein vertragsähnliches Dienstverhältnis angenommen werden, wenn die Umstände dies rechtfertigten. Entscheidend sei die tatsächliche Gestaltung des Arbeitsverhältnisses wie Entlohnung, Arbeitsdauer, Freizeit und Regelung der Sozialversicherung.[178] So konsequent diese Entscheidung im Hinblick auf die "Normalität" einer Kriegswirtschaft erscheinen mag, so setzte sie sich doch über das einen "privaten Dienst" begründende Moment der Freiwilligkeit,[179] und sei es auch nur zur tatsächlichen Arbeitsaufnahme, hinweg. Die Kommentierung von Blessin u.a. ging zeitweise noch darüber hinaus. Danach war Freiwilligkeit der Leistung nicht unbedingt erforderlich. Zwar begründe Zwangsarbeit in Regie des Staates kein Dienstverhältnis, ebenso nicht eine Tätigkeit auf Grund der Einberufung zur Wehrmacht, zur Organisation Todt oder zum Reichsarbeitsdienst. Auch diese Organisationen könnten Dienstverträge abschließen. So bestehe ein Dienstverhältnis auch, wenn der Staat Kriegsgefangene oder Häftlinge privaten Unternehmen zur Leistung von Diensten zur Verfügung stelle, so z.B. der I.G. Farben-Industrie zum Aufbau und zum Betrieb des Bunawerks in Auschwitz.[180] Diese die konkreten Lebensbedingungen ver-

---

176 BGH RzW 1975, 77, 78.

177 BGH RzW 1959, 232.

178 BGH RzW 1960, 563 (Nr. 25).

179 Vgl. van Dam/Loos, BEG, § 87, Anm 4d, S. 443.

180 Blessin/Ehrig/Wilden, BEG, § 87, Rn. 2; Blessin/Wilden, BEG, 2. Aufl., § 87, Rn. 2; anders die 1. Aufl., § 34, Rn 1, und Blessin/Gießler, BEGSchlG, § 7, Anm. II 1, S. 600 f.

nächlässigende Kommentierung, die sich nicht durchsetzte, dürfte weniger dem Bemühen um eine Erweiterung der Ansprüche geschuldet sein. Die Begründung der Entschädigungsfähigkeit der Zwangsarbeit selbst diente vermutlich der Umwandlung zivilrechtlicher Ansprüche gegen die alten Arbeitgeber in öffentlichrechtliche Entschädigungsansprüche gegen die Staatskasse. Dies hätte zwar rechtlich keine Vorrangigkeit des Entschädigungsrechts bedeutet, sicherlich aber faktisch, da die Staatskasse immer noch leichter zu belangen war als ein ausschließlich zivilprozessual zu erreichender ziviler Arbeitgeber. §§ 87 ff. BEG kam aber überhaupt nur für Verfolgte i.S. d. § 1 BEG in Betracht, die die Wohnsitz- und Stichtagsvoraussetzungen (§ 4 BEG) erfüllten. Damit waren ausländische Verfolgte weitgehend ausgeschlossen.

Andererseits hatte der Gesetzgeber sich auch nicht getraut, die weitergehenden zivilrechtlichen Ansprüche abzuschaffen. Einen entsprechenden Vorstoß hatte die Industrielobby nach einer ersten Niederlage im Wollheim-Prozeß um Schadensersatz wegen Zwangsarbeit über den Bundesrat versucht.[181] In der Regierungsbegründung hieß es, dies sei nicht mit der grundgesetzlichen Eigentumsgarantie zu vereinbaren.[182] Gravierender dürfte aber gewesen sein, daß man damit gegen die Versteinerungsgarantie des Überleitungsvertrags und des Abkommens mit der Claims Conference verstoßen hätte.[183] Eine Änderung hätte zudem nach außen dokumentiert, daß man die privaten Schädiger freizeichnen wollte.[184]

Waren so zivilrechtliche Ansprüche nicht von vornherein ausgeschlossen, so drohte ihre Geltendmachung, den Reparationsaufschub zunichte zu machen. Individualforderungen wegen Zwangsarbeit waren in der Vergangenheit gerade von polnischer und niederländischer [185] Seite parallel zur Reparationsfrage erhoben worden. Angesichts des Ausmaßes der Zwangsarbeit war die Bedeutung auch solcher Individualforderungen enorm, hatte doch jeder irgendwie nennenswerte Industriebetrieb Zwangsarbeiter beschäftigt. Das Reparationsargument mußte daher in die zivilrechtliche Dogmatik eingepaßt werden.

---

181 Vgl. Greve, BTagsStenProt. 2/119, S. 6332 ff., 6333B ff.

182 Vgl. BTagsDrs. 2/1949, S. 97 (zu § 5).

183 Vgl. Blessin/Ehrig/Wilden, BEG, § 8, Rn. 12.

184 Vgl. BTagsDrs. 2/2382, S. 4 (Nr. 8).

185 S. o. 3 IV 2c u. 4 II 2b bb.

2. Von der Reparationsbegrenzung zur Abwehr von Individualforderungen

Die deutsche Rechtswissenschaft bemühte sich zunächst um die Begrenzung der Reparationsverpflichtung durch Hinweis auf die wirtschaftliche Leistungsfähigkeit und erhob die Forderung nach Verrechtlichung (Friedensvertrag). In einer zweiten Phase, die mit dem Abklingen aktueller alliierter Reparationsforderungen einherging, wurden vor allem einzelne ausländische Individualforderungen abgewehrt. In einer bis heute andauernden letzten Phase geht es um die Rechtfertigung der Ablehnung jeglicher Reparationsforderungen ausländischer Staaten, insbesondere Polens.

Anders als nach dem Ersten war unmittelbar nach dem Zweiten Weltkrieg auch in Deutschland klar, daß dieser Krieg nicht folgenlos bleiben werde und man sich nicht ohne Reparationszahlungen aus der Verantwortung werde stehlen können. "Reparationen müssen nach Lage der Dinge erbracht werden", heißt es bei Grewe. "Es wäre ein politisch sinnloses, moralisch nicht vertretbares und juristisch zweifelhaftes Unterfangen, wollte man die Reparationsforderungen der Alliierten dem Rechtsgrunde nach bestreiten".[186] Und in einer sich mit der Thematik erstmals ausführlich beschäftigenden und vom Bremer Senator Harmssen verantworteten Denkschrift wird der politisch-moralische Aspekt miteingebracht:

"Das deutsche Volk erkennt die moralische Verpflichtung zur Wiedergutmachung an. Es will und wird sich nicht dem Makel aussetzen, daß es aus dem Kriege und seinen Folgen keine unvergeßliche Lehre gezogen hätte".[187]

Bis Ende der 40er Jahre galt die Reparationsfrage noch als "eine der offenen Kardinalfragen, von denen die Zukunft unseres staatlichen, wirtschaftlichen und kulturellen Lebens" abhänge.[188] Als vordringliches Ziel wurde zunächst nur die Verrechtlichung der Reparationsfrage erstrebt, womit man sich angesichts der weitgehend als willkürlich empfundenen Demontagepolitik der Alliierten eine Verringerung der Reparationslast erhoffte, da bei deren Festlegung unbedingt die deutsche Leistungsfähigkeit zu beachten sei. Der "Grundsatz der Substanzerhaltung" sei eine "Ausstrahlung des Grundrechts auf Existenz" eines jeden Volkes innerhalb der Völkergemeinschaft. "Kriegsschäden, Flüchtlingselend und die Anforderungen auf deutschem Boden stehender, zunächst in die Millionen gehender Besatzungsheere" hätten "eine Notlage in Deutschland geschaffen", die

186 Grewe, Besatzungsstatut, S. 168.

187 Harmssen, Reparationen, Heft 1, S. 7.

188 Harmssen, ebd., S. 5.

"jeder Reparationspolitik, die nicht Vernichtungspolitik" sein wolle, für "die nächste Zukunft gewisse unabweisbare Schranken" ziehe.[189]

Angesichts der anhaltenden Notlage Deutschlands mag dieser Standpunkt als berechtigt erscheinen. Andererseits wird in diesen ersten Stellungnahmen die Niederlage nur als Niederlage thematisiert, die Verbrechen allenfalls als Verbrechen bezeichnet, findet sich jedoch keine Konkretisierung dieser Verbrechen, keine Ausführungen zum Leid und Schaden des übrigen Europas und keine Auseinandersetzung mit nationalsozialistischer Verfolgung. Der Rückgriff auf das Völkerrecht[190] im Rahmen einer nunmehr erwünschten Verrechtlichung der internationalen Beziehungen thematisiert den vorangegangenen massiven Völkerrechtsbruch allenfalls, um festzustellen, daß auch derjenige, der einen Angriffskrieg geführt habe, nicht seiner Rechte beraubt werde.[191]

Die spätestens mit Gründung der Bundesrepublik eingetretenen Veränderungen ließen die Besatzungslasten, und gleiches galt für die Reparationen, als auch politisch problematisch erscheinen. V.Schmoller begründete die Vorlage einer ausführlichen Studie über die Besatzungslasten damit, daß durch die politische Entwicklung des letzten Jahres (1950) auch deren Frage in ein völlig neues Stadium getreten sei. Aus dem potentiellen Gegner, dessen Wiedererstarken zu befürchten gewesen sei, sei die Bundesrepublik zum potentiellen Bundesgenossen geworden. Die Besetzung sei daher nicht mehr als eine gegen Deutschland gerichtete Sicherungsbesetzung zu rechtfertigen. Sie habe sich vielmehr in eine "strategische Besetzung" im Rahmen des westeuropäischen Verteidigungssystems gewandelt. Solle es sich hierbei in Zukunft um einen echten Verteidigungsbeitrag handeln, dann müsse dieses System aufgegeben werden und durch eine vertragliche Regelung ersetzt werden, bei welcher der deutsche Partner zu verantwortlicher Mitwirkung berufen werden müsse. Anzeichen dafür sah er in den beginnenden Vorarbeiten für die Bonner Verträge.[192] Der politische Reparationsverzicht mußte nun nur noch rechtlich transformiert werden.

Publizistisch grundlegend für die zweite Phase der Reparationsbewältigung ist

---

189 So Grewe, Besatzungsstatut, S. 169; er fordert weiter die Beschränkung der Entnahmen aus der laufenden Produktion und drittens die Beachtung des Grundsatzes der vollen Wertanrechnung, vgl. S. 71 f.

190 S.a. Rechtsgutachten des Kaiser-Wilhelm-Instituts, DRZ 1949 (9.Beiheft), S. 14 ff.; Institut für Besatzungsfragen, Jahre, S. 38-69.

191 Vgl. Harmssen, Reparationen, Heft 1, S. 8; Grewe, Besatzungsstatut, S. 16.

192 Vgl. Institut für Besatzungsfragen, Jahre, S. III.

die 1951 erschienene und bereits erwähnte Arbeit von Granow,[193] der selbst dem Bundesfinanzministerium angehörte und Mitglied der deutschen Delegation bei den Verhandlungen zum Londoner Schuldenabkommen war. Anlaß zu Granows Ausführungen ist, daß sich die Bundesrepublik "einer ständig wachsenden Zahl von Eingaben und Prozessen im In- und Ausland" gegenüber sehe, "in denen Ausländer, die sich durch Handlungen der deutschen Wehrmacht oder Zivilverwaltung in den während des Krieges besetzt gewesenen Gebieten in ihrer Freiheit, ihrer Gesundheit, ihrem Eigentum oder ihrem Vermögen verletzt fühlten, Schadensersatz- und Wiedergutmachungsansprüche direkt gegen die Bundesrepublik Deutschland geltend" machten. Dabei werde der Bundesregierung "eine Schadensberechnung präsentiert, deren Begleichung nach allem, was in den besetzten Gebieten unter deutscher Verantwortung passiert ist, finanzielle Folgen von unabsehbarem Ausmaß nach sich ziehen würde".[194] Granow geht es weniger um eine Verrechtlichung der Reparationsfrage, da offensichtlich staatliche Globalforderungen nicht mehr ernsthaft gefordert werden. Zwar stehe "die Endlösung (!) der Reparations- und Kriegsabschlußfragen in der künftigen Friedensregelung - und hier mögen uns noch Überraschungen erwarten -" aus, aber mit weiteren alliierten Reparationsforderungen war nicht mehr zu rechnen, nachdem die Marshallplanhilfe bis 1952 1,5 Milliarden US-Dollar nach Westdeutschland gepumpt hatte, nachdem im Petersberg-Abkommen zwischen der Alliierten Hohen Kommission und dem Bundeskanzler vom 22.11.1949 die Demontageliste erheblich gekürzt worden war und nachdem die Verhandlungen zum Londoner Schuldenabkommen mit einem vertraglichen Reparationsmoratorium und zu den Pariser Verträgen zur Erlangung der Souveränität ohne weitere Reparationsdraufgabe angelaufen waren. Rechtsdogmatisch war daher für Granow nur noch die Abwehr dieser Individualansprüche zu begründen. Granow versteht Reparationen als völkerrechtlichen, nur zwischenstaatlichen Anspruch, der auch alle individuellen Entschädigungsansprüche der einzelnen Staatsangehörigen beinhalte. Der einzelne ausländische Staatsbürger sei daher nicht aktivlegitimiert, zudem teile sein Anspruch das Schicksal der Reparationsforderungen seines Heimatstaates. Polen und die Sowjetunion seien durch das Potsdamer Abkommen ausschließlich auf die Ostmasse verwiesen worden, so daß vor allem polnische Ansprüche von vornherein auszuscheiden hätten. Für die Westmasse habe das Pariser Reparationsabkommen vom 14.1.1946 ebenfalls eine globale Abgeltung der individuellen Entschädigungsansprüche verfügt. In den

193 AöR 77 (1951), S. 67-78; s.o. 4. II 2b bb (Fn. 230).

194 Ebd., S. 67.

Achsensatelliten-Friedensverträgen von 1947 sei ein ausdrücklicher Forderungsverzicht enthalten (mit Ausnahme des finnischen Vertrags), für Österreich und Japan sei er zu erwarten. Damit hatte Granow die europäischen Kriegs- und, da er zwischen Krieg und Naziverfolgung nicht unterscheidet, auch alle europäischen Verfolgungsplätze erfaßt. Den möglichen Einwand, die Bundesrepublik sei nicht an diesem Abkommen beteiligt gewesen, wischte Granow mit dem Hinweis weg, daß "sie sich nicht für befugt halte, in die zwischen den Alliierten vereinbarte oder verfügte Verteilung der Reparationen einzugreifen".[195] Im Hinblick auf die damals offizielle Identitätsthese konnte die Passivlegitimation allerdings nicht bestritten werden, wenn auch Granow nicht versäumte, darauf hinzuweisen, daß die Gebietsverluste sowie die "konkursähnliche Lage" aber in jedem Falle zu berücksichtigen seien.[196]

Granow setzte sich nicht mit der begrenzten Rechtsgeltung [197] des Pariser Reparationsabkommens auseinander. Der Ausschluß von Individualforderungen kam zwar im Bündelungsprinzip hinreichend zum Ausdruck. Als Regierungsabkommen entfaltete es jedoch nur eine begrenzte Reichweite [198] und konnte schwerlich Deutschland begünstigen. Sinn des Bündelungsprinzips war es, daß kein Staat auf Kosten der anderen von Deutschland Reparationen erhalte. Diese gegenseitige Verpflichtung kam Deutschland allenfalls als Reflex zugute. Als innerstaatliches, deutsches Recht galt das Pariser Reparationsabkommen ohnehin nicht. Dafür fehlte es an jedem Transformationsakt. Eine "globale Abgeltung der individuellen Entschädigungsansprüche gegen das Deutsche Reich",[199] so zutreffend dies den politischen Zweck des Bündelungsprinzip charakterisiert, war daher rechtlich allenfalls im Verhältnis der Signatarstaaten in Form einer verfahrensrechtlichen Bindung vereinbart worden. Granow ignorierte aber vor allem Art. 8 des Abkommens, der eine Hilfe für die nicht repatriierbaren Opfer vorsah. Dadurch war das starre Reparationssystem, das die Staatsangehörigkeit im Zeitpunkt der Schädigung als auch dem der Geltendmachung der Forderung

---

195 Ebd., S. 74 f.

196 Ebd., S. 77.

197 Vgl., allerdings im Hinblick auf das beschlagnahmte deutsche Auslandsvermögen, Scheuner, Fs. Janssen, S. 140. Zum Abkommen s.o. 3 IV 1, insb. unter f.; atypischer Sachverhalt bei LG Mannheim, NJW 1953, 1833.

198 In Art. 2 § A hieß es, "The Signatory Gouvernments agree among themselves that..".

199 Granow, AöR 77 (1951), S. 72; an anderer Stelle, ders., Kriegsschäden, in: WbdVR, S. 363, stellt auch Granow auf das innerstaatl. Recht für die Beurteilung von Individualansprüchen ab; gg. Granow bereits Raschhofer, Vermögenskonfiskation, S. 1 f.

verlangte, prinzipiell erweitert worden. Auf diese Schwäche einer einfachen Übertragung des an die Staatsangehörigkeit anknüpfenden Versailler Reparationssystems hatten bereits verschiedene Autoren aus den Verfolgtenkreisen hingewiesen. § I Art. 8 stellte zudem klar, daß Entschädigungsleistungen einer zukünftigen deutschen Regierung nicht präjudiziert werden sollten. Unter Flüchtlingen hatte man, wenn auch kontrovers, neben den deutschen und österreichischen gerade die osteuropäischen gemeint. Diese konnten wegen Verlassen ihres Heimatstaates nicht mehr von diesen vertreten werden. Aus den sich in Deutschland noch aufhaltenden Flüchtlingskreisen waren aber diese individuellen Entschädigungsforderungen geltend gemacht worden. Wenn diesen Verfolgtengruppen ein über Art. 8 Pariser Reparationsabkommen hinausgehender Anspruch völkerrechtlich nicht eingeräumt worden war, so waren Ansprüche nach Maßgabe innerstaatlichen Rechts völkerrechtlich gerade nicht ausgeschlossen worden. Entscheidend für diese Anspruchsgruppen war daher die innerstaatliche Rechtslage.

Innerstaatlich galt zunächst das Entschädigungsrecht. Hier ist das Reparationsargument in einem unmittelbar rechtlichen Sinne nicht verwandt worden. Der Ausschluß ausländischer Staatsangehöriger erfolgte nicht über die Staatsangehörigkeit, sondern über §§ 1 u. 4 BEG bzw. Art. 6 BEG-SchlG. In bezug auf Art. 5 LSA wies das OLG Köln den Vortrag des beklagten Bundes ausdrücklich zurück, es handele sich nicht um einen nach innerdeutschem Recht entschädigungsfähigen Fall nationalsozialistischen Unrechts, sondern um einen Tatbestand reparationsrechtlicher Art. Denn dadurch werde ein Anspruch nach den Vorschriften des Bundesentschädigungsgesetzes nicht ausgeschlossen.[200]

Im Entschädigungsbereich diente das Reparationsargument lediglich zur rechtspolitischen Rechtfertigung einer den Anspruchskreis begrenzenden und in der Höhe hinter den vollanspruchsberechtigten Verfolgten zurückbleibenden Regelung. Damit einher ging die im vorigen Abschnitt nachvollzogene Ideologie des "normalen Krieges". So heißt es in einer Entscheidung des Landgerichts München aus dem Jahre 1950, im Pariser Reparationsabkommen würden unter ausdrücklichem Verzicht der vertragsschließenden Parteien auf die Geltendmachung von einzelnen Schadensersatzansprüchen aus dem Kriege die Wiedergutmachungsansprüche völkerrechtlich für die Geschädigten so geregelt, daß sie unmittelbar von ihren Heimatstaaten aus Reparationsmitteln Entschädigungen erhalten könnten. Darunter fielen auch Ansprüche aufgrund von Verhaftungen,

---

200 OLG Köln, RzW 1968, 232, 234.

soweit sich diese Verhaftungen als "Maßnahmen der Kriegsführung" darstellten. Die aus solchen Tatbeständen geltend gemachten Ansprüche müßten daher als durch die Reparationsleistungen abgegolten angesehen werden.[201] Das Gericht begründete damit zusätzlich, warum die Verfolgung wegen Teilnahme an einer gegen die deutsche Besatzung gerichteten Widerstandsbewegung keine Verfolgung wegen der politischen Überzeugung des Täters gewesen sei. Und fast zwanzig Jahre später führte der Bundesgerichtshof aus, es sei die "von den Alliierten geteilte" Auffassung der Bundesregierung gewesen, daß der Personenkreis der aus Gründen der Nationalität unter Mißachtung der Menschenrechte Verfolgten nicht unter das innerdeutsche Entschädigungsrecht, sondern unter die Reparationsregelung falle. Art. VI BEG-SchlG bezeichnete er daher als eine "aus humanitären Gründen geschaffene Härteregelung für nicht reparationsberechtigte Ausländer".[202]

Aber auch rechtspolitisch war diese Argumentation nicht ohne Widersprüche. Mit dem Hinweis auf das Völkerrecht hätte auch jede Entschädigung für deutsche Verfolgte abgelehnt werden können, da es hierfür an einer Verpflichtung fehlte. Da man diese immerhin als "Verfolgte" eines "deutschen Staates" ansah, für die das Entschädigungsrecht nur die ansonsten geltenden Amtshaftungsansprüche im Gegenzug für verfahrensrechtliche Erleichterungen modifizierte, war wenig plausibel, warum alles außerhalb der Reichsgrenze nur noch "Kriegsmaßnahme" gewesen sein sollte. Der Völkermord hatte deutsche und ausländische Juden, wo eben deutsche Stellen ihrer habhaft geworden waren, getroffen. Der Krieg erweiterte lediglich die Zugriffsmöglichkeiten. Geiselerschießungen, Konzentrationslager und Deportationen waren vor allem in Osteuropa auch gegen die nichtjüdische Bevölkerung angewandt worden. Sie konnten schwerlich als bloße Kriegsmaßnahmen angesehen werden. Eine aus der Verantwortung für die Verfolgung begründete Entschädigung konnte so innerhalb der nicht unter das "Reparationssystem" fallenden Verfolgtengruppen kaum nach deren Wohnort oder deren Fluchtweg nach der Verfolgung unterscheiden. Letztlich wurde hier die Verantwortung abgeschoben. Für deutsche Verfolgte war man als sich um das Wohl der eigenen Staatsbürger sorgender deutscher Staat, nicht aber als haftender Rechtsnachfolger des nationalsozialistischen Staates verantwortlich. Für ausländische Verfolgte mußten "humanitäre Beweggründe" bemüht werden, als sei die Verfolgung nicht von Deutschland ausgegangen. Die fehlende rechtsdogmatische Anknüpfung an die Staatsangehörigkeit

201 LG München, RzW 1951, 40, 41.

202 BGH RzW 1970, 330, 331.

zeigt weiter die Inkonsistenz des Reparationsarguments.

3. Die Abwehr zivilrechtlicher Ansprüche

Das Reparationsargument ist auch hinsichtlich der Verzichtsklauseln in den Friedensverträgen weiterhin aufrecht erhalten worden. Während das Argument "Pariser Reparationsabkommen" gegenüber den ehemals besetzten und neutralen Staaten rechtsdogmatisch durch Art. 5 Abs. 2 und 3 LSA ersetzt wurde, wurde die auch innerstaatliche Geltung der Verzichtsklauseln nunmehr zusätzlich über Abs. 4 legitimiert.

a. Art. 5 LSA als Ausschlußnorm

Wie Granows zeigen auch Ausführungen von Scheuner und Menzel, daß es letztlich weniger um die formalrechtliche Umsetzung als um die rechtliche Fruchtbarmachung des günstigen politischen Reparationskurses ging. Menzel erwähnt in einem für einen deutschen Unternehmer erstatteten Rechtsgutachten, obwohl 1955 veröffentlicht, Art. 5 LSA nicht. Es ist vermutlich früher abgefaßt worden. Im Gutachten vertritt er die Auffassung, die friedensvertraglichen Verzichtsklauseln hätten einen echten und endgültigen Forderungsuntergang bewirkt. Wenn es sich auch nicht um innerstaatliches Recht handele, so hätte das zugrundeliegende Rechtsverhältnis seine Regelung durch diese zwischenstaatliche Vereinbarung erfahren. Die Friedensverträge seien deshalb von deutschen Gerichten "zu respektieren", weil in einem völkerrechtlich rechtsgültigen Verfahren über die entsprechenden Forderungen rechtswirksam verfügt worden sei.[203] Scheuner hatte vier Jahre zuvor in einem für das Bundesfinanzministerium erstatteten internen Rechtsgutachten den Verzicht ebenfalls im Sinne eines Erlöschens auch der Individualansprüche gedeutet.[204] Das entsprach den deutschen Interessen, den voranschreitenden Wiederaufbau der Wirtschaft nicht durch Altlasten zu behindern. Gurski, fachlich zuständiger Ministerialbeamter im Bundesfinanzministerium, legte daher öffentlich dar, mit dem Verzicht seien die in Betracht kommenden Forderungen erloschen. Mit Ratifizierung des Londoner Schuldenabkommens seien die Verzichtsklauseln deutsches, innerstaatliches Recht geworden. Die Berufung auf den Verzicht liege nicht im Belieben des

203 Menzel, Forderungsverzichtsklauseln, vgl. insb. S. 23, 39-42 u. 44-46.

204 Zit. nach Menzel, ebd., S. 26; s. ferner Féaux de la Croix, Fs. Bilfinger, S. 66 f.

deutschen Schuldners, sondern sei im Streitfalle von Amts wegen zu beachten. Auch eine Feststellungsklage sei ausgeschlossen.[205] Lediglich Wilmanns gab den Verzichtsklauseln keine materiellrechtliche Bedeutung. Aus der Systematik des Art. 5 LSA folge, daß sie wie die anderen Ansprüche nur "zurückgestellt" werden sollten. Bei den Verzichtsklauseln handele es sich bloß um ein zeitlich beschränktes Prozeßhindernis. Ihretwegen könne die betreffende Forderung der ausländischen Gläubiger gegen deutsche Schuldner nicht gerichtlich geltend gemacht werden.[206] Nur vereinzelt wurde vom "Standpunkt der Unantastbarkeit des Eigentums im Ausland" darauf hingewiesen, daß der Verzicht eine von den alliierten Siegermächten bewirkte Enteignung sei, die nicht entschädigungslos bleiben dürfe. Dies war konsequent im Hinblick auf die Position zum deutschen Auslandseigentum,[207] hatte aber letztlich nur den Schutz "wirtschaftlicher" bzw., so der Bundesgerichtshof, der "rein kommerziellen" Forderungen im Sinn.[208]

Die Rechtsprechung war zunächst uneinheitlich. Die Klage eines österreichischen Bankhauses gegen einen in Deutschland ansässigen Schuldner aus einer Wechselforderung wies der zweite Senat des Bundesgerichtshofs als "zur Zeit unbegründet" ab. Er folgte der Auffassung Gurskis mit dem kleinen Unterschied, daß der Verzicht nicht schon aus dem Londoner Schuldenabkommen selbst, sondern erst aus dem Staatsvertrag, der erst im Entwurf vorlag, folgen könne. Bis zum Abschluß des Staatsvertrages seien die Rechtsverbindlichkeiten in der Schwebe.[209] Im Fall einer schwedischen Klägerin, die bereits während des Krieges Schadensersatz für den Verlust ihres durch den Zusammenstoß mit einem Hilfskreuzer der deutschen Kriegsmarine untergegangenen Dampfers "Bothnia" geltend gemacht hatte, hielt der erste Senat die Feststellungsklage ohne weiteres für zulässig und artikulierte wegen des Londoner Schuldenabkommens nur Bedenken hinsichtlich der inzwischen aufgegebenen Leistungs-

205 Vgl. Gurski, BB 1954, S. 909, 910; Tedesko, BB 1955, S. 821 f.; Henn, BB 1955, S. 1116; ders., RabelsZ 20 (1955), S. 283 f.; Féaux de la Croix, Fs. Bilfinger, S. 39-41. W.N. bei Staudinger/Weber, BGB, Vorbem. zu §§ 244, 245, Rn. 518.

206 Wilmanns, BB 1955, S. 820 f.; ähnlich Pater/Escher, BB 1958, S. 153; LG Deggendorf, NJW 1960, 1577, mit z.T. abl. Anm. v. Henn.

207 Vgl. Kränzlin, Fs. H.Janssen, insb. S. 102 u. 97 f.; Anklänge bei Wolany, WM 1960, S. 1112 f.; Henn, BB 1955, S. 1117; Wilmanns, BB 1955, S. 820.

208 Vgl. insb. Stöcker, WM 1965, S. 735 f.

209 BGHZ 16, 207 = NJW 1955, 631 = LM AuslSchuldAbk. Nr. 2 m. Anm. Delbrück.

klage.[210] Dagegen protestierte Gurski heftig. Die Schaffung von solchen Titeln sei geeignet, "weittragende Folgen für alle Reparations- und ähnliche Forderungen auszulösen, ja die gesamte Londoner Schuldenregelung zu gefährden und die Bundesrepublik bei künftigen Verhandlungen über die Reparationsfrage gefährlich zu präjudizieren". Art. 5 LSA wolle mit der Zurückstellung der Prüfung die endgültige Streichung dieser Forderungen vorbereiten und bilde hauptsächlich eine Schutzvorschrift für die Bundesrepublik, wenn etwa einzelne Staaten im Zusammenhang mit bilateralen Verhandlungen einen handelspolitischen oder sonstigen Druck zur Anerkennung und Befriedigung der Forderungen ausüben sollten. Das Prüfverbot des Art. 5 LSA nehme jeder Klage die Zulässigkeit, abgesehen davon, daß jedes Rechtsschutzinteresse fehle.[211] In einer weiteren Revisionsentscheidung in derselben Sache schwenkte auch der erste Senat ein. Unter Hinweis auf die Verhandlungen zur Schuldenkonferenz und den Wortlaut des Art. 5 Abs. 3 LSA stellte er nunmehr klar, obwohl dafür kein Anlaß bestand, eine Leistungsklage müsse in jedem Fall verneint werden. Für den die neutralen Staaten betreffenden Absatz 3 des Art. 5 LSA stellte er fest, bis zum Abschluß der internationalen Abkommen seien die Forderungen "gestundet" und müßten deshalb mangels Fälligkeit "als zur Zeit unbegründet" abgewiesen werden. Eine Leistungsklage sei deshalb zur Zeit nicht zulässig. Art. 5 LSA wolle eine zusätzliche Belastung der Bundesrepublik verhindern, um die Abwicklung der nach dem Schuldenabkommen regelbaren Ansprüche nicht zu gefährden und um die neutralen Staaten und ihre Angehörigen nicht besserzustellen. Die Rechtsschutzvoraussetzungen für eine Feststellungsklage müßten daher "zur Zeit im allgemeinen" verneint werden. Nur bei Vorliegen besonderer Umstände wie einer Aufrechnungsmöglichkeit oder aus der konkreten Prozeßsituation heraus sei eine Ausnahme zu machen.[212] Der vierte Senat schloß sich im Falle eines italienischen Gläubigers, der vertragliche und Schadensersatzansprüche geltend machte, den übrigen Senaten an. Art. 77 Abs. IV des italienischen Friedensvertrages sei über Art. 5 Abs. 4 LSA auch von deutschen Gerichten zu beachten. Leistungs- wie Feststellungsklagen seien daher unzulässig. Fraglich sei aber, ob die Forderungen auch im Sinne des bürgerlichen Rechts untergegangen und erloschen seien, da diese Bestimmungen im alliierten Interesse getroffen worden sei. Sie habe nicht zu einer im Interesse der Schuldner liegenden Bereicherung führen sollen. Der Wortlaut des Artikels deute darauf hin, daß auch keine end-

---

210 BGH NJW 1954, 31 = JZ 1954, 121 = LM AuslSchuldAbk. Nr. 1.

211 Gurski, BB 1954, S. 397 f.

212 BGHZ 18, 22 = NJW 1955, 1437 = LM AuslSchuldAbk. Nr. 5 (nur LS).

gültige Regelung habe getroffen werden sollen. Auf jeden Fall sei aber die Gläubigerstellung des Klägers durch den Verzicht untergegangen.[213] Nach dieser Rechtsprechung waren auch Klagen von Angehörigen der ehemals besetzten Staaten hinfällig. Ihnen stand Art. 5 Absatz 2 LSA im Wege.[214]

b. Keine Anwendung des Art. 5 LSA auf das Entschädigungsrecht

Die Kommentierung von Blessin/Ehrig/Wilden versuchte diese Argumentationsstruktur hinsichtlich der Verzichtsklausel in den Friedensverträgen und im österreichischen Staatsvertrag auf das Entschädigungsrecht zu übertragen. Aus dem Verzicht ergebe sich das Erlöschen aller Forderungen einschließlich der wegen Verfolgung. Der deutsche Gesetzgeber sei zwar nicht gehindert, Entschädigungsansprüche auch wegen solcher Verfolgungsschäden einzuräumen, die aus Krieg, Besatzung oder Anschluß entstanden seien. Dies sei aber nicht geschehen, selbst wenn die Voraussetzungen des Territorialitätsprinzips vorlägen.[215]

Nach der Rechtsprechung sollte zunächst der österreichische Verzicht eine auch entschädigungsrechtliche Ausschlußfunktion in den Fällen, in denen der Anspruchsteller österreichischer Staatsangehöriger zum Zeitpunkt des Kriegsendes als auch zum Zeitpunkt des Inkrafttretens des österreichischen Staatsvertrags war, entfalten. Als Ergebnis der Verhandlungen mit Österreich bestimmte dann aber der Gesetzgeber im Ratifizierungsgesetz zum Finanz- und Ausgleichsvertrag, Art. 23 Abs. 3 des österreichischen Staatsvertrags sei auf entschädigungsrechtliche Ansprüche nicht anzuwenden.[216] Mit der Vorinstanz [217] begründete der Bundesgerichtshof die durch den Verzicht bewirkte Ausschlußfunktion damit, der Verzicht umfasse auch die Entschädigungsansprüche wegen Schä-

---

213 BGHZ 19, 258 = NJW 1956, 343 = LM AuslSchuldAbk. Nr. 4.

214 BGH NJW 1958, 1390, 1391; zum Ganzen aus der Kommentarliteratur insb. Staudinger-Weber, BGB, Vorbem. zu §§ 244, 245, Rn. 511-518.

215 Vgl. Blessin/Ehrig/Wilden, BEG, Art. I ÄndG, Rn. 36-38; noch offen hinsichtlich des Entschädigungsrechts in den Vorauflagen, vgl. Blessin/Wilden, BEG, 2. Aufl., Art. I F u. G, Rn. 51 f.; 1. Aufl, § 67, Rn. 6; wie die Rspr. (dazu sogleich i. Text) Blessin/Gießler, BEGSchlG, § 3, Anm. VI, S. 244. Weiss, RzW 1963, S. 51 f., beschränkt den Verzicht auf die Geltendmachung des Rechts, da nur so Einwendungen mit Einreden bei völkervertraglicher Ausgestaltung erhalten bleiben würden.

216 Zur vorherigen und zur geänderten Rechtslage s. Wilden, RzW 1963, S. 244 ff.

217 OLG München, RzW 1960, 94.

den, die ihnen durch nationalsozialistische Verfolgungsmaßnahmen zugefügt worden seien. Der Verzicht sei auch im Entschädigungsrecht nach Art. 5 Absatz 4 LSA wirksam. Zur Legitimation seiner Entscheidung wies der Senat auf die notwendige "konkursmäßige Herabsetzung aller Forderungen im Zuge der Abwicklung nach dem Zusammenbruch", die Übertragung deutschen Eigentums zugunsten Österreichs (unter Nichterwähnung der verbleibenden sowjetischen Nutzungsrechte und der Zahlung einer Ablösesumme, s. Art. 22) und dessen eigenständiger Verpflichtung zur Entschädigung hin.[218]

Drei Jahre später entschied derselbe Senat, die Verzichtsklausel des ungarischen Friedensvertrags habe für Ansprüche aus dem Bundesentschädigungsgesetz keine Gültigkeit. Zwar umfasse der nach Art. 5 Abs. 4 LSA innerdeutsches Recht gewordene Verzicht alle Forderungen aus Abmachungen, die im Verlauf des Kriegs vereinbart worden, sowie alle Forderungen aus Verlusten oder Schäden, die während des Krieges entstanden seien. Die Wirksamkeit älterer Abkommen werde aber vom Londoner Schuldenabkommen (Art. 26 LSA) nicht berührt. Dazu gehöre der Überleitungsvertrag mit der Verpflichtung zur Entschädigungsgesetzgebung. Alle entschädigungsrechtlichen Ansprüche seien daher vom Verzicht unberührt geblieben. Unterstützend wies das Gericht auf Anlage VIII des Abkommens und den engen Zusammenhang der Absätze 3 und 4 mit Absatz 2 des Art. 5 hin.[219]

Der Hinweis auf Art. 26 LSA war wenig stichhaltig. Nach Art. 26 LSA berührte keine Bestimmung dieses Abkommens die Wirksamkeit anderer Abkommen zur Regelung von Verbindlichkeiten, welche die Regierung der Bundesrepublik vor dem Inkrafttreten des Londoner Schuldenabkommens geschlossen hatte. Auf der Schuldenkonferenz hatte der niederländische Vertreter Kan versucht, eine Einigung über den umstrittenen Reparationsausschluß unter Hinweis auf Art. 26 LSA herbeizuführen. Sein Eindruck, die Frage sei bereits im Art. 26 geregelt, wurde aber vom britischen Vorsitzenden nicht geteilt. Die Bonner Verträge, führte er aus, könnten unter Umständen nicht zu den dort genannten Abkommen gehören. In diesem Zusammenhang sei der geplante Zusatz zu Art. 5 Abs. 2, damit meinte er die spätere Anlage VIII, umfassender als Art. 26.[220] Art. 26 LSA bezog sich nur auf regelbare Schulden nach Art. 4 LSA.

---

218 BGH RzW 1960, 553, 555; im Ergebnis ebs. OLG Celle, RzW 1957, 400; a.A. OLG Hamburg, RzW 1958, 335.

219 BGH RzW 1964, 34, 35 f.

220 Vgl. BTagsDrs. 1/4478, Anlage 3, S. 71 f. (Nr. 4 u. 5) sowie 53 f. (Nr. 3-5).

"Reparationsschulden" waren aber nach Art. 5 LSA nicht regelbar. Art. 26 LSA hatte andere Abkommen zum Ziel.[221] Der Hinweis auf den Überleitungsvertrag wäre daher nur bei Aufwerfen der Frage, ob nicht zwischen völkerrechtlich abzuwickelnden Reparations- und innerstaatlich zu regelnden Verfolgungsschäden zu unterscheiden sei, sinnvoll gewesen. Gerade auf dieser Konzeption beruhte nicht nur der Überleitungsvertrag, sondern auch Art. 5 Abs. 2 LSA mit der Anlage VIII. Die Verzichtsklauseln galten daher nicht für die Verfolgungsschäden oder aber waren wenigstens für die Bundesrepublik nicht bindend. Den Signatarstaaten war allenfalls untersagt, an die Bundesrepublik wegen dieser Forderungen heranzutreten, was diese aber nicht verpflichtete, ihrerseits einseitig, durch innerstaatliches Recht diese Forderungen zu regeln. Nichts anderes hatte man, bei allen Restriktionen, im Grundsatz mit der Entschädigungsgesetzgebung unternommen. Im Ergebnis stimmte dem die Rechtsprechung, wenn auch spät, zu. In der Österreichentscheidung war die von Schüler, Rechtsanwalt bei der die Interessen vor allem der jüdischen Verfolgten wahrnehmenden URO (United Restitution Organization), vertretene Auffassung [222] noch damit zurückgewiesen worden, Anlage VIII beziehe sich nur auf den 2. Absatz des Art. 5 LSA.[223] Die ausdrückliche Aufgabe dieser Position war sicherlich auch dem Umstand geschuldet, daß inzwischen verschiedene Globalabkommen unterzeichnet, worauf der Senat abschließend verwies, und daß in den Ratifizierungsgesetzen der Globalabkommen mit Österreich und Italien entsprechende Klarstellungen aufgenommen worden waren.

In einer weiteren Entscheidung stellte der Bundesgerichtshof klar, daß auch die Verzichtsklausel des rumänischen Friedensvertrages für Ansprüche aus dem Bundesentschädigungsgesetz keine Gültigkeit habe.[224] Damit kam der Bundesgerichtshof zum gleichen Ergebnis wie bereits zuvor das Berliner Kammergericht in zwei rückerstattungsrechtlichen Entscheidungen. Dieses hatte aber, worauf der Bundesgerichtshof nicht einging, rassische Verfolgungsmaßnahmen aus den Verzichtsklauseln und damit aus dem Reparationsbegriff [225] herausgenommen. In der Begründung heißt es:

---

221 Vgl. Féaux de la Croix, Fs. Bilfinger, S. 62 f. mit Fn. 102.

222 Vgl. Schüler, RzW 1959, S. 344 ff.; 1960, S. 197 f.; vgl. ferner ders., RzW 1960, S. 535 ff.

223 BGH RzW 1960, 553, 555.

224 BGH RzW 1965, 239.

225 Ähnlicher Ansatz bei Diamand, RzW 1959, S. 1 f.; anscheinend aber nicht rezipiert.

"Erfaßt werden sollen von diesem Verzicht also nur Schäden durch Kriegshandlungen, Besatzungsmaßnahmen irgendwelcher Art oder wirtschaftspolitische Anordnungen des besetzten Staates gegen den Belegenheitsstaat in seiner Eigenschaft als Kriegsgegner und Feindstaat. Nicht hingegen erstreckt sich der in dieser Vorschrift enthaltene Verzicht auf Ansprüche aus rassischen Individual- oder Kollektivverfolgungsschäden, durch die ein Staatsangehöriger des besetzten Staates betroffen worden ist. Diese Ausnahme gilt nach der Wortfassung von vornherein, wenn die durch die Verfolgung eingetretenen Verluste sich gar nicht im besetzten Staat, sondern im Belegenheitsstaat und ohne jeglichen Zusammenhang mit Kriegshandlungen oder Kriegsschäden zugetragen haben." [226]

Im weiteren stellte das Kammergericht darauf ab, daß es sich beim Rückerstattungsrecht um alliiertes Recht und damit um von den Verzichtsklauseln ausgenommene weitere alliierte Handlungen handele.

Das Kammergericht gab aber, vermutlich als Folge der Österreich-Entscheidung, auf die es mehrfach hinwies, in einer Entscheidung zur ungarischen Verzichtsklausel seine bisherige Rechtsprechung ausdrücklich auf.[227] Das alliierte und mehrheitlich mit nichtdeutschen Richtern besetzte Oberste Rückerstattungsgericht (ORG) für Berlin [228] stellte dann allerdings in einer ausführlichen und tragfähigen Begründung klar, daß eine solche Auffassung unhaltbar sei. Sie führe dazu, daß bulgarische und italienische Verfolgte mangelns einer rechtlichen Verpflichtung in den Friedensverträgen niemanden hätten, an den sie sich wegen ihrer diskriminierenden Schäden halten könnten. Mit dem Pariser Reparationsabkommen sei auch erstmals auf alliierter Seite eine Unterscheidung von Kriegs- und Verfolgungsschäden vorgenommen worden. Verfolgungsschäden behandle dies nicht. Unabhängig davon habe eine Wiedergutmachungsgesetzgebung in Deutschland zu den alliierten Zielen gehört.[229] Dies bedeute, daß die Alliierten zwar ihren eigenen und fremden Staatsangehörigen individuelle Kriegsschädenansprüche versagt, nicht jedoch die Absicht gehabt hätten, einen Verfolgten aus Gründen der Nationalität, also der Staatsangehörigkeit, von der Wiedergutmachungsgesetzgebung in Deutschland auszuschließen. Der Wortlaut widerspreche dieser Auslegung nicht. Darauf deute weiter eine englische Kommentierung der Friedensverträge hin. Mit dem Strafzweck der für die verbündeten Hitler-Deutschlands geltenden Verzichtsklauseln könne es unmöglich beabsichtigt gewesen sein, mit dieser Strafe auch solche Bevölkerungsgruppen zu treffen,

---

226 KG Berlin, RzW 1960, 18, 19 f., mit zust. Anm. Schüler; fast gleichlautend RzW 1960, 143, 144.

227 Vgl. KG Berlin, RzW 1965, 440, m. abl. Anm. von Cohn, ebd., S. 539 ff., u. Schüler, RzW 1966, S. 11; KG Berlin, RzW 1966, 158.

228 Vgl. Romberg, W. II.

229 Als Beleg wird die Direktive v. 11.7.1947 zitiert, s.o. 4 I 1 (Fn. 10).

die während des Krieges selbst der Verfolgung durch Organe des ungarischen Staates ausgesetzt gewesen seien. Unverständlich sei sonst auch, warum eine entsprechende Formulierung in den österreichischen Staatsvertrag übernommen worden sei. Der Untergang der österreichischen Rückerstattungsansprüche sei nicht gewollt gewesen. Bis 1955 seien auch zahlreiche Ansprüche abgewickelt worden. Als alliiertes Recht und Ausfluß einer Verpflichtung im Überleitungsvertrag handele es sich im übrigen um eine "andere Anordnung". Auf rückerstattungsrechtliche Ansprüche könne sich daher das Londoner Schuldenabkommen nicht auswirken.[230] Das sich in methodischen und logischen Überlegungen verlierende Kammergericht blieb beharrlich und wollte nicht zur Kenntnis nehmen, daß mindestens im Rückblick eine Gleichsetzung von Kriegs- und Verfolgungsschäden nicht möglich war.[231] In einer weiteren Entscheidung mußte es sich daher vom ORG Berlin bescheinigen lassen, die Wiederholung bereits geprüfter Argumente diene nicht dem Rechtsfrieden und sei gegen die Interessen der Rechtsuchenden.[232]

Ohne Herausbilden einer konsistenten Dogmatik hatte aber auch die Rechtsprechung immerhin die, vermutlich eher vereinzelten Versuche einer Verwaltungspraxis abgewehrt, den Kreis der anspruchsberechtigten Verfolgten noch weiter zu verkleinern. Nicht übersehen werden darf dabei, daß diese Verwaltungspraxis durch die Österreich-Entscheidung für einige Zeit gestärkt wurde, da sich die dortige Formulierung des Verzichts kaum von der der Friedensverträge unterschied.[233]

c. Die Klagen ehemaliger Konzentrationslagerhäftlinge

Bereits Anfang der fünfziger Jahre erhoben aber auch Verfolgte wegen ihrer Zwangsarbeit im Dienste der deutschen Kriegswirtschaft Forderungen gegenüber der nutznießenden Industrie. Begonnen hatte zunächst Norbert Wollheim mit einer 1951 beim Landgericht Frankfurt eingereichten Klage. Wollheim hatte als einer von 10.000 konzentrationären Häftlingen bis zu 72 Stunden pro Woche für das Bunawerk der I.G. Farbenindustrie AG in Auschwitz-Monowitz zunächst

230 ORG; Berlin, RzW 1967, 57-61; ähnl. bereits Bernhardt, RzW 1966, S. 481-487; vgl. a. Buschbom, W. II, S. 48; Wirth, ebd., S. 282; Romberg, ebd., S. 603.

231 Vgl. KG Berlin, RzW 1967, 248.

232 Vgl. ORG Berlin, RzW 1967, 293.

233 Auf sie stützt sich z.B. der aus der Verwaltung kommende Weiss, RzW 1963, S. 51.

bei Transport- und Ausschachtungsarbeiten, dann als Schweißer bei Montagen arbeiten müssen. Wollheim obsiegte, und während des Berufungsverfahrens gelang es den inzwischen eingeschalteten jüdischen Verfolgtenverbänden, 1957 ein Pauschalabkommen über 30 Millionen DM, von denen die IG-Farben 3 Millionen DM für nichtjüdische Zwangsarbeiter einbehielt, abzuschließen.[234]

Im weiteren gerichtlichen und außergerichtlichen Verhandlungen waren bis heute gerade sechs Firmen zu eher symbolischen Zahlungen bereit,[235] die zumeist aus Furcht öffentlichen Ansehensverlustes oder vor der Gefährdung von Handelsbeziehungen mit dem Ausland geleistet wurden. Sie stellten sich von Anfang an auf den Standpunkt, als staatlichen Zwängen unterlegene Auftragnehmer nicht für die Zwangsarbeiter verantwortlich zu sein. Als Schuldner komme daher nicht die Privatwirtschaft, sondern nur die öffentliche Hand in Betracht. Ihre Lobby in Verwaltung, Regierung und Parlament half zwar publizistisch, entging aber der Pflicht zum legislativen Handeln,[236] weil die Rechtsprechung auch hier aus dem Grundkonsens, Forderungen möglichst abzuwehren, nicht ausscherte. Vereinzelte Erfolge in den Tatsacheninstanzen wurden nicht veröffentlicht.[237] Spätestens beim Bundesgerichtshof blieben die Klagen erfolglos. Einzig im Falle eines im Sommer 1944 vom Ghetto in Lodz in das KZ-Auschwitz deportierten Klägers, dessen Eltern dort vergast worden waren und der mit 2000 anderen Häftlingen in Deutschland unter Kontrolle des Konzentrationslagers Neuengamme für die Firma Büssing bis Kriegsende arbeiten mußte, erlangte das erstinstanzliche Urteil Rechtskraft, weil kein Rechtsmittel eingelegt wurde. Das Landgericht Braunschweig hatte allerdings die 1.778 Arbeitsstunden, die der Kläger geleistet habe, mit einem kriegsüblichen Stundenlohn von 1 RM bewertet, die es gemäß der Währungsreform 10:1 umrechnete. Ergebnis der

234 Zum Wollheim-Prozeß s. insb. Benz, in: Herbst/Goschler (Hrsg.), Wiedergutmachung, S. 303 ff; sowie dessen Dokumentation in: Dachauer Hefte 2, 1986, S. 142 ff., mit den Plädoyers von Ormond und Küster.

235 Nach den I.G. Farben waren dies Krupp (10 Mio DM), AEG (4 Mio DM), Siemens (7 Mio DM), Rheinmetall (2,5 Mio DM) u. Feldmühle (5 Mio DM); s. hierzu den Bericht der BReg., BTagsDrs. 11/6286.

236 Mit Ausnahme des weitere Ansprüche gegen die I.G. Farben ausschließenden Gesetzes über den Aufruf der Gläubiger der I.G. Farbenindustrie Aktiengesellschaft in Abwicklung v. 27.5.1957, BGBl. I, 569; zu dem in Ministerialkreisen zirkulierenden anonymem "Memorandum" sowie den über den Bundesrat unternommenen Versuch, Zivilklagen gesetzgeberisch auszuschließen, s. Greve, BTagsStenProt. 2/119, S. 6332 ff., 6333B-6335D.

237 Ausnahme: OLG Stuttgart, RzW 1964, 425; von ca. 15 Entscheidungen wurden neben dieser und den ablehnenden drei des BGH nur noch die ebf. abl. Entscheidung LG Frankfurt, NJW 1960, 1575, veröffentlicht. Einzig bei Ress, Fs. Mampel, S. 625-633, ist eine juristische Thematisierung zu finden.

Klage für neun Monate Zwangsarbeit: 177,80 DM.[238]

Soweit es sich um ausländische Kläger handelte, aktualisierte auch hier der Bundesgerichtshof Art. 5 LSA. Auf die hierzu ergangenen zwei Entscheidungen soll zunächst eingegangen werden. Im Falle eines deutschen Klägers ließ das Gericht die Verjährungseinrede gelten.

In der ersten Entscheidung des Bundesgerichtshofs handelte es sich um die Klage ehemaliger Konzentratioslagerhäftlinge polnischer Staatsangehörigkeit. Leon Staucher forderte für sich und jeden der 2.294 weiter aufgeführten Personen von der I.G. Farben Schmerzensgeld und Lohnnachzahlung in Höhe von 10.000 DM,[239] insgesamt fast 23 Millionen DM. Die beim Landgericht Frankfurt 1958 eingereichte Klage war notwendig geworden, weil ihre Ansprüche nicht von der Claims Conference als der Organisation für die Wahrnehmung der Rechte der Verfolgten jüdischen Glaubens vertreten wurden. Die I.G. Farben hatte sich vorsorglich 3 Millionen für als Juden Verfolgte, die aber nicht der jüdischen Glaubensgemeinschaft angehörten, und andere Verfolgte ausbedungen. Sie hatte aber die Ansprüche der polnischen Verfolgten weitgehend abgewiesen, weil sie nicht aus rassischen, religiösen oder weltanschaulichen Gründen, sondern wegen ihrer "Nationalität" in Auschwitz gewesen wären. In der Folgezeit versuchte sie, die verschiedenen Verfolgtengruppen gegeneinander auszuspielen, indem sie Entschädigungszahlungen für nichtjüdische Verfolgte ausschließlich aus dem Topf der Claims Conference bezahlten wollte. Über die einbehaltenen drei Millionen hinaus forderte sie die Rückzahlung weiterer zwei Millionen DM. Die Claims Conference lehnte ab, da 95% aller in dem Bunawerk arbeitenden Häftlinge Juden gewesen seien gegenüber 2% Polen.

Die vom Internationalen Auschwitz-Komitee (IAK) betreute Klage wurde vom Landgericht Frankfurt abgewiesen, weil die Forderungsanträge verspätet eingegangen seien. Hier wirkte sich das nach Abschluß des Abkommens mit der I.G. Farben vom Bundestag verabschiedete Sondergesetz [240] aus. Das OLG Frankfurt bestätigte die Entscheidung, stellte aber die Begründung auf Art. 5 LSA

---

238 Zum Ganzen s. Ferencz, Lohn; Goschler, Dachauer Hefte 2, 1986, S. 175 ff.; Langbein, in: Herbst/Goschler (Hrsg.), Wiedergutmachung, S. 327 ff; Herbert, ebd.; Friedrich, Amnestie, S. 257-266.

239 Zur rechtlichen Aufspaltung der Forderung vgl. den Sachverhalt in LM AuslSchuldAbk. Nr. 15.

240 S. o. Fn. 236.

um.[241]

aa. Weitere Argumentationstopoi aus dem Bundesfinanzministerium

Noch vor einer Entscheidung des Bundesgerichtshofs versuchten Beamte aus dem Bundesfinanzministerium erneut, die ihnen nicht weit genug gehende Rechtsprechung, die im Ergebnis aber doch zu jeder Klageabweisung führen mußte, für eine materiellrechtliche Wirkung des Art. 5 LSA zu gewinnen. Möglicherweise sollte auf diese Weise die Ausgangslage für die noch laufenden Verhandlungen zu den Globalabkommen mit den westeuropäischen Staaten verbessert werden. In beiden Aufsätzen geht es nur um die Ansprüche der Zwangsarbeiter. Die Einbeziehung zivilrechtlicher Ansprüche in den Reparationstopf bedeutete die Verringerung der entschädigungsfähigen Ansprüche. Möglicherweise sollte wenigstens nach der innerstaatlich verbindlichen Rechtsinterpretation ein Ergebnis erzielt werden, daß auf völkerrechtlicher Ebene gerade verweigert worden war.

Daneben ging es um die Schließung eines gefährlichen Einfallstores, das der Bundesgerichtshof vorläufig offengelassen hatte. Vor allem Gurski wies darauf hin, der Bundesgerichtshof reduziere Art. 5 LSA auf Forderungen mit Reparationscharakter, nehme also nur öffentlich-rechtliche, nicht jedoch privatrechtliche Forderungen aus.[242] In der Bothnia IV-Entscheidung hatte der Bundesgerichtshof in einem obiter dictum tatsächlich bemerkt, Art. 5 Abs. 2 LSA sei nur auf die mit dem Weltkrieg als solchem in einem inneren, ursächlichen Zusammenhang stehenden Forderungen beschränkt. Soweit Angehörige der ehemaligen Feindstaaten auf Grund von Rechtsverhältnissen, die vor oder während des Krieges entstanden seien, "nach den damals geltenden reichsrechtlichen Vorschriften andere Ansprüche gegen das Reich erlangt" hätten, greife Art. 5 Abs. 2 LSA überhaupt nicht Platz. Nur Forderungen mit "Reparationscharakter" würden ausgeschlossen.[243]

Den Anspruch einer niederländischen Schiffseignerin, die dem deutschen Beklagten 1942 einen dann im März 1945 von der Deutschen Wehrmacht gesprengten Kahn vermietet hatte, sah der Bundesgerichtshof in einer weiteren

---

241 Vgl. Ferencz, Lohn, S. 79 f. u. 84-88; Langbein, in: Herbst/Goschler (Hrsg.), Wiedergutmachung, S. 327 u. 333 f.; Goschler, Dachauer Hefte 2, 1986, S. 184 f.

242 Vgl. Gurski, BB AWD 1961, S. 14.

243 BGHZ 18, 22, 31 f.

Entscheidung nicht als von Art. 5 Abs. 2 LSA erfaßt an. Art. 5 LSA könne zwar auch ein rein auf dem privatwirtschaftlichen Sektor liegendes Handeln betreffen, aber immer nur unter der Voraussetzung, daß ein unmittelbarer oder wenigstens mittelbarer Auftrag des Reiches erteilt worden sei. Das sei aber nicht schon dann der Fall, wenn der eigenwirtschaftlichen Betätigung der Person kriegswirtschaftliche Bedeutung zukomme. Art. 5 LSA betreffe nur Reparationsforderungen im weitesten Sinne, nicht jedoch "Ansprüche rein kommerzieller Art gegen Privatpersonen". Für die Klägerin blieb es unerheblich, daß sie den Kahn im Auftrage holländischer Behörden, die ihrerseits unter dem Einfluß von Reichsstellen gestanden hätten, an den Beklagten weitergegeben habe, da eine Abrechnung zwischen den Parteien erfolgt sei.[244]

Féaux de la Croix nahm für seine Ausführungen ein Urteil des LG Frankfurt zum Anlaß. Dieses hatte die Klage eines während des Krieges in ein Konzentrationslager verschleppten niederländischen Zwangsarbeiters gegen die "noch heute zahlungsfähige" Rüstungsgesellschaft, wie schon zuvor das KG Berlin in einer unveröffentlichten Entscheidung, ganz der Linie des Bundesgerichtshofs folgend, als unzulässig wegen Art. 5 Abs. 2 LSA abgewiesen. Nach den Entscheidungsgründen war fraglich, ob eine begriffliche Trennung zwischen Forderungen aus speziell nationalsozialistischen Verfolgungsmaßnahmen gegenüber Ausländern und solchen aus Ereignissen des zweiten Weltkriegs überhaupt möglich sei. Jedenfalls hätten die teils militärisch, teils politisch bedingten Verfolgungsmaßnahmen ihre Ursache im zweiten Weltkrieg. Verantwortlich dafür und für den Einsatz als Zwangsarbeiter sei allein der NS-Staat gewesen, der die beklagte Rüstungsfirma "mit der Zuweisung der KZ-Häftlinge zu deren Arbeitseinsatz genötigt" habe. Diese habe daher im Auftrage i.S.d. Art. 5 LSA gehandelt. Anlage VIII habe aber ersichtlich nur solche Ansprüche im Auge, deren Geltendmachung durch inländische Nachkriegsgesetze wie z.B. die Wiedergutmachungsgesetze zur Regelung der Schulden aus dem zweiten Weltkrieg erlassen seien. Ein Vorbehalt zugungsten aller geltenden deutschen Rechtsvorschriften wie z.B. den Bestimmungen des BGB sei darin nicht enthalten.[245]

Féaux de la Croix polemisierte nun gegen die Rechtsprechung, daß diese das Prüfverbot nach Art. 5 LSA zu weitgehend interpretiere, wenn schon im Vorfeld jede Erörterung der Forderung abgelehnt werde. Sinnvoll und dem Zweck des Art. 5 Abs. 2 LSA entsprechend sei es nur, wenn man das Verbot der Prüfung

---

244 BGH NJW 1958, 1390, 1391.

245 LG Frankfurt, NJW 1960, 1575.

auf die "eigentlichen materiellen tatbestandlichen und rechtlichen Voraussetzungen" des geltend gemachten Anspruchs beschränke. Dies bedeute, eine Klage sei nicht als "zur Zeit unzulässig", sondern als "offensichtlich unbegründet (also endgültig)" abzuweisen. Abgesehen davon, daß nach deutschem Prozeßrecht "offensichtlich unbegründet" eben nur "unbegründet" ist, bedeutete dies eine viel weitergehende Interpretation des Art. 5 LSA. Die Rechtskraft einer solchen Entscheidung wäre jeder erneuten Klage im Wege gestanden. Materiellrechtlich bedeutete dies einen Untergang jeglicher Individualforderungen. Dieses Ergebnis war zwei Annahmen geschuldet, die Féaux de la Croix allerdings als logische Deduktionen einführte. Sein Ergebnis beruhte wesentlich auf der These, "daß die völkerrechtliche Betrachtung eine vielleicht rein schulmäßig durchaus denkbare gleichzeitig zivilrechtliche Betrachtung" ausschließe. Der Friedensvertragsvorbehalt sei mehr als eine bloße Verfahrensregel, sondern beinhalte die "völkerrechtliche Rechtsnorm", daß die Regelung der Reparationsfrage allein dem Völkerrecht vorbehalten sei. Es gehe um die "Anerkennung des Grundsatzes der völkerrechtlichen Betrachtung". Das Völkerrecht war so in der Lage, ohne Zwischenschaltung eines weiteren Rechtsakts, innerstaatliche Rechtsnormen zu vernichten. Dies war, worauf die zweite Annahme aufbaute, nur wirkungsvoll, wenn der Reparationsbegriff weit gefaßt wurde. Für den Krieg, so Féaux de la Croix weiter, müsse der Staat aber umfassend einstehen. Dies folge auch aus dem Verbot des Krieges. Auch Privatpersonen würden daher zu Organen des Staates, wenn sie im Rahmen der Gesamtkriegsführung im Auftrage und nach Weisung des Staates tätig würden. Zu den reparationsfähigen Schäden gehörten auch die aller Zivilpersonen an Leben und Gesundheit infolge von Gefangensetzung, Verschickung, Internierung und Zwangsarbeit. Für diese letztlich auf Granow zurückgehende Auffassung war Art. 5 LSA ohne unmittelbare rechtliche Bedeutung. In diesem habe die rein politische Erklärung im Pariser Reparationsabkommen zur Reparationsfrage "eine äußere Form gefunden". Entscheidend sei bei dieser erneuten Erklärung, daß die Reparationsfrage zurückgestellt sei.[246] Da aber ein völkerrechtlicher Anspruch nur von Staat zu Staat besteht und es keinen völkerrechtlichen Individualanspruch auf Schadensersatz gibt, war jede Individualforderung ausgeschlossen.

Gurskis Beitrag im Außenwirtschaftsdienst des Betriebsberaters leitete die Schriftleitung mit der Bemerkung ein, die Darstellung gebe "denen" eine Ant-

246 Féaux de la Croix, NJW 1960, S. 2268-2271; ähnliche Ansätze bereits ders., Fs. Bilfinger, S. 64 f.; zurückhaltender der Verwaltungskommentar zum AKG, vgl. Féaux de la Croix, u.a., AKG, § 101, Anm. 3 (Ansprüche blieben "in der Schwebe").

wort, die immer wieder versuchten, Klagen wegen Kriegsschulden - insbesondere aus Zwangsarbeitsverhältnissen - zu erheben. Gurski hielt an seiner Auffassung fest, wegen Erlöschens der Forderungen sei schon jede Klageerhebung unzulässig. Mit einer ähnlichen Argumentation wie Féaux de la Croix wollte er jegliche Befassung der Gerichte auch in der Zukunft verhindern. Auch Gurski sah innerstaatliches und Völkerrecht in einer unmittelbar verzahnten, hierarchischen Ordnung. Nach ihm gab es einen Grundsatz, daß bei Kriegsschäden zivilrechtliche Ansprüche des Geschädigten weder gegen den verursachenden Staat noch gegen den individuellen Schädiger bestehen, "daß das Völkerrecht dem Bürgerlichen Gesetzbuch vorangeht". Im Falle von Schäden, die Zivilpersonen durch Grausamkeiten im Zusammenhang mit Internierung oder Zwangsarbeit erlitten hätten, scheine sich das moralische Gewissen gegen diesen Grundsatz noch mehr zu sträuben, besonders, wenn der individuelle Schädiger zahlungskräftig genug sei, um den Anspruch befriedigen zu können. Letzlich seien aber im Zusammenhang mit jedem einen Wiedergutmachungsanspruch begründenden Tatbestand schädigende Handlungen - völkerrechtswidrige und mit dem Völkerrecht übereinstimmende - denkbar, gegen die sich unser Gewissen empöre. Eine "rechtliche Differenzierung" der Tatbestände und Handlungen, auf die es allein ankommen könne, sei ausgeschlossen. Auch Privatpersonen hätten "im Auftrag des Reichs", auch auf vertraglicher Grundlage, handeln können. Dies sei immer der Fall bei Geschäftsbesorgungsverträgen für das Reich und seine Dienststellen oder bei sonstiger Heranziehung zur Erfüllung bestimmter Verteidigungsaufgaben oder für kriegswichtige Produktionen, die nicht hätten abgelehnt werden können und wegen der notwendigen Verbindlichkeiten eingegangen werden müssen (mittelbarer Auftrag des Reichs). Mit der Herausnahme der hiervon zu unterscheidenden Fälle "rein eigenwirtschaftlicher Betätigung privater Unternehmen" unterschied er sich wenig vom Bundesgerichtshof. Auf diese Weise konnten die für die Handelsbeziehungen wichtigen Fälle nach dem Londoner Schuldenabkommen abgerechnet werden. Gurski, der diese Grundsätze auch für Staatenlose angewandt wissen wollte, argumentierte im übrigen vor allem rechtspolitisch.

Vorbeugend stellte er fest, daß die Bestimmungen über die Kriegsforderungen auch nach Erledigung aller Verpflichtungen aus dem Schuldenabkommen ihre Bedeutung noch behalten werden. Erst die Abschaltung aller Forderungen nach Art. 5 LSA habe die Beteiligung an der freien Welt und an der Entwicklungshilfe ermöglicht. Nur deshalb habe gegenüber solchen Ländern, die unter der NS-Verfolgung besonders gelitten hätten, die Wiedergutmachungsfrage einigermaßen befriedigt geregelt werden können, was "nicht nur einem eigenen, sondern zugleich einem Anliegen der gesamten gesitteten Welt" entsprochen habe.[247]

bb. Der Präzedenzfall: Leon Staucher ./. I.G. Farben

In Sachen Leon Staucher ./. I.G. Farben entschied der Bundesgerichtshof im Februar 1963.[248] Aufbauend auf der bisherigen Rechtsprechung waren vor allem noch zwei Schwierigkeiten zu überwinden. Wenn Art. 5 Abs. 2 LSA angewandt werden sollte, so mußte die I.G. Farben eine "im Auftrag des Reichs handelnde Stelle oder Person", eine "agency of the Reich" ("agence du Reich") gewesen sein. Und Polen gehörte nicht zu den Unterzeichnern des Londoner Schuldenabkommens.

(1) Ausbeutung als Reichssache

In der Begründung heißt es, die Forderung des Klägers rühre aus dem zweiten Weltkrieg her, weil er "in Auswirkung der militärisch-politischen Kriegsführung der Machthaber des Deutschen Reiches und ihrer Besatzungspolitik verhaftet, in ein Konzentrationslager eingewiesen und dem Arbeitseinsatz in einem Rüstungsbetrieb zugeführt" worden sei. Sei er bei der "ihm auferlegten Zwangsarbeit, sei es durch die Wachmannschaften, sei es durch die Angehörigen des Rüstungsbetriebes, rechtswidrig behandelt" worden, so hätten die "hieraus hergeleiteten Forderungen, unabhängig von der Art ihrer zivilrechtlichen Begründung den typischen, sich aus dem inneren Zusammenhang mit der Kriegsführung ergebenden Reparationscharakter, der für die Einordnung unter Art. 5 Abs. 2 des Londoner Schuldenabkommens" entscheidend sei.

Der Begriff "Person" war im Gegensatz zur "agency" im Abkommen definiert (Art. 3 i LSA). Die deutsche Fassung war gleichfalls verbindlich. "Person" war danach auch jede juristische Person des privaten Rechts. Auch "agency" und "agence" hätten eine umfassende Bedeutung.[249] Zusätzlich stützte der Senat sich auf die Verhandlungsprotokolle. Der niederländische Vorstoß wegen der Befürchtung, auch Ansprüche ausländischer KZ-Häftlinge könnten von Art. 5 Abs. 2 LSA betroffen sein, habe zu keiner Änderung geführt. Dabei wurde zum einen

[247] Vgl. Gurski, BB AWD 1961, S. 12-16.

[248] BGH RzW 1963, 525-528 = LM AuslSchuldAbk Nr. 15 = MDR 1963, 492 = BB 1963, 415 (nur LS) = WM 1963, 372 = VersR 1963, 581.

[249] Weite Wortauslegung bereits bei Veith, BB 1955, S. 241 f.

verleugnet, daß als Kompromißformel Anlage VIII geschaffen worden war. Zum anderen aber nennen die angegebenen Protokollhinweise nur die Beiträge des niederländischen Vertreters Kan. Diesem hatte aber Abs geantwortet, er verstehe die niederländischen Sorgen nicht, da Art. 5 LSA "private Wiedergutmachungsforderungen" nicht ausschließe.[250] Dies wurde bewußt übergangen, da durch Art. 5 LSA nicht nur die "Bundesrepublik als Staat, sondern auch Wirtschaft und Währung der Bundesrepublik" geschützt werden solle.

Verantwortlich für alles war "das Reich, verkörpert durch die SS". Die Beziehungen zwischen den Häftlingen und den Beklagten seien "rechtlich nicht geordnet" gewesen. Die SS habe über den Arbeitseinsatz der Häftlinge entschieden und sei für ihre Bewachung während der Arbeit verantwortlich gewesen, auch die Arbeitsdisziplin habe letzlich ihrer Aufsicht unterstanden. In dem von der nationalsozialistischen Staatsführung planvoll aufgebauten System habe die I.G. Farben mit der Beschäftigung der ihr zugewiesenen Häftlinge "im Auftrage des Reichs" gehandelt. Daran änderten auch nichts die damit verfolgten eigenwirtschaftlichen Zwecke. Die "nach dem Klagevortrag" von Leuten der Beklagten begangenen "schweren Pflichtverletzungen und Übergriffe" hätten mit den von der SS ausgebauten Methoden willkürlicher Behandlung und mißbräuchlicher Arbeitsausnutzung von politschen Häftlingen in engem Zusammenhang gestanden, womit der "innere Zusammenhang" der hieraus erwachsenden Entschädigungsansprüche mit dem der Beklagten vom Reich erteilten Auftrag gegeben sei. Das konnte nur heißen, wer systemgerecht mitgequält hatte, dessen Verantwortung ging im abstrakten Moloch SS-Staat auf. Die bei Gurski und Féaux de la Croix zu findende "Exklusivität des Völkerrechts" wird hier funktional zur unterstützenden Auslegung des Art. 5 LSA herangezogen. Im Urteil heißt es, der kriegführende Staat sei für alle völkerrechtswidrigen Handlungen seiner Angehörigen verantwortlich. Dies gelte erst recht, wenn solche Angriffe nicht nur geduldet, sondern im Plan einer völkerrechtswidrigen Besatzungspolitik gelegen hätten.[251]

(2) Zum Vergleich: Urteil im Fall 6

Keine Rolle spielte wenigstens in den Entscheidungsgründen das Urteil des

250 Vgl. BTagsDrs. 1/4478, Anlage 3, S. 11, Nr. 77; zum Ganzen ausf. o. unter 4 II 2b bb.

251 Im Kern ähnlich ist die Argumentation bei H.Krüger, Wesen, S. 16, zur Begründung einer Privilegierung der Reparations- und Demontagegeschädigten. Nicht diese, sondern der "Deutsche Staat" hätten einen Krieg geführt.

Nürnberger Militärgerichts der amerikanischen Streitkräfte vom 29. Juli 1948, das im sog. Fall 6 ergangen war. Unter Anklagepunkt Drei war die Führungsriege der I.G. Farben der Kriegsverbrechen und der Verbrechen gegen die Menschlichkeit beschuldigt worden. Im einzelnen wurde ihnen die Teilnahme an der Versklavung der Zivilbevölkerung von während des Krieges besetzten Gebieten, der Verschleppung dieser Menschen zur Sklavenarbeit, der Versklavung von Konzentrationslagerinsassen und schließlich der Verwendung von Kriegsgefangenen zu Kriegsoperationen und zu Arbeiten, die in unmittelbarer Beziehung zu solchen Kriegshandlungen gestanden hätten, vorgeworfen. Die versklavten Personen seien terrorisiert, gefoltert und ermordet worden.

In bezug auf den Einsatz der Zwangsarbeiter einschließlich der Kriegsgefangenen und der Insassen von Konzentrationslagern akzeptierte das Gericht den bereits damals von den Angeklagten geltend gemachten Notstand als Entschuldigungsgrund. Unter Hinweis auf einige Auszüge aus dem Urteil des Internationalen Militärgerichtshofs, in denen der totalitäre Charakter des nationalsozialistischen Staates dargelegt wird, heißt es in den Urteilsgründen:

"Gegenüber diesen unbestreitbaren, von der höchsten Autorität festgestellten Tatsachen kann das erkennende Gericht nicht feststellen, daß die Angeklagten die Unwahrheit gesagt haben, wenn sie versicherten, daß ihnen keine andere Wahl geblieben sei, als in allen Angelegenheiten des Sklavenarbeitsprogramms im Einklang mit den Befehlen der Regierung Hitlers zu handeln. Es kann kaum einem Zweifel unterliegen, daß die Weigerung eines leitenden Angestellten der IG, die vom Reich festgesetzten Produktionsprogramme zu erfüllen oder für die Erfüllung Sklavenarbeiter zu verwenden, eine Herausforderung bedeutet hätte, die als hochverräterische Sabotage behandelt worden wäre und sofort harte Vergeltungsmaßnahmen im Gefolge gehabt hätten. Es ist sogar glaubhaft bewiesen, daß Hitler die Gelegenheit, an einer führenden Persönlichkeit der IG ein Exempel zu statuieren, freudig begrüßt hätte."[252]

Die Entschuldigung des Notstands greife aber dann nicht durch, wenn derjenige, der sie für sich in Anspruch nehme, selbst für das Bestehen oder die Ausführung solcher Befehle oder Erlasse verantwortlich gewesen sei, oder wenn seine Beteiligung das von diesen Anordnungen geforderte Maß überstiegen habe oder auf eigenes Betreiben erfolgt sei.[253]

Wenn der Gerichtshof auch keinen Zweifel hatte, daß sämtliche angeklagten Vorstandsmitglieder gewußt hätten, daß Sklavenarbeiter in großer Zahl entsprechend dem Zwangsarbeitsprogramm im Dritten Reich beschäftigt worden

252 Fall 6, S. 261.

253 Vgl. Fall 6, S. 265.

seien,[254] so nahm es eine auch strafrechtliche Verantwortung nur bei drei Vorstandsmitgliedern (Ambros, Bütefisch und TerMeer), beim Prokuristen der Frankfurter AG und dem Direktor des Werkes Auschwitz (Dürrfeld) und beim Vorsitzenden des Aufsichtsrats (Krauch) an.[255] Die am Auschwitzer Bauvorhaben am nächsten beteiligten Angeklagten (Ambros, Bütefisch und Dürrfeld) seien offensichtlich für die Arbeiter in hohem Maße verantwortlich gewesen. Sie hätten die Arbeiter von den Reichsstellen für Arbeitseinsatz angefordert. Sie hätten die ihnen zugewiesenen Konzentrationslagerhäftlinge angenommen und sie dann den für die IG arbeitenden Baufirmen zur Verfügung gestellt. Die festumrissene Aufgabe des Chef-Ingenieurs Dürrfeld habe darin bestanden, mit Hilfe von anderen Angeklagten das Bauvorhaben allgemein zu überwachen. Er habe die Befehlsgewalt bei den Bauarbeiten gehabt. Diesen Männern falle die Verantwortung für die auf ihr eigenes Betreiben durchgeführte rechtswidrige Beschäftigung zur Last, und sie müßten, mindestens bis zu einem gewissen Grade, die Verantwortung für die schlechte Behandlung der Arbeiter mit der SS und den beauftragten Baufirmen teilen.[256] Die Verwendung von Konzentrationslagerhäftlingen und ausländischen Zwangsarbeitern in Auschwitz stelle, wenn man berücksichtige, daß die leitenden Beamten der IG aus eigenem Antrieb Maßnahmen zur Beschaffung und Verwendung dieser Arbeitskräfte getroffen hätten, ein Verbrechen gegen die Menschlichkeit dar und gleichzeitig, soweit es sich um Angehörige fremder Staaten gehandelt habe, auch ein Kriegsverbrechen. Insoweit greife die Berufung auf Notstand nicht durch.[257] Gleiches galt für den Vorsitzenden des Aufsichtsrats Krauch. Der Umfang seiner Kenntnis der Einzelheiten über die Beschaffung von Zwangsarbeitern und seine freiwillige Beteiligung bei der Verteilung und Zuweisung dieser Arbeiter führe zu dem zwingenden Schluß, daß seine Tätigkeit als freiwillige Teilnahme an den Verbrechen der Versklavung zu werten sei.[258] Und zur Schuldfrage Ter Meers, der als Technischer Leiter der IG die allgemeine Oberleitung in Angelegenheiten der Fertigung und der Neuerrichtung von Anlagen inne gehabt habe, führte das Gericht aus, Auschwitzkommandant Höß hätte seine Häftlinge lieber im Lager behalten. Diese Arbeiter seien der I.G. Farben nicht aufgezwungen worden. Deren Angestellte hätten aus eigenem Antrieb die Häftlinge für Bauarbeiten auf dem Lager angefordert. Die

---

254 Vgl. Fall 6, S. 279 f.

255 Vgl. Fall 6, S. 254-280.

256 Vgl. Fall 6, S. 270.

257 Vgl. Fall 6, S. 272.

258 Vgl. Fall 6, S. 273.

I.G. habe das Lager Monowitz nur zu dem Zweck auf eigene Kosten erbaut, um die für sie arbeitenden Konzentrationslagerhäftlinge unterzubringen. Es bestehe kein Zweifel daran, daß die in der Bauleitung tätigen Angestellten der IG über das hinausgegangen seien, was wegen des von Regierungsbeamten ausgeübten Drucks habe getan werden müssen. Sie könnten daher mit Recht beschuldigt werden, aus eigenem Antrieb die Verwendung von Arbeitskräften aus dem Konzentrationslager geplant und durchgeführt zu haben.[259]

(3) Die Funktion der Auftragsrechtsprechung

Der Bundesgerichtshof hätte daher allein unter Berücksichtigung des vorsichtig abgewogenen Urteils im Fall 6 genug Anlaß gehabt, das Verhältnis SS und I.G. Farben etwas genauer zu durchleuchten, als es mit den wenigen Sätzen [260] in den übrigen Urteilsgründen geschehen war. Dann aber hätte die Frage thematisiert werden müssen, wer die staatlichen Planungsgremien bestückt hatte und wer die Häftlingskontingente angefordert und auf wessen Betreiben entsprechende Anordnungen erlassen worden waren. Die vielfältigen Verflechtungen zwischen SS, Staat und Wirtschaft wurden verleugnet, alles Schlechte und Böse der hier den nationalsozialistischen Staat repräsentierenden SS zugeschoben. Das entsprach ideologisch der entschädigungsrechtlichen Rechtsprechung, die auf der Opferseite fein säuberlich sortierte, wer wessen Opfer geworden war. Hier wurde gleichsam auf der Täterseite die entsprechende Trennung vorgenommen. Die Wirtschaft und ihre Wirtschaftsführer, die wieder in Amt und Würden waren, gehörten jedenfalls zum Deutschen, nicht zum nationalsozialistischen Reich.

Neben der dogmatischen Funktion, wirtschaftlich nicht unbedeutende Ansprüche abzuwehren, ermöglichte die letztlich auf der Exklusivitätsthese des Völkerrechts beruhende Aufwertung des Art. 5 LSA die ideologische Abspaltung der den Wiederaufbau nur störenden Vergangenheit. Mit der "Nationalsozialisierung" verschwand jedes am Gewaltregime auf die eine oder andere Weise beteiligte private Subjekt. Anders als im öffentlich-rechtlichen Entschädigungsrecht mit dem Anspruchsgegner Staat schimmerte im zivilrechtlichen Anspruchssystem der unmittelbar Verantwortliche hervor. Verpflichtet konnte hier nur ein Nutznießer oder Bereicherter (Geschäftsführung ohne Auftrag bzw. Bereicherungsrecht) oder ein Verantwortlicher (Deliktsrecht) sein. Nicht zuletzt aus diesem

---

259 Vgl. Fall 6, S. 276.

260 Abschnitt 1d der Urteilsgründe umfaßt 14 eher kurze Sätze !

Grund war auch das alliierte Rückerstattungsrecht immer umstritten geblieben und war der Ruf nach dem Staat als dem eigentlich Verantwortlichen erklungen. Art. 5 LSA bzw. die Exklusivitätsthese dienten so der ideologischen Entlastung von der nationalsozialistischen Vergangenheit. Der Trennungsstrich wurde so radikal gezogen, daß es auf die Frage einer irgendwie gearteten Beteiligung der I.G. Farben gar nicht ankam.

(4) Die weitere Urteilsbegründung

Mit noch geringerem Aufwand wurde die zweite Hürde genommen. Auf die polnische Unterzeichnung des Abkommens komme es nicht an. Art. 5 LSA sei innerstaatliches Recht und entfalte nach Inhalt und Zweck unmittelbar privatrechtliche Wirkung.

Ältere Abkommen mit Polen bestünden nicht. Art. 26 LSA und Anlage VIII schieden daher aus. Letztere gelte nur für neugeschaffenes Recht wie die Wiedergutmachungs- oder Lastenausgleichsgesetzgebung. Soweit Forderungen Reparationscharakter besäßen wie diejenigen des Klägers, könne sich jedenfalls die vereinbarte Auslegung nicht auf Ansprüche beziehen, die auf ältere noch geltende Rechtsvorschriften gegründet würden. Der Wortlaut der Anlage VIII ("gemäß den in der Bundesrepublik Deutschland geltenden Rechtsvorschriften") gab dies nicht her.[261] "Ältere Rechtsvorschriften" wurden als Bundes- oder Landesrecht bundesrepublikanisches Recht (Art. 123-125 GG). Anlage VIII bestätigte eher den Dualismus von Völker- und innerstaatlichem Recht.

Solchermaßen auf Gleichklang mit der ministeriellen Literatur erfolgte gegen Gurski der Hinweis, Art. 5 LSA bedeute nicht, daß Klagen schon wegen des Ausschlusses der Gerichtsbarkeit unzulässig seien. Und gegen Féaux de la Croix Auffassung bestanden immerhin Bedenken, ob sich aus der Staatenpraxis ein anerkannter Grundsatz der Exklusivität völkerrechtlicher Entschädigung des Inhalts nachweisen lasse, daß schlechthin zivilrechtliche Individualansprüche aus Kriegs- und Besatzungsmaßnahmen von vornherein ausgeschlossen seien.

---

261 Der als Beleg gegebene Hinweis auf Wolff (damals zuständiger Abteilungsleiter im Bundesfinanzministerium), NJW 1953, S. 1411, Fn. 3, trägt die Auslegung ebenfalls nicht, da sich dieser mit der Frage gar nicht beschäftigt.

cc. Die Unschuld der Wirtschaft auch bei jüdischen Zwangsarbeitern

Da hier gleichsam auf der "Täterseite" sortiert wurde, kam es auf die Opferseite nicht an. In einem weiteren Musterprozeß lehnte der Bundesgerichtshof ein Jahr später die Klage einer Jüdin mit damals tschechoslowakischer, dann amerikanischer Staatsangehörigkeit aus den gleichen Gründen ab. Sie war 1944 in ein Konzentrationslager als Elfjährige verschleppt worden und hatte bei Rheinmetall in Sömmerda, in der Nähe Buchenwalds, unter unmenschlichen Bedingungen Hülsen für Bomben und Artilleriegeschosse fertigen müssen. Auch hier sei Art. 5 Abs. 2 LSA anzuwenden, denn die Klägerin sei "in Auswirkung der von den damaligen Machthabern des Deutschen Reiches verfolgten politisch-militärischen Zielsetzung ihrer Freiheit beraubt und unter Überwachung durch die SS zur Zwangsarbeit in einem Rüstungsbetrieb gezwungen" worden. Diese Diktion hätte nicht einmal zur Begründung eines Entschädigungsanspruchs gereicht. Dort galt wenigstens die rassische und die gegen Kinder gerichtete Verfolgung, was beides vorlag, als anspruchsbegründend. Zur geschmeidigeren Begründung mußte hier davon abstrahiert werden. Das Ergebnis stand von vornherein fest, denn darauf, ob sich die Rüstungsbetriebe im Einzelfall um die Zuweisung von KZ-Häftlingen bemüht hätten, komme es nicht an. Verantwortlich war allein die "Staatsführung", die im Rahmen der von ihr gesteuerten Rüstungs- und Kriegsplanung die Zuweisungen vorgenommen habe.[262]

Fast zehn Jahre später lehnte der Bundesgerichtshof die Klage eines nach seiner Emigration aus Deutschland 1944 von den Niederlanden in verschiedene deutsche Lager verschleppten jüdischen Verfolgten ab, der dort zum Wiederaufbau kriegszerstörter Anlagen gezwungen worden war. In München geboren, hatte der Kläger vor dem Erwerb der amerikanischen im Jahre 1952 die türkische Staatsbürgerschaft besessen. Für die Ablehnung des als "privatrechliche Reparationsforderung" bezeichneten Schmerzensgeldanspruchs war es unerheblich, daß die Türkei erst spät (zum 1.3.1945) dem Deutschen Reich den Krieg erklärt und selbst nicht zu den Signatarstaaten des Schuldenabkommens zählte. Jede andere Auslegung hätte eine "Lücke" zur Folge. Eine "'gewisse' Kausalität" im Sinne Gurskis "Prinzip der lockeren Kausalität" mit dem Kriege bestehe eben besonders bei Forderungen, die aus der Einlieferung in ein KZ-Lager und der Zuführung zum Arbeitseinsatz in einem Rüstungsbetrieb entstünden. Die Sperre nach Art. 5 LSA sei auch nicht an Art. 14 GG zu messen, da hier die bundesverfas-

262 BGH VersR 1964, 637 = WM 1964, 595; vgl. dazu Ferencz, Lohn, S. 166-169, zum Fortgang der Verhandlungen mit Rheinmetall S. 169-193.

sungsrechtliche Rechtsprechung zu den Reichsverbindlichkeiten wegen ihres Reparationscharakters auch auf die Privatverbindlichkeiten anzuwenden sei.[263]

Dieser Rechtsprechung folgte auch das Bundesverwaltungsgericht mit der plausiblen verfahrensrechtlichen Nuance, daß eine Feststellungsklage mangels rechtlichem Interesse an der "baldigen" Feststellung bereits unzulässig sei. Der in England lebende Kläger war als Unteroffizier der polnischen Armee im Jahre 1939 in deutsche Kriegsgefangenschaft geraten und mußte in der Land- und Forstwirtschaft und beim Straßenbau arbeiten; 1944 wurde er in ein Konzentrationslager verbracht. Eindeutiger als der Bundesgerichtshof ging das Bundesverwaltungsgericht davon aus, daß es sich bei den auf kriegsvölkerrechtliche Bestimmungen gestützten Lohnforderungen nicht um eine Reparationsforderung handele. Art. 5 LSA gelte aber nach dem Wortlaut für solche Individualansprüche. Das darin zum Ausdruck kommende für die Staaten geltende Forderungsverbot würde aber umgangen, wenn nunmehr ihre in deutscher Kriegsgefangenschaft gewesenen Soldaten mit Erfolg Klage auf Nachzahlung bisher nicht geleisteten Lohns erheben könnten. Auf den Beitritt Polens komme es nicht an, da es sich um innerstaatliches Recht handele. Anlage VIII meine nur die auf der "Nachkriegsgesetzgebung des Bundes" beruhenden Vorschriften.[264]

dd. Die Nagelprobe: Verjährung der Ansprüche deutscher Zwangsarbeiter

Die Ablehnung über Art. 5 LSA war aber im Falle eines Klägers deutscher Staatsangehörigkeit nicht möglich. Mit der Klage Edmund Bartls mußte der Bundesgerichtshof über einen solchen Fall entscheiden. Mit 6.000 anderen Häftlingen hatte Bartl, 1941 von der Gestapo verhaftet und wegen seiner Gegnerschaft zum Regime von einem Sondergericht verurteilt und nach der zweijährigen Haftzeit in das Konzentrationslager Sachsenhausen verschleppt, für die Flugzeugfirma Heinkel schwere körperliche Arbeit verrichten müssen. Befreit hatte er nur noch 46 Kilogramm gewogen und war gesundheitlich auf Dauer sehr angegriffen. Schweißarbeiten ohne Schutzbrille hatten ihn fast blind gemacht. Das OLG Stuttgart hatte, nachdem eine erste Entscheidung wegen einer Besetzungsrüge aufgehoben worden war, in einer weiteren Entscheidung die erste bestätigt.[265] Zutreffend ging das Gericht bereits in der ersten Entschei-

263 BGH LM Art. 5 LondSchAbk. = NJW 1973, 1549 = MDR 1973, 1015.

264 BVerwGE 35, 262.

265 Vgl. Ferencz, Lohn, S. 216-220; ders., AJCL 15 (1966/67), S. 561 ff.

dung davon aus, vertragliche oder vertragslose Arbeitsverhältnisse seien nicht zustande gekommen. Die Abmachung zwischen SS und der Firma sei sittenwidrig. Ein Lohnanspruch bestehe daher aus Geschäftsführung ohne Auftrag, der erst in dreißig Jahren verjähre. Wenn auch für Zwangsarbeit und Freiheitsberaubung ausschließlich die SS verantwortlich gewesen sei, so bestehe für die andauernden körperlichen Mißhandlungen durch zivile Angestellte ein Schmerzensgeldanspruch aus Deliktsrecht. Ein Exkulpationsbeweis (§ 831 Abs. 1 Satz 2 BGB) sei nicht erbracht worden. Eine Verjährung liege nicht vor, weil der Kläger trotz seiner Bemühungen erst zu einem sehr späten Zeitpunkt von der Beklagten Kenntnis erlangt habe.[266]

In seiner Revisionsentscheidung vom Juni 1967 ließ der Bundesgerichtshof die Verjährungseinrede gelten. Ausführlich begründete der Senat, daß der Kläger vom Bestehen der beklagten Gesellschaft Kenntnis gehabt und von daher die Haftungsfrage rechtzeitig hätte klären können. Die zweijährige Verjährungsfrist (§ 196 Abs. 1 Nr. 9 BGB) setze keine Vertragsgrundlage voraus. Entscheidend sei auf die tatsächlichen Verhältnisse und die Interessenlage abzustellen. Die Auffassung des OLG Stuttgart, die kurze Verjährungsfrist sei nur für Geschäfte des täglichen Lebens gedacht, von der sich die Zwangsarbeit wesentlich unterscheide, treffe nicht zu. Der Gesetzgeber habe vielmehr durch die Aufstellung objektiver Tatbestände eine grundsätzliche Regelung getroffen, die auch dann einzuhalten sei, wenn einmal die Beweggründe, die zur Schaffung des Gesetztes geführt hätten, nicht "einschlägig" sein sollten:

"Jede andere Auslegung, die es auf die Sonderumstände des Falls abstellt, würde zu weitgehender Rechtsunsicherheit führen, die im Wirtschaftsleben kaum erträglich wäre."[267]

Das war schon insofern widersprüchlich, als mit den "tatsächlichen Verhältnissen" und der "Interessenlage" nur die besonderen Umstände des Falls gemeint sein konnten und nicht ein nationales Gesamtinteresse. Das OLG Stuttgart hatte ein auch vertragsloses Arbeitsverhältnis zu Recht verneint, weil die Häftlinge weder subjektiv noch objektiv "Arbeitnehmer" und die Beklagten nicht "Arbeitgeber" gewesen seien. Die Beklagte habe nicht einmal Namenslisten über die Häftlinge geführt. Diese seien für sie nur "numerierte menschliche Produktionsmittel" gewesen. Ähnlich hatte das Bundessozialgericht ein Beschäfti-

---

266 OLG Stuttgart, RzW 1964, 425-428.

267 BGHZ 48, 125, 128; zum durchaus vorhandenen Bewußtsein der finanziellen Auswirkungen s. die allg. Bemerkungen zum Entschädigungsrecht von Wüstenberg, Fs. BGH, S. 146.

gungsverhältnis für Konzentrationslagerhäftlinge wegen eines öffentlich- rechtlichen Gewaltverhältnisses verneint. Im Rentenrecht konnte damit allerdings die Ablehnung von Rentenansprüchen ausländischer Verfolgter begründet werden.[268] Ideologisch lag das Bundessozialgericht damit auf der Linie des Bundesgerichtshofs zur Verstaatlichung der Zwangsbeziehungen und damit der Verantwortlichkeit. Mit der Annahme einer kurzen Verjährungsfrist setzte sich der Bundesgerichtshof auch in Widerspruch zur Art. 5 - LSA-Rechtsprechung, da er nunmehr auf eine arbeitsvertragsähnliche "Interessenlage" abstellte. Das verbindende Moment blieb nur die politökonomische Zielsetzung, die deutsche wirtschaftliche Prosperität dürfe auf keinen Fall in irgendeiner Weise behindert werden. Einen dogmatisch gangbaren Ausweg hatte das OLG Stuttgart mit seiner Entscheidung gezeigt, ohne die ideologische Ausgangsbasis, für Zwangsarbeit und Freiheitsentziehung sei allein der SS-Staat verantwortlich, zu verlassen. Dies setzte aber das Zugeständnis voraus, daß mit den Mitteln des für eine "Normallage" geschaffenen Zivilrechts mangels alternativer Rechtssetzung eine staatlich nicht konsumierte Restverantwortung einzelner thematisiert werden sollte. Die meist als Musterprozesse geführten Klagen dienten vor allem dazu, die starre Verhandlungsfront der Industrie aufzubrechen. Ein voller Schadensausgleich war angesichts der Verfolgungsbedingungen gar nicht erreichbar. Die nach den einzelnen Abkommen vorgenommenen Zahlungen lagen durchschnittlich zwischen 2000 und 4000 DM und hatten eher symbolischen Wert. Die starre Haltung der Rechtsprechung verhinderte jede Bewegung auf der Seite der verantwortlichen Wirtschaft und so eine breite Aufarbeitung dieses Teils der Firmengeschichte, wie sie erst wesentlich später in Gang gekommen ist.[269]

d. Kritik der Rechtsprechung zu Art. 5 LSA

Die These von der Exklusivität des Völkerrechts billigte auch die Rechtsprechung nicht. Féaux de la Croix war, wie auch Gurski, für den von ihm mißverstandenen Vorrang des Völkerrechts einen Beweis und Beleg dafür schuldig geblieben. Wie immer man auch theoretisch das Verhältnis Völkerrecht zu innerstaatlichem Recht auffaßt, so wird auch von streng monistischen Vertretern keine unmittelbare Außerkraftsetzung des innerstaatlichen Rechts konstruiert. Der völkerrechtswidrige Zustand des innerstaatlichen Rechts berechtigt zur Repressalie

---

268 Vgl. BSGE 38, 245.

269 Zur Problemlage Ende der achtziger Jahre vgl. die Dokumentation von Beimel u.a., Informationsmaterial.

oder Krieg [270] oder eben zur Wiedergutmachung im völkerrechtlichen Sinne.[271] Im Prinzip sind die Unrechtsfolgen für Verletzungen des während des Kriegszustandes geltenden Kriegsvölkerrechts keine anderen als die "normalen" Unrechtsfolgen für völkerrechtliches Unrecht.[272] "Reparationen" und "Wiedergutmachung" im völkerrechtlichen Sinne sind daher nicht verschieden zu behandeln. Selbst bei einem weiten Verständnis des Reparationsanspruchs hätte es eines innerstaatlichen Akts zur Rechtsvernichtung der eventuell bestehenden Individualansprüche bedurft.

Wenn auch die Auffassung als zu weitgehend erscheint, nach der im Gegenteil der Individualanspruch, zwar oft nicht durchsetzbar, gerade die Voraussetzung für den eigentlich völkerrechtlichen Anspruch des Staates gegen den anderen Staat sei,[273] so kann aber andererseits ein Recht nur auf Grund derjenigen Rechtsordnung erlöschen, auf Grund derer es zuvor entstanden ist. Selbst die friedensvertraglichen Verzichtsklauseln konnten daher nicht den Untergang der nach der deutschen innerstaatlichen Rechtsordnung bestehenden Ansprüche bewirken.[274]

Problematischer ist vielmehr, ob überhaupt solche Ansprüche weiter bestanden haben und nicht mit dem Untergang des Deutschen Reichs ebenfalls erloschen sind. Eine solche Sichtweise war aber mit der These vom Fortbestehen des Deutschen Reichs unvereinbar. Problematisch erscheint ebenfalls, ob solche Ansprüche noch vor Kriegsende überhaupt entstehen konnten. Die unmenschliche Behandlung der Konzentrationslagerhäftlinge war "zeitgemäß". Nach den zeitgenössischen Anschauungen war sie "rechtmäßig", soweit im partikulierenden nationalsozialistischen Staat noch von einer Rechtsordnung ausgegangen werden kann.[275] Auch die im "Sonderrecht" zum Ausdruck kommende Rechtlosigkeit basierte auf Ausgrenzungsnormen, die der mörderischen Verwaltungspraxis freie Hand ließen.[276] Staatliche und zivile Stellen beuteten gemeinsam

270 Vgl. Kelsen, Unrecht, S. 483 u. 504-510; Guggenheim, Lehrbuch, S. 30; s.a. Verdross/Simma, Völkerrecht, S. 53-58.

271 Vgl. Seidl-Hohenveldern, Völkerrecht, S. 366-371; Menzel/Ipsen, Völkerrecht, S. 344-357; Wengler, Völkerrecht, Bd. 1, S. 510 ff.

272 Vgl. Wengler, Völkerrecht, Bd. 2, S. 1459; ähnl. Bd. 1, S. 499 f. u. 514.

273 Domke, SchweizJZ 1962, S. 4; zur Person s. Göppinger, Juristen, S. 275, m.w.N.

274 So auch Stöcker, WM 1965, S. 732.

275 Zum Problem bereits F.Neumann, Behemoth, insb. S. 509-530; vgl. ferner Deiseroth, DuR 1980, S. 62; Ridder, DuR 1978, S. 301 ff.; ders., DuR 1979, S. 77 ff.

276 Vgl. Majer, "Fremdvölkische", insb. S. 133-142 u. aus der Schlußbetrachtung S. 916 f.

aus und quälten zusammen. Die Anerkennung als "Unrecht" hätte dann unbedingt einer rechtlichen Neuschöpfung bedurft. Diesen Weg war der Gesetzgeber mit dem Rückerstattungs- und Entschädigungsrecht auch gegangen.

Das Entschädigungsrecht war als ein öffentlich-rechliches Anspruchssystem verstanden worden. Für das Bundesverfassungsgericht lag darin eine Neukonstituierung. Es ging davon aus, daß die nationalsozialistischen Unrechtsmaßnahmen mit den herkömmlichen Möglichkeiten des Haftungsrechts nur unzulänglich erfaßt werden könnten. Ungeeignet sei auch der Gesichtspunkt der Amtspflichtverletzung, da es sich nicht um rechtswidrig schuldhafte Abweichungen von einem intakten Rechtssystem gehandelt habe. Die Verfolgungsmaßnahmen hätten immer im Einklang mit den politischen Zielen der nationalsozialistischen Machthaber gestanden. Klare Verhältnisse hätten nur durch die Gewährung "neuer Ansprüche eigener Art" erreicht werden können.[277] Demgegenüber [278] hatte der Bundesgerichtshof in mehreren Entscheidungen zu Fragen der Vererbung des Entschädigungsanspruchs allgemein ausgeführt, der Gesetzgeber gehe davon aus, daß die Entschädigungsansprüche nicht erst durch das Bundesentschädigungsgesetz, sondern "schon durch das schadensstiftende Ereignis entstanden" seien.[279] In der Entscheidung zur Verzichtsklausel im österreichischen Staatsvertrag fügte er erstmals hinzu, dieser Standpunkt sei gerechtfertigt, weil die entschädigungsrechtlichen Schadenstatbestände auch solche des allgemeinen Schadensersatzrechts nach bürgerlichem Recht oder nach öffentlichem Verfassungsrecht (unter Hinweis auf Art. 131 Weimarer Reichsverfassung) seien und "als solche die Ansprüche schon zu dem Zeitpunkt begründet" hätten, "als die nationalsozialistische Gewaltmaßnahme widerrechtlich in die Rechtssphäre des Verfolgten" eingegriffen hätte. Der Entschädigungsanspruch nach den Landes- oder Bundesentschädigungsgesetzen sei entweder an die Stelle oder neben den nach anderen Gesetzen begründeten Schadensersatzanspruch getreten. Diese "Zusammengehörigkeit" der Schadensersatzansprüche

---

277 BVerfGE 13, 39, 43 f.; RzW 1961, 388; s.a. E 2, 380, 390 u. 402 (Haftentschädigungsanspruch als Ausdruck staatlicher Fürsorgepflicht), andererseits ist gerade diese Entscheidung nicht frei von überpositiven Argumentationstopoi, s. ebd., S. 403.

278 Zur Auseinandersetzung um die Fortgeltung der Beamtenrechte s. Kirn, Verfassungsumsturz, S. 111-276.

279 BGH RzW 1959, 512, 513; 1957, 238; OLG Hamburg, RzW 1957, 159. Die entsprechende Formulierung ist in der Entscheidung BGH RzW 1957, 194, auf die mehrfach verwiesen wird, nicht mit abgedruckt. Im Regierungsentwurf war damit die Vererbbarkeit der Ansprüche begründet worden, vgl. BTagsDrs. 2/1949, S. 99; s.a. Blessin/Ehrig/Wilden, § 3, Rn. 2; Blessin/Gießler, BEGSchlG, § 3, Anm. I, S. 243. Auf verschiedene Klageansprüche deutet BGH RzW 1962, 259, hin.

und der Entschädigungsansprüche begründeten eine "Einheit zwischen ihnen", die es zulasse, den Entschädigungsanspruch als schon zur Zeit der Verfolgung entstanden zu behandeln. Konkret diente dies zur Begründung dafür, daß die zeitlich nur alle vor Kriegsende entstandenen Ansprüche betreffende Verzichtsklausel (des österreichischen Staatsvertrags) auch auf entschädigungsrechtliche Ansprüche angewandt werden konnte.[280] Ohne Aufdeckung des Widerspruchs und ohne Aufgabe der Auffassung in der Österreichentscheidung griff der Bundesgerichtshof in einer späteren Entscheidung Teile der Ausführungen des Bundesverfassungsgerichts auf und folgerte aus dem Umstand, daß die entschädigungsrechtlichen Ansprüche sich nicht gegen den seinerzeitigen Schädiger, sondern gegen die zuständigen Länder und mittelbar gegen die Bundesrepublik richte, die Neufassung der Ansprüche, "die wohl ihre Wurzel in früher schädigenden Handlungen" hätten.[281]

Mit dieser Rechtskonzeption war daher für den Bundesgerichtshof jede Erörterung einer zivilrechtlichen Anspruchsgrundlage untunlich. Wie die Österreichentscheidung zeigt, beruhte diese Konzeption wesentlich auf naturrechtlichen Vorstellungen, wie sie vor allem in der strafrechtlichen Judikatur zu nationalsozialistischen Gewaltverbrechen zutage getreten sind.[282] Die These, die seinerzeitige Verfolgung sei als "Unrecht" bereits auch rechtswidrig ("widerrechtlich") gewesen, deutet darauf hin, daß mit ihr eine verletzbare Rechtssphäre und damit eine andere Rechtsordnung als weiterhin fortbestehend konstruiert wird. Dies dient vor allem zur Aufrechterhaltung einer vom Nationalsozialismus entschlackten Staatskontinuität.[283] Die in den übrigen Rechtsgebieten "naturrechtlich" zu bewältigende Reinigung wird entschädigungsrechtlich wesentlich über den positivierten Verfolgungsbegriff bewerkstelligt. Für zivilrechtliche Ansprüche konnte auf diesen nicht zurückgegriffen werden und hätte, da Ansprüche jüdischer Häftlinge nicht auszuschließen waren, nicht die gewünschten Ergebnisse ge-

---

280 BGH RzW 1960, 553, 554; aufgenommen in 1961, 173; vgl. ferner BGH NJW 1963, 1549.

281 BGH RzW 1965, 225.

282 Zur Naturrechtsrezeption nach 1945 ausf. Rosenbaum, Naturrecht, zur Rspr. insb. S. 124-130; Lau, KJ 1975, S. 244 ff.; Grünwald, Kritik (unter Einschluß des Entschädigungsrechts); zur strafrechtlichen Rezeption vgl. Frankenberg/Müller, KJ 1968, S. 145 ff.

283 Aus verfassungspolitischer Sicht vgl. dazu Kirn, Verfassungsumsturz; weitergehend zur methodischen und rechtsfunktionellen Kontinuität vgl. Maus, in: H. Rottleuthner (Hrsg.), Recht, S. 176 ff.; dies., in: Dreier/Sellert (Hrsg.), Recht, S. 80 ff.; zur Kontinuität des "Rechtsstaats" s. Bäumlin/Ridder, AK-GG, Art. 20 Abs. 1-3 III.

bracht. Zivilrechtliche Ansprüche schon tatbestandsmäßig zu verneinen war aber mit der "Unrechts"-Konzeption nicht vereinbar. Die Zuflucht zu Art. 5 LSA baute auf ihr auf, als für die Drangsal der Zwangsarbeiter allein die SS verantwortlich war. Dies stand nur scheinbar in Widerspruch zum sonstigen Gebrauch des Reparationsarguments, wonach als "Reparation" nur gewöhnliches Staatsunrecht im Gegensatz zum typischen nationalsozialistischen Unrecht verstanden wurde. Das Reparationsargument wurde hier aber ausdrücklich auf die "privaten" Ansprüche angewandt. Das heißt, die Verantwortung für die wirtschaftliche Ausbeutung der Konzentrationslagerhäftlinge wie überhaupt die Kriegswirtschaft galten allenfalls als Staatsunrecht. Die "Normalität" dieser Wirtschaftsbedingungen, implizit dann aber auch der Arbeits- und Lebensbedingungen, wird gerade in der Verjährungsentscheidung mit der Ignorierung irgendwelcher "Sonderumstände" behauptet.

Aber auch rechtlich war die Anwendung des Art. 5 LSA nicht unproblematisch. Soweit er auf Angehörige von Nichtsignatarstaaten angewandt wurde, hätte zumindest die Frage thematisiert werden müssen, ob es sich dann nicht um einen völkerrechtlich verbotenen Vertrag zu Lasen Dritter handelte. Als innerstaatlich geltende Rechtsnorm kam es zwar nicht auf die Frage "Signatarstaat" an, jedoch spricht die sich in Gegensatz zum Völkerrecht setzende Interpretation einer Norm für die Unrichtigkeit der Auslegung. Fraglich ist weiter, inwieweit die rechtspolitische Zielsetzung eines faktischen Reparationsverzichts rechtstechnisch mit Art. 5 Abs. 2 LSA erreicht worden war. Art. 5 Abs. 2 LSA betraf vor allem die ehemaligen Feindstaaten. Ihnen war eine Prüfung verboten worden.

Dafür spricht auch die bewußte Anlehnung an den Wortlaut des Pariser Reparationsabkommens, an dem die Bundesrepublik nicht beteiligt worden war und das ebenfalls nur eine Verpflichtung enthalten hatte, nicht allein Reparationsforderungen zu stellen. Das Verbot zum Abschluß bilateraler Verträge betraf ausschließlich die Gläubigerstaaten.[284] Jedenfalls waren Adressaten des Art. 5 LSA nur Staaten. Auch mit der Ratifizierung des Art. 5 LSA wurden private Gläubiger und Schuldner weder berechtigt noch verpflichtet.[285] Weder durften diese Staaten an die Bundesrepublik wegen der betroffenen Forderungen herantreten noch durften sie ihre Staatsangehörigen bei der Geltendmachung ihrer Forderungen unterstützen. Für einen Verzicht, Aufschub der Fälligkeit oder ähnliches bedurfte

284 So auch Henn, RabelsZ 20 (1955), S. 284 f., Fn. 74.

285 Ähnlich Verdroß in einem Rechtsgutachten zur Verzichtsklausel im österr. Staatsvertrag, zit. in BGH RzW 1960, 553, 554.

es daher erst einer gesetzlichen Änderung,[286] wie es mit den Reichsschulden,[287] aber nicht mit Forderungen zwischen Privaten geschehen ist. Auf die rechtliche und tatsächliche Problematik der "im Auftrage des Reichs handelnden Personen" ist bereits hingewiesen worden.[288] Die Herausnahme der entschädigungsrechtlichen Ansprüche aus Art. 5 LSA ließ sich nur mit einer Verengung des Reparationsbegriffs begründen, was Anlage VIII klarstellte. Soweit § 8 BEG offensichtlich von zivilrechtlichen Wiedergutmachungsansprüchen ausging, war die unterschiedliche Behandlung entschädigungsrechtlicher und zivilrechtlicher Ansprüche inkonsequent. Faßt man zusammen, so war die Rechtsprechung des Bundesgerichtshofs weder zwingend noch reichte der betriebene Argumentationsaufwand zur Begründung der Entscheidung aus.

III. Die Ablehnung weiterer Entschädigungsforderungen

Die strukturellen Mängel des Entschädigungsrechts führten nach Verabschiedung der Schlußgesetzgebung zu keiner weiteren Novellierung. Mit der außenpolitischen Öffnung im Zuge der Verhandlungen zu den Ostverträgen war die "Wiedergutmachung" nur insofern Thema, als die neue Regierungskoalition innenpolitisch alles daran setzte, die umstrittenen Verträge nicht mit Entschädigungs- oder Reparationsforderungen zu belasten. Dies dürfte mit ein Grund dafür sein, daß das Thema "Nationalverfolgte" erst mit dem zweiten Diskussionsschub ab Mitte der achtziger Jahre aufgegriffen wurde. Ein erster Diskussionsschub setzte Mitte der siebziger Jahre ein. Kennzeichnend für die innovativen Kräfte, und dies gilt in noch stärkerem Maße für die achtziger Jahre mit dem Einzug einer neuen Oppositionspartei, dürfte eine Äußerung des FDP-Abgeordneten Zumpfort in einer Aussprache zum Petitionsbericht am Ende der achten Legislaturperiode sein. Zur Wiedergutmachungs- und Kriegsfolgengesetzgebung äußerte er, was ihn persönlich als neuen Bundestagsabgeordneten betroffen gemacht habe, sei gewesen, in einen Bundestag zu kommen, der gesagt habe, daß die Gesetzgebung darüber abgeschlossen sei. Gleichwohl sei er in seiner

---

286 Vgl. Stöcker, WM 1965, S. 732, aber widersprüchlich, da er ansonsten Féaux de la Croix u. Gurski folgt, ebd., S. 735.

287 Vgl. Gesetz zur allgemeinen Regelung durch den Krieg und den Zusammenbruch des Deutschen Reichs entstandener Schäden (Allgemeines Kriegsfolgengesetz) v. 5.11.1957, BGBl. I, 1747; zur Überlagerung der verbliebenen Ansprüche durch Art. 5 LSA s. die Kommentierung bei Féaux de la Croix u.a., AKG, § 101. Zum Schmerzensgeldanspruch wegen Verbringung in ein Konzentrationslager s. BGH NJW 1963, 1549.

288 Vgl. a. Domke, SchweizJZ 1962, S. 4, m.w.N.

ersten Wahlkreissprechstunde mit zwei Fällen von Verfolgungsopfern konfrontiert worden, die von dieser abgeschlossenen Rechtsfindung nicht berücksichtigt worden seien.[289] Während vor allem die Fälle der Zwangssterilisierten immer wieder zu ergebnislosen Anfragen geführt hatten,[290] wandte sich das Interesse der Abgeordneten allmählich weiteren ausgesparten Gruppen von Verfolgungsopfern zu.[291] Aber auch die sozialliberale Koalition - es kann nur vermutet werden, daß hier die Ministerialbürokratie im Bundesfinanzministerium ihren Einfluß geltend machte - wagte keine erneute Öffnung der Entschädigungsverfahren.[292] Die entschädigungsfreundlichen Kräfte konnten nicht einmal eine Stiftungslösung durchsetzen,[293] sondern mußten mit der Errichtung zweier Härtefonds zufrieden sein. Mit dem zweiten Diskussionsschub konnte bisher ebenfalls nur ein weiterer Härtefonds sowie verschiedene Länderinitiativen geringen Umfangs erreicht werden.[294] Entgegen der programmatischen Aussage in § 238 BEG, wonach eine weitergehende Entschädigung für Verfolgte, die eine örtliche Beziehung zu deutschen Gebieten außerhalb des Geltungsbereichs dieses Gesetzes haben, also auf dem Gebiet der DDR ansässig sind, bis zur Wiedervereinigung Deutschlands vorbehalten bleibe, sieht eine Nachbesserungsvereinbarung zum Einigungsvertrag nur eine weitere Fondslösung mit der Claims Conference vor.[295]

---

289 Vgl. BTagsStenProt. 8/223, S. 17987A.

290 Vgl. BTagsStenProt. 5/29, S. 1289 (Anlage 5); 5/136, S. 6953C; 5/151, S. 7744B; 5/241, S. 13460; 6/56, S. 3096; 6/105, S. 6144 (Anlage 16); 6/176, S. 10206 (Anlage 5); 7/246, S. 17000; 8/128, S. 10333; 8/166, S. 13305; 8/184, S. 14531 (Anlage 11); 8/188, S. 14860; s.a.o. 4 III 2 (Fn. 403).

291 Vgl. BTagsStenProt. 8/166, S. 13305; 8/142, S. 11308; BTagsDrs. 9/2360 (Sinti und Roma); BTagsStenProt. 8/179, S. 14128 (Homosexuelle).

292 Vgl. BTagsStenProt. 8/152, Anlage 46, S. 12203 f.

293 Zu den Gründen vgl. die Andeutungen bei Westphal, BTagsStenProt. 10/187, S. 14214D; kritisch zur Entwicklung der Rechtsprechung insb. Düx, DuR 1980, S. 262 ff.; ders., DuR 1984, S. 342 ff.; Beyer, DuR 1980, S. 273 ff.

294 Überblick über die Entwicklung nach dem Schlußgesetz bis zur Umsetzung der Härtefonds im Jahre 1990 bei Wittenberg, DuR 1990, S. 315 ff; vgl. ferner Saathoff, DuR 1987, S. 367 ff; ders., BlfdtuintPol 1988, S. 1296 ff; ders., DuR 1990, S. 13 ff.

295 Vgl. Art. 2 der Vereinbarung zwischen der Bundesrepublik Deutschland und der Deutschen Demokratischen Republik zur Durchführung und Auslegung des am 31.August 1990 in Berlin unterzeichneten Vertrags zwischen der Bundesrepublik Deutschland und der Deutschen Demokratischen Republik über die Herstellung der Einheit Deutschlands - Einigungsvertrag - v. 18.9.1990, BGBl. II 1990, 1239; s.a. u., 1. Kapitel, Fn. 6.

1. Kontinuität der deutschen Politik

Mit der in den Vertragsverhandlungen zum Ausdruck kommenden Öffnung gegenüber Osteuropa war eigentlich zu erwarten gewesen, daß nach Wegfall der gröbsten außenpolitischen Hemmnisse auch die "Wiedergutmachungsfrage" in entsprechenden Vereinbarungen geregelt werden würde.

a. Äußerungen im Bundestag: Störversuche der Ostpolitik

In zahllosen Einzelanfragen überwachte die nunmehr oppositionelle CDU/CSU-Fraktion das Einhalten der bisherigen reparationspolitischen Leitlinie. Das hieß, keine Entschädigungszahlungen für Osteuropa. Entsprechende Pressemeldungen wurden regelmäßig vor den Bundestag gezerrt und gipfelten in der Frage des Abgeordneten Kiep, ob eine Äußerung des Bundesfinanzministers zutreffe, wonach die Ostpolitik und die Beziehungen zu den osteuropäischen Staaten auf Dauer nicht ohne eine Erhöhung von Steuern möglich seien.[296] Auch jedes weitere Entgegenkommen gegenüber westeuropäischen Forderungen wurde deshalb abgelehnt.[297] Die Regierung sah darin eher eine Störung der Verhandlungen und betrieb selbst da, wo die Verhandlungsgrundlage weit früher gelegt worden und wo der Unrechtscharakter einfach nicht zu verleugnen war, nämlich bei einigen Pauschalabkommen für die Opfer von Menschenversuchen, keine offensive Politik der Öffentlichkeit.[298]

Inwieweit wenigstens anfänglich seitens der sozialliberalen Regierung die Frage einer Entschädigung für osteuropäische Bürger angegangen werden sollte, kann auf dieser knappen Materialbasis nicht beantwortet werden. Es lassen sich jedoch einige interessante Nuancen der regierungsamtlichen Argumentation auffinden. Bereits im Zusammenhang mit dem sowjetischen Friedensvertragsentwurf 1959 ist auf die Äußerung des damaligen parlamentarischen Staatssekretärs beim Bundesminister des Auswärtigen, Dahrendorf, hingewiesen worden. Auf die Frage, ob mit "reparationsähnlichen Forderungen" der tschechoslowaki-

---

296 Vgl. BTagsStenProt. 6/70, S. 3855B f., 3856A.

297 Vgl. BTagsStenProt. 6/61, S. 3378A (Luxemburg); zu Frankreich s. 8/118, S. 9211 (Anlage 2); BTagsDrs. 8/3982, S. 2 f.. (Frage 4 u. 5). Zu Griechenland Drs. 7/5951 (Frage 8) u. StenProt. 8/12, S. 548A.

298 Vgl. BTagsStenProt. 6/23, S. 887B f.; s.a. 7/43, S. 2429C ff.; 7/230, S. 16046D f. Von den Abkommen ist keines veröffentlicht worden, vgl. Zieger, RIW/AWD 1980, S. 17, Fn. 111; auf die Vereinbarung mit der Tschechoslowakei wird im Bundesanzeiger v. 4.11.1969 (Nr. 205), S. 5, hingewiesen.

schen Regierung zu rechnen sei, wich er mit der Antwort, Reparationsforderungen seien bisher nicht offiziell erhoben worden, aus. Auf die Nachfrage stellte er klar, "Wiedergutmachungsforderungen", die von Reparationsforderungen zu unterscheiden seien, bezögen sich auf einzelne und könnten nicht als reparationsähnliche Forderungen bezeichnet werden. Er gehe also davon aus, daß es sinnvoll sei, einen Unterschied zu machen zwischen Forderungen, die direkt von anderen Staaten erhoben würden, und solchen, die sich indirekt auf einzelne Personen und die Wiedergutmachung erlittenen Unrechts bezögen. Bei dieser Unterscheidung könne er seine Antwort auch auf reparationsähnliche Forderungen erstrecken.[299] Moersch, der Dahrendorf bereits im Juni 1970 nachgefolgt war, antwortete auf die Frage nach den jugoslawischen Verhandlungen, dort gehe es ausschließlich um die Wiedergutmachung nationalsozialistischen Unrechts. Auch in den Verhandlungen mit der Tschechoslowakei gehe es nicht um Reparationen.[300]

Auf eine kleine Anfrage über die möglichen finanziellen Folgen der Ostpolitik der Bundesregierung erklärte der Bundesfinanzminister, aus den Abmachungen würden sich grundsätzlich finanzielle Verpflichtungen ergeben. Im übrigen sei er der Überzeugung, daß sich die Belastungen aus "Wiedergutmachungsleistungen", die aus "humanitären Gründen" unabweisbar seien, durchaus in tragbaren Grenzen halten werden. Einleitend hatte er erklärt, man halte sich an das Londoner Schuldenabkommen. Eine besondere Problematik bestehe aber seit jeher bei der "Wiedergutmachung typisch nationalsozialistischen Unrechts". Dazu gehörten Leistungen für die Opfer medizinischer Menschenversuche und Leistungen nach dem Bundesrückerstattungsgesetz.[301] Im Ergebnis wurden dann auch lediglich in Ergänzung der durch Kabinettsbeschluß vom 26. Juli 1951 getroffenen Härteregelung [302] und des schon früher geschlossenen Abkommens mit Jugoslawien globale Abkommen über die Entschädigung von Opfern pseudomedizinischer Versuche mit der Tschechoslowakei, Ungarn und Polen geschlossen.[303] Zahlreiche noch unerledigte Ansprüche ungarischer Verfolgter nach dem Bundesrückerstattungsgesetz,[304] das An-

299 Vgl. BTagsStenProt. 6/61, S. 3377C f.; s. bereits o. 3 III 3.

300 Vgl. BTagsStenProt. 6/132, S. 7713.

301 Vgl. BTagsDrs. 6/1462, S. 2 f. (Antwort auf Drs. 6/1404).

302 In der Kommentarliteratur zumeist als Anhang abgedruckt. Vgl. dazu die Anfrage von Abgeordneten der CDU/CSU-Fraktion, BTagsDrs. 1/1260, und die Antwort des Bundesministers der Finanzen, Drs. 1/1332.

303 Vgl. BTagsDrs. 10/6287, S. 50; Zieger, RIW/AWD 1980, S. 111.

304 Bundesgesetz zur Regelung der rückerstattungsrechtlichen Geldverbindlichkeiten

sprüche auf einen Geldbetrag oder auf Schadensersatz gegen das Deutsche Reich gewährte und dessen objektives Territorialitätsprinzip darauf abstellte, ob der Gegenstand im Gebiet der Bundesrepublik oder Gesamt-Berlins entzogen worden oder nach der Entziehung dorthin gelangt war, wurden in einem privatrechtlichen Vertrag pauschal abgegolten. Hierbei handelte es sich um eine vereinfachte Abgeltung bereits bestehender Ansprüche.[305] Vermutlich war daher auch die Wiedergutmachungspolitik der sozialliberalen Koalition ausschließlich auf die Globalabkommen zur Entschädigung von Opfern pseudomedizinischer Versuche gerichtet. Rechtsdogmatisch wurde dabei aber auf die Argumentation im Zusammenhang insbesondere mit dem Israel-Abkommen zurückgegriffen. Wie damals wurde jetzt der Reparationsbegriff um den inhaltlich neu definierten Begriff der "Wiedergutmachung" verkleinert. "Wiedergutmachung" in diesem Sinne war nicht nur "innerstaatlich" gemeint, sondern schloß als völkerrechtlich verstandener Begriff die Globalabkommen ein. Während mit dem Israel-Vertrag, dessen eigentlicher vertraglicher Anknüpfungspunkt die Eingliederungskosten der vertriebenen Opfer war, und auch noch mit den Westabkommen wenigstens formal die Identität mit dem innerstaatlichen Verfolgungsbegriff reklamiert werden konnte, war schon die 1951 getroffene Härteregelung gerade für die Opfer gedacht gewesen, die nicht unter den Verfolgungsbegriff nach den Länderentschädigungsgesetzen fielen.[306] Rechtsdogmatisch zeigt dies die Inkonsistenz der bundesdeutschen Unterscheidung in "Reparation" und "Wiedergutmachung", die letztlich auf einer willkürlichen Bewertung beruhte, die wesentlich von außenpolitischen Faktoren, nicht aber von den objektiven Verfolgungsmaßnahmen abhing. So wurde auch dem Vorstoß Finnlands, das im September 1971 beiden deutschen Staaten einen Abkommensentwurf u.a. über Entschädigung für die von deutschen Truppen 1944/45 angerichteten Schäden überreicht und die Forderung nicht als Reparations-, sondern "Wiedergutmachungsforderung" begründet hatte, mit dem Hinweis begegnet, es handele sich um eindeutige Kriegsverluste, die nur im Wege von Reparationen zu entschädigen seien.[307] Damit wurde aber erneut die grundsätzliche Unterscheidung "Reparation"/"Wiedergutmachung" akzeptiert.

---

des Deutschen Reichs und gleichgestellter Rechtsträger v. 19.7.1957, BGBl. I, 754.

305 Vgl. Wirth, W. II, S. 287; nach ihm wurden im Vertrag v. 22.1.1971 mit der ungarischen "Landesorganisation für Interessenvertretung der Naziverfolgten in Ungarn" für 62.000 Anmeldungen pauschal 100 Millionen DM bezahlt.

306 BTagsDrs. 10/6287, S. 18 f.; vgl. a. BTagsStenProt. 7/15, S. 649.

307 Vgl. BTagsStenProt. 7/18, S. 831C f.

In bezug auf polnische Wiedergutmachungsforderungen und die von Polen vorgetragene Begründung, es handele sich nicht um Reparationsforderungen, sondern um individuelle Forderungen natürlicher Personen, führte Staatssekretär Moersch aus, man habe stets an der Auffassung festgehalten, daß es nach allgemeinem Völkerrecht im Verhältnis zu ausländischen Staaten und ihren Staatsangehörigen "kein Unterschied zwischen Wiedergutmachung und Reparation" gebe, so daß die "Wiedergutmachungsfrage im Verhältnis zu Polen nicht von der Reparationsfrage zu trennen" sei.[308] Diese Äußerung erfolgte nach Abschluß des Abkommens über Entschädigung der Opfer pseudomedizinischer Versuche. Polen hatte erstmals im September 1972 zur Regelung "humanitärer Fragen" auch offiziell weitere Wiedergutmachungsforderungen, insbesondere für Zwangsarbeit, KZ-Aufenthalt und Deportation, gestellt.[309]

Zur Begründung der Ablehnung weiterer "Wiedergutmachungsforderungen" wurde immer wieder direkt[310] oder indirekt[311] auf das Londoner Schuldenabkommen, auf die polnische Verzichtserklärung von 1953 und die Bestätigung von 1970,[312] den Friedensvertragsvorbehalt[313] und, Albanien betreffend, auf das Pariser Reparationsabkommen[314] hingewiesen. Die sowjetische Verzichtserklärung von 1953 wurde auf die DDR bezogen, aber doch im Sinne eines politischen Verzichts gedeutet.[315] In einer Antwort der Staatsministerin Hamm-Brücher auf die Frage nach deutschen Eigentumsansprüchen in Polen wurde auch das Aufrechnungsargument verwendet. Danach gehörte es zum Standpunkt der Bundesregierung, daß die Bundesrepublik mit den Ostverträgen auf den Anspruch für deutsche Vermögensverluste nicht verzichtet habe. Diese An-

---

308 Vgl. BTagsStenProt. 7/152, S. 10521C.

309 Vgl. BTagsStenProt. 7/29, S. 1516 (Anlage 99); 7/107, S. 7279B; s.a. 7/24, S. 1190 (Anlage 42).

310 Vgl. BTagsStenProt. 6/61, S. 3378A; 6/176, S. 10194A; 7/18, S. 831D; 8/12, S. 548B (Anlage 17); 8/184, S. 14541C (Anlage 49); BTagsDrs. 6/1462, S. 2; 6/3722, S. 3 (Nr. 5); 7/5951, S. 5 (Nr. 8).

311 Vgl. BTagsStenProt. 7/76, S. 4824D; 7/247, S. 17550C.

312 Vgl. BTagsStenProt. 6/64, S. 3612 (Anlage 6); 7/152, S. 10521A; BTagsDrs. 6/3722, S. 4 (Nr.5); s.a. u. Fn. 372.

313 Vgl. BTagsStenProt. 6/146, S. 8417 (Anlage 20); 7/152, S. 10521D f.; 7/180, S. 12571A; BTagsDrs. 6/3722, S. 3 (Nr. 5).

314 Vgl. BTagsStenProt. 7/126, S. 8492 (Anlage 18); s.a. 8/184, S. 14541C (Anlage 49) (mit Hinweis auf Art. 8 LSA); vgl. a. StenProt. 7/24, S. 1190C (Anlage 42); 7/29, S. 1516 (Anlage 99); zu Albanien s.a. den Hinweis bei Hahn, ZaöRV 1989, S. 556.

315 Vgl. BTagsStenProt. 6/176, S. 10193C f.

sprüche könnten aber nicht losgelöst vom Gesamtzusammenhang der Reparationsfrage behandelt werden.[316]

Wenigstens in zwei Fällen hielt sich die Bundesregierung nicht an das Reparationsverbot. Im Falle einer britischen Firma, die behauptete, Gläubigerin einer auf sie durch Abtretung übergangenen Darlehensforderung gegenüber einer polnischen Firma zu sein, die während des Krieges unter die Verwaltung der Haupttreuhandstelle Ost und von dieser zwangsweise im Juli 1943 zu Gunsten des Deutschen Reiches veräußert worden sei, war sie bereit, zur Vermeidung eines Rechtsstreits 240.000 DM zu bezahlen.[317] 1,1 Millionen DM zahlte die Bundesregierung an eine schwedische Firma, die in den zwanziger Jahren eine polnische Firma zwei Obligationsanleihen gewährt hatte, für die Zins- und Tilgungsdienst wegen Übernahme durch das Deutsche Reich während des Krieges eingestellt worden waren, so daß die schwedische Firme z.T. selbst hatte eintreten müssen.[318]

Die oppositionelle CDU/CSU-Fraktion begehrte allgemein Auskunft über osteuropäische Reparations- oder "Wiedergutmachungsforderungen".[319] Neben solchen Ungarns,[320] Jugoslawiens,[321] der Sowjetunion [322] und der Tschechoslowakei [323] galten die Fragen vor allem Forderungen Polens.[324] Nach Abschluß des Abkommens über Entschädigung für Opfer pseudomedizinischer Versuche wurden Fragen nach Art und Weise der Abwicklung gestellt.[325] Die wirtschaft-

316 Vgl. BTagsStenProt. 8/61, S. 4743D (Anlage 50).

317 Vgl. BTagsDrs. 5/4487, S. 86 f.

318 Vgl. BTagsDrs. 5/3110, S. 74; zu beiden Fällen s. Bergmann, RzW 1979, S. 41 (Fn. 9).

319 Vgl. BTagsStenProt. 6/70, S. 3855B f.; 6/176, S. 10194B f.; BTagsDrs. 6/1404 mit 1462; 7/952, S. 5 f. (Nr. 9); 7/1458.

320 Vgl. BTagsStenProt. 7/247, S. 17550C f.

321 Vgl. BTagsStenProt. 6/132, S. 7713A; 6/176, S. 10194D; 7/43, S. 2429C-2432D; 7/76, S. 4826A; s.a. Marx, 7/90, S. 6043C.

322 Vgl. BTagsStenProt. 6/70, S. 3856A; 6/176, S. 10193B ff.; 6/190, S. 11115D (Anlage 2); BTagsDrs. 6/3722, S. 3 f. (Nr. 5).

323 Vgl. BTagsStenProt. 6/23, S. 887B; 6/61, S. 3377C; 6/132, S. 7713B; 6/146, S. 8417 (Anlage 20); 7/76, S. 4824D; s.a. Becher, 7/90, S. 6026B; 7/15, S. 649B; zu Rumänien s. BTagsDrs. 6/1462, S. 3 (Nr. 2).

324 Vgl. BTagsStenProt. 6/64, S. 3612 (Anlage 6); 6/146, S. 8417 (Anlage 20); 7/24, S. 1190 (Anlage 42); 7/29, S. 1516 (Anlage 99); 7/95, S. 6374D f.; 7/107, S. 7279B; 7/152, S. 10521A; 7/180, S. 12570B f., 8/201, S. 16090 (Anlage 63); BTagsDrs. 6/3722, S. 3 f. (Nr. 5).

325 Vgl. BTagsStenProt. 7/15, S. 649A; 7/170, S. 11892C f.; BTagsDrs. 8/4512, S. 2 (Nr. 1); 9/596, S. 4 (Nr. 2).

liche Legitimität von Kreditverhandlungen mit diesen Staaten wurde regelmäßig bestritten. Sie wurden für verdeckte "Wiedergutmachungsleistungen" unter Umgehung des Reparationsrechts gehalten.[326] In der Literatur werden diese Kredite vor allem von Rumpf [327] in ähnlicher Weise kritisiert. Als zumeist wirtschaftliche Kredite fehlte diesen Abkommen jeglicher unmittelbarer Bezug auf die deutschen Verfolgungsmaßnahmen während des Krieges. Sie konnten schon von daher nicht die Anerkennung dieser Maßnahmen als Verfolgung zum Ausdruck bringen. Mit ihnen stellte sich die sozialliberale Regierung insofern in eine außenpolitische Kontinuität, als die Finanzkredite "neue", sich auf die Beziehungen "insgesamt positiv auswirkende Impulse" im Rahmen einer intensivierten wirtschaftlichen Zusammenarbeit bewirken sollten.[328] In ähnlicher Weise war Jugoslawien nach dessen (kurzzeitiger) diplomatischer Anerkennung im Jahre 1956 ein langfristiger 240-Millionen-DM-Kredit eingeräumt worden. Weitere 60 Millionen DM waren pauschal für dem Londoner Schuldenabkommen unterliegende Forderungen aus der Vorkriegszeit sowie für Ansprüche auf Entschädigung für nicht realisierbare Restitutionen im Sinne des Überleitungsvertrages gezahlt worden. Die Bestimmungen zur äußeren Restitution des Überleitungsvertrags sahen - wie die Friedensverträge 1947 - eine Schadensersatzpflicht der Bundesrepublik für den Fall, daß während der Besetzungszeit geraubte oder beschlagnahmte und aus dem Besetzungsgebiet entfernte Güter nicht mehr herausgegeben werden konnten, vor (Fünfter Teil Art. 4 Abs. 1 ÜV). Entschädigungsrechtliche Tatbestände waren damit nicht berührt worden. Nach dem Verhandlungsprotokoll stellten die Ergebnisse "eine neue Phase in den Beziehungen zwischen beiden Ländern" dar.[329] Oppermann hatte bereits 1958 das Abkommen als einen weiteren Erfolg für die Richtigkeit der sich auf den Überleitungsvertrag und das Londoner Schuldenabkommen stützenden Hoffnungen gewertet, daß es gelingen werde, unter völliger Ausklammerung der Reparationsfrage die Handelsbeziehungen zu möglichst vielen Staaten gänzlich zu

---

326 Vgl. BTagsStenProt. 7/43, S. 2429C-2432D; 7/76, S. 4824D ff.; 7/87, S. 5723D f.; 7/100, S. 6610 (Anlage 6); 8/12, S. 548 (Anlage 17); s.a. Marx, 7/90, S. 6012D u. 6043C, dazu Scheel, ebd., S. 6038.

327 Vgl. Rumpf, W. III, S. 341 ff.; ders. AVR 1985, S. 99 f.

328 So Staatssekretär Moersch, BTagsStenProt. 7/100, S. 6610 (Anlage 6), in bezug auf den polnischen Finanzkredit in Höhe von 1 Mrd. DM.

329 Vgl. Text des gemeinsamen Protokolls und der Abkommen v. 16.10.1956, BAnz. v. 15.1.1957, Nr. 9, S. 1 ff.; dazu kurz Zieger, RIW/AWD 1980, S. 17 f.; Meissner, Außenpolitik 1968, S. 72; H.-P. Schwarz, Ära, S. 28 f.; zum Abkommen Jugoslawiens mit der DDR über Kriegsschulden v. 22.5.1963 s. weiter den Hinweis im EA 1963, S. Z 127.

normalisieren. Langfristig könne so ein Klima geschaffen werden, in dem die Neubehandlung des Reparationsproblems in einem etwaigen gesamtdeutschen Friedensvertrag nur in der Form eines weitgehenden oder vollständigen Verzichts auf solche Forderungen denkbar wäre.[330]

b. Das Sozialversicherungsabkommen mit Polen (Oktober 1975)

Ähnlich ist das Abkommen mit Polen über die Renten- und Unfallversicherung zu beurteilen. Diese im Oktober 1975 in Warschau unterzeichneten Vereinbarungen waren Teil eines Verhandlungskompromisses, der neben der pauschalen Abgeltung von wechselseitigen Rentenansprüchen in Höhe von 1,3 Milliarden DM einen langfristigen Finanzkredit (1 Milliarde DM) und im Gegenzug die Zusage Polens beinhaltete, in einem Zeitraum von vier Jahren 125.000 Deutschen das Überwechseln von Polen in die Bundesrepublik zu gestatten.[331] Nach Ratifizierung des Warschauer Vertrags war auch dieses Vertragspaket innerhalb der Bundesrepublik erneut hochpolitisiert worden. Als weitere Schritte zur "vollen Normalisierung" war von deutscher und polnischer Seite die Behandlung "humanitärer Fragen" angesehen worden. Deutscherseits sah man darin ausschließlich die Frage der Ausreise und deutscher Minderheitenrechte in Polen, während man polnischerseits darunter die Entschädigungsfrage verstand.[332] In dem neuen Vertragspaket sah die deutsche Opposition wiederum die Zahlung versteckter und Polen nicht zustehender Wiedergutmachungsleistungen. Der Abgeordnete Carstens wandte u.a. ein, daß die Regierung für die Zusage auf Genehmigung von Ausreisen von Deutschen "jetzt schon zum drittenmal einen Preis" zahle. Nach Warschauer Vertrag, der Helsinkier KSZE-Konferenz (Sommer 1975) werde jetzt ein Preis in Gestalt von Geldzahlungen in Höhe von 2,3 Milliarden DM gezahlt.[333] Mit dieser Summe faßte Carstens Rentenpauschale und Finanzkredit zusammen. Dem entsprach auf Regierungsseite die Koppelung der verschiedenen Regelungen.[334] Außenminister Genscher begründete zudem das

330 Oppermann, in: Hoog (Hrsg.), Völkerrecht, S. 295.

331 Abkommen zwischen der Bundesrepublik Deutschland und der Volksrepublik Polen über Renten- und Unfallversicherung sowie Vereinbarung zum Abkommen über Renten- und Unfallversicherung, beide v. 9.10.1975, Ratifizierungsgesetz v. 12.3.1976, BGBl. II, 393; zum ganzen Verhandlungspaket s. die Dokumentation der Bundesregierung "Die deutsch-polnischen Vereinbarungen".

332 Zu den deutsch-polnischen Beziehungen s. insb. Geyr, Wege.

333 Carstens, BTagsStenProt. 7/202, S. 13961.

334 Vgl. a. die Ausführungen des damaligen Sprechers des Auswärtigen Amtes, Terfloth, Außenpolitik 1976, insb. S. 132. Bundeskanzler Schmidt, BTagsStenProt.

Vertragspaket damit, daß die beiden humanitären Probleme gedroht hätten, zu einer immer stärkeren Belastung der Beziehungen zu werden. Die polnischen Entschädigungsforderungen hätten "aus rechtlichen und politischen Gründen" nicht erfüllt werden können. Das sei der polnischen Seite bekannt. Die Forderung nach Wiedergutmachung stelle sich nicht weiter. Das werde gegenüber der polnischen Öffentlichkeit auch durch die Verbesserungen der Leistungen für KZ-Opfer deutlich, die nach den Gesprächen in Helsinki - dort war der Verhandlungskompromiß erzielt worden - beschlossen worden seien.[335] Und der SPD-Abgeordnete Friedrich erklärte in derselben Debatte, wenn im Rahmen der getroffenen Vereinbarungen die polnische Regierung die Möglichkeit sehe, den polnischen KZ-Opfern angesichts der Entlastung des polnischen Sozialetats die Rente zu erhöhen, "ohne die von uns ausgesprochene Anerkennung von Schadensersatzansprüchen und nicht in dem erhofften Umfang", so werde deutlich, wie schwierig es gewesen sei, diesen Kompromiß zu erreichen.[336] Damit war aber entgegen den ständigen Verlautbarungen, es handele sich im Grunde genommen um eines der üblichen Rentenabkommen, auf der politischen Ebene ein Zusammenhang mit der Entschädigungsfrage konstruiert worden,[337] an dem auch spätere Regierungen festhielten.[338] Auch 1975 hatte man nicht den Mut aufgebracht, offiziell zu erklären, Deutschland sei eine moralische, in finanziellen Leistungen ausdrückbare "Wiedergutmachung" schuldig. Der Sozialexperte der SPD-Fraktion, Sund, stellte klar, daß nach Deutschland verschleppte Zwangsarbeiter, denen man von ihren Löhnen die Sozialversicherungsbeiträge abgezogen habe, sozialversicherungsrechtlich nicht mit KZ-Opfern gleichzusetzen seien.[339] Das entsprach der vom Bundessozialgericht bestätigten Praxis der Sozialverwaltung, nach der konzentrationäre Zwangsarbeit nur als Ersatzzeit, nicht aber als Beitragszeit anerkannt wird.[340] Es ist daher davon auszugehen, daß auch die sozialversicherungsrechtlichen Belange der polnischen Konzentrationslageropfer vom Rentenabkommen überhaupt nicht erfaßt wurden. Auch in der Stellung-

---

7/202, S. 13973A/C.

335 Genscher, BTagsStenProt. 7/202, S. 13934D.

336 Friedrich, BTagsStenProt. 7/202, S. 13943A.

337 S.a. Donat/Friedrich, Neue Gesellschaft 1976, S. 278 ff.; D.Möller, Außenpolitik 1977, S. 197; anders in der poln. Öffentlichkeit, s. Hoensch, Aus Politik und Zeitgeschichte, B12-13/90, S. 47.

338 S. die Antwort des Parlamentarischen Staatssekretärs Voss (CSU), BTagsDrs. 10/5082 (Nr. 26), S. 11 f., 12.

339 Vgl. Sund, BTagsStenProt. 7/202, S. 13984B, gegen Franke (CDU/CSU), ebd., S. 13982D f.

340 Vgl. Pawlita, ZfS 1990, S. 454-462.

nahme der Bundesregierung in dem von CDU/CSU regierten Ländern dominierten Bundesrat war die Frage Krieg und Besetzung nur zurückhaltend beschrieben worden. Hinsichtlich der "der deutschen Seite zuzurechnenden Tatbestände" heißt es u.a.:

"In den im Zweiten Weltkrieg eingegliederten Gebieten (Ost-oberschlesien usw.) und auch teilweise im sogenannten Generalgouvernement sind zwischen 1940 und 1945 Beiträge an deutsche Versicherungsträger entrichtet worden. Im Verlaufe der ersten Sachverständigengespräche wurde von polnischer Seite die Zahl der hiervon betroffenen Personen mit 4,7 Millionen bei einer durchschnittlichen Versicherungsdauer von fünf Jahren und einem Durchschnittsverdienst von jährlich 600,-- Mark beziffert...
Polen haben vor 1945 in großem Umfang in Deutschland gearbeitet und Beiträge zur reichsdeutschen Rentenversicherung entrichtet. Die Zahl dieser Personen wurde von polnischer Seite mit 2,9 Millionen Personen bei durchschnittlich dreijähriger Versicherungsdauer beziffert." [341]

Damit war aber wenigstens die Zwangsarbeit in den während des Krieges besetzten Gebieten wie auch die der nach Deutschland verschleppten Polen in das Abkommen einbezogen worden. Gerade ihre Einbeziehung machte einen großen Überhang der polnischen Forderungen aus. Der Abgeordnete Sund hatte in den Beratungen wenigstens darauf hingewiesen, man rede von "Wanderungsbewegungen", und doch wisse man, daß es sich dabei zugleich "um das Schicksal von Millionen Zwangsverschleppten" handele, "von Menschen, die von Deutschen in das damalige Reich deportiert" worden seien.[342] Anhand mehrerer Fallbeispiele zeigt er auf, daß nunmehr sowohl die in Deutschland geleistete Zwangsarbeit als auch die in Polen zurückgelegten Versicherungszeiten eines in Deutschland verbliebenen ehemaligen polnischen Zwangsarbeiters in der Bundesrepublik anerkannt werden könnten.[343] Auf bundesrepublikanischer Seite war das Interesse am Abschluß durch einen sozialgerichtlichen Musterprozeß forciert worden, der befürchten ließ, die verschiedenen Rentenanwartschaften ließen sich in eigenen Rentenansprüchen realisieren.[344] Nach Presseberichten bedeutete die pauschale Abgeltung aller polnischen Ansprüche eine enorme Ersparnis der deutschen Rentenkassen. Nach Berechnung von Experten im Arbeitsministerium hätten mit 1,2 Milliarden Mark allein 1975 fast genausoviel wie die gesamte Pauschalsumme gezahlt werden müssen. Für die nächsten 15 Jahre seien überschlägig mindestens acht und höchstens 15

341 S. Deutsch-polnische Vereinbarungen, S. 73 f.

342 Sund, BTagsStenProt. 7/202, S. 13987A.

343 Vgl. Sund, ebd., S. 13986B/C.

344 Vgl. die Hinweise von Genscher, BTagsStenProt. 7/202, S. 13935C; Sund, ebd., S. 13986D f.

Milliarden DM hochgerechnet worden.[345] Angesichts dieser Bilanz kann das Sozialversicherungsabkommen nicht einmal als indirekte Entschädigungsleistung gewertet werden. Mit der nachträglichen "Normalisierung" der Zwangsarbeit außerhalb der Konzentrationslager - bis Mitte 1944 bestand für osteuropäische Fremdarbeiter keine Versicherungspflicht und war lediglich eine Ausgleichsabgabe erhoben worden, wodurch der zusätzliche Gewinn nicht dem Arbeitgeber, sondern der Finanzkasse zuwachsen sollte - war aber wenigstens ein sozialversicherungsrechtlicher Ausgleich erreicht worden.

c. Die Kompensationsthese

aa. Anfragen im Bundestag

Zu den mit den Westabkommen vergleichbaren symbolischen Akten hatte es in den siebziger Jahren nicht gereicht. Aus der oben zitierten Äußerung des Abgeordneten Carstens wie aus oppositonellen Anfragen wurde deutlich, daß insbesondere die Vertreibung der Deutschen nach dem Kriege als unüberwindbare Barriere für Entschädigung angesehen wurde. Die politische Aufrechnung wurde z.T. auch in eine rechtliche umgesetzt. So stellte der Abgeordnete Miltner die Frage, ob die Bundesregierung gegebenenfalls die Kriegsfolgeschäden der ehemaligen Volksdeutschen in Jugoslawien mit den Schäden durch nationalsozialistisches Unrecht aufrechnen wolle, sofern diese Gegenstand von Verhandlungen würden.[346] Der Abgeordnete Kunz begehrte Antwort auf die Frage, ob die Bundesregierung bereit sei, erforderlichenfalls polnischen Entschädigungsforderungen mit Nachdruck entgegenzutreten, nachdem sich der polnische Staat durch die rechtswidrige Massenvertreibung riesige Vermögenswerte angeeignet habe, weil ansonsten die Heimatvertriebenen zusätzlich über ihre Steuern für den Verlust ihres Vermögens büßen müßten.[347] Der Abgeordnete Milz erkundigte sich nach der Bereitschaft der Regierung, in den Verhandlungen mit Polen auf die Notwendigkeit der Sühnung von Verbrechen an Deutschen im Zusammenhang mit der Vertreibung aus den deutschen Ostgebieten hinzuweisen sowie nach der, die Vereinten Nationen darauf aufmerksam zu machen.[348] In

---

345 Vgl. Der Spiegel 29.Jg., 1975, Nr. 33 v. 11.8.1975, S. 22 ff., 23 (Polen-Verträge. Alle vier Jahre); vgl. auch Genscher, BTagsStenProt 7/202, S. 13935D.

346 S. BTagsStenProt. 6/132, S. 7713C (s.a. die vorstehende Frage).

347 S. BTagsStenProt. 7/24, S. 1190 (Anlage 42).

348 S. BTagsStenProt. 7/126, S. 8492 (Anlage 17).

bezug auf die Abkommen über Entschädigung für Opfer pseudomedizinischer Versuche stellte der Abgeordnete Czaja die Frage, ob "analog zu diesen Bestimmungen" auch "die Wiedergutmachung der Verbrechen fremder Gewalt zur Sprache" gebracht worden seien, deren Opfer Deutsche seien.[349] Ein anderes Mal bat er Auskunft darüber, ob Staatsminister Moersch bei zukünftigen Antworten auch berücksichtigen werde, daß "natürlich auch Wiedergutmachungansprüche individueller Art von deutschen Staatsangehörigen sowohl wegen Verbrechen gegen die Menschlichkeit als auch wegen völkerrechtswidriger Konfiskation von zivilem Eigentum" anstehe, die völkerrechtskonform vertreten werden müßten und eigentlich einer Verrechnung bedürften.[350] Er wollte auch wissen, ob die Bundesregierung erklären könne, daß sie weiterhin solche uferlos wachsenden Forderungen, die bei weniger "leichter Rechnung" und der angekündigten Forderung für Zwangsarbeiter über 15 Milliarden hinaus erheblich gesteigert zu werden drohten, zurückweisen und deutsche Forderungen für den entgangenen Nutzen des gegenwärtigen zivilen Vermögens Deutscher, das völkerrechtswidrig von Polen konfisziert worden sei, geltend machen werde.[351]

bb. Im völkerrechtlichen Schrifttum

Auch in der völkerrechtlichen Literatur ist der Gedanke der Aufrechnung verschiedentlich bemüht worden. Raschhofer stützt sich auf den weiten Reparationsbegriff des Reparationsschädengesetzes.[352] "Reparationsschäden" sind danach auch die Schäden, die in den ehemaligen deutschen Ostgebieten und im Ausland durch die Wegnahme von Wirtschaftsgütern infolge Maßnahmen fremder Staaten gegen deutsches Vermögen, besonders auf Grund der Feindvermögensgesetzgebung, eingetreten sind (§ 2 Abs. 1 Nr. 1 und Abs. 3 RepG). Damit würden, so Raschhofer, nicht nur die Reparationsleistungen der deutschen Altbürger, sondern auch die "wirkungsgleichen Vermögensleistungen der 'volksdeutschen' Neubürger" berücksichtigt werden. Entscheidend komme es auf die Wirkung von vermögenswerten Leistungen an, ob sie nun von den

349 S. BTagsStenProt. 7/15, S. 649D.

350 S. BTagsStenProt. 7/152, S. 10521D; zum Sudetendeutschen Vermögen in Beziehung zum Prager Vertrag s. Becher, BTagsStenProt. 7/90, S. 6026B f.; s. hierzu den Ausschußbericht, BTagsDrs. 7/2270, S. 4; zum Vorschlag, die Kostenersparnis nach der Freilassung von Rudolf Heß individuellen Wiedergutmachungsleistungen zugute kommen zu lassen, vgl. BTagsStenProt. 7/100, S. 6610 (Anlage 5).

351 S. BTagsStenProt. 7/180, S. 12751A.

352 Gesetz zur Abgeltung von Reparations-, Restitutions-, Zerstörungs- und Rückerstattungsschäden v. 12.2.1969, BGBl. I, 105.

bereicherten Staaten - Raschhofer bezieht sich insbesondere auf die Tschechoslowakai, Polen und Jugoslawien - als solche "effektiven Reparationen" gewertet würden oder nicht.[353] Gegen eine solche Argumentation ist vor allem im Rahmen der Auseinandersetzung um das Reparationsschädengesetz [354] Stellung bezogen worden. Rechtspolitisch lag dem die Absicht zugrunde, die Besonderheit der eigentlichen Reparationsschäden gegenüber den sog. Ost- und Vertreibungsschäden zu begründen.[355] Rechtlich ist darauf hingewiesen worden, bei den sog. Volksdeutschen schließe das völlige Fehlen der deutschen Staatsangehörigkeit von vornherein die Möglichkeit aus, daß es sich bei den Maßnahmen, die die Heimatstaaten derartiger deutscher Volksgruppen gegen ihre eigenen Staatsbürger deutscher Volkszugehörigkeit ergriffen hätten, um Maßnahmen zur Befriedigung von Reparationsansprüchen gegen das Deutsche Reich gehandelt haben könnte. Einbürgerungen zwischen 1938 und 1945 seien international nie anerkannt worden. Folgerichtig würden nach dem Pariser Reparationsabkommen solche Werte nicht auf das Reparationskonto gutgeschrieben werden (vgl. Teil 1 Art. 6 § D). Bei den zu Polen gelangten Gebieten habe es sich zwar um das Vermögen deutscher Staatsbürger gehandelt. Aber nach dem Potsdamer Abkommen handele es sich nicht um deutsches Auslandseigentum.[356] Dem liegt die Auffassung vom Fortbestehen des Deutschen Reichs zugrunde. Zutreffend sind diese Gebietsverschiebungen nach dem Potsdamer Abkommen nicht als Reparationsleistungen behandelt worden.

Gegen die Privilegierung einer bestimmten Schadenskategorie nach "formalen Gesichtspunkten" hat sich bereits Féaux de la Croix gewandt. Rechtspolitisch habe jeder, auch finanziell, an dem Schicksal mitzutragen, das sich in der Katastrophe von 1945 so schauerlich offenbart habe. Auch juristisch bestehe kein Unterschied. Die Reparationseingriffe seien "rechtlich ebensowenig als rechtens" anerkannt worden wie die sogenannten Gebietsabtretungen. Nicht den Betroffenen, die von den völkerrechtswidrigen alliierten Eingriffen berührt worden seien, seien völkerrechtliche Entschädigungsansprüche erwachsen, sondern nur

---

353 Raschhofer, Fs. H. Paulick, S. 245, 248-251; s.a. ders., Fs. F.A.v.d. Heydte, S. 505-513, und sein Rechtsgutachten, ders., Vermögenskonfiskation, insb. S. 20-23 u. 29-36. S.a. bereits die Harmssen-Denkschrift, Reparationen (Hauptheft, Heft 1), S. 13 f. u. 70-72, u. Anlage XII, S. 8-13.

354 Vgl. BVerfGE 41, 126.

355 Besonders deutlich bei H.Krüger, Wesen, S. 34-39.

356 Vgl. Seidl-Hohenveldern/Ipsen, Entschädigungspflicht, S. 126-138 u. 169; K.Pfeiffer, Gleichheitsgrundsatz, S. 102-106, jeweils m.w.N.

dem deutschen Staatswesen.[357] Ähnlich hat das Bundesverfassungsgericht im Urteil zum Reparationsschädengesetz ausgeführt, der Gesichtspunkt der Tilgung einer Reparationsschuld könne keinen grundsätzlichen Unterschied begründen. Dies gelte gerade im Verhältnis zu den im Lastenausgleich erfaßten Schäden. Und weiter:

"Es ist nicht ersichtlich, warum bei einer künftigen Verrechnung der von deutscher Seite an die Siegermächte bereits erbrachten Leistungen auf die Reparationsschuld die infolge der Vertreibung entzogenen Vermögenswerte nicht ebenso berücksichtigt werden müßte wie das durch die Reparationseingriffe in Anspruch genommene Vermögen." [358]

Dies werde vom Potsdamer Abkommen nicht schon deswegen ausgeschlossen, weil es nicht bestimme, wie hoch die deutsche Reparationsschuld festzusetzen sei und welche Deutschland nach dem Kriege auferlegten Lasten darauf verrechnet werden könnten. Auch im Beschluß zum Warschauer und Moskauer Vertrag hatte das Gericht eine entsprechende Möglichkeit der Aufrechnung bereits bejaht. Die Auffassung Kimminichs,[359] der von einer letztlich konkludenten oder stillschweigenden Verknüpfung der polnischen Konfiskationsmaßnahmen mit der Reparationsfrage und der Vornahme einer gegenseitigen Aufrechnung ohne Nachprüfung der Anspruchssummen in der Weise, daß für keine Seite Ansprüche übriggeblieben seien, ausgeht, hatte es aber mangels Anhaltspunkte im Vertrag und im amtlichen Kommuniqué abgelehnt. Zudem habe Polen wirksam auf Reparationen verzichtet.[360]

Noch am deutlichsten formuliert Uschakow die "Kompensationsthese". In bezug auf Polen interpretiert er das polnisch-sowjetische Reparationsabkommen vom 16.8.1945 dahingehend, daß mit den polnischen Kohlelieferungen eine Wertdifferenz von ca. 6 Milliarden Dollar (Preise 1938), die sich aus der Verrechnung der polnischen Ostgebiete mit den deutschen Ostgebieten ergebe, beglichen werden sollte.[361] Das bestätige die Kompensationsthese. Uschakow räumt aber ein, der Begriff der Kompensation werde im Völkerrecht nicht definiert, sondern lehne sich vielmehr an "volkswirtschaftliche Vorgänge" an. Der wertmäßige Vergleich und Austausch von Leistungen werde gewöhnlich als ein einheitlicher

357 Vgl. Féaux de la Croix, DÖV 1962, insb. S. 217 f. u. 220; s.a. ders., DÖV 1959, S. 491 ff.; Rumpf, AVR 1985, S. 91 f.

358 BVerfGE 41, 126, 156.

359 Vgl. Kimminich, JZ 1971, S. 489.

360 BVerfGE 40, 141, 168; zum Verzicht s. bereits o. 3 IV 2b. Zum Prager Vertrag s. BVerfGE 43, 203, 209 f.

361 S. bereits o. 3 IV 2a, Nachweis des Abkommens in Fn. 262.

Vorgang (Kauf) aufgefaßt, doch für den Gebietsaustausch habe sich dieser Name noch nicht eingebürgert.[362] Unabhängig von der Frage der Völkerrechtswidrigkeit der Vertreibung und der Gebietsverschiebungen ist die Kompensationsthese daher nicht im Sinne einer völkerrechtlichen Aufrechnung zu verstehen, da es hierfür an entsprechenden Völkerrechtssätzen fehlt. Nur vereinzelt ist ein Anspruch auf Aufrechnung, "so wie jeder Schuldner des zivilen und öffentlichen Rechts es tun" könne, mit einem "Ausgleichsanspruch", "der letzten Endes in allgemeinen Gesichtspunkten naturrechtlicher Art begründet" sei und "im zivilrechtlichen Anspruch aus ungerechtfertigter Bereicherung seinen parallelen Ausdruck" finde, auch im Rechtssinne vertreten worden.[363] Für die "Aufrechnung" wird ein "ökonomischer" Reparationsbegriff gebildet, der weiter als der rechtliche und als der im Reparationsschädengesetz zweckbedingte Begriff zu verstehen sei. Dieser umfasse alle "wirtschaftlich relevanten Wiedergutmachungsleistungen an das Ausland", wozu auch Leistungen im Zusammenhang mit zeitweiligen oder dauernden Gebietsabtretungen gehörten, wie die wirtschaftliche Nutzung solcher Gebiete, die Übernahme des dort verbliebenen Staatseigentums und des zwangsweise zurückgelassenen Privatbesitzes der vertriebenen Bevölkerung.[364] Röper will dazu aber nicht "Gebietsabtretungen als solche" gerechnet wissen, weil dies dem Selbstbestimmungsrecht der Völker widerspreche. Wegen der Irreversibilität der Gebietsverluste sollten sie in einem etwaigen Friedensvertrag gleichfalls als Vorleistung beachtet und angerechnet werden.[365]

Auf einen weiten, politisch verstandenen Reparationsbegriff deuten auch die Ausführungen von Rumpf hin. In den Verhandlungen über die Ost-Wiedergutmachung sei ein wesentliches Argument deutscherseits unausgesprochen geblieben. Mit den ungeheuren Gebiets- und Vermögensverlusten Deutschlands und der deutschen Vertriebenen durch die Annektionspolitik Polens und der UdSSR wäre aufzurechnen. Rumpf bemängelt aber auch die bisherige Reparationspolitik. So wenig Kriegsverbrechen der Gegenseite an Deutschen drüben

362 Uschakow, in: Meissner/Veiter (Hrsg.), Potsdamer Abkommen, S. 192 f.; ders, in: Blumenwitz/Meissner (Hrsg.), Überwindung, S. 44; ähnlich, wenn auch mit anderer politischer Akzentuierung, der Beitrag aus polnischer Sicht von Orzechowski, in: Jacobsen u. a. (Hrsg.), Bundesrepublik, S. 99.

363 So Harmssen (Hrsg.), Reparationen, Anlage XII, S. 8.

364 So Röper, Reparationen, HdWSW VIII, S. 813 f.; weitgehend übernommen von Seifert, Reparationen, S. 38 f.

365 Vgl. Röper, in: Seifert, Reparationen, S. 8 f.; ähnlich trennen Baade/Schneider, Reparationen, in: Staatslexikon VI, Sp. 858 u. 864, zwischen der rechtlichen und wirtschaftlichen Problematik.

geahndet worden seien, so wenig seien Schäden aus völkerrechtswidrigen Kriegshandlungen (Bombenkrieg) in die "Waagschale der Abrechnung" geworfen worden. So sehr die Möglichkeit "einer gegenseitigen Aufrechnung dem Ideal der Gerechtigkeit" entsprechen würde, die praktische politische Vernunft spreche dagegen und dafür, es bei der unvollkommenen "vorläufigen" Regelung zu belassen. Diese Auffassung stützt sich auf die zuvor getroffene Feststellung, unter Berücksichtigung aller Umstände sei das deutsche Volk sogar verhältnismäßig glimpflich davongekommen.[366] Gestützt auf die Revisionsklausel für den Fall einer deutschen Wiedervereinigung nach Art. 25 LSA sieht Rumpf an anderer Stelle eine "rechtspolitische Maxime": "Keine Reparationen ohne Wiedervereinigung". Erst eine gesamtdeutsche Regierung könne in eine Prüfung solcher Forderungen eintreten. Erst sie könne auch die aus Landverlust und Vertreibungsschäden erwachsenen deutschen Gegenforderungen geltend machen. Die Bundesrepublik stehe auf gutem Rechtsgrund, wenn sie Reparationen bis zur "Wiedergutmachung des Unrechts der deutschen Teilung" ablehne.[367]

Versucht man die hier referierten politischen und rechtswissenschaftlichen Äußerungen zusammenzufassen, so fällt zunächst auf, daß sich keiner der Autoren um eine auch nur einigermaßen konsistente, am Völkerrecht orientierte Begründung bemüht. Dies liegt zum einen daran, daß die "Reparationsfrage" der "Deutschen Frage" nachgeordnet ist. Zum anderen weist dies aber darauf hin, daß es um eine politische, nicht rechtliche Frage geht. Mit den Begriffen "Aufrechnung" und "Verrechnung" wird über den Ausgleich wirtschaftlicher Rechnungsposten eine historische Gleichsetzung der nationalsozialistischen Verfolgung und der Okkupationspolitik mit den Nachkriegsfolgen getroffen. Ausgeblendet wird, daß es in den siebziger Jahren nicht mehr um "allgemeine" Reparationsforderungen im Sinne eines wirtschaftlichen Ausgleichs für Kriegsverluste geht. Entschädigungsforderungen knüpfen wesentlich an individuellen Verfolgungsmaßnahmen wie Zwangsarbeit und Konzentrationslagerhaft an, auch wenn sie pauschal abgegolten werden. Die Kompensationsthese setzt daher Vertreibung und Teilung mit diesem spezifischen Unrecht gleich. Das entspricht der Auffassung, nach der die Verfolgungsmaßnahmen gegen nichtdeutsche Verfolgte als bloße Kriegsmaßnahmen anzusehen sind, deren Folgen wie andere

366 Rumpf, AVR 1985, S. 100 f.; s.a. ders., in: Willms (Hrsg.), Handbuch, S. 355; zur Rehabilitierung der nationalsozialistischen Außenpolitik durch die Unterscheidung einer ersten "Phase der moralisch legitimen Revisionspolitik contra Versailles" s. ders., Staat, 1982, S. 107 ff.

367 Rumpf, ZaöRV 33 (1973), S. 364; s.a. S. 366; Anklänge dieser Verknüpfung bei Zieger, RIW/AWD 1980, S. 19.

Schäden allenfalls reparationsfähig seien. Kompensation ist ideologisch ganz im Sinne einer "Schuldaufwiegung" im Falle wechselseitiger Täterschaft zu verstehen. Das Reparationsargument dient nicht nur einer Verringerung der deutschen Verantwortlichkeit, sondern wird als Voraussetzung der Kompensationsthese zu deren Nivellierung funktionalisiert. In der mit dem Reparationsargument einhergehenden Verrechtlichung historischer Beziehungen benutzt man die Funktion des Rechts als einem der Politik entzogenen bzw. des Völkerrechts als einem der Politik vorgegebenen Bereich. Nur politisch geführt hätten die historischen Sachverhalte, ihre Vergleichbarkeiten, Verknüpfungen und Folgen dargelegt werden müssen. Mit der Rechtsbegriffen eigentümlichen Abstraktionsleistung, d.h. hier der des Reparationsbegriffs, kann darauf aber verzichtet werden. Das Verschanzen hinter Rechtsstandpunkten offenbart so im Ergebnis auch Defizite einer politischen Streitkultur.

2. Die Begründung der polnischen Entschädigungsforderungen

Insbesondere Polen hat nach Ratifizierung des Warschauer Vertrags immer wieder Entschädigungsforderungen gestellt. In Konzedierung des beharrlichen deutschen Rechtsstandpunkts ist polnischerseits ebenfalls eine Rechtsargumentation entwickelt worden. Geht man von den für den Westen bestimmten Publikationen in englischer und deutscher Sprache aus, so liegen erste Stellungnahmen seit Ende der sechziger Jahre vor, nimmt man die Verweise auf die polnische Literatur hinzu, so dürfte der Zeitraum bis auf Mitte der sechziger Jahre zurückzuschieben sein. Eine Rezeption dieser wenigen Aufsätze ist im rechtswissenschaftlichen Schrifttum bisher nur sehr bruchstückhaft erfolgt.[368]

Seit der Note auf der Londoner Außeministerkonferenz im Jahre 1947 sind keine weiteren Entschädigungsforderungen bis zum Jahre 1972 unmittelbar gegenüber der Bundesrepublik gestellt worden. 1965 brachte die polnische Delegation vor allem die Frage von Entschädigungszahlungen für Zwangsarbeiter wiederholt vor die UN-Menschenrechtskommission, und zwei Jahre später machte der stellvertretende polnische Außenminister Entschädigungsforderungen gegenüber der Bundesregierung in London international geltend.[369] Dies lag zum einen daran,

368 Rumpf, W.III, S. 338 f., referiert zwar den polnischen Standpunkt, gibt aber weder Belege noch weiterführende Hinweise. Ausführlich unter dem Aspekt der politischen Beziehungen Geyr, Weg, S. 67-116; s.w. Bender, liberal 1975, S. 900; Jacobsen, Jahre, S. 10-13; Sulek, in: Jacobsen u.a. (Hrsg.), Bundesrepublik, S. 144-147; Schweitzer, ebd., S. 107, 111 f., u. 117-119.

369 Vgl. Geyr, Weg, S. 70 f.; Klafkowski, Vertrag, S. 91-93.

daß sich Polen an das Potsdamer Abkommen gebunden fühlte, wonach als Adressat nur die "Ostmasse" in Betracht kam. Zum anderen aber bewirkten die schwierigen politischen Verhältnisse gerade im Verhältnis zur Bundesrepublik mit dem Fehlen diplomatischer Beziehungen eine Nachrangigkeit der Entschädigungsfrage. Die Sicherheitsfrage und die Anerkennung der polnischen Westgrenze waren weit bedeutender. Nur so kann erklärt werden, daß bis zur Ratifizierung des Warschauer Vertrags an der Reparations- und Entschädigungsfrage nicht gerührt worden war.

Auf der politischen Ebene betonte der Abgeordnete Korotynski während der Ratifizierungsdebatte zum Warschauer Vertrag die Notwendigkeit deutscher Entschädigungsleistungen für die Opfer hitlerischer Verbrechen. Sie wären eine minimale Genugtuung für das Unrecht und die Leiden der Opfer dieses Terrors.[370] Ausschließlich politisch argumentierte auch der damalige polnische Ministerpräsident Jaroszewicz in einer Rede vor einer Versammlung hoher Parteifunktionäre im Juni 1972:

"Ein weiteres wichtiges Problem, das der Regelung bedarf, ist die Frage der Entschädigung, insbesondere im Zusammenhang mit Zwangsarbeit und Einkerkerung in den hitlerschen Konzentrationslagern. Wir sind der Ansicht, daß eine elementare Entschädigung für die vom Hitlerismus verübten Verbrechen und das von ihm begangene Unrecht eine moralische Pflicht der deutschen Bundesrepublik ist."[371]

Offiziell wurden die Entschädigungsforderungen erstmals im September 1972 bei einem Besuch des polnischen Außenministers Olszowski in Bonn angemeldet. Sie wurden auch nach dem Helsinkier Kompromiß weiterhin geltend gemacht. Die polnische Regierung wiederholte ihren Standpunkt in Noten vom Dezember 1983 und April 1984 sowie Ende 1986. Die Bundesregierung bekräftigte ihre ablehnende Haltung nochmals im Herbst 1987.[372] Polnischerseits werden "zivilrechtliche", worunter in Abgrenzung des Reparationsanspruchs individuelle Forderungen verstanden werden, Entschädigungsansprüche für folgende Personen geltend gemacht:

"1. Personen, die einen Körper- oder Gesundheitsschaden oder Vermögensschaden infolge der verbrecherischen Behandlung durch die Nazibesatzer erlitten haben;
2. Personen, zwangsmäßig deportiert zur Arbeit in das Deutsche Reich oder

370 Vgl. Geyr, Weg, S. 85.

371 S. EA 1972, S. D 423 ff., D 431.

372 Vgl. Stellungnahme der polnischen Botschaft v. 8.9.1988, S. 1 u. 2; s.a. Antwort des Staatsministers Stavenhagen, BTagsDrs. 10/6385 (Nr. 3), S. 1 f.; Hahn, ZaöRV 1989, S. 626 f.; s.a. v.Goetze, NJW 1990, S. 2166 f.

anderswo zur Sklavenarbeit gezwungen, für nicht oder nur teilweise ausgezahlte Entlohnung oder ohne soziale Leistungen;
3. Personen, die einen Schaden erlitten haben infolge von einer im Verhältnis zu ihrem Alter und Fähigkeiten übermäßigen Arbeitsbelastung, von Arbeitsunfällen, von Mangel an Sozialfürsorge, Urlaub und ärztlicher Betreuung, von Zwangsbeschäftigung als Kinder und Minderjährige;
4. Personen, die einen Schaden erlitten haben durch Arbeitsverlust in der Zeit, die für die Erlangung beruflicher Fähigkeiten unerläßlich war, sowie Personen, die gezwungen worden sind, ihre Häuser, Werkstätten und Arbeitsplätze zu verlassen;
5. Witwen, Waisen und Verwandte, Hinterbliebene der Opfer, deren Tod aus der Politik der Extermination und des Terrors der Hitlerbesatzer, der Verfolgung in den Konzentrationslagern, Gefängnissen und anderen Absonderungsstätten sowie außerhalb von Lagern und Gefängnissen infolge der erlittenen Wunden, Verletzungen und übermäßigen Arbeit resultierte;
6. Witwen, Waisen und Verwandte der unter dem im Punkt 5 dargestellten Bedingungen verstorbenen Opfer, die Schäden oder Einbußen durch den Verlust des Ernährers der Familie erlitten haben." [373]

Die juristische Begründung polnischer Entschädigungsforderungen muß vor allem zwei Schwierigkeiten ausweichen. Der polnische Reparationsverzicht von 1953 und seine Bestätigung im Jahre 1970 werden nicht diskutiert und damit auch nicht angegriffen. Das zweite Problem ist der deutsche Rechtsstandpunkt, der den gesamten Entschädigungskomplex der Reparationsfrage zurechnet, die wegen Art. 5 Abs. 2 Londoner Schuldenabkommen vorläufig nicht geregelt werden dürfe. Die polnische Rechtslehre versucht nun, diesen beiden Problemen durch eine Aufspaltung des Reparationsbegriffs auszuweichen. Nach dem polnischen Völkerrechtler Stanislaw Cholewiak können die aus der Rechtsverletzung durch die kriegführende Seite, in diesem Falle Hitler-Deutschland, erwachsenen Entschädigungsansprüche in zwei Typen unterteilt werden:

"1. Die direkten Ansprüche eines kriegführenden Staates gegenüber einem anderen kriegführenden Staat, der die Normen des Völkerrechts verletzt hat und aus demselben Grund auch gegenüber Rechtspersonen, z.B. Wirtschaftsorganisationen und auch gegenüber physischen Personen.[374] Diese Art von Entschädigung wird häufig als Reparationen bezeichnet;
2. Die Entschädigungsansprüche von Zivilpersonen gegenüber einem kriegführenden Staat, der die Gesetze und Gebräuche des Landkrieges verletzt hat und aus demselben Grunde auch gegenüber Rechts- und physischen Personen. Diese Art von Entschädigungen wird häufig als Indemnisierungs-Zah-

---

373 Stellungnahme der polnischen Botschaft v. 8.9.1988, S. 3 f. (unveröff.); s.a. Klafkowski, Vertrag, S. 94 f.; Cholewiak, Polens Gegenwart 6/1974, S. 11. Bei einer Ansprache in Warschau anläßlich des Besuchs des deutschen Bundespräsidenten führte der poln. Staatspräsident Jaruzelski am 2. Mai 1990 aus (s. Bulletin 1990, Nr. 56, S. 438): "Für die Zukunft der polnisch-deutschen Beziehungen ist auch der moralische Zusammenhang von Bedeutung. Unser Volk erwartet eine entsprechende Genugtuung für die Hunderttausenden von Polen - Häftlinge der Konzentrationslager sowie die nach Deutschland verschleppten und zur Sklavenarbeit gezwungenen. Es ist höchste Zeit, diese schmerzliche Frage ein für allemal zu regeln."

374 Zur Problematik der Haftung von Individuen s. v.Münch, Delikt, S. 278 f.

lungen bezeichnet." [375]
Rechtsgrundlage der individuellen Entschädigungsansprüche seien insbesondere die Haager Landkriegsordnung und die Deklaration der Vereinten Nationen über die wirtschaftliche Plünderung der besetzten Gebiete vom 5. Januar 1943. In einem früheren Aufsatz hatte Cholewiak noch beide Ansprüche als staatlich oder individuell geltend zu machende "Reparationen" bezeichnet, diese aber von "friedensvertraglichen Reparationen" unterschieden, unter denen die Rückzahlung der Kriegsführungskosten zu verstehen sei. Für letztere verwies er auf die finanziellen Bestimmungen in den Pariser Friedensverträgen von 1947.[376] Ähnlich unterscheidet Czeslaw Pilichowski, langjähriger Direktor der Hauptkommission zur Untersuchung der NS-Verbrechen in Warschau, zwischenstaatliche Reparations- und Restitutions-(Rückerstattungs-)ansprüche sowie "Indemnity (Indemnite, Compensation, Entschädigung) i.e. compensation (Wiedergutmachung, Genugtuung)" für Kriegsverbrechen und Verbrechen gegen die Menschlichkeit. Letzterer sei ein "person-to-state"-Anspruch einer individuellen Person oder des Staates, der die Person angehöre.[377]

Trotz der geringen Ausformulierung dieser Konzeptionen ergibt sich aus den referierten Passagen, daß "Reparation" als Ersatz allgemeiner, im wesentlichen durch die Kriegsführung, also durch den Angriffskrieg verursachter Kosten verstanden wird. Die davon abgegrenzte "Entschädigung" oder "Wiedergutmachung" geht von dem allgemeinen völkerrechtlichen Wiedergutmachungsanspruch aus, nach dem jede völkerrechtswidrige Handlung zum Schadensersatz verpflichtet. Darauf deutet der Hinweis auf konkrete völkerrechtliche Normen wie die Haager Landkriegsordnung hin.

Eine ähnliche Auffassung vertritt neuerdings der westdeutsche Staats- und Völkerrechtler Stuby. Die völkerrechtliche Ächtung des Kriegs habe die Verantwortlichkeit des Agressorstaates zur Folge, d.h. er habe Wiedergutmachung zu erbringen (reparation). Außer zur Restitution sei er zu "Schadensersatz in Naturalien oder Geld (Kriegskostenentschädigung oder Reparationen im engeren Sinne)" verpflichtet, daneben gehöre "die Erfüllung individueller Ansprüche auf Schadensersatz zu den Formen der Wiedergutmachung".[378] Soweit Stuby sich

---

375 Cholewiak, Polens Gegenwart 6/1974, S. 7; dieser aus dem Polnischen übersetzte Text ist unter Weglassung der Anmerkungen identisch mit dem englischen Text in: Studies on International Relations 4 (1975), S. 79 ff.

376 Cholewiak, Studies on International Relations 2 (1973), S. 115 f.

377 Pilichowski, Studies on International Relations 5 (1975), S. 89.

378 Stuby, ZRP 1990, S. 315.

darauf beruft, im Gegensatz zum Versailler Vertrag sei in den Reparationsabsprachen nach dem zweiten Weltkrieg die Regelung individueller Schadensersatzansprüche den Einzelstaaten überlassen worden, so kann dem nur bedingt zugestimmt werden. Im dritten Kapitel ist gezeigt worden, daß die Politisierung des Reparationsbegriffs die Inhalte verschwimmen ließen. Erst mit Veränderung der politischen und wirtschaftlichen Verhältnisse, als es um die Einbindung einer reökonomisierten Bundesrepublik ging, sind vor allem im Überleitungsvertrag unter dem Stichwort "Entschädigung" Verfolgungstatbestände aus dem Reparationskomplex herausgenommen worden. Eine eine solche Verdoppelung des Reparationsbegriffs begründende Völkerrechtspraxis läßt sich nicht nachweisen. Zudem war in den Pariser Vorortverträgen, mit denen der moderne Reparationsbegriff geschaffen worden war, die zu ersetzenden Schäden gerade auf "individuelle", wenn auch nicht nur auf "zivile" Ansprüche begrenzt worden.[379]

Stuby scheint weiter ebenfalls von einer Verdoppelung der Aktivlegitimation auszugehen. Nach ihm entsteht neben der Wiedergutmachungsverpflichtung gegenüber dem Staat des verletzten Individuums noch ein individueller Anspruch auf Schadensersatz gegen den Schädiger bzw. gegen den Staat des Schädigers, der unabhängig vom innerstaatlichen Recht sei und der auch nicht durch den zwischenstaatlichen Wiedergutmachungsanspruch konsumiert werde.[380] So sehr auch das Völkerrecht zunehmend Individuen schützt,[381] so folgt daraus noch nicht eine individuelle Aktivlegitimation. Nach allgemeinem Völkerrecht steht im Falle der völkerrechtswidrigen Schädigung der Wiedergutmachungsanspruch grundsätzlich nur dem Heimatstaat zu, da durch eine solche Handlung oder Unterlassung er selbst in der Person eines seiner Angehörigen verletzt wurde. Die geschädigte Person kann einen Anspruch auf Wiedergutmachung nur dann stellen, wenn ihr durch einen Vertrag zwischen ihrem Heimatstaat und dem für den Unrechtstatbestand verantwortlichen Staat eine solche Befugnis eingeräumt wurde[382] oder wenn eine andere Völkerrechtsnorm dies vorsieht.[383] Auf der völkerrechtlichen Ebene sind solche individuellen Wiedergut-

---

379 S. o. 3 VI 2.

380 Stuby, ZRP 1990, S. 317.

381 Vgl. Kimminich, Einführung, S. 215-221; Verdross/Simma, Völkerrecht, § 1208, S. 797 f.

382 So Verdross/Simma, Völkerrecht, § 1300, S. 878 f.; s.a. Guggenheim, Lehrbuch, S. 570 f. u. 825.

383 Vgl. v. Münch, Delikt, S. 95, 126-128 u. 132-134; Menzel/Ipsen, Völkerrecht, S. 350; Seidl-Hohenveldern, Völkerrecht, Rn. 632, 642-648, 1208; u. 1243-1250;

machungsansprüche nicht geschaffen worden. Individuell verfolgbare Ansprüche sehen weder die Haager Landkriegsordnung noch die als Reaktion auf die deutsche Kriegsführung getroffenen Schutzbestimmungen für die besetzten Gebiete im IV. Genfer Abkommen zum Schutze von Zivilpersonen in Kriegszeiten vom 12. August 1949 vor.

Stärker politisch argumentiert der polnische Völkerrechtler Alfons Klafkowski, auf den die Unterscheidung zurückgehen dürfte. Er räumt ein, daß die Frage von Kriegsentschädigungen bisher nicht durch das allgemeine Völkerrecht geregelt seien. Das Fehlen allgemeiner Völkerrechtsnormen schaffe eine Situation, in der die erfolgreiche Lösung der Kriegsentschädigungsfrage von politischen Verhältnissen und von der Art und Weise abhängig sei, auf die ein Staat seine Entschädigungsansprüche begründe. Die materielle Haftung für Kriegsverbrechen werde jedoch durch die allgemein angenommene Definition des Kriegsschadens erfaßt, also jedes Schadens, der durch einen Krieg oder im Zusammenhang mit einem Krieg entstanden sei. Die Unterscheidung der Kriegsschäden in staatliche und solche der Zivilbevölkerung korreliere jedoch nicht mit einem Anspruchssystem. Das Völkerrecht lege die rechtlichen Grundlagen für Entschädigungsansprüche physischer Personen nicht genau fest. Trotz dieses klaren Befundes verdoppelt Klafkowski ebenfalls die Aktivlegitimation. Auch die natürliche Person sei anspruchsberechtigt. "Gemeinrechtlichen Charakter" habe der Anspruch, weil er sich auf einen Akt des Völkerrechts stütze, "privatrechtlichen", weil er von einer natürlichen Person erhoben werde.[384] Daß es sich hierbei auch nach eigenem Selbstverständnis um eine Neuschöpfung handelt, wird an anderer Stelle deutlich. In seinem Völkerrechtslehrbuch, dessen Übersetzung nach einer Vorbemerkung des Übersetzers allerdings nicht für Juristen bestimmt sei und unter Weglassen der Fußnoten erschienen ist, unterscheidet Klafkowski als Mittel der Realisierung der Staatenverantwortung für ein Völkerrechtsdelikt die politische, materielle und moralische Form der Verantwortung. Innerhalb der materiellen Form unterscheidet er weiter die Restitution in natura und hilfsweise als Entschädigung sowie die Kriegsentschädigung, die sich meistens auf Friedensverträge gründe. Viertens könne dies "eine neue Form der Entschädigung für Schäden sein, die zugleich einen politischen, materiellen und moralischen Charakter" hätten, "wie z.B. die Forderung der Entschädigung für das massenhafte Ausführen der Bürger des besetzten Staates zu Zwangsarbeiten in das Deutsche

Kimminich, Einführung, S. 487.

384 Klafkowski, Vertrag, S. 93 f.

Reich".[385] Daraus wird deutlich, daß der individuelle Anspruch wegen der besonderen Verhältnisse des Zweiten Weltkriegs als Ausnahme begründet wird. Auch Klafkowski geht grundsätzlich davon aus, daß die Art und Weise der Geltendmachung der völkerrechtlichen Verantwortung durch die Tatsache entschieden werde, daß diese Verantwortlichkeit "ein Rechtsverhältnis nur zwischen den Staaten" schaffe.[386]

Sieht man von der Frage der Aktivlegitimation ab, so weicht die Auffassung der polnischen Völkerrechtslehre im Ansatz kaum von der bundesrepublikanischen Unterscheidung in "Reparation" und "Wiedergutmachung" ab. Auch "Wiedergutmachung" setzt an individueller Schädigung an. Die Völkerrechtswidrigkeit der schädigenden Maßnahme ist insofern Voraussetzung, als diese dem Verfolgungsbegriff zugrunde liegt. Der Verfolgungsbegriff beinhaltet als wesentlich engerer Begriff immer die Völkerrechtswidrigkeit. Rechtssystematisch wird nicht auf die Staatsangehörigkeit abgestellt. Selbst in der Frage der Aktivlegitimation sind die Unterschiede nicht zu groß. Die Aktivlegitimation eines Verfolgten ist nach dem Entschädigungsrecht gegeben, sie beruht nicht auf Völkerrecht, sondern auf innerstaatlichem Recht. Auf diese Weise sollten nach Ansicht der Alliierten zunächst auch die Ansprüche der "Westverfolgten" geregelt werden. Aus der weiteren Begründung der referierten Autoren ergibt sich, daß es letztlich nur um den Abbau der diskriminierenden Entschädigungspraxis und einer Gleichstellung mit den Weststaaten geht. Nur aus der deutschen Besetzung selbst folgt, daß der Umfang der Ansprüche wesentlich größer ist, "Verfolgung" im Sinne eines objektiven Kriteriums wie Konzentrationslagerhaft oder Haft unter unmenschlichen Bedingungen oder Deportation oder Beeinträchtigungen der Gesundheit ist durchaus ein taugliches Abgrenzungsmerkmal, solange nicht politische Würdigkeitsaspekte wie in der praktizierten Auslegung des entschädigungsrechtlichen Verfolgungsbegriff mit hineinfließen.

IV. Ausblick: Neue Ansätze in den achtziger Jahren

1. Erfolglose Versuche im 10. Bundestag

Mit dem Einzug einer neuen Oppositionspartei in den 10. Bundestag (März 1983

385 Klafkowski, Völkerrecht, S. 87 f.

386 Klafkowski, Völkerrecht, S. 83 f.

bis Februar 1987) wurde der Entschädigungskomplex nochmals aufgeworfen. Während der CSU-Abgeordnete Hermann Fellner, Jahrgang 1950, im Zusammenhang mit Entschädigungsforderungen an den Flick-Konzern öffentlich erklärte, es entstehe der Eindruck, daß "Juden sich schnell zu Wort melden, wenn irgendwo in deutschen Kassen Geld klimpert",[387] wofür er sich im Bundestag entschuldigen durfte,[388] begründete der Abgeordnete Ströbele für seine Fraktion "Die Grünen" die Notwendigkeit einer angemessenen Versorgung für alle Opfer der nationalsozialistischen Verfolgung mit der persönlichen Konfrontation mit Verfolgungsopfern. Es sei eine Schande, daß nach vierzig Jahren Menschen, die verfolgt worden seien und gelitten hätten, in materiell schwierigen und häufig unwürdigen Verhältnissen leben müßten.[389] Im Gegensatz zur Diskussion in den siebziger Jahren wurde jetzt erstmals das Problem einer Entschädigung für Zwangsarbeiter aufgeworfen. Bei geringem Interesse des Parlaments betonten die Redner der CDU/CSU-Fraktion die Bewährung der Wiedergutmachungsgesetzgebung [390] oder politisierten die Debatte mit außerentschädigungsrechtlichen Gesichtspunkten durch Äußerungen wie der, daß man sich entschieden dagegen verwahre, sich von Leuten, die nicht in der parlamentarischen Kontinuität einer 35jährigen Anerkenntnis der moralischen Verpflichtung des deutschen Volkes zur Wiedergutmachung und Entschädigung stünden und die diese bei vielen Gelegenheiten ablehnten, Belehrungen oder Ratschläge in dieser Frage geben zu lassen.[391] Die Fraktion der SPD war anfangs eher zurückhaltend, nahm sich aber bald des Problems mit eigenen Entwürfen an.[392] Ihr Sprecher Westphal, der selbst dem Bundestag seit 1965 angehörte, sah das Anliegen der Grünen "von dem kritischen Blick einer jüngeren Generation geprägt", die "mehr als ein Vierteljahrhundert nach der grundlegenden Entschädigungsgesetzgebung unseres Landes Inhalt und Ergebnis dieses damaligen Bemühens um materielle Wiedergutmachung aus ihrer Sicht" beurteile "und sich dabei mit dem damaligen Ansatz nicht einverstanden erklären" wolle.[393] Noch prägnanter brachte der Kommentatorr des Schlußgesetzes Richard Hebenstreit, Leitender Ministerialrat

---

387 Vgl. Das Parlament, Nr. 5, v. 1.2.1986, zitiert nach: Die Grünen im Bundestag u.a. (Hrsg.), Anerkennung, S. 13.

388 Vgl. BTagsStenProt. 10/187, S. 14209C.

389 Ströbele, BTagsStenProt. 10/187, S. 14209D.

390 Bötsch, ebd., S. 14211D.

391 Vgl. Laufs, ebd., S. 14217D u. 14218B.

392 Vgl. BTagsDrs. 10/4638; 10/6415.

393 Westphal, BTagsStenProt. 10/187, S. 14213D f.

a.D., der nach eigenen Angaben seit 1955 bis zu seiner Pensionierung im Jahre 1984 bei den für die Durchführung des Bundesentschädigungsgesetzes zuständigen Behörden in Nordrhein-Westfalen tätig war, davon seit 1961 bis 1982 als Fachreferent des zuständigen Innenministeriums, das Unbehagen der Institutionen und Personen, die unmittelbar an der "Wiedergutmachungs"gesetzgebung und -verwaltung beteiligt waren, bei der Anhörung vor dem Innenausschuß zum Ausdruck: Erkennbar sei,

"eine erfreuliche Betroffenheit der jüngeren Generation (...), die das grauenhafte Geschehen der NS-Zeit für sich neu verarbeiten will. Andererseits befremdet eine gewisse Verständnislosigkeit für die historische Situation der ersten Nachkriegszeit. Anscheinend wird nicht recht berücksichtigt, daß die damaligen Politiker, die Gesetzgebung des BEG, Zeitzeugen und in großer Zahl Verfolgte des NS-Regimes waren. Was sie in den Wiedergutmachungsgesetzen konstituierten, entsprach einem starken Willen zur politisch-moralischen Erneuerung, aber auch einem sicheren Gespür für das konkret Notwendige und Erreichbare. Dies im Abstand von Jahrzehnten, vor anderem Erfahrungshintergrund, als ungenügend abzutun, erscheint ein wenig anmaßend." [394]

Nach den Vorstellungen der Grünen sollten sämtliche "Sklavenarbeiter", womit neben den konzentrationären die kriegsgefangenen Zwangsarbeiter sowie die Fremdarbeiter und italienischen Militärinternierten gemeint waren, aus dem Vermögen der betroffenen Unternehmen bzw. ihrer Rechtsnachfolger angemessene Zahlungen erhalten sowie mit weiteren und staatlichen Geldern für die Dauer der Zwangsarbeit in der Rentenversicherung nachversichert werden. Am Beispiel des Flick-Konzerns und der Deutschen Bank waren zur Begründung die historischen Verhältnisse näher erläutert worden.[395] Eine ähnliche Position hatte sich das Europäische Parlament in Straßburg in einer Entschließung vom Januar 1986 [396] zueigen gemacht. Unter Hinweis auf die Rolle der deutschen Industrie während der nationalsozialistischen Herrschaft, die Urteile in den Nürnberger Prozessen, die restriktive Rechtsprechung und die Situation der überlebenden Opfer heißt es, das Europäische Parlament

"1. sieht eine klare moralische und rechtliche Verpflichtung der Firmen, die Sklavenarbeiter beschäftigt haben, Entschädigungsleistungen zu zahlen;
2. fordert die Firmen, die diese Zahlungen immer noch nicht geleistet haben auf, dies umgehend zu tun.
3. drängt darauf, daß endlich auch andere ethnische Minderheiten, z.B. die Sinti und Roma, die ebenfalls Opfer des nationalsozialistischen Völkermordes und des Sklavenarbeitsprogramms wurden und soweit diese bisher keinerlei Entschädigung von der deutschen Industrie bekamen, eine

---

394 Wiedergutmachung. Zur Sache 3/87, S. 246; ähnl. S. 90 f.

395 Vgl. BTagsDrs. 10/4640; 10/5260; 10/5796 u. 5797; s.a. 10/4040.

396 Parallel zur BTagsdebatte v. 16.1.1986, BTagsStenProt. 10/187, S. 14209A-14219C.

'Wiedergutmachung' von der deutschen Industrie erhalten und unterstützt die entsprechenden Forderungen des Zentralrates deutscher Sinti und Roma.

4. fordert alle deutschen Unternehmen, die Sklavenarbeiter beschäftigt hatten, auf, einen Fonds für Entschädigungszahlungen an die Opfer der Zwangsarbeit einzurichten.
5. beauftragt seinen Präsidenten, diesen Beschluß dem Deutschen Bundestag, der Bundesregierung, dem Zentralrat der Juden in Deutschland und dem Zentralrat deutscher Sinti und Roma und dem Bundesverband der deutschen Industrie zu übermitteln." [397]

Zu Vergleichbarem mochte sich die Bundestagsmehrheit nicht entschließen. Immerhin erklärte der FDP-Abgeordnete Baum, er halte die Forderung der Zwangsarbeiter an die Firma Flick "moralisch natürlich für gerechtfertigt" ("Nur frage ich mich: Warum hat das so lange gedauert?") [398] und nannte der Redner der CDU/CSU-Fraktion, Laufs, die Zwangsarbeit als eine der "schrecklichsten Erscheinungen" des Zweiten Weltkrieges. 9 Millionen Menschen seien nach Deutschland deportiert und "völkerrechtswidrig zur Arbeit gezwungen" worden.[399] Die Mehrheit verständigte sich jedoch zunächst auf die Einholung eines Berichts durch die Bundesregierung, dessen Abgabetermin so plaziert wurde, daß wegen Auslaufens der Legislaturperiode mit konkreten Ergebnissen nicht mehr zu rechnen war.[400] In der Debatte über den Bericht der Bundesregierung [401] nannte der parlamentarische Staatssekretär beim Bundesfinanzministerium, Voss, gemäß der Tradition seines Hauses, "unserer Wiedergutmachungsgesetzgebung eines der bedeutendsten und umfassendsten Gesetzgebungswerke der Nachkriegszeit, das in der Geschichte ohne Beispiel" sei. Mit den Härteregelungen von 1980 und 1981 solle die Gesetzgebung abgeschlossen bleiben.[402] Der Sprecher der CDU/CSU-Fraktion berief sich nunmehr auf das Reparationsargument. Renten- und Entschädigungszahlungen an alle Zwangsarbeiter seien "eindeutig als Reparationsleistung im Sinne des Londoner Schuldenabkommens" anzusehen.[403]

---

397 Dok B2-1475/85/rev. EG Abl. Nr. C 36 v. 17.2.1986, S. 129 = BTagsDrs. 10/4996; s.a. die "Entschließung zu Entschädigungszahlungen für ehemalige Zwangsarbeiter der deutschen Industrie" v. demselben Tage, Dok. B2-1478/85, ebd., S. 130.

398 Baum, BTagsStenProt. 10/187, S. 14216D.

399 Laufs, ebd., S. 14218D f.

400 Vgl. BTagsStenProt. 10/225, S. 17479D-17485B (insb. Ströbele).

401 BTagsDrs. 10/6287.

402 Voss, BTagsStenProt. 10/248, S. 19064C.

403 Werner, ebd., S. 19068A. So auch weiterhin die Regierungslinie, vgl. BTagsDrs. 10/4697, S. 17 (Nr. 40); 10/5020, S. 13 f. (Nr. 31); 10/5082, S. 11 f. (Nr. 26); 10/5541, S. 1 (Nr. 2); 10/6385, S. 1 f. (Nr. 3); BTagsStenProt. 10/102, S. 7495D f. (Anlage 34).

2. Zwei weitere Versuche im 11. Bundestag

Nach ergebnisloser Vertagung der Entschädigungsfrage brachten die oppositionellen Fraktionen der Grünen und der SPD ihre getrennten Anträge gleich zu Anfang der 11. Legislaturperiode erneut in den Bundestag ein. Sie wurden allesamt abgelehnt und ihre Intention in neue Härtefondslösungen kanalisiert, die wesentlich auf der Entschädigungsgesetzgebung aufbauten und nur für bestimmte Opfergruppen begrenzte Zahlungen vorsahen. Ein struktureller Neuansatz wurde nicht versucht. Der Vorschlag der Grünen sah zum einen Ansprüche für alle in Deutschland oder "in von Deutschen besetzten Gebieten" vor. Als subsidiär zu anderen Einkünften gewährter Rentenanspruch sollte für ausländische Verfolgte durch zwischenstaatliche Vereinbarungen ein Kaufkraftwert von 2000,-- DM erzielt werden. Zum anderen sollte ein rechtsgutorientierter Verfolgungsbegriff maßgebend sein. Danach war Verfolgung "jede Art von Angriff auf Leben, Körper, Gesundheit, Freiheit, Berufsausübung und Vermögen". Eine Abgrenzung zu Kriegshandlungen erfolgte allenfalls indirekt, als Anspruchsberechtigte insbesondere aus rassischen, politischen oder weltanschaulichen Gründen oder "Gründen der Volkszugehörigkeit" Verfolgte galten. Versagte Lohnansprüche verschleppter oder kriegsgefangener Zwangsarbeiter sollten auf der Berechnungsgrundlage des seinerzeitigen Lohns, aber auf den heutigen Gegenwert umgerechnet, erstattet werden.[404] Der systematisch als Stiftungsgesetz verfaßte Entwurf der SPD-Fraktion war hinsichtlich der deutschen und in Deutschland ansässigen Verfolgten ähnlich, griff aber nicht das Problem der in ihren Heimatstaaten vertriebenen Verfolgten auf.[405] Erst in einer Nachbesserung wurde das Territorialitätsprinzip für Härtefälle gelockert.[406] Die oppositionellen Bemühungen hatten immerhin zu einer Anhörung vor dem Innenausschuß des Bundestages geführt, bei der auch Verfolgte selbst zu Wort kamen und deren Beiträge sichtlich halfen, Informationsdefizite abzubauen.[407] Die Aussprache über die Anträge griff das Problem der ausländischen Verfolgten kaum auf. Die Kritik am teilweise unklaren Verfolgungsbegriff des Vorschlags der Grünen, wie

---

404 Vgl. BTagsDrs. 11/141; s.a. 11/142; zum Verfolgungsbegriff s.a. Drs. 11/1395 u. 1397 (neu), zur umstrittenen Verfahrensweise s. BTagsStenProt. 11/10, S. 566A-568C.

405 Vgl. BTagsDrs. 11/223 (§ 3).

406 Vgl. BTagsDrs. 11/1426; s.a. Drs. 1427.

407 Vgl. Wiedergutmachung. Zur Sache 3/87; zur parlamentarischen Wirkung s. z.B. Vollmer (Grüne) und Hirsch (FDP), BTagsStenProt. 11/24, S. 1647C f. u. 1649D f.

sie der Abgeordnete Gerster (CDU) vorbrachte,[408] war zwar aus juristischer Sicht zutreffend. Sie erkannte aber den darin enthaltenen politischen Neuansatz nicht und wich letztlich einer Debatte über die Frage einer Entschädigung für ausländische Verfolgte aus. Die Struktur der Entschädigungsgesetzgebung, die gerade den Ausschluß dieser Verfolgten zum Inhalt hatte, sollte auf keinen Fall angetastet werden. So betonte der Abgeordnete Lüder von der FDP-Fraktion, weder das Territorialitätsprinzip noch das Londoner Schuldenabkommen seien Daten, die "wir" verändern könnten.[409] Dies brachte ihm das Lob des Parlamentarischen Staatssekretärs Voss ein. Nach ihm dürfe es nicht zu einer Neuauflage der Wiedergutmachungsgesetzgebung kommen. Auch bei einer Härteregelung dürften die tragenden Grundsätze des Entschädigungsrechts, wozu insbesondere das Territorialitätsprinzip gehöre, nicht angetastet werden. Es müsse der Leitgedanke gelten, daß weitere Leistungen mit dem System des bestehenden Wiedergutmachungs- und Kriegsfolgenrechts vereinbar sein müßten. Insbesondere der durch das Londoner Schuldenabkommen von 1953 verbindlich vorgegebene Rahmen müsse strikt eingehalten werden. Das bedeute, daß die Bundesregierung gehindert sei, an ausländische Zwangsarbeiter Entschädigungen zu zahlen.[410]

Einen dritten parlamentarischen Versuch unternahmen die Oppositionsfraktionen wiederum getrennt. Die Entschädigungsfrage für ausländische Verfolgte wurde erneut weitgehend durch die Auseinandersetzung über die unzureichenden Härterichtlinien vom März 1988 überlagert. Der neue Vorschlag der Grünen zielte nunmehr ebenfalls auf eine Bundesstiftung. Ein nur noch einmaliger Betrag von mindestens 2000,-- DM sollte den Betroffenen im Falle von Zwangsarbeit unter haftähnlichen Bedingungen oder der Deportation in das jetzige Gebiet der Bundesrepublik - Fremdarbeiter im späteren DDR-Gebiet sollten von der DDR entschädigt werden, die ehemaligen deutschen Ostgebiete blieben ausgespart - oder von der nationalsozialistischen Besatzungsherrschaft angeordneter Zwangsarbeit in den jeweiligen Heimatländern zukommen.[411] Die Stiftungslösung sollte neben der Vermeidung einer Zuständigkeit der Finanzverwaltung die Entgegennahme von Zahlungen der ehemaligen Firmen ermöglichen.[412]

---

408 Gerster, BTagsStenProt. 11/46, S. 3199A.

409 Lüder, BTagsStenProt. 11/46, S. 3204C.

410 Voss, BTagsStenProt. 11/46, S. 3210A. S. zur Debatte a. den Ausschußbericht, Drs. 1392, u. den Änderungsantrag der Regierungsfraktion, Drs. 1415; zum parlamentarischen Verlauf s. ferner Saathoff, BlfdtuintPol 1988, S. 1296 ff.

411 BTagsDrs. 11/4704.

412 BTagsDrs. 11/4705; vgl. a. Vollmer (Grüne), BTagsStenProt. 11/161, S. 12225A.

Völlig neu war der weitere Vorschlag, mit Polen ein Globalabkommen über Individualentschädigungen für die vormals geleistete Zwangsarbeit zu schließen.[413] Die SPD-Fraktion wiederholte im wesentlichen ihren Stiftungsvorschlag, der eine Mittelvergabe für ausländische Verfolgte mit nichtdeutschem Wohnsitz nur in Härtefällen vorsah.[414] Insbesondere trat sie für die Aufstockung des Härtefonds für Nationalgeschädigte beim Hohen Flüchtlingskommissar der Vereinten Nationen ein.[415] Neu war der Vorschlag einer weiteren Stiftung "Entschädigung für Zwangsarbeit". In der Bundesrepublik lebende Antragsteller sollten einmalige Leistungen bis zu 5000,-- DM bekommen. Ferner sollte die Stiftung ermächtigt sein, "Mittel im Rahmen von Globalabkommen zur treuhänderischen Verwaltung an staatsunabhängige Organisationen im Ausland (z.B. der katholischen Kirche)" zu übertragen. Der Vorschlag vom September 1989 ging davon aus, daß in der Bundesrepublik noch 1.500 bis 2.000 ehemalige Zwangs- und Fremdarbeiter lebten und in Polen schätzungsweise 600.000.[416] Beide Fraktionen hatten in ihren Begründungen ausdrücklich darauf hingewiesen, daß das Londoner Schuldenabkommen nicht solche individuellen Entschädigungsansprüche erfasse.

Mit diesen z.T. weitgehenden Vorstellungen rückte die Frage der Beurteilung des Zweiten Weltkriegs immer mehr in den Vordergrund. Eine Debatte darüber wurde aber nicht in der entschädigungsrechtlichen Auseinandersetzung geführt. In der Aussprache über die Rolle der Waffen-SS aus Anlaß einer Äußerung des Regierungssprechers Klein zog sich die Sprecherin der Grünen heftigste Kritik ("Jetzt reicht es aber langsam.") seitens der Regierungsfraktionen zu. Die Abgeordnete Oesterle-Schwerin vertrat für ihre Fraktion die Ansicht, das Gemetzel der Deutschen Wehrmacht erfülle sie mit der gleichen Abscheu wie die Massaker der SS. Sie lehnten deswegen auch eine Sprachregelung ab, die von Kriegsverbrechen rede und verschweige, daß "der ganze Krieg ein Verbrechen" sei. Für die Opfer mache "es keinen Unterschied, ob sie von vorn oder von hinten erschossen würden".[417] Damit begab man sich aber der Unterscheidungsmöglichkeiten nach Kriegsführung und Kriegszielen und verzichtete auf einen Verfolgungsbegriff überhaupt. Eine ähnliche Sichtweise herrschte, nur umgekehrt, auf der Gegenseite, wie sie bereits aus der Rechtsprechung insbesondere zu den

---

413 BTagsDrs. 11/4706.

414 BTagsDrs. 11/4838.

415 BTagsDrs. 11/4841.

416 BTagsDrs. 11/5176; s.a. die zuvor ergangene Aufforderung von Schröer (SPD), BTagsStenProt. 11/129, S. 9490C.

417 Oesterle-Schwerin, BTagsStenProt. 11/149, S. 11086.

sog. Nationalgeschädigten bekannt ist. In seiner Rechtfertigung brachte dies Regierungssprecher Klein folgendermaßen zum Ausdruck:

"Doch im Interesse der jungen Menschen in unserem Lande und um der geschichtlichen Wahrheit und der Würde unseres Volkes willen darf die Generation der Väter und Großväter, der Mütter und Großmütter nicht pauschal zu einer Generation von Versagern und Verbrechern gestempelt werden." [418]

In bezug auf die Kritik der Grünen an der Vergabepraxis der Finanzverwaltung beim Härtefonds stellte der parlamentarische Staatssekretär Voss klar, ihr, bezogen auf die Sprecherin Vollmer, Maßstab für Gerechtigkeit sei offensichtlich ein anderer als der seine.[419] Er betonte erneut, einer Entschädigung ausländischer Zwangsarbeiter stehe das Londoner Schuldenabkommen entgegen. Auf die Zwischenfrage, warum mit Polen nicht ein Globalabkommen wie mit den westeuropäischen Staaten geschlossen werden könne, behauptete er schlichtweg, hier werde "eine Minderheitsmeinung" zitiert, "die es überall in der Juristerei" gebe, was aber "kein Maßstab für unsere Haltung" sei.[420] Argumentativ nicht besser war die Antwort seines Nachfolgers Carstens in der Debatte über die oppositionellen Anträge auf die gleiche Zwischenfrage. Bei den Westabkommen sei die von allen Vertragspartnern akzeptierte Grundlage der entschädigungsrechtliche Verfolgungsbegriff gewesen. Wirtschaftliche Schäden wie entgangener Lohn für geleistete Zwangsarbeit seien nicht einbezogen worden. Zwar habe die Bundesrepublik auf die konkrete Verteilung der Mittel durch die Empfängerländer keinen Einfluß gehabt, soweit bekannt, sei aber Entschädigung in keinem Fall gewährt worden.[421] Weder war in allen Verhandlungen auf Entschädigung für Zwangsarbeiter verzichtet noch war der deutsche Verfolgtenbegriff in alle Abkommen hineingeschrieben worden. Entscheidender war aber, daß der Verfolgtenbegriff außerhalb der Bundesrepublik anders aufgefaßt wurde. Der Dissens war nur mühsam durch das Verteilungsverfahren zugedeckt worden. Carstens unterschlug, neben der unterschiedlichen Behandlung der ost- im Vergleich zu den westeuropäischen Fremdarbeitern, daß auch für polnische Konzentrationslagerhäftlinge bisher keine Entschädigung bezahlt worden ist. Was die Abgeordnete Schmidt von der SPD in der Debatte in bezug auf die strengen

418 Klein, ebd., S. 11089D; zur Debatte BTagsDrs. 11/4585 u. 4696 (neu); zur Auseinandersetzung über Gedenktage zum Ausbruch der beiden Weltkriege s. Drs. 11/2715 u. 4858 (neu), über Kriegsdienstverweigerer und andere von der NS-Militärjustiz-Verfolgte s. die kleine Anfrage der Grünen, Drs. 11/4920 u. 5218.

419 Voss, BTagsStenProt. 11/151, S. 11350A.

420 Voss, ebd., S. 11351C/D.

421 Carstens, BTagsStenProt. 1/161, S. 12240A/B.

Nachweispflichten nach den Härterichtlinien ausgeführt hatte, galt auch in bezug auf die polnischen Verfolgten. Man wolle nicht, daß es diese Opfer noch gebe, man wolle ihre Opfereigenschaft und ihre Verfolgteneigenschaft schlicht und einfach wegreden.[422] Und die Abgeordnete Vollmer von den Grünen hatte darauf hingewiesen, bei der Entschädigung für Zwangsarbeit gehe es "nur noch um eine symbolische Entschädigung, allerdings mit einem ökonomischen Kern".[423] Staatssekretär Carstens beharrte demgegenüber auf der Einhaltung von "vier Grundsätzen", die bei "jeder Folgeregelung" beachtet werden müßten und die mittlerweile so alt wie die vierzigjährige Bundesrepublik seien. Beachtet werden müsse das Londoner Schuldenabkommen, das Territorialitätsprinzip, die Gewährung von Entschädigung an geschädigte Einzelpersonen, nicht an Gruppen sowie Differenzierung nach Art und Ausmaß des eingetretenen Schadens.[424] Das war vorgeschoben, ging es doch nur noch um die Frage der Anerkennung weiterer Verfolgungsopfer. Dies hätte sich in jedem Fall rechtlich umsetzen lassen. Das "Gleichheitsgebot", das Carstens ausdrücklich bemühte,[425] war eine verschämte Umschreibung dessen, daß die meisten der leerausgegangenen Verfolgungsopfer inzwischen verstorben waren. Nach Art und Weise der Regelung und Anspruchshöhe lag es nicht in der Absicht der oppositionellen Vorschläge, die abgeschlossene Wiedergutmachungsgesetzgebung erneut aufzurollen.[426]

Die öffentliche Anhörung der oppositionellen Gesetzentwürfe vor dem Innenausschuß des Bundestages am 15.November 1989 [427] war vom Fragenkatalog und von der Auswahl der Sachverständigen her - bis auf den Historiker Herbert gehörten die übrigen (sieben) der juristischen Profession an - von einer rechtlichen Herangehensweise gekennzeichnet. Während die Abgeordnete Wisniewski (CDU) nach einer ersten Anhörungsrunde befriedigt feststellen konnte, soweit sie sehe, habe bisher niemand eine "rechtliche Verpflichtung" zu Leistungen der Bundesrepublik an Zwangsarbeiter hier vertreten,[428] äußerte der Abgeordnete

422 Schmidt, ebd., S. 12234D.

423 Vollmer, ebd., S. 12225A.

424 Carstens, ebd., S. 12236C.

425 Carstens, ebd., S. 12238A.

426 Zur parlamentarischen Auseinandersetzung s.a. Saathoff, DuR 1990, S. 13 ff.

427 Prot. Nr. 73 BTagsInnenausschuß 11.Wahlper.; Seitenangaben bis 113 beziehen sich auf die mündlichen Äußerungen, ab 114 auf die schriftlich vorgelegten Gutachten; die Anhörungsdokumente sind inzwischen veröffentlicht, s. Entschädigung für NS-Zwangsarbeit, s. a. Hahn, Fs. Krause, S. 93 ff.; Mayer, AVR 1991, S. 1 ff.

428 Wisniewski, S. 47.

Schröer (SPD) gegen Ende der Anhörung sein Unbehagen. Er habe das Gefühl, man rede über Verträge, aber nicht darum, worum es wirklich gehe, nämlich um Menschen. Aus der Anhörung Betroffener wisse er, daß es weniger um finanzielle Leistungen als um die Anerkennung als Verfolgungsopfer gehe.[429]

Als Gegner einer weiteren Entschädigungsregelung einschließlich eines Globalabkommens profilierten sich insbesondere die Völkerrechtler Dolzer und Hahn. Die Kompensationsthese wurde über das Argument "Friedensvertrag" eingeführt. Dolzer behauptete, die Staatenpraxis zeige, daß ein Recht auf Reparation nur im Rahmen friedensvertraglicher Verhandlungen festgelegt werden könne.[430] Damit setzte er sich darüber hinweg, daß der Rechtsgrund durch den gegen das Völkerrecht verstoßenden Krieg und die Kriegsführung gesetzt wird. Ein Friedensvertrag müsse aber neben den Reparationen auf die territoriale Frage eingehen. Unter diesen Umständen könnte die Bundesrepublik Polen auf die Notwendigkeit einer übergreifenden Lösung selbst dann verweisen, wenn in Reparationsverhandlungen mit dritten Staaten ohne territorialen Bezug eingetreten würde.[431] Die derart gekennzeichnete Sonderrolle Polens konnte aber nur bedeuten, daß sich Polen den Gebietsgewinn entgegenhalten lassen sollte. Hahn machte deutlich, daß es sich hier um ein Reserveargument zu Art. 5 LSA handele,[432] den er als bloße "Selbstbindung der Bundesrepublik" charakterisierte, um das Problem des Vertrags zu Lasten Dritter zu umgehen.[433]

Der erneute Rückgriff auf das Londoner Schuldenabkommen, neben Art. 5 Abs. 2 nunmehr auch auf Art. 8 (Verbot unterschiedlicher Behandlung der einzelnen Gläubiger) und 10 (Verbot von Zahlungen an Gläubiger aus Nichtsignatarstaaten),[434] war insofern obsolet, als das Abkommen zwischenzeitlich erfüllt worden ist. Art. 10 LSA sieht eine Zahlungszurückstellung ausdrücklich nur "bis zur Erledigung aller Verpflichtungen aus diesem Abkommen und seinen Anlagen" vor. Art. 8 LSA bezieht sich ausschließlich auf die Signatar- als Gläubigerstaaten. Im übrigen ist bereits zweifelhaft, ob sich die Art. 8 und 10 LSA nicht ausschließlich auf die regelbaren Schulden beziehen. Jedenfalls gehen sie hinsichtlich der Reparationsfrage nicht über Art. 5 LSA hinaus.

---

429 Schröer, S. 84 u. 85.

430 Dolzer, S. 282; s.a. S. 36.

431 Dolzer, S. 284.

432 Vgl. Hahn, S. 183.

433 Hahn, S. 6.

434 Dolzer, S. 37-39; 50 f.; 280-284; Hahn, S. 6; 176 u. 179.

Dolzer unterschied ebenfalls zwischen "Reparationen" und dem auf einer "anderen Ebene" liegenden "NS-Unrecht". Im Hinblick auf den Vertrag mit Israel und den Westabkommen handele es sich, was für die Auslegung von Art. 5 LSA bedeutsam sei, um Maßnahmen, "die im Kern Verfolgungscharakter, nicht aber Kriegscharakter" gehabt hätten. Daß diese Abgrenzung im Einzelfall schwierig sein könne, ändere nichts an der prinzipiellen Rechtfertigung der "Sonderbehandlung"(!).[435] Damit griff Dolzer die politische Zweckunterscheidung zwischen "Reparation" und "Wiedergutmachung" auf und akzeptierte sie auch als eine rechtliche. Dolzer, der Reparationen als Folge "rechtswidriger kriegerischer Handlungen" definierte, ohne die Frage des völkerrechtlichen Verbots eines Angriffskriegs aufzuwerfen, befand sich mit dieser Unterscheidung insofern auf der gleichen Ebene, als mit ihr aus den umfassenden völkerrechtswidrigen Akten bestimmte, nämlich als "NS-Unrecht" bezeichnete, die immer auch völkerrechtswidrig waren, herausgenommen wurden. Diese Unterscheidung war damit aber nicht eine rechtlich vorgegebene, sondern Ergebnis eines historischen und politischen Bewertungsvorgangs. Mit der Unterscheidung in "Reparation" und "Wiedergutmachung" bzw. "NS-Unrecht" wurde das Ergebnis dieses Bewertungsvorgangs lediglich in Rechtsbegriffe transformiert. Der entschädigungsrechtliche Verfolgungsbegriff war dabei ein bereits von der dogmatischen Konstruktion anzuzweifelndes, in der Anwendung der Entschädigungspraxis jedoch untaugliches Unterscheidungsmittel. Als bloßer Rechts- war der Verfolgungsbegriff gleichfalls weder naturgegeben noch dem Reparationsbegriff vorgegeben. Die Sachverständige Majer hatte das Problem des Reparationsbegriffs recht plastisch zum Ausdruck gebracht. Das Reparationsrecht knüpfe an die Kriegsführung zivilisierter Staaten an. Es gehe also um Leute, die sich auch noch im Kriege einigermaßen anständig benehmen würden. Seit der Barbarisierung des Krieges als Vernichtungskrieg im Zweiten Weltkrieg gehe das nicht mehr.[436] Konsequent erfaßte sie Zwangsarbeit als ein völkerrechtliches Delikt, das unter den Begriff der Reparationspflicht falle und wegen Ausmaß und Durchführung zugleich spezifisches NS-Unrecht sei.[437] Letzteres legte vor allem Herbert dar. Neben Majer und ihm traten Düx und Stuby, die allerdings stärker rechtlich argumentierten, für eine weitere Entschädigungsregelung ein. Zorn verteidigte das von ihm mitgeschaffene Entschädigungsrecht, räumte aber ein, die Frage einer Entschädigung für Zwangsarbeiter sei aus humanitären Gründen

---

[435] Dolzer, S. 274-279.

[436] Majer, S. 104; vgl. a. S. 194.

[437] Vgl. Majer, S. 193-221 u. 226; S. 56 f.

regelungsbedürftig.[438] Es gehe allerdings nicht darum, den spezifischen Unrechtscharakter der Zwangsarbeit als NS-Unrecht anzuerkennen, sondern inwieweit eine Zwangsarbeit wegen des Grundes ihrer Anordnung und den Umständen ihrer Durchführung entschädigungsfähig sein solle. Das sei in den Fällen zu bejahen, in denen der Betroffene "ohne eigenes Verschulden"(!) zur Zwangsarbeit herangezogen und dadurch einen mehr als nur geringfügigen Dauerschaden erlitten habe.[439] Ress hielt die Entschädigungsfrage politisch für erwägenswert und sah trotz Art. 5 LSA und Reparationsverzichte rechtlich kein Hindernis für die Bundesrepublik, eine Regelung ohne Rechtsanspruch zu treffen.[440]

Schließlich rang sich auch der 11. Bundestag nicht zu einer positiven Lösung des Entschädigungsproblems durch. Mit der Annahme der Beschlußempfehlung des Innenausschusses [441] im Oktober 1990 im nunmehr erweiterten Bundestag [442] wurden die oppositionellen Initiativen abgelehnt und die Entschädigungsfrage erneut vertagt. Die Bundesregierung wurde darin lediglich aufgefordert zu prüfen, ob eine Fondslösung für Härteleistungen an Zwangsarbeiter möglich sei, Kontakte mit der Privatwirtschaft aufzunehmen, die Höhe der benötigten Mittel festzustellen und darüber bis Ende Dezember 1990 dem Deutschen Bundestag zu berichten. Entgegen der Selbsteinschätzung der Abgeordneten der Regierungsfraktionen, die übereinstimmend der Auffassung waren, mit der Einrichtung eines neuen Härtefonds seien Entschädigungszahlungen für neue Opfergruppen gegen den Widerstand der Exekutive ermöglicht worden, und damit sei viel erreicht worden,[443] war es dem Bundestag wiederum nicht gelungen, die Initiative gegen den sich beharrlich sträubenden Exekutivapparat zu übernehmen. Daneben dürfte die mit der Wiedervereinigung grundsätzlich auch politisch wieder "offene", mindestens aber weniger überschaubare Reparationsfrage von Bedeutung gewesen sein. So heißt es im Ausschußbericht vom 24. September 1990, es werde die Auffassung der Bundesregierung geteilt, daß noch keine aktuelle Bewertung des Londoner Schuldenabkommens möglich sei.[444] 45

---

438 Vgl. Zorn, S. 98 u. 25.

439 Zorn, S. 125.

440 Vgl. Ress, S. 13-17, 80-82 u. 94-97.

441 BTagsDrs. 11/8046.

442 S. BTagsStenProt. 11/234, S. 18727B - 18734B.

443 Vgl. die Redebeiträge, ebd., der Abgeordneten Wisniewski (CDU/CSU), Lüder (FDP) u. Hamm-Brücher (FDP).

444 BTagsDrs. 11/8046, S. 5.

Jahre nach Kriegsende konnte man sich immer noch nicht für Entschädigungszahlungen an die Angehörigen Osteuropas durchringen. Immerhin signalisierten aber die Redner der Regierungsfraktionen eine Öffnung zur oppositionellen Stiftungslösung als programmatischer Aufgabe des nächsten Bundestages.[445]

V. Zusammenfassung

Während die nichtdeutschen jüdischen Verfolgten vor allem über das Territorialitätsprinzip ausgeschlossen wurden, wurden die Ansprüche der übrigen ausländischen Verfolgten mittels des "Verfolgungsbegriffs" abgelehnt. Eine fast lückenlose Rechtsprechung, nach der im wesentlichen nur katholische Priester aus Polen als vollanspruchsberechtigte Verfolgte (§ 1 BEG) anerkannt werden konnten, verneinte rassische Verfolgungsgründe für nicht-jüdische Angehörige der osteuropäischen Staaten. Rassenpolitische Erwägungen waren dafür nicht ausreichend. Maßstab sollten allein die Nürnberger Gesetze vom September 1935 sein. Nur Juden und mit Brüchen "Zigeuner" wurden als aus rassischen Gründen Verfolgte anerkannt. Diese, auf die unterschiedliche Verfolgungspraxis und den Völkermord reagierende Zuordnung entfaltete ihre Ausschlußfunktion erst im Zusammenhang mit den "politischen Gründen". Sie wurden ebenfalls als Wertungsbegriff erkannt und angenommen. Ausländischen Verfolgten wurde definitorisch eine "politische" Gegnerschaft gegen den "Nationalsozialismus" abgesprochen. Ihr Handeln war bestenfalls von einem davon strikt zu trennenden "Nationalbewußtsein" bestimmt, das nur gegen "Deutschland" gerichtet sein konnte. Jeder Widerstand, ob aktiv oder passiv, mit Waffen oder gewaltfrei, galt als "Kampf gegen Deutschland schlechthin". Die maßgebliche Verfolgermotivation war nicht politisch bedingt, sondern diente der "Sicherung der militärischen Ordnung", war "militärischen Gründen" oder "militärischen Notwendigkeiten" geschuldet, diente der Bekämpfung einer "grundsätzlichen Widersetzlichkeit gegen die Anordnung der Besatzungsmächte" oder war, in bezug auf Zwangsarbeit, Ausdruck einer "allgemeinen Verschleppungsaktion". Diese vorgeschobene Sichtweise der nationalsozialistischen Besatzungsmacht machte sich die Rechtsprechung auch in bezug auf die von vornherein als "Härteausgleich" konzipierte Regelung für sog. Nationalgeschädigte zu eigen. Die mit dem Schlußgesetz 1965 eingeführte Vermutungsregel, nach der eine Schädigung aus Gründen der Nationalität erfolgt ist, soweit keine anderen

---

445 Vgl. Wisniewski, ebd., S. 18729D; Lüder, ebd., S. 18731B; Hamm-Brücher, ebd., S. 18732C.

Gründe für die unter Mißachtung der Menschenrechte vorgenommene schädigenden Maßnahmen ersichtlich seien, war wertlos. Ihre Widerlegung lag im tatrichterlichen Ermessen, das nicht durch größere Anforderungen an die tatsächliche oder geschichtliche Aufklärung behindert wurde. Militärische, ordnungs- oder sicherheitspolizeiliche und kriegswirtschaftliche Gründe konnten bei Bedarf immer entgegengesetzt werden. Die "Deutschenklausel", eine Auslegungsvariante der Rechtsprechung, knüpfte scheinbar an die Diskriminierung nichtdeutscher gegenüber deutschen Staatsangehörigen an. Vor dem Hintergrund einer auch Deutsche treffenden Verfolgungspraxis war sie jedoch für eine entschädigungsrechtliche Diskriminierung funktionalisierbar. Je allgemeiner die Brutalität der deutschen Besatzungsmacht zu verzeichnen war, desto eher konnte angenommen werden, hier werde nicht wegen einer bestimmten Nationalität verfolgt. Mord, Todesurteile, Inhaftierung, Verschleppung und Konzentrationslagereinweisung kamen auch bei deutschen Verfolgten vor. Jegliche Anzeichen einer Verbindung zur nationalen Widerstandsbewegung, bewaffnet oder propagandistisch, reichten aus für die nachträgliche Billigung der nationalsozialistischen Terrormaßnahmen. Fremdarbeiterdeportationen erfolgten allein aus "kriegswirtschaftlichen Gründen" und dienten "in erster Linie und vorwiegend der Beseitigung des kriegsbedingten Mangels an Arbeitskräften". Als schädigende Maßnahmen kamen daher nur Transport, allgemeine Lebensbedingungen und die Behandlung der Zwangsarbeiter in Betracht. Im Ergebnis bedeutete dies eine Aufspaltung des einheitlichen Verfolgungsschicksals "Zwangsarbeit". Die Abspaltung des Verschleppungsvorgangs als "kriegswirt-schaftliche" Maßnahme "normalisierte" auch den Arbeitsvorgang selbst. Entschädigungsansprüche wurden so überwiegend abgelehnt und kamen nur in Einzelfällen mit dem Charakter von "Exzeßtaten" (Alte, Kranke, Kinder) in Betracht.

Die Bedeutung dieser Rechtsprechung geht über den Kreis der etwa 30.-40.000 unmittelbar Betroffenen hinaus. Das darin zum Ausdruck kommende Verständnis von Verfolgung verstärkt die deutschlandpolitische Konzeption des Entschädigungsrechts. Die Unterscheidung in "Deutschland" und "Nationalsozialismus" läßt den Krieg als einen ingesamt "ehrenhaft" geführten und in einer Kette europäischer Auseinandersetzungen stehenden Krieg erscheinen. Wie auch die weiter zu § 1 BEG ergangene Rechtsprechung zeigt, wird über den positivierten Verfolgungsbegriff die in den übrigen Rechtsgebieten "naturrechtlich" bewältigte Reinigung des (NS-)Rechts vom NS-Unrecht bewerkstelligt. Die entschädigungsrechtliche Rechtsprechung ist daher auch in dem Zusammenhang einer Refunktionalisierung des Rechts zu sehen. Gleichfalls dient sie einer vom Nationalsozialismus entschlackten Staatskontinuität.

Mit dieser "naturrechtlichen" Rechtskonzeption konnte der Bundesgerichtshof zivilrechtliche Klagen ehemaliger konzentrationärer Zwangsarbeiter auf Lohnersatz und Schmerzensgeld nicht von vornherein ablehnen. Mit einer historisch höchst fragwürdigen und rechtlich sehr inkonsistenten Begründung wurden hier Verfolgungsbegriff und Territorialitätsprinzip unmittelbar über Art. 5 LSA durch das Reparationsargument ersetzt. Die Rechtsdogmatik wurde dabei wesentlich durch strategische Aufsätze aus dem Bundesfinanzministerium vorgezeichnet. Ideologisch konnte die Verantwortung für die wirtschaftliche Ausbeutung der Konzentrationslagerhäftlinge auf den nationalsozialistischen Staat abgeschoben werden. Die darin zum Ausdruck kommende "Normalisierung" der Wirtschaftsbedingungen zeigt sich auch im Rückgriff auf die kurzen zivilrechtlichen Verjährungsvorschriften im Falle einer Klage eines ehemaligen deutschen Zwangsarbeiters. Während unmittelbar nach Kriegsende im rechtswissenschaftlichen Schrifttum die Begrenzung einer Reparationsverpflichtung bei deren grundsätzlicher Bejahung im Vordergrund stand, ging es dann, parallel zum Abklingen der alliierten Reparationsforderungen, um die Abwehr einzelner Individualforderungen außerhalb des Entschädigungsrechts.

Nach der Anmeldung globaler Forderungen der ehemals besetzten Länder, die sich aber nur noch auf Entschädigung für Verfolgungsmaßnahmen konzentrierten, diente das Reparationsargument zu deren Ablehnung. Gegenüber den westeuropäischen Verbündeten konnte diese Haltung nicht durchgesetzt werden. Die osteuropäischen Staaten, insbesondere Polen, machten entsprechende Forderungen erst nach Aufweichen der außenpolitischen Barrieren ab Ende der sechziger Jahre geltend. Mit einer rechtlich nicht haltbaren Begründung werden solche Forderungen, die seit Mitte der achtziger Jahre von der parlamentarischen Opposition aufgegriffen werden, bis heute abgelehnt. Hintergrund für diese unterschiedliche Behandlung ist neben fiskalpolitischen Interessen die hier überspitzt formulierte These, wonach NS-Unrecht mit dem Teilungs- und Vertreibungs-Unrecht abgegolten sei, die als "Kompensations-" oder "Friedensvertragsvorbehaltsthese" auch Eingang in das völkerrechtliche Schrifttum gefunden hat. Die mit dem Reparationsargument einhergehende Verrechtlichung der Entschädigungsfrage, wie sie nochmals klar in der Anhörung des Innenausschusses des Bundestages vom Dezember 1989 zutage getreten ist, hat bisher eine vor allem politisch zu führende öffentliche Debatte über die "Kompensationsthese" und über die Okkupationspolitik während des zweiten Weltkriegs verhindert.

6. KAPITEL: RECHTLICHE WÜRDIGUNG IN FORM VON THESEN

1. Eine rechtlich abschließende Reparationsregelung ist mit Deutschland oder der Bundesrepublik nach dem Zweiten Weltkrieg nicht geschlossen worden. Ein gleichbleibend verstandener Reparationsbegriff ist nicht erkennbar.

2. Das Versailler Reparationsmodell spielte nach dem Zweiten Weltkrieg auf der Konferenz von Jalta und den Nachkriegskonferenzen nur noch insofern eine Rolle, als Deutschland als Kriegsverursacher schadensersatzpflichtig war. Die Frage des reparationsfähigen Schadens war für die Verpflichtung Deutschlands bedeutungslos. Sie diente nur als Maßstab für die Verteilung der deutschen Reparationsleistungen unter den alliierten Verbündeten. Aber auch hierfür wurde die begriffliche Beschränkung auf den Ersatz ziviler Personen- und Sachschäden nicht übernommen. Als politischer Zweckbegriff unterlag der Reparationsbegriff inhaltlichen Schwankungen. In den Diskussionen in Jalta und Potsdam wurde der Reparationsanspruch mit Sach- und/oder Personenschäden und/oder den allgemeinen Kriegskosten begründet. Während nach dem Jaltaer Schlußkommuniqué Reparationen für Kriegsschäden und nach dem Potsdamer Abkommen für die "Verluste und Leiden" geleistet werden sollte, wurden im zunächst geheimen Jaltaer Verhandlungsprotokoll für die Verteilung auch die allgemeinen Kriegskosten einbezogen.

3. Die weitere Entwicklung läßt vor allem in Form der Demontagepraxis die Konturen noch stärker verschwimmen. Während für die ehemals besetzten Länder ein wirtschaftlicher Ausgleich für die Kriegsfolgen im Vordergrund stand, traten die Angloamerikaner für eine stärker sicherheitspolitisch motivierte Reparationsverpflichtung ein. Vor allem die Reparationen in Form der Demontagen dienten der Begrenzung des militärisch verwendbaren ökonomischen Potentials. Bereits Ende der vierziger Jahre wurden sie von den Vereinigten Staaten nur noch als Symbol für die deutsche Niederlage und

mit Rücksicht auf die europäischen Verbündeten gerechtfertigt. Die Schadensersatzfunktion der Reparationsverpflichtung geriet damit noch stärker in den Hintergrund.

4. Gegenüber den ehemals besetzten Ländern und Verbündeten der Hauptsiegermächte diente ein weiter, alle Personen- und Sachschäden sowie die allgemeinen Kriegskosten umfassender Reparationsbegriff der Absicherung der integrationistischen Sicherheitspolitik der Westmächte gegenüber der Bundesrepublik. Die vorläufige Abgeltung aller Kriegsforderungen gegenüber der "Westmasse" sollte eine indirekte Finanzierung weitergehender Reparationsforderungen durch die Besatzungskosten verhindern. Die im Pariser Reparationsabkommen getroffene Vereinbarung wurde im Londoner Schuldenabkommen aufgegriffen, um die Integration in das westliche Staatenbündnis wirtschaftlich abzusichern. Die Abgeltung der Vor- und Nachkriegsschulden sowie die Finanzierung des westdeutschen Verteidigungsbeitrags erhielten nun eindeutig Vorrang vor der Reparationsfrage. Der Reparationsbegriff diente in diesem Zusammenhang gerade nicht einem Ersatz kriegsbedingter Schäden, sondern wurde, erneut politisiert, gerade umgekehrt zur Verhinderung weiterer Leistungen im Sinne eines Schadensersatzes eingesetzt.

5. Bis dahin hatten sich nur deutsche und jüdische bzw. deutsch-jüdische Autoren für eine völkerrechtlich abzusichernde Regelung individueller Verfolgungsschäden eingesetzt. Sie waren selbst Verfolgte oder standen Verfolgtenkreisen nahe und erkannten frühzeitig, daß nach bis dahin geltendem Völkerrecht deutsche, emigrierte und aus ihrem Heimatstaat geflohene sowie staatenlose Verfolgte vom Reparationsrecht nicht berücksichtigt werden. Sie versuchten einen Unterschied zwischen Kriegs- und Verfolgungsschäden zu begründen. Bis auf letztlich zu vernachlässigende Regelungen im Pariser Reparationsabkommen und den Friedensverträgen von 1947 setzte sich bis zu Beginn der 50er Jahre eine völkerrechtliche Unterscheidung zwischen Kriegs- und Verfolgungsschäden nicht durch. Auch jüdische Verfolgtenverbände oder die Jewish Agency wurden nicht als gleichberechtigte Vertreter anerkannt. Mit dem als Besatzungsrecht oder Ländergesetz ergangenem "Wiedergutmachungsrecht" begann sich aber

frühzeitig auf der "innerstaatlichen" Ebene ein entsprechender Regelungskomplex herauszubilden. Solange diese Regelungen auf die jeweiligen Landesbewohner begrenzt blieben, konnten sie auch nur begrenzt die völkerrechtliche Lücke ausfüllen. Hier setzten insbesondere die Vorstöße der jüdischen Verfolgtenverbände und des Staates Israel an. Mangels eines bis dahin fortentwickelten Völkerrechts wurden die israelischen Forderungen zunächst als Reparationsforderung geltend gemacht. Um eine Störung der parallel stattfindenden Londoner Schuldenverhandlungen zu vermeiden, wurden diese Forderungen in Anlehnung an das innerdeutsche Recht als "Wiedergutmachungsforderungen" umdeklariert. Wenn auch der deutsch-israelische Vertrag nicht unmittelbar auf Verfolgungsschäden Bezug nimmt, so wurde dadurch doch rechtsdogmatisch grundsätzlich anerkannt, daß mit dem für die Kriegsführung zivilisierter Staaten gedachten Reparationsrecht nur unzureichend auf Völkermord und einen antizivilisatorischen Krieg reagiert werden konnte. Das internationale Abkommen mit der Claims Conference sowie inbesondere die "wiedergutmachungsrechtlichen" Regelungen im Überleitungsvertrag zeigen weiter, daß der faktische internationale Reparationsverzicht gerade nicht die auch völkerrechtliche Pflicht zu einem Ausbau der innerstaatlichen Entschädigungsgesetzgebung ausschließt. Gerade hiermit werden auch Reparationstatbestände nach altem Verständnis erfaßt. Der Überleitungsvertrag, aber auch der mit dem Abkommen mit der Claims Conference korrelierende deutsch-israelische Vertrag zeigen, daß Völkerrecht und Entschädigungsrecht zwar auf zwei unterschiedlichen Rechtsebenen angesiedelt sind, aber dennoch für einen identischen Zweck eingesetzt werden, nämlich einen wenigstens partiellen materiellen Ausgleich zur Abmilderung der Verfolgungsschäden zu schaffen. Der Reparationsbegriff begrenzt daher nicht das Entschädigungsrecht, wie immer wieder zur Begründung dessen Systematik vorgebracht wird. Die Sache verhält sich vielmehr umgekehrt. Zwar nicht rechtsdogmatisch, weil es sich um verschiedene Rechtsebenen handelt, aber funktional wird der Reparationsbegriff auch durch das innerstaatliche Entschädigungsrecht begrenzt. Für dessen Ausgestaltung gibt es aber keine rechtsverbindlichen Vorgaben. Wie alles Recht handelt es sich um einen Akt mehr oder weniger bewußter politischer Entscheidung.

6. Das Ungenügen des Reparationsbegriffs nach altem Verständnis zeigte sich aber auch in den westeuropäischen Vorstößen seit der Zeit nach Verab-

schiedung des Bundesergänzungsgesetzes 1953. Mit dem sich immer deutlicher abzeichnenden faktischen Reparationsverzicht wurde bei einer sich gleichzeitig reökonomisierenden Bundesrepublik die Entschädigungsfrage und damit der Reparationsbegriff wegen seiner politischen Ausschlußfunktion zum Problem. Die Forderungen der nunmehr verbündeten Staaten zielten zunächst auf Einbeziehung in das innerstaatliche Entschädigungsrecht ab. Auch hier zeigt sich die funktionale Begrenztheit des Reparationsbegriffs. Die erreichten Globalabkommen bestätigen wiederum, daß die verschiedenen Ebenen Völkerrecht/innerstaatliches Recht zur Erreichung des Entschädigungszwecks austauschbar sind. Ob dieses Verständnis eines begrenzten Reparationsbegriffs bereits vor oder während der Verhandlungen zum Überleitungsvertrag und Londoner Schuldenabkommen vorhanden war, ist zu vermuten, läßt sich aber erst durch Sichtung der noch verschlossenen Verhandlungsdokumente aufklären.

7. Der durchgängig feststellbare deutsche Rechtsstandpunkt, individuell oder global erhobene Entschädigungsforderungen nichtdeutscher Verfolgter seien nur als Reparationen geltend zu machen bzw. seien mit dem Reparationsaufschub nach Art. 5 LSA bis auf weiteres vertagt worden, ignoriert die internationale Absonderung des Entschädigungs- aus dem Reparationskomplex. Das Zugeständnis, wenn schon international entschädigt werden solle, dann müsse der bundesrpublikanische Verfolgungsbegriff maßgeblich sein, ist weitgehend eine bloße begriffliche Umetikettierung, da dieser Verfolgungsbegriff gerade so ausgelegt wird, daß außer den - wegen des reparationsrechtlich begründeten Territorialitätsprinzips aber auch nur bedingt - jüdischen die übrigen ausländischen Verfolgten nicht darunter fallen. Die hilfsweise verwandte Begründung, nur "typisches NS-Unrecht" solle entschädigt werden, reduziert die nationalsozialistische Verfolgungspraxis weitgehend auf die gegen Juden gerichteten Maßnahmen und den Völkermord. Diese Sichtweise hat aber nicht dazu geführt, wenigstens alle jüdischen Verfolgten zu entschädigen. Wenn auch dieses Merkmal systematisch insofern handhabbar ist, als mit ihm entschädigungsfähige, nicht dem Reparationskomplex zurechenbare Tatbestände begründet werden können, so ist die damit praktizierte negative Klassifizierung auch aus historischen Gründen unhaltbar.

8. Für weitergehende Entschädigungsregeln, ob in der Form innerstaatlicher Regelungen oder globaler Abkommen, bestanden und bestehen keine rechtlichen Hindernisse.

9. Die Konstruktion eines auch individuell verfolgbaren völkerrechtlichen Entschädigungsanspruchs findet im Völkerrecht keine Stütze. Ein solcher kann nur durch Völkervertrag eingeräumt werden.

10. Entsprechend der Reparations- und der allgemeinen völkerrechtlichen Wiedergutmachungspflicht entsteht mit der Begehung des Völkerrechtsdelikts die Entschädigungspflicht. Die Art und Weise, Höhe und Verfahren der Entschädigung können aber nur durch Vertrag geregelt werden. Dies hindert nicht, eine einseitige, innerstaatliche Regelung zu setzen.

11. Der polnische Reparationsverzicht von 1953 ist, auch wenn man ihn entgegen der hier vertretenen Rechtsauffassung als für die Bundesrepublik geltend ansieht, wohin auch die polnische Auffassung neuerdings zu tendieren scheint, für die Entschädigungsfrage unerheblich. Im besten Falle würde durch einen Verzicht die Verpflichtung zur Leistung entfallen. Ebensowenig können rechtlich Gebietsabtretungen und Vertreibungsschäden entgegengehalten werden.

12. Eine klare Abgrenzung zwischen "Reparation" und "Entschädigung" ist bisher nicht ersichtlich. Es spricht einiges dafür, das Kriterium der "Völkerrechtswidrigkeit" mit der Maßgabe anzuwenden, daß aus dem völkerrechtswidrigen Angriffskrieg die Reparations- und aus der völkerrechtswidrigen Kriegsführung sowie allen weiteren Verfolgungsmaßnahmen die Entschädigungspflicht folgt.

7. NACHTRAG: DIE DEUTSCHE REPARATIONSVERPFLICHTUNG UND DER ZWEI-PLUS-VIER-VERTRAG VOM 12.9.1990

Der Vertrag über die abschließende Regelung in bezug auf Deutschland vom 12.9.1990,[1] der sog. Zwei-plus-Vier-Vertrag, ist kein Friedensvertrag im eigentlichen Sinne.[2] Mit einem solchen ist nach Beendigung der Rechte und Verantwortlichkeiten der vier Siegermächte in bezug auf Berlin und Deutschland als Ganzem und der Erlangung der vollen Souveränität des vereinten Deutschlands endgültig nicht mehr zu rechen. Der insbesondere von der Sowjetunion bis zum Sommer 1990 bevorzugte Friedensvertrag ist durch einen ganzen Komplex multi- und bilateraler Regelungen [3] umgangen und ersetzt [4] worden, dessen Kernstück der Zwei-plus-Vier-Vertrag bildet. Mit der Vorgabe [5] wichtiger Grundsätze für ein friedliches vereintes Deutschland - Festlegung der Grenzen, Friedensgebot, ABC-Waffen-Verzicht, Begrenzung der Streitkräfte - und der Beendigung der Vier-Mächte-Verantwortung liegt aber ein friedensvertragsähnliches Abkommen vor. Im Hinblick auf die bis dahin - rechtlich - ungelöste Reparationsfrage [6] bringt das gesamte Vertragswerk im normativen Sinne wiederum keine ausdrückliche und abschließende Klärung, wenn auch politisch der Reparations- und Wiedergutmachungskomplex damit seinen Abschluß gefunden haben dürfte. Nach Abschluß der Verträge mit Polen [7] ist mit der Errichtung einer Stiftung für die polnischen NS-Zwangsarbeiter im Jahre 1991 [8] nach zähem und

---

1 BGBl. II, 1318; Materialien: BTagsDrs. 11/8024; BTagsStenProt. 11/228, S. 18081; 11/229, S. 18100A - 18112A; zur Entstehungsgeschichte s. insb. Stern, Vertragsgeflecht, S. 11-27; ders., BayVBl. 1991, S. 523 ff.

2 Vgl. Rauschning, DVBl. 1990, S. 1278; ders., JuS 1991, S. 983; Blumenwitz, NJW 1990, S. 3042; Raap, BayVBl. 1991, S. 199.

3 Vgl. insb. Stern, Vertragsgeflecht, S. 32-49.

4 So ausdrücklich Weis, JA 1991, S. 60; Lippelt (Grüne), BTagsStenProt. 11/229, S. 18105D u. 18107A.

5 Zurückhaltend zur Frage einer freien Entscheidung Blumenwitz, NJW 1990, S. 3043.

6 S.o. 3 II 2 nach Fn. 124.

7 Vertrag über die Bestätigung der zwischen ihnen bestehenden Grenze (Grenzvertrag) v. 14.11.1990 und Vertrag über gute Nachbarschaft und freundschaftliche Zusammenarbeit v. 17.6.1991 (Nachbarschaftsvertrag), beide abgedruckt in: Zwei-plus-Vier-Vertrag, Nr. 11 u. 12.

8 Zur Entstehungsgeschicht s. FAZ v. 27.3.1990, S. 7 (Neue Vorschläge zur Wiedergutmachung); Majer, AVR 1991, S. 26; Adamczewska, Polen und wir, 3-4/92, S. 6 ff.; zum Briefwechsel auf Staatssekretärsebene und zur Stitung s. die in Polen erschienene Broschüre Stiftung "Polnisch-deutsche Aussöhnung", 1992.

langjährigem Ringen wenigstens eine humanitäre Regelung gefunden worden.

Bis zur Veröffentlichung der Verhandlungsdokumente wird es Spekulation bleiben, warum ein ausdrücklicher Verzicht auf weitere Reparationsleistungen Deutschlands in keines der Vertragsdokumente aufgenommen wurde. Deutscherseits war ein entsprechender Vorstoß noch im März 1990 öffentlich unternommen worden und hatte großen publizistischen Widerhall gefunden.[9] Unter Anspielung auf die polnischen Entschädigungsforderungen für Zwangsarbeiter rechtfertigte Bundeskanzler Kohl in der Bundestagsdebatte um die Anerkennung der Oder-Neiße-Grenze die Verbindung der Grenz- mit der Reparationsfrage. Angesichts der bestehenden Forderungen komme die Bundesregierung nicht umhin, "auf Klarheit auch in der Frage sogenannter Reparationsleistungen zu bestehen". Diese "Klarstellung" liege im wohlverstandenen deutschen Interesse und es sei niemandem damit gedient, daß Forderungen auf dem Tisch blieben und der Eindruck erweckt werde, als kämen in der Zukunft unabsehbare Lasten auf die Deutschen zu. Was Polen betreffe, gehe er davon aus, daß der Verzicht Polens auf Reparationen vom August 1953 [10] auch für das vereinte Deutschland gültig bliebe.[11] Die Oppositionsparteien wiesen demgegenüber auf ihre Stiftungsmodelle für die Entschädigung polnischer Zwangsarbeiter hin.[12] Vor allem der Fraktionsvorsitzende der SPD, Vogel, tadelte, daß Kanzler Kohl "ohne irgendeinen vernünftigen Grund das Thema deutscher Reparationszahlungen herbeigeredet und auf die politische Tagesordnung gesetzt" habe. Vogel wies auf die außenpolitische Sensibilität des Themas hin mit seiner rhetorischen Frage:

"Verstehen Sie denn nicht, daß es geradezu als Einladung aufgefaßt wird, wenn ausgerechnet der Bundeskanzler der Bundesrepublik Deutschland jetzt anfängt, von deutschen Reparationen zu reden?" [13]

Trotz dieser Bedenken nahm der Bundestag mit den Stimmen der Regierungsfraktionen eine Entschließung zur Anerkennung der polnischen Westgrenze an,

---

9 Vgl. z.B. FAZ v. 3.3.1990, S. 1 (Kohl will polnische Grenzfrage mit einem Verzicht auf Reparationszahlungen verbinden). Inhaltlich aufgenommen von Frowein, VVDStRL 49, S. 23 f. u. 36 (These 4.6.).

10 Dazu ausführlich o. unter 3 IV 2; zu Forderungen im polnischen Parlament, u.a. den Reparationsverzicht für ungültig zu erklären, s. FAZ v. 11.6.1990, S. 5 (Polens Reparationsforderungen angeblich nur aufgeschoben).

11 Kohl, BTagsStenProt. 11/200, S. 15424C-D; vgl. a. Bötsch (CDU/CSU), ebd., S. 15407A.

12 Vgl. Däubler-Gmelin (SPD), S. 15424B; Vollmer (Grüne), S. 15417 f.; BTagsDrs. 11/6591 u. 6611.

13 Vogel, S. 15407 f., Zitat S. 15408; ähnl. Schmude (SPD), S. 15413.; BTagsDrs. 11/6611.

in der auf den polnischen Reparationsverzicht hingewiesen wurde.[14]

Eine völkerrechtlich eindeutige Regelung ist dann weder im Zwei-plus-Vier-Vertrag noch im deutsch-polnischen Grenz- oder Nachbarschaftsvertrag, worin polnischerseits die Wiedergutmachungsforderungen geregelt werden sollten,[15] getroffen worden. Lediglich in der Präambel des Zwei-plus-Vier-Vertrages heißt es, daß der Vertrag "mit dem Ziel, die abschließende Regelung in bezug auf Deutschland zu vereinbaren", geschlossen worden sei. Rauschning folgert aus dieser Feststellung, daß die Frage der Reparationen zwischen den Vertragspartnern "erledigt" sei, was aber wohl im politischen Sinne zu verstehen ist. Nach der bisherigen Entwicklung der Reparationen sei zu erwarten, daß die Reparationsfrage nicht nur im Verhältnis zu den Vier Mächten, sondern auch gegenüber den anderen früheren Kriegsgegnern erledigt sei. Mit der Unterbreitung des Vertrags der Pariser Gipfelkonferenz der KSZE-Staaten [16] dürften dann die Staaten, die die Einheit Deutschlands begrüßten, danach kaum Reparationsforderungen erheben.[17] Auch Stern betrachtet die Reparationsfrage "materiell als erledigt", befürchtet aber im Gegensatz zu Rauschning, daß gerade das vereinte Deutschland noch einmal mit der Reparationsfrage konfrontiert werde. So sei bereits Frankreich [18] vorstellig geworden und würden Entschädigungsforderungen von einigen Staaten auch für Zwangsarbeiter gestellt werden.[19]

Die Chance, mit den osteuropäischen Staaten die deutsche Erblast der NS-Verfolgung zu regeln, ist weitgehend erneut vertan und politischen Opportunitäten geopfert worden. Betrachtet man das gesamte finanzielle Volumen des Einigungsprozesses, insbesondere die Verpflichtungen gegenüber der Sowjetunion in Höhe von 15 Milliarden DM zuzüglich eines zinslosen und über 5 Jahre til-

---

14 Vgl. BTagsDrs. 11/6579; die in der Entschließung ferner genannte gemeinsame Erklärung von Ministerpräsident Mazowiecki und Bundeskanzler Helmut Kohl vom 14.11.1989 - s. Bulletin v. 16.11.1989, S. 1094-1098 - erwähnt weder direkt noch indirekt die Reparations- oder Entschädigungsfrage.

15 Vgl. Außenminister Skubiszewski, FAZ v. 19.7.1990, S. 1 f. (Nach den Verabredungen von Paris ist ein Friedensvertrag nicht mehr nötig); s.a. FAZ v. 1.11.1990, S. 2 (In Warschau Verhandlungen über den Grenz- und den Nachbarschaftsvertrag).

16 Vgl. Charta von Paris für ein neues Europa. Erklärung des Pariser KSZE-Treffens der Staats- und Regierungschefs v. 21.11.1990, abgedruckt in: Zwei-plus-Vier-Vertrag, Nr. 21.

17 Vgl. Rauschning, DVBl. 1990, S. 1279 f.; ders., JuS 1991, S. 983.

18 Vgl. FAZ v. 28.12.1990, S. 1 (Verhandlungen über Entschädigungen für Frankreich).

19 Vgl. Stern, Vertragsgeflecht, S. 11 f., Fn. 48.

gungsfreien Kredits in Höhe von 3 Milliarden DM,[20] so erscheinen finanzpolitische Aspekte eher sekundär. Zahlungsverpflichtungen wurden nur dort eingegangen, wo sie für den Einigungsprozeß unabdingbar erschienen. Wenn auch 45 Jahre nach Kriesgsende die Reparationsfrage weder politisch noch rechtlich einer formell abschließenden Regelung bedurfte, so hätte die Regelung einer "Wiedergutmachung", solange Opfer noch am Leben sind, einen Sinn gehabt. Bereits in den fünfziger Jahren hatten sich die Entschädigungsforderungen von einem Ausgleich für materielle Kriegsschäden zu einem Ausgleich für individuelle NS-Verfolgungsmaßnahmen verändert. Mit dem Aufbrechen der europäischen Blocksysteme war ein wesentliches Hindernis für bilaterale Abkommen mit den osteuropäischen Staaten weggefallen. Wenigstens auf dem Niveau der Pauschalabkommen mit den westeuropäischen Staaten [21] wäre eine Regelung mit den vom Deutschen Reich besetzten osteuropäischen Staaten angemessen gewesen. Die bisher lediglich Polen betreffende Errichtung einer Stiftung ist weitgehend abseits der Öffentlichkeit vollzogen worden. Ob in letzter Reminiszenz an die Niederschlagung der deutschen Expansionsbestrebungen die Reparationsfrage 1990 nicht formell abgeschlossen wurde, erscheint anders als in den 50er Jahren seitens der drei Westmächte zweifelhaft. Plausibel erscheint eher die Erklärung, daß alle Vertragsparteien an einem erneuten Aufwerfen der Reparationsfrage kein Interesse hatten, wären dadurch nur Forderungen der übrigen Staaten befördert worden. Und insbesondere die Sowjetunion war über andere Rechnungsposten bedient worden. So sehr damit die Reparations- und "Wiedergutmachungsfrage" in einem politischen und faktisch auch rechtlichen Sinne "erledigt" ist, dürfte sie aber insofern sozialpsychologisch von Bedeutung bleiben, als große Bereiche der NS-Verfolgungsmaßnahmen eben nur unzureichend oder gar nicht berücksichtigt und damit nur beschränkt aufgearbeitet worden sind.

---

20 Vgl. Stern, Vertragsgeflecht, S. 38.

21 S. o. 4 IV.

LITERATURVERZEICHNIS

(Die im zweiten Kapitel zitierten Titel aus Sammelbänden werden nicht gesondert aufgeführt.)

Abediseid, Mohammad: Die deutsch-arabischen Beziehungen, Probleme und Krisen, Stuttgart 1976

Abelshauser, Werner: Wirtschaft in Deutschland 1945-1948. Rekonstruktion und Wachstumsbedingungen in der amerikanischen und britischen Zone, Stuttgart 1975

ders.: Probleme des Wiederaufbaus der westdeutschen Wirtschaft 1945 bis 1953, in: Winkler (Hrsg.), Weichenstellungen, S. 208-253

ders.: Wirtschaft und Besatzungspolitik in der Französischen Zone 1945-1949, in: Scharf/Schröder (Hrsg.), Deutschlandpolitik Frankreichs, S. 111-139

Abs, Hermann J.: Das Londoner Schuldenabkommen. Vortrag vor Gästen der Süddeutsche Bank AG, gehalten am 29. Oktober 1952 in Bad Homburg, o.O. 1953

ders.: Zeitfragen der Geld- und Wirtschaftspolitik. Aus Vorträgen und Aufsätzen, Frankfurt am Main 1959

ders.: Konrad Adenauer und die Wirtschaftspolitik der fünfziger Jahre, in: Blumenwitz u.a. (Hrsg.), Adenauer, S. 229-245

ders.: Die Wiederherstellung des deutschen Kredits, in: H.-P. Schwarz (Hrsg.), Wiederherstellung, S. 12-37

ders.: Probleme der deutschen Auslandsverschuldung und der Auslandskredite, Vortrag vor dem Hamburger Übersee-Club vom 16.9.1949, abgedruckt in: H.-P. Schwarz (Hrsg.), Wiederherstellung, S. 80-96

Adam, Uwe Dietrich: Judenpolitik im Dritten Reich, Düsseldorf 1979

Adamczewska, Eva, Der Preis der Versöhnung. Für einen Sarg reicht es, Polen und wir, 3-4/92, S. 6-8

Adenauer, Konrad: Erinnerungen 1953-1955, 4. Aufl., Stuttgart 1984

Adler, Hans Günter: Der verwaltete Mensch. Studien zur Deportation der Juden aus Deutschland, Tübingen 1974

Adler-Rudel, Salomon: Jüdische Selbsthilfe unter dem Nazi-Regime 1933-1939 im Spiegel der Berichte der Reichsvertretung der Juden in Deutschland, Tübingen 1974

ders.: Ostjuden in Deutschland 1880-1940, Tübingen 1959

Adler-Rudel, Salomon: Aus der Vorzeit der kollektiven Wiedergutmachung, Fs. Moses, S. 200-217

Ahrens, Hans D.: Demontage. Nachkriegspolitik der Alliierten, München 1982

Albrecht, Willy: Ein Wegbereiter: Jacob Altmaier und das Luxemburger Abkommen, in: Herbst/Goschler (Hrsg.), Wiedergutmachung, S. 205-213

Ammer, Thomas: Wandlungen im Verhältnis der DDR-Führung zum Judentum, Deutschland-Archiv 1988, S. 699-703.

Anatomie des SS-Staates, 2 Bände, 4. Aufl., München 1984

Anders, Georg: Gesetz zur Regelung der Wiedergutmachung nationalsozialistischen Unrechts für Angehörige des öffentlichen Dienstes, 2. Aufl., Köln u. Berlin 1956

Arndt, Adolf: Das Rückerstattungs-Gesetz der amerikanischen Zone, NJW 1947/48, S. 161-165

ders.: Agraphoi Nomoi (Widerstand und Aufstand), NJW 1962, S. 430-433

Arndt, Klaus D.: Die bisherige und künftige Belastung der öffentlichen Haushalte durch Auswirkungen des Krieges, in: Vierteljahreshefte zur Wirtschaftsforschung 1958, S. 255-273

Arndt, Veronika: Faschistische Pläne zur Behandlung der Tschechen und zur Gewinnung von Arbeitskräften und ökonomischen Positionen im okkupierten Grenzland der Tschechoslowakei während des zweiten Weltkrieges, in: Fremdarbeiterpolitik des Imperialismus, H. 11, Rostock 1981, S. 47-56

Asmussen, Nils: Der kurze Traum von der Gerechtigkeit. "Wiedergutmachung" und NS-Verfolgte in Hamburg, Hamburg 1987

Atek, Wageh: Der Standpunkt Ägyptens zur westdeutschen Wiedergutmachung an Israel, Orient 1983, S. 470-485

Audiatur (alias Walter Schwarz): Verfolgte und Verfolger, RzW 1962, S. 203 f.

August, Jochen: Die Entwicklung des Arbeitsmarkts in Deutschland in den 30er Jahren und der Masseneinsatz ausländischer Arbeitskräfte während des Zweiten Weltkrieges. Das Fallbeispiel der polnischen zivilen Arbeitskräfte und Kriegsgefangenen 1939/40, AfS 24, 1984, S. 305-353

Auslandsschulden: Deutsche Auslandsschulden. Dokumente zu den internationalen Verhandlungen Oktober 1950 bis Juli 1951, hrsg. von dem Auswärtigen Amt, dem Bundesministerium der Finanzen, dem Bundesministerium für Wirtschaft und dem Bundesministerium für den Marshallplan, o.O., o.J.

Die **Auswärtige Politik** der Bundesrepublik Deutschland, hrsg. vom Auswärtigen Amt unter Mitwirkung eines wissenschaftlichen Beirats, Bonn 1972

Baade, Hans W.: Die Behandlung des deutschen Privatvermögens in den Vereinigten Staaten nach dem ersten und zweiten Weltkrieg, Fs. für H. Janssen, Heidelberg 1958, S. 11-27

ders./Schneider, Hans K.: Stichwort "Reparationen", Staatslexikon VI, Sp. 857-865

Backer, John H.: Die Entscheidung zur Teilung Deutschlands. Amerikas Deutschlandpolitik 1943-1948, München 1981

Bade, Klaus J.: Auswanderer, Wanderarbeiter, Gastarbeiter, Bevölkerung, Arbeitsmarkt und Wanderung in Deutschland seit der Mitte des 19. Jahrhunderts, 2 Bde., Ostfildern 1984

Bäumlin, Richard/Ridder, Helmut: Art. 20 Abs. 1-3, III, in: Kommentar zum Grundgesetz für die Bundesrepublik Deutschland, 2. Aufl., Neuwied 1989

Bakels, Floris B.: Nacht und Nebel. Der Bericht eines holländischen Christen aus deutschen Gefängnissen und Konzentrationslagern, Frankfurt a.M. 1982

Balabkins, Nicholas: West Germans Reparations to Israel, New Brunswick u. New Yersey 1971

ders.: The Birth of the Restitution. The making of the Shilumim Agreement, The Wiener Library Bulletin 1967, S. 8-16

Balfour, Michael: Vier-Mächte-Kontrolle in Deutschland 1945-1946, Düsseldorf 1959

ders.: Another Look at "Unconditional Surrender", International Affairs 46 (1970), S. 719-736

Bansleben, Manfred: Das österreichische Reparationsproblem auf der Pariser Friedenskonferenz, Wien u.a. 1988

Baring, Arnulf: Im Anfang war Adenauer. Die Entstehung der Kanzlerdemokratie, 2. Aufl., München 1982

Barkai, Avraham: Vom Boykott zur "Entjudung". Der wirtschaftliche Existenzkampf der Juden im Dritten Reich 1933-1943, Frankfurt 1989

Beil, Otto/Malorny, Georg: Heilfürsorge nach dem Bundesentschädigungsgesetz. Ein praktischer Wegweiser, Düsseldorf 1963

Beimel, Maria/Ernst, Christoph/Frahm, Klaus/Schwarz, Uta (Hamburger Stiftung zur Förderung von Wissenschaft und Kultur): Informationsmaterial der Initiative "Über die Zukunft der Gedenkstätte Neuengamme", Industrie, Behörden und Konzentrationslager 1938-1945, Reaktionen 1988/1989, 5. Aufl., Hamburg 1990

Beiträge zur nationalsozialistischen Gesundheits- und Sozialpolitik, Berlin,
Band 3: Herrenmensch und Arbeitsvölker. Ausländische Arbeiter und Deutsche 1939-1945, 1986
Band 5: Sozialpolitik und Judenvernichtung. Gibt es eine Ökonomie der Endlösung?, 1987
Band 6: Feinderklärung und Prävention. Kriminalbiologie, Zigeunerforschung und Asozialenpolitik, 1988

Bender, Peter: Deutsch-polnische Asymmetrie, liberal 1975, S. 894-901

Bentwich, Norman: The International Refugee Organization of the United Nations, The Jewish Yearbook of International Law 1948, S. 152-163

ders.: International Aspects of Restitution and Compensation of Victims of the Nazis, BYIL, Vol. 32 (1955/56), S. 204-217

ders.: Nazi Spoliation and German Restitution - The Work of the United Restitution Office, LBIYB X (1965), S. 204-224

Benz, Wolfgang: Von der Besatzungsherrschaft zur Bundesrepublik. Stationen einer Staatsgründung 1946-1949, Frankfurt am Main 1984

ders. (Hrsg.): Die Juden in Deutschland 1933-1945. Leben unter nationalsozialistischer Herrschaft, München 1988

ders.: Von der Feststellungsklage zum Vergleich. Der Frankfurter Lehrprozeß (In Sachen Wollheim gegen I.G. Farben), Dachauer Hefte 2 (1986), S. 142-147

ders.: Der Wollheim-Prozeß. Zwangsarbeit für I.G. Farben in Auschwitz, in: Herbst/Goschler (Hrsg.), Wiedergutmachung, S. 303-326

Berg: Urteilsanmerkung zu OLG Karlsruhe, RzW 1954, 308, RzW 1955, S. 21 f.

Bergmann, Arthur: Fremd- und Zwangsarbeiter - Ansprüche nach dem Londoner Schuldenabkommen und in der Sozialversicherung, RzW 1979, S. 41-45

Bernhardt, Rudolf: Rückerstattungsansprüche und die Verzichtsklauseln des Ungarischen Friedensvertrages, RzW 1966, S. 481-487

Best, Werner: Die deutsche Polizei, Darmstadt 1940

Beyer, Wilhelm R.: Wiedergutmachungsrecht. 8.5.1945-31.12.1956, NJW-Fundhefte, München u. Berlin 1957

ders.: Die Rechtsfigur der Restitution, Schweizerische Juristen-Zeitung 1948, S. 323-326

ders.: Ist für die Wiedergutmachung die damalige oder die heutige Haltung des politischen Verfolgten maßgebend ?, in: Frenkel, Entschädigungsrecht, Abhandlungen, S. 59 ff.

ders.: Ist die Vorschrift des § 6 Abs. 3 BEG verfassungswidrig?, in: Frenkel, Entschädigungsrecht, Abhandlungen, S. 142-147

Beyer, Wilhelm R.: Der Begriff der freiheitlichen demokratischen Grundordnung im Lichte des Entschädigungsrechts, in: Frenkel, Entschädigungsrecht, Bl. 171-174

ders.: Urteilsanmerkung zu KG Berlin u. LG Berlin, RzW 1953, S. 276 f.

ders.: Urteilsanmerkung zu BGH, RzW 1955, S. 249 f.

ders.: Zur Frage der Aberkennung von Entschädigungsleistungen, RzW 1957, S. 300 f.

ders.: Vom Ende der Wiedergutmachung, DuR 1980, S. 273-282

Bial, Louis C.: Vergeltung und Wiedergutmachung in Deutschland. Ein Beitrag zu den Fragen der Naziverbrecher und der Wiedereinsetzung der Naziopfer in ihre Rechte, Habana 1945

ders.: Konkurrenz von Rückerstattungs- und Entschädigungsansprüchen, NJW 1950, S. 583 f.

Bienenfeld, Franz Rudolf: Der österreichische Staatsvertrag und die Ansprüche der Verfolgten, London 1956

Billstein, Aurel: Fremdarbeiter in unserer Stadt. Kriegsgefangene und deportierte "fremdvölkische Arbeitskräfte" 1939-1945 am Beispiel Krefelds, Frankfurt 1980

Bingen, Dieter: Die Stellung der Bundesrepublik Deutschland in der internationalen Politik aus polnischer Sicht 1969-1976, Königstein/Ts. 1980

Bishop, Joseph W.: The "Contractual Agreements" with the Federal Republic of Germany, A Study in the Adaptability of International Law to Political Realities, AJIL 49 (1955), S. 125-147

Bishop, William W.: International Law, Cases and Materials, 2. Aufl., Boston, Toronto 1962

Blessin, Georg: Allgemeine Rechtsgrundsätze des Entschädigungsgesetzes zur Wiedergutmachung nationalsozialistischen Unrechts, NJW 1950, S. 573-575

ders.: Urteilsanmerkung zu OLG München, RzW 1953, S. 236

ders.: Wiedergutmachung und Allgemeines Kriegsfolgengesetz, RzW 1958, S. 81-85

ders./Gießler, Hans: Bundesentschädigungs-Schlußgesetz. Kommentar zur Neufassung des Bundesentschädigungsgesetzes, München und Berlin 1967, und einem Nachtrag, München 1969

ders./Ehrig, Hans-Georg/Wilden, Hans: Bundesentschädigungsgesetze, Kommentar, 3. Aufl., München 1960

ders./Wilden, Hans: Kommentar zum Bundesentschädigungsgesetz unter Mitwirkung von Hans-Georg Ehrig (1. Aufl.), München und Berlin 1954, 2. Aufl., München 1957

Blessin, Georg/Wilden, Hans: Die Rechtsverordnungen zum Bundesentschädigungsgesetz. Zugleich Ergänzungsband zu Blessin/Wilden, Bundesentschädigungsgesetze, Kommentar, München u. Berlin 1955

Bley, Erich: Grenzen der Wiedergutmachungspflicht privater Arbeitgeber nach dem Berliner Entschädigungsgesetz, JR 1953, S. 37-46

Blum, John Morton: Deutschland ein Ackerland ? Morgenthau und die amerikanische Kriegspolitik 1941-1945. Aus den Morgenthau-Tagebüchern, Düsseldorf 1968

Blumenwitz, Dieter, Der Vertrag vom 12.9.1990 über die abschließende Regelung in bezug auf Deutschland, NJW 1990, S. 3041-3048

ders./Gotto, Klaus/Maier, Hans/Repgen, Konrad/Schwarz, Hans-Peter (Hrsg.): Konrad Adenauer und seine Zeit. Politik und Persönlichkeit des ersten Bundeskanzlers. Beiträge von Wege- u. Zeitgenossen, 2. Aufl., Stuttgart 1976

Bock, Gisela: Zwangssterilisation im Nationalsozialismus. Studien zur Rassenpolitik und Frauenpolitik, Opladen 1986

Bodemann, Y. Michel: Staat und Ethnizität: Der Aufbau der jüdischen Gemeinden im Kalten Krieg, in: Brumlik u.a. (Hrsg.), Leben, S. 49-69

Böhm, Franz: Reden und Schriften. Über die Ordnung einer freien Gesellschaft, einer freien Wirtschaft und über die Wiedergutmachung, in Gemeinschaft mit Freunden und Schülern hrsg. von Ernst-Joachim Mestmäcker, Karlsruhe 1960

ders.: Das deutsch-israelische Abkommen 1952, in: Blumenwitz u.a. (Hrsg.), Adenauer, S. 437-465

Borkin, Joseph: Die unheilige Allianz der I.G. Farben. Eine Interessengemeinschaft im Dritten Reich, Frankfurt a.M. 1986

Bosl, Karl (Hrsg.): Versailles - St. Germain - Trianon. Umbruch in Europa vor fünfzig Jahren, München u. Wien 1971

Bracher, Karl Dietrich/Sauer, Wolfgang/Schulz, Gerhard: Die nationalsozialistische Machtergreifung, 3 Bände, Köln u. Opladen 1974

Brandes, Detlef: Die Tschechen unter deutschem Protektorat. Besatzungspolitik, Kollaboration und Widerstand im Protektorat Böhmen und Mähren, Teil I: bis Heydrichs Tod (1939-1942), München/Wien 1969; Teil II: von Heydrichs Tod bis zum Prager Aufstand (1942-1945), München/Wien 1975

Breslauer, W./Goldschmidt, F.: Die Arbeit des Council of Jews from Germany auf dem Gebiet der Wiedergutmachung, London 1966

Broszat, Martin: Der Staat Hitlers. Grundlagen und Entwicklung seiner inneren Verfassung, 7. Aufl., München 1978

ders.: Die polnische sozialistische Partei (PPS), ihr Verhältnis zum Nationalsozialismus und zur deutschen Besatzungsmacht, in: Gutachten I, S. 382-385

Broszat, Martin: Verbot und Strafverfolgung wegen Verkehrs polnischer Zivilarbeiter mit deutschen Frauen und Mädchen, in: Gutachten I, S. 387-389

v. Brünneck, Alexander: Politische Justiz in der Bundesrepublik Deutschland 1949-1968, Frankfurt a.M. 1978

Brumlik, Micha/Kiesel, Doron/Kugelmann, Cilly/Schoeps, Julius H. (Hrsg.): Jüdisches Leben in Deutschland seit 1945, Frankfurt a.M. 1986

Brunn, Walter: Das Ost-West-Verhältnis in der Wiedergutmachung nach dem BEG-Schluß-Gesetz, ROW 1966, S. 45-51

ders./Hebenstreit, Richard: Bundesentschädigungsgesetz in der Fassung des 2. Änderungsgesetzes (BEG-Schlußgesetz), Kommentar unter Mitwirkung von Heinz Klee, Berlin 1965, Ergänzungsband 1966 u. zwei Nachträge 1967 u. 1970

Bryde, Brun-Otto: Verfassungsentwicklung. Stabilität und Dynamik im Verfassungsrecht der Bundesrepublik Deutschland, Baden-Baden 1982

Buchheim, Christoph: Das Londoner Schuldenabkommen, in: Herbst (Hrsg.), Westdeutschland, S. 219-227

Buchheim, Hans: Behandlung nicht-jüdischer polnischer Staatsangehöriger im Kriege, in: Gutachten I, S. 385 f.

Bülck, Hartwig: Die Zwangsarbeit im Friedensvölkerrecht, Untersuchungen über die Möglichkeit und Grenzen allgemeiner Menschenrechte, Göttingen 1953

ders.: Stichwort "Zwangsarbeit", WbdVR, Bd. 3, S. 893-894

ders.: Stichwort "Zwangsverschickung", WbdVR, Bd. 3, S. 894-896

Büttner, Friedemann/Hünseler, Peter: Die politischen Beziehungen zwischen der Bundesrepublik Deutschland und den arabischen Staaten, in: Karl Kaiser/ Udo Steinbach (Hrsg.): Deutsch-arabische Beziehungen. Bestimmungsfaktoren und Probleme einer Neuorientierung, München u. Wien 1981, S. 111-152

Bukofzer, Ernst/Radlauer, Curt/Loewenberg, Rolf: Kommentar zum Gesetz über die Entschädigung der Opfer des Nationalsozialismus vom 10. Januar 1951, Berliner Entschädigungsgesetz, Berlin 1951

Bundesministerium der Justiz (Hrsg.): Deutsches Vermögen im Ausland. Internationale Vereinbarungen und ausländische Gesetzgebung, Bd. 1, bearb. von Otto Böhmer, Konrad Duden u. Hermann Janssen, Köln 1951

Buschbom, Helmut: Die völkerrechtlichen und staatsrechtlichen Maßnahmen zur Beseitigung des im Namen des Deutschen Reiches verübten nationalsozialistischen Unrechts, W. II, S. 1-71

ders.: Walter Schwarz, NJW 1989, S. 1208 f.

v. Buttlar, Walrab: Ziele und Zielkonflikte in der sowjetischen Deutschlandpolitik 1945-1947, Stuttgart 1980

Cahn, Hans Joseph: Das Kriegsschadenrecht der Nationen, Bd. 1, Zürich u. New York 1947

ders.: Das holländische Gesetz über die Wiedergutmachung politischen Schadens, Schweizer Annalen 1945, S. 460-467

Calvelli-Adorno, Franz: Die rassische Verfolgung der Zigeuner vor dem 1. März 1943, RzW 1961, S. 529-537

ders.: Urteilsanmerkung zu BGH, RzW 1964, 209, ebd., S. 368 f.

van Campen, Samuel I. P.: The Quest of Security: Some Aspects of Netherlands Foreign Policy 1945-1950, Den Haag 1958

Cebulka, Heinrich: Verfassungsrechtliche Bedenken gegen einzelne Bestimmungen des BEG-Schlußgesetzes, RzW 1965, S. 529-534

Cholewiak, Stanislaw: Reparations by the European Axis States after the Second World War, Studies on International Relations 2 (1973), S. 115-136

ders.: Kriegsentschädigungen der BRD für polnische Staatsbürger, Polens Gegenwart Nr. 6, 1974, S. 7-19

ders.: The FRG War Indemnities to Polish Citizens, Studies on International Relations 4 (1975), S. 79-98

de Clery, Adrien Robinet: Problem der deutschen Reparationen 1919 bis 1932. Ein Beitrag zur Frage der finanziellen Liquidation des ersten Weltkrieges, Die Friedenswarte 1943, S. 1-24

ders.: Kriegsschulden und Wiedergutmachung. Die Lehren der Vergangenheit, Die Friedenswarte 1944, S. 7-15

Cohn, Ernst J.: Spezifisch ausländischer Charakter einer Forderung nach dem Londoner Schuldenabkommen, NJW 1957, S. 329 f.

ders.: Urteilsanmerkung zu KG Berlin, RzW 1965, 440, ebd., S. 539-541

Coing, Helmut: Stichwort "Londoner Schuldenabkommen von 1953", WbdVR, S. 425-428

Cornides, Wilhelm/Volle, Hermann: Um den Frieden mit Deutschland. Dokumente zum Problem der deutschen Friedensordnung 1941-1948 mit einem Bericht über die Londoner Außenministerkonferenz vom 25. November bis 15. Dezember 1947, Oberursel (Taunus) 1948

dies.: Der Abschluß der westdeutschen Reparationsleistungen. Der vierte Bericht der Interalliierten Reparationsagentur in Brüssel, EA 1950, S. 3281-3290

Czapski, Georg: Auswanderung im Sinne von § 4 Abs. 1 Ziff 1 c BEG, RzW 1960, S. 199 f.

Dachauer Hefte. Studien und Dokumente zur Geschichte der nationalsozialistischen Konzentrationslager, 2. Jahrgang, 1986, Heft 2, Sklavenarbeit im KZ

Das Daimler-Benz-Buch. Ein Rüstungskonzern im 'Tausendjährigen Reich', hrsg. von der Hamburger Stiftung für Sozialgeschichte des 20. Jahrhunderts, Nördlingen 1987

Dallin, Alexander: Deutsche Herrschaft in Rußland 1941-1945. Eine Studie über Besatzungspolitik, Düsseldorf 1958

van Dam, H.G./Hirsch, Martin/Loewenberg, Rolf: Wiedergutmachungsgesetze und Durchführungsverordnungen, Berlin u. Frankfurt a.M. 1966

ders./Loos, Heinz: Bundesentschädigungsgesetz. Bundesgesetz zur Entschädigung für Opfer der nationalsozialistischen Verfolgung vom 29. Juni 1956. Kommentar, Berlin u. Frankfurt a.M. 1957

A Decade of American Foreign Policy. Basis Documents, 1941-49. Prepared at the Request of the Senate Committee on Foreign Relations by the Staff of the Committee and the Department of State, 1950, Reprinting New York 1968

Deiseroth, Dieter: NS-Justiz auf der Anklagebank - Problemskizze zur juristischen Bewältigung des "Reichstagsbrandprozesses" und der Verfahren vor dem Volksgerichtshof, DuR 1980, S. 58-65

Delbrück: Urteilsanmerkung zu BGHZ 16, 207 = LM AuslSchuldAbk. Nr.2

Demps, Laurenz: Zahlen über den Einsatz ausländischer Zwangsarbeiter in Deutschland im Jahre 1943, ZfG 21 (1973), S. 830-843

Derleder, Peter: Die Wiedergutmachung. Rechtsanwendung an den Rändern der Unmenschlichkeit, in: Fs. f. Robert M.W. Kempner, hrsg. v. Rainer Eisfeld u. Ingo Müller, Frankfurt a.M. 1989, S. 281-302

Deuerlein, Ernst (Hrsg.): Potsdam 1945, Quellen zur Konferenz der "Großen Drei", München 1963

Deutschkron, Inge: Israel und die Deutschen. Das besondere Verhältnis, 2. Aufl., Köln 1983

Deutschland im zweiten Weltkrieg, von einem Autorenkollektiv unter Leitung von Wolfgang Schumann u. Gerhart Hass u. Olaf Groehler, 6 Bde., Köln 1974-1985

Diamand, W.: Zur Frage der Reparationen und der Wiedergutmachung nationalsozialistischen Unrechts im Ausland, RzW 1959, S. 1 f.

Diner, Dan (Hrsg.): Ist der Nationalsozialismus Geschichte ? Zur Historisierung und Historikerstreit, Frankfurt a.M. 1987

Dlugoborski, Waclaw (Hrsg.): Zweiter Weltkrieg und sozialer Wandel. Achsenmächte und besetzte Länder, Göttingen 1981

Documenta occupationis, Posen (Institut Zachodni): Band IX: Luczak, Czeslaw (Die Lage der polnischen Zwangsarbeiter im Reich 1939-1945), 1975
X: Konienczny, Alfred/Szurgacz, Herbert (Die Zwangsarbeit der Polen unter der Hitler-Herrschaft 1939-1945), 1976
XII: Kozlowski, Eugeniusz/Matusak, Piotr (Zu den Aktivitäten der Wehrmacht während des Ostrückzugs 1944/45), 1986

v. Doering-Manteuffel, Anselm: Die Bundesrepublik Deutschland in der Ära Adenauer. Außenpolitik und innere Entwicklung 1949-1963, 2. Aufl., Darmstadt 1988

Dörner, Klaus/Haarlen, Christiane/Rau, Veronika/Schernus, Renate/Schwendy, Arnd: Der Krieg gegen die psychisch Kranken. Nach "Holocaust": Erkennen-Trauern-Begegnen, 2. Aufl., Frankfurt a.M. u. Bonn 1989

Dohse, Knuth: Ausländische Arbeiter und bürgerlicher Staat. Genese und Funktion von staatlicher Ausländerpolitik und Ausländerrecht. Vom Kaiserreich bis zur Bundesrepublik Deutschland, Berlin 1985

Dokumente zur Deutschlandpolitik der Sowjetunion, Bd. 1: Vom Potsdamer Abkommen am 2. August 1945 bis zur Erklärung über die Herstellung der Souveränität der Deutschen Demokratischen Republik am 25. März 1954, Berlin 1957

Domke, Martin: Individualanspruch für völkerrechtliche Deliktshaftung? Schweizerische Juristenzeitung 1962, S. 2-6

Donat, Karl/Friedrich, Bruno: Versöhnung um der Zukunft willen. Gespräch zwischen Karl Donat und Bruno Friedrich zu den Polen-Vereinbarungen, Die Neue Gesellschaft 1976, S. 278-286

Drobisch, Klaus/Eichholtz, Dietrich: Die Zwangsarbeit ausländischer Arbeitskräfte in Deutschland während des zweiten Weltkrieges, ZfG 18 (1970), S. 626-639

Düx, Heinz: Entschädigung, aber kein Ende der Diskriminierung, DuR 1980, S. 262-272

ders.: Wendetendenzen auch in der Rechtsprechung zum Wiedergutmachungsrecht. Anmerkungen zu BGH IX Z R 51/83, DuR 1984, S. 342-344

Ebbinghaus, Angelika (Hrsg.): Opfer und Täterinnen. Frauenbiographien des Nationalsozialismus, Nördlingen 1987

Ebeling, Joachim: Bericht über die Durchführung des Abkommens zwischen der BRD und dem Staate Israel, hrsg. vom Bundesministerium für Wirtschaft, Bonn 1961

Eckert, Christian: Stichwort "Friedensverträge", "Vom staatswissenschaftlichen Standpunkte", in: Handwörterbuch der Staatswissenschaften, Vierter Band, 4. Aufl., Jena 1927, S. 444-528

Eckert, Rainer: Die wirtschaftliche Ausgliederung Griechenlands durch seine deutschen Okkupanten vom Beginn der Besetzung im April 1941 bis zur Kriegswende im Winter 1942/43, in: Jahrbuch Geschichte 36 (1988), S. 235-266

Ego: Israels Reparationsgewinn, Zeitschrift für Geopolitik 1953, S. 45-48

Ehrig, H.-G.: Übersicht über die zum Entschädigungsgesetz (EntschG) der US-Zone ergangenen Entscheidungen (Stand 31. Dezember 1950), RzW 1951, S. 92-96

Eiber, Ludwig (Hrsg.): Verfolgung, Ausbeutung, Vernichtung. Die Lebens- und Arbeitsbedingungen der Häftlinge in deutschen Konzentrationslagern 1933-1945, Hannover 1985

Eichholtz, Dietrich: Kriegswirtschaftliche Resultate der Okkupationspolitik des faschistischen deutschen Imperialismus 1939-1944, Militärgeschichte 17 (1978), S. 133-151

Eisenblätter, Gerhard: Grundlinien der Politik des Reichs gegenüber dem Generalgouvernement, 1939-1945, Frankfurt 1969

Elsner, Lothar: Belgische Zwangsarbeiter in Deutschland während des ersten Weltkrieges, ZfG 24 (1976), S. 1256-1267

Encyclopedia of Public International Law. Published under the Auspices of the Max Planck Institute for Comparative Public Law and International Law under the Direction of Rudolf Bernhardt, 12 Bände, Amsterdam u.a. 1981-1990

Entschädigung für NS-Zwangsarbeit. Öffentliche Anhörung des Innenausschusses des Deutschen Bundestages am 14.12.89, hrsg. v. Deutschen Bundestag, Referat Öffentlichkeitsarbeit (Zur Sache: Themen parlamentarischer Beratung 6/90), Bonn 1990

Erb, Rainer: Die Rückerstattung. Ein Kristallisationspunkt für Antisemitismus, in: Bergmann, Werner/ ders. (Hrsg.), Antisemitismus in der politischen Kultur nach 1945, Opladen 1990, S. 238-252

Erdmann, Karl Dietrich, Der zweite Weltkrieg, 3. Aufl., München 1983

Erdsiek, Gerhard: Umwelt und Recht. Zur Naturrechtstagung der Internationalen Juristenkommission - Aktives und passives Widerstandsrecht, NJW 1962, S. 192 f.

Erhard, Ludwig (Hrsg.): Deutschlands Rückkehr zum Weltmarkt, Düsseldorf 1953

Erler, Georg: Die Rechtsprobleme der deutschen Auslandsverschuldung und ihre Behandlung auf der Londoner Schuldenkonferenz, EA 1952, S. 5165-5179

ders.: Vertragsauflösung, Bezahlung und Anzahlungsrückgewähr bei Vorkriegs-Lieferverträgen nach dem Londoner Schuldenabkommen, NJW 1954, S. 9-13

Fall 6. Ausgewählte Dokumente und Urteil des IG-Farben-Prozesses, hrsg. von Hans Radant, Berlin (DDR), 1970

Falsche Angaben über Wiedergutmachungsleistungen, Bulletin 1963 (Nr. 123), S. 1103

Faust, Fritz: Das Potsdamer Abkommen und seine völkerrechtliche Bedeutung, 4. Aufl., Frankfurt u. Berlin 1969

ders.: 25 Jahre nach Potsdam. Die heutige völkerrechtliche und politische Bedeutung der alliierten Vereinbarungen von 1945, Pfaffenhofen/Ilm 1970

Faust, Fritz: Die wirtschaftliche und politische Einheit Deutschlands im Potsdamer Abkommen, in: Friedrich Klein/Boris Meissner (Hrsg.), Das Potsdamer Abkommen und die Deutschlandfrage. I. Teil: Geschichte und rechtliche Grundfragen, Wien u. Stuttgart 1977, S. 123-141

Féaux de la Croix, Ernst: Betrachtungen zum Londoner Schuldenabkommen, Fs. für Bilfinger, 1954, S. 1-44

ders.: Stichwort "IARA", in: WbdVR, S. 29-31

ders.: Zum Problem einer Abgeltung der Reparationsschäden, DÖV 1959, S. 491-493

ders.: Schadensersatzansprüche ausländischer Zwangsarbeiter im Lichte des Londoner Schuldenabkommens, NJW 1960, S. 2268-2271

ders.: Die Abgeltung der Reparationsschäden, DÖV 1962, S. 211-220

ders.: Finanzpolitische Aspekte der Wiedergutmachungsschlußgesetzgebung, Bulletin Nr. 211 (v. 29.11.1963), 1963, S. 1872-1876

ders.: Redebeitrag, in: Freiheit und Recht, Juni 1964, S. 8

ders.: Vom Unrecht zur Entschädigung: Der Weg des Entschädigungsrechts, W. III, S. 1-118

ders.: Internationalrechtliche Grundlagen der Wiedergutmachung, W. III, S. 119-200

ders.: Staatsvertragliche Ergänzungen der Entschädigung, W. III, S. 201-309

ders./Beyss, Peter/Träger, Gunter/Fischer, Horst/Schindelwick, Heinrich: Kommentar zum Allgemeinen Kriegsfolgengesetz, Stuttgart 1959

Feldmann, Lily G.: The Special Relationship between West Germany and Israel, Boston 1984

Fellner, Fritz: Die Pariser Vorortverträge von 1919/20, in: Bosl (Hrsg.), Versailles, S. 7-23

Ferencz, Benjamin: Lohn des Grauens. Die Entschädigung jüdischer Zwangsarbeiter, 2. Aufl., Frankfurt u. New York 1986

ders.: German Supreme Court Bars Claims of Forced Laborers, American Journal of Comparative Law 15 (1966-1967), S. 561-566

Fiegel, Herbert: Die sog. "diplomatische Klausel" § 238a BEG, RzW 1967, S. 433-436

Finke, Hugo: Die Wiedergutmachung nationalsozialistischen Unrechts in der Sozialversicherung, W. VI, S. 305-405

Fischer, Alexander: Außenpolitische Aktivität für ungewisse sowjetische Deutschland-Politik (bis 1955), in: Jacobsen u.a. (Hrsg.), Jahrzehnte, S. 51-70

Foreign Relations of the United States. Diplomatic Papers, Washington 1955 ff.
- The Conference at Malta and Yalta 1945
- The Conference of Berlin (The Potsdam Conference) 1945, 2 Bde.
- 1945, Volume III, European Advisory Commission; Austria; Germany
- 1951, 3 Bde.

Foschepoth, Josef (Hrsg.): Kalter Krieg und deutsche Frage. Deutschland im Widerstreit der Mächte 1945-1952, Göttingen u. Zürich 1985

ders.: Konflikte in der Reparationspolitik der Alliierten, in: ders. (Hrsg.), Krieg, S. 175-197

ders.: Britische Deutschlandpolitik zwischen Jalta und Potsdam, VfZ 1982, S. 675-714

ders. Besprechung v. Hans D. Ahrens, Demontage, Nachkriegspolitik der Alliierten, München 1982, in: MGM 33 (1983), S. 249

Fraenkel, Ernst: Der Doppelstaat, Frankfurt a.M. u. Köln 1974

Franke, H. G.: Leitfaden des Wiedergutmachungsrechts für die britisch besetzte Zone, Düsseldorf 1949

Frankenberg, Günther/Müller, Franz J.: Juristische Vergangenheitsbewältigung - Der Volksgerichtshof vorm BGH, KJ 1983, S. 145-163

Frei, Norbert: Die deutsche Wiedergutmachungspolitik gegenüber Israel im Urteil der öffentlichen Meinung der USA, in: Herbst/Goschler (Hrsg.), Wiedergutmachung, S. 215-230

Frelek, Ryszard: Thema: Europa, Warszawa 1971

ders.: Thirty Years after the Second World War, Studies on International Relations 6 (1975), S. 7-14

Frenkel, Marcel (Hrsg.): Das Entschädigungsrecht für die Opfer der nat.-soz. Verfolgung. Teilausgabe des Handbuchs der Wiedergutmachung in Deutschland, Frankfurt a.M., o.J. (Loseblattausgabe)

Fried, John H. E.: The Exploitation of Foreign Labour by Germany, published by the International Labour Office, Montreal 1945

Der Friedensvertrag nebst Ausführungsgesetzen unter Hervorhebung der abgeänderten Teile mit Inhaltsaufbau, Karten u. Sachverzeichnissen, Berlin 1919

Friedrich, Jörg: Freispruch für die Nazi-Justiz. Die Urteile gegen NS-Richter seit 1948. Eine Dokumentation, Reinbeck b. Hamburg 1983

ders.: Die kalte Amnestie. NS-Täter in der Bundesrepublik, Frankfurt a.M., 1984

ders./Wollenberg, Jörg (Hrsg.): Licht in den Schatten der Vergangenheit. Zur Enttabuisierung der Nürnberger Kriegsverbrecherprozesse, Frankfurt a.M. u. Berlin 1987

Fröbe, Rainer u.a.: Konzentrationslager in Hannover, 2 Bände, Hildesheim 1985

Frowein, Jochen Abr.: Die Verfassungslage Deutschlands im Rahmen des Völkerrechts, VVDStRL 49 (1990), S. 7-38.

Funke, Manfred/Jacobsen, Hans-Adolf/Knütter, Hans-Helmuth/Schwarz, Hans-Peter (Hrsg.): Demokratie und Diktatur. Geist und politische Herrschaft in Deutschland und Europa, Bonn 1987

Galanda, Brigitte: Die Maßnahmen der Republik Österreich für die Widerstandskämpfer und die Opfer des Faschismus, in: Sebastian Meissl/Klaus-Dieter Mulley/Oliver Rathkolb (Hrsg.): Verdrängte Schuld, verfehlte Sühne. Entnazifizierung in Österreich 1945-1955, München 1986, S. 137-149

Gantzel, Klaus-Jürgen (Hrsg.): Kolonialrechtswissenschaft, Kriegsursachenforschung, internationale Angelegenheiten. Materialien und Interpretationen zur Geschichte des Instituts für internationale Angelegenheiten der Universität Hamburg 1923-1983 im Widerstreit der Interessen, Baden-Baden 1983

Genschel, Helmut: Die Verdrängung der Juden aus der Wirtschaft im Dritten Reich, Göttingen u.a. 1966

Georg, Enno: Die wirtschaftlichen Unternehmungen der SS, Stuttgart 1963

Georgieff, Petar/Spiru, Basil (Hrsg.): Bulgariens Volk im Widerstand 1941-1944. Eine Dokumentation über den bewaffneten Kampf gegen den Faschismus, Berlin 1962

Gesetzgebung der Alliierten Hohen Kommission in Deutschland mit Gesetzgebung der drei Besatzungsmächte - Dreisprachig -, hrsg. v. Reinhard Anders, Karlsruhe 1950 ff. (Loseblattsammlung)

Geyr, Heinz: Auf dem Weg zur Aussöhnung. Bonn, Warschau und die humanitären Fragen, hrsg. v. Alois Rummel, Stuttgart 1978

Gießler, Hans: Die Grundsatzbestimmungen des Entschädigungsrechts, W. IV, S. 1-116

Gilbert, Martin: Endlösung. Die Vertreibung und Vernichtung der Juden. Ein Atlas, Reinbeck bei Hamburg 1982

Gillis, F./Knopf, H.: The Reparation Claim of the Jewish People, Tel Aviv 1944

Gimbel, John: Die Entstehung des Marshall-Plans, in: Haberl/Niethammer (Hrsg.), Marshall-Plan, S. 25-35

Giniewski, Paul: Germany and Israel: The Reparations Treaty of September 10, 1952, World Affairs Quaterly 30 (1958/60), S. 169-185

Ginsburg, David: The Future of Germans Reparations, Washington 1947

Ginzberg, Eli: Reparation for Non-Repatriables, in: Department of State Bulletin, XV, S. 367, v. 14.7.1946

Gnirs, Otto: Die Entschädigungsbehörden, W. VI, S. 3-18

ders.: Das Verfahren bei der Entschädigungsbehörde, W. VI, S. 19-106

Gnirs, Otto: Die Wiedergutmachung im öffentlichen Dienst, W. VI, S. 265-303

Göppinger, Horst: Juristen jüdischer Abstammung im "Dritten Reich". Entrechtung und Verfolgung, 2. Aufl., München 1990

v. Goetze, Clemens: Die Rechte der Alliierten auf Mitwirkung bei der deutschen Einigung, NJW 1990, S. 2161-2168

Goetze, Peter: Die Rückerstattung in Westdeutschland und Berlin. Juristisch-wirtschaftlicher Kommentar zu den Rückerstattungsgesetzen der amerikanischen, britischen und französischen Militärregierungen und der alliierten Militärkommandantur in Berlin, Stuttgart u. Köln 1950

Goldmann, Nahum: Mein Leben als deutscher Jude, München u. Wien 1980

ders.: Adenauer und das jüdische Volk, in: Blumenwitz u.a. (Hrsg.), Adenauer, S. 427-436

ders.: Über die Bedeutung der Wiedergutmachung nationalsozialistischen Unrechts, Fs. f. M. Hirsch, Baden-Baden 1981, S. 215-217

Goldschmidt, Siegfried: Legal Claims Against Germany. Compensation for Losses Resulting from Anti-Racial Measures, New York 1945

Goschler, Constantin: Streit um Almosen. Die Entschädigung der KZ-Zwangsarbeiter durch die deutsche Nachkriegsindustrie, Dachauer Hefte 2 (1986), S. 175-194

ders.: Der Fall Philipp Auerbach. Wiedergutmachung in Bayern, in: Herbst/ders. (Hrsg.), Wiedergutmachung, S. 77-98

Graefrath, Bernhard: Zur Geschichte der Reparationen, Berlin (Ost) 1954

Graml, Hermann: Reichskristallnacht. Antisemitismus und Judenverfolgung im Dritten Reich, München 1988

Gramp, W. D.: Stichwort "Reparations", in: Encyclopaedia Britannica, Bd. 19, Chikago u.a. 1962, S. 157-160

Granow, Hans Ulrich: Ausländische Kriegsschädenansprüche und Reparationen, AöR 77 (1951), S. 67-78

ders.: Stichwort "Kriegsschäden", WbdVR, Bd. 2, S. 359-364

Graupner, Rudolf: Inter-Alliierte Reparationsabkommen über die Liquidation des deutschen Auslandsvermögens, Bremen 1950

Greiner, Bernd: Germany is our Problem, in: 1999, Zeitschrift für Sozialgeschichte des 20. und 21. Jahrhunderts, Heft 2, 1989, S. 6-9

Grewe, Wilhelm: Ein Besatzungsstatut für Deutschland. Die Rechtsformen der Besetzung, Stuttgart 1948

ders.: Deutsche Außenpolitik der Nachkriegszeit, Stuttgart 1960

ders.: Rückblenden 1976-1951, Frankfurt u.a. 1979

Grewe, Wilhelm/Küster, Otto: Nürnberg als Rechtsfrage. Eine Diskussion, Stuttgart 1947

Grimpe, Viktor: Bundesentschädigungsgesetz. Bundesergänzungsgesetz zur Entschädigung für Opfer der nationalsozialistischen Verfolgung (BEG), Kommentar, Siegburg 1953

Gringauz, Samuel: Das Jahr der großen Enttäuschungen. 5706 in der Geschichte des jüdischen Volkes, Babylon 5/1989, S. 73-81

Grossmann, Anton: Polen und Sowjetrussen als Arbeiter in Bayern 1939-1945, AfSG 1984, S. 355-398

ders.: Fremd- u. Zwangsarbeiter in Bayern 1939-1945, VfZ 1985, S. 481-521

Grossmann, Kurt Richard: Die Ehrenschuld. Kurzgeschichte der Wiedergutmachung, Frankfurt a.M. u. Berlin 1967

ders.: Die Endphase des Entschädigungswerkes. Rückblick, Tatsachen und Folgen, Gewerkschaftliche Monatshefte 1964, S. 537-543

Die Grünen im Bundestag/Fraktion der Alternativen Liste Berlin (Hrsg.): Anerkennung aller Opfer nationalsozialistischer Verfolgung, Bonn 1986

Grünwald, Gerald: Zur Kritik der Lehre vom überpositiven Recht, Bonn 1971

Gruner, Wolf: Der Beginn der Zwangsarbeit für arbeitslose Juden in Deutschland 1938/39. Dokumente aus der Stadtverwaltung Berlin, ZfG 37 (1989), S. 135-151

Guggenheim, Paul: Lehrbuch des Völkerrechts. Unter Berücksichtigung der internationalen und schweizerischen Praxis, Basel 1947-1951

Gurski, Hans: Der Fall "Bothnia", BB 1954, S. 397 f.

ders.: Die Forderungen der Verbündeten des Deutschen Reiches gegen deutsche Schuldner nach dem Londoner Schuldenabkommen, BB 1954, S. 909-912

ders.: Das Londoner Schuldenabkommen und nach dem Jahre 1945 fällig gewordene Auslandsverbindlichkeiten, WM IV B 1957, S. 1526 f.

ders.: Kriegsforderungen (Zur Auslegung des Artikels 5 Abs. 2 und 3 des Londoner Schuldenabkommens), BB AWD 1961, S. 12-16

Gustav Stresemann-Institut e.V. (Hrsg.): Die Opfer des NS-Staates heute - Eine Zwischenbilanz der Entschädigungspraxis in Bund und Ländern, Bonn 1988

Gutachten des Instituts für Zeitgeschichte, Bd. I, München 1958, Bd. II, Stuttgart 1966

Haberl, Othmar N./Niethammer, Lutz (Hrsg.): Der Marshall-Plan und die europäische Linke, Frankfurt a.M. 1986

Hacker, Jens: Sowjetunion und DDR zum Potsdamer Abkommen, Köln 1968

Hacker, Jens: Der Ostblock. Entstehung, Entwicklung und Struktur 1939-1980, Baden-Baden 1983

Hahn, Hugo: Die Gründung der Reichsvertretung, in: Fs. Moses, S. 97-105

Hahn, Hugo J.: Entschädigung für Zwangsarbeit im Zweiten Weltkrieg, Fs. für Friedrich-Wilhelm Krause, Köln u.a. 1990, S. 93-105.

Hahn, Michael J.: Völkerrechtliche Praxis der Bundesrepublik Deutschland im Jahre 1987, ZaöRV 49 (1989), S. 520-630

Hamburger Initiative "Anerkennung aller NS-Opfer" (Hrsg.): Wiedergutgemacht ? NS-Opfer - Opfer der Gesellschaft noch heute, Hamburg 1986

Handbuch: Biographisches Handbuch der deutschsprachigen Emigration nach 1933, Band I: Politik, Wirtschaft, öffentliches Leben; Band II: Kunst, Wissenschaft und Literatur; Band III: Gesamtregister, 1980-1983

Harmssen, G .W.: Am Abend der Demontage. Sechs Jahre Reparationspolitik. Mit Dokumentenanhang, Bremen 1951

ders.: Reparationen, Sozialprodukt, Lebensstandard. Versuch einer Wirtschaftsbilanz. 1 Hauptheft mit 12 Anlagen, als Manuskript gedruckt, Bremen 1947

Hartstang, Gerhard: Schädigung aus Gründen der Nationalität gemäß Art. VI BEG-SchlußG bei Zwangsarbeit - eine Untersuchung am Beispiel der polnischen Zwangsarbeiter, RzW 1970, S. 102-105

ders.: Bemerkungen zum Problem der Nationalgeschädigten (Art. VI BEG-SchlußG), RzW 1972, S. 244 f.

Haupt, Mathias G.: Der "Arbeitseinsatz" der belgischen Bevölkerung während des zweiten Weltkrieges, Bonn 1970

Hebenstreit, Richard: Sonderfonds nach Artikel V BEG-SchlußG, W. V, S. 503-524

ders.: Härteausgleich nach § 171 BEG, W. V, S. 469-501

Hecker, Hellmuth (Hrsg.): Praktische Fragen des Staatsangehörigkeits-, Entschädigungs- und Völkerrechts. Gesammelte Gutachten, Hamburg 1960

ders. (Hrsg.): Praktische Fragen des Staatsangehörigkeits- und Entschädigungsrechts. Ergänzungsband, Hamburg 1958

ders. (Hrsg.): Praktische Fragen des Entschädigungsrechts - Judenverfolgung im Ausland, Hamburg 1958

Hehemann, Rainer: Die "Bekämpfung des Zigeunerwesens" im Wilhelminischen Deutschland und in der Weimarer Republik, 1871-1933, Frankfurt a.M. 1987

Heiber, Helmut: Der Generalplan Ost, VfZ 1958, S. 281-325

Held, H. J.: Stichwort "Kriegsentschädigungen und die Reparationen der großen Friedensverträge des Weltkriegs", in: Karl Strupp (Hrsg.), Wörterbuch des Völkerrechts und der Diplomatie, Bd. 1, Berlin und Leipzig 1924, S. 724-743

Henke, Klaus-Dietmar: Politik der Widersprüche. Zur Charakterisierung der französischen Militärregierung in Deutschland nach dem Zweiten Weltkrieg, in: Scharf/Schröder (Hrsg.), Deutschlandpolitik Frankreichs, S. 49-89

Henn, Günter: Das Londoner Schuldenabkommen. Rechtsfragen der zwischenstaatlichen Anwendung, RabelsZ 1955, S. 270-290

ders.: Forderungen der "Eingegliederten" und "Verbündeten" gegen deutsche Schuldner nach dem Londoner Schuldenabkommen, BB 1955, S. 1115-1117

ders.: Urteilsanmerkung zu LG Deggendorf, NJW 1960, S. 1577 f.

Herbert, Georg: Entschädigungsrechtsprechung und Grundgesetz. Zur Praxis des Bundesverfassungsgerichts in den Jahren 1976 bis 1978, RzW 1979, S. 81-95

Herbert, Ulrich: Fremdarbeiter. Politik und Praxis des "Ausländer-Einsatzes" in der Kriegswirtschaft des Dritten Reiches, 2. Aufl., Berlin u. Bonn 1986

ders.: Geschichte der Ausländerbeschäftigung in Deutschland 1880-1980. Saisonarbeiter, Zwangsarbeiter, Gastarbeiter, Berlin u. Bonn 1986

ders.: Blühende Völkergemeinschaft. Über die Entschädigung ausländischer KZ-Häftlinge und Zwangsarbeiter, das Londoner Schuldenabkommen und die Kunst der juristischen Interpretation, Journal Geschichte, Heft 1, 1988, S. 55-62

ders.: Nicht entschädigungsfähig? Die Wiedergutmachungsansprüche der Ausländer, in: Herbst/Goschler (Hrsg.), Wiedergutmachung, S. 273-302

Herbst, Ludolf: Option für den Westen. Vom Marshallplan bis zum deutsch-französischen Vertrag, München 1989

ders. (Hrsg.): Westdeutschland 1945-1955. Unterwerfung, Kontrolle, Integration, München 1986

ders./Goschler, Constantin (Hrsg.): Wiedergutmachung in der Bundesrepublik Deutschland, München 1989

Hertel, Philipp: Arbeitseinsatz ausländischer Zivilarbeiter, Stuttgart 1942

Heßdörfer, Karl: Die finanzielle Dimension, in: Herbst/Goschler (Hrsg.): Wiedergutmachung, S. 55-59

ders.: Die Entschädigungspraxis im Spannungsfeld von Gesetz, Justiz und NS-Opfern, in: Herbst/Goschler (Hrsg.), Wiedergutmachung, S. 231-248

von der Heydte, Friedrich August: Stichwort "Potsdamer Abkommen", WbdVR, Bd. 2, S. 786-790

Hilberg, R.: Die Vernichtung der europäischen Juden. Die Gesamtgeschichte des Holocaust, Frankfurt a.M., Olten u. Wien 1982

Hirsch, Martin/Majer, Diemut/Meinck, Jürgen (Hrsg.): Recht, Verwaltung und Justiz im Nationalsozialismus. Ausgewählte Schriften, Gesetze und Gerichtsentscheidungen von 1933 bis 1945, Köln 1984

Hirschfeld, Gerhard: Der "freiwillige" Arbeitseinsatz niederländischer Fremdarbeiter während des Zweiten Weltkriegs als Krisenstrategie einer nicht-nationalsozialistischen Verwaltung, in: Mommsen/Schulze (Hrsg.), Elend, S. 497-513

Hockerts, Hans Günter: Anwälte der Verfolgten. Die United Restitution Organization, in: Herbst/Goschler (Hrsg.), Wiedergutmachung, S. 249-271

Hoegner, Wilhelm: Flucht vor Hitler. Erinnerungen an die Kapitulation der ersten deutschen Republik 1933, Frankfurt a.M. 1979

Höhne, Werner K.: Die Vereinbarkeit der deutschen Zigeunergesetze und -verordnungen mit dem Reichsrecht, insb. der Reichsverfassung, Jur. Diss., Heidelberg 1929

Hoensch, Jörg K.: Der Normalisierungsprozeß zwischen der Bundesrepublik Deutschland und Polen. Hintergründe und Belastungen, Aus Politik und Zeitgeschichte, B 12 - 13/90, S. 39-51

Hohmann, Joachim S.: Geschichte der Zigeunerverfolgung in Deutschland, Frankfurt u. New York 1988

Holborn, Hajo: Kriegsschuld und Reparationen auf der Pariser Friedenskonferenz von 1919, Leipzig u. Berlin 1932

ders.: Deutsche Geschichte in der Neuzeit, Bd. 3, Das Zeitalter des Imperialismus (1871 bis 1945), Stuttgart 1971

Holtfort, Werner: Adolf Arndt (1904-1974). Kronjurist der SPD, in: Kritische Justiz (Hrsg.), Streitbare Juristen, Baden-Baden 1988, S. 451-460

Homze, Edward L.: Foreign Labor in Nazi Germany, Princeton 1967

Honig, Frederick: The Reparations Agreement between Israel and the Federal Republic of Germany, AJIL 48 (1954), S. 564-578

Hoog, Günter (Hrsg.): Völkerrecht - Staatsangehörigkeit - Entschädigung. Gesammelte Gutachten 1966-1969, Hamburg 1970

Hoppenz, Rainer: Die Rechtsprechung des Bundesgerichtshofs in Entschädigungssachen vom 16.9.1969 bis 31.12.1970, RzW 1971, S. 481-491

Hrabar, Roman/Tokarz, Zofia/Wilczur, Jacek E.: Kinderschicksale polnischer Kinder, Warschau 1981

Hudemann, Rainer: Anfänge der Wiedergutmachung. Französische Besatzungszone 1945-1950, GG 13 (1987), S. 181-216

Hueck, Alfred/Nipperdey, Hans Carl/Dietz, Rolf: Gesetz zur Ordnung der nationalen Arbeit, 4. Aufl., München 1943

Huhn Rudolf, Die Wiedergutmachungsverhandlungen in Wassenaar, in: Herbst/Goschler (Hrsg.), Wiedergutmachung, S. 139-160

Huster, Ernst-Ulrich/Kraiker, Gerhard/Scherer, Burkhard/Schlotmann, Friedrich-Karl/Welteke, Marianne: Determinanten der westdeutschen Restauration 1945-1949, Frankfurt 1976

Institut für Besatzungsfragen, Tübingen: Sechs Jahre Besatzungslasten. Eine Untersuchung des Problems der Besatzungskosten in den 3 Westzonen und in Westberlin 1945-1950, Tübingen 1951

IMT: Internationaler Militärgerichtshof Nürnberg: Der Nürnberger Prozeß gegen die Hauptkriegsverbrecher vom 14. November 1945 - 1. Oktober 1946, Nürnberg 1947 (Nachdruck: München u. Zürich 1984), 22 Bde

Inter-Allied Reparation Agency. First Report of the Secretary General for the year 1946, o. O. 1947

Irving, David: Der Morgenthau-Plan 1944/45. Amerikanische Deutschland-Politik. Sühneleistungen, "Re-education", Auflösung der deutschen Wirtschaft, Bremen 1986

Jacobmeyer, Wolfgang: Vom Zwangsarbeiter zum Heimatlosen Ausländer. Die Displaced Persons in Westdeutschland 1945-1951, Göttingen 1985

ders.: Die Lage der jüdischen Displaced Persons in den Westzonen 1946/47 als Ort jüdischer Selbstvergewisserung, in: Brumlik u.a. (Hrsg.), Leben, S. 31-48

ders.: Polnische Juden in der amerikanischen Besatzungszone Deutschlands 1946/47, VfZ 1977, S. 120-135

ders.: Die "Displaced Persons" in Deutschland 1945-1952, in: Bremisches Jahrbuch, Bd. 59, 1981, S. 85-108

ders.: Jüdische Überlebende als "Displaced Persons". Untersuchungen zur Besatzungspolitik in den deutschen Westzonen und zur Zuwanderung osteuropäischer Juden 1945-1947, GG 1983, S. 421-452

Jacobsen, Hans-Adolf: Fünf Jahre Warschauer Vertrag. Versuch einer Bilanz der Beziehungen zwischen der Bundesrepublik Deutschland und der Volksrepublik Polen 1970-1975, Berlin 1976

ders./Leptin, Gert/Scheuner, Ulrich/Schulz, Eberhard (Hrsg.): Drei Jahrzehnte Außenpolitik der DDR. Bestimmungsfaktoren, Instrumente, Aktionsfelder, 2. Aufl., München u. Wien 1980

ders./Schweitzer, Carl Christoph/Sulek, Jerzy/Trzeciakowski, Lech (Hrsg.): Bundesrepublik Deutschland - Volksrepublik Polen. Bilanz und Beziehungen, Probleme und Perspektiven ihrer Normalisierung, Frankfurt a.M. 1979

Jäckel, Eberhard: Frankreich in Hitlers Europa. Die deutsche Frankreichpolitik im Zweiten Weltkrieg, Stuttgart 1966

Jahn, Eberhard: Das DP-Problem, Tübingen 1950

Janssen, Hermann/Erler, Georg: Die Regelung der deutschen Auslandsschulden. Lehren aus der Vergangenheit und Vorschläge für die Zukunft, Düsseldorf 1951

Janssen, Karl-Heinz: Versailles und Nürnberg. Zur Psychologie der Kriegsschuldfrage in Deutschland, in: Friedrich/Wollenberg (Hrsg.): Licht, S. 26-42

Jasper, Gotthard: Die disqualifizierten Opfer. Der kalte Krieg und die Entschädigung für Kommunisten, in: Herbst/Goschler (Hrsg.): Wiedergutmachung, S. 361-384

Jedruszczak, Hanna: Der Wiederaufbau der Industrie in Polen nach dem 2. Weltkrieg, Studia Historiae Oeconomicae 5 (1970), S. 315-328

Jelinek, Yeshayahu A.: Israel und die Anfänge der Shilumim, in: Herbst/Goschler (Hrsg.): Wiedergutmachung, S. 119-138

ders.: Die Krise der Shilumim - Wiedergutmachungs-Verhandlungen im Sommer 1952, VfZ 1990, S. 113-139

Jellinek, Gustav: Die Geschichte der österreichischen Wiedergutmachung, in: Fraenkel, Josef (Hrsg.): The Jews of Austria. Essays on their Life, History and Destruction, London 1962

v. **Jena, Kai**: Versöhnung mit Israel? Die deutsch-israelischen Verhandlungen bis zum Wiedergutmachungsabkommen von 1952, VfZ 1986, S. 457-480

Jerchow, Friedrich: Deutschland in der Weltwirtschaft 1944-1947. Alliierte Deutschland- und Reparationspolitik und die Anfänge der westdeutschen Außenpolitik, Düsseldorf 1978

Jutikkala, Eino/Prinen, Kauko: Geschichte Finnlands, 2. Aufl., Stuttgart 1976

Kaiser-Wilhelm-Institut für ausländisches und internationales Privatrecht (Tübingen): Gutachten, auszugsweise abgedr. in: DRZ 1949, 9. Beiheft, S. 14-17

Kaminski, Andrzej J.: Konzentrationslager 1896 bis heute. Geschichte, Funktion, Typologie, München 1990

Katzenstein, Ernst: Jewish Claims Conference und die Wiedergutmachung nationalsozialistischen Unrechts, Fs. f. M. Hirsch, Baden-Baden 1981, S. 219-226

Kaufmann, Erich: Die völkerrechtlichen Grundlagen und Grenzen der Restitutionen, AöR 75 (1949), S. 1-27

Kehden, Max Ivers (Hrsg.): Praktische Fragen des Entschädigungsrechts und des Staatsangehörigkeitsrechts. Gutachten 1963 bis 1965, zwei Teile, Frankfurt a.M. u. Berlin 1965

Keilson, Hans: Die Reparationsverträge und die Folgen der "Wiedergutmachung", in: Brumlik u.a. (Hrsg.), Leben, S. 121-139

Kelsen, Hans: Unrecht und Unrechtsfolge im Völkerrecht, Zürich 1932, Neudruck: Aalen 1972

Kenrick, Donald/Puxon, Grattan: Sinti und Roma. Die Vernichtung eines Volkes im NS-Staat, Göttingen 1981

Keppler, Kurt: Tod über Deutschland - Der Morgenthauplan. Vorgeschichte - Geschichte - Wesen - Hintergründe, Tübingen 1971

Kettenacker, Lothar: Die anglo-amerikanischen Planungen für die Kontrolle Deutschlands, in: Foschepoth (Hrsg.), Krieg, S. 66-87

ders.: "Unconditional Surrender" als Grundlage der angelsächsischen Nachkriegsplanung, in: Michalka (Hrsg.), Weltkrieg, S. 174-188

Kimminich, Otto: Einführung in das Völkerrecht, 4. Aufl., München u.a. 1990

ders.: Der Warschauer Vertrag - Grundlage oder Vernichtung privater Entschädigungsforderungen, JZ 1971, S. 485-490

Kirchheimer, Otto: Von der Weimarer Republik zum Faschismus. Die Auflösung der demokratischen Rechtsordnung, Frankfurt a.M. 1976

ders.: Funktionen des Staates und der Verfassung. 10 Analysen, Frankfurt a.M. 1972

Kirn, Michael: Verfassungsumsturz oder Rechtskontinuität ? Die Stellung der Jurisprudenz nach 1945 zum Dritten Reich, insbesondere die Konflikte um die Kontinuität der Beamtenrechte und Art. 131 Grundgesetz, Berlin 1972

Klafkowski, Alfons: Der Vertrag zwischen der Volksrepublik Polen und der Bundesrepublik Deutschland vom 7. Dezember 1970. Grundlagen für eine völkerrechtliche Interpretation, Warschau 1973

ders.: Völkerrecht, Warschau 1969

Klee, Heinz: Der Härteausgleich nach § 165 BEG, W. V, S. 453-468

ders.: Die besonderen Gruppen von Verfolgten, W. V, S. 393-451

ders.: Die Entschädigung wegen Schadens an Freiheit, W. IV, S. 445-460

Klein, Friedrich/Meissner, Boris (Hrsg.): Das Potsdamer Abkommen und die Deutschlandfrage, I. Teil: Geschichte und rechtliche Grundlagen, Wien u. Stuttgart 1977

Kleßmann, Christoph: Die doppelte Staatsgründung. Deutsche Geschichte 1945-1955, 4. Aufl., Bonn 1986

Klewitz, Bernd: Die Arbeitssklaven der Dynamit Nobel, Schalksmühle 1986

Klippel, Diethelm: Juristische Zeitgeschichte. Die Bedeutung der Rechtsgeschichte für die Zivilrechtswissenschaft, Gießen 1985

Knapp, Manfred (Hrsg.): Von der Bizonengründung zur ökonomisch-politischen Westintegration. Studien zum Verhältnis zwischen Außenpolitik und Außenwirtschaftsbeziehungen in der Entstehungsphase der Bundesrepublik Deutschland (1947-1952), Frankfurt a.M. 1984

ders.: Das Deutschlandproblem und die Ursprünge des Europäischen Wiederaufbauprogramms. Eine Auseinandersetzung mit John Gimbels Marshall-Plan-Thesen, in: Haberl/Niethammer (Hrsg.), Marshall-Plan, S. 36-46

Knight, Robert (Hrsg.): "Ich bin dafür, die Sache in die Länge zu ziehen". Wortprotokolle der österreichischen Bundesregierung von 1945-52 über die Entschädigung der Juden, Frankfurt a.M. 1988

Knopf, Harry: Der Versorgungsanspruch früherer jüdischer Gemeindebediensteter in der Wiedergutmachung, RzW 1962, S. 481-484

ders.: Änderungen des Versorgungsrechts im Bereich jüdischer öffentlicher Einrichtungen (Neufassung der DV zu § 31 d BWGöD), RzW 1963, S. 241-244

Könke, Günter: Wiedergutmachung und Modernisierung. Der Beitrag des Luxemburger Abkommens von 1952 zur wirtschaftlichen Entwicklung Israels, Vierteljahresschrift für Sozial- u. Wirtschaftsgeschichte 75 (1988), S. 503-548

Köllner, Lutz: Die Grenzen der Wiedergutmachung. Die politische Meinung 1963 (Heft 84), S. 19-28 u. (Heft 88) S. 92-96

Körber, Ursula: Die "Wiedergutmachung" und die "Zigeuner", in: Beiträge zur nationalsozialistischen Gesundheits- u. Sozialpolitik, Bd. 6, 1988, S. 165-175

Kogon, Eugen: Der SS-Staat. Das System der deutschen Konzentrationslager, München 1977

Kohl, Helmut: Simon Wiesenthal - Anwalt der Menschlichkeit, Ansprache des Bundeskanzlers zu Ehren des 80. Geburtstages von Simon Wiesenthal in New York, Bulletin Nr. 155 v. 16.11.1988, S. 1381-1384

Kokot, Józef: Die politischen Beziehungen zwischen Polen und Deutschland (mit besonderer Berücksichtigung der Beziehungen zwischen Polen und der Bundesrepublik Deutschland) in den Jahren 1945-1955, in: Jacobsen u.a. (Hrsg.), Bundesrepublik, S. 69-86

Kossoy, Edward: Handbuch zum Entschädigungsverfahren, München 1957

ders.: Deutsche Wiedergutmachung aus israelischer Sicht. Geschichte, Auswirkung, Gesetzgebung und Rechtsprechung, Köln 1970

Kozlowski, Eugeniusz: The Polish War Effort on World War II. Fronts and Poland's Contribution to the Victory over Fascism, Polish Western Affairs XVI, 1/1975, S. 37-52

Kränzlin, Fritz: Konfiskatorische Eingriffe in private Auslandschuldverhältnisse durch die Friedensverträge von 1947, Fs. f. H. Janssen, Heidelberg 1958, S. 89-102

Král, Vaclav: Die Deutschen in der Tschechoslowakei 1933-1947. Dokumentensammlung, Prag 1964

Kranig, Andreas: Arbeitsrecht im NS-Staat. Texte und Dokumente, Köln 1984

ders.: Lockung und Zwang. Zur Arbeitsverfassung im Dritten Reich, Stuttgart 1983

Kraus, Gerhard: Entschädigung für Nationalgeschädigte, W. VI, S. 171-264

Kraus, H.: Stichwort "Friedensverträge I. Vom juristischen Standpunkte", in: Handwörterbuch der Staatswissenschaften, Vierter Band, 4. Aufl., Jena, 1927, S. 410-444

Kraus, Herbert/Heinze, Kurt: Völkerrechtliche Urkunden zur europäischen Friedensordnung seit 1945, Bonn 1953

Krause, Peter: Stichwort "Kriegsfolgengesetzgebung", in: Ergänzbares Lexikon des Rechts, Neuwied u. Darmstadt 1981

ders.: Stichwort "Wiedergutmachung", in: Ergänzbares Lexikon des Rechts, Neuwied u. Darmstadt 1981

Kreikamp, Hans-Dieter: Deutsches Vermögen in den Vereinigten Staaten. Die Auseinandersetzung um seine Rückführung als Aspekt der deutsch-amerikanischen Beziehungen 1952-1962, Stuttgart 1979

ders.: Zur Entstehung des Entschädigungsgesetzes der amerikanischen Besatzungszone, in: Herbst/Goschler (Hrsg.), Wiedergutmachung, S. 61-75

Kreutzberger, Max: Georg Landauer - seine Ideenwelt und sein Werk, in: Landauer, Zionismus, S. 11-46

Krisch, Henry: Vorstellungen von künftiger außenpolitischer Orientierung in der SBZ bis 1947 und ihre Auswirkungen auf die spätere Außenpolitik der DDR, in: Jacobsen u.a. (Hrsg.), Jahrzehnte, S. 37-50

Kroener, Bernhard R.: Die personellen Ressourcen des Dritten Reiches im Spannungsfeld zwischen Wehrmacht, Bürokratie und Kriegswirtschaft 1939-1942, in: Das Deutsche Reich und der Zweite Weltkrieg, hrsg. vom Militärgeschichtlichen Forschungsamt, Band 5, 1. Halbband, Stuttgart 1988, S. 693-1002

Kroog, Werner/Luther, Martin: Zur Regelung der privaten Auslandsschulden nach dem Londoner Schuldenabkommen, NJW 1953, S. 1652-1656 u. 1692-1695

Krüger, Herbert: Wesen, Grund und Höhe des Reparationsentschädigungsanspruchs, Rechtsgutachten, Hamburg 1953

Krüger, Peter: Deutschland und die Reparationen 1918/19, Stuttgart 1973

ders.: Deutsche Außenpolitik zwischen Revisionismus und Friedenssicherung, München 1986

Kube, Dagmar: Private Kriegsschäden in der völkerrechtlichen Praxis. Ein Beitrag zur Staatenverantwortlichkeit im Kriege, Diss., Heidelberg 1971

Kuby, Erich: Verrat auf deutsch. Wie das Dritte Reich Italien ruinierte, Hamburg 1982

Küster, Otto: Wiedergutmachung als elementare Rechtsaufgabe, Frankfurt a.M. 1953

ders.: Erfahrungen in der deutschen Wiedergutmachung. Vortrag, gehalten an der Universität Tübingen am 10.5.1967, Tübingen 1967

ders.: Probleme der Leistungsverwaltung. Vortrag, gehalten vor der Berliner Jüdischen Gesellschaft am 20. Januar 1965, Berlin 1965

ders.: Urteilsanmerkung zu LG Stuttgart, RzW 1949/50, S. 125

ders.: Urteilsanmerkung zu OLG Stuttgart, RzW 1949/50, S. 249

ders.: Poena aut satisfactio, JZ 1954, S. 1-4

ders.: Überleitungsvertrag und Wiedergutmachung, NJW 1955, S. 1217 f.

ders.: Umschau, RzW 1959, S. 489 f.

ders.: Urteilsanmerkung zu BGH, JZ 1959, S. 772 f.

ders.: Strafsoldat Georg Bock, RzW 1962, S. 57 f.

Kugelmann, Cilly: Identität und Ideologie der Diplaced Persons. Zwei historische Texte aus den DP-Lagern, Babylon, 5/1989, S. 65-72

dies.: Zur Identität osteuropäischer Juden in der Bundesrepublik, in: Brumlik u.a. (Hrsg.), Leben, S. 177-181

Kunz, Frithjof/Tippmann, Werner: Die Entwicklung des Arbeitsrechts in Deutschland, Berlin (Ost) 1956

Kutscher, Hans: Bonner Vertrag. Vertrag über die Beziehungen zwischen der Bundesrepublik Deutschland und den Drei Mächten nebst Zusatzvereinbarungen und Briefwechsel, München u. Berlin 1952

Lademacher, Horst: Die Geschichte der Niederlande. Politik - Verfassung - Wirtschaft, Darmstadt 1983

ders.: Zur Bedeutung des Petersberger Abkommens vom 22. November 1949, in: Foschepoth (Hrsg.), Krieg, S. 240-268

ders./Mühlhausen, Walter: Sicherheit, Kontrolle, Souveränität. Das Petersberger Abkommen vom 22. November 1949. Eine Dokumentation, Melsungen 1985

Landauer, Georg: Der Zionismus im Wandel dreier Jahrzehnte, hrsg. v. Max Kreutzberger, Tel-Aviv 1957

ders.: Zwischen zwei Revolutionen, in: ders., Zionismus, S. 148-167

Landauer, Georg: Probleme der Übergangszeit. Neue Wege und Aufgaben der Demokratie, in: ders., Zionismus, S. 168-213

ders.: Entschädigungsforderungen (Kollektivanspruch) der Juden aus Deutschland, in: ders., Zionismus, S. 277-279

Landesregierung Baden-Württemberg: Unterlagen zum Bundesentschädigungsgesetz, Stuttgart 1953 (sog. Schwarzbuch)

Lang, Armin: Die Besetzung Norwegens in deutscher und norwegischer Sicht. Eine Typologie des Umgangs mit Invasion und Okkupation, in: Michalka (Hrsg.), Weltkrieg, S. 138-154

Langbein, Hermann: Entschädigung für KZ-Häftlinge? Ein Erfahrungsbericht, in: Herbst/Goschler (Hrsg.), Wiedergutmachung, S. 327-339

Laqueur, Walter/Breitmann, Richard: Der Mann, der das Schweigen brach. Wie die Welt vom Holocaust erfuhr, Frankfurt a.M. u. Berlin 1988

Lau, Heinrich: Naturrecht und Restauration in der BRD, KJ 1975, S. 244-254

Letsch, Max: Der Einsatz gewerblicher ausländischer Arbeitskräfte in Deutschland, RABl. 1941, S. V 42-45

Leverkuehn, Paul (Hrsg.): Wirtschaftliche Bestimmungen in Friedensverträgen, Hamburg 1948

ders.: Wirtschaftliche Bestimmungen in Friedensverträgen, in: ders. (Hrsg.), Bestimmungen, S. 7-18

Levi, Primo: Ist das ein Mensch? Die Atempause, München u. Wien 1988

Lichtenstein, Heiner: Majdanek - Reportage eines Prozesses, Frankfurt a.M. 1979

Limann, Stefan: Zur Anzahl und zur Verteilung der Polen (u.a. der DP) in den drei westlichen Besatzungszonen Deutschlands, dargestellt aufgrund verschiedener Quellen, besonders der Ergebnisse der Volkszählung vom 29. Oktober 1946, in: Fremdarbeiterpolitik des Imperialismus, Heft 10, Rostock 1981, S. 57-67

Lindemann, Hans: Nordamerika (USA und Kanada) und Kuba, in: Jacobsen u.a. (Hrsg.), Jahrzehnte, S. 623-640

ders.: Ost-Berlin und die Wiedergutmachung an Israel, Deutschland-Archiv 1973, S. 808 f.

Die finanzielle Liquidation des Krieges beim Aufbau der Bundesrepublik Deutschland, Bonn 1962 (Schriftenreihe des Bundesministeriums der Finanzen 3)

Loth, Wilfried: Ost-West-Konflikt und deutsche Frage, München 1989

ders.: Die Teilung der Welt. Geschichte des Kalten Krieges 1941-1955, München 1980

Loth, Wilfried: Die Franzosen und die deutsche Frage 1945-1949, in: Scharf/Schröder (Hrsg.), Deutschlandpolitik Frankreichs, S. 27-48

Luber, Franz: Wiedergutmachung nationalsozialistischen Unrechts in Bayern. Ein Wegweiser für die rassisch, religiös und politisch Verfolgten und die Behörden, München, o.J. (1950)

Lüders, Carsten: Die Bedeutung des Ruhrstatuts und seiner Aufhebung für die außenpolitische und außenwirtschaftliche Emanzipation Westdeutschlands (1948-1952), in: Knapp (Hrsg.), Bizonengründung, S. 95-185

Lutz, Thomas/Meyer, Alwin (Hrsg.): Alle NS-Opfer anerkennen und entschädigen, Berlin 1987

Maass, Johannes: Dokumentation der deutsch-polnischen Beziehungen nach dem Zweiten Weltkrieg 1945-1959, Bonn, Wien u. Zürich 1960

Madajczyk, Czeslaw: Die Okkupationspolitik Nazideutschlands in Polen 1939-1945, Köln 1988

Maiski, Michailovic: Memoiren eines sowjetischen Botschafters, Berlin 1967

Majer, Diemut: "Fremdvölkische" im Dritten Reich. Ein Beitrag zur nationalsozialistischen Rechtssetzung und Rechtspraxis in Verwaltung und Justiz unter besonderer Berücksichtigung der eingegliederten Ostgebiete und des Generalgouvernements, Boppard 1981

dies.: Die Frage der Entschädigung für ehemalige NS-Zwangsarbeiter in völkerrechtlicher Sicht, AVR 1991, S. 1-26

Mann, Frederick A.: Zum Privatrecht der deutschen Reparationsleistungen, Tübingen 1966

Marczewski, Jerzy: Die polnische Forschung zur Rolle und Tätigkeit der SS, Polnische Weststudien 1/1982, S. 131-146

Marx, Hugo: The Case of the German Jews vs. Germany. A Legal Basis for the Claims of the German Jews Against Germany, New York 1944

ders.: Zum Begriff der Nachholung der Ausbildung, RzW 1959, S. 356 f.

ders./Schüler, Alfred: Die Kosten der "Weiterwanderung", RzW 1963, S. 99-101

Martin, Andrew: Private Property, Rights and Interests in the Paris Peace Treaties, BYIL 24 (1947), S. 273-300

Mason, Timothy: Sozialpolitik im Dritten Reich, 2. Aufl., Opladen 1978

Materialien, betreffend die Friedensverhandlungen. Amtlicher Text. 10 Teile. Autorisierte Ausgabe im Auftrag des Auswärtigen Amtes, Berlin-Charlottenburg 1919

Maunz, Theodor: Gestalt und Recht der Polizei, Hamburg 1943

Maurer: Verfassungsrechtliche Bedenken gegen § 1 BEG, RzW 1957, S. 337f.

Maurer: Die Entschädigung von Personen fremder Nationalität, RzW 1959, S. 145-148

Maus, Ingeborg: Juristische Methodik und Justizfunktion im Nationalsozialismus, in: Hubert Rottleuthner (Hrsg.), Recht, Rechtsphilosophie und Nationalsozialismus, Wiesbaden 1983, S. 176-196

dies.: "Gesetzesbindung" der Justiz und die Struktur der nationalsozialistischen Rechtsnormen, in: Dreier, Ralf/Sellert, Wolfgang (Hrsg.), Recht und Justiz im "Dritten Reich", Frankfurt 1989, S. 80-103

Mazirel, Lau: Die Verfolgung der 'Zigeuner' im Dritten Reich. Vorgeschichte ab 1870 und Fortsetzung bis heute, in: Fs. f. Simon Wiesenthal, Amsterdam 1973, S. 124-176

Meissner, Boris: Deutsch-jugoslawische Beziehungen seit dem Zweiten Weltkrieg, Außenpolitik 1968, S. 69-89

Menzel, Eberhard: Die Forderungsverzichtsklauseln gegenüber Deutschland in den Friedensverträgen von 1947, Hamburg 1955

ders.: Die Friedensverträge von 1947 mit Italien, Ungarn, Bulgarien, Rumänien und Finnland, Oberursel/Ts. 1948

ders.: Völkerrecht und internationale Ordnung. Deutsche Grenzfragen in völkerrechtlicher Sicht, EA 1949, S. 1889-1899

ders.: Der Friedensvertrag mit Japan, EA 1952, S. 5261-5266 u. 5355-5368

ders./Ipsen, Knut: Völkerrecht. Ein Studienbuch, 2. Aufl., München 1979

Messerschmidt, Manfred/Wüllner, Fritz: Die Wehrmachtsjustiz im Dienste des Nationalsozialismus - Zerstörung einer Legende, Baden-Baden 1987

Meyer, Bernhard: Rechtskraftdurchbrechungen im Recht der Wiedergutmachung für die Opfer nationalsozialistischer Verfolgung. Die Gründe für die Schaffung von Wiederaufnahmetatbeständen in Artikel III und IV des Bundesentschädigungsschlußgesetzes, Münster 1978

Meyer, Franz: Bemerkungen zu den "Zwei Denkschriften", in: Fs. Moses, S. 114-127

Michalka, Wolfgang (Hrsg.): Der Zweite Weltkrieg. Analysen, Grundzüge, Forschungsbilanz, München 1989

Milward, Alan S.: The fascist Economy in Norway, Oxford 1972

ders.: Die deutsche Kriegswirtschaft 1939-1945, Stuttgart 1966

Möller, Alex: Wiedergutmachung - Wunsch und Praxis. Dem Justizministerium des Landes Baden-Württemberg am 5. April 1956 überreicht, Stuttgart 1956

ders.: 1. Ergänzung der Denkschrift Wiedergutmachung - Wunsch und Praxis. Dem Justizministerium des Landes Baden-Württemberg im Mai 1956 überreicht, Stuttgart 1956

Möller, Dietrich: Polens Verhältnis zu Bonn und Moskau, Außenpolitik 1977, S. 193-201

Morgenthau, Henry: Germany is our problem, New York und London 1945

Moses, Fritz: Aus der Geschichte der Wiedergutmachung. Zu Bruno Weills siebzigsten Geburtstag, New York 1953

Moses, Siegfried: Die jüdischen Nachkriegsforderungen, Tel Aviv 1944

Moses, Siegfried: Wiedergutmachungsforderungen der Juden, in: R. Vogel, Dialog, S. 4-15

ders.: In zwei Welten. Siegfried Moses zum fünfundsiebzigsten Geburtstag, hrsg. v. Hans Tramer, Tel Aviv 1962

Müller, Ingo: Nürnberg und die deutschen Juristen, in: Fs. f. Robert M.W. Kempner, hrsg. von Rainer Eisfeld und dems., Frankfurt a.M., 1989, S. 257-277

Müller, Norbert: Wehrmacht und Okkupation 1941-1944, Berlin (Ost) 1971

ders. (Hrsg.): Deutsche Besatzungspolitik in der UdSSR. Dokumente, Köln 1980

Müller, Ulrich: Displaced Persons (DPs) in der amerikanischen Zone Württembergs 1945-1950, GWU 1989, S. 145-161

v. Münch, Ingo: Das völkerrechtliche Delikt in der modernen Entwicklung der Völkerrechtsgemeinschaft, Frankfurt a.M. 1963

ders. (Hrsg.): Dokumente des geteilten Deutschland. Quellentexte zur Rechtslage des Deutschen Reiches, der Bundesrepublik Deutschland und der Deutschen Demokratischen Republik, 2. Aufl., Stuttgart 1976

Münz, Max: Die Verantwortlichkeit für die Judenverfolgungen im Ausland während der nationalsozialistischen Herrschaft. Ein Beitrag zur Klärung des Begriffs der "Veranlassung" i.S. des § 43 BEG, Frankfurt a.M. 1958

ders.: Besprechung von H. Hecker (Hrsg.), Praktische Fragen des Entschädigungsrechts, und dems., Praktische Fragen des Staatsangehörigkeits- und Entschädigungsrechts, JZ 1959, S. 508-510

Muhlen, Norbert: The Survivors. A Report on the Jews in Germany today, New York 1962

Neumann, Franz: Behemoth. Struktur und Praxis des Nationalsozialismus 1933-1944, Köln u. Frankfurt a.M. 1977

Niederland, William G.: Folgen der Verfolgung: Das Überlebenden-Syndrom Seelenmord, Frankfurt a.M. 1980

Nübel, Otto: Die amerikanische Reparationspolitik gegenüber Deutschland 1941-1945, Frankfurt 1981

Ollenhauer, Erich: German Social Democracy and Reparations, in: Henrik Infield (Hrsg.): Essays in Jewish Sociology, Labour and Co-operation, London 1962

Oppermann, Thomas: Die Haltung der Bundesrepublik gegenüber den Reparationsansprüchen der Westmächte, in: Hoog (Hrsg.),: Völkerrecht, S. 275-295

Orzechewski, Marian: Zur Rolle und zum Standort Polens (1945-1970) und der Bundesrepublik Deutschland (1949-1970) in der internationalen Politik, in: Jacobsen u.a. (Hrsg.), Bundesrepublik, S. 87-102

Pätzold, Kurt (Hrsg.): Verfolgung, Vertreibung, Vernichtung. Dokumente des faschistischen Antisemitismus 1933 bis 1942, Frankfurt a.M. 1984

Pater, Karl/Escher, Hans: Passivierung von Verbindlichkeiten an Angehörige damals verbündeter Nationen, BB 1958, S. 153 f.

Pawlita, Cornelius: "Daran ändert auch nichts die für den Fall der Zuwiderhandlung angedrohte Einweisung in ein Konzentrationslager" - Die Anrechnung von Zwangsarbeit in der gesetzlichen Rentenversicherung. Zur Verfolgung von Sinti und Roma aus Gründen der "Rasse" im Hinblick auf das Rentenrecht (§§ 1251 RVO, 14 WGSVG), ZfS 1990, S. 427-463

ders.: "Wiedergutmachung" durch Zivilrecht? Zur juristischen und politischen Auseinandersetzung um die Rückabwicklung verfolgungsbedingter Vermögensverschiebungen im Nationalsozialismus, KJ 1991, S. 42-60

ders./Steinmeier, Frank: Bemerkungen zu Art. 139 GG - Eine antifaschistische Grundsatznorm ?, DuR 1980, S. 393-416

Petran, Karl (Hrsg.): Entschädigung und Staatsangehörigkeit. Probleme des ausländischen Rechts unter besonderer Berücksichtigung Osteuropas, Hamburg 1963

Pfahlmann, Hans: Fremdarbeiter und Kriegsgefangene in der deutschen Kriegswirtschaft 1939-1945, Darmstadt 1968

Pfeiffer, Karl: Gleichheitsgrundsatz und Reparationsentschädigung, Köln u.a. 1968

Pilichowski, Czeslaw: Es gibt keine Verjährung, Warschau 1980

ders.: FRG Indemnities for Poles, Studies on International Relations 5 (1975), S. 85-98

ders.: Nationalsozialistischer Völkermord im Lichte der Pläne des Dritten Reiches und deren Realisierung, Polnische Weststudien 2/1983, S. 193-229

Pingel, Falk: Häftlinge unter SS-Herrschaft. Widerstand, Selbstbehauptung und Vernichtung im Konzentrationslager, Hamburg 1978

Pinson, Koppel S.: Die Persönlichkeit der Displaced Persons (DP's), Babylon 5/1989, S. 82-87

v. Plate, Bernard: Der nahe und mittlere Osten sowie der Maghreb, in: Jacobsen u.a. (Hrsg.), Jahrzente, S. 673-698

Plum, Günter: Deutsche Juden oder Juden in Deutschland, in: Benz (Hrsg.), Juden, S. 35-74

ders.: Staatspolizei und innere Verwaltung 1934-1935, VfZ 1965, S. 191-224

Poidevin, Raymond: Die Neuorientierung der französischen Deutschlandpolitik 1948/49, in: Foschepoth (Hrsg.), Krieg, S. 129-144

ders.: Die französische Deutschlandpolitik 1943-1949, in: Scharf/Schröder (Hrsg.), Deutschlandpolitik Frankreichs, S. 15-25

Polens Kriegsverluste 1939-1945, Posen und Warschau 1960

Poller, Walter: Arztschreiber in Buchenwald. Bericht des Häftlings 996 aus Block 36, Hamburg 1946 u. Hannover 1960

Potsdamer Abkommen. Ausgewählte Dokumente zur Deutschlandfrage 1943 bis 1949, hrsg. von der Historischen Gedenkstätte des Potsdamer Abkommens Cecilienhof, 3. Aufl., Potsdam u. Berlin 1970

Das Potsdamer Abkommen. Dokumentensammlung, hrsg. von der Historischen Gedenkstätte des Potsdamer Abkommens Cecilienhof, Potsdam, und vom Institut für Internationale Politik und Wirtschaft der DDR, Berlin, 2. Aufl., Berlin 1979

Projektgruppe für die vergessenen Opfer des NS-Regimes (Hrsg.): Verachtet, verfolgt, vernichtet, Hamburg 1986

Die Proklamationen, Gesetze und Verordnungen der Militärregierung Deutschlands (Amerikanische Zone), einschließlich der Proklamation und Gesetze der Alliierten Kontrollbehörde, Kontrollrat, 2. Aufl, Karlsruhe 1946-1949 (Loseblattausgabe)

Pross, Christian: Wiedergutmachung. Der Kleinkrieg gegen die Opfer, Frankfurt a.M. 1988

v. Puttkamer, Ellinor: Stichwort "Friedensverträge der Alliierten mit...", WbdVR, Bd. 1, S. 598-606

dies.: Stichwort "Peace Treaties of 1947", in: Encyclopaedia, Bd. 4, S. 117-124

Raap, Christian: Das Ende der Vier-Mächte-Rechte, BayVBl. 1991, S. 196-200.

Ramm, Thilo: Nationalsozialismus und Arbeitsrecht, KJ 1968, S. 108-120

Raschhofer, Hermann: Die Vermögenskonfiskationen der Ostblockstaaten. Zur völkerrechtlichen Natur der ostdeutschen und volksdeutschen Vermögensverluste, Frankfurt a.M. u. Berlin 1956

ders.: Was sind Reparationen? Zum Reparationsbegriff des Reparationsschädengesetzes der Bundesrepublik Deutschland, Festschrift f. H.Paulick, Köln 1973, S. 239-251

Raschhofer, Hermann: Die deutsche Reparationsregelung und die Reparationsposition der Tschechoslowakei, Festschrift für F. A. v. d. Heydte, Berlin 1977, 1. Halbband, S. 495-513

Rauschning, Dietrich: Beendigung der Nachkriegszeit mit dem Vertrag über die abschließende Regelung in bezug auf Deutschland, DVBl. 1990, S. 1275-1285

ders.: Die Wiedervereinigung vor dem Hintergrund der Rechtslage Deutschlands, JuS 1991, S. 977-985

Reifner, Udo (Hrsg.): Das Recht des Unrechtsstaates, Frankfurt a.M. u. New York 1981

ders./Sonnen, Rüdiger (Hrsg.): Strafjustiz und Polizei im Dritten Reich, Frankfurt u. New York 1984

Die Reparationsleistungen der Sowjetischen Besatzungszone Deutschlands, EA 1949, S. 2029-2034 u. 2066-2070

Report of the Conference on German External Debts, London, February - August 1952, London 1952

Ress, Georg: Die Bedeutung des Friedensvertragsvorbehalts für die Rechtslage Deutschlands und für die Liquidation der I.G. Farben-Industrie, Festschrift für Mampel, 1983, S. 611-633

Rexin, Manfred: Anerkannt - und zur Kasse gebeten, Deutschland-Archiv 1973, S. 134-139

Rhode, Heinz: Arbeitsrecht - Sozialrecht - Gemeinschaftsrecht, Berlin 1944

Richardi, Hans-Günter: Schule der Gewalt. Die Anfänge des Konzentrationslagers Dachau 1933-1934, München 1983

Richarz, Monika: Juden in der Bundesrepublik Deutschland und in der Deutschen Demokratischen Republik seit 1945, in: Brumlik u.a. (Hrsg.), Leben, S. 13-30

Ridder, Helmut: Der Filb und sein Miljöh. Versuch über Faktoren und Folgen der veränderten Selbstdarstellung des gewöhnlichen Anti-Demokratismus, DuR 1978, S. 301-307

ders.: Aufhebung der Mordverjährung? Eine falsche Fragestellung, DuR 1979, S. 77-82

ders./Bauer, Clemens: Wiedergutmachung, in: Staatslexikon, Bd. 8, Sp. 683-690

Robinson, Jacob: Uprooted Jews in the Immediate Postwar World, in: The United Nations and the Organization of Peace, Commission to study the Organization of Peace, New York 1943, S. 291-310

ders.: Transfer of Property in Enemy Occupied Territory, AJIL 39 (1945), S. 216-230

Robinson, Nehemiah: Indemnification and Reparations. Jewish Aspects. Institute of Jewish Affairs of the American Jewish Congress and World Jewish Congress, New York 1944

ders.: Reparations and Restitution in International Law as Affecting Jews, The Jewish Yearbook of International Law 1948, S. 186-205

ders.: Grenzen der Wiedergutmachung. Ein Tabu der deutschen Gegenwart, Die politische Meinung 1963 (Heft 88), S. 88-92

Roemer, Walter: Wiedergutmachung, in: Tagung, S. 146-161

Röper, Burkhardt: Stichwort "Reparationen", in: Handwörterbuch der Sozialwissenschaften, Bd. 8, 1964, S. 812-821

Romberg, Harold, P.: Das Oberste Rückerstattungsgericht für Berlin, W. II, S. 585-609

Romey, Stefan: "Der Antrag von Frau R. muß abgelehnt werden". Demütigung statt Entschädigung vor bundesdeutschen Behörden und Gerichten, in: Ebbinghaus (Hrsg.), Opfer, S. 317-336

Rose, Romani: Bürgerrechte für Sinti und Roma. Das Buch zum Rassismus in Deutschland, Heidelberg 1987

Rosenbaum, Wolf: Naturrecht und positives Recht. Rechtssoziologische Untersuchungen zum Einfluß der Naturrechtslehre auf die Rechtspraxis in Deutschland seit Beginn des 19. Jahrhunderts, Neuwied und Darmstadt 1972

Rossmeissl, Erwin: Entspricht die Auslegung des Art. VI BEG-SchlußG dem Willen des Gesetzgebers?, RzW 1968, S. 241-246

ders.: Stagnation oder Fortschritt in der Entschädigung Nationalverfolgter. Bemerkungen zu den Urteilen des BGH, RzW 1969, S. 519 u. 572, RzW 1970, S. 145-148

Roth, Karl Heinz: Einleitung des Bearbeiters, in: OMGUS. Ermittlungen gegen die I.G. Farben, Nördlingen 1986, S. XIII-LXXII

Rückerl, Adalbert: NS-Vernichtungslager im Spiegel deutscher Strafprozesse, 2. Aufl., München 1978

Rüthers, Bernd: Die unbegrenzte Auslegung. Vom Wandel der Privatrechtsordnung im NS, Tübingen 1968

Rumpf, Helmut: Die Regelung der deutschen Reparationen nach dem Zweiten Weltkrieg, AVR 23, (1985), S. 74-101

ders.: Die deutsche Frage und die Reparationen, ZaöRV 33 (1973), S. 344-371

ders.: Das Reparationsproblem und die Ostverträge (Rückwirkung auf das Londoner Schuldenabkommen), in: Beiträge zur Ostpolitik, hrsg. von der Hanns-Seidel-Stiftung, München 1972, S. 88-93

Rumpf, Helmut: Völkerrechtliche und außenpolitische Aspekte der Wiedergutmachung, W. III, S. 311-346

ders.: Die deutschen Reparationen nach dem Zweiten Weltkrieg. Vorleistungen ohne Friedensvertrag, in: Willms, Bernard (Hrsg.), Handbuch zur Deutschen Nation, Band 1, Tübingen, Zürich u. Paris 1986, S. 335-359

ders.: Nationalsozialistische Außenpolitik im Rückblick, Der Staat 22 (1982), S. 107-123

Rupp, Franz: Die Reparationsleistungen der sowjetischen Besatzungszone, hrsg. vom Bundesministerium für gesamtdeutsche Fragen, Bonn 1951

Rutowska, Maria: Internationale wissenschaftliche Session "National-sozialistischer Völkermord in Polen und Europa 1939-1945", Polnische Weststudien 1984, S. 153-159

Saathoff, Günter: Hoffnung oder Verdrängung? Tendenzen in der politischen Debatte zur Entschädigung von NS-Opfern, DuR 1987, S. 367-371

ders.: Das unerledigte Kapitel Zwangsarbeit, BlfdtuintPol 1988, S. 1296-1299

ders.: Entschädigung für NS-Zwangsarbeit?, DuR 1990, S. 13-18

Sagi, Nana: Wiedergutmachung für Israel. Die deutschen Zahlungen und Leistungen, Stuttgart u. Degerloch 1981

dies.: Zur Rolle der jüdischen Organisationen in den USA und die Claims Conference, in: Herbst/Goschler (Hrsg.), Wiedergutmachung, S. 99-118

Schaffner, Peter F.: Die Regelung der verbrieften Auslandsschulden des Deutschen Reichs innerhalb des Londoner Schuldenabkommens - ein taugliches Mittel zur Bereinigung gouvernementaler Auslandsschulden?, jur. Diss., Würzburg 1987

Scharf, Claus/Schröder, Hans-Jürgen (Hrsg.): Die Deutschlandpolitik Frankreichs und die französische Zone 1945-1949, Wiesbaden 1983

dies. (Hrsg.): Die Deutschlandpolitik Großbritanniens und die britische Zone 1945-1949, Wiesbaden 1979

Scheuner, Ulrich: Der fehlende Friede, in: Festschrift für H.Kraus, Kitzingen/Main 1954, S. 190-206

ders.: Zur Auslegung des Interalliierten Reparationsabkommens vom 14.1.1946, in: Festschrift für H. Janssen, Heidelberg 1958, S. 135-147

Schilde, Kurt: Allerhöchstens Pfennige. Zwangsarbeit im deutschen Faschismus. Ein Literaturbericht, SPW 1988, S. 457-463

Schillinger, Reinhold: Der Entscheidungsprozeß beim Lastenausgleich 1945-1952, St.Katharinen 1985

Schirilla, Laszlo: Wiedergutmachung für Nationalgeschädigte. Ein Bericht über die Benachteiligung von Opfern der nationalsozialistischen Gewaltherrschaft, München u. Mainz 1982

Schmacke, Norbert/Güse, Hans-Georg: Zwangssterilisiert. Verleugnet - Vergessen. Zur Geschichte der nationalsozialistischen Rassenhygiene am Beispiel Bremen, Bremen 1984

Schmidt, Eberhard: Die verhinderte Neuordnung 1945-1952. Zur Auseinandersetzung um die Demokratisierung in den westlichen Besatzungszonen und in der Bundesrepublik Deutschland, 8. Aufl., Frankfurt a.M. u. Köln 1981

Schmidt, Walter: Jüdisches Erbe deutscher Geschichte im Erbe- und Traditionsverständnis der DDR, ZfG 1989, S. 692-714

Schminck-Gustavus, Christoph U. (Hrsg.): Hungern für Hitler. Erinnerungen polnischer Zwangsarbeiter im Deutschen Reich 1940-1945, Reinbeck bei Hamburg 1984

ders.: Zwangsarbeitsrecht und Faschismus. Zur "Polenpolitik" im "Dritten Reich", KJ 1980, S. 1-27 u. 184-206

Schmolkovà, Wilhelmina: Hilfe für die Displaced Persons. Ein Mahnruf an die UNO, Friedens-Warte 1947, S. 138-144

v. Schmoller, Gustav/Maier, Hedwig/Tobler, Achim: Handbuch des Besatzungsrechts, Tübingen 1957

Schnitzer, Adolf F.: Das neue Recht der Friedensverträge, insb. die Wiedergutmachungsklauseln, Budapest 1948

ders.: Die privatrechtlichen Bestimmungen der Friedensverträge, Schweizerische Juristen-Zeitung 1948, S. 116-120

Schüler, Alfred: Verzicht auf Wiedergutmachungsansprüche kraft Staatsvertrag mit Österreich?, RzW 1959, S. 344-346

ders.: Urteilsanmerkungen zu KG Berlin, RzW 1960, S. 18 f.

ders.: Nochmals: Die Verzichtsklausel des Österreichischen Staatsvertrags, RzW 1960, S. 197 f.

ders.: Österreicher von der Wiedergutmachung ausgeschlossen? Zum Urteil des BGH v. 22.6.1960, RzW 1960, S. 535-538

ders.: Die Entschädigung für die aus Gründen ihrer Nationalität Geschädigten, RzW 1965, S. 108 f.

ders.: Urteilsanermkung zu KG Berlin, RzW 1965, 440, RzW 1966, S. 11

ders.: Freiheitsentziehung deportierter Zigeuner, RzW 1968, S. 344 f.

Schürholz, Franz: Ergebnisse der deutschen Wiedergutmachungsleistungen in Israel, Bonn 1968

Schütte, Ehrenfried: Das Reparationsrecht im Bonner Vertragswerk zur Ablösung des Besatzungsstatuts, BB 1952, S. 448-452

Schultz, Ludwig: Zweifelsfragen in den Entschädigungsgesetzen, NJW 1951, S. 630-633

Schumann, Hans-Gerd: Nationalsozialismus und Gewerkschaftsbewegung. Die Vernichtung der deutschen Gewerkschaften und der Aufbau der "Deutschen Arbeitsfront", Hannover u. Frankfurt 1958

Schumann, Wolfgang/Nestler, Ludwig (Hrsg.): Nacht über Europa. Die Okkupationspolitik des deutschen Faschismus (1938-1945), Bd. 1: Die faschistische Okkupationspolitik in Österreich und der Tschechoslowakei (1938-1945), Köln 1988

Schwarz, Hans-Peter: Adenauer. Der Aufstieg: 1876-1952, 2. Aufl., Stuttgart 1986

ders.: Die Ära Adenauer. Epochenwechsel. 1957-1963, Stuttgart, Wiesbaden 1983

ders. (Hrsg.): Handbuch der deutschen Außenpolitik, 2. Aufl., München u. Zürich 1976

ders. (Hrsg.): Die Wiederherstellung des deutschen Kredits. Das Londoner Schuldenabkommen, Stuttgart u. Zürich 1982

Schwarz, Walter: Späte Frucht. Bericht aus unsteten Jahren, Hamburg 1981

ders.: Rückerstattung nach den Gesetzen der alliierten Mächte, W. I

ders.: Zur Einführung: Das Recht der Wiedergutmachung und seine Geschichte, JuS 1986, S. 433-440

ders.: Rechtsanwalt Dr. Harry Knopf, Tel Aviv, 85 Jahre alt, RzW 1972, S. 10

Schweitzer, Carl Christoph: Konflikt und Kooperation zwischen der Bundesrepublik Deutschland und der Volksrepublik Polen, in: Jacobsen u.a., Bundesrepublik, S. 103-129

ders./Feger, Hubert (Hrsg.): Das deutsch-polnische Konfliktverhältnis seit dem Zweiten Weltkrieg. Multidisziplinäre Studien über konfliktfördernde und konfliktmindernde Faktoren in den internationalen Beziehungen, Boppard a. Rh. 1975

Schweizerischer Israelischer Gemeindebund (Hrsg.): Jüdische Nachkriegsprobleme. Bericht der Kommission für Nachkriegsprobleme des Schweizerischen Israelitischen Gemeindebundes, 2. Aufl., Zürich 1945

Schwerin, Kurt: German Compensation for Victims of Nazi Persecution, Northwestern University Law Review, Vol. 67, S. 479-523

Seeber, Eva: Zwangsarbeiter in der faschistischen Kriegswirtschaft. Die Deportation und Ausbeutung polnischer Bürger unter besonderer Berücksichtigung der Lage der Arbeiter aus dem sogenannten Generalgouvernement 1939-1945, Berlin (DDR) 1964

Seible, Thomas: Syntezza und Zigeunerinnen, in: Ebbinghaus (Hrsg.), Opfer, S. 302-316

Seidl-Hohenveldern, Ignaz: Völkerrecht, 5. Aufl., Köln u.a. 1984

ders.: Stichworte "Kriegsentschädigung", WbdVR, S. 337-343

ders.: Stichwort "Reparations" und "Reparations after World War II", in: Encyclopedia, Bd. 4, S. 178-180 u. 180-184

ders./Ipsen, Hans Peter: Entschädigungspflicht der Bundesrepublik für entzogenes Auslandsvermögen, Heidelberg 1962

Seifert, Hubertus: Die Reparationen Japans, Ein Beitrag zum Wandel des Reparationsproblems und zur wirtschaftlichen Entwicklung Japans nach 1945, Opladen 1971

Shafir, Shlomo: Die SPD und die Wiedergutmachung gegenüber Israel, in: Herbst/Goschler (Hrsg.), Wiedergutmachung, S. 191-203

Shinnar, Felix E.: Bericht eines Beauftragten. Die deutsch-israelischen Beziehungen 1951-1966, Tübingen 1967

Siegfried, Klaus J.: Rüstungsproduktion und Zwangsarbeit im Volkswagenwerk 1939-1945. Eine Dokumentation, 2. Aufl., Frankfurt a.M. u. New York 1987

Sijes, B. A.: De Arbeidsinzet. De gedwongen arbeid van Nederlanders in Duitsland. 1940-1945, Den Haag 1966

Simpson, J. L.: The Agreement on German External Debts, The International and Comparative Law Quaterly 6 (1957), S. 477-486

Smith, Bradley F.: Der Jahrhundert-Prozeß. Die Motive der Richter von Nürnberg - Anatomie einer Urteilsfindung, Frankfurt a.M. 1979

Sniffen, Barbara Greenwood: Forced Labor Drafts and the Secretaries-General During the Nazi-Occupation of the Netherlands, 1940-1941, in: Societas 3, 1973, S. 129-141

Sommer, Willi (Hrsg.): Die Praxis des Arbeitsamtes. Eine Gemeinschaftsarbeit von Angehörigen der Reichsanstalt für Arbeitsvermittlung und Arbeitslosenversicherung, Berlin u. Wien 1939

Sonnenfeld, Renate: Succession and Continuation. A Study on Treaty-Practice in Post-War Germany, The Netherlands Yearbook of International Law VII (1976), S. 91-130

Sontheimer, Kurt: Die deutsch-israelischen Beziehungen, in: H.-P. Schwarz (Hrsg.), Handbuch, S. 324 f.

Staatslexikon. Recht, Wirtschaft, Gesellschaft, hrsg. v.d. Görres-Gesellschaft, 6. Aufl., 11 Bde., Freiburg 1957-1970

Stanicki, Henning: Zur Problematik der Ansprüche von Zigeunern nach dem BEG-Schlußgesetz, RzW 1968, S. 529-535

Staritz, Dietrich: Die Gründung der DDR. Von der sowjetischen Besatzungsherrschaft zum sozialistischen Staat, 2. Aufl., München 1987

ders.: Geschichte der DDR 1949-1985, Frankfurt a.M. 1985

Staudinger/Weber: J. v. Staudingers Kommentar zum Bürgerlichen Gesetzbuch, II. Band, Recht und Schuldverhältnisse, Teil 1a, §§ 241, 243-248, 11. Aufl., Berlin 1967, erläutert von Wilhelm Weber

Steininger, Rolf: Deutsche Geschichte 1945-1961, Darstellung und Dokumente in zwei Bänden, Frankfurt 1986

Stepien, Stanislaus: Der alteingesessene Fremde. Ehemalige Zwangsarbeiter in Westdeutschland, Frankfurt a.M. u. New York 1989

Stern, Klaus: Das völkerrechtliche Vertragsgeflecht zur Wiedererlangung der deutschen Souveränität, in: Zwei-plus-Vier-Vertrag, aaO., S. 3-49

ders.: Der Zwei-plus-Vier-Vertrag. Das völkerrechtliche Grundsatzdokument zur Wiederherstellung der Deutschen Einheit, BayVBl. 1991, S. 523-529

Sternberger, Dolf (Hrsg.): Die Friedensverträge in deutschem Wortlaut. Erstes Heft: Die Friedensverträge mit Italien, Rumänien, Ungarn und Finnland, Heidelberg 1947

Stiftung "Polnisch-deutsche Aussöhnung", Warschau 1992

Stöcker, Hans A.: Friedensvertragliche Forderungsverzichtsklauseln und innerstaatlicher Enteignungsschutz, WM 1965, S. 730-737

Stratenwerth, Günter: Wiedergutmachung?, Deutsche Universitätszeitung 9 (1954), H. 20, S. 3 f.

Strauß, Franz-Josef: Wirtschaftliche Auswirkungen politischer Verträge, Chemische Industrie V, 1953

Streim, Alfred: Sowjetische Gefangene in Hitlers Vernichtungskrieg. Berichte und Dokumente 1941-1945, Heidelberg 1982

Streit, Christian: Keine Kameraden. Die Wehrmacht und die sowjetischen Kriegsgefangenen 1941-1945, Stuttgart 1978

Stuby, Gerhard: Völkerrechtliche Probleme zur Frage der Entschädigung polnischer Zwangsarbeiter unter dem NS-Regime, ZRP 1990, S. 314-318

Studien zur Geschichte der Konzentrationslager, Stuttgart 1970

Sulek, Jerzy: Die politischen Beziehungen zwischen der Volksrepublik Polen und der Bundesrepublik Deutschland in den siebziger Jahren, in: Jacobsen u.a. (Hrsg.), Bundesrepublik, S. 131-160

Szafránski, Jan: Die Verluste Polens im zweiten Weltkrieg, in: Polens Kriegsverluste, S. 36-72

Tagung deutscher Juristen Bad Godesberg, 30. September/1. Oktober 1947, o. O., 1947

Taubner, Ernst: Stichwort "Schuldenabkommen", in: Enzyklopädisches Lexikon für das Geld-, Bank- u. Börsenwesen, 2. Aufl., Frankfurt a.M., 1957, S. 1384-1392; 3. Aufl. 1967/68, S. 1473 f.

Tedesko, Hans: Die Forderungen der Verbündeten des Deutschen Reiches gegen deutsche Schuldner nach dem Londoner Schuldenabkommen, BB 1955, S. 821 f.

Teheran, Jalta, Potsdam, Konferenzdokumente der Sowjetunion. 3 Bände, Köln 1986

Ten Years of German Indemnification. Nehemiah Robinson. Memorial Edition, Conference of Jewish Material Claims against Germany, New York 1964

Terfloth, Klaus: Bonn-Warschau - ein Schritt zur Aussöhnung, Außenpolitik, 1976, S. 123-132

Tesmer, Hans: Die Schutzhaft und ihre rechtlichen Grundlagen, DR 1936, S. 135-137

Thränhardt, Dietrich: Geschichte der Bundesrepublik Deutschland, 2. Aufl., Frankfurt a.M. 1987

Tmej, Zdenek: "Totaleinsatz" Breslau 1942-44, Berlin 1989

Uhler, Oscar M.: Der völkerrechtliche Schutz der Bevölkerung eines besetzten Gebietes gegen Maßnahmen der Okkupationsmacht unter besonderer Berücksichtigung der Genfer Zivilkonvention vom 12. August 1949, Zürich 1950

Umbreit, Hans: Auf dem Wege zur Kontinentalherrschaft, in: Das Deutsche Reich und der Zweite Weltkrieg, hrsg. vom Militärgeschichtlichen Forschungsamt, Band 5, 1. Halbband, Stuttgart 1988, S. 3-348

Das Urteil von Nürnberg 1946, 3. Aufl., München 1977

Uschakow, Alexander: Jalta und die polnische Frage, in: Dieter Blumenwitz/Boris Meissner (Hrsg.), Die Überwindung der europäischen Teilung und die deutsche Frage, Köln 1986, S. 33-46

ders.: Das Potsdamer Abkommen in polnischer Sicht, in: Meissner/Veiter (Hrsg.), Das Potsdamer Abkommen und die Deutschlandfrage, II. Teil: Berliner Deklaration und Sonderfragen, Wien 1987, S. 179-195

Vásárhelyi, István: Restitution in International Law, Budapest 1964

Veith, Werner: Die deutschen Auslandsschulden nach der Regelung des Pariser Reparationsabkommens, NJW 1951, S. 63 f.

ders.: Die Behandlung von Schadensersatzansprüchen nach dem Londoner Schuldenabkommen, BB 1955, S. 241 f.

Verdross, Alfred/Simma, Bruno: Universelles Völkerrecht, Theorie und Praxis, 3. Aufl., Berlin 1984

Die deutsch-polnischen Vereinbarungen vom 9. Oktober 1975 und ergänzende Texte, 2. Aufl., Bonn 1976

Vögel, Bernhild: "Entbindungsheim für Ostarbeiterinnen", Braunschweig, Broitzemer Straße 200, Hamburg 1989

Völkerrecht, Dokumente, Teil I, Köln, o.J.

Vogel, Rolf (Hrsg.): Der deutsch-israelische Dialog. Dokumentation eines erregenden Kapitels deutscher Außenpolitik, Teil I: Politik, Band 1, München u.a. 1987

Vogelsang, Thilo: Das geteilte Deutschland, 11. Aufl., München 1982

Volle, Hermann: Das Wiedergutmachungsabkommen zwischen der Bundesrepublik Deutschland und dem Staate Israel, EA 1953, S. 5619-5628

Vollnhals, Clemens: Jüdische Selbsthilfe bis 1938, in: Benz (Hrsg.), Juden, S. 314-411

Wahsner, Roderich: Das Arbeitsrechtskartell, KJ 1974, S. 369-386

Walch, Dietmar: Die jüdischen Bemühungen um die materielle Wiedergutmachung durch die Republik Österreich, Wien 1971

Wallach, Jehuda L.: Probleme der Zwangsarbeit in der deutschen Kriegswirtschaft, in: Jahrbuch des Instituts für deutsche Geschichte (Tel Aviv) 6, 1977, S. 477-512

Warmbrunn, Werner: The Dutch Under German Occupation, 1940-1945, Standorf 1963

Wartner, Siegfried: Die Anwendung des Abkommens über deutsche Auslandsschulden vom 27. Februar 1953 (Londoner Schuldenabkommen) auf Sozialversicherungsansprüche, BABl. 1959, S. 510-515

Weber, Hermann: Geschichte der DDR, 2. Aufl., München 1986

Weis, Hubert: Aus der Gesetzgebung: Die Verträge zur Herstellung der deutschen Einheit, JA 1991, S. 56-60

Weiss, Karl: Die Auswirkungen des Forderungsverzichts in den Friedensverträgen vom 10.2.1947 mit Italien, Ungarn, Rumänien und Bulgarien auf Wiedergutmachungsansprüche, RzW 1963, S. 49-53

ders.: Schaden an Körper oder Gesundheit aus rechtlicher Sicht, W. IV, S. 185-357

Welschke, Bernhard: Außenpolitische Einflußfaktoren auf die Entwicklung der westdeutschen Außenwirtschaftsbeziehungen in der Frühphase der Bundesrepublik Deutschland (1949-1952), in: Knapp (Hrsg.), Bizonengründung, S. 187-286

Weltsch, Robert: Georg Landauer in seiner Zeit, in: Landauer, Zionismus, S. 453-465

Wengler, Wilhelm: Völkerrecht, 2 Bde., Berlin u.a 1964

Das Werk des Untersuchungsausschusses der Verfassunggebenden Deutschen Nationalversammlung und des Deutschen Reichstages 1919-1928. Verhandlungen, Gutachten, Urkunden. Dritte Reihe, Völkerrecht im Weltkrieg, im Auftrage des Dritten Unterausschusses hrsg. von Johannes Bell, Erster Band, Berlin 1927

Werner, Wolfgang F.: "Bleib übrig!" Deutsche Arbeiter in der nationalsozialistischen Kriegswirtschaft, Düsseldorf 1983

Wessely, Kurt: Die Pariser Vorort-Friedensverträge in ihrer wirtschaftlichen Auswirkung, in: Bosl (Hrsg.), Versailles, S. 143-166

Wiedergutmachung und Entschädigung für nationalsozialistisches Unrecht. Öffentliche Anhörung des Innenausschusses des Deutschen Bundestages am 24. Juni 1987, Zur Sache. Themen parlamentarischer Beratung 3/87, Bonn 1987

Die Wiedergutmachung nationalsozialistischen Unrechts durch die Bundesrepublik Deutschland, hrsg. vom Bundesminister der Finanzen in Zusammenarbeit mit Walter Schwarz, Band I-VI, München 1974-1986

Wilden, Hans: Zur Entschädigungsberechtigung österreichischer Staatsangehöriger nach den Vorschriften des BEG, RzW 1963, S. 244-246

ders./Klückmann, Martin: Wiedergutmachungsgesetz. Gesetz zur Wiedergutmachung nationalsozialistischen Unrechts (Entschädigungs-gesetz), Stuttgart u. Köln 1950

Wilmanns, Werner: Zur gegenwärtigen Lage des deutschen Auslandsvermögens und der deutschen Auslandsverschuldung, in: Leverkuehn (Hrsg.), Bestimmungen, S. 39-83

ders.: Behandlung ausländischen Eigentums in Deutschland, in: Leverkuehn (Hrsg.), Bestimmungen, S. 137-201

ders.: Die Forderungen der Verbündeten des Deutschen Reiches gegen deutsche Schuldner nach dem Londoner Schuldenabkommen, BB 1955, S. 820 f.

Winkler, Heinrich August (Hrsg.): Politische Weichenstellungen im Nachkriegsdeutschland 1945-1953, Göttingen 1979

Wirth, Wilfried: Entziehung von Sachvermögen außerhalb des Geltungsbereichs des Bundesrückerstattungsgesetzes, W. II, S. 143-309

Wittenberg, Andreas: Kein Schlußstrich unter der Wiedergutmachung, DuR 1990, S. 315-327

Wörterbuch des Völkerrechts, hrsg. v. Karl Strupp u. Hans-Jürgen Schlochauer, 3 Bände, Berlin 1960-1962

Wolany, J.: Sieben Jahre Londoner Schuldenabkommen. Ein Rückblick mit einem Überblick über die höchstrichterliche Rechtsprechung und drei Schlußbemerkungen, WM 1960, S. 1106-1117

Wolff, Bernhard: Soforthilfegesetz mit sämtlichen Vorschriften über die Soforthilfeabgabe und die Leistungen der Soforthilfe, Göttingen 1949

Wolff, Bernhard: Grundsätze der internationalen Regelungen der deutschen äußeren Vorkriegsschulden, NJW 1953, S. 1409-1412

Wolff, Ernst: Das Londoner Schuldenabkommen, JZ 1954, S. 105-109

Wolffsohn, Michael: Ewige Schuld?, 40 Jahre deutsch-jüdisch-israelische Beziehungen, München 1988

ders.: Deutsch-israelische Beziehungen im Spiegel der öffentlichen Meinung, in: Aus Politik und Zeitgeschichte, B 46-47, 1984, S. 19-30

ders.: Das Wiedergutmachungsabkommen mit Israel: Eine Untersuchung bundesdeutscher und ausländischer Umfragen in Westdeutschland 1945-1955, in: Herbst (Hrsg.), Westdeutschland, S. 203-218

ders.: Die Wiedergutmachung und der Westen - Tatsachen und Legenden, in: Aus Politik und Zeitgeschichte, B 16-17, 1987, S. 19-29

ders.: Das deutsch-israelische Wiedergutmachungsabkommen 1952 im internationalen Zusammenhang, VfZ 1988, S. 691-731

ders.: Globalentschädigung für Israel und die Juden ? Adenauer und die Opposition in der Bundesregierung, in: Herbst/Goschler (Hrsg.), Wiedergutmachung, S. 161-190

Wüstenberg, Kurt: Die Rechtsprechung des Entschädigungssenats, in: 25 Jahre Bundesgerichtshof, hrsg. v. Gerda Krüger-Nieland, München 1975, S. 145-156

Wymann, David S.: Das unerwünschte Volk. Amerika und die Vernichtung europäischer Juden, Frankfurt a.M. 1989

Zertal, Idith: Verlorene Seelen. Die jüdischen DP's und die israelische Staatsgründung, Babylon 5/1989, S. 88-103

Zieger, Gottfried: Das Thema der Reparationen im Hinblick auf die besondere Lage Deutschlands, RIW/AWD 1980, S. 10-19

Zöllner, Wolfgang: Arbeitsrecht. Ein Studienbuch, 2. Aufl., München 1979

Zorn, Hermann: Erläuterungen zum Bundesgesetz zur Entschädigung für Opfer der nationalsozialistischen Verfolgung, in: Das Deutsche Bundesrecht (Loseblattausgabe, 520.-557. Lieferung, 1984-1986), V F 50, S. 103-220

ders.: Der Begriff der Auswanderung im Entschädigungsrecht, RzW 1958, S. 201-204

ders.: Das Zweite Änderungsgesetz zum Bundesentschädigungsgesetz (BEG-Schlußgesetz), RzW 1965, S. 385-396

ders.: Die Entschädigung für Nationalgeschädigte, RzW 1966, S. 145-150

ders.: Existenz-, Ausbildungs- und Versorgungsschäden, W. V, S. 47-320

Zülch, Tilmann (Hrsg.): In Auschwitz vergast, bis heute verfolgt. Zur Situation der Roma und Sinti in Deutschland und Europa, Reinbek b. Hamburg 1979

Zweig, Ronald: German Reparations and the Jewish World. A History of the Claims Conference, Boulder u. London 1987

Zwei-plus-Vier-Vertrag. Partnerschaftsverträge, EG-Maßnahmepaket mit Begründungen und Materialien, München 1991

ABKÜRZUNGSVERZEICHNIS

a.	auch
a.A.	andere Ansicht
aaO.	am angegebenen Ort
Abg.	Abgeordnete
abl.	ablehnender
ABl. AHK	Amtsblatt der Alliierten Hohen Kommission
ABl. KR	Amtsblatt des Kontrollrats in Deutschland, hrsg. vom alliierten Sekretariat Berlin
ähnl.	ähnlich
AfS	Archiv für Sozialgeschichte
AHK	Alliierte Hohe Kommission
AJIL	American Journal of International Law
AKG	Allgemeines Kriegsfolgengesetz
AmtlMittOberregpräsHessPf	Amtliche Mitteilungen des Oberregierungspräsidenten für Hessen-Pfalz
Anm.	Anmerkung
AöR	Archiv des öffentlichen Rechts
Art.	Artikel
ausf.	ausführlich
AVR	Archiv des Völkerrechts
AWD	Außenwirtschaftsdienst
BAnz.	Bundesanzeiger
bay.	bayerisch
BayVBl.	Bayerische Verwaltungsblätter
BB	Betriebsberater
Bd., Bde.	Band, Bände
BEG	Bundesentschädigungsgesetz
BEG-SchlG	Bundesentschädigungsschlußgesetz

BErgG	Bundesergänzungsgesetz
Berl.	Berliner
betr.	betrifft
BfA	Bundesversicherungsanstalt für Angestellte
BGB	Bürgerliches Gesetzbuch
BGBl.	Bundesgesetzblatt
BGH	Bundesgerichtshof
BGHZ	Entscheidungssammlung des Bundesgerichtshofs in Zivilsachen
BlfdtuintPol	Blätter für deutsche und internationale Politik
BMdJ	Bundesministerium der Justiz
BReg.	Bundesregierung
brem.	bremisch
BrREG	Britisches Rückerstattungsgesetz, MRG Nr. 59 für die brit. Zone
BSGE	Entscheidungssammlung des Bundessozialgerichts
BTagsDrs.	Drucksache des Deutschen Bundestages (Wahlperiode/Nummer)
BTagsStenProt.	Stenographische Protokolle des Deutschen Bundestages (Wahlperiode/Sitzungsnummer)
bulg.	bulgarisch(er)
BVerfGE	Entscheidungssammlung des Bundesverfassungsgerichts
BVerwG	Bundesverwaltungsgericht
BVerwGE	Entscheidungssammlung des Bundesverwaltungsgerichts
BWGöD	Gesetz zur Regelung der Wiedergutmachung für Angehörige des öffentlichen Dienstes
BYIL	British Yearbook of International Law
bzw.	beziehungsweise
ca.	circa
CDU	Christlich demokratische Union Deutschlands

CSU	Christlich-Soziale Union
DDR	Deutsche Demokratische Republik
ders.	derselbe
dies.	dieselbe(n)
doc. occ.	Documenta occupationis (s. Literaturverzeichnis)
DÖV	Die öffentliche Verwaltung
Dok.	Dokument
DP(s)	Displaced Person(s)
DP	Deutsche Partei
DR	Deutsches Recht
DRZ	Deutsche Rechtszeitschrift
dt.	deutsch(e)
DuR	Demokratie und Recht
DUZ	Deutsche Universitätszeitung
EA	Europa-Archiv
ebd.	ebenda
ebs.	ebenso
EG	Entschädigungsgesetz
engl.	englisch
Entsch.	Entschädigung(s); Entscheidung
f.	folgende
FAZ	Frankfurter Allgemeine Zeitung
FDP	Freie Demokratische Partei
ff.	fortfolgende
finn.	finnisch(er)
Fn.	Fußnote
FRUS	Foreign Relations of the United States (s. Literaturverzeichnis)
frz.	französisch

Fs.	Festschrift
FU	Föderalistische Union (Bayernpartei-Zentrum)
FV	Friedensvertrag
G.	Gesetz
GB	Großbritannien
GBA	Generalbeauftragte - Arbeitseinsatz
GBl.	Gesetzesblatt
GesS	Gesetzessammlung
GG	Grundgesetz
GG	Geschichte und Gesellschaft
gg.	gegen
GVBl.	Gesetz- und Verordnungsblatt
GWU	Geschichte in Wissenschaft und Unterricht
H.	Heft
hamb.	hamburgisch
Hdb.	Handbuch
HdWSW	Handwörterbuch der Sozialwissenschaften
hess.	hessisch
hess.-pf.	hessisch-pfälzisch
HiWi, Hi-Wi, Hiwi	Hilfswillige
HLKO	Haager Landkriegsordnung
hrsg.	herausgegeben
Hrsg.	Herausgeber
HWbStW	Handwörterbuch der Staatswissenschaften
IARA	Inter-Allied Reparation Agency
i.d.F.	in der Fassung
I.L.O.	International Labor Organization
IMT	International Military Tribunal (s. Literaturverzeichnis)

insb.	insbesondere
ital.	italienisch(er)
JA	Juristische Arbeitsblätter
JR	Juristische Rundschau
JZ	Juristenzeitung
Kap.	Kapitel
Keesing's Archiv	Keesing's Archiv der Gegenwart
KG	Kammergericht
Kgf.	Kriegsgefangene(r)
KJ	Kritische Justiz
K.L.	Konzentrationslager
Kl.	Kläger
KPD	Kommunistische Partei Deutschlands
KRG(e)	Kontrollratsgesetz(e)
KRP	Kontrollratsproklamation
KZ	Konzentrationslager
LAG	Lastenausgleichsgesetz
LBIYB	Leo Baecks Institute Year Book
LDPD	Liberal-Demokratische Partei Deutschlands
LG	Landgericht
lit.	litera
LM	Lindenmaier/Möhring (Das Nachschlagewerk des Bundesgerichtshofs in Zivilsachen)
LSA	Londoner Schuldenabkommen
LVerf	Landesverfassung
MBl. NW	Ministerialblatt Nordrhein-Westfalen
MDR	Monatsschrift für Deutsches Recht
MGM	Militärgeschichtliche Mitteilungen
MRG	Militärregierungsgesetz

m.w.N.	mit weiteren Nachweisen
n.	nach
NJW	Neue Juristische Wochenschrift
Nr.	Nummer
nr.-w.	nordrhein-westfälisch
ns.	nationalsozialistisch
ns.	niedersächsisch
NS	Nationalsozialismus
österr.	österreichisch
OKH	Oberkommando des Heeres
OKW	Oberkommando der Wehrmacht
OLG	Oberlandesgericht
OMGUS	Office of Military Government for Germany, U.S.
ORG	Oberstes Rückerstattungsgericht
Ord. 120	Ordonnance 120 (Rückerstattungsgesetz der frz. Zone)
OT	Organisation Todt
OVG	Oberverwaltungsgericht
poln.	polnisch(e, en)
PPS	Sozialistische Partei Polens
Pr.GS	Preußische Gesetzessammlung
Prot. 73 BTagsInnenA 11. Wahlper.	Stenografisches Protokoll über die 73. Sitzung des Innenausschusses des Deutschen Bundestages, 11. Wahlperiode, am 14. Dezember 1989 (s. Literaturverzeichnis unter "Entschädigung für NS-Zwangsarbeit")
r.	rechte
RabelsZ	Zeitschrift für ausländisches und internationales Privatrecht, begründet von Ernst Rabel
REAO	Berliner Anordnung der alliierten Kommandantur betr. feststellbarer Vermögensgegenstände an Opfer der nationalsozialistischen Unterdrückungsmaßnahmen
RegDir.	Regierungsdirektor
RepSchädG	Reparationsschädengesetz

RGBl.	Reichsgesetzblatt
rh.-pf.	rheinland-pfälzisch
RIW/AWD	Recht der internationalen Wirtschaft/Außenwirtschaftsdienst
Rn.	Randnummer(n)
ROW	Recht in Ost und West (Zeitschrift für Rechtsvergleichung und interzonale Rechtsprobleme)
Rspr.	Rechtsprechung
rum.	rumänisch(er)
RzW	Rechtsprechung zum Wiedergutmachungsrecht
s.	siehe
s.a.	siehe auch
SAG	Sowjetische Aktiengesellschaft
SchlHA	Schleswig-Holsteinische Anzeigen, Amtsblatt der Justizverwaltung für den Bezirk des Oberlandesgerichts Kiel
schl.-holst.	schleswig-holsteinisch
SHG	Soforthilfegesetz
SJZ	Süddeutsche Juristenzeitung
sowjet.	sowjetisch
Sozversabk.	Sozialversicherungsabkommen
Sp.	Spalte
SPD	Sozialdemokratische Partei Deutschlands
SPW	Zeitschrift für sozialistische Politik und Praxis
SU	Sowjetunion
Suppl.	Supplement
u.	unten
u.a.	und andere
ÜV	Überleitungsvertrag
ung.	ungarisch(er)

UNRRA	United Nations Relief and Rehabilitation Administration
URO	United Restitution Organization
USA	Vereinigte Staaten von Amerika
USREG	Rückerstattungsgesetz der US-Zone (Gesetz Nr. 59 der amerikanischen Militärregierung über Rückerstattung feststellbarer Vermögensgegenstände)
v.	von, vom
VersR	Versicherungsrecht, Juristische Rundschau für die Individualversicherung
VfSWg	Vierteljahresschrift für Sozial- und Wirtschafts-geschichte
VfZ	Vierteljahreshefte für Zeitgeschichte
VG	Verwaltungsgericht
vgl.	vergleiche
VOBl.	Verordnungsblatt
Vol.	Volume
VO	Verordnung
VVDStRL	Veröffentlichungen der Vereinigung der Deutschen Staatsrechtslehrer
w.	weitere
W.	Wiedergutmachung (s. Literaturverzeichnis)
WAV	Wirtschaftliche Aufbauvereinigung
WbdVR	Wörterbuch des Völkerrechts (s. Literaturverzeichnis)
wesentl.	wesentlich
WM	Zeitschrift für Wirtschaft und Bankrecht, Wertpapier-mitteilungen
w.N.	weitere Nachweise
württ.-bad	württemberg-badisch
Z	Zentrumspartei
z.	zur, zum
ZaöRV	Zeitschrift für ausländisches öffentliches Recht und Völkerrecht

z.B.	zum Beispiel
ZfG	Zeitschrift für Geschichte
ZfS	Zeitschrift für Sozialreform
zit.	zitiert
ZRP	Zeitschrift für Rechtspolitik
z.T.	zum Teil
ZVOBl.	Zentrales Verordnungsblatt

Lutz Wiegand

Der Lastenausgleich in der Bundesrepublik Deutschland 1949 bis 1985

Frankfurt/M., Berlin, Bern, New York, Paris, Wien, 1992. XII, 408 S., zahlr. Abb. u. Tab.
Europäische Hochschulschriften: Reihe 5, Volks- und Betriebswirtschaft. Bd. 1271
ISBN 3-631-44497-4 br. DM 98.--

Der Lastenausgleich stellt – neben Wiedergutmachung und Kriegsopferversorgung – einen zentralen Bestandteil deutscher Sozialgesetzgebung nach dem Ende des Zweiten Weltkrieges dar. Seine Aufgabe bestand darin, die Eingliederung der durch den Krieg und seine Folgen materiell geschädigten Flüchtlinge, Sach- und Währungsgeschädigten zu unterstützen und ihnen für erlittene Vermögensverluste Entschädigungsleistungen zu gewähren. Die vorliegende Arbeit zeichnet über einen Zeitraum von 37 Jahren die Entstehung, Entwicklung und Durchführung dieses bedeutenden Gesetzgebungswerkes nach. Sie gibt dabei Antworten auf Fragen nach Art, Umfang und zeitlicher Erstreckung der gewährten Leistungen, aber auch nach Art und Umgang der zu ihrer Finanzierung erforderlichen Mittel.

Aus dem Inhalt: Zweiter Weltkrieg, Währungsreform, Flucht und Vertreibung – Finanzierung und Leistungen der Soforthilfe und des Lastenausgleichs – Korrekturen statistischer Ergebnisse, Phasen des Lastenausgleichs

Verlag Peter Lang Frankfurt a.M. · Berlin · Bern · New York · Paris · Wien
Auslieferung: Verlag Peter Lang AG, Jupiterstr. 15, CH-3000 Bern 15
Telefon (004131) 9411122, Telefax (004131) 9411131
- Preisänderungen vorbehalten -

Printed by
CPI books GmbH, Leck

Kolibri 360 GmbH
Ferdinand-Jühlke-Straße 7
99095 Erfurt, Deutschland
produktsicherheit@kolibri360.de